现代管理系列教材

战略管理

——超竞争环境下的选择（第四版）

金占明　编著

清华大学出版社
北京

内 容 简 介

本书是金占明战略管理三部曲的第一部。

本书扼要介绍了战略管理的军事起源和历史演进；系统介绍了战略的概念、特征及解释战略形成的不同观点；深入分析了党的十一届三中全会以来中国政治、经济和社会文化环境的巨大变化及其对企业战略形成的深刻影响；重点讨论了行业结构,企业的资源和能力及其在决定企业绩效方面的重要作用。本书依次分析了企业的基本竞争战略与适用条件,企业成长战略的类型和特点,尤其是一体化和多样化战略选择过程中可能遇到的矛盾和问题,并简要介绍在世界经济全球化和一体化的大背景下国际市场进入战略的选择问题。同时,增加了战略联盟,虚拟企业构造,外包和平台战略等方面的内容。最后,讨论了企业战略的实施过程,尤其是战略与组织结构的关系及影响组织结构设计的因素。

本书的特点是结合中外典型案例进行分析,颇具启发性与可读性。

本书可作为 MBA、管理类研究生和本科生的战略管理教材,也可供有关专业人员和广大企业家参考。

本书封面贴有清华大学出版社防伪标签,无标签者不得销售。
版权所有,侵权必究。举报：010-62782989,beiqinquan@tup.tsinghua.edu.cn。

图书在版编目(CIP)数据

战略管理：超竞争环境下的选择/金占明编著.—4 版.—北京：清华大学出版社,2016(2023.12重印)
(现代管理系列教材)
ISBN 978-7-302-41085-0

Ⅰ.①战… Ⅱ.①金… Ⅲ.①企业管理－战略管理－高等学校－教材 Ⅳ.①F272

中国版本图书馆 CIP 数据核字(2015)第 173287 号

责任编辑：刘志彬
封面设计：汉风唐韵
责任校对：王荣静
责任印制：杨 艳

出版发行：清华大学出版社
    网 址：https://www.tup.com.cn, https://www.wqxuetang.com
    地 址：北京清华大学学研大厦 A 座 邮 编：100084
    社 总 机：010-83470000 邮 购：010-62786544
    投稿与读者服务：010-62776969, c-service@tup.tsinghua.edu.cn
    质量反馈：010-62772015, zhiliang@tup.tsinghua.edu.cn
    课件下载：https://www.tup.com.cn, 010-83470332
印 装 者：三河市君旺印务有限公司
经 销：全国新华书店
开 本：185mm×260mm 印 张：25 字 数：572 千字
版 次：1999 年 10 月第 1 版 2016 年 1 月第 4 版 印 次：2023 年 12 月第10次印刷
定 价：69.00元

产品编号：062673-03

第四版前言

Preface

  时光荏苒,距本书第三版出版已有五年。在过去的这五年中,中国与世界在政治、经济、社会、技术等方面都发生了巨大的变化。例如,互联网和信息技术的发展,使行业跨界竞争日趋激烈,行业边界越来越模糊,竞争对手识别难度加大;创新驱动成为我国国家发展战略,创新创业成为新常态下中国经济可持续发展的关键着力点;互联网技术的飞速发展催生了众筹、云计算、P2P等一系列全新的商业模式,平台战略成为企业成长的重要推动力;中国企业"走出去"步伐大大加快,对外投资额屡创新高……这些变化为企业发展创造了宝贵的机遇,造就了一批优秀的企业;同时,企业的商业生态环境也日趋动态和复杂,企业家的战略智慧备受考验。

  上述这些深刻的变化不仅影响企业的管理实践,也体现在教学课堂中。在课堂上,平台战略、互联网金融、开放式创新、跨界竞争、自媒体、大数据、轻资产已是经常出现的关键词,而它们所涉及的管理问题也越来越多地成为课堂讨论的焦点。正因为如此,我希望对本书再版,在传统的战略管理知识基础之上加入目前对企业发展具有重要指导意义的理论和方法,以期帮助企业实现可持续发展。

  我们看到,随着互联网和移动互联网技术的快速发展,行业跨界竞争日趋激烈,竞争速度越来越快,竞争波及面越来越广。六年前,难以想象苏宁与京东的竞争会如此惨烈;五年前,难以想象微信软件会挑战移动、电信、联通三巨头的地位;四年前,难以想象小米会对TCL、创维等传统彩电企业构成巨大威胁;三年前,难以想象阿里巴巴会成为中国银行业的最大竞争对手。在超竞争的环境中,识别、洞察、预测竞争对手及其行动变得非常复杂。动态竞争理论是目前企业战略管理理论前沿之一。这一理论认为,所有的企业竞争优势都是暂时的。企业只有在每一次竞争对抗中都能获得竞争优势,才能实现可持续发展。动态竞争理论强调从对手的角度思考自己的战略,运用数据对竞争对手分析,以便更清楚地了解竞争对手。我们在第六章加入了动态竞争理论,这一理论对于分析超竞争环境下,企业之间的竞争互动行为具有指导意义。

  2013年7月由康奈尔大学、欧洲工商管理学院(INSEAD)和世界知识产权组织(WIPO)联合发布的"2013年全球创新指数"(Global Innovation Index,GII)中,中国大陆在国际创新能力排名中位列第35名,瑞士、瑞典、英国、荷兰和美国位居前五名。2007年金融危机之前,中国的GDP的季度增长率最高达到15%,而2015年上半年GDP增长率仅为7%。这两组数据说明,我国经济增长仍然以投资驱动和贸易拉动为主,经济总量的快速增长积累了一定的国民财富,但经济发展质量不高,创新对经济发展的驱动作用仍明显不足。随着老龄化的加剧,人口红利的消失,资源环境问题的凸显,走上创新之路几乎是中国经济可持续发展的唯一选择。党的十八大已经作出了实施创新驱动发展战略的重大部署。

发达国家,如美国,其创新处于世界技术前沿,具有高回报和高成本的特点。当企业需要新产品时,甚至会将原来的研发部门解散,重新招聘人才。美国的创新模式能够成功,得益于开放的移民政策、发达的金融和完善的法制。这样的创新模式对于当下的中国,具有很大挑战。

在过去的30多年中,模仿发达国家的先进技术和管理方法是中国企业的重要创新战略,这种方式使我国的全要素生产率不断提升。事实上,创新可以有很多种形式。例如,创新可以体现为组织形态的改变。以前,海尔的层级很多,一线的想法经常不能及时反映给高层管理者。在张瑞敏的推动下,海尔实现了组织形态上的扁平化,成为一个创业平台。年轻员工如果有想法,不需要层层上报,而是可以自己出一部分钱,海尔配一部分钱,很快就把想法诉诸实施。在这种组织形态下,海尔开发了一系列新产品,销路大开。再如,创新也可体现在营销方式的变化中。小米公司以极高的性价比打动消费者,通过口口相传形成粉丝经济,没有在营销上进行投资,却获得了比广告还好的效果。每当一款新产品推出,很快就售罄。企业是国家创新驱动战略的重要载体,如何在当下的商业生态环境中进行创新是每个企业家面临的战略选择。为此,本书第六章加入了企业技术创新战略一节。

互联网应用经过20多年的发展,已呈现出全新的面貌。早期的互联网应用以门户网站模式为主,实现了PC互联,是传统线下大众媒体在线上的延伸,新浪、网易、搜狐是这种模式的代表。后来,互联网内容逐渐转向由用户生成、基于用户的社会互动而产生,人类进入了社会化互联网的时代。例如,Facebook、微信、优酷等,它们的内容都是基于用户之间的社会互动而形成的。社会互动本身成为价值创造的主要机制。例如,淘宝网上买家对卖家的评价会提供更多的产品信息,降低交易的不确定性,吸引更多的买家到淘宝网消费。目前,蓬勃发展的移动互联网是社会化互联网的一种最新类型。在移动互联网时代,每个用户可以自行开发各种移动应用,而PC互联时代的应用程序需要由企业自行开发。传统市场中,市场的主体和活动很清楚,企业创造价值、用户消费价值。但在当今的市场中,更多的是企业消费价值、用户创造价值。工业革命以来形成的清晰的市场主体间的边界以及主体活动的分工变得越来越模糊,各个利益相关者进行价值共创的趋势越来越明显。

互联网时代的经济是"共享经济"。以前由于信息不对称,许多资源难以共享,只能闲置。而在互联网时代,所有的资源都可以在互联网实现共享,这已经成为无法阻挡的潮流。在共享经济下,一旦某个企业进入后,形成足够规模的网络,用户转移成本就极其巨大。例如,微信占据优势之后,即便是阿里巴巴这样的强势企业,投入大量资金推"来往"新社交平台,最后也难以如愿。这时只有出现革命性技术突破,才有可能打破原有局面。通过打造平台生态圈,吸引多方用户,激发用户之间的网络效应已成为企业在共享经济时代实现飞速成长的重要战略。目前,中国的电子信息产业发展飞快,已经走在世界的前列。我们在本书第七章中加入了平台战略一节,介绍在共享经济时代,企业如何借助互联网实现成长。

从全球来看,国际化是企业成长和可持续发展的重要战略。一些世界500强企业将生产、研发、运营以及销售分布在不同国家,同时,在全世界范围销售和推广最新的成果和产品，真正意义上做到了世界一流企业。2013年中国政府工作报告中提出，要坚持把利用外资与对外投资结合起来，支持企业走出去，拓展经济发展的新空间。2014年博鳌亚洲论坛年会开幕大会上，中国全面阐述了亚洲合作政策，并特别强调要推进"一带一路"的建设。2014年年底，中国对外投资首次超过外资流入，说明我国已经成为资本的净输出国。中国企业国际化是大势所趋，这既是企业自身维持竞争优势的现实要求，也符合国家发展的需要。

目前，国际经济环境的变化为我国企业国际化创造了良好的条件。一方面，国际金融危机后，发达国家的制造业经营状况不佳，希望通过再工业化来提高实体经济的竞争力。这为我国企业通过海外并购引进先进技术提供了机遇，这样的并购可以利用后发优势推动产业升级，不会造成重复投资和产能过剩。另一方面，很多新兴市场国家的资金来自发达国家，在量化宽松的货币政策逐渐退出后，大量资金回流美国，这些新兴市场国家也需要投资。

当下，有两个新的趋势需要中国企业重视，我们将在第八章对此进行详细介绍。

(1) 中小企业的国际化正面临着前所未有的发展机遇。近年来，大量研究表明越来越多的中小企业在成立之初就具备了全球视野，定位于国际市场。这些企业在成立之初就大力开拓国际市场，海外销售占其全部销售的相当大比重。它们出口前准备活动时间相当短，国际化过程完全不遵循传统的渐进式国际化模式，而是以一种完全不同以往的新型国际化模式出现。学术界把这类国际化的中小企业称之为"天生国际化企业"，天生国际化企业的创业者和管理者有着长期与海外市场打交道的生活与工作的经历，具备更多国际化经验，能洞察到其他人容易忽视的最新全球市场机会。

(2) 关系网络在企业国际化进程中发挥着越来越重要的作用。根据知识基础观，企业是知识的集合体，企业国际化需要大量知识的支持。通过国际商业网络，企业可以获得丰富的资源和信息，了解东道国的市场环境。例如，东道国的土地价格、人工、税费、到政府办事容易不容易等。但许多知识不是免费的，甚至是隐性的，难以用语言清晰地描绘，企业通常只能通过"干中学"来获得国际化所需的各种知识。同时，国际商业网络中有众多的参与者，他们彼此竞争和合作，企业需要对自身在国际商业网络中的定位有清晰的判断，这一定位取决于企业所具备的资源和条件。随着企业能力不断得到提高，其在国际商业网络中的定位也会发生变化。中国企业在国际化的进程中，要通过与国际商业网络中其他参与者的合作，学习到先进的技术、设计、工艺、管理经验等，实现从国际产业链的低端位置到高端位置的转移。

另外，本书对各章的案例以及所涉及的数据和内容进行了更新，以帮助大家对目前国内国外最新的经济、政治、社会及文化环境以及企业战略实践有更好的把握。同时，在每章末配以相应的复习题，帮助大家掌握重要知识点。

在此，感谢我的博士研究生王文龙为本书再版所做的贡献；感谢我的博士研究生白涛为本书第三版所做的贡献。

金占明

2015年9月于清华园

目 录

Contents

第四版前言 …………………………………………………………………… I

第一章　战略管理概论 ……………………………………………………… 1
  第一节　企业战略的概念和特征 …………………………………………… 1
  第二节　企业的战略管理 …………………………………………………… 13
  第三节　企业战略分析的发展 ……………………………………………… 23
  实例1-1　体育品牌"转型"跑才有路 …………………………………… 30
  实例1-2　红星美凯龙"双模式"扩张面临挑战 ………………………… 32
  实例1-3　古永锵再摊大饼　独立视频濒临"灭绝" …………………… 34
  复习题 ………………………………………………………………………… 37

第二章　宏观环境分析 ……………………………………………………… 38
  第一节　环境的性质 ………………………………………………………… 38
  第二节　PEST分析 …………………………………………………………… 47
  实例2-1　"一带一路"规划近期或出台　中国实现战略性资本输出 …… 58
  实例2-2　政府工作报告释放三大投资机会 ……………………………… 60
  实例2-3　"黄金时代"远去　日韩企业离华"涌动" …………………… 63
  复习题 ………………………………………………………………………… 66

第三章　行业结构分析 ……………………………………………………… 67
  第一节　概述 ………………………………………………………………… 67
  第二节　潜在的进入者分析 ………………………………………………… 69
  第三节　竞争对手之间的抗衡 ……………………………………………… 78
  第四节　替代的威胁 ………………………………………………………… 89
  第五节　供应商分析 ………………………………………………………… 92
  第六节　顾客的讨价还价能力 ……………………………………………… 94
  第七节　产业演变 …………………………………………………………… 96
  第八节　网络化和电子商务对行业结构和竞争模式的影响 …………… 102
  实例3-1　行业重组高潮迭起　光伏触底复苏 …………………………… 106

V

实例 3-2　平台红利时代即将结束　国内电商瞄向第二轮行业竞争 …………… 109
　　实例 3-3　评级公司的死与生 ……………………………………………………… 111
　　复习题 ……………………………………………………………………………… 114

第四章　企业的资源、战略能力和市场地位分析 …………………………………… 115
　　第一节　企业的资源 ……………………………………………………………… 116
　　第二节　企业的能力 ……………………………………………………………… 118
　　第三节　企业的资源、能力与竞争优势 ………………………………………… 125
　　第四节　市场份额和市场地位分析 ……………………………………………… 133
　　第五节　SWOT 分析 ……………………………………………………………… 140
　　实例 4-1　南航基地升级"三大航"激战上海滩 ………………………………… 143
　　实例 4-2　奥迪 A6L 制胜之道：得技术者得天下 ……………………………… 145
　　实例 4-3　沃尔玛电商"迷途" …………………………………………………… 147
　　复习题 ……………………………………………………………………………… 149

第五章　文化与利益相关者的期望 …………………………………………………… 151
　　第一节　文化与战略管理的关系 ………………………………………………… 152
　　第二节　利益相关者分析 ………………………………………………………… 165
　　第三节　企业社会责任与战略管理 ……………………………………………… 169
　　第四节　商业伦理与企业价值观 ………………………………………………… 174
　　第五节　企业软实力 ……………………………………………………………… 178
　　实例 5-1　涉嫌共谋压低工资　硅谷公司面临集体诉讼 ……………………… 180
　　实例 5-2　空气净化器市场　高利润无国标 …………………………………… 184
　　实例 5-3　食品安全问题频发，零售企业临深履薄 …………………………… 186
　　实例 5-4　三星争做中国企业公民 2014 年捐赠外企第一 …………………… 188
　　复习题 ……………………………………………………………………………… 190

第六章　企业的一般战略 ………………………………………………………………… 192
　　第一节　成本领先战略 …………………………………………………………… 193
　　第二节　差异化战略 ……………………………………………………………… 200
　　第三节　集中战略 ………………………………………………………………… 203
　　第四节　战略钟 …………………………………………………………………… 204
　　第五节　网络环境下三种基本竞争战略的实现途径 …………………………… 209
　　第六节　动态竞争与持续竞争优势 ……………………………………………… 210
　　第七节　技术创新战略 …………………………………………………………… 215
　　实例 6-1　京东战淘宝　切下淘宝 10% 份额 …………………………………… 219
　　实例 6-2　团购行业进入巨头争霸模式 ………………………………………… 221

实例 6-3　豪车市场价格"血拼"　多米诺效应一触即发? ……………………… 224
复习题 ……………………………………………………………………………… 226

第七章　企业的成长战略 …………………………………………………… 227
第一节　密集性成长 ……………………………………………………………… 227
第二节　一体化成长 ……………………………………………………………… 230
第三节　企业集团 ………………………………………………………………… 239
第四节　多角化战略 ……………………………………………………………… 247
第五节　业务外包战略 …………………………………………………………… 259
第六节　战略联盟 ………………………………………………………………… 263
第七节　平台战略 ………………………………………………………………… 269
实例 7-1　娃哈哈多元化迷局：饮料帝国的"土豪式"商业法则? …………… 279
实例 7-2　宝洁多品牌战略失灵　急速"瘦身" ………………………………… 282
实例 7-3　互联网巨头相继杀入影视行业上市公司 …………………………… 285
复习题 ……………………………………………………………………………… 287

第八章　国际市场进入战略及其选择 …………………………………… 289
第一节　国际化经营的必要性 …………………………………………………… 289
第二节　国际市场进入战略 ……………………………………………………… 291
第三节　影响国际市场经济机会和政治风险的因素 …………………………… 294
第四节　母国经济环境和竞争结构对企业竞争力和国际化战略的影响 ……… 298
第五节　多国公司的组织结构演化和常见的类型 ……………………………… 301
第六节　新兴企业国际化理论 …………………………………………………… 306
实例 8-1　好公司为什么都跑到国外去上市 …………………………………… 310
实例 8-2　南车"出海"中国高铁的世界车站 ………………………………… 312
实例 8-3　阳光海外买楼战略升级"出海"寻求稳定回报 …………………… 315
复习题 ……………………………………………………………………………… 317

第九章　战略评价与选择 …………………………………………………… 318
第一节　评价标准 ………………………………………………………………… 318
第二节　适用性分析和战略选择矩阵 …………………………………………… 319
第三节　评估可接受性和可行性的模型和方法 ………………………………… 328
实例 9-1　定位摇摆不定　中坤地产"断臂"商业地产 ……………………… 343
实例 9-2　大而全模式走不出寒冬　天津劝业场连锁店停业 ………………… 346
实例 9-3　业绩持续下滑　人人网转型股票交易平台 ………………………… 349
复习题 ……………………………………………………………………………… 351

第十章 战略实施与组织架构 ……………………………………………… 352

第一节 平衡计分卡 ………………………………………………………… 353
第二节 一般的组织结构类型 ……………………………………………… 358
第三节 战略与结构的关系及战略组织类型 ……………………………… 365
第四节 企业组织结构和管理模式的选择 ………………………………… 368
实例 10-1 市场份额下跌 国寿架构调整"救场" ……………………… 376
实例 10-2 家乐福启用全新组织架构 发力电商便利店业态 ………… 378
实例 10-3 索尼移动目标裁员 28% …………………………………… 380
复习题 ………………………………………………………………………… 382

参考文献 ……………………………………………………………………… 383

战略管理概论

伴随着经济全球化的进程,技术日新月异,新的经营方式不断涌现,信息交流过程发生根本性变革,在这种超竞争环境下,越来越多的企业逐渐认识到战略管理的重要性。然而,人们对什么是企业战略,一个成功的企业战略应具备哪些基本要素和特征,对战略管理与业务管理的联系和区别等并没有清晰和一致的认识,这在一定程度上限制了战略管理作为一种科学分析方法的应用。为此,本章将首先介绍企业战略的概念和特征以及有关的争论,然后将讨论战略管理的一般过程及其与日常管理和业务计划的联系和区别。最后,本章将着重阐述国内外企业战略分析的发展以及我国企业进行战略管理的必要性和迫切性。

第一节 企业战略的概念和特征

一、企业战略的概念

虽然企业战略是一门非常新的学科,甚至在管理科学领域里也是一个相对年轻的学科,但在军事上却可以很容易找到类似的概念及其应用的先例,这可以追溯到由 Julius Caesar 和 Alexander 发表的军事学原理,还可以进一步追溯到我国伟大的军事家孙武早在公元前 360 年撰写的《孙子兵法》。"战略"一词来源于希腊语 strategos,它是由 stratos 和 eg 构成的,其含义是指"将军指挥军队的艺术"。克劳塞维茨(Clausewitz)在其理论巨著《战争论》中指出:"战略是为了达到战争的目的而对战斗的运用。"毛泽东在《中国革命战争的战略问题》中提出:"战略问题是研究战争全局的规律性的东西。""凡属带有要照顾各方面和各阶段性质的,都是战争的全局,研究带全局性的战争指导规律,是战略学的任务。"尽管不同的军事家或战略学家对战略这一概念的表述有所不同,但主要含义是指"对战争全局的筹划和谋略"。

在军事上,战略与战术之间有很重要的区别,前者是指为了获得有利的军事目标而调度兵力的总体计划和部署,而后者则是有关特定军事行动的具体方案。如果说战术考虑的是如何赢得战斗或战役的胜利,那么,战略考虑的是如何赢得战争的胜利。换句话说,为了实现既定的战略目标,下级指挥员要服从统帅的战略部署并要制定具体的作战方案,即战术是围绕战略而制定的。

长期以来,虽然人们一直在争论军事战略原理对企业的普遍适用性,但是,越来越多的人承认:军事战略对企业管理有重要的借鉴作用。正因为如此,自从 1965 年美国的安索夫(H. L. Ansoff)发表《企业战略论》以来,企业战略一词获得了越来越广泛的应用,随着人们对企业战略理论研究的不断深入,其内涵也不断丰富和完善,并进而有效地指导企业的战略管理实践。

实际上,企业战略并不是一个简单的概念,或者仅仅从某一方面就能加以描述。换句话说,理解这一概念需要多维的视角,它不仅涉及企业所有的关键活动,确定企业的未来方向和使命,而且需要根据环境的变化加以调整并有助于战略变革的实现。回顾在这一领域的重要研究成果,可以看到企业战略主要有以下几种定义。

1. 企业战略作为确定组织使命的手段,要明确组织的长期目标,活动程序和资源分配的优先级

以上观念是有关企业战略最早和最经典的概念。在这里,战略被作为形成组织长期目的和目标,限定主要活动程序和调配资源的具体方法。应该看到,这是一个切合实际和有用的定义。首先,企业应该确定自己的目标以反映对经营业绩的要求,只要外部环境和内部条件的变化并未要求组织改变其做出的长期承诺,企业就不应轻易修改既定的目标。大量研究表明:如果一个企业的目标飘忽不定或反复调整,那么,将引起企业利益相关者,尤其是顾客和雇员的思想混乱、行为表现不佳以及其他消极反应,进而会危及企业的生存和发展。

但是,保持长期目标的稳定并不意味着不能对企业的活动做出必要而连续的调整,以增强这些活动的适应性。一般说来,这种调整是短期导向的,并应与长期目标保持一致。

最后,上述战略概念说明:作为最重要的战略实施步骤之一,资源分配(如人力、财力、技术和设备)不仅要与企业的主要活动相匹配,而且要符合战略目标一致性的要求。显而易见,如果一个组织确定了应达到的目标,但却没有具体的活动项目,或者明确了活动项目而得不到所需要的资源,或者是资源配置不合理,那么,实现战略目标就只是一句空话。

2. 战略是一种事先的计划,是对未来行动方案的说明和要求

明茨博格(H. Mintzberg)指出:大多数人认为战略是一种计划,它有两个基本特征:一是具有前导性,即战略形成于经营活动发生之前;二是具有主观性,即战略是人们有意识、有目的的制定的,更多地反映了人们对未来行动的主观愿望。

上述定义强调战略是"行动之前的概念",是人们主观愿望的反映和设计的结果。例如,克劳塞维茨认为军事战略主要涉及如何"起草战争的计划……部署个别的战役,并在前面的基础上决定怎样进行个别的战斗"。在博弈论中,冯·纽曼(Von Newman)认为:战略是"一种完整的计划,旨在说明在每一种情况下应该做出怎样的选择"。在管理学中,格鲁克(Glueck)强调:"战略是一种统一的综合的一体化的计划,用来实现企业的基本目标。"

应该指出的是,作为一种计划,战略既可以是一般性的,也可以是特殊的计策,后者可以作为智胜竞争对手或敌人的具体手段。例如,一个实力强大的公司在得知竞争对手想要扩大生产能力时,可以通过宣布自己的企业将大幅度扩张生产能力来威胁对方,使之放弃扩大生产的计划,从而维持自已已有的优势,并不需要真的增加生产线。在这种情况下,战略仅仅是一种威胁,但却阻止了竞争对手可能的进攻。

事实上，在战略管理领域和一般谈判过程中，人们越来越多地注意到战略的这一特点，波特(Porter)在《竞争战略》一书中，用一章的篇幅讨论"市场信号"问题，而发出市场信号实际上是一种竞争性策略。

3. 战略的主旨在于限定企业的竞争范围

长期以来，人们已认识到战略的中心议题之一就是确定企业正在哪一行业或打算进入哪一行业，这意味着战略强调和关注的是企业的成长和多样化等问题。

一般说来，管理人员在战略计划过程中首先要解决的问题之一就是进行行业细分，无论从战略制定的角度还是从战略实施的角度上看，决定企业的业务单位都是一个重要的问题，这意味着企业必须明确其所在的是哪一种行业，为什么在那一行业而不是其他行业。换句话说，企业要作出进入哪一行业和如何开展多样化经营的决策。

然而，回答上述问题并不容易，越来越多的研究说明，经理人员在处理这类问题时遇到了很多困难，这不仅仅是因为在确定行业的标准、业务单位扩张的程度以及由谁来负责这些工作方面存在分歧，而是因为业务划分对企业组织结构的显著影响而使问题复杂化。虽然业务细分在业务分析、战略定位和资源分配方面都是一个关键因素，但并没有一个系统科学的方法来完成这一任务，只能较多地依赖经理人员的判断和经验。随着经济的全球化和国际竞争的加剧，企业在确定其业务单位应服务于哪些顾客和面对哪些竞争对手方面将会遇到更大的困难。

虽然限定或明确企业的竞争范围是一件困难的工作，但其对企业的影响却是显而易见的，现实中有很多企业因业务范围过宽而难以形成自己的竞争优势，同样也有很多企业因业务范围过窄而失去发展的重要机会。因此，明确竞争范围仍然是企业的一项重要工作。

4. 企业战略是为获得持久竞争优势而对外部机会和威胁以及内部优势和劣势的积极反应

按照这一定义，制定企业战略的主要目的是获得超过竞争对手的持久的竞争优势，即努力寻求有利的竞争地位。为此，企业需要对影响组织的内外部环境因素作全面的了解和分析，它是建立竞争优势的基础。例如，在外部环境分析过程中，企业必须了解所在行业的吸引力大小、未来的发展趋势以及主要竞争对手的特点，它们既可以给企业带来重要的机会，也可能给企业带来严重的危机。在分析内部条件时，尤其要注意评价企业的竞争能力如何，优劣势在哪里，以便决定怎样提高企业的核心竞争能力，并弥补自身的劣势。

虽然制定企业战略的目的在于使其内部能力与外部环境相匹配，但战略不应该是对外部环境及其带来的机会与威胁的被动反应，而应该使企业积极主动地适应环境的变化和要求。为了获得持久的竞争优势，企业尤其需要深入分析业务单位的特点和内部实力，它们决定了企业能够采取怎样的战略。此外，还需密切关注外部环境因素的变化趋势和所在行业的结构，这些因素一定程度上决定了未来的市场潜力和企业的获利能力。总之，企业战略的这一定义强调从内外部环境分析入手来考虑企业的生存和发展问题，强调组织对环境的适应性。

5. 企业战略是一种连续一致的决策模式

如前所述，有很多人倾向于把战略作为一种事先的计划，但如果战略的确只是人们的一种主观设想,那它也应该能够实现。而事实上这样一种假设并不充分,为此,明茨博格提出了战略的另一种定义:"战略是一种模式。"这一定义强调战略是一系列行为的结果。换句话说,无论企业是否事先对战略有所考虑,但只要有具体的经营行为,自然就会形成一种决策模式,即战略。通过考察企业目标的不连续性,人们可以对不同战略模式做出区分,这种方向性变化既可能是高层管理者人事变动的结果,也可能是重大外部事件诱发的产物。企业目标和方向上的阶段性可以用来分析战略模式的一致性。

战略作为一种事先计划抑或作为一种模式,这两种定义的着眼点有很大不同。前者强调战略是人类设计的结果;后者强调战略是人类行为的结果,是已实现的战略。无论人们如何看待战略,战略一经形成,总要留下企业过去采取的主要行动的"烙印",而且也将影响未来的行动。

6. 战略是一种定位

这一定义强调企业或组织应该明确其在自身环境中或市场中的地位,即通过战略使其与外部环境相匹配和融合。换句话说,企业应该通过对外部环境、行业结构以及竞争对手的分析,明确自己在行业中的相对地位,从而把企业的重要资源集中到合适的产品和市场上,形成一个有利的"生长圈"。

企业或组织对自身的"定位"虽然并不一定反映企业战略的全部内涵,但这种定位还是非常必要的。它有助于企业清醒地认识所处的环境、竞争对手的状况,不至于过高地估计自身的力量而盲目地"四面出击",也不至于过低地估计自身的力量而轻易地放弃扩大市场份额和开发新市场的机会。事实上,正像对一个产品需要定位一样,企业同样需要这种定位,它可以帮助企业选择合适的细分市场和采取适当的营销组合。

7. 战略是获得竞争优势的手段

过去,人们一直把战略分析的重点放在如何建立战略业务单位(SBU)上,现在这种分析方法受到了尖锐的批评。人们逐渐认识到,对战略业务单位的过分依赖已经导致它的过分独立,进而形成了一种将业务仅仅局限于现有产品的公司结构。在这样的企业里,人们不适当地按每一项业务分配资源,因而忽视了对核心能力的创造和培育,而这种核心能力是不同业务单位共同需要的。换句话说,对战略业务单位的过分重视,会使企业对核心能力和关键产品投资不足,从而削弱其革新和适应环境变化的能力。解决这一问题的办法是将在公司范围内使用的技术和生产技能转化为各业务单位都需要的核心能力,以此增强它们的灵活性,这种新的战略结构将逐步取代传统的 SBU 结构。

通过培育核心能力取得竞争优势的最新观点是 Margaret A. Peteraf 提出的资源基础评价模型。与以前的基于市场驱动的战略分析方法——认为行业条件决定市场机会不同,该评价模型认为竞争优势的最主要来源是企业的资源和能力,当企业将其拥有的资源和能力用于发展其独特的核心能力,而且企业的竞争对手不能用其他方法替代或模仿这些能力时,企业就能维持自己的竞争优势。

需要指出的是,应该在公司层次上发展和培育核心能力,以取得整体竞争优势。为此,所发展的核心能力应该具备以下特点:第一,它有助于企业打开进入更多市场的通路;第二,它能使终端产品用户获得更大的利益;第三,它本身难以被竞争对手模仿。

8. 战略是一种观念和意向

以上几种定义或者强调外部环境对战略形成的制约和影响,或者重视企业内部资源和能力在创造和维持竞争优势方面的作用。这一定义把注意力放在战略思维上,即战略主要是体现了决策者和员工对客观事物固有的认识方式。思维方式不同,采取的战略也会不同。例如,有些企业是进取型的,总是希望通过创造新的技术来开拓新的市场,而有的企业则是防御型的,希望采用成熟的技术来固守现有的市场。

战略作为一种观念的定义旨在强调,战略尽管是一种抽象的概念,没有人见过或触摸过它,但却可以通过一定的方式被企业成员拥有和共享,从而变成一种集体意识,并可能成为组织成员保持行为一致的思想基础。

作为战略是一种观念的进一步延伸,Gary Hamel 和 C. K. Prahalad 提出了战略意向的概念。他们认为如果一个战略仅仅是记录企业已经采取的行为或完成的项目,那么,它实际上很难实现企业最终的目标。也就是说,它难以发挥组织成员的创造性并使企业处于更佳的状态。实际上,企业的资源和能力总是不充分的,但这并不妨碍其向更高挑战性的目标努力。因此,Gary Hamel 认为:一个杰出的公司战略应清晰地表明公司的战略意向。例如,可口可乐的战略意向是让世界上每一个人都喝上可口可乐;美国宇航局阿波罗项目的战略意向是在苏联人之前登上月球;佳能的战略意向是击败施乐等。

大量事实说明:企业在市场上的竞争已不再是产品的竞争而是转化为理念或观念的竞争。毫无疑问,能够在市场中取胜的企业,必定是那些能够把握最有利的市场地位的企业。在这样的背景下,品牌的作用显得至关重要,并成为公司成败的决定性因素,而品牌及其所代表的价值并不能仅仅通过实体的产品得以反映,实际上,品牌还代表着一种公司的精神和理念。

具体地说,公司经营的本质并不是向市场提供有形的产品,而是向社会公众以及公司内部人员传播一种精神与理念,同时这种精神与理念要得到人们的普遍认同。按照心理学家 Alfred Adler 和 Jesper Kunde 的观点,一个公司的自我认知、市场认知和公司所期望的认知三者之间越吻合,它的个性特征就越突出,市场穿透力就越强,如图1-1 所示。

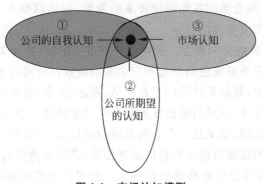

图1-1 市场认知模型

那么,一个公司的精神与观念如何传递给客户,又如何与公司的内部运作保持和谐一致呢?Jesper Kunde 的公司形象模型较好地揭示了它们之间的关系,如图1-2 所示。

这一模型说明,要形成协调一致的公司观念,必须明确以下八个方面的问题:

(1) 公司应该有怎样的外部市场定位。众所周知,消费者购买某种品牌的产品时,实际上是在选择他们喜欢的公司,即是说:一个公司的外部定位是可以被消费者感知到的,

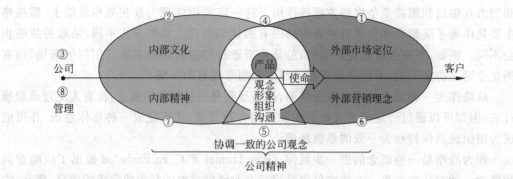

图 1-2　公司的形象模型

因此,在形成公司的外部市场定位时,首先必须在市场中选择具有代表性的一定数量的消费者进行调查,了解他们对公司的认识和评价,在此基础上明确公司应该向市场和消费者传递什么样的信息和定位。

(2) 公司具有怎样的内部文化。大量事实说明:准确识别和反映公司的内部文化和信仰并非易事,形成优秀的公司文化并使其发挥核心和辐射作用则更加困难。在认识公司的内部文化时,首要的是通过公司历史的回顾来寻找公司发展的根源和动力,一般说来,通过已经将公司文化深刻在他们骨子里的员工的思维和行为方式,比较容易识别公司的核心价值观,这些往往是公司遭遇挫折和失败时,仍然能够坚持和发展的文化动因。毫无疑问,驱动公司前进的积极因素一旦被挖掘出来,就可以利用这些因素弱化消极因素,从而加速优秀文化的形成和公司的发展。

(3) 如何看待公司将来的发展,如何确定公司管理的目标。仅仅了解外部市场定位和内部文化并不够,因为一个公司处在剧烈变化的动态环境中更需要动态的响应能力,尤其不能无视市场环境和消费取向的巨大变化而任由公司凭着已有的惯性去发展。实际上,公司需要以全球化和变革的视角看待将来的发展,应该洞察未来可能的变化和挑战,进而确定具有前瞻性和应变性的目标。

(4) 和(5)形成完整的公司理念。公司的外部市场定位,内部文化以及管理者对公司未来的态度和目标设定是形成公司理念的三个关键要素。公司理念一旦形成并有效地传递给消费者和相关群体,其效果就等同于在产品、理念、形象、组织和沟通之间建立起清晰而明确的和谐关系。显然,形成明晰而优秀的公司理念将是一个十分艰难的过程,但要使公司获得长期稳定的发展,这又是一个必须完成的过程,一旦公司理念得以形成并充分发挥其作用,那么,企业的品牌价值就会得以迅速提升,消费者的参与程度就会更高。

(6) 应该向市场传递怎样的外部营销理念。公司理念不仅要得到内部的认同,而且要有效地传递给市场及消费者,只有这样,公司理念和精神才会被广泛接受和传播,从而发挥其核心指导作用。需要注意的是,传播公司精神和理念并不是营销部门的专门职责,而是公司所有部门和人员共同的事业,很难想象一个公司的很多人员采取的行动都在有意无意地破坏公司的形象和信誉时,公司所倡导的理念会由营销部门有效地传播给市场和消费者。

（7）内部精神。内部精神所代表的是公司的核心假设和信仰，一定意义上说它就是公司的宗教。内部精神的形成固然不易，但使好的精神得以保存并发扬光大则更为艰难，一般说来，坏的习惯和行为比较容易扩散和传播，尤其是当这些行为引起很大破坏却未引起足够重视并受到相应的制度上的惩罚或道德上的谴责时。大量事实说明，形成内部精神的过程就是一个不断审视公司历史，继承精华与扬弃糟粕的过程，而且在形成公司精神以后，要通过不懈努力和反复宣传才会使员工真正认识和理解它的内涵和实质，也只有当这种精神变成所有员工的自觉行为和习惯的时候，企业的内部精神才真正得以形成。

（8）明确管理的方式和内容。无论是传播公司的精神和文化，还是向市场传播营销理念和明确外部定位，都需要公司的良好管理。管理人员应该明确管理的方式和内容，知道如何才能最终保证公司在理念和精神的指引下协调一致地运作和经营。

另外，从品牌形成和发展的角度看，公司的成长是一个从具体产品，经由形成概念化品牌和公司理念，再到品牌文化和品牌精神塑造的过程，如图 1-3 所示。

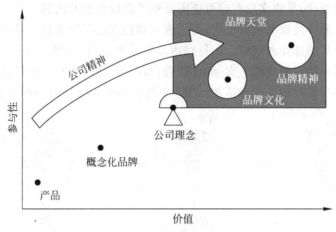

图 1-3　品牌精神模型

在产品阶段，企业销售的仅仅是一个功能化的物件，没有任何附加的价值。消费者对这类产品没有任何情感和忠诚可言，同时很容易接受其他厂家所提供的同类的或替代的产品。

形成概念化品牌是品牌发展的第二阶段，在这一阶段，公司销售的不再仅仅是单一的实物化产品，而是在情感价值基础上得以运行的品牌，消费者对概念化品牌有较高的认同度，同时对公司活动也有较前一阶段更多的参与和关注。

公司理念的形成在品牌塑造和公司发展过程中起着十分重要的作用。事实上，没有不具备公司精神的品牌，换句话说，消费者对一个产品的认同不仅仅停留在实物的功能和质量上，也不仅仅停留在情感的基础上，而是对公司理念的认同和赞许。如前所述，公司理念以消费者、公司及品牌之间深刻而可靠关系的存在为特征，有了明确的公司理念并有效地传递给市场和消费者，才会形成与一个整体运作完全一致、和谐的公司相融合的品牌。

品牌文化意味着一个品牌已经获得了强有力的市场地位,消费者认知该品牌与其所代表的功能具有一致性与等同性,他们会将对品牌的认同折射到与品牌相关的所有产品中去,宝洁公司在推出一个洗涤产品时可能不需太多的广告和促销就容易被市场和消费者所接受;高露洁销售的不仅仅是牙膏,它就是牙齿卫生与健康的灵魂与核心;清华大学和北京大学推出一个新的教育培训项目容易受到市场的欢迎并不是因为接受培训的人真的了解每位讲授者的水平,而是认同两校作为中国著名高等学府所作出的承诺与水准。

需要注意的是,品牌文化虽然能够创造出非常稳固的市场地位,同时会形成较高的市场进入壁垒,但一个品牌的穿透作用又是有限的,并不是针对所有消费者都是一种品牌文化。一般说来,品牌文化都是在消费者一次次的消费需求中渐渐培养起来的,它们以某种方式将知识或文化的内涵注入品牌之中,使该品牌比其他同类产品更具可信度和可靠性。

尤其需要说明的是,多数品牌文化的建设和维持是一个持久的过程,而且随着消费者的口味和选择的变化,品牌文化有时可能需要赋予新的思想和内涵。

品牌精神是品牌建设的最高层次,是更强大和稳固的品牌文化。对于消费者来说,这种品牌是一种必然的选择和信仰。一旦到达品牌精神阶段,市场上具有同样功能和外形的产品已经很难动摇它的地位。实际上,消费者这时选择的不是一个具体的产品,而是它背后的公司及其所倡导的文化和精神。图 1-4 是 Jesper Kunde 对一些著名企业品牌精神

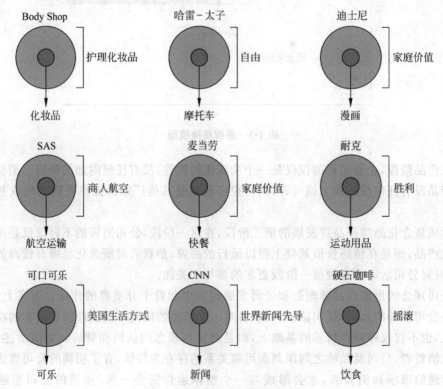

图 1-4 著名品牌的精神内涵

的概括,尽管这种概括未必完全合理,但它的确揭示了这些品牌为什么在竞争激烈的市场上能够长盛不衰的部分原因。毫无疑问,在品牌等级链中,品牌地位与品牌所能够容纳的产品品种之间有着极为密切的关系,品牌等级越高,品牌与原始实物产品的联系就越小,品牌等级中所能包含的产品种类也越多。如图1-5所示。

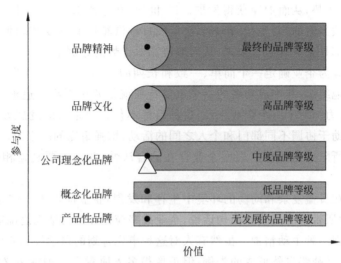

图 1-5　品牌等级模型

与前面的几种定义不同,战略作为一种意向的概念不是关注外部机会与企业竞争地位的匹配性和把业务单位作为分析的重点,而是强调应该在公司层次上发展组织的核心能力,鼓励企业成员向更高的目标迈进,以便获得持久的竞争优势,使企业成员形成对公司战略意向的忠诚。

以上我们介绍了企业战略的几种定义,但这并不意味着它们是彼此独立的。介绍这些不同的定义旨在帮助读者加深对企业战略的深刻理解,避免形成片面理解并对行为产生误导。实际上,与其说以上对企业战略的几种描述是定义,倒不如说是企业战略的某种含义,而且这些定义彼此之间存在着一定的内在联系或冲突。如第3种和第6种定义都强调企业必须认清自身所处的环境和相对地位,从而采取与环境和自身实力相适应的战略;第4种和第7种定义都强调企业建立持久竞争优势的重要性,但实现这一目标的途径却有所不同。前者关注行业结构和外部环境的变化趋势以及战略业务单位的选择,后者则强调在公司层次上构建资源基础和发展核心能力。再如,第2种和第5种定义对战略形成过程的认识有所不同,前者强调战略是一种事先筹划,而后者则认为战略是自然发生的或事后选择的结果。事实上,这些定义的形成和不断完善从一个侧面反映了战略决策的复杂性,同时也反映了人们对其认识和理解的逐步深化。

综合以上分析并考虑到军事战略的内涵,我们认为:企业战略是企业以未来为主导,为寻求和维持持久竞争优势而做出的有关全局的重大筹划和谋略。在理解上述概念时,应该把握以下几个要点:

第一,企业应该把未来的生存和发展问题作为制定战略的出发点和归宿。那就是说,一个好的战略应有助于企业实现长期生存和发展的目标。而要做到这一点,企业不仅需要了解企业本身及所处行业的过去和现在,尤其需要关注行业内外环境因素将来发展变化的趋势,从而把握自身的未来。在政治、经济和其他外部环境因素发生跳跃性变化的时代,仅凭过去的经验和传统的分析方法已不能满足企业建立持久竞争优势的要求,失去对未来动态的充分估计和把握,企业将失去目标和方向。反之,则可能抓住有利的时机,建立起自己的竞争优势,从而加速获得发展。20 世纪 60 年代 Levi's 公司开发宽线斜纹布生产牛仔服,占领当时的"新生代"市场,70 年代日本汽车厂家开发节能牌小型家用轿车进军欧美市场,都是企业着眼于未来,从而取得竞争优势的好例子。

第二,战略应为企业确定一个简单、一致和长期的目标。大量研究发现,无论对于个人、军队还是其他组织,其中成功者的一个重要特征就是始终不渝地追求一种目标,并为此付出不懈的努力。对于一个企业来说,这种目标不仅指明未来的发展方向和引导资源的配置,而且有助于协调不同部门和个人之间的活动,增强组织的凝聚力。需要特别强调的是,企业战略所限定的目标应表明企业存在的合法性,并与主要利益相关者的期望保持一致。

第三,为了在日益复杂和动荡的环境中生存和发展,企业应该未雨绸缪,主动地迎接和适应环境变化所带来的挑战。换句话说,企业战略应是在经营活动之前有目的、有意识地制定的,应体现一种主动精神。虽然有人对这种事先筹划的科学性和有效性提出质疑,实际生活中也不乏战略自然形成的先例,但正像很多人愿意采用理性主义的处理方法一样,我们认为系统分析和理性判断对战略的形成仍然是必要的。没有这样一种事先的科学分析,战略的形成过程尤其是在高层管理水平上可能就是混乱的。同时,某些关键决策可能变得易受个别管理人员选择偏好和流行时尚的影响,而且,对直觉和经验的过分强调有可能使人们重新陷入新的神秘主义的泥潭(关于这些内容在下节和其他部分,还将进一步展开讨论)。

第四,战略的实质是帮助企业建立和维持持久的竞争优势,即帮助企业保持一种强大而灵活的态势,这意味着战略不仅有助于管理人员处理可预见的事件,也要有助于他们处理突发和难以预见的事件。事实上,由于管理人员很难预料各种重要影响因素之间相互作用的方式和程度,也很难预料竞争对手的反应以及企业本身不得不调整战略的时机和方法,所以,战略应为企业提供若干个可以实现其目标的途径,以应付外部环境可能出现的例外情况。进一步说,正像军事战略谋求"进可以攻,退可以守"的战略地位一样,企业战略应使企业在市场竞争中保持一定的灵活性和机动能力,保持良好的市场扩张和收缩通道。为此,企业的战略目标不应过分具体和数量化,有时可能仅仅表现为一种战略意向。要实现这样一种战略目标,就必须在公司层次上发展和培养核心能力,这也正是从 20 世纪 90 年代开始人们再次将目光转移到构建企业资源基础上的重要原因。

二、战略的特征

1. 全局性

无论对于一个军队还是对于一个企业,总要遇到各种各样的情况,处理各种各样的问题,其中一些决策涉及整个组织范围,另外一些可能只与局部利益有关,而且在很多情况下,组织的总体利益和下层组织的局部利益并不完全一致,有时甚至产生矛盾,这就要求领导者善于运筹,做出适当的决策。研究发现,一个高明的统帅和企业家总是能在复杂的条件下把握全局,进而做出正确的战略部署。例如,在解放战争中,面对瞬息万变的东北战局,毛泽东同志运筹帷幄、决胜千里,指出能否攻克锦州才是影响东北战场全局的关键之所在,因此,多次电令我东北野战军要不惜一切代价攻克该城,给了蒋介石当胸一刀。同样,在平津战役中,毛泽东同志洞察全局,做出了对华北傅作义60万军队"围而不打"的战略部署,使其既不能从塘沽逃走,也不能西窜绥远,从而迫使傅作义率部起义,加速了蒋家王朝的覆灭。对于一个企业来说,同样不能"只见树木,不见森林"。高层管理者,尤其是决策者切忌整天埋头于具体的经营性事务,而忽略了对企业大政方针和长远方向的考虑。此外,战略的全局性还意味着要妥善处理局部利益与整体利益的关系,在两者出现矛盾时要"丢卒保车"。例如,某一产品部门或销售部门设计或销售低质产品的行为会严重损害公司的整体形象,尽管那样做可能增加部门的利益,但为了保持公司良好的整体形象也必须禁止这种做法。

2. 长期性和相对稳定性

战略的另一个重要特征是其主要涉及组织的远期发展方向和竞争范围选择问题,因此,评价战略优劣的一个重要标准就是看其是否有助于实现组织的长期目标和保证长期利益的最大化。换句话说,战略更关注长远利益,而不是关注短期利益,这是与一般战术和业务计划的显著区别。例如,如果一个产品或项目尽管在短期内会赚些钱,但长期市场潜力不大,而且无助于提高企业的核心能力,甚至会造成严重亏损,从战略的角度看,这样的产品或项目就不应该上马。相反,若一个项目尽管短期内会造成一定亏损,但长期市场潜力巨大或适应技术发展的趋势,只要经营得当,将会获得长期稳定的收益,从战略的角度上看就应该上马。在处理类似问题时,我们曾有过沉痛的教训,例如,前些年有些地区或城市为了追求短期经济指标,盲目上项目,扩大生产规模,不仅导致了严重的生产过剩,而且造成了严重的环境污染。有些地区为了扩大粮食生产,盲目地毁林开荒或围湖造田,严重破坏了生态平衡;也有一些企业为了实现短期经济增长指标,而不惜以牺牲长期发展潜力和市场机会为代价,拼体力和设备,对研究和开发投入不足,以致失去长期发展的后劲。这些现象说明,一个好的战略应该是可持续发展战略。

为了实现可持续发展,战略应具有相对稳定性。虽然战略需要根据环境的变化做适当调整,但这种调整不应过于频繁,尤其是不能朝令夕改,因为战略体现的是组织的长远利益,而这种目标的实现本身需要较长的时期,甚至要以牺牲短期利益为代价。因此,若战略不能保持相对稳定,不仅难以实现长期目标,而且会使为此付出的努力付之东流,造成的损失无法弥补。尤其会使组织成员感到失望,进而会使组织的凝聚力和效率下降。

3. 适应性

战略不仅要有全局性、长期性和相对稳定性,而且要有较强的适应性。一个好的战略总是力求实现稳定性和适应性的统一,前者意味着战略在较长时期内保持相对稳定,能够稳定组织成员的情绪,增强他们的信心;而后者意味着所确定的战略目标既要简单明确,同时又不过分僵化和具体,保持适当的张力。换句话说,企业在制定战略时,应考虑建立资源缓冲地带,保证资源分配的灵活性,因而使本身具有一定的机动能力。这样当外部环境或内部因素发生变化时,就可以通过战术调整来适应这种变化,而不致做大的战略变更,保持整个组织的协调和行为的一致性。

三、战略的层次

在军事上,习惯于用战略和战术来区分不同层次和范围的决策,前者多指最高统帅部对某次战争或重大战役的整体部署;而后者指某一级将领和指挥人员对某一次战斗行动的具体策划。在企业战略范畴内,通常并不是用战略和战术对上述问题做出处理,而是将战略分成三个层次:公司战略(corporate strategy)、竞争战略(business strategy)和职能战略(functional strategy)。所谓公司战略主要是决定企业应该选择哪类经营业务,进入哪些领域;竞争战略主要涉及如何在所选定的领域内与对手展开有效的竞争。因此,其关心的主要问题是应开发哪些产品或服务,以及将这些产品提供给哪些市场,以达到组织的目标。如远期盈利能力和市场增长速度等。职能战略主要涉及如何使企业的不同职能,如营销、财务和生产等,更好地为各级战略服务,从而提高组织的效率。应该指出:三个层次的战略都是企业战略管理的重要组成部分,但侧重点和影响的范围有所不同。高层次的战略变动往往会波及低层次的战略,而低层次战略影响的范围较小,尤其是职能战略涉及的问题一般可在部门范围内加以解决。

尽管本书讨论的问题与战略的三个层次都有关,但重点却是探讨公司和竞争战略——企业应进入哪些业务领域以及在各业务领域怎样展开竞争。

四、与战略有关的名词

除战略与策略容易引起读者的混淆外,在战略管理书籍或公司的有关文件中,大家还经常遇到这样一些名词,如使命(mission)、愿景(vision)、目标(goal)、具体目标(objective)和战略等。虽然没有人对这些名词下过精确定义,或者说至少还没有一个统一的定义,但对它们做适当区分,并注意它们的相互关系还是必要的。这有助于我们深入了解公司战略的本质及其要解决的主要问题,哪些内容的可变性多一些,哪些目标相对持久一些。

使命是对组织存在意义的一般表示。第一,它要表明组织存在的合法性,使企业及其生产的产品或所提供的服务易于得到社会公众的认可,并且要持续很长的时间;第二,它要与主要利益相关者和企业所有者的价值观或期望相一致,以便有效地调和他们之间的矛盾,或迎合他们的不同需求;第三,它应该是富有想象力的,对组织成员具有很强的感召力,换句话说,每当谈到公司的使命时,组织成员会感到震撼和鼓舞;第四,它应以高度抽象的形式加以表述。需要注意的是,使命是企业态度和展望的宣言,而不是对具体任务的陈述。它应该有助于产生和考虑多种可行的目标和战略,而不会因过于细化而抑制管理部门和下属人员的创造力。事实上,笼统的确有其优点,因为过分的细致不仅会抑制人们的积极性和创造性,而且使命一旦被具体化,便会使企业僵化而不利于变通,甚至招致激烈的反对。使命表述要满足上述几方面的要求,但也不能丧失针对性和企业自身的特色,从而成为一种毫无意义的文字游戏,如下例使命表述就是一个不成功的例子:

"我们通过加倍努力确保我们的行动和股东的期望一致,从而使我们成为一个成功的、前进的公司。我们的主要'愿景'是为股东创造财富。"

对于一个企业来说，使命涉及企业的总体目标、经营范围和界限，有时可以用简单、十分具有挑战性的问题或阐述来表达，如"我们希望成为怎样的企业？"例如，英特尔(Intel)公司将其使命表述为"成为世界计算机行业的奠基石"。

愿景是指与使命保持一致的组织未来的目标，它具有前瞻性，一般说来，它所指的是较长时期内企业或组织追求的重要目标，而非一般性的业务发展上的具体指标。和下述的目标有类似的含义，但可以更概括和宏观一些。

目标通常是指与使命相一致的对组织方向的一般表述，一般情况下它是定性的描述。

具体目标是对上述目标的进一步量化或更精确的描述，有时可能表明具体的完成时限。

战略一词一般说来有两种含义，一种是表明为达到组织目标和实现组织使命所要采取的行动种类；另一种则是更广义的描述，即战略本身就包括确定组织的使命和目标等。如某一咨询公司为某一企业制定发展战略，就是指后一种情况，而在使命和目标既定的条件下，战略是指所要采取的重大行动，而且这种行动主要与目标或使命有关，而不是与具体目标有关。

具体目标一般通过一组行为或任务才能实现，这些行为和任务是实施战略的具体步骤，或许与具体经营问题及具体个人有关。一般说来，可以根据目标完成情况对它们做出适时调整，只有多次调整或修正都不能奏效时才考虑战略调整。表 1-1 通过保健产品的例子说明了以上这些概念的关系。

表 1-1　与战略有关的名词

名　词	举　例
使命	健美
↓	
目标	减肥
↓	
具体目标	节食、锻炼
↓	
行为、任务	少吃饼干、小吃、黄油 限每天一杯奶，每天游泳
↓	
控制	每天早晨称体重，是否令人满意 如果不满意，考虑别的方案
↓	
奖励	买一件新衣服

除以上概念外，战略管理书籍中常出现的另一个名词是战略经营单位(strategic business unit，SBU)，它是指公司内的一个单位，其产品和服务具有一个有别于其他 SBU 的外部市场，当在特定市场层次上考虑竞争战略时，它是个非常有用的概念，这也是 SBU 理论得到承认和流行的原因。

第二节　企业的战略管理

一、战略管理过程

前面我们把战略定义为对全局的筹划和谋略，它实际上反映的是对重大问题的决策结果,以及组织将要采取的重要行动方案,而战略管理则是一种过程,不仅决定组织将要采取的战略,还要涉及这一战略的选择过程以及如何加以评价和实施。换句话说,企业战略的制定、评价和实施过程需要一定的技术和技巧,而且由于战略涉及组织的长远方向和更大的决策影响范围,因而所需要的技术也更加复杂,这正是战略管理所要解决的问题。

一般说来,战略管理包含三个关键要素:战略分析——了解组织所处的环境和相对竞争地位;战略选择——涉及对行为过程的模拟、评价和选择;战略实施——采取怎样的措施使战略发挥作用。

1. 战略分析

战略分析要了解组织所处的环境正在发生哪些变化;这些变化将给组织带来哪些影响;是给组织带来更多的发展机会,还是带来更多的威胁。对企业来说,上述环境不仅指宏观环境,如经济、政治和技术等,还包括行业结构的特点、变化趋势等。战略分析还要了解组织所处的相对地位,具有哪些资源以及战略能力,正是它们决定了组织能够采取怎样的战略。此外,还需要了解与组织有关的个人和团体的价值观和期望是什么,对组织的愿望和要求是什么,在战略制定、评价和实施过程中会有哪些反应,这些反应又会对组织行为产生怎样的影响和制约。

2. 战略选择

通过战略分析,管理人员对企业所处的外部环境和行业结构、企业自身的资源状况和能力以及利益相关者的期望和权力已经有了比较清楚的了解,接下来的任务是为企业选择一个合适的战略。战略选择是一个复杂的决策过程,它将涉及产品和服务的开发方向,进入哪一类型的市场,以怎样的方式进入市场等;在产品系列和服务方向确定以后,还要决定是通过内部开发还是外部收购来拓展这些业务。在做这些决策时,管理人员应该尽可能多地列出可供选择的方案,不要只考虑那些比较明显的方案。因为战略涉及的因素非常之多,而且这些因素的影响往往并不那么明显,因此,在战略选择过程中形成多种战略方案是一个首要的环节,它是战略评估的基础和前提。

提出多个战略方案以后,管理人员应根据一定的标准对它们进行评估,以决定哪种方案最有助于实现组织的目标。确切地说,首先要明确哪些方案能支持和加强企业的实力,并且能够克服企业的弱点;哪些方案能完全利用外部环境变化所带来的机会,而同时又使企业面临的威胁最小或者完全消除。事实上,战略评估过程不仅要保证所选战略的适用性,而且需要具有可行性和可接受性。前者意味着组织的资源和能力能够满足战略的要求,同时外界环境的干扰和阻碍是在可接受的限度内;后者意味着所选择的战略不致伤害利益相关者的利益,或者虽有这些障碍,但企业能够通过一定方式克服它们。

战略选择的最后步骤是在具有适用性、可行性和可接受性的方案中选择一种或几种战略。在后一种情况下,最好为这些战略排出一个优先级,同时明确它们适用的条件。在这一过程中需要明确的是:战略选择并不是一个完全理性的过程和纯逻辑的行为,它实际是一个管理测评问题;在另外一些情况下,它可能是不同利益集团讨价还价的产物和不同观点的折中。实际上,即使没有人为因素的影响,由于信息的不完整性,所选择的战略也不一定是最佳战略,何况任何战略都免不了有一点缺点或危险。因此,战略选择本质上是一个对各种方案比较和权衡,从而决定较满意方案的过程。

3. 战略实施

所谓战略实施就是将战略转化为行动。大量研究说明：通过全面的战略分析选择一个好的战略固然重要，但同样重要的是通过切实可行的步骤和方法将战略转化为具体的可执行的行动。战略方向与其实施效率之间的关系很像重病患者的治疗方案与其"疗效"间的关系，如表 1-2 所示。可见，有效地实施一个正确的战略将收到理想的结果，而效率过低则只能在较长时期内达到目标，甚至错过"治疗"或发展的机会而引起其他"病变"或问题；同样，快速地实施一个错误的战略只会加速"病人"的死亡，而低效率地实施错误的方案虽然比前者延缓了病情的恶化，但也没有使"患者"得到应有的治疗，最终还会"死"去。

表 1-2 战略方向与实施效率间的关系

实施效率 \ 战略方向	正 确	错 误
高	快速恢复"健康"	快速"休克"或"死亡"
低	缓慢恢复"健康"	慢性"死亡"

对于企业来说，战略实施主要涉及以下一些问题：如何在企业内部各部门和各层次间分配及使用现有的资源；为了实现企业目标，还需要获得哪些外部资源以及如何使用，是在各部门间平均分配还是重点支持某些项目；为了实现既定的战略目标，需要对组织机构做哪些调整；这种调整对各部门和有关人员产生怎样的影响；他们是支持还是反对这种变革；为了保证目标和任务的完成，管理人员需要掌握管理组织变革的技术和方法。

图 1-6 是战略管理过程及主要组成要素的示意图，它给出了战略管理过程的大致构架，可以作为我们理解战略管理的向导。

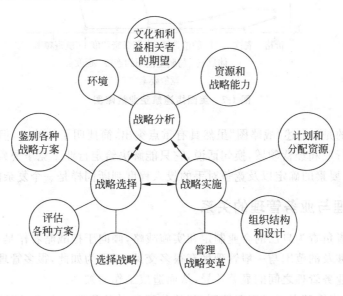

图 1-6 战略管理过程及组成要素

W. Chan, Kim 等人认为，与上述内容类似的分析框架虽然比较全面地揭示了战略管理的内容和步骤,但显得过于繁杂,而且最后形成的报告也是千篇一律,如一开始总是冗长的外部环境和行业的分析,接下来是有关市场份额的讨论,然后是分析如何开拓新的细分市场和降低成本之类,最后制订一系列的目标与行动计划。附件中全面预算是必不可少的,还有多得泛滥的图形与表格。更重要的是他们认为公司从各部门收集到的数据纷繁复杂,缺乏内在联系,并不能为决策提供很有价值的信息。

W.Chan,Kim 等人认为可以用一张"战略轮廓图"画出企业的未来,即用一张图反映出企业应该关注的目标、重点和应采取的战略步骤,为了达到上述目的,"战略图"要包括三个要件:第一,它能清晰地描绘出所在行业当前与未来的竞争要素,展示出整个行业的战略轮廓;第二,它能描绘出竞争对手对竞争要素的投入,展示出当前及潜在竞争对手的战略轮廓;第三,它能通过价值曲线揭示本公司如何在当前与将来投资竞争要素,从而展示出本公司的战略轮廓。

图 1-7 是 W.Chan,Kim 等人绘制的"美国短途航空业战略图",图中三条曲线分别代表美国西南航空公司、其他美国航空公司以及其主要替代品——汽车运输的战略轮廓。由图可知:美国西南航空公司的竞争优势主要体现在四个方面:温馨的服务、迅捷的速度、频繁的直达航班和低廉的价格。

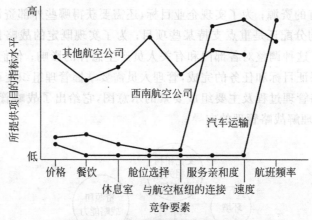

图 1-7 美国短途航空业战略图

应该注意的是:上述"战略图"虽然具有重点突出,简捷明了的特点,但它不能帮助企业选择哪种行业和经营领域,换句话说,它只能解决给定行业下竞争要素的投入强度选择问题,而竞争要素的确定以及竞争对手的投入程度判断同样是一个复杂的分析过程。

二、战略管理与业务管理的关系

实际管理者负责为自己的企业制定和实施战略,倾向于把战略看作是一种管理问题,而且战略管理涉及的范围与一般管理确有很多交叉,正因为如此,很多管理人员往往忽略了战略管理与业务管理之间的显著差异,从而造成工作的被动。

一般来说,当管理者通过库存控制、利益分配和财务预算来提高组织的效益时,他所解决的是提高组织的效率问题。而战略主要解决组织行为的有效性问题,即更多地考虑组织的前途和方向性问题。

安索夫(H. I. Ansoff)认为：在进行战略管理时,管理者承担变革者的角色,富于冒险,具有解决发散型问题的能力,并且善于引导他人和整个组织探索新的未曾尝试的途径；而在进行业务管理时,管理者是变革的被动接受者,总是小心翼翼地避免冒险,习惯于按已有的或成熟的方法去解决收敛性问题,扮演的是协调者和控制者的角色。他们的领导才能与进行战略管理所要求的领导才能是不同的,他们所做的只是激励人们去提高和改善效率,而不是改变组织的方向。战略管理与业务管理的主要区别概括为表1-3。

表1-3 战略管理与业务管理

战 略 管 理	业 务 管 理
复杂性	
非日常性	日常性
整个组织范围	专业操作和经营
重要事情	
重大变革	小范围变革
以环境和期望为动力	以资源为动力

应该指出的是,虽然战略管理与业务管理所涉及和解决的问题影响范围、重要性以及复杂程度都有很大不同,但也不能将它们完全割裂开来。一方面,战略决策是业务决策的基础和前提,即业务决策的方向应与战略决策的方向一致；另一方面,小范围的日常变革及其效果也会对战略形成制约,而且战略管理要解决的问题也要靠日常的管理行为逐步实现。

Jesper Kunde所提出的价值增长管理模型如图1-8所示,该模型从价值实现的角度说明了战略管理与业务管理、公司理念与战略行动之间的关系。一般说来,设计出一个或几个适销对路的产品往往是公司发展的起点,但仅仅停留在这样一种产品经营阶段显然是不够的。一个企业必须明确自己的使命,它是建立公司长期发展的基础,即必须明确自己究竟向市场和消费者提供的价值是什么？企业生存的基石是什么？毫无疑问,追求股东利益最大化是一个非常重要的目标,但并不是唯一和最重要的目标。正像每个人需要吃饭和喝水才能生存一样,但人活着并不是为了吃饭和喝水,企业同样需要追求高尚的目标。乔治·默克二世在1950年说:"我们要始终不忘药品旨在救人,不在求利,但利润会随之而来。如果我们记住这一点,就绝对不会没有利润；我们记得越清楚,利润就越大。"与使命直接相关的是公司愿景,它是公司发展的蓝图和灯塔,指明公司未来的目标是什么。但仅仅明确公司的使命和远景是不够的,公司的管理层,员工和其他利益相关者还必须在公司精神感召下凝聚起来,向着共同的目标迈进,公司精神应该成为公司存在的灵魂和动力源泉。如果说,价值增长管理模型中前几个方面(使命、愿景和精神)是战略管理的重要决策内容,那么,体系、承诺、责任和行动则与经营管理有着更密切的关系。毫无疑问,为了在公司精神指引下实现企业的使命和愿景,就必须建立与上述理念和价值观相适应的管理体系和制度,尤其要保证这种体系和制度与企业倡导的理念的一致性,而要产生实质性的经营结果,还需要下属部门和人员协调一致的承诺与行动。企业的价值增长和发展是一个由实践到认识,再由认识到实践的动态过程。

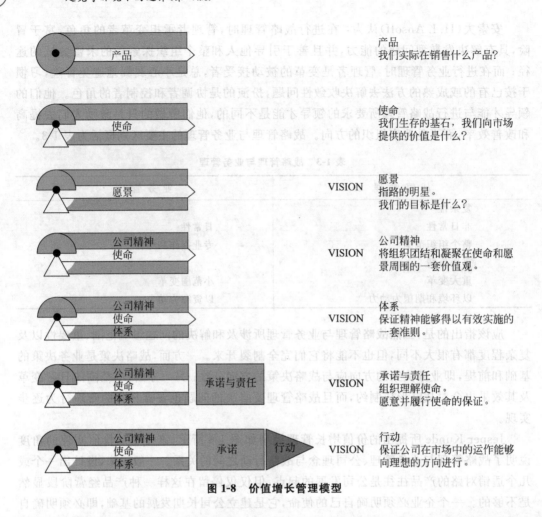

图 1-8　价值增长管理模型

三、战略管理与长期计划的区别

除了要正确地理解战略、策略和战术的含义,以及有关战略名词外,尤其需要注意战略管理与长期计划的联系与区别。事实上,由于战略管理和长期计划都涉及企业的长远发展问题,都要为企业确定总体目标,所以人们往往将两者混为一谈,在我国尤其如此。通过深入比较分析,不难发现两者之间存在着明显的差异。

第一,正像很多企业和组织目前的状况一样,很多组织在制订长期计划时依据的是现在的计划或是过去的计划,甚至就是现在的计划或过去的计划的简单延伸。换句话说,长期计划更多的是与过去或现在的状态有关,而战略管理基于对将来趋势、数据和变化的预测,着眼于未来,因而更具前瞻性。

第二,战略和长期计划的制订过程有所不同,一般说来,制订长期计划时倾向于由下而上,而不是由上而下。主要由组织的中层而不是上层决策者来提出长期计划,而战略决策由最高层来做并将信息传递给下层管理人员。

第三,管理人员在制订长期计划和战略时的心理状态并不完全相同,正像我国很多企业和组织的情况，制订长期计划时一般有一种危险的乐观情绪，容易少考虑一些不利因素，而多考虑有利因素，并且常常是在经营比较顺利或业绩比较理想的情况下制订下一个长期计划。战略管理则既评价最好的情况，也估计最坏结果发生的可能性和其他实际情况，比较现实。当然，视管理人员的不同情况，他们的心理状态也会不同，同时也不能保证排除所有偏见。

第四，从所反映的内容看，战略与长期计划的构成形式不同，一个企业的长期计划往往是其亚组织计划的合并或折中，事实上，很多企业常常先由各部门或分部做出自己部门的长期计划，再将它们汇总成企业的长期计划，这样做虽然反映了各部门或分部的利益和要求，但却可能分散企业的资源，有损于整个组织的利益；相反，战略是为整个组织提供一个清晰和严谨的发展方向，保证组织整体效益的最大化。

第五，制订战略和长期计划的推动力不同，后者以数据和指标为基础，强调在多长时期内用多少资源投入获得多少产出；而前者主要强调经营理念和战略意向，认为关于将来的假设至关重要。众所周知，杰克·韦尔奇不用详尽的战略性规划指导业务，而是以少数明确的目标作为激励下属的主要手段。杰克·韦尔奇认为在目标明确的条件下，下属自己会找到实现目标的机会。克劳塞维茨也认为详尽的计划通常会失败。战略并不是一本烹调书。

四、军事战略和企业战略的异同

人们常说商场如战场，这说明了军事对抗和企业竞争之间的类似性。首先，军队和企业都有自己的目标和战略，对军队来说，其目标是由政府确定的；而对企业来说，其目标是由董事会确定的。无论什么时候，只要不同组织之间的目标存在不相容性，彼此之间就会产生对抗或竞争。在1990年，伊拉克试图控制科威特，而美国则试图恢复科威特的主权，从而维护其在中东的利益，这种目标的尖锐对立导致海湾战争的爆发；再如，可口可乐和百事可乐都想成为软饮料行业的领先者，从而触发了近一个多世纪的可乐之战。其次，在对抗和竞争活动中，商战和兵战一样，都需要组织、领导、管理和信息，同时有大量的资源消耗。最后，对抗或竞争双方面临的外部环境是由外生因素决定的，部分是由双方采取的战略决定的。

然而也要看到，战争和企业竞争的性质也存在着明显的差异。第一，战争的目的是打败甚至消灭敌人，而企业竞争很少具有这种侵略性，一般来说，大多数企业会寻求与竞争对手和平共处，而不是消灭对手。因此，企业战略与外交战略更为类似，外交主要涉及和平关系的管理，只有外交中断时，一个国家才会求助于战争。类似地，企业之间的关系体现出合作和竞争的两重性。尽管企业之间的竞争有时是激烈的，但并不容易变成破坏性的；第二，多数战争主要涉及两个国家或利益团体，而企业竞争在多数情况下实际上是多方竞争，因而往往更为复杂；第三，军事对抗的结果总是有成功者和失败者，或者其中一方损失巨大，或者两败俱伤，而企业竞争则可以实现双赢，或者各有所得；第四，由于战争的目的是消灭对手，所以采用的战略和手段比较隐蔽，有时甚至不择手段，而企业竞争是和平竞争，在绝大多数情况下要受到法律和商业伦理的约束。

五、实施战略管理的必要性

1. 战略对成功的影响

人们常说某某是幸运儿,而事实上,没有哪一个成功可以唯一地或主要地归因于幸运。毫无疑问,幸运的确可能在关键的时候提供重要的机会,但它不可能总是降临到一个人或一个组织的头上。更重要的是他们要有认识机会的能力、清楚的目标和必要的灵活性,以便充分利用这些机会。

在人类活动的多数领域,战略对成功都有重要的作用。无论我们考察战争、对弈、政治、体育还是企业、个人和组织的成功很少是简单的随机过程的结果。在资源和技巧方面最初的优势并不是决定因素,战略总是起着重要的作用。事实上,许多著名的案例中都包含一个共同的因素,即获胜方制定并实施了一个有效的战略,虽然有时并没有一个战略作为事先的计划而存在,或者并没有明确地说明它,但在多数情况下,获胜方总是在所角逐的领域对情况有比较清楚的了解和一致的方向,而且往往控制局势,使其向有利于自身的方向转化。在中外军事史上,借助高超的战略以少胜多、以弱胜强的范例不胜枚举。从18世纪欧洲的土伦战役到麦克阿瑟的仁川登陆,从官渡之战到赤壁鏖兵,从中国工农红军四渡赤水到延安保卫战,从农村包围城市到抗美援朝战争,这些战例无一不说明战略的极端重要性。

军队统帅需要战略,企业家同样也需要战略。目前,我国一些成功的企业在经营中都在有意识地运用一些战略。例如,云南玉溪卷烟厂,为了保住"红塔山"、"阿诗玛"和"红梅"等名牌产品的质量,在烟叶的生产上做了大量工作,每年向烟叶生产基地投资数亿元,扶持烟农科学种烟。这样,在原料生产上他们有了自己的基地,近产近购,比外购原料花费更少,质量更高,从而充分利用了后向一体化战略的优势。杭州娃哈哈集团是乡镇企业,却兼并了连年亏损的国有大企业杭州罐头食品厂。上海针织九厂凭其"三枪"的名牌优势先后成功地兼并了上海统益袜厂和针织十七厂,组建了"三枪"集团。经过蛇吞象式的消化,该集团调整了产品结构,还清了统益厂的旧债,产品供不应求。这些都是实施兼并扩张战略的好例子。再如以生产运动饮品知名的健力宝集团,利用其在体育界和爱好运动的消费群中的影响,聘请退役的"体操王子"李宁加盟,成立李宁体育用品公司,生产和销售包括运动服等在内的一系列体育用品,成功地实现了多样化成长。

2. 战略的多重作用

概括说来,战略有以下几方面的作用:

(1) 对决策的支持作用。如前所述,战略是关键的成功要素,为什么呢?因为它是大家一致关注的主题。正是这一主题给组织以方向和凝聚力。可以想见,即使在很小的企业内,每天也要做上百个决策,从要不要给某一特别顾客提供价格折扣到采用哪种方式寄送邮件,因此,试图考虑每一个决策的意义,从而使其最优化几乎是不可能的。在这种情况下,通过限制决策的范围和简化决策,战略可以为很多决策问题找到可以接受的解决方案。

(2) 作为合作和交流的工具。战略不仅有助于保持决策在时间上的一致性,而且也是大型组织中不同部门和个人之间保持决策一致的工具。事实上,公司计划和战略的发展部分是由于公司规模的扩大和复杂化。战略的重要作用之一就是为整个组织确定一个共同的方向。

（3）增强组织的适应性和灵活性。战略可以促使企业密切关注外部环境的变化，对影响企业经营的种种重要变化保持高度的警惕性，当一些问题发生时不致惊慌失措，而且还可以预防某些不利事件的发生。

（4）作为目标。所谓目标是指企业在将来应该达到什么地位。建立这种目标的目的不仅仅是引导战略制定的方向，而且也是为企业确立一个理想。这种理想体现了企业的价值观和员工的精神追求，从而增强他们的荣誉感和归属感。因此，战略的又一个重要作用是作为组织的目标或通向目标的桥梁。如前所述，Gary Hamel认为：一个杰出公司战略的最重要要素是它们所谓的"战略意向"。例如，英特尔（Intel）的战略意向是成为世界计算机行业的奠基石；本田的战略意向是变成第二个福特，成为汽车革新的领先者；NEC的战略意向是将计算和通信加以融合；可口可乐的战略意向是让世界上每一个人都喝上可口可乐。

3. 中国企业实施战略管理的必要性和紧迫性

如果说在计划经济体制下，尤其是在封闭的国内或地方市场上企业没有战略还可以勉强维持生存的话，那么，在国门大开，世界著名跨国公司大举进入中国，我国经济与世界经济逐步融为一体的环境下，企业若没有战略，将失去发展的可能性，甚至难以维持生存。所以，实施战略管理是中国企业面临的紧迫的任务。

首先，实施战略管理是我国发展市场经济对企业的客观要求。一方面，如前所述，党的十一届三中全会以后的30年时间里，我国企业，尤其是国有企业的地位和作用发生了历史性变迁，由传统计划经济体制下政府的附庸和执行生产任务的大车间，逐渐转变为自主经营和自负盈亏的法人实体和微观竞争主体，从而产生了关心自身生存和谋求长远发展的要求，而且上述变化也为实现这一要求创造了条件。换句话说，市场经济体系的不断完善使企业自主决策有了现实可能性。另一方面，与以前相比，我国企业生存发展的环境发生了巨大变化，企业外部已经有了一个复杂多变的市场，企业不仅要研究错综复杂的消费品市场的竞争特点，还要从要素市场取得原料、资金和人才。不仅如此，还要面对更加复杂多变的国际市场，因此，企业要想生存并得到长远发展，就必须研究市场的变化趋势，认真谋划自己的行动战略。大量的研究说明，在急剧变化的市场环境下，尽管很多企业有完善的内部管理体系和优异的生产技术，并付出了巨大的营销努力，但有时还是难以适应环境的变化，回避不了环境带来的威胁。而另外一些企业却在市场竞争中游刃有余，对迅速变化的环境表现出很强的适应能力。后者恰恰是那些有明确战略的企业，它们知道做正确的事比正确地做事更重要。换句话说，企业能否建立和保持长期的竞争优势，关键在于其能否制定一个适合自身实力和环境要求的战略，并有效地加以实施。随着世界经济全球化和一体化过程的加快和随之而来的国际竞争的加剧，这一特点也越来越明显。

其次，实施战略管理是我国需求结构变化和竞争压力增加对企业的又一要求。随着我国经济的迅速发展和劳动生产率水平的大幅度提高，我国多数商品已从卖方市场转变为买方市场，随之而来的是企业之间竞争的不断加剧。与此同时，人们的需求结构也发生了很大变化，即他们在选择商品时越来越多样化和挑剔，所有这一切，都对企业提出了越来越高的要求。从世界范围来看,如果说,在劳动生产率比较低,产品供不应求时,人们的注意力是集中在能否买到产品,而不是更多地关注产品质量和功能,如20世纪20~30年代,企业成功的关键在于其生产效率和由此决定的产品成本的高低;在劳动生产率有了很大提高,而人们的购买力并没有同步提高,并因而造成商品积压,如20世纪40~50年代,企业成功的关键在于其销售渠道的完善程度和促销水平;在生产力水平和广告以及促销水平都有很大提高,同时消费者对产品质量和特色有更高要求,如20世纪60~70年代,企业成功的关键在于准确识别并满足消费者的欲望和需求;那么,20世纪80年代以后的超竞争时代,则是战略制胜的时代。

再次,实施战略管理是调整我国产品和产业结构,从而避免无序竞争的需要。企业战略的优劣不仅决定了单个企业能否取得和维持竞争优势,而且还深刻影响行业结构、市场竞争态势和总体格局。显而易见,市场竞争的激烈程度不仅取决于工业增长速度,产品市场的总体需求状况,而且与每个企业的战略管理水平,即能否制定符合本企业实际的战略有密切的联系。在多数企业没有明确战略目标的情况下,最容易形成多家企业将目标集中在一个狭小的市场,从而形成一哄而上的竞争局面。由于在上述情况下生产能力大量过剩和缺少差异化,购买者选择的是价格和服务,所以常常导致促销战和价格战,如我国近几年的洗衣机大战、冰箱大战、化妆品大战、空调大战。这样一种竞争状况严重削弱了这些行业的获利能力,并导致人、财、物的巨大浪费,而与此同时,另外一些消费者的需求却得不到满足。相反,若每个企业都能根据环境的变化,本身的资源和实力,选择合适的经营领域和产品,通过差异化来满足不同目标市场上的需求,则不仅可以避免在某些产品市场上的过度竞争,而且有利于企业发展自己的核心能力。可见,企业制定好的战略不仅是其自身生存和发展的需要,也是我们国家改善行业结构和提高国际竞争力的客观需要。

最后,实施战略管理是企业保持旺盛生命力,从而实现长远发展的内在要求。实施战略管理不仅有助于培养企业家的战略思维能力,寻求内部资源与外部环境的匹配性,而且可以促使企业改进决策方法,优化组织结构,保持组织结构与战略的匹配性,增强整个组织的凝聚力和向心力,避免组织的分裂。没有长远的战略目标和眼光,缺乏全局观,资源和力量的过分分散以及短期市场行为是中国企业长不大的重要原因。研究发现,1947年美国企业制定战略的只有20%,到1970年已达100%了。日本经济新闻社1967年曾进行过专门调查,在63家给予回答的大公司中,99%的公司有长期经营规划。在美国进行的一次调查中,有90%以上的企业家认为"最费时间、最为重要、最为困难的事就是制定战略规划"。美国通用电气公司总裁威尔逊说:"我整天没有做几件事,但有一件做不完的工作,那就是规划未来。"相比之下,战略管理在我国还远没有为大多数企业所认识,但从改革开放以来,随着竞争加剧,企业界越来越认识到战略管理的重要性,在理论界和实践界的共同努力下,战略管理在我国实现了蓬勃发展。据天津财经学院经济研究所1997年对某市500家工业企业的调查结果显示,在500家工业企业中,有确定5~10年长期目标的企业占7%,考虑10年以上经营计划的则仅占0.4%,60%的企业虽有3~5年计划,但仍有1/4的企业无中长期战略。从1999年起,我国大中型企业开始大力推行战略管理,国家紧接着制定的"十五"计划又把研究战略管理和战略规划推进了一步。接下来,在中国加入世贸组织之后,经济全球化使得国内企业面临更激烈的竞争,这更使政府和企业深深地认识到推进战略管理的必要性以及迫切性。据中国发展战略学研究会战略管理咨询中心的调查分析,目前国内许多大中型企业都成立了战略研究部,制定了发展战略。相比较来说,沿海地区的企业比内地企业,竞争激烈行业的企业比竞争缓和行业的企业,技术依赖性高的企业比自然资源依赖性高的企业,上市公司比非上市公司更重视开展战略研究和战略管理,这个情况也完全符合目前经济发展规律和企业发展规律。由此看来,有没有一个好的战略不仅是企业能否长期发展的关键,而且也是一个企业是否成熟的重要标志。

第三节 企业战略分析的发展

一、西方企业战略分析的发展

无论在东方还是在西方,战略都是来源于军事。正是由于军事战略对企业管理有重要的借鉴作用,所以其中很多原理已应用于商业竞争,如进攻和防御战略的相对优势原理,侧翼进攻可以带来优势的原理,欺骗和包围的应用等。

对现代竞争分析做出重要贡献的人是 Von Neumann 和 Morgenstern。1944 年他们发表了对策论,此后 30 年中,这一理论对竞争分析产生了非常重要的影响,尤其是它几乎从根本上改变了微观经济分析,也广泛地应用于军事分析和政治分析。

虽然对策论的基本原理较为直观和适用,并不特别讲究数学形式,同时有助于人们深入了解某种特定的竞争环境(最典型的是囚犯的困境问题),但从总体上看,它在战略管理的应用上所取得的进步是令人失望的。对策论没有建立有关战略行为的一般理论,而是建立了大量的平衡模型,这些模型的正确性在很大程度上依赖于所做的假定,其中大多数难以在实际形势下应用。对策论最有价值的一些应用是有助于人们了解竞争、讨价还价和协作。

对企业战略的最早关注出现在美国的 20 世纪 50 年代后期和 60 年代早期,当时管理人员面临着如何管理复杂的大企业的问题,这类企业的主要问题是怎样协调个人的决定和保持高层管理人员对全局的控制。在这种情况下,作为合作与控制的工具,年度财务预算获得了广泛的应用,但是协调资本投资决定需要长期计划的目光,因而,20 世纪 60 年代人们开始强调长期计划,它反映了在经济扩张期间企业对合作和共同目标的关心。第二次世界大战后一段时期是前所未有的稳定和增长时期,非常有利于大企业的扩张。随着公司通过规模生产、批量销售、垂直一体化、在技术上的大量长期投资来提高效率和控制风险,基于中期经济和市场预测的长期计划更为流行,其典型形式是公司 5 年计划任务书。这类任务书要决定企业的目的和目标,预测关键经济趋势(其中包括市场需求、公司的市场份额、销售收入和纯收入等),确定企业不同产品和经营业务的优先级和分配资源等。1963 年,SRI 发现:到那时,大多数美国大公司都设立了公司计划部。

公司计划的关键在于加强对增长的计划和管理,由于这个原因,在 20 世纪 60～70 年代,多角化经营在许多公司的计划中成为关键的部分。正因为如此,安索夫认为:"战略决策主要涉及企业的外部而不是内部问题,主要涉及企业产品的组合和它们将要销售的市场。"在70年代早期的多角化公司内,多方案规划矩阵作为选择战略和分配资源的基本构架变得时髦起来。在60年代和70年代早期,人们对公司计划的热衷与政府和公共机构对经济、社会和投资计划的迷恋不谋而合。在私有企业和公共部门,人们对计划的这种兴趣反映了决策过程中科学方法的发展,如成本效益分析、折现现金流分析、线性规划、计量经济预测和凯恩斯的宏观经济管理等。

然而,到20世纪70年代中期,环境已发生变化。众多多角化公司的失败降低了企业向混合公司发展的速度。更重要的是它增加了宏观经济的不稳定性,尤其是当与1974年的石油危机相联系时,使人们有理由怀疑在前10年由领先的大公司精心设计的计划系统的合理性。70年代后期,世界进入一个相当动荡的时期,日益增加的国际竞争已进一步威胁到企业的生存和稳定。同时,美国公司在广泛的全球性行业(从钢铁到银行业务)的领先地位面临严重的挑战,这些迫使企业放弃其中、长期计划,转而求助于更灵活的战略管理方法。于是,美国企业家和学者的兴趣开始从关心多角化、规划新的产品和能力转向发展竞争能力,其结果是,高层管理人员开始从战略管理而不是从公司计划的角度来审视其任务。

明茨博格在其著作中考察了公司计划理论的沉浮,认为在公司计划方面存在三个谬误。

1. 预测的谬误

事实上,人们很难预测外部环境的变化,如竞争者的行为、政府的政策等。换句话说,环境有固有的不可预测性。

2. 独立的谬误

战略的形成不可能脱离更广泛的管理过程。它并不是一个正式化的设计过程,而是不断演化的,因此,必须将战略形成过程与各种管理要素相结合。

3. 正规化的谬误

计划形成的正规化过程虽然具有系统性的优点,但它在灵活性方面不如非正规系统,而这种灵活性是环境的不连续性所要求的,它有助于组织通过把思想和行动相联系而获得学习能力。

公司计划作用的下降和战略管理的出现主要与下列因素有关:第一,人们越来越多地关注如何通过将行业环境的分析、监控与内部资源的评价、开发相结合,从而建立竞争优势;第二,人们开始拒绝公司计划的刚性并接受灵活性;第三,公司计划部门已不再作为制定战略的主要部门,负责制定战略的管理人员同时也要负责其实施。

正是由于上述变化,在20世纪70年代末期和80年代初期,战略管理主要集中在行业结构和竞争分析上。哈佛商学院的波特(Porter)首创用行业结构来分析影响行业获利性的决定因素,在其《利润对市场战略的影响》的研究项目中,研究了行业结构和竞争定位对获利性的影响。波士顿咨询公司还研究了市场份额在决定竞争优势和获利性方面的作用。

与上一时期不同,在20世纪80年代后期和90年代早期,对竞争优势的分析又日益转向企业的内部。竞争优势被认为更多地依赖于独特的内部资源和能力而不是依赖于企业的市场定位。在这一阶段,人们开始更多地研究企业的内部资源和核心能力,从而将战略管理的注意力集中到如何建立动态竞争优势、革新和内部管理合理化的关键作用上。

二、中国企业战略分析的发展

1. 军事战略在中国的发展

作为具有五千年历史的文明古国,我们的前人在留下丰富的历史遗产的同时,也留下了丰富的战略思想,汲取这些精华对建立中国企业的战略管理体系大有裨益。

如前所述,中国乃至世界战略思想的起源可以追溯到我国伟大的军事家孙武早在公元前360年撰写的《孙子兵法》。它荟萃了我国古代战争经验的精华,也是世界上最早的军事理论著作,被誉为"兵学圣典",在我国宋代被列为"武经七书"之首,是将帅必读的"武经",在近代则被译成多国文字并广为流传。据说在海湾战争中海军陆战队员人手一本《孙子兵法》。它在军事以外的诸多领域也得到了广泛应用,如外交、哲学、医学和商业等。据载,《战国策》、《吕氏春秋》、《韩非子》和《黄帝内经》中都曾引用《孙子兵法》中的语言,可见其影响之广。《孙子兵法》中的比较原则(知己知彼,百战不殆)、领导原则(关于将帅五德的叙述)、造势原则(善战者,求之于势)、审慎原则、主动原则、奇兵原则、迂回原则、集中原则和机变原则等更是在各方面影响后世至今。

在孙武之后,有关谋略的书还有很多,其中《鬼谷子》也是很有影响的一部书,其中尽数纵横捭阖、揣摩权数等计谋。像《孙子兵法》一样,这本书同样受到了政治界、军事界和商业界人士的广泛关注,日本人大桥武夫还费尽周折把它翻译成日语。

在春秋末期,齐国人田穰苴撰写了《司马法》,他在该书中强调了"智"、"勇"、"巧",主张因敌制胜,不用以前的老一套打法,并在书中表现出"相为轻重"的朴素辩证法,"以战止战"的战争观,以及"以人为本"的治军思想。

战国初,卫国人吴起编著了《吴子兵法》,主张搞好国内政治、经济,提高国家实力,才能取得战争胜利。该书强调指挥员应全面了解情况,正确判断敌情,灵活使用兵力,恰当选择作战方向,"因形用权"。战国时还有一些有影响力的兵书,如《尉缭子》阐述了政治与军事的关系;《孙膑兵法》发展了《孙子兵法》和《吴子兵法》的作战谋略;《六韬》、《三略》发展了孙武的"不战而屈人之兵"的思想与战略佯动的策略与用人主张。

三国时的曹操和诸葛亮则可以说大量地使用并发展了前人的军事谋略。如曹操提出了"因势设奇,谲敌制胜",诸葛亮提出了"战欲奇,谋欲密","师出以律","法若画一"等。

在唐代《唐太宗李卫公问对》中提出了奇兵和正兵的应用以及阵法变换等方面的问题。

北宋前期的许洞撰写了《虎钤经》,阐述了先谋先胜的思想。论述更全面的是稍晚一些的《何博士备论》,由何去非所著,提出了战略决策要考虑根本"利害",确定攻守要全面分析"形势",作战要"出奇应变"等军事思想。

明朝的戚继光可谓集前人军事谋略之大成,并有新的发展。他撰写了《纪效新书》与《练兵实纪》,强调了主将要精通技术和武艺,据"真战"实效而"量才擢用"。

清初对军事谋略的发展主要体现在揭暄所著的《兵经百篇》中。

近现代兵法的发展可以说以毛泽东为代表,包括刘伯承等一代将领。毛泽东的《论持久战》被列为世界十大兵书之一。他的"十六字诀"成为中外游击战的指导纲领,其"武装割据,农村包围城市"的战略思想更是军事发展史上灵活用兵的典范。

2. 战略在外交领域中的应用

无论在战争期间还是在和平年代,外交都是国与国之间必不可少的交往和联系手段,有时还是军事行动的重要补充,因此,外交是战略得以广泛应用的重要领域。一个高超的外交家实际上也是一个出色的战略家。

我国外交思想和战略的形成同样可以追溯到春秋战国时代。当时已发展了一系列的外交准则和指导方针,如在外交中提倡道、礼与信,强调要称霸,首先要国富民强,加强军事力量等。其中比较著名的战略有"尊周攘夷",即所谓的"挟天子以令诸侯"。

战国时代,尤其在秦国强大以后,各国的外交策略可以总结为"折冲樽俎,纵横捭阖"。在这一时期比较著名的外交战略有苏秦的"合纵"和张仪的"联横",以及"远交近攻"等。

自秦始皇统一六国之后一直到清初,中国的外交实际上变成了一个中华大帝国的大国外交。在相当长的历史时期内,由于中国的政治、经济和文化发展水平都远远高于邻国,同时由于受交通条件的限制,所以几乎与外国隔绝,而且在外交中渗透了大国主义思想。这一时期中国外交上的主要特点是与邻近较强大的民族部落联盟结成藩属关系,与邻近的小国则结成属国关系,在文化和生产技术上影响了属国,并且在属国的要求下给予保护。其间还采用过诸如和亲的手段以结成友好关系,也曾派特使出访宣扬国威,而不在于进行海外贸易和促进经济和生产的发展。

到了晚清,中国成了炮舰外交的受害者,整个外交史就是一部屈辱的历史,谈不上外交战略。

新中国成立以后,中国人真正有了现代意义上的外交,而且形成了独特的风格,发展了一系列新的外交战略。在外交上,我国首创五项外交原则,明确提出反对霸权主义和强权政治,坚持原则性与灵活性相结合,如对美军从台湾撤军问题以及香港和澳门问题的处理等。另外,在外交中开始注意尊重别国的历史、文化和民族感情,这方面当以周恩来为代表,如他在访问加纳时的表现堪称典范。我国还巧妙地利用"乒乓"等民间外交手段,使中美、中日关系正常化,同时促进了海峡两岸的交流。改革开放以后,随着我国经济实力的不断增强,外交进一步与经济、体育和文化紧密结合,相互促进。我国还在联合国积极开展多边外交,活跃于国际政治、经济和文化舞台。

3. 战略在宏观经济决策方面的应用

战略在我国宏观经济决策方面的应用主要体现在从"一五"开始的国家五年计划及远景规划上,明显地带有长期计划的色彩,但也的确起过非常重要的指导作用。

第一个五年计划(1953—1958年)期间,国家提出的目标是逐步实现社会主义工业化,逐步实现对农业、手工业和资本主义工商业的社会主义改造,在发展生产和提高劳动生产率的基础上逐步改善人民的物质文化生活。采取的措施是优先发展重工业,相应发展轻工业和农业,集中财力、物力搞好156个重点工程项目。

"大跃进"时期(1958—1960年),提出了"赶美超英"的目标,以及总路线、"大跃进"和人民公社"三面红旗"。这一时期的战略性错误带来的恶果是有目共睹的,这也在另一方面体现了战略的重要地位。

调整时期(1961—1965年),国家提出了"调整、巩固、充实、提高"的八字方针,开始调整国民经济比例关系,恢复农业生产,克服"共产风"和平均主义。这一时期中国经济处于迅速恢复阶段。

十年"动乱"期间(1966—1976年),国家的发展部署被全盘打乱。其间大搞穷过渡和闭关锁国,强调高速发展重工业,严重制约了我国经济的发展和社会的进步。

1979年4月5日,中共中央提出了新的八字方针,即"调整、改革、整顿、提高"。党在"十二大"明确制定出了我国20世纪末的战略发展目标,即在不断提高经济效益的前提下,力争使全国的工农业总产值翻两番。之后,在1996年的八届人大四次会议上,国家进一步明确了"九五"计划和2010年远景目标,标志着我国的经济发展战略逐渐成熟和完善。

2002年中国共产党第十六次全国代表大会上,我党在总结了十三届四中全会以来13年的经济发展经验基础之上,提出了全面建设小康社会的奋斗目标,并对21世纪前20年的国家经济发展做出了全面部署,这些都强有力地展现了我国经济发展战略规划的综合实力。

4. 中国企业战略分析的发展和现状

中国是从19世纪开始办近代企业的。以清末的洋务派为代表,他们以封建方式办工业,思想是"中学为体,西学为用",但实际上只是引进了西方的机械和技术,而没有管理方式。到了19世纪70年代,近代民族工业才开始学习西方,引进西方管理方式,同时继承了中国的文化和管理思想。

从1949年新中国成立到20世纪60年代初,我国企业主要处在摸索尝试阶段,以经验管理为主,尽管其间产生过"鞍钢宪法"这样很有影响的管理文献。从1961年到1965年,我国经济处于调整时期,这一时期正是西方企业战略形成时期,主要特点是通过长期计划来保证大企业的扩张和发展,因此,尽管计划的内容和重点有所不同,我国企业主要是在国家计划指导下制订生产作业计划,而美国的一些公司制订的实际上是综合发展计划并以市场占领计划为重点,但至少从形式上看,这一时期我国企业管理的主要方式与美国等发达国家的企业是相同的,即以计划作为主要管理方式。

从1966年"文化大革命"开始到20世纪80年代初,中国经济基本处于停滞和徘徊阶段。在国家经济发展部署被打乱的情况下,我国企业在战略管理实践和理论界在战略管理理论研究上与西方的差距也越来越大,这反过来又进一步制约了我国经济的发展和管理水平的提高。

虽然从20世纪80年代开始,经过二十几年的努力,中国企业界和理论界在战略管理方面有了很大进步,也有一些企业通过战略管理取得了成功。但从总体上看,目前我国企业的战略管理水平还不高,还有相当一部分企业领导人不知何为企业战略。我国企业战略管理的实践严重滞后的原因有四:第一,由于多年来一直实行计划经济,企业缺乏经营自主权,生产和销售任务由国家计划部门统一下达,企业只是一个大车间,因而无须制定战略;第二,近几年来虽然企业的经营自主权逐步落实,但由于许多企业产权不明晰,领导人仍然由上级主管部门任命,并且考核他们的标准在很多情况下并不是他们的经营绩效,所以他们并不关注环境的变化和长远的发展;第三,一些高层管理人员虽有强烈的事业心和责任感,但对企业战略的认识比较模糊,认为现在外部环境和政策变化很快,而企业战略在多变的环境下是无效的,即把战略与计划等同起来,殊不知企业战略正是在长期计划难以适应环境变化后产生的,因而更具灵活性和指导意义;第四,我国企业进入市场的时间不长,许多企业领导人习惯于按过去的思维方式考虑问题,并且往往将精力用在具体的管理事务上,未能认识到对于高层管理者来说战略管理才是最重要的。

三、解释战略形成的不同观点

成功的企业依赖于一个好的战略,这是绝大多数人的共识,但对这种战略是如何形成的却有不同的认识,这也从一个侧面反映了战略管理的复杂性。概括说来,关于战略形成主要有以下几种观点。

1. "自然选择"的观点

这种观点认为:外部环境及其变化是决定战略形成的主要因素,由于大多数组织,包括大型企业都不能影响它们的经营环境,而只能受制于环境并根据其变化做出相应的对策,所以战略形成过程是一个类似自然选择的过程,也就是说,正像那些最能适应环境的遗传物种得以迅速繁衍,而那些不适应环境的物种将消亡一样,那些通过调整组织程序和结构而对环境压力做出适当反应的企业将得以生存和发展,而那些体制僵化的组织将逐渐萎缩和消亡。

日本亨达公司20世纪60年代成功占领美国的摩托车市场是战略自然发生的典型例子。按照波士顿咨询公司的解释,亨达可以作为对战略形成做理性分析的例子,即这家公司为了在世界摩托车市场取得成本领先地位而利用了经验曲线效应。然而,Pascale的研究得出不同的结论,他认为在做进入美国市场的最初决策时,亨达几乎未做什么分析,也没有一个如何建立市场地位的明确的计划。亨达50的巨大成功很令该公司惊奇。亨达认为:其主要机会来自于较大的摩托车型。正像明茨博格所观察到的:直到最后打开市场以前,亨达几乎犯了可以想到的每一个错误。

虽然有些企业事先没有明确的计划和打算,而且通过对一系列经营行为的总结而使战略自然得以形成,也确有一些企业靠偶然性机会取得了很大成功,但企业之间的竞争与生物进化过程毕竟有很大差别,企业有能力预测环境的某些变化趋势以及竞争对手的行为,并以此为基础调整其行为和战略,从而形成理性竞争。

2. 计划和理性分析的观点

这种观点认为:应该通过高度系统化的计划方式或其他理性分析方法来形成战略,换句话说,战略应该是理性分析的产物。具体地说,在制定战略过程中,管理人员应该为企业设定目标或方向;分析组织面临的机会和威胁、优势和劣势;产生各种备选方案并对它们进行评估;通过调整组织结构和控制系统等来规划战略的实施等。

应该承认,上述要素与本书采纳的分析框架有很多共同之处,但通过这种理性分析形成一个好的战略的必要前提是:组织的高层管理人员能客观地评价企业自身和它的环境,能从众多方案中选出最优战略并实施它。换句话说,企业战略的理性分析方法对战略决策过程做了明确的假定。首先,制定战略是高层管理人员的事情,他们分析当前和未来的形势,并决定组织的方向,战略一旦形成,就要由上而下地实施。遗憾的是,对大多数组织而言,上面所说的情况并不现实,决策过程并不具有明显的结构,而且制定和实施过程的分离并不明显,因为制定战略的人同样要负责其实施。其次,也有一些企业的管理人员由于忙于企业的日常业务,而将有关战略问题的工作交给专家或咨询机构去负责。但是,由于专家或咨询机构并没有相应的权力,所以战略常常变成一种脱离实际操作的智力游戏,或者被束之高阁,难以发挥实际的作用。系统的理性分析方法受到的另一个批评是其过程过于繁杂,以至于公司内的有关团体或个人只负责其中一部分,而无法了解它的全部,这在大公司可能是个更加突出的问题。换句话说,战略并没有成为组织成员的共识,很多人或许根本不知道它是什么。实际上,制定战略绝不仅仅是高层管理人员或一部分人的事,有时组织下层人员会发现更好的做事方法,而这些都应反映在组织战略中。

3. 逻辑渐进的观点

这种观点认为,由于组织所处的环境和组织本身的复杂性,管理者不能考虑未来所有可能的战略方案,同时也不能根据事先设定的目标和标准来评价它们,所以,应该避免过早地指定确切的目标,因为那样做会窒息各种新的观点和尝试。比较好的办法是通过连续观察环境的变化,并采取小步骤的调整而保持组织对环境变化的敏感性。换句话说,逻辑渐进理论认为,不能用一个正规化和形式化的模型来研究战略管理。传统上,人们认为战略管理是如下过程:战略实施是在战略方案的选择之后,战略选择又跟在战略分析之后。而逻辑渐进理论认为战略是在行为活动中形成的。

作为自然选择和逻辑渐进观点的综合,过程学派的主要倡导者明茨博格利用雕塑的想象,将其战略形成的概念与传统的计划和设计方式做了比较。

想象一下一些人如何设计战略。在这种情况下,人们可以联想到这样一幅图像:一个或几个高级管理人员坐在办公室里设计行动过程,而其他人按日程表执行它们。这种方法是基于对市场、竞争者以及企业本身的理性分析和控制,通过对上述因素的综合分析,形成清楚明确的战略。

再想象一些人如何雕塑战略。这里是完全不同的另一幅景象,与设计不同,雕塑不是一个机械化过程。它要用到传统的技巧,并不断加以完善。雕塑时并不要过多的思想和理性,而是更多地凭借切身的感觉、手头材料的协调和长期的经验。在这种情况下,战略的制定和实施合并为一个动态的学习过程,通过这种学习过程,创造性战略自然得以形成。

4. 综合的观点

尽管对战略的形成存在上述争论,同时传统的计划和设计方式也确有许多弊端,但仍有很多人采用理性主义的处理方法,把理性分析放在优先于"雕塑"和其他方法的地位上,这并不是因为设计必然优于"雕塑"和其他方法,同时也不是低估技巧、介入、协调和创造的作用。应该看到:战略发展是一个多维过程,它既要有理性分析,同时也要借助于经验和激情;它既与高级管理人员的直觉能力有关,同时又要受组织文化,即更受深层的基本"假设和信仰"的影响和制约,有时可能是组织内外不同利益集团讨价还价、谈判和折中的产物。但是,无论战略形成是正规的,还是非正规的,也无论战略形成受到哪些方面因素的制约和影响,毫无疑问,事先的系统分析对战略形成都是重要的。没有分析,战略形成过程,尤其是在高层管理水平上,可能就是混乱的,同时也就丧失了对被选方案比较和评估的基础。进而,某些关键决策可能变得易于受个别管理人员选择偏好和流行时尚的影响,有时可能仅仅是一种痴心妄想。换句话说,虽然概念、理论和分析框架不能替代经验和创造性,但它们的确是评价有关企业和环境的大量信息的重要工具,甚至可以刺激创造性和革新。

概括说来,正像明茨博格对计划式战略的批评一样,理性处理方法所带来的问题是分析有一定的局限性,过分形式化和定量,而过程学派的处理方法所带来的危险是:由于忽视系统分析的作用和过分强调直觉和远见的作用,人们可能重新陷入新的神秘主义,从而忽视理性的作用。因此,理性分析应该是坚实的、中肯的和适用的,同时在战略形成过程中必须考虑直觉、反应以及思想和行动之间的相互作用。另外,也要看到理性分析能极大地促进战略的形成,同时也是使战略在组织内得以交流的工具。

总而言之,企业战略必须是动态的,灵活的,并有助于创新。必须认识到价值观和目标在战略形成中的重要作用;认识到战略对沟通和合作的促进作用;还必须认识到直觉、技巧和在应用中学习对科学分析的重要补充作用。

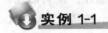 **实例 1-1**

体育品牌"转型"跑才有路

2014年,中国的体育用品产业似乎有走出阴霾的迹象。2014年3月,李宁公布了2013年全年的业绩,尽管销售收入依然下滑,但亏损面已经收窄;2014年4月,安踏2014年第四季度订货会的数据显示,安踏已经连续三个季度实现了高单位数的订货金额增长,同店销售亦出现同比增长;其他几家主要的国产体育用品企业的业绩相对于2012年也都有所提升。业绩回暖显然和各企业的转型有着密切的关联,在日前举行的体育用品业高峰论坛上,安踏董事局主席兼CEO丁世忠表示,体育用品行业的出路在于创新,不光是产品的创新,更是营销和业务模式的创新,涵盖服饰玩具动漫娱乐等。

黄金十年的粗放发展

过去十年是体育用品行业的黄金十年,这期间,中国体育用品行业保持了每年30%至50%的高速增长,快速膨胀的中国市场成就了安踏、李宁、匹克、鸿星尔克、361°、特步等一批本土的运动用品品牌。用丁世忠的一句话形容,过去十年就是"闭着眼睛也能赚钱的时代",运动品牌只要快速开店扩张便有机会占领市场。

然而,这种好日子从2011年开始就戛然而止,体育用品全行业集体陷入了业绩下滑、清理高库存,持续关店的恶性循环中,李宁、安踏、匹克、361°、中国动向、特步等体育运动品牌总体的关店数至少超过3000家。

"表面看是产能过剩、扩张速度过快导致的库存积压,其实是市场供求关系改变了,现在消费者对品牌的需求从基本满足型,逐渐变成满足个性化和高性价比的阶段,消费者不但要求个性化,还要求功能性,而传统的体育用品采用的较多的分销层级,上市周期长,市场反应滞后,导致了产品与市场逐渐脱节,加上快时尚产品的冲击,体育用品企业集体跌入谷底。"张庆分析。

而过去十年,中国的体育用品企业采用的基本都是"批发+品牌"的模式,因为外部环境好,对于体育用品企业而言,只需要大力打造品牌,签约各种赛事资源,签约体育明星代言人,品牌受到经销商的认可,就可以快速开店,扩张渠道。

"品牌+批发"模式的核心是品牌商将企业的品牌做起来,然后将商品批发给经销商,对于品牌商而言,整个商业活动到这里就结束了,至于商品最终是否卖给了消费者,是如何卖给消费者的,消费者有何反馈,这些内容品牌商都无须考虑。

但是,"品牌+批发"模式的隐患其实一直都是存在的。安杰智扬咨询公司首席分析师安杰告诉记者,品牌商制造产品,批发给经销商,然后经销商卖给消费者。这个产品是否真的是消费者所喜爱的,品牌商和经销商心里都没谱。而且,"品牌+批发"模式采用的是固定订货会模式,经销商在订货会上下单,品牌商把商品交给经销商,整个商业活动就结束了。就算在实际销售过程中,某款产品特别畅销,或者是某款产品特别不好卖,都没有办法灵活调整,特别畅销的产品卖完了也就没了,经销商没有办法补货,特别不好卖的产品也只能成为库存,堆积在仓库,很多经销商没有办法也没有能力将某地不畅销,但是在另外地方可能畅销的商品进行跨地域调度处理。

在互联网时代寻找突破口

近年来,一些体育用品企业还进行了一些新的探索,尝试将动漫与体育和传统文化嫁接在一起。随着移动互联网兴起,手机游戏、动漫和视频内容持续火爆,一些知名动漫公司纷纷借助新的平台推广自己的产品和节目。

对传统动漫企业来说,原创动漫节目首先要寻求电视平台或视频网站播出,形成关注度和影响力以后再进行品牌授权和衍生品销售。处于强势一方的电视台,一般只支付给动漫企业极少的节目播出费用,或者干脆不给钱;而处于弱势一方的普通动漫企业,谈判和议价能力极弱,往往只能"任人宰割"。

业内人士认为,随着支付手段逐渐完善,新兴传播渠道日益多元化,受众付费使用内容的消费习惯逐渐形成,动漫企业有可能摆脱对渠道商和运营商的过度依赖,直接从终端消费者"钱包"里获取收益,真正实现内容的价值。

包括功夫动漫、山猫卡通等国内优秀企业,实现与体育用品企业的对接,合作的开启将有助于中国动漫品牌的建设与传播,同时希望以此为契机,为国内体育、动漫资源深入国内市场打下坚实基础。一些体育用品企业已经意识到这个情况,欲打造动漫文化弥补单一短板。

大众化还是专业化?

多年以来,中国本土的体育产业一直被诟病为"挂体育的羊头,卖休闲的狗肉",这样的产业定位也曾经带领行业高速发展十年,但是下一个时间显然是走不通了,是继续走休闲大众的定位,还是真正的专业化的定位,每一家体育用品企业都在尝试和思考。

过去十年,匹克在篮球运动领域逐渐建立了专业化的品牌支撑,现在匹克体育用品CEO许志华如何让这种专业的支撑往更多的领域拓展,而匹克的下一个专业化产品线就是跑步。"专业化产品的科技核心就是让顶级运动员用你的这个产品,这就要求专业的技术和材料的属性都必须达到较高的水平,未来我们将在跑步运动的减震性和支撑性方面加大研发的力度,不断做技术积累,建立各种脚掌的模型库。"许志华告诉记者。

而像匹克这样的刚刚进入跑步领域的品牌,许志华坦言也仅仅是先从生活化的跑步入手,并没有进入专业的跑步领域,而这需要不断的技术积累,并不是短时间就可以做到的。

安踏品牌的定位是专业的大众品牌,因此,推出性价比最高的专业化产品是未来几年安踏的产品发展方向。例如安踏在篮球品类上启动了实力无价战略,将 NBA 代言的专业篮球鞋定价为 399,使其成为了国民球鞋,让大部分普通消费者都能够花费很少的代价就可以穿着专业篮球鞋上场打篮球。在 2014 年体博会上,安踏还推出了呼吸网 2.0 跑鞋,这个是当年安踏的重点产品,其主要特点是透气、轻快、贴脚,能够帮助消费者更好地感受跑步的乐趣。

无论是专业化还是大众化,其实都必须满足扩大市场的需求,许志华觉得中国的专业化体育市场才刚刚起步,市场规模有限,专业化的战略也没有必要走得太快。而大众化的定位,如果没有特色,摆脱不了同质化的问题,库存问题就无法避免。

"无论新的热点如何变化,运动装毕竟还是属于服装。运动装的市场要不断变大,一定还是把运动装变成日常能穿的衣服。人人愿意穿,时时愿意穿,市场的规模自然就能不断变大,因此,时装化、常装化就是运动装不断发展的大趋势。"安杰表达了自己的观点。

资料来源:中国经营报,作者:赵正;日期:2014 年 5 月 19 日。

实例 1-2

红星美凯龙 "双模式" 扩张面临挑战

随着红星美凯龙披露招股说明书,资产负债率过高、盈利能力下降,自建与委托管理商场扩张提速面临新挑战等问题受到外界的关注。

近日,《中国经营报》记者采访了解到,导致红星美凯龙资产负债率过高的原因是加快自有商场的建立,而受制于资本金规模及融资渠道所限;营业收入阶段性下降是因为剥离了房地产业务。未来战略重点将在一、二线市场加速自建商场的布局,在三、四线市场将加快委托管理商场的建立。

剥离房地产业务导致营收下降

近日外界质疑,报告期内,红星美凯龙关闭 5 家商场;2013 年,急速扩张为其带来高增长,与之同来的是高负债。红星美凯龙 2013 年资产负债率达 66.96%,2012 年为 65.01%。而截至 2011—2013 年,公司合并口径的净营运资金分别为 −33.46 亿元、−13.73 亿元、−39.28 亿元。

红星美凯龙的解释称,公司资产负债率较高的原因系公司注重自有商场的建设,由于原有资本金规模及融资渠道的限制,公司主要通过银行借款解决资金需求,造成公司资产负债率较高。由于账面资产按照会计准则为历史成本,自有商场有很大的市场价值增值情况未能反映在会计报表中,因此如按照公允价值计算的实际负债率会大幅降低。

此外,营业收入大幅下降也受到外界质疑。据红星美凯龙招股书显示,公司 2013 年、2012 年、2011 年营业收入分别为 66.5 亿元、55.5 亿元、59.9 亿元,2011—2012 年,公司营业收入出现负增长,下降 7.35%;而 2013 年同比上升 19.8%。2013—2011 年,公司净利润分别为 13.5 亿元、11.5 亿元、11.96 亿元,2012 年和 2013 年分别增长 −3.8% 和

17.4%。

记者调查发现,2011年,红星美凯龙通过整个发展战略的评估和设计,决定把附带房地产业务剥离给独立运营的兄弟公司——上海红星美凯龙企业发展有限公司。由于红星美凯龙在2011年年末,剥离了附带房地产业务,2012年公司再无房地产业务销售收入产生,使得公司2012年营业收入较2011年出现了下降。

然而若不考虑房地产销售收入的影响,2010年、2011年、2012年红星美凯龙的营业收入分别为40.51亿元、56.03亿元、58.83亿元,在报告期内呈上升的趋势,并未出现下降。

自营与委托模式扩张面临挑战

外界质疑,红星美凯龙扩张重要的一环就是加盟店模式,加盟商容易为了短期利益做出有损公司利益的行为。

构成对公司的内控风险红星美凯龙表示,外界所谓的加盟店实际指的就是委托经营管理店。与加盟模式不同,委托经营管理模式是指公司与合作方签署委托经营管理协议后,由公司派出管理人员为委托经营管理商场提供委托经营管理服务,并提供从选址洽谈到商场设计、建设、装修到招商、运营管理的全过程咨询服务,并根据协议收取项目咨询服务费、商业咨询服务费、招商服务费以及委托经营管理费的经营模式。

数据显示,2011年度、2012年度、2013年度,红星美凯龙与委托经营管理商场相关收入毛利率分别为71.73%、63.01%、73.10%。而自营商场2011年度、2012年度、2013年度,毛利率分别为69.90%、65.95%、62.22%,委托经营管理店的毛利率要高于自营商店。

红星美凯龙称,自营商场与委托经营管理商场的市场扩张仍然是红星美凯龙未来的战略重点。面向全国拓展家居建材商场,对不同区域进行分级,其中上海、北京、天津、重庆、深圳、广州、沈阳、西安、武汉、成都10大城市为优先战略城市,南京、福州、杭州、郑州、宁波、厦门等30个省会及主要计划单列市为重点发展城市,昆山、吴江等富裕的百强县为潜在发展城市。

记者了解到,红星美凯龙在优先战略城市和重点发展城市方面,重点投资自建商场。在潜在发展城市重点发展委托经营管理商场,保持每年20家商场以上的扩张速度,通过自建和收购的方式,将自建商场的数量比例维持在公司商场总数的30%左右。

目前红星美凯龙的自营模式商场数量由2011年初的27家增长至2013年末的41家;委托经营管理商场数量由2011年初的45家增长至2013年末的89家。

红星美凯龙认为,自营商场模式主要是商场初期投资规模较大,且投资回报期相对较长;此外,出租方可能出于自身利益考虑不与公司续约,由此导致租约到期后的不确定性问题;红星美凯龙作为承租方,商场物业无法用于抵押融资,公司前期投入的资金将无法通过贷款融资补充,不利于公司整体资金运作。而委托经营管理模式的缺点是由于合作方的管理理念与公司可能存在差异而导致管理难度的增加。

对于业界比较关心的商户租金问题,红星美凯龙称,签订的租赁合同为一年一签,一般根据前一年的经营情况结合对未来市场的预测及自身的判断,再决定下一年的租金水平。整体策略是让大部分商户能赚到钱,比例大于60%、小部分商户需要自然淘汰,比例不多于15%。视市场情况给予新开业商场采取商户入场装修信贷消费政策;给予部分新开业商场商户免租1~3个月的政策。

渠道下沉瞄向二、三线市场

红星美凯龙认为,随着经济的发展以及城镇化战略的实施,二、三线城市的整体经济实力和居民消费水平也将进一步提升,尤其是三线城市,将成为家居流通企业的新的增长点。公司将凭借成熟的经营模式,拓展二、三城市市场,突破家居建材流通行业的区域性特征。

事实上,在全国二、三线城市中,家居建材商场自身的扩张以及一些新的投资方加入家居建材商场的投资建设,加剧了家居建材流通行业竞争态势,原有的相对封闭的市场格局将被打破,逐步呈现弱者愈弱、强者恒强的态势。

记者注意到,红星美凯龙上市后募集的资金中有33.3亿元将投入8个自营商场的建立,其中包括合肥红星美凯龙四里河项目、武汉红星美凯龙世博家居广场项目、重庆红星美凯龙博览家居生活广场项目等,二、三线城市已成红星美凯龙关注的重点。

截至2013年12月31日,红星美凯龙共经营管理130家商场,主要分布在北京、上海、天津、重庆、江苏、浙江、福建、安徽、山东、辽宁、四川、河南、广东等4个直辖市、18个省份、3个自治区,共90个城市。

北京工商大学投资者保护研究中心执行主任张宏亮认为,家居市场规模较大,但行业集中度有待提高。家居建材流通业处于一个竞争充分的市场中,二、三、四线市场处于规模扩张阶段,未来竞争将更加激烈。红星美凯龙在进行渠道下沉时,一定不能盲目扩张而忽略了自身实力的打造,否则将面临更多的挑战。

资料来源:中国经营报,作者:高素英;日期:2014年5月26日。

实例1-3

古永锵再摊大饼　独立视频濒临"灭绝"

4月28日,阿里巴巴与优酷土豆宣布建立战略投资与合作伙伴关系,阿里巴巴和云锋基金以12.2亿美元入股优酷土豆。

优酷土豆公司公告显示:阿里巴巴和云锋基金以12.2亿美元购得优酷土豆A股普通股7.2亿股(每18股优酷土豆A类普通股相当于一股ADS),阿里巴巴持股比例为16.5%,云锋基金持股比例为2%。阿里巴巴将委派其CEO陆兆禧加入优酷土豆董事会。

按照宣布前一交易日4月26日优酷土豆收盘股价报24.14美元,以市值为40亿美元来算,阿里巴巴和云峰基金对优酷土豆的估值接近66亿美元。"这是一次双赢的合作。"优酷土豆集团董事会主席古永锵告诉记者。

但确切地说,这是一场各取所需的合作,阿里巴巴得到了梦寐以求的入口,缓解了腾讯带来的阴霾,而优酷土豆则离"平台级"公司更近了一步,竞争对手的级别从单纯的视频行业上升至互联网巨头。

古永锵的胃口

优酷土豆从以前单纯卖产品的小伙计,变成坐收佣金的大地主。同时,优酷土豆的直接对手也从搜狐视频、爱奇艺转移至百度和腾讯。据古永锵透露,这次谈判的进程比较紧张,直到 4 月 28 日下午才和阿里巴巴签字,并当日宣布确认,次日中午还在进行内部沟通。

优酷土豆其实早在 2013 年就有意引入战略投资,消息一经放出就获得阿里巴巴和腾讯的注意,随后优酷土豆同时与这两家企业进行谈判直至 4 月 28 日。

之前外界普遍的看法是,优酷土豆更可能选择与腾讯合作。首先,腾讯拥有强大的现金流,可以保障烧钱的视频业务持续前进。最重要的是,腾讯有着独一无二的移动互联网最强入口。

和腾讯合作的逻辑可以从京东(滚动资讯)和大众点评身上找到。当初正是因为易迅的落后让腾讯必须加速电商布局,而整合后的路径几乎一样:腾讯用部分现金+共性业务+微信入口获得被入股方的强势占股权。

事实上,优酷土豆整合腾讯视频应该没有多大压力,但上一次整合土豆让其盈利预期推后,只能继续与竞争对手拼烧钱。

古永锵这次显然不想再走寻常路。"我们和阿里巴巴合作是从优酷土豆多元化总体战略方面考虑的。"古永锵说。

当然,阿里巴巴在移动入口上的缺位一直是阿里巴巴董事局主席马云心中的痛点。虽然陆续收购高德地图、美团网,但这些依然无法达到庞大阿里巴巴系需要的入口级别。"阿里巴巴也非常需要优酷视频。"易观国际分析师郭洋说。

马云说:"这一重要举措将进一步扩大阿里巴巴生态系统的优势,加速阿里巴巴的文化及数字娱乐产业发展。"

业内人士分析,阿里巴巴投资文化中国是想布局文化产业上游关系,而入股华数则是中游探索,现在投资优酷是抓住下游真实用户。"现在的布局是互补角度,多元化合作,而优酷土豆会不断蜕变,延伸到真正的文化娱乐平台。"古永锵说。

古永锵口中的平台模式类似于百度凤巢和腾讯广点通,开发者、用户、企业可以同时在平台上制作、收益。

收益补缺

古永锵把这种模式称为"屏幕改变一切"。移动屏幕上的视频内容可以延伸成任何物品,比如在电视中看到中意的物品,可以直接点击屏幕进行购买,并且迅速支付。

优酷土豆集团 2013 年第四季度及全年未经审计的财务报告显示,2013 年优酷土豆集团综合净收入为人民币 30 亿元。其中,第四季度综合净收入达人民币 9.01 亿元,较 2012 年同期增长了 42%,超出上季度预期,首次实现季度盈利。得益于集团多屏营销战略的制定和有效执行,移动营收占比达到 10%。

虽然是视频行业第一家盈利的企业,但规模性盈利预期并没有到来,视频行业依然需要烧钱保持影响力、而视频企业的主流模式:版权、自制的成本都在提升,2014 年,优酷土豆就斥资 3 亿元投在自制节目身上。

数据显示,优酷土豆的广告客户中 80% 以上都是品牌客户和大客户。但中小企业才是现金流的聚集区,更重要的是,中小企业的效果广告对于移动平台的推动性更强。

事实上,包括百度、腾讯也在极力发掘中小企业资源,2010年时,百度的中小企业广告收入就占百度整个收入的80%。

"阿里巴巴系拥有国内最大的效果广告和中小客户。其实跟我们现在开发的收费业务包括会员和直播这一块有关联,这与淘宝、天猫都是有直接业务来往的。"古永锵说。

"未来所有广告都可以变成可购买广告。"优酷土豆集团总裁刘德乐说。

古永锵把这种模式称为"屏幕改变一切"。移动屏幕上的视频内容可以延伸成任何物品,比如在电视中看到中意的物品,可以直接点击屏幕进行购买,并且迅速支付。

业界预计,阿里巴巴的效果广告将带来优酷土豆大量的直接收益。"在投入不变的情况下,收入会大幅提升。"刘德乐说。

独立视频"灭绝"?

除了搜狐视频、腾讯视频、乐视网以外,其他视频网站都印上了"组织"的标记。

据悉,阿里巴巴和优酷土豆的合作协议中没有涉及对赌条款,"优酷土豆已是上市公司,任何股权投资、财务收支变化都需要向股东透明",古永锵确认说,阿里巴巴已承诺优酷土豆独立发展。

除了搜狐视频、腾讯视频、乐视网以外,其他视频网站都印上了"组织"的标记。百度旗下有爱奇艺、56被人人网收购、盛大收购酷六。

有消息称,搜狐视频与腾讯视频也在谈合作,如此一来,视频行业将彻底成为组织规模作战,而视频业务也将成为互联网生态圈中的一部分。

这也是重要的一部分。当今互联网有五大产业:社交、搜索、游戏、视频、电商,组成了移动互联网完整的生态圈。

百度的搜索、腾讯的社交和阿里的电商已经成为行业翘楚,他人难以撼动。只剩下游戏和视频这两个变量更具想象力。

"视频和游戏也将是未来BAT投入的重点,而视频网站也得从以前的从众模式找到自己独立的发展模式。"郭洋说。"视频行业将继续残酷的竞争,各家视频网站必须寻找真正的核心竞争力在哪里。"56网副总裁李浩说。

4月29日,百度进军智能硬件领域推出全新产品百度影棒3,支持4K超清电视和游戏资源。"百度不仅基于技术实力、流量资源、渠道资源和品牌优势大力扶持智能硬件生态链,还将在智能硬件领域不断创新突破,持续打造极致用户体验。"百度副总裁王湛说。

值得注意的是,这种模式类似于乐视。乐视从一开始就以"平台+内容+终端+应用"战略让其一直处于盈利状态。而百度也想利用自己的技术加上爱奇艺的平台内容进行整合。

"我们在移动视频货币化上已经有了一些经验,比如,搜狐视频客户端里面的一些热剧,前面的广告已经从15秒到30秒,有的热剧已经到了60秒。"搜狐集团董事局主席张朝阳告诉记者。

随着格局的演变,视频行业的竞争会更加激烈。

资料来源:中国经营报,作者:吕静;日期:2014年5月5日。

复 习 题

1. 什么是企业战略？企业战略的特征与层次有哪些？
2. 战略管理包含的三个关键要素分别是什么？简述它们的内涵以及相互之间的关系。
3. 战略管理与业务管理有何异同？
4. 战略管理与长期计划的区别是什么？企业战略与军事战略又存在哪些异同？
5. 对于企业来说，战略对企业哪些方面会有帮助作用？
6. 简要阐述战略管理在中国的发展历程。
7. 企业战略是由外部环境决定产生的还是企业理性分析的产物？

宏观环境分析

任何一个组织都不是孤立存在的,总要与它周围的环境发生这样或那样的联系,也就是说,组织的生存和发展要受到其所在环境的影响和制约,而且一般说来,环境的影响力量远远比某一个组织对环境产生的影响要大。正因为如此,对一个组织来说更重要的是认识所在环境的特点,适应它的变化而不是改变它。大量研究说明:宏观环境变量对企业发展的影响在多数情况下可能比企业的内部管理和行业变量更为广泛和深刻,尽管这种影响可能是间接的,并通过较长时期才显现出来。

战略管理与日常管理的一个重要区别是其更关注广泛的环境变量对企业生存和发展的影响,试图通过对环境变化的观察来把握其趋势,以发现企业发展的新机会和避免这些变化所带来的威胁。为了实现上述目标,必须首先了解环境的性质、宏观环境的各部分及其变化趋势,同时评估这些变化的可能影响。

应该指出的是,尽管影响企业的环境因素非常之多,但对某一行业或某一特定企业来说,试图分析所有因素及其影响程度是不必要的,也是不现实的,重要的是认清关键影响因素,并以此为基础去寻找战略性对策。

第一节 环境的性质

一、环境的分类

环境分类的目的在于帮助我们认识环境具有怎样的不确定性,这种不确定性使企业面临极大的经营风险。一个巨大的海外资源开发项目可能因战争毁于一旦;新建的用于扩大生产规模的工厂可能由于新技术的发明和应用而不得不停产或下马;国产百年老字号不得不面对来自异国新品牌的竞争,以及消费者偏好和口味变化的挑战。为了对付这种不确定性,首先要认识环境变化的特点和规律。

可以沿两个方向来考察环境的变化,一个是组织所面临的环境影响因素的多少,它们之间的相互关联性以及处理这些环境影响所需要的知识的复杂性,这方面的变化可用复杂性来表示。另一个是上述环境影响因素随时间的变化趋势,如果主要环境影响因素不随时间而变化或者变化的幅度不足以影响企业的经营,那么,可以认为环境是静态的;反之则认为环境是动态的。这方面的变化可用动态程度来表示。

根据环境的复杂性和动态程度的高低,可以将环境分为四类,如图2-1所示。

图 2-1　环境的分类

　　在简单和静态的环境中,组织所要考虑的环境影响因素不多,而且在较长时期内不会有很大的变化,同时处理这些外部影响时不需要复杂的技术和知识。一般说来,离最终消费者越远,所使用的技术越简单,则企业面临的竞争和市场也越缓和与稳定,如一些原料供应商(橡胶、甘蔗、石油等)面临的情况就是这样。另外一些例子就是占"垄断"地位的公共服务部门,如电信、铁路等,没有竞争者和它们直接争夺市场,并且它们所在的行业的稀有资源由政府来"配给"。在上述两种情况下,可以认为企业面临的竞争和市场基本上不随时间而发生变化,因此,对于这类企业可以通过历史数据来分析。

　　在简单和动态环境中,虽然影响组织的环境因素不多,但这些因素会随着时间而变化。当然,如果这种变化具有明显的规律性,那么仍然可以通过简单的技术和方法来加以处理。例如,人口出生率是决定学校、健康保险和医院规模的主要环境变量,但由于我国实行计划生育的基本国策,人口出生率与死亡率、育龄妇女、老龄人口数存在较强的相关性,所以可以通过统计推断来预测未来一段时期内我国人口的增加数。当环境变量随时间无规律变化时,管理人员要将重点放在考虑未来的环境状况,而不仅仅是放在过去的环境状况上。在做类似分析时,虽然没有简单易行的方法可以使用,但管理人员仍然可以通过一些结构化分析方法对环境变量的重大变化做出可能的推断,如估计几种可能的状态等。

　　在复杂和静态环境中,管理人员很难把握哪些环境变量是最重要的影响因素,尤其当各种因素交织在一起并互相影响时。在这种情况下,对环境因素逐一深入分析是有益的,尽管这样做需要耗费大量的精力。研究发现,在一定时期内或对于某一特定行业,总有一些环境因素起关键的作用,另外一些变量则处于较次要的地位。例如,汇率对有大量出口业务的公司尤其重要,而顾客的行为和口味却是零售商和餐馆最关注的因素。同样,计算机公司总是关注有关计算机技术和软件的发展,而处于"垄断"行业的企业最关心的是公共政策是否会发生变化。通过这样的分析,管理人员可以采取相应的对策来减少环境的不确定性。

　　不确定性最高和最难应付的是复杂和动态环境,在这种环境中,影响企业的环境因素错综复杂,而且随着时间而不断发生变化。有时某一种因素起主导作用,在另外一些时候其他因素又上升为关键因素,而且这种变化是如此之快,以致企业或组织来不及从战略上进行相应的调整,计算机公司、航空公司和电子行业都处在或正转向这种复杂和动态的环境。随着世界经济全球化和一体化过程的加快,以及全球信息网络的建立与不断完善,一方面,消费者的需求和选择越来越多样化,从而为企业提供了更多的发展空间和市场机遇;另一方面,它们也不得不面对更多的来自国际市场上的竞争对手的挑战。在这种情况下,消费者的偏好和相应的购买行为以及竞争对手的反应都更加难以预测和把握,因而对管理人员提出了更高的要求。在复杂和动态环境中,战略管理的关键在于精心培育企业的核心能力,保持战略的灵活性,同时建立资源缓冲地带,以预防环境急剧变化可能带来的威胁。

二、超竞争环境的形成及其特点

前面我们讨论了几种类型的环境。一般认为,竞争优势主要来自四个方面:一是产品成本和质量;二是企业拥有的特殊资产和专门知识;三是通过设置进入障碍来建立阻止竞争对手进攻的壁垒;四是借助更多的资源和投入在市场上挤垮竞争对手。在传统的竞争环境下,这些优势一旦建立,可能维持几十年而不发生变化,当企业从一个阶梯向另一个更高的阶梯移动时,所需的时间可能是几十年甚至更长。换句话说,环境是相对稳定的,领先的企业有可能维持其竞争优势。在这种情况下,由于竞争并不激烈或者竞争升级并不迅速,所以,企业可以通过调整使其组织结构和系统与其所在的环境相匹配,同时保证各个部门的协调,这倾向于使组织形成刚性结构和适合相对稳定的环境的战略。即是说,领先企业的目标是维持自己的竞争优势和建立一种平衡,在此条件下非领先企业满足于现有地位和珍惜领先企业"赐予"的生存机会。在这种情况下,竞争并不升级或者非常平缓。而事实上,随着技术的迅速变化,经济的全球化,新的经营方式的不断涌现,信息交流过程的根本性变革,以及敏捷制造系统的采用,今天的环境已变得越来越动荡,一些富有侵略性、灵活性和创新性的竞争对手可以比较容易和迅速地破坏大的领先企业的优势而进入市场。在这样的环境里,没有哪一个组织能够建立持久的竞争优势,每种竞争优势都可能受到侵蚀。换句话说,试图维持当前商业环境下竞争优势的努力,实际上是在削弱组织自身的竞争能力。因此,正确的战略是积极地"破坏"自身的优势,同时也破坏竞争对手的优势。D'Aveni将这样的环境称为超竞争环境。

在超竞争环境下,企业不可能长期地维持上述那样一种平衡,成功的企业需要通过适当的战略和行为去获得暂时的优势,同时通过打破市场均衡来破坏竞争对手的优势。在超竞争环境下,一个企业能否成功取决于其能否快速地从一种优势转向另一种优势,如果行业中的某一个企业快速地移向更高的阶梯,其他企业必须随之而上。领先企业越来越快地向上一阶移动,而非领先企业也不满足于它们的现状,即使领先企业是宽容的,并不想挤垮它们。在这种情况下,即使一个小企业有时也能驱动整个行业向上升级。这种超竞争性企业迫使其他公司或者背水一战,或者被竞争淘汰。

全球化、网络化、技术的迅速扩散和降低成本的压力是形成超竞争环境的重要原因和重要标志。要认识超竞争环境的特点,首先要对以下几个方面有比较透彻的了解和把握。

1. 全球化

全球化是当今世界使用率最高的词汇之一,从经济学家、管理学家到政府官员乃至市民百姓都会谈及全球化问题,尽管一般消费者或社会公众并不了解全球化的准确内涵,但他们的工作和生活仍然要受到全球化趋势的制约和影响,那么,全球化主要体现在哪些方面呢?

信息技术的发展和广泛应用促进了人们对全世界产品和消费趋势的了解和认识,使他们在全球范围内挑选产品变为可能。通过互联网、电视、电影、收音机、打印机和电话等众多传媒和手段,人们了解了不同国家和民族的消费习惯,同时认识到哪种消费和产品更有助于提高自身的生活质量和有益于自己的身心健康,而且也了解到了哪个国家的哪个企业生产和销售了这些产品,从而产生了全球性产品和全球性消费者。

众所周知,尽管世界各国在经济、政治制度和文化,甚至消费习惯上仍然存在着巨大差距,但他们对某些产品和服务的需求却越来越相近,即表现出趋同化的趋势,例如,连锁快餐麦当劳、可口可乐、好莱坞电影、日本相机、Levi's 牛仔裤、耐克运动鞋、波音飞机和空中客车等产品在全世界都受到同样的欢迎,对于这样一些产品,消费者关注的是它们的价格和质量以及它们给自己所带来的实际利益,一般不会关注某些细微的差别,更不会介意它们是由哪个国家或哪个企业生产的。正是由于信息传播的加快和日益广泛,同时也由于消费者受教育水平的提高和对产品了解的加深,上述这些全球性产品才得以风靡全球,而且导致了一种新型消费者——全球性消费者的不断涌现。他们借助所掌握的丰富的产品和服务信息在全球范围内比较和挑选他们喜欢的产品和服务,从而既节省开支,又能得到质量上乘的产品和满意的服务。

全球性产品和全球性消费者的出现和增多意味着企业将面临越来越多的全球性竞争者的挑战,因为竞争者无论在哪个国家,只要它生产和销售的产品与企业的产品实现相同或类似的功能,全球性消费者都可能转而购买它们的产品,因为随着经济的全球化,信息获得和距离已不再成为采购的重要障碍。毫无疑问,任何一个企业都不可能像过去那样依赖地理位置而偏安一隅,无论它们愿意与否,客观上都必须参与这种全球性竞争。

全球性产品和全球性消费还导致全球性标准的出现,这是因为在全世界范围内采用同一生产标准可以增加通用性,同时又可以大大降低生产成本和费用。随着竞争压力的不断增大,能够使自己的标准成为地区或世界标准的企业会有很大的战略优势,事实上,当今世界很多行业企业间的竞争已演化为标准之争。

除上述几个方面外,全球化还有更广泛的内容,如金融服务和资本市场的全球化、贸易的全球化以及要素市场的全球化。例如,金融市场的全球化意味着无论你所在国家或企业的位置如何,金融工具都可以帮助企业每天 24 小时,全年不间断交易。同时,金融市场允许企业在全球范围内整合其经营活动。要素市场的全球化意味着企业必须在全球范围内优化其生产和运营体系,以便充分利用各国的生产要素优势并实现企业利益的最大化,同时削弱各种贸易壁垒对市场进入的阻碍。

2. 网络化

互联网的问世和迅速发展极大地改变了我们的世界,而且它对人类生产和生活等各个方面的影响还在不断扩展和加深,从一本书的邮订到大宗原材料的全球性采购;从电子商务结算到全球生产网络的构造,网络化已经成为我们今天这个世界最重要的标志,但这里我们并不准备就互联网的作用及影响展开全面的分析和讨论,而只想通过几个典型案例揭示网络化的巨大影响以及给企业带来的挑战,以引起企业管理人员的关注与重视。

亚马逊网上书店 1995 年开业,1997 年 5 月上市,最初的市场资本 4 亿美元,但 2014 年 4~6 月的季度收入已达 193 亿美元。这个数字相当于 Barnes & Noble 700 家大型店 2013 年总收入的 65 倍。Barnes & Noble 已在其 1 000 余家商店的店面装修上花费了 4.72 亿美元,而亚马逊网上书店用于图书方面的固定资产投入仅为 5 600 万美元,其中绝大部分是用于公司的仓库和计算机。2014年，Barnes & Noble 的市值只有12亿美元，而亚马逊网上书店却高达1 370亿美元。Barnes & Noble 与亚马逊网上书店之间的竞争可能仍在不断地变化，但这种竞争已使 Barnes & Noble 的业务层战略发生了重大转移。

面对来自网络的竞争，许多大型传统企业正在建立它们自己的互联网业务。例如，美国通用电气公司从1996年开始雇用电子商务采购系统，使采购人工成本节省了30%，60%的人员被重新安排了工作，采购资源部的员工从大量纸面文件的编写、复印和邮寄工作中解放出来，并且原材料平均采购成本降低了20%。

尽管人们对网络化的认识在很多方面并不完全一致，但有一点可以肯定，那就是任何企业或国家都不能无视网络化的巨大存在或影响。Intel 总裁有一句名言："将来不再有互联网公司，只有使用互联网的公司，和被使用互联网的竞争对手挤垮的公司。"

3. 技术的迅速扩散

全球化、网络化和人才广泛流动的一个直接后果就是技术的迅速扩散。由于经济的全球化和跨国公司在全球范围内开展经营活动，必然将相关的技术带到与这些跨国公司有各种合资和协作关系的东道国，同时也会将东道国所拥有的先进技术带回跨国公司，并通过跨国公司内部的网络化连接而将这些技术输送到世界各地。

技术迅速扩散的另一个重要原因是如今的产品构造愈来愈复杂，一个产品往往需要多种技术的集合，以致多数公司都不能同时掌握这些技术，不得不依赖其他公司提供相关技术和产品部件。众所周知，使 IBM 公司的个人计算机一夜走红的商业软件，并不是 IBM 公司的产品，而是莲花计算机公司生产的。实际上，IBM 个人计算机的多数部件都是其他公司的产品。IBM 公司当初若试图自己制造所有的机器零件，它就不可能在如此短的时间内开发出这种机器。

技术的迅速扩散还与产品更新换代周期缩短有密切的关系，因为开发一种产品，尤其是在产品构造日益复杂，技术含量越来越高的情况下需要巨额的资金投入，而消费者的偏好变化又是如此之快，以至今年还是风靡各地的热销品明年也许就成了陈年老货，所以企业必须尽快地回收资金，而要做到这一点就必须尽量扩大产品的销量。例如，日本电气公司为自己的主机开发了一种最先进的存储芯片，但它向其他计算机制造商出售这种芯片的数量是其自用的5倍。

竞争加快是引起技术迅速扩散的又一个主要原因。一定意义上说，当今的市场竞争已经由传统的规模与数量之争转变为速度与效益之争，而要加速产品开发和投入生产的过程，必须依赖企业外部的技术和力量，因为在今天没有一家公司可以像20世纪30～40年代通用汽车公司那样垄断所有的相关技术，各种各样的战略联盟在提升企业竞争力和加速产品开发过程的同时也加速了技术的扩散过程。

4. 降低固定成本变得日益重要

在过去，企业降低成本和费用的主要手段之一是想方设法降低可变成本，如节省原材料，通过工艺改革或使用新型设备降低能源和材料消耗，通过合适的组织分工和工序优化降低人力成本等，但对今天的许多行业而言，虽然以上一些措施仍然有效，却已不再是参与竞争最重要的手段，因为顾客需求的趋同和技术的迅速扩散已经改变了成本的构成和竞争结构，即在全球化经营和技术广泛分享的大背景下，固定成本变得越来越重要。

由于顾客需求的趋同和产品的全球销售，所以追求全球性规模经济效益已经成为各大公司追求的目标，因为有些产品单凭单一国家和地区的市场并不能形成有效的规模，而顾客需求的趋同使它们的全球销售成为可能，全球销售不仅可以满足大规模生产的要求，而且可以大大降低分销和促销方面的费用，例如，在足球世界杯比赛时做的广告实际上就是在全世界范围内分摊促销的固定费用。

随着经济的全球化和竞争的加剧，开发一种好产品，尤其是尖端技术产品的研究开发费用大大增加了，例如，在制药业，研制一种有效新药的费用可能要超过 1.5 亿美元；而研究开发新的芯片和飞机部件同样需要巨额花销，而技术的扩散又是如此之快，以致没有哪一家公司愿意独立承担开发失败的风险，尽管如此，公司又不得不面对只有开发出有特色的新产品才能获得高额利润的诱惑，实际上，研究开发费用也已成为一种固定成本，所以企业面临着既要加速产品开发过程，同时又要分担固定成本的双重挑战。

固定成本变得日益重要的另外一个明显标志就是品牌的作用越来越突出。由于信息传播速度的加快和国际交往的增多，人们有更多的机会了解全球范围内的产品、对品牌的关注要远远高于信息相对封闭时的情况，随着经济实力的增强，人们也比以前更愿意选择品牌知名度高的产品。如果一个企业产品的品牌知名度很低，也许会根本没有机会在市场上出售其产品，也就很难让消费者了解自己的一些产品的特色，包括某种突出的优点。

品牌知名度高低既与产品质量有密切的关系，同时也受广告、促销等一系列品牌塑造活动效果的影响，实际上，品牌塑造过程中的大量花费都表现为固定成本。

正是由于降低固定成本在竞争中变得日益重要，所以各大公司都在向这一目标做出不懈的努力，例如，核心部件的标准化、系列产品设计、全性能通用产品等都是为了充分利用规模经济和范围经济效益，从而降低固定成本的举措。

概括说来，超竞争环境具有以下几个特点：

（1）竞争优势的建立取决于预测对手反应、反击和改变竞争规则的能力。

在传统竞争环境下，多数企业的竞争优势来源于先动的优势，如抢先进入某一行业，在行业内首创某一品牌，独占某些资源或信息等，但在超竞争环境下，信息的充分披露和技术的迅速扩散使得先动优势更加难以维持。例如，由于互联网和电子商务的广泛应用，顾客要获得各种不同的替代产品是件很容易的事情，选择新的销售商也易如反掌。以互联网软件产品为例，由于网络协议是完全开放的，因此，任何人都可以从不同的销售商那儿选择不同的软件产品。实际上，作为一种技术，互联网有削弱进入壁垒的作用，比如某一公司开发了一种新的产品或软件程序，那么，就可以在网上通过软件下载的方式瞬息向全世界发行它的产品，因此能避开传统的进入壁垒，如分销渠道等。

（2）竞争非常激烈而且迅速，竞争者必须快速行动，以建立自己的竞争优势和削弱对手的竞争优势，这又进一步加速了它们之间的战略反应。

如前所述，传统环境下技术产生和扩散的速度较慢，信息又相对封闭，所以具有先动优势的企业总是试图维持已有的竞争优势，但目前这种状况已不复存在，新技术会产生越来越多的新的竞争对手，他们可能以原来企业并不熟悉的手段参与竞争，因而给过去领先的企业造成巨大压力并迫使他们作出改变。

（3）超竞争行为是一个连续过程，旨在不断产生新的竞争优势，因此，它也是形成非均衡、破坏完全竞争和市场稳定性的过程,企业要想不断发展,就必须比竞争对手更快地登上新的台阶、重新开始新的循环或转移到新的竞争领域。

应该指出的是,超竞争现在已不仅仅局限于计算机等高技术行业,在更普遍的领域,如尿布和汽车配件等也留下了它的痕迹。这种激烈竞争也不仅仅局限在美国、日本和欧洲,在世界很多地方的许多行业,都存在着超竞争,如日用消费品、宇航、公共设施、高技术、电信、财务服务等。

三、竞合时代的来临

我们看到,随着超竞争环境的不断发展,整个外部环境在以竞争为主导的情况下,企业间合作的态势出现"回暖"迹象,并逐渐过渡到了"竞合"(coopetition)状态。"竞合"是由两个我们所熟知的词汇组成,即竞争(competition)与合作(cooperation)。顾名思义,竞合就是指企业间相互竞争与合作的行为集合。俗话说:"舍得,舍得,有舍才有得。"同样的道理,随着竞争日趋激烈,从竞争走向合作成为新的发展道路,进而衍生出"竞合"。目前在各大杂志、报刊中,"竞合"一词出现频率之高,已经使其成为了各行各业关注的焦点。

在21世纪的今天,可以说"竞合"已成为全球经济发展的一个重要特征,而全球经济一体化和信息技术普及则是企业间形成竞合关系的两大原动力。在这样的大背景下,原本相互激烈竞争的企业,转而开展紧密合作的事例屡见不鲜。日本三洋与海尔集团是全球电器市场上激烈的竞争对手,但两者间出人意料的合作却打造了世界最大的冰箱生产厂商,堪称是"珠联璧合"。一方面,三洋通过海尔销售网络在中国销售三洋电器,针对海尔没有的电器品种,三洋则通过委托生产方式让海尔生产;另一方面,海尔通过三洋在日本的销售渠道在日本市场销售海尔品牌电冰箱,洗衣机等电器。同时,三洋将在青岛的海尔电冰箱工厂附近建立新工厂,向海尔提供三洋的最新的电冰箱技术,三洋和海尔将成为彼此的零部件供应商。两者的组合意味着崭新的跨国合作模式的形成,两者也将在全球开展更具竞争力的冰箱事业。

同样地,宝洁与联合利华在日化产品市场上也是针尖对麦芒,无论是激烈的广告战还是渠道的相互争夺,无论是产品上的不断创新还是价格上的相互打压,在"前线"市场上双方可谓是寸土必争。可是在推动高效顾客反应系统(ECR)、打击假冒产品等"后方阵地"中,宝洁与对手联合利华又坐到了一起,双方共同研发、共同采取行动打击假冒产品,来做大日化产品市场这块"蛋糕"。

企业之间从单纯的相互竞争发展到现在的竞合状态的实例不胜枚举。这也预示着"竞合"时代的来临,企业的外部环境、发展战略以及企业间相互关系都值得企业管理者们重新进行思考。

1. "竞合"概念

1996年,耶鲁大学管理学教授拜瑞·内勒巴夫(Barry J. Nalebuff)和哈佛大学企业管理学教授亚当·布兰登勃格(Adam M. Brandenburger)在他们的代表作《竞合》(*Coopetition*)一书中首次提出"竞合"这一概念,他们指出,传统的"竞争的成功只能是建立在对手失败的基础之上"的竞争观念已经过时了,并从博弈论的角度描述了包括竞争与合作两个组成部分共存的社会现象,同时两位学者强调在以信息化和全球化为特征的知识经济时代,企业经营活动是一种可以实现双赢的特殊博弈。简而言之,企业运营既是战争也是和平。所以企业要做到明确何时竞争,何时合作。两位学者采用了一个很形象的对比:企业经营,在它创造一个蛋糕时,是合作;在分割蛋糕时,是竞争,因此你并不需要熄灭别人的灯光以使自己明亮。

在"竞合"的关系模式下,行业中相互竞争的企业在远离顾客的活动中会更多地偏向合作导向,而在接近顾客的活动环节中则偏向采取竞争行为。我们根据企业间合作与竞争的不同程度,可以将同一产业中企业之间的"竞合"关系分为三类:第一类为合作主导型,即企业之间的合作多于竞争;第二类为平衡型,即企业之间的合作与竞争联系一样多;第三类为竞争主导型,即企业之间的竞争多于合作。以上所讲的合作或者竞争往往存在于企业价值活动的不同环节或者是发生在企业不同的职能部门。一般而言,企业会在研发领域进行合作而在市场活动中采取竞争。

2. "竞合"形成原因

上一节中在介绍形成超竞争环境的重要原因和标志中,我们讲到全球化、网络化以及技术的迅速扩散是其形成的主要因素。同样,随着这些特征因素在各自领域内的影响不断拓展,"竞合"时代也随之来临。

通信、媒体、金融、贸易和政治的全球化趋势正在以各种各样的方式改变着人们的生活,其中最引人注目的是经济行为的改变。"你中有我,我中有你",相互依赖,相互竞争已经成为世界经济发展中的一个显著特点和发展趋势。因为企业要进入国际市场,不仅要面对各种贸易壁垒,还要面对来自不同国度里自己所不熟悉的政治、法律、文化等方面的种种障碍。能够使企业绕过壁垒并顺利克服障碍的一条捷径,就是在当地寻找与自己有共同利益的企业,同它们建立合作伙伴关系,利用双方的协同优势,为自己开拓广阔的发展空间。正是出于这种考虑,许多跨国公司纷纷与其价值链上的顾客、供应商乃至竞争对手结成利益共享、风险共担的合作伙伴或战略联盟。可以说,如今推行竞合战略已经成为一种潮流。

另外,网络化也加速了企业间"竞合"关系的形成,并同时为其形成提供了客观条件。随着相关网络技术的迅速发展和广泛应用,其孵化出了众多新兴的具有网络性特征的新型组织,而这种新型组织的经营模式强烈地冲击了传统的竞争模式。同时,世界各地的组织和个人,通过网络可以及时而全面地共享信息,以保证在自己的原工作地点对各种问题快速地做出反应并寻求相应的对策。因此,网络化的发展为企业充分利用外部力量、加强互惠合作的优势提供了更好的实现渠道。

除此之外,随着技术的迅速扩散以及更新,加之市场需求变化越来越快,使得产品生命周期越来越短。在这种形势下,技术创新从两个方面加速了企业间的"竞合":一方面它迫使企业加大对于技术研发的投入,同时企业还要面临由于技术更新周期加快,技术创新所面临的成本上升的压力和创新失败的风险,而当创新成功的成果一旦推出,则会出现相关企业共享成果的后果。这就要求企业寻找合作伙伴,共担创新风险,共享创新利益。另一方面,一项创新尤其是新兴技术领域的创新需要多种不同的重要技术,而多数企业又难以在所有技术上都保持领先水平,所以难以凭借一己之力获得成功。这就要求具有不同优势功能的企业要通过建立合作伙伴关系,共同攻克在创新各个阶段中所出现的难题,以便在最短的时间内成功地实现创新目标。

面对急剧变化的环境,企业界"归核化"战略盛行。越来越多的企业重视自身核心能力的培育、维持和发展,把经营重点放在核心行业的价值链中自身优势最大的环节上,而将自己不具备或不擅长的非核心业务交给专业企业来协助完成。这也是近年来企业相互合作频频采用"外包"的原因。由于资源与能力的有限,企业不可能把每一项业务都做到最好,这也是企业间保持"竞合"状态的重要客观原因,力争通过和其他企业的合作,突出自身核心竞争力,创造竞争优势。

3. 竞合的核心——共赢理念

竞合赢得市场,联合创造力量。企业间的"竞合"有利于增强控制力。企业应当明白:无序的恶性竞争对双方都没有好处,只能导致两败俱伤,根本不会产生赢家。最明显的例子是我国的家电产业,曾经无休止的价格战榨干了企业绝大部分利润。因此,企业应该树立一种通过与竞争对手进行合作共赢的理念,而不是只将眼光放在通过搞垮对方去争夺市场。

现代商业竞争进入竞合时代,与竞争时代相比,竞合时代最大的理念特点便是共赢。"共赢"的理念引导企业强强联合,相互取长补短,促进资源有效整合,弥补自身的不足,同时通过规模优势加强企业整体的竞争实力。我们可以从现实中看到众多经典成功案例均得益于"共赢"理念。

宝马与奔驰占领豪华车市场多年,纵观两个品牌的车型,我们不难发现,奔驰的每一个车系,都能在宝马的阵营里找到相对应的影子,但双方绝不会雷同,它们在相互学习的过程中依然保持自己惯有的风格。虽然有奥迪标榜行政级的尊贵,凯迪拉克标榜稀有的雍容,两家企业也试图打破保持多年的豪华车垄断平衡,但宝马与奔驰一直都默契地共同守卫着豪华车的领地,抵御第三者的入侵。宝马和奔驰也曾在不同场合向公众表明了自己的立场:在豪华车阵营里,我们是最大的竞争对手,但一旦外敌入侵,我们会自动结成攻守同盟。这就意味着"两夫当关,万夫莫开",无论谁试图撬开豪华车市场的门缝,都会遭遇两者的强烈反击。而在宝马和奔驰的竞争史中,我们更是看不到价格战的硝烟,因为两者都知道,坚守各自的竞争优势寻求差异化的品牌策略,才会进入良性竞争环境,"大家好,才是真的好"。所以我们看到,尽管这两者的定位和目标客户群高度重叠,却没有生产过任何一款同质化产品,"开宝马,坐奔驰",一个强调驾驭的乐趣;一个强调乘坐舒适的经典描述已然成为消费者心目中定型的品牌印象。

有竞争,不是件坏事。同样我们看到,国内牛奶市场的快速发展,得益于蒙牛和伊利的血拼;方便面行业的发展,得益于康师傅和今麦郎的竞争;碳酸饮料市场的发展在于可口可乐和百事可乐的世纪之战;快餐行业的发展得益于麦当劳和肯德基的步步紧逼;牙膏行业的发展则离不开高露洁和佳洁士的明争暗战;等等。这些事例的共同特点就是两个企业的竞争,大大扩增市场容量,推进整个行业进步,把其他竞品甩在无影处,最终实现"共赢"。对手是一面镜子,可以让自己清楚地认识到自己的优劣势,有了参照物,企为就会更加清醒,更加勤奋。

从某种意义上来说,由于竞争策略改变所导致的商业关系联动,使得以此为基础构筑的商业格局更加扑朔迷离。但是其背后的推动力却始终未变,那就是"没有永恒的敌人,只有永恒的利益"。当今世界是一个竞合共赢的时代。竞合观念作为一种全新的思维模式,是对传统的竞争理念和模式的超越,也是适应形势发展的必然选择。

第二节 PEST分析

一般说来,宏观环境因素可以概括为以下四类,即PEST(political,economic,social,technological),下面我们就逐一对它们进行分析。

一、政治与法律环境

政治与法律环境的变化显著地影响着企业的经营行为和利益。所谓政治与法律环境主要是指法律、政府机构的政策法规以及各种政治团体对企业活动所采取的态度和行动,还包括其他一些重大的政治事件。一个国家或地区政治与社会稳定是大多数企业顺利进行营销活动的基本前提,而内战、频繁的罢工或与外部的武装冲突往往使企业经受萧条和倒闭的痛苦,除非是靠战争发财的军火商人或是靠战乱投机的贩毒集团。一个国家和地区内发生的一些重大活动和事件也总是直接或间接地影响企业的经营计划和策略,如在我国政治压倒一切的"文革"时期,企业就不可能专心从事生产经营活动;同样,在传统的计划经济体制下,企业不可能也没必要做大量的市场调查、预测、分析、计划和控制工作,但在实行市场经济体制以后,伴随着激烈的国内外市场竞争,企业则必须做好上述工作才能得以生存和发展。此外,法律的变化可能直接鼓励和限制着某些商品的生产和销售。例如,我国对爆竹、雷管和炸药等危险品实行定点生产,同时,禁止多数企业生产枪支、弹药和安乐死药片等。目前,世界上很多国家都对企业的商务活动做了大量立法,这些法律对企业的影响和制约一直在不断增强。

商务立法的目的有三个:

第一,保护各企业的利益不受侵害,也就是通过立法保护竞争。例如:美国的反托拉斯法案;1993年9月由全国人大常委会第三次会议通过的《中华人民共和国反不正当竞争法》;2007年8月,第十届全国人民代表大会常务委员会审议通过的《中华人民共和国反垄断法》,该法也被称为经济宪法。

第二,保护消费者利益免受不正当商业活动的损害。对于一些采用掺假、虚假广告、假包装、伪劣产品等不正当手法损害消费者利益的企业,必须予以限制和制裁。例如美国的联邦食品及药物法案、肉类检验法案和消费品安全法案;我国人大1993年制定的关于惩治生产、销售伪劣商品犯罪的决定;1995年制定的关于严惩虚开、伪造和非法出售增值税专用发票犯罪的决定;2000年7月第九届全国人民代表大会常务委员会通过的对《中华人民共和国产品质量法》修改,其对大约二十多条内容进行了调整。

第三,保护社会公众和消费者更大的和长期的利益不受不法商业行为的危害。如有些企业为了追求利润可能生产加重环境污染的产品或销售有危险性的儿童玩具或物品,因此,必须对它们实施约束,例如美国有国家环境政策法案和儿童保护法案;我国有大气污染防治法等。目前全球变暖现象严重,世界各国倡导共同行动抑制全球变暖,亟须出台相关的国际气候政策,而这些政策届时将会对很多企业产生重大影响。

二、经济环境

所谓经济环境这里主要指经济发展速度,人均国内生产总值,消费水平和趋势,金融状况,以及经济运行的平稳性和周期性波动等。与其他环境力量相比,经济环境对企业的经营活动有更广泛而直接的影响。下面就从上述几个方面对我国的经济环境进行初步的分析。

1. 经济发展速度

自1978年改革开放以来,我国经济总体上始终保持高速发展,并发生了历史性变化,与此同时,我国的综合国力显著增强。2013年国内生产总值达到568 845亿元(见图2-2),比上年增长7.7%,在1991—2013年这23年中,我国GDP平均年增长率为10%(具体增长趋势图见图2-3)。从图中我们可以清楚地看到,由于受到特大自然灾害和国际金融危机的双重影响,从2001年开始到2007年持续扩张的经济在2008年增速有所放缓(见图2-3)。

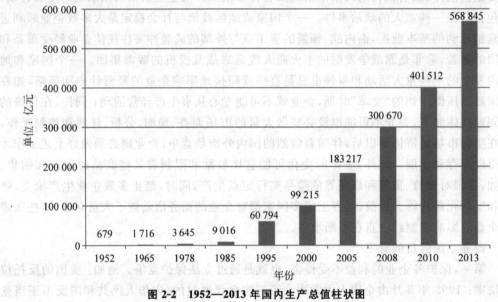

图2-2 1952—2013年国内生产总值柱状图

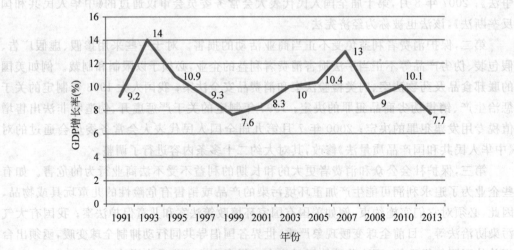

图2-3 中国GDP增长率波动曲线

据测算,1992年以来的21年间,扣除价格因素后,我国投资年均实际增速约为16%,2013年我国全年全社会固定资产投资447 074亿元,比上年增长19.3%(未扣除价格因素),增速比上年加快0.3个百分点。基础工业和基础设施建设持续发展,自2002年以来,受重化工业超常发展的影响,煤炭产销量呈现快速增长态势,煤炭生产量由1990年的年产107 988.3万吨增长到2013年的年产360 000万吨;发电量(包括水电、火电以及核电)由1990年的6 212.0亿千瓦时增长到52 451亿千瓦时。在运输线路方面,1978—2013年,铁路营运里程由5.17万公里增加到10.31万公里;公路里程由89.02万公里增加到435.62万公里;民航航线里程由14.89万公里增加到410.6万公里。在通信方面,移动电话用户数量从1990年的1.8万户增长到2013年的123 826万户;固定电话用户数量从1978年的192.5万户增长到2013年的150 360万户;互联网上网人数从2000年的50万人增长到2013年的61 758万人。对外经济贸易方面,1978—2013年,货物进出口总额从355.0亿元人民币增长到258 212.3亿元人民币,其中在2013年出口总额为137 154.1亿元,进口总额为121 058.2亿元,顺差额为16 095.9亿元。在利用外资情况方面,实际使用外资额从1985年的47.60亿美元发展到2013年的1 187.2亿美元。在金融业方面,我国上市公司数量从1990年的10家发展到2013年的2 489家,股票发行量在1991年为5亿股,2006年发行数量最大时达到1 287.77亿股,2012年我国股票发行量为299.8亿股。

在《财富》杂志不久前公布的2014年全球500强排行榜中,52家企业总部设在北京,蝉联全球城市第一。我国也成为全球大企业最向往的国家之一。良好的产业基础,优惠的政策环境,优质的政府服务,宜居的生活环境,诸多优势叠加在一起,使我国成为适合经济发展的投资沃土。我国经济的持续高速发展既是企业发展贡献的结果与反映,同时又为企业的进一步发展提供了更多的契机。

2. 购买力

形成市场不仅需要人口,还需要购买力。一个有效的市场包括人口及购买力两个因素,有关我国人口的主要变化倾向将在下面社会环境部分讨论,这里先来讨论影响人们购买力的主要因素。

(1) 人均国内生产总值。人均国内生产总值等于一定时期内一个国家的国内生产总值除以总人口,它反映了一个国家的经济发展水平。2013年,我国人均国内生产总值达到41 279元,而在1978年,我国的人均国内生产总值仅为381元。

(2) 个人可支配收入。指在个人收入中扣除税款、收税性负担以及维持生活的必需品支出后的余额,它是影响消费结构的重要因素之一。2013年我国全年城镇居民人均可支配收入26 955元,比上年增长9.7%,扣除价格因素,实际增长7.0%;农村居民人均纯收入8 896元,比上年增长12.4%,扣除价格因素,实际增长9.3%。反映居民总体生活质量的恩格尔系数,2013年城镇为35%比1990年的54.2%下降了19.2个百分点,2013年农村居民家庭恩格尔系数为37.7%,比1990年的58.8%下降了21.1个百分点。

(3) 储蓄速度。消费者的消费水平和结构除受以上因素影响外,还受储蓄状况的影响。改革开放以来,我国城乡居民的储蓄速度有很大增长,全国城乡储蓄年存款余额已从1979年的280.1亿元增加到2013年的447 601.6亿元,储蓄年增长额从1980年的114.8

亿元增加到2013年的48 050.6亿元。这些储蓄是购买贵重商品资金的主要来源。但是，城市和农村居民对储蓄金额的用途有较大差异，城市居民的储蓄主要用来购买高档耐用消费品，如汽车、钢琴以及人身保险等，而农村居民则主要用于住宅建设和购买农用生产资料和设备。

(4) 消费者的支出模式。我国消费者的支出模式与西方发达国家有较大差别。虽然随着家庭收入的增加，用于食品的开支占收入的百分率下降，用于住房以及家庭日常开支的费用占收入的百分率保持不变，用于其他方面及储蓄占收入的百分率上升的规律也基本上适用于我国，但与西方发达国家同期的收入水平相比，我国居民用于"用品"，如电视机、洗衣机等的支出却远远高于发达国家，也就是说，我国的消费者更偏重于"用品"的消费。因此，管理人员必须注意到这一倾向及支出模式随经济发展而可能发生的变化。表2-1为我国平均每人消费性支出构成。

表2-1 我国平均每人消费性支出构成（人均消费性支出=100）

年份	食品	衣着	居住	家庭设备用品及服务	医疗保健	交通通信	教育文化娱乐服务	杂项商品与服务
1990	54.25	13.36	6.98	10.14	2.01	1.20	11.12	0.94
1995	50.09	13.55	8.02	7.44	3.11	5.18	9.36	3.25
2000	39.44	10.01	11.31	7.49	6.36	8.54	13.40	3.44
2007	36.29	10.42	9.83	6.02	6.99	13.58	13.29	3.58
2008	37.89	10.37	10.19	6.15	6.99	12.60	12.08	3.72
2013	35.02	10.55	9.68	6.74	6.20	15.19	12.73	3.88

3. 我国当前的消费状况与发展趋势

与我国经济的迅速发展和人均收入的增加相适应，我国的消费呈现以下几个特点：

(1) 全社会消费品零售总额由1980年的2 140亿元增长到2000年的39 105.7亿元再持续快速增长到2013年的234 380亿元；全社会生产资料销售总额由1980年的449亿元增长到2013年的55万亿元，增长了1 225倍。

(2) 城乡居民消费水平稳步提高，恩格尔系数逐步下降。从总体来看，目前我国城镇居民的消费需求重点从以解决"用"（尤其是耐用消费品）的消费需求为主的第二阶段向以解决"住、行和服务"的消费需求为主的第三阶段转变，与此同时，农村居民的消费需求也逐渐从解决"吃穿"的消费需求为主的第一阶段过渡到以"用"为主的第二阶段。我国城镇和农村的恩格尔系数都已大幅度下降。

(3) 居民消费支出绝对数额由1979年的2 011.5亿元增长到2000年的45 854.6亿元，并持续增长到2013年的212 187.5亿元；政府消费绝对额由1979年的622.2亿元增长到2000年的15 661.4亿元，并保持快速增长到2013年的79 978.1亿元。

(4) 对大多数商品而言，买方市场已初步形成，消费支出分流日益明显。商品消费向个性化、多元化和高档化发展，选择性消费逐渐明显。

伴随着城乡居民消费需求模式的巨大变化，未来我国消费需求呈现以下几种趋势：

(1) 私人轿车拥有量仍将快速上升。国内外调查机构认为，我国是世界上最后一块有待开发的汽车市场，也是一块最大的汽车市场，我们从世界各大汽车生产商的举动也可看出其对中国市场的重视程度。我国 2013 年城镇每百户拥有家用汽车 21.5 辆,这一数字不仅远远低于发达国家,也大大低于巴西、韩国和马来西亚等国家,但随着我国经济的快速增长,汽车普及率也得到了迅速的增长。据统计局发布的《2013 年国民经济和社会发展统计公报》,全国民用汽车保有量达到 13 741 万辆(包括三轮汽车和低速货车 1 058 万辆),比上年末增长 13.7%,其中私人汽车保有量 10 892 万辆,增长 17%。2013 年年末,全国民用轿车保有量 7 126 万辆,增长 19%,其中私人轿车 6 410 万辆,增长 20.8%。

(2) 从 2000 年以来,在国际产业转移推动下,我国电子信息产业一直保持快速增长态势,产业规模在国民经济各行业中始终居于领先地位。2001—2013 年,电子信息产业增加值年均增长速度达到 20.1%,显示出良好的发展态势。据赛迪顾问的数据显示,目前我国境内生产的显示器、手机、彩电、激光视盘机、笔记本电脑分别占全球总产量的 50%、31%、43%、80% 和 40%,程控交换机、电话机、光盘驱动器、打印机等产品也名列世界前茅。2013 年电子制造业增加值同比增长 11.3%。主要产品中,手机产量 14.6 亿部,计算机 3.4 亿台,彩电产量 1.3 亿台,占全球出货量比重均在半数以上。

(3) 信用消费逐步发展。人们从原来用过去的钱办今天的事,开始接受用明天的钱办今天的事。自 1997 年以来,我国个人信贷消费从无到有,之后快速增长。2010 年商务部采取五大措施扩大消费,包括农村消费、城市消费、换代消费、信用消费和节庆消费。"信用消费"已成为近来商务部频繁提及的关键词。商务部更是提出"扩大赊购赊销,改善支付环境,促进信用消费"。可以推断,将来会有更加利好的政策出台鼓励人们信用消费。波士顿咨询公司预计,2015 年中国个人消费贷款余额将达到 21 万亿元。

(4) 闲暇消费形成潮流,享受生活、消费闲暇也成为普通老百姓的生活方式。我们可以从国内旅行社的数量上看出目前旅游休闲生活的火爆程度。据统计截至 2013 年年底,全国旅行社总数 26 054 家,同比增长 4.45%。旅行社从业人员数量也高达 339 993 人。2013 年,国内旅游人数达到 32.5 亿人次,国内居民出境人数达到 9 000 多万人次,全年国内旅游收入达到 26 276 亿元,国际旅游(外汇)总收入为 517 亿美元。未来 10 年我国旅游市场将保持迅猛发展的势头,到 2020 年中国将成为世界第一大旅游目的地国和第四大客源输出国。

(5) 近年来,饮食消费、家务劳动外包发展迅速,特别是在外饮食成为城镇居民的一种共同选择。2013 年,中国餐饮业发展迈上新台阶,全年零售额达到 25 392 亿元,同比增长 9%,占社会消费品零售总额的 10.8%,对社会消费品零售总额的增长贡献率为 11.2%。中国餐饮业的快速持续发展,显示出了在社会需求和经济发展的大背景下,行业总体规模日益扩大,在国民经济中的地位和作用明显提升和加强。2015 年我国餐饮业持续增长的态势将进一步巩固,餐饮市场将继续平稳快速增长,预计全年餐饮业营业额将达到 30 000 亿元,中国餐饮业将跨入新的发展阶段。

(6) 体验性消费需求增加。目前在消费中,人们更加追求心理感受,提供以人的体验感受为目标的消费供给发展迅速。2010 年全国化妆品销售额超过 900 亿元,较 2009 年增长 16%,而后几年化妆品市场销售额也以年均 12% 以上的速度增长,2013 年化妆品市场销售总额达到 1 625 亿元左右。随着经济的发展,人们在消费中越来越重视价值认同和身份认同的感觉,特别是青年一代和高收入阶层,普遍对品牌的忠诚度较高,时尚、品牌、品位、格调、流行、个性、身份、圈子等都是影响消费的主要因素。

三、社会和物质环境

1. 人口

人口是企业管理人员最感兴趣的社会环境因素之一,正是它构成了大多数产品的消费市场。总人口、人口的地理分布和密度、家庭构成以及人口增长率对企业的生产和销售都有显著的影响。

(1) 总体人口的继续增长,但增速减慢。与世界人口的"爆炸性"增长相吻合,我国的总人口将继续增长。1980年世界人口总数为44亿,并以每年1.8%的增长率在扩大,据统计,2011年,世界人口总数突破70亿,且增长主要来自发展中国家。我国人口数从1978年的9.63亿增长到2014年的13.54亿,人口总数保持持续增长的态势;出生率则从1978年的18.25‰到1987年的最高峰23.33‰,然后开始下降,2013年的出生率为12.08‰。虽然我国从20世纪70年代便开始大力控制人口增长,并取得了令世人瞩目的成就,人口出生率和增长率都在下降,但由于人口基数大,净增人口数仍旧很大。

我国的巨量人口产生了两个严重的后果:第一,使我国的人均自然资源占有量进一步下降,其中淡水、耕地、森林、能源等方面的问题尤为突出,因而有限的资源难以达到或维持多数人所渴望的工业发达国家那样的生活水平;第二,人口增长较快的边远地区和广大农村恰恰是经济不发达和难以养活过多人口的地方。

我国的众多人口既有对改善人民生活不利的一面,同时又是一个广阔的消费品市场和廉价劳动力的供给源。显然,在收入水平一定的条件下,人口增加就意味着市场扩大,而廉价和丰富的劳动力资源可以增加出口产品,尤其是劳动密集型产品的竞争能力。

(2) 劳动年龄人口的空前膨胀与人口老龄化。总体人口的继续增长主要是由现有人口的年龄构成决定的,而劳动年龄人口的空前膨胀与人口老化则受人口年龄结构、出生率和死亡率的共同影响。15~64岁劳动年龄人口总数从1982年的6.25亿人增长到2008年的9.67亿人,相应的,15~64岁劳动年龄人口总数占总人口的比重也从1982年的61.5%增长到2008年的72.7%。但从近几年的情况看,劳动年龄人口比重增长有所放缓。2012年,中国的劳动年龄人口出现下降,是人口结构变化的新开端。按照现有人口年龄构成推移,在劳动年龄人口膨胀的同时,我国也迎来了人口年龄老龄化的高潮。进入20世纪90年代以后,65岁以上老年人口平均每年以3%左右的速度增长,截至2013年年末,我国已经有2.02亿老年人,预计到2020年将达到2.3亿,约占总人口的15.6%;到2050年将达到4.1亿,约占总人口的27.4%。

人口年龄结构及其变化对企业的经营活动有直接而显著的影响,如出生率下降可能使儿童玩具、用品和服装的需求量下降。15~64岁人口数量的急剧膨胀,一方面,使某些商品,如住房、摩托车、汽车、服装、旅游等的需求扩张,使企业容易获得所要求的劳动力。另一方面,却带来了巨大的就业压力,这种压力可能使某些劳动密集型产业获得优先发展。老龄人口的迅速增加意味着居家养老服务市场(如送饭、维修服务、咨询等)、医疗保健服务市场(如家庭病床、重危病护理、住院陪床)、老年福利设施市场(老年住宅和公寓、老年医院、老年活动中心等)以及老年用品市场(如老年用床、浴盆、体位交换器、手杖、轮椅、助听器等)将有较大的发展。此外,将不同阶段年龄人口进行细分还可以进一步了解市场对某些产品的需要。

(3) 我国家庭结构的变化。我国家庭结构变化的主要特征是向小型化趋势发展。从新中国成立来,我国共开展了6次人口普查。而据最近一次2010年11月的第六次人口普查资料显示,我国家庭户平均规模已由1980年的4.54人下降到了3.1人。而到了2014年,我国家庭户平均规模更是下降到3.02人。30多年来,家庭规模的小型化是我国城乡家庭结构变化的重要特征之一。对于家庭规模的小型化,不能简单地认为是核心家庭替代大家庭,从一种模式演变为另一种模式的过程。核心家庭确已成为主流家庭模式,但是1人户和2人户在近年来呈现出持续增长势头,1人户、2人户和3人户的比例从乡村、镇到城市呈逐步升高的态势,而4人以上家庭则相反。1人户、2人户的增长在很大程度上说明,除核心家庭外,其他非核心化的小家庭式样,如空巢家庭、丁克家庭、单身家庭、单亲家庭等,正在构成我国城乡家庭结构的重要内容。而在一定时期内一定地区的家庭户数及其结构对某些类型消费品的需求有很大的影响。例如,新建立的家庭可能需要添置家具、厨房用具、家用电器和卫生设备等,无子女的年轻夫妇或单身户将有更多的时间和金钱去旅游或是去饭店,而日益被社会关注的空巢家庭更是需要社会中有更多的为老年人提供相关产品和服务的机构出现。因此,企业管理人员应该注意到这些变化。

(4) 我国城镇贫困与富裕人口的空间分布很不平衡。我国不同地区之间的发展差距不仅影响地区的产业结构特点,而且也是企业进行市场预测和制定有关战略时必须考虑的问题,因为不同收入水平的人口具有不同的购买力,并由此决定了他们的消费结构和价格接受水平。从1985年以来,反映地区间收入水平差异的变异系数(各地区的标准差/各地区的平均数)和极值比(最高地区/最低地区)进一步上升。

表2-2所示为2013年各省(市、自治区)居民消费水平数据。

表2-2　2013年各省(直辖、自治区)城镇居民家庭人均现金消费支出数据表

单位:元,按当年价格计算

东部		中部		西部	
地区	地区居民消费水平	地区	地区居民消费水平	地区	地区居民消费水平
北京	26 275	山西	13 166	四川	16 344
天津	21 712	内蒙古	19 249	贵州	13 703
河北	13 641	吉林	15 932	云南	15 156
辽宁	18 030	黑龙江	14 162	西藏	12 232
上海	28 155	安徽	16 285	陕西	16 680
江苏	20 372	江西	13 851	甘肃	14 021
浙江	23 257	河南	14 822	青海	13 540
福建	20 093	湖北	15 750	宁夏	15 321
山东	17 112	海南	15 593	新疆	15 206
广东	24 133	广西	15 418	湖南	15 887

由表2-2可见,目前我国居民消费水平呈现以下几个特点:第一,高消费水平地区集中在东部。2013年居民消费水平最高的5个省(市、自治区)都集中在东部(上海、北京、

广东、天津和浙江)。第二,低消费水平区集中在西部,有几个省份的居民消费水平都徘徊在 12 000 元的水平。

2. 物质环境

任何企业的生产经营活动都与物质环境息息相关,因为无论制造哪种产品都需要原材料、能源和水资源等。随着工业生产活动范围的不断扩大,同时也由于前些年我们对环境保护的忽视,我国的物质环境在过去几十年中已遭受了很大程度的破坏。今后,各种资源的短缺将对企业的生产和经营活动形成很大的制约,同时有关环境保护的立法也对企业提出了很多新的要求。企业管理人员必须注意到物质环境的变化以及相关法律政策的影响。具体说来,我国的物质环境注意面临以下几个问题。

1) 土地持续荒漠化和土壤持续污染化

目前,我国荒漠化土地面积约 270 多万平方公里,占国土总面积的 28%,而且每年还在增加 1 万多平方公里;我国 18 个省的 471 个县,近 4 亿人口的耕地和家园正受到不同程度的荒漠化威胁,整个生态系统在急剧恶化。其中草原沙化现象很突出,一些牧区牲畜存栏大幅度下降,绵羊的体重与 20 世纪五六十年代相比下降了一半以上。与此同时,在近 50 年中,我国森林面积减少了 30%,森林覆盖面积仅为世界平均森林覆盖面积的 1/3。森林的减少导致了水土流失、洪灾频繁、物种减少、气候变化等多种严重恶果。

从我国发射的"神舟"6 号卫星上拍摄的鸟瞰东亚地区的照片中可以看到,我国以前大片国土上郁郁葱葱的景象现已不见,出现了较为严重的荒漠化(棕黄色)。多年来的气候变化和人们对环境无所顾忌的活动,对土地的破坏作用甚大,较为严重的乱砍滥伐、过度放牧及重用轻养的恶习使草地逐渐退化,加上水土流失的不断侵蚀,致使荒漠化这盲目改造自然的恶果悄然袭来。

同时,我国大多数城市的近郊土壤环境也受到了不同程度的污染。目前,全国污染的土地面积已超过 1.5 亿亩,污水灌溉引起的污染耕地约 3 250 万亩,固体废弃物堆存占地和毁田约 200 万亩,合计约占耕地总面积的 1/10 以上,且每年还在以大约 15% 的速度递增。这些污染土地大多数集中在经济较发达地区。其主要的污染物有石油类、化肥农药类有机物、放射性元素以及重金属等。其中有些难降解污染物在土壤中积累,能转化为毒性更大的化合物。一些受污染较为严重的地段,土壤中发现的有害物质多达近百种。

2) 森林赤字

作为一种可再生的有限资源,我国近几十年来森林面积正在不断下降。下面的一系列数字也告诉我们,我国森林资源告急。我国国土面积 960 万平方公里(折合 143.992 8 亿亩),约占世界总量的 7%,人口 13 亿,约占世界总量的 22%,而森林面积仅占世界的 4.6%。我国森林总面积 15 894.1 万公顷(折合 23.94 亿亩),林木总蓄积量不足世界总量的 3%,森林蓄积量为 112.7 亿立方米,森林覆盖率为 16.55%,排世界第 142 位;人均森林面积 0.128 公顷,只有世界平均水平的 1/5,排世界 120 位;人均森林蓄积量 9.048 立方米,只有世界平均水平的 1/8,排世界第 121 位;年人均消费木材 0.22 立方米,而世界平均水平是 0.65 立方米,比我国高近 3 倍多,差距十分明显。

森林资源匮乏一方面容易造成大规模水土流失和江河污染,影响国家经济的长远发展;另一方面也直接关系到一些企业的生产和销售,如建筑木材较少将导致某些替代品的出现或造成建筑业成本的上升。

3) 淡水资源紧缺

我国是一个干旱和缺水严重的国家。淡水资源总量为28 000亿立方米,占全球水资源的6%,仅次于巴西、俄罗斯和加拿大,居世界第四位,但人均只有2 300立方米,仅为世界平均水平的1/4、美国的1/5,在世界上名列第121位,是全球13个人均水资源最贫乏的国家之一。扣除难以利用的洪水径流和散布在偏远地区的地下水资源后,我国实际可利用的淡水资源量则更少,仅为11 000亿立方米左右,人均可利用水资源量约为900立方米,并且其分布极不均衡。全国600多座城市中,已有400多个城市存在供水不足问题,其中比较严重的缺水城市达110个,全国城市缺水总量为60亿立方米。水利部预测,2030年中国人口将达到16亿,届时人均水资源量仅为1 750立方米。在充分考虑节水的情况下,预计用水总量为7 000亿~8 000亿立方米,要求供水能力比现在增长1 300亿~2 300亿立方米,全国实际可利用水资源量接近合理利用水量上限,水资源开发难度极大。水资源的短缺对以淡水为原料或动力的企业形成很大的制约。

4) 不可再生的有限资源的短缺

我国的矿石资源和石油蕴藏量虽然很丰富,但由于人口数量巨大和增长过快,能源短缺现象十分严重。据2010年统计结果显示,我国煤炭保有资源量13 412亿吨,剩余探明可采储量约占世界的13%,居世界第三位。已探明的石油、天然气资源储量相对不足,油页岩、煤层气等非常规化石能源储量潜力较大。中国拥有较为丰富的可再生能源资源。水力资源理论蕴藏量折合年发电量为6.19万亿千瓦时,经济可开发年发电量约1.76万亿千瓦时,相当于世界水力资源量的12%,列世界首位。但人均能源资源拥有量在世界上处于较低水平。煤炭和水力资源人均拥有量相当于世界平均水平的50%,石油、天然气人均资源量仅为世界平均水平的1/15左右。耕地资源不足世界人均水平的30%,制约了生物质能源的开发。

另外,能源资源分布不均衡也是我国资源的一大特点。中国能源资源分布广泛但不均衡。煤炭资源主要赋存在华北、西北地区,水力资源主要分布在西南地区,石油、天然气资源主要赋存在东、中、西部地区和海域。中国主要的能源消费地区集中在东南沿海经济发达地区,资源赋存与能源消费地域存在明显差别。大规模、长距离的北煤南运、北油南运、西气东输、西电东送,是中国能源流向的显著特征和能源运输的基本格局。

四、技术环境

像经济环境一样,技术环境变化对企业的生产和销售活动具有直接而重大的影响,尤其是在面临原料、能源严重短缺的今天,技术往往成为决定人类命运和社会进步的关键所在,同时,技术水平及其产业化程度高低也是衡量一个国家和地区综合力量和发展水平的重要标志。如美国高科技产业在国内生产总值中的比重已达40%~60%。与经济因素不同的是,技术是一种创造性-破坏因素,或者说,当一种新技术给某一行业或某些企业带来增长机会的同时,可能对另一行业形成巨大的威胁。例如,晶体管的发明和生产严重危害了真空管行业;数码相机的出现使得原始胶片相机受到沉重的打击;高性能塑料和陶瓷材料的研制和开发严重削弱了钢铁业的获利能力。

技术的发明和进步不仅影响行业的生存和发展,而且也影响多数企业具体的生产和销售活动,因此,世界上成功的企业无一不对新技术的采用给予极大的重视。目前技术环境的变化有以下几个趋向:

1. 新技术和发明的范围不断加宽

自第二次世界大战以来,科学技术取得了巨大进步,同时它们应用的范围也在不断加宽,已涉及人类生活的各个领域。近几十年来,以下几个领域的科技进步尤为迅速。

(1)信息技术。在微电子技术方面,几十年来其发展一直遵循摩尔定律,即集成度平均每18个月翻一番,30年时间内尺寸减小1 000倍,性能提高10 000倍。由于CMOS(金属氧化物半导体)的技术极限被不断突破,在可预见的十多年内,摩尔定律仍将继续起作用。我国经济长时间高速发展,使中国成为全球第二大集成电路(IC)市场,但目前国内市场自给率不到25%,尤其是在代表IC水平的计算机中央处理器(CPU)方面,国内的技术差距就更大。近年来我国微电子取得关键技术的突破,成功开发出北大众志-863、龙芯等CPU,但在自主产权的核心技术方面仍然落后于国际先进水平。目前,微电子技术进入纳米尺寸和System-on-Chip时代,CPU时钟进入GHz。中国具有较强整机系统设计能力,SOC时代的到来是我国IC产业跨越式发展的机遇。

信息技术的发展不仅使信息产业占国内生产总值的比重不断上升,而且也使企业的组织结构和市场营销产生了深刻的变化。信息化使组织结构进一步扁平化和网络化,即高层管理人员可以更多地通过计算机终端来了解企业的运行情况,如产品价格、库存、资金储备等,从而对整个组织实施控制。有人甚至预言,在信息化时代中层管理人员将面临失业的威胁。网络化可以使跨国公司的不同子公司、企业不同部门之间的信息交流更为方便和快捷,同时可以对市场需求变化作出更迅速的反应。2002年年底,美国《财富》杂志评出的全美500家最大的公司已有400多家在网上开展营销。此外,越来越多的交易和广告开始在互联网上进行。2013年全年,中国网上交易总额达1.85万亿元,是2008年的15倍,并且这种增长的态势将持续下去。

(2)生物技术。生物技术是当今最为活跃的科技领域之一,自20世纪40年代青霉素发明以后,已有100多种抗菌素投入生产。伴随着基因DNA重组技术、克隆绵羊问世等一系列重大技术的突破,生物技术在人们生活中具有越来越重要的作用。它在保障粮食安全、促进经济结构调整、提高健康水平、改善生态环境、缓解能源短缺压力、保障国家安全等方面的作用和潜力日益凸显。专家们预言,以生物技术为重点的第四次科技革命,将成为继信息产业之后又一个最具活力的经济增长点,由其引领的生物经济,将驱动着全球经济结构的加速调整和重组。

(3)新型材料。众所周知,材料曾作为划分人类历史进程的重要里程碑,人们已经历了石器时代、青铜器时代和铁器时代。据1976年的统计,全世界经过注册的材料就有25万种,而目前已达60多万种,并以每年大约5%的速度增长。新型材料,尤其是有机高分子合成材料和陶瓷复合材料的发展尤为迅速。进入21世纪后,涌现了多种具有重大意义的新型材料,包括:高强高模纤维、高耐热纤维、超轻纤维、高导电纤维、可生物降解纤维以及一系列具有环保节能功效的新型材料。这些材料在社会生活的各个行业中所占的比重越来越大,与此相反,钢铁业的发展则有相对式微的倾向。

(4) 空间技术。空间技术是一门高度综合性的科学技术,是很多现代科学和技术的综合集成。自 1957 年 10 月 4 日苏联发射第一颗人造地球卫星以来,到目前为止,世界各国已发射了几千个航天器,其中包括:载人飞船、航天飞机、空间试验站和空间站等。人类已经飞出地球,1997 年又成功向火星发射了探测器,不久还可能飞出太阳系。空间技术的发展扩大了人类的物质资源和知识宝库,推动了现代科学技术和现代工农业生产的发展。例如,美国使用气象卫星每年可从 120 亿美元的自然损失中挽回 50 亿美元,印度从气象卫星中每年可收益 10 亿~15 亿美元。再如,美国发射一颗地球资源卫星仅花费 2 000 万美元,但每年可获益 14 亿美元。此外,空间是一个微重力、近乎理想的真空和无菌的领域,在空间能生产出在地球上不可能生产的高纯度、高均匀的特殊合金、半导体陶瓷、玻璃、超导体、光敏材料和医药等。托夫勒在他的《第三次浪潮》一书中曾预言:"航天工业是下一代技术革命的策源地。"美国一位咨询公司的副总经理预言:"21 世纪的太空商业活动也许将等于 20 世纪的航空、电子和电子计算机的总和,它代表了人类的又一次进化。"

从以上几个领域的技术进步过程可以看出:宇宙是无限的,人们对客观世界的认识永无止境,因此,人们面临的革新机会也是无限的。在我国的"863"计划实施十五周年纪念展上,其在民口上共设 6 个领域 15 个主题和 5 个专项,共计 230 多个专题研究方向,共资助项目近 5 200 余项,获国内外专利 2 000 多项,发表论文 47 000 多篇。累计创造新增产值 560 多亿元,产生间接经济效益达 2 000 多亿元。在"863"计划取得卓越成效之后,国家科技领导小组第三次会议决定,制定和实施了《国家重点基础研究发展规划("973"计划)》。在现有基础研究工作部署的基础上,鼓励优秀科学家围绕国家战略目标,在对经济、社会发展有重大影响,能在世界占有一席之地的重点领域,瞄准科学前沿和重大科学问题,开展重点基础研究;遵循基础研究的特点和规律,与国家自然科学基金、其他科技计划和相关的基础研究工作互相联系,互为补充,注意分工和衔接;体现国家目标,为解决下世纪我国经济和社会发展中重大问题提供有力的科学支撑;实施重大项目,对基地建设、人才培养、体制改革进行总体部署和优化,加强国际合作与交流。

2. 理论成果转化为产品和产品更新的周期大大缩短

由于技术本身的巨大进步,理论成果转化为可应用产品的间隔大大缩短。例如,英国在 1741 年批准了第一项打字机专利权,但是拖了一个半世纪,打字机才开始大批量生产。斯坦福研究所的罗伯特·B.杨发现:在 1920 年以前,美国销售的日用设备,包括吸尘器、电炉和冰箱,从投产到高峰生产所需时间平均是 34 年,而在 1939—1959 年出现的另一批设备,包括电煎锅、电视机和洗衣甩干机的相应时间仅有 8 年,缩短了 76% 以上。同样,同类产品更新换代的周期也大大缩短了。例如,半导体行业的产品生命周期在 20 世纪 80 年代要比 70 年代平均下降 25%。美国硅谷的统计资料显示,在 20 世纪 80 年代每 30 秒钟就有一项新发明面世。又如美国的 3M 公司,在 20 世纪 70 年代新产品(产品生命周期少于 5 年)利润占全公司利润的 20%,1980 年这一比例上升为 33%,而到 1995 年,这一比例上升为 45%。

3. 研究和开发费用急剧增加

为了在市场竞争中以新产品和新工艺获胜,世界各国和企业普遍增加了研究和开发费用。例如,美国每年用于研究和开发的费用高达 1 000 亿美元,约有 10 000 种新产品投放市场。美国一些企业的研究开发费用占销售额的比例达 5%~7%,而它们的毛利润率大约为 15% 左右。与发达国家相比,我国企业的研究和开发费用要低得多,尤其是在传统经济体制下,企业资金有限,几乎拿不出钱来搞研究开发。在产品研究开发方面我国面临的另一问题是由于将理论成果转化为产品的巨额费用无法解决,这其中的主要原因是传统体制下科研部门与其他部门的交流非常少,导致很多科技成果离市场要求相距甚远或被束之高阁。近年来,随着科研体制改革的深入和企业竞争的加剧,这方面的情况已有所改变。

企业管理人员了解技术环境变化的目的在于如何与研究人员建立起密切的联系,从而帮助他们注意市场对新技术和产品的需要,并采取积极措施限制技术发明所带来的副作用。总之,要使企业和消费者从技术发明和新产品中获益。

实例 2-1

"一带一路"规划近期或出台　中国实现战略性资本输出

产能过剩,外汇储备过高,资源禀赋严重不足……

这是摆在本届政府面前亟待解决的难题。40 年的改革开放释放的政策红利让中国经济一路奔跑,经济总量跃升为排名第二,而上述问题却让中国的经济后续增长面临挑战。

作为本届政府最重要的战略规划,"一带一路"畅议的出台,恰恰可以在相当程度上解决当今中国经济发展之路上所遇到的以上难题。该战略一经提出便受到了资本市场密切关注,由此催生的产业投资机会,令相关领域公司的股价在 A 股市场的表现成为一道靓丽的风景线。

有消息称,"一带一路"规划已于去年通过,有望在全国两会结束后发布;并且两会期间有官方人士向媒体透露,"一带一路"规划相关文本已经交付印刷,不久后将会公布。

"一带一路"畅议是建立在沿途所有国家互补多赢的基础上,且多国表示自愿参与,这也为"一带一路"畅议的持续性和长期性提供了保障。而这无疑也给金融资本和产业资本的介入吃了一颗定心丸。

互补多赢

通过这条现代的丝绸之路,沿线各国将如同人体的血管那样紧密联系起来,共享中国强劲的发展动力,获得共同发展的机遇,实现共同繁荣。

中国近 4 万亿元的外汇储备已成心头之痒。其一,中国每年引进大约 500 亿美元的外商投资,为此国家要提供大量的税收优惠;其二,中国又持有大量外汇储备闲置不用,付出高昂机会成本;其三,按照 IMF 的规定,外储充足的国家不但不能享优惠低息贷款,还必须在必要时对国际收支发生困难的其他成员国提供帮助,虽然中国一直勇于承担国际义务,但毕竟还是一个发展中国家。

实际上,中国外汇储备的形成一方面是由于出口规模的增长,还有一个重要原因是对外投资频频受限。为了提高中国企业的国际竞争力,提高外储的使用效率,早在"一带一路"畅议出台之前,中国企业,特别是中国国企的"走出去"战略已经实施多年,但异常艰难。最突出的表现,莫过于欧美一些国家对中国国企多起并购案的非经济因素限制,其背后是双方缺少信任。而中国在一些欠发达地区的投资往往曝出巨额亏损。

中国企业"走出去"不容易,恰恰又与大多数行业的产能过剩发生"追尾"。国务院总理李克强在2014年3月5日作《政府工作报告》时提到,面对产能严重过剩行业,2014年要淘汰钢铁2 700万吨、水泥4 200万吨、平板玻璃3 500万标准箱等落后产能。时过一年,中国的产能过剩问题仍然十分突出,以至于今年的政府工作报告中,李克强总理再次强调产能过剩问题。

制约中国经济可持续增长的另一重要因素是自然资源短缺。以石油为例,从1993年以来,中国成为石油净进口国,目前是世界第一大石油净进口国,对外依存度接近60%;自2007年以来,中国成为天然气净进口国,如今天然气对外依存度超过30%。

首先,中国原油进口来源多元化程度不够。中东和非洲是我国原油进口主要区域,进口来源国主要是沙特、安哥拉和伊朗等国家,而这些国家和地区有失稳定的政治格局让外来投资企业增加了很多风险。其次,我国原油进口通道多元化程度不足,对海运通道尤其是对马六甲海峡和霍尔木兹海峡形成高度依赖,然而我国在这一地区的影响力和控制力还比较弱,这会对我国的能源安全现状构成巨大的威胁。同时,我国抵御能源价格上涨和大幅波动的能力比较弱。

上述问题的长期存在,使得我国未来经济发展如鲠在喉。对此,中国与周边21个邻国中的绝大部分国家签订有双边或多边的协议,在经贸与政治文化交流上互通往来。国内也不断出台政策鼓励企业走出去战略,到其他国家寻找资源和市场。目前上海合作组织、欧亚经济联盟、中国-东盟(10+1)等多边机制的框架,已为我国企业走出去形成了稳定的政治渠道。

不难发现,中国企业在"走出去"的战略中,周边邻国里与大多数国家的经贸往来是既有竞争也有互补。而唯独与中亚国家的贸易关系是几乎完全互补,这意味着中国与中亚之间的合作关系将会更为稳固且久远。

在上述宏观背景之下,"一带一路"畅议的出台是国家领导层审时度势提出的重要战略。"促转型,调结构"一直是国务院近几年来在全国经济工作会议中经常被提到的六个字,可是怎么转怎么调,国内并没有出现一个统一且被高度认同的方案,"一带一路"畅议的提出很好的回答了这个问题。

小资料

"一带一路"沿线总人口约44亿,经济总量约21万亿美元,分别约占全球的63%和29%。

丝路基金有限责任公司董事长金琦表示:丝路基金投资首先要与各国的发展战略和规划相衔接,在"一带一路"发展的进程中寻找投资机会。具体来说,丝路基金将通过以中长期股权为主的多种投融资的方式,投资于基础设施、能源开发、产业合作和金融合作。

民生证券研究院执行院长管清友指出,"一带一路"畅议将是我国未来十年的重大政策红利,初期大规模基础设施建设,紧接着资源能源开发利用,随后全方位贸易服务往来,带来多产业链、多行业的投资机会。

"一带一路"畅议也给中国经济全球化的方向指明了一条必行且可行的道路,即推进"丝绸之路"经济带和21世纪海上丝绸之路建设,而筹建亚洲基础设施投资银行,设立丝路基金,是"一带一路"畅议的重要布局。国务院总理李克强也多次指出,要把"一带一路"建设与区域开发开放结合起来,加强新亚欧大陆桥、陆海口岸支点建设。

从"一带一路"畅议的路线方针来看,依靠的是资本输出的方式。无论是产能输出国外还是资源输入国内,都要依靠大量的外汇资本。丝路基金和亚投行正是这一资本输出的运作载体。

早在2014年11月8日,习近平在APEC开幕式上宣布,亚洲基础设施投资银行筹建工作已经迈出实质性一步,创始成员国不久前在北京签署了政府间谅解备忘录。他说,中国还将出资400亿美元成立丝路基金,为"一带一路"沿线国家基础设施建设、资源开发、产业合作等有关项目提供投融资支持。丝路基金是开放的,可以根据地区、行业或者项目类型设立子基金,欢迎亚洲域内外的投资者积极参与。

目前,据工商注册登记资料显示,丝路基金注册资本615.25亿元人民币,法人股东包括中国进出口银行、国开金融有限责任公司、赛里斯投资有限责任公司、梧桐树投资平台有限责任公司。董事长为金琦,总经理为王燕之,其他董事来自国家发改委、财政部、外交部、商务部、外管局、中投公司、国开行、进出口银行等部门。同时,中国人民银行发布消息称,丝路基金有限公司已于2014年12月29日在北京成立,并正式开始运行,2015年1月6日召开了第一次董事会。

亚投行相关工作的推进也是紧锣密鼓。据财政部国际财金合作司消息,预计各国将在2015年6月底之前完成章程谈判和签署工作,使亚投行在2015年底前投入运作。2015年2月7日,约旦正式成为亚投行第27位意向创始成员国。目前有意向参与创建亚投行的包括:孟加拉国、文莱、柬埔寨、中国、印度、印度尼西亚、约旦、哈萨克斯坦、科威特、老挝、马尔代夫、马来西亚、蒙古、缅甸、尼泊尔、新西兰、阿曼、巴基斯坦、菲律宾、卡塔尔、沙特阿拉伯、新加坡、斯里兰卡、塔吉克斯坦、泰国、乌兹别克斯坦和越南。

资料来源:中国经营报,作者:谭志娟;日期:2015年3月16日。

实例 2-2

政府工作报告释放三大投资机会

2015年3月5日,国务院总理李克强所作的政府工作报告提出了2015年经济社会发展的总体目标及政府工作总体部署。

报告着重强调了铁路投资保持在8 000亿元以上、推动铁路等装备走向世界、使交通成为发展的先行官、鼓励民间投资等工作部署。

瑞银证券指出,政府计划在未来一年加快许多重要领域的改革步伐,尤其是有利于促进经济增长的和金融领域的改革。后者包括建立存款保险制度、启动"深港通"试点和实施股票发行注册制改革。

相比之下,政府在财税、国有企业和土地改革方面的态度似乎相对谨慎。

如何解读政府工作报告背后隐藏的市场机会?本报综合各家投资机构观点,机会集中在三大领域。

布局"工业互联网"

总理在报告中提到,制造业是我国的优势产业,要实施"中国制造2025",加快从制造大国转向制造强国。推动传统产业技术改造,化解过剩产能,支持企业兼并重组,促进工业化和信息化深度融合。要实施高端装备、信息网络、集成电路、新能源、新材料、生物医药、航空发动机、燃气轮机等重大项目,把一批新兴产业培育成主导产业。制订"互联网+"行动计划,推动移动互联网、云计算、大数据、物联网等与现代制造业结合,促进电子商务、工业互联网与互联网金融健康发展,引导互联网企业拓展国际市场。总理提到国家已设立400亿元新兴产业创业投资引导基金,为产业创新加油助力。

券商建议可从以下三主线布局"工业4.0":一是工业机器人系统集成商借助本土多种优势将快速增长,如掌握核心技术并能跨领域发展的系统集成企业。二是在国家和产业资本大力支持下,核心零部件国产化有望超预期,看好已掌握相关零部件核心技术的企业。三是可关注有估值优势并且通过国内外合作或通过自身在工控领域的积累,计划进入机器人领域的相关上市公司。

北京高华证券指出,工厂自动化正在蓬勃发展,预计到2018年工业机器人的销售将增长三倍。随着中国企业竞相提高生产率,其对工厂自动化的依赖程度日益增加,这得益于三大主要动力:劳动力下降,工业机器人的投资回报期具有吸引力和政府支持力度高。高华证券认为目前与1978年的日本类似,中国即将进入像日本之前一样机器人销售强劲增长的12年"黄金时期"。

中国企业如何从全球四大企业分一杯羹?

由于四大全球企业(ABB、库卡、发那科、安川电机)主要占据了高端零部件以及汽车和汽车零部件机器人技术市场,中国企业可在进入门槛较低的零部件生产和系统集成(特别是电子元器件)领域抢夺机会。北京高华建议从中国企业与全球同业竞争的主要战略找机会:第一增强系统集成能力,从而推动市场份额;第二通过创新为进入主要零部件市场铺路;第三专注于低成本生产制造业务。

环保领域重点关注

李克强指出,打好节能减排和环境治理攻坚战。环境污染是民生之患、民心之痛,要铁腕治理。今年,二氧化碳排放强度要降低3.1%以上,化学需氧量、氨氮排放都要减少2%左右,二氧化硫、氮氧化物排放要分别减少3%左右和5%左右。深入实施大气污染防治行动计划,实行区域联防联控,推动燃煤电厂超低排放改造,促进重点区域煤炭消费零增长。推广新能源汽车,治理机动车尾气,提高油品标准和质量,在重点区域内重点城市全面供应国Ⅴ标准车用汽柴油。

环保产业无疑是获得最多券商推荐的板块。因为近期召开的地方两会也已明确,大气污染治理、水污染治理、土壤污染治理等环境治理依然是多省市今年的重点工作之一,环保问题也一直是全国两会的重要议题。

国海证券研究指出,中国燃煤量超过世界上其他国家总和,燃煤和燃油存在"消耗量大""相对低质""前端缺少清洁""末端排放缺乏控制"的问题;柴油车上路高峰在晚上零点,柴油车排放了80%的机动车污染,大多数柴油车的排放设备造假,全天的污染高峰出现在柴油车上路高峰零点;东部煤炭燃烧量大,是东部雾霾严重的重要原因;煤电之外的工业企业是重要污染源;政府执法力度不够,新环保部长上台,有望加强环保执法。

国海证券看好废气治理、环保监测、执法力度加大给环保行业带来的机会,看好可减少油气消耗及汽车尾气排放的新能源汽车,也看好可减少东部煤炭消耗量、有效控制东部雾霾的特高压,还看好装机增速快的光伏等清洁能源。

除"一带一路"、京津冀协同发展、长江经济带建设等热门话题,环保、清洁能源受民心所向和新一届政府的关注,同时已经具有一定规模的产业基础,有望成为改革下的重点投资板块。

环保,尤其是大气环保,水电、沿海核电、分布式光伏、特高压有望成为重点投资行业,国海证券建议整体加大环保、清洁能源、特高压板块配置。

新能源产业将发力

新能源产业也是各家券商重点推荐的产业之一。

太平洋证券认为,雾霾话题全面利好新能源各子行业。

其中发电端包括光伏、风电、核电行业;电力输送方面有特高压、储能等行业;用电端则有新能源汽车、节能减排等。

光伏将是非化石能源中装机增速最快的。核电重启再次成为热点。根据国家能源局规划,到2020年,光伏将会是非化石能源中装机容量、增速最快的。

光伏装机达到1亿千瓦左右,光伏发电与电网销售电价相当。风电装机达到2亿千瓦,风电与煤电上网电价相当。力争常规水电装机达到3.5亿千瓦左右。核电因其无污染、经济、可靠、能量密度高成为新能源追捧对象,能源局规划到2020年核电装机目标为5 800万千瓦。

大力发展特高压,大容量、远距离输电,减少东中部煤炭消耗,减轻雾霾。

能源的储存与分配带来储能新兴行业的崛起。能源资源和能源需求的不平衡,带来了对特高压的需求。发展特高压有利于能源资源在更大范围优化配置,有利于促进风能和太阳能等清洁能源大规模开发和利用。特高压电网的建成投运,为大型煤电、大型水电、先进核电接入系统提供了条件,使水火互济、跨流域调节、多种能源相互补充成为可能。

新能源汽车方面,截至2014年年底,全国有70个城市出台了新能源汽车推广应用配套政策措施。在政策的推动下,行业前景可观,按新能源汽车发展目标,2015年我国纯电动汽车和插电式混合动力汽车累计产销量争取达到50万辆,到2020年超过500万辆。今年以来,新能源汽车政策加码不断,2月16日,科技部发布了国家推动新能源汽车实施方案征求意见稿,规定到2020年建立起完善的电动汽车动力系统科技体系和产业链,近期,有传闻北京市政府正在酝酿对新能源汽车免收过路费和停车费,政策催化不断。此外,2015年为"十二五"最后一年,在考核压力下,新能源汽车销量有望放量。太平洋证券建议关注新能源汽车的整车制造、动力电池、充电桩相关弹性较大板块。

不过目前新能源还无法替代传统能源,节能减排任务艰巨。太平洋证券还建议关注节能服务领域;工业4.0以信息化带动工业化,新一轮工业革命相关板块。

此外，央行宣布下调贷款和存款基准利率利好以光伏为代表的高负债率公司＋以新能源汽车中动力电池为代表的需求扩张的公司。光伏行业负债率普遍比较高，一个项目超过七成资金是银行贷款属于比较正常的现象，而且光伏企业负债大多为5年以上的长期贷款。贷款利率的下降会降低光伏电站运营商的财务成本，从而较大幅度提高光伏电站的收益率。根据同花顺数据，利率下降0.4个百分点，光伏电站项目内部收益率提高1个百分点左右。直接利好光伏电站运营商，其景气度提高将向EPC以及中上游产业链传导。

政策＋技术的双重推动下，我国新能源汽车迎来高速发展，相应地，对动力电池需求火爆，降息还有助于相关产业链企业得到更多的资金贷款支持，为需求扩张带来的产能增加做充足准备。

资料来源：中国经营报，作者：张岩铭；日期：2015年3月9日。

实例 2-3

"黄金时代"远去　日韩企业离华"涌动"

"中国游客赴日抢购电饭锅、马桶盖，致日本商场马桶盖断货"的消息成为了羊年春节假期热议的话题，就在人们关心"到底是中国制造出了问题，还是中国消费者的层次提高了"的同时，一部分外商在华投资的制造企业已经或是正在悄然"撤离"。

2015年的第一个月刚刚结束，松下电器发布了一份"山东松下电子信息有限公司事业终结通知"。该通知称，山东松下电子信息有限公司（以下简称"山东松下电子"）的生产事业已于1月30日终止，并将开始企业清算手续。

一组公开数据显示，韩国企业正以每年减少500家的速度"撤离"山东，日资企业与10年前相比，数量减少了50%。

锐财经网首席分析师王政认为，此举意味着松下电器电视机生产业务全部撤离中国，也是日资企业撤离山东的一个缩影。据了解，近年中国劳动力、土地等成本上升，经济发展速度放缓，外商投资企业的"黄金时代"已经过去。

不过就全国而言，2015年1月日本对华投资新设立企业数和实际投入外资金额均为增长。商务部发言人认为，跨国公司在实施全球化战略过程中，经常采取兼并重组等措施，对其全球业务进行调整和布局，属于企业正常经营活动。

松下退出

2015年2月5日，山东松下电子厂区所在地已处于停产状态。来自其内部职工介绍，2月2日，公司公布了停产消息，目前正在整理资产，处理职工离职等相关事宜。"在这之前没有一点停产的迹象。"职工们坦言。

松下电器发布的一份"山东松下电子信息有限公司事业终结通知"称，由日本松下电器产业株式会社、松下电器（中国）有限公司以及济南高新控股集团有限公司3家企业出资设立的超薄型电视机生产企业——山东松下电子信息有限公司的生产事业已于1月30日终止，并将开始企业清算手续。据山东松下电子官网介绍，山东松下电子成立于1995年，1996年开始生产显像管电视机。

关于山东松下电子解散的原因,通知如此解释:在超薄型电视机价格竞争愈发激烈的过程中,松下电器作出难以继续自行生产的经营判断。今后,松下电器将开展委托生产等业务,继续销售松下电器品牌的超薄型电视机。当地媒体报道称,据初步估算,截至2015年1月底,山东松下电子约有300名员工。此举被业界解读为松下电器在中国境内的电视机生产业务终结。

当然,这并不是松下电器第一次退出中国市场。

公开信息显示,松下电器是进入中国内地的首家日资企业,以其为代表的日本电子企业曾经在中国家电市场上攻城略地。然而,此前2009年、2013年,松下电器先后两次转让了北京松下彩色显像管有限公司股权,2013年,关闭了在上海的等离子电视工厂。

就在几天之后,2月5日,日本西铁城集团在华重要生产基地——西铁城精密(广州)有限公司突然通知和全体员工解除劳动合同,并宣布清算解散。该公司1997年9月开始生产,至今已有十余年历史。

一份公开资料介绍,截至2013年年底,中日韩三国经济总量占世界的1/9和亚洲的70%。2012年山东与日本、韩国进出口额达525.7亿美元,日韩在山东的直接投资合计18.3亿美元,山东共有超过7000家的日韩投资企业,日韩已成为山东最重要的投资贸易伙伴。

日韩企业数递减

"投资成本越来越大。"烟台一家韩资企业负责人坦言,仅人工成本而言,中国地方政府在2014年确定最低工资上升幅度为16.9%,中国政府计划每年平均上调最低工资13%,"钱不再那么好挣了"。

相对于韩国企业,日本企业在山东面临的挑战则更为明显。王政分析称,除外企在山东生产成本近年不断提升外,其国内经济环境不景气,特别是进入2015年以来,在华日企资本动荡更加明显。公开数据显示,2014年1月至11月,日本对华直接投资(实际使用外资金额,不含金融业)比前年同期减少39.7%,降至40亿8000万美元(55亿1657万新元)。来自中国商务部2014年8月发布的数据介绍,当年1月至7月,日、美、欧盟、东盟对华投资均大幅下降,其中日本对华投资28.3亿美元,同比下降45.4%。

山东省社科院有关人士介绍,山东在对日韩贸易方面有着得天独厚的优势,一度是两国企业趋之若鹜的投资对象。仅距离而言,中国山东和韩国基本处于同一纬度上,两地相距最近处只有90海里。该人士说,以烟台为例,其与韩国之间的经贸往来与民间交流频繁,并成为一个"传统",烟台来往韩国的航班最高峰时一周曾达到54个,平常为每周4个。

与此形成反差的则是韩国贸易投资振兴公社(KOTRA)和韩国进出口银行在2014年11月16日发布的一组数据:在中国新投资的韩国企业2006年为2294家,2008年为1301家,2010年减至901家,2013年减至817家,2014年上半年进一步锐减到368家。前者对此解释称,这一数据说明,近来山东省韩资企业每年平均减少500家。

锐财经网提供的数据介绍,山东省的韩企总数为4800家,而过去的总数一度超过10000家。青岛作为韩国企业在中国最先进入的地区、投资金额最大的地区,其韩企数量为2200家。

上述韩企负责人直言,相对于10年前,如今无论在华生存环境、招商政策,还是日韩国内自身经济形势,都发生了根本变化,在华投资"遍地是黄金"的时代一去不复返了。王政对此印证,这一切让日韩企业必须重新作出选择。来自韩联社公开报道,韩国大企业在中国的业绩也不尽如人意。

据相关报道,2005年,山东省的日本企业近2 000家,截至2014年11月,这一数字变为1 000家左右。

不过,商务部则对"日韩企业撤退"观点予以否认。2月16日,商务部发言人沈丹阳在商务部例会上介绍,近年来受到我国劳动力、土地等成本上升,经济发展速度放缓,以及一些外商投资企业经营不善等因素的影响,有少数跨国公司对其在中国的业务进行调整,包括关停个别工厂,像日本企业确实关停了个别工厂,但是总体上看数量是有限的。沈丹阳认为,跨国公司在实施全球化战略过程中,经常采取兼并重组等措施,对其全球业务进行调整和布局,属于企业正常经营活动。

就山东而言,公开信息显示,2014年,山东新批总投资过亿美元项目50个,引进16家世界500强企业投资设立22个项目,实际到账外资152亿美元,增长8.1%。

转战东南亚?

就在日、韩等外资企业撤离山东时,其却加快了布局东南亚的脚步。

早在2013年4月,松下电器称,该公司将在越南兴建生产插座等线路配线工厂;三星电子已有三家下属生产工厂位于越南;优衣库、耐克、富士康、船井电机、歌乐等企业也纷纷在东南亚、印度等地开设新厂。其中,越南新工厂是松下继印度尼西亚和泰国之后在东南亚地区的第三个生产基地。

"日韩企业撤离山东,开始转战越南、泰国等东南亚国家。"王政介绍,众多日韩企业撤离山东后,选择转移上述国家,用以维持原有利润率。上海市锦天城(成都)律师事务所李桂云律师告诉记者,自2008年爆发金融危机后,在中国从事纺织、鞋类、珠宝加工行业的韩企竞争优势大大削弱,很多企业迁移到越南和缅甸等东南亚国家,以弥补其在中国失去的劳动力、政策等优势。

官方资料显示,2010年,中国政府取消了提供给外企的税收、就业、选址优惠;2011年取消了免除职工社会保险费用的政策。

李桂云认为,外资进入中国,归根到底是为了盈利,无利不起早。环境的变化,对于中小日韩企业而言,抗风险能力差,有的不得不面临倒闭,与此同时,本国经济持续低迷,进一步制约了其在国外投资的能力。

早在2013年7月25日,中国商务部外资司副司长曹宏瑛表示,"外资企业向中国周边国家转移是个别现象,并没有形成外资大规模撤离中国的趋势。"

2月16日,沈丹阳公布了这样一组数据:2014年日资企业的终止和减资情况比较平稳,终止企业数基本和2013年持平,减资的企业数下降了3.2%;从今年1月份最新数据来看,日本对华投资新设立企业数增长3.5%,合同外资大幅度增长46.9%,实际投入外资金额增长3.2%。他分析认为,从上述数据看,整体上日资企业对华投资仍处于增长趋势,并没有出现日资企业全面退出的情况。

商务部1月21日发布的数据显示,2014年中国吸收外资的结构在进一步优化,"服务业吸收外资占比上升,达到 55.4%,高出制造业 22 个百分点,达 662.3 亿美元,成为吸收外资新增长点。资金密集度进一步提升,2014 年新设企业平均合同外资金额 812 万美元,比 2013 年(713 万美元)提高 13.9%。外资区域布局日趋合理,在外向型产业转移的带动下,中部地区吸收外资增长 7.5%,实际使用外资金额占比升至 9.1%。中西部地区实际使用外资占比为 18.1%,比 2013 年提高了 0.5 个百分点。"

资料来源:中国经营报,作者:柴刚;日期:2015 年 3 月 2 日。

复 习 题

1. 为什么企业要研究和了解外部宏观环境?
2. 简述超竞争环境是如何形成的及其特点。
3. 什么是 PEST 分析?请举例说明。
4. 为什么会形成"竞合"的环境?请简述"竞合"形成的原因。
5. 什么是共赢?请举例阐述共赢理念的内涵。

行业结构分析

第一节 概 述

通过第二章的讨论,我们已经认识到宏观环境变化对企业的生存和发展具有广泛而深刻的影响,同时也认识到这种影响可能通过较长时间才显现出来。而实际上,这种影响还有一个更重要的特点,即其范围涉及所有的企业,因此,对外部环境因素作广泛而深入的分析可能是不经济的,而且很容易造成信息超载。更有效的方法是集中分析与战略形成直接相关的因素——行业结构。

在第一章中,我们曾把企业战略分为三个层次,其中公司战略主要是决定企业应该选择哪类经营业务,进入哪些领域或行业。为了做出这样的决策,企业必须准确评价不同行业的吸引力大小及由此决定的行业盈利潜力,进而明确影响一个行业获利性的决定因素,只有这样,才能预测一个行业未来的获利性。

此外,由于行业结构影响企业的竞争行为并决定了行业的获利性,所以,行业结构分析对于竞争战略的选择同样是重要的。第一,它有助于企业明确应该怎样通过适当的战略来改变行业结构和竞争行为,进而增加行业的获利性;第二,了解企业应该如何竞争以满足顾客需求;第三,有助于企业认识和明确行业内竞争优势的来源,从而充分利用各种机会。

概括说来,行业结构分析的目的在于:

(1) 明确影响企业竞争行为和获利性的行业结构的主要特点,同时分析行业结构、竞争态势和获利水平之间的关系。

(2) 根据行业的回收投资能力评价一个行业的吸引力。

(3) 根据行业结构的变化趋势预测其未来获利能力的变化。

(4) 帮助企业寻找和利用影响行业结构的机会以缓解企业之间的激烈竞争,进而改善行业的获利性。

(5) 深入分析行业的竞争态势和顾客需求的特点,以便明确一个行业的关键成功因素并创造和维持竞争优势。

实际上,有许多行业结构因素影响竞争强度和行业的获利性,同样,也有许多理论和模型用来描述行业结构、竞争行为和获利性之间的关系,如产业组织经济学中的垄断竞争和完全竞争模型。但在实际情况下,上述两个模型描述的竞争状态并不经常发生,为此,哈佛商学院的波特教授提出了分析行业结构的"五因素模型",这一模型是20世纪80年代竞争分析的最主要工具之一,同时被各国学者广泛关注和引用。

按照波特的"五因素模型",一个行业存在着五种基本的竞争力量,即潜在的进入者,替代品的威胁,购买者的讨价还价能力,供应商的讨价还价能力以及现有竞争对手之间的抗衡。我们可以把供应商和购买者的讨价还价看作是来自"纵向"的竞争,而将另外三种竞争力量看作是来自"横向"的竞争,如图3-1所示。

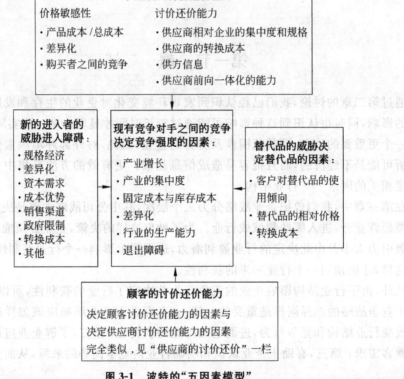

图3-1 波特的"五因素模型"

这五种基本竞争力量的状况及其综合强度,决定着行业的竞争激烈程度,同时也决定了行业最终获利能力。对不同行业来说,由五种竞争力量决定了不同的竞争强度,而且会随着行业的发展而变化。在竞争比较激烈的行业,如美国的橡胶业、钢铁业和电子游戏业,我国的化工业、食品加工业和机械加工业,多数企业获利较低;而在竞争相对缓和的行业,如美国的医药业、软饮料业和数据库出版业,我国的邮电通信业和保险业,许多企业都获利丰厚。一个产业的获利能力和水平并非取决于产品的外观或其技术含量的高低,而是取决于其结构特征。很显然,如果某一行业的产品尽管技术含量很高,但却面临供应商强大的讨价还价能力或面临被其他产品替代的威胁,那么,这一行业的多数企业就很不容易经营。

从战略形成的角度看,五种竞争力量共同决定行业的竞争强度和获利能力。但对不同的行业或某一行业的不同时期,各种力量的作用是不同的,常常是某一种力量或两种力量起支配性作用,其他竞争力量处于较次要的地位。例如,如果一个企业在某一行业中处于极为有利的市场地位,那么,多一些潜在的进入者可能对它不构成威胁;但如果它遇到了高质量、低价格的替代品的竞争,那么,它只能获得低的收益。再如,对于远洋油轮业,关键压力或许是来自买主(如石油公司)的讨价还价,而对我国的核电站来说,降低费用的关键是降低外国供应商的砍价能力。对钢铁业来说,主要压力来自竞争对手之间的争夺和替代品的威胁。

应该指出的是,尽管行业结构对行业的竞争强度和获利性具有决定性的影响,但企业也不是完全无能为力,它们可以通过制定适当的战略来谋求相对优势的地位,从而获得更高的盈利。不仅如此,行业内的企业,尤其是处于领先地位的企业还可以通过战略调整改变行业的竞争结构,而这也正是战略管理所要解决的重要问题之一。

第二节 潜在的进入者分析

毫无疑问,当某一行业,尤其是某一新兴行业获得高额利润时,不仅会刺激行业内现有的企业增加投资以提高生产能力,而且会吸引行业外企业进入该行业。实际上,在同一行业内,当一个企业的某一产品或产品系列获利丰厚时,也会吸引其他企业的目光。无论什么时候,只要有新的对手进入行业,尤其是当它们投入大量资源与现有企业争夺市场份额时,可能会引起价格下降,并降低行业的利润率。这种情况在我国的很多行业都先后发生过。从行业内现有企业的角度看,它们总是希望少一些新的进入者以维持既得的利益和相对优势的地位。如果可能,它们会设法阻止其他企业进入该行业,而要实现这一目标,需要明确新的进入者可能来自哪里,它们可能以哪些方式进入该行业,在这方面一个有用的分析工具是行业扫描图。

一、行业扫描图

行业扫描图如图 3-2 所示,其中横坐标上标出的是行业的潜在顾客,相当于不同的细分市场,纵坐标上标出的是行业内现有的产品,行业扫描图有助于企业管理人员明确以下几个问题:

(1) 目前行业都生产哪些产品?

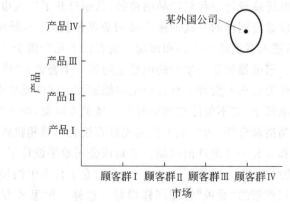

图 3-2 行业扫描图

(2) 行业所服务的市场和顾客是哪些？
(3) 行业内现有哪些企业？
(4) 在每一主要产品的细分市场，谁是主要竞争对手？

在行业扫描图上，可以标出企业在每一产品市场上的主要竞争者及其市场份额，这样便可以比较清楚在每一产品项目和不同细分市场上企业自身所处的相对竞争地位。

很显然，通过这样的行业扫描图不仅可以窥视行业的全貌，而且通过深入的分析还可以确定可能的进入者及其进入方式。

二、可能的进入者和进入方式

对于行业内现有企业来说，当其某一产品或产品系列受到顾客的欢迎并获得较高利润时，它同时也就吸引了行业内一些竞争者和行业外一些企业的目光，前者可以是生产完全相同产品的企业，也可以是生产其他产品系列的企业；后者既可能是与行业存在技术关联或市场关联的企业，也可能是完全没有任何联系的企业。无论什么时候，只要现有企业的产品有利可图而它们又具备相应的条件，以上几类企业都可能成为新的进入者。

从进入方式上看，新产品往往成为新的进入者向现有企业挑战的武器，尤其是当现有产品存在某些方面的不足或者难以满足某些细分市场的特殊要求，或者现有产品虽然满足市场的要求，但技术变化带来的产品革新或发明能降低成本或增多功能的时候。因此，企业管理人员必须全面了解行业内现有产品的状况，如技术含量、对其改进的可能性、它们满足顾客需要的程度等，尤其需要了解新产品的可能来源是什么，是来自产品的扩充和发展，还是来自现有产品的组合。在作这种分析时，企业的设计人员、销售人员和顾客都可能提供重要的线索。同时，管理人员还必须善于对一些习以为常的现象提出质疑。例如：

为什么荧光灯管应该又细又长？
为什么人们要在黑暗中看电影？
为什么在相片印出之前，必须先拍出底片？

初看起来，这些问题似乎让人感到奇怪，但实际上，很多新的进入者就是通过这种方式找到了对现有产品改进或设计一种新产品的途径，从而打开了进入市场的通道。同样，行业内现有企业也可以通过同样的方式加速产品的更新换代，并不断加大行业的技术障碍，而且它们往往比新进入者更熟悉产品和市场。请看以下几个例子。

一位工程师发现一家电器制造商生产的电毯上随带一个警告："请勿折叠，请勿躺在上面。"这个工程师奇怪为什么不设计一种在通电时能躺在上面睡觉的电毯子。正是这一质疑产生了一种新的电毯子，它不仅能在通电时安全地躺着睡觉，而且更省电。

日本一家照相机制造商奇怪，为什么不把闪光灯直接装在照相机内部，这样可以使使用者省去寻找闪光灯和安装一个附件的麻烦。于是该公司着手设计了一种内部安装有闪光灯的35毫米景深的照相机，并取得了巨大成功，它席卷了日本中档快门照相机市场。

日本丰田汽车公司首创的"看板"管理同样得益于这样一种思考方式。当时，大野耐一奇怪为什么在生产中一定要储存大量的零部件。为了解决这一问题，丰田公司引入了计算机管理系统，并根据生产程序提前2~3周把列有产品种类、数量、发货时间等的生产计划书交给零部件供应商,然后再将"看板"(kanban)按时循环传送给它们,以便它们能按时发货,满足公司自动装配的进度要求。这种生产方式有效地降低了零部件库存和流动资金占用量。

行业内两个企业的联合是又一种重要的进入方式,一种可能是两个企业所具有的资源,如技术、设备和人员具有很强的互补性,通过联合可以大大改善产品的技术先进性和可靠性,从而提高其产品的竞争能力;另一种可能是两家企业生产的产品品种和规格相同,但产品组合的深度和宽度不够,而且缺少的产品项目正是现有企业盈利较多的产品,通过联合,一方面可以调整产品组合,另一方面可以提高规模经济效益。

行业内外两个企业的联合也可以对现有企业造成进入威胁,一般说来,行业外的企业可能是一家实力强大的公司,正在寻找新的市场机会,它们可以通过收购或兼并现有的一些企业进入这一行业,当然也可能通过开发新技术来与现有企业争夺市场。

无论对于哪种新进入者,企业管理人员都要分析其动向及其对市场结构的影响,尤其要关注以下问题:

新的进入者将退出新的产品市场吗?
每个新的进入者对现有的产品市场具有怎样的影响?
现有的竞争者对新的进入者将如何反应?
目标顾客如何对新的进入者做出反应?
每个新进入者具有哪些竞争优势和弱点?
企业应该对新进入者采取怎样的战略?

三、进入障碍

毫无疑问,当一个行业或一个企业获利丰厚时,将引起很多潜在的进入者的注意,但这些潜在的进入者是否真正进入现有行业并不完全取决于其主观愿望,而是与行业的进入障碍有更为密切的联系。所谓进入障碍是指影响新进入者进入现有行业的因素,它们是新进入者必须克服的障碍,它们的主要来源如下。

1. 规模经济

衡量一个企业的一个重要经济技术标志是其规模经济程度。如果一个企业的单位产品成本(C)随着生产规模和产量的增加而下降,我们说该项产品或企业存在规模经济效益;如果规模和产量增加而单位产品成本保持不变,则认为企业的利润率不随规模而变化;如果单位产品成本随规模扩大而上升,则认为该项产品具有规模不经济性。

为了深入理解规模经济,我们引入另一重要词汇"范围经济",把这两个在战略管理中重要的词汇进行对比分析。范围经济(economies of scope)是指由厂商的范围而非规模带来的经济,即当同时生产两种产品的费用低于分别生产每种产品的总费用时,所带来的效应就被称为范围经济。范围经济强调的是在同一核心专长基础上拓展活动的多样化,即多项活动共享一种核心专长,从而导致各项活动费用的降低和经济效益的提高。而规模经济(economies of scale)是指在一个给定的技术水平上,随着规模扩大,产出的增加促使平均成本(单位产出成本)逐步下降。

图 3-3 所示为典型的规模经济效应曲线,由图可见,单位产品成本在一定时期内随着产量的增加而下降,然后稳定在一定水平上。这种 L 形曲线相当普遍。随着时间的延续和组织规模的扩大,规模扩大所带来的优势会因部门之间、个人之间合作上的困难而抵消,并使单位产品成本稳定在 Q^* 点的水平,Q^* 点所对应的产出称为最小有效规模(MES),它在决定进入模式方面起着十分重要的作用。

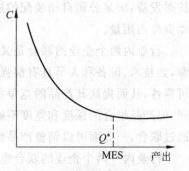

图 3-3 规模经济效应

不难发现,最小有效规模是单位产品成本达到最小值时所要求的最小产出。一旦现有企业的规模达到该点,那么,它就会迫使新的进入者做出选择,要么以大的生产规模进入并冒现有企业强烈反击的风险;要么以小的生产规模进入,但要忍受产品成本高的劣势。

了解最小有效规模有助于新的进入者明确进入该行业所要求的生产规模和需投入的资金,但它们还需要了解与行业动态有关的其他信息,尤其需要知道最小有效规模占整体市场规模的比重,这一比例可以说明要以低成本进入该行业所要求的市场份额。一般说来,明确这一市场份额比进入的绝对规模更为重要。例如有人提出:商业宇航工业的最小有效规模约占美国市场 10% 的份额,长途电信行业也是类似的情况。这些数字说明:在上述一些行业,如果新的进入者要想使其单位产品成本像现有企业的一样低,它必须获得 10% 或更大的市场份额。实际上,即使现有企业不对新的进入者做出强烈的反应,这样一种进入水平引起的供给增加也会导致产品价格的下降,除非新的进入者完全取代了现有企业。而事实上,试图完全取代现有企业并把价格恢复到以前的水平上是相当困难的。

还应该注意到,在其他条件不变的情况下,最小有效规模相对整体市场的比例越大,进入前后产品的价格差异越大,因而,潜在的进入者进入的可能性越小。实际上,最小有效规模占整体市场的比例因行业不同而有很大差异,传统上,打字机、化肥、钢铁、汽车、拖拉机等行业都是要求大规模生产的行业,而食品工业对生产规模的要求要低得多。

众所周知,随着经济的全球化,一些行业已发生了结构性变化,越来越多的企业的市场已不仅仅局限于本国市场,而是扩大到了全球范围。由于这一变化显著增加了总体需求,因而减小了最小有效规模相对整体市场的大小,并使一些企业通过在许多不同的市场上销售它们的产品而获得了规模经济效益。在这方面,美国的汽车行业是一个好例子。汽车行业的最小有效规模是相当的大,因而,美国的本土市场并不能支撑众多的企业。另外,全球市场却可以支撑更多的企业,现在其中一些企业实际上是在遍布世界的各类市场上竞争。同时,美国汽车市场也有来自世界各国汽车公司的汽车。我国的家用电器,尤其是小型家用电器,如面包机等行业也面临同样的问题和选择。

从美国的摩托车行业同样可以看到,通过在许多分散的市场上经营,企业可以达到最小有效规模。在 20 世纪 50 年代,美国和英国的企业将目光集中在相对较小的美国市场和欧洲市场上,这两个市场难以提供引进高水平加工生产线和劳动专业化所需要的规模,因而美国和英国的摩托车生产厂家所选择的生产技术只能是劳动密集型的。与美国不同的是,许多日本人在当时是将摩托车作为交通工具而不是用于娱乐,因而日本厂家有一个巨大的国内市场。正因为如此,它们可以增加资金密度,并将成本较低的产品销售到美国市场。

很显然,一个行业的最小有效规模越大,新的进入者对价格的影响也越大。然而,在这种形势下,新的进入者可能采取其他的进入战略。例如,尽管某一行业规模经济效应很大,但新进入者决定以小的规模进入该行业,同时忍受较高成本的劣势,并以此为基础与现有企业进行竞争。在这种情况下,即使最小有效规模占整个市场的比例很高,但由于新进入者并没有达到最小有效规模,因此,它们对市场价格的影响较小。如果新的进入者的规模小于最小有效规模而又能赚钱,那么,较大的规模经济并不能稳定行业的利润水平。

至于在什么条件下一个企业会以低于最小有效规模进入新行业,取决于规模经济曲线的形状。在图3-3中,如果L形曲线很陡,那么小规模进入所带来的成本劣势就大,反之,若L形曲线的向下部分比较平缓,小规模进入所带来的成本劣势就小。换句话说,规模经济曲线越陡,小规模进入的可能性越小。当然,这并不意味着此类行业没有新的进入者,只要新进入者所选择的市场接受其高价,并足以弥补其高成本所带来的损失,那么,进入就会发生。例如,如果潜在的进入者靠近某一市场,而现有企业的产品运往该市场时运费很高,那么,新的进入者就可通过高价销售来弥补其劣势。通过差异化,在有地方垄断的市场上,新的进入者也可以以较小的规模进入当前行业。

应该注意的是,几乎企业的每项职能,如制造、采购、研究和开发、市场营销、服务网络以及分销等,都存在规模经济效应,一些企业需要在多个职能上实现规模经济,才能建立较强的优势,如彩色电视机等家用电器生产企业。另一些企业可能只需在某两项职能上实现规模经济就够了,如一家大型连锁店尤其需要实现大规模采购和分销。

此外,规模经济可能与一项业务的全部领域有关,也可能只涉及其中一部分特定的经营业务与活动。例如,在电视机制造中,彩电显像管生产的规模经济意义大,而细木工艺和器件组装的规模经济意义不大。由于单位产品成本与规模之间的特殊关系,因此,有必要分别检测成本的每一个组成部分的特点。

2. 差异化

对于那些存在产品差异的行业,现有的企业可能因第一个进入该行业或过去的广告和良好服务而赢得商标信誉和用户对品牌的忠诚,因而具有超过新进入者的优势。据统计,在美国,对电池、罐装蔬菜和垃圾袋具有品牌忠诚的用户在30%以下,而对牙膏、蛋黄酱和香烟,这一比例分别上升为61%、65%和71%。我国的消费者,尤其是高收入阶层除对汽车、家用电器等高档商品已形成品牌忠诚外,对服装、鞋等的品牌忠诚也在逐渐增强,还有其他一些特殊用品也已形成了用户的品牌忠诚,如505神功元气带和101毛发再生精等。在进入这种高度差异化的市场时,新进入者必须投入巨额广告和促销费用以增加用户对其品牌的认知和消除他们对原有产品的忠诚,而且还必须先从小的细分市场做起,或通过让价来竞争。这些努力通常会带来初始阶段的亏损,并且要延续一段时间。也就是说,新进入者建立新品牌和用户信誉的投资带有特殊的风险,因为如果进入失败,他们就会血本无归。

3. 资金需求

如果生产某种产品需要投入大量的资金,或者因竞争需要而需大量投资,那么这种资金需求就是一种进入障碍。很显然,不同行业的资金密度不同,为实现规模经济生产所需的资金量也就不同,甚至有些行业永远不可能也没必要实现规模生产,但却投资巨大。如通信卫星行业等。某一行业对资金的需求越大,其进入障碍越高。正因为如此,那些资金密度很高的行业的企业数量要比资金密度低的日用品行业少得多。当然,这种资金需求不仅仅是指生产所需的资金,在研究和开发(如计算机行业)以及广告和促销(如软饮料行业)方面的大量投资,对新进入者同样是一种进入障碍。对资金的需求虽然主要是由产品特点和行业结构决定的,但企业也可通过适当的策略增加或减少一定时期内对资金的需求。例如,施乐公司开始阶段是出租复印机而不是直接销售复印机,因而大大增加了对流动资金的需求,并以此为障碍来阻止其他公司进入复印机行业。

4. 绝对成本优势

不论规模经济大小,在所有产出水平上,现有企业可能都比新进入者具有成本优势,这种优势一般来源于领先一步的战略。通过较早地进入行业,现有企业可能已经获得了便宜的原材料,进入的时间越早,越能从经验或学习中获益。例如,在采油业,现有石油公司对世界主要低成本原油的拥有已对新进入者构成了障碍。再如,在小型汽油发动机行业,日本本田的经验曲线非常之低,以致新的进入者很难在成本上与其竞争。

5. 获得分销渠道

产品或服务的差异化对潜在进入者是否构成障碍,这与最终消费者对产品的选择偏好有关。然而,对多数消费品生产厂家来说,最大的进入障碍可能是分销商对现有产品的偏好。一般说来,由于其分销力量有限,分销其他产品的固定成本较高以及对风险的厌恶,分销商往往不愿意经销新厂家的产品。为此,新进入者要想确保其产品进入市场,就必须通过压价、分担广告费用等方法使已有的理想的分销渠道接受其产品,或者花大力气建立新的销售网,所有这些方法都会降低其利润水平。

很显然,一种产品的批发或零售渠道越少,现有企业对它们的控制越严,进入也就越困难。在某些行业或特定的地域,现有企业可能通过老关系或高质量服务垄断了这些渠道。在我国,这种垄断也可能是行业保护的产物。有时这种进入障碍高得难以逾越,以致新进入者或者建立全新的分销网络,或者干脆放弃进入。

6. 转换成本

购买者是否接受新进入者提供的产品不仅取决于产品的价格、质量和功能,而且与转换成本有关。所谓转换成本是购买者将一个供应者的产品转换成使用另一个供应商的产品所支付的一次性成本。转换成本包括雇员再培训的成本、购置新的辅助设备的成本、检测费用以及产品再设计的费用等,甚至包括中断关系的心理成本。

不同的行业和产品,购买者的总转换成本及其构成也有明显的差异。对于技术含量高和复杂的大型设备,总转换成本和购置辅助设备以及检测的费用就高;而对比较复杂的操作系统,雇员再培训费用可能成为转换成本的最主要部分。同样,当某种产品的效用或功能与使用者的操作水平与熟练程度有关并影响使用安全时,心理成本可能成为决定转换购买是否发生的关键因素。例如,在医院里,要改换通常使用的静脉注射器和有关器材,会受到负责注射的护士们的抵制,并且还需要在有关设备上追加新的投资。

购买者的转换成本越高,新进入者进入现有行业的障碍也越高。因此,它们必须想方设法降低产品成本或提高产品的附加值以弥补购买者因转换成本过高而带来的损失。

7. 政府的有关法律和政策限制

一些经济学家认为,政府的有关法律和政策限制是一种最直接的进入障碍。通过制定有关的法规和政策,政府能够限制甚至封锁对某产业的进入。例如,我国政府限制非邮电系统的企业进入邮电通信行业,也限制私有企业进入银行和保险等行业,还有许多其他公共服务和基础设施行业,如铁路等也受到类似的保护。政府也可以用许可证和限制接近原材料等控制手段来限制或阻止潜在进入者,例如,我国在对外贸易管理上采用的进出口许可证制度和进出口权审批制度,阻止众多企业直接从事进出口贸易。实际上,政府颁布的水资源保护法、大气污染防治法以及各种安全标准都有阻止进入的作用,这是因为在满足这些法规和标准的要求时需要大量增加投资,而且随着人们对环境和安全要求的提高,有关的法规和标准也越来越严格,毫无疑问,这对新进入者是一个很大的障碍。例如,我国政府决定关闭 5 000 吨以下的造纸厂,这意味着若想进入造纸业,其生产规模必须在 5 000 吨以上。

8. 特殊的资产

在服务某一市场时,企业需要相应的资产,这些资产既包括生产设备和实验室等有形资产,也包括一些无形资产,如有经验的管理者与供应商和分销商建立的协作关系、发明专利等。对于在服务市场上的组织来说,无形资产也许更为重要。例如,投资银行虽然没有生产设备,但却控制有技能的雇员、企业信誉及与客户的良好关系等无形资产。这两类资产不仅使组织为其股东赢得投资报酬,而且其特殊性还有助于了解组织对进入威胁的反应。过去很长一段时期,人们一直认为一个企业对市场的关注随着其在那一行业拥有的资产的增加而增加,但近来人们已经认识到,这种关注并不仅仅取决于组织资产的规模,而且还取决于这些资产是否为该行业所特有的。例如,柯达在照相设备行业上的资产多达 100 亿美元,如果在另外的市场上很容易利用这些资产,那么,柯达与富士激烈争夺的可能性就会下降;相反,若这些资产是生产某些产品或服务于某一地区市场时所特有的,柯达与富士激烈竞争的倾向将要增强。一般说来,资产的专有性越强或者说其价值主要体现在某一市场,那么拥有这种资产的企业就会努力维持其在该市场的地位,并因而减少这一市场对新进入者的吸引力。

9. 进入障碍的其他来源

假如行业中现有的企业能赚到可观的利润,而且进入后的价格维持进入前的水平,那么,新的进入者可能期望通过市场参与来获利,然而,这种进入并不那么容易成功。除前面讨论的几种进入障碍外,新进入者还要克服以下几种障碍:长期合同、特许权和专利、经验曲线和初始品牌效应。在很多情况下,这四类因素可以保护现有企业,这是因为它们增加了新进入者与顾客和供应商之间的交易成本。换句话说,这些因素产生了领先一步的优势。

1) 长期合同

众所周知,许多交易是通过长期合同完成的,合同上要载明一定时期内需要生产的产品或购买材料和设备的数量,如果哪一方不能履约,将受到经济上的处罚。这类合同使用最广泛,也常常是最有效的交易方式,它一旦签署,就使现有企业和潜在进入者处于不对等的竞争地位上,因而对潜在进入者形成阻碍。这种障碍体现在以下几个方面：

第一,现有企业通过长期合同,封锁了较好的原材料来源和渠道。例如,直到第二次世界大战,Alcoa公司是美国唯一的铝锭制造商,在这一时期,Alcoa几乎与所有的高等级铝土供应商签署了长期合同,而铝土是制铝业的基本原材料。Alcoa之所以乐意签署这些长期合同,是因为它比供应商和其他潜在进入者更了解这一行业及其发展前景,因而为制铝业设置了进入障碍。

第二,现有企业和销售其产品的分销商之间的协议也可以阻止潜在进入者。例如,在一次性尿布市场,宝洁公司与美国很多医院签署了免费分销其产品的合同,而当时医院并不知道这种促销方式的巨大作用。这种分销网给宝洁公司带来了很大的竞争优势。事实上,在许多行业,货位都是一个影响销售的重要因素,而且常常采用长期合同来确定。当然,这些合同能否成为进入的障碍,还取决于货位是否具有独特性,如果这种货位很容易获得,那么,长期合同就不会成为进入的障碍。

第三,现有企业与其购买者之间的协议也可以阻止进入者。从理论上讲,只要现有企业与其顾客签署一个写明将以最低价格提供优质产品的合同,就能阻止新的进入者。这是因为现有企业通过这种合同取得了购买者的信任。有趣的是,当潜在进入者看到这种合同时将放弃进入,而现有企业也不必真的履行合同。尽管实际上很少见到这类合同,但确有一些合同条款类似于这种"威胁进入价格"合同,且具有阻止进入的作用。例如,销售商可能承诺,如果有第二家销售商向顾客以低价出售类似的产品,那么,它也将降价或者同意解除协议。由于新进入者常常希望通过初始让价来增加市场份额,所以这种合同可以有效地阻止进入。

2) 专利和专有技术

现有企业持有的专利和专有技术也可以保护其免受进入的威胁。一般说来,发明一种技术或设计一种产品总要投入一定的资源,有些产品的发明甚至投资巨大,而一旦这些产品或技术进入市场并开始赚钱,就会有假产品或仿制品跟着进入市场。例如,在医药行业,临床试验后的药品最终仅有10%能成功进入市场,如果允许自由进入的话,新进入者将很快进入这些市场,那么,用于新发明的巨额投资和试验过程中的费用将难以得到补偿。因此,必须对技术创新和发明予以保护,这就是世界各国普遍实行的专利权制度。专利主要是预防新进入者对产品和工艺的模仿,在专利保护期内,不允许其他组织或个人拷贝已有的创造和发明,以便专利发明人通过生产过程中的盈利来弥补在研究阶段的费用。

由于专利和专有技术阻止新进入者自由进入行业,因而它使现有企业和新进入者处于不对等的竞争地位上,然而,这并不意味着在所有情况下它都是不可逾越的障碍。例如,在一些行业,"围绕"专利进行一些发明和创新可能变得相对容易,因此,专利的实际有效期低于名义有效期。对于不同的行业,专利的功效有很大差异,如医药行业的专利比较有效,而在半导体行业,专利作为进入障碍的功效要低得多。

3) 学习曲线效应

在很多行业,当生产某种产品时,随着人们经验的增多,单位产品的成本将下降。这是因为随着产量和经验的增加,工人被更有效地组织起来,同时一些个人和小组学会了生产窍门。近来的研究还发现,学习曲线的概念也可应用到其他职能,如随着工人经验的增加,机器运转将更加和谐,而且还将改善分销渠道。

典型的学习曲线如图 3-4 所示,其中横轴是整个生产周期的累积产量,纵轴是单位成本。这一曲线说明,生产某一产品的成本随着经验的增加而下降,在生产早期,随着产量增加,单位成本迅速下降,而后期单位成本下降得非常平缓。

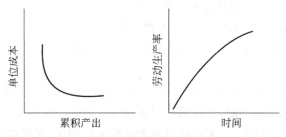

图 3-4 典型的学习曲线

单位成本随累积产量增加而下降的幅度大小随行业不同而有很大差异。例如,一条 85% 的经验曲线意味着产量每增加一倍,单位成本下降 15%,而一条 90% 的经验曲线则说明产量每增加一倍,单位成本仅下降 10%。

一般说来,资金密集型行业的经验曲线的斜率较大。例如,人们发现:在化工行业,工厂生产规模每增加一倍,单位成本下降 11%,换句话说,这是一条 89% 的学习曲线。在这一行业,学习曲线效应明显超过规模经济效应。在若干其他行业,包括石油化工和电子设备行业,人们也发现了类似的结果。

以上事实说明,规模经济效应与学习曲线效应之间存在着重要的关系,实际上,有时我们很难区分两者。如果企业一直在成长,那么,累积产量既随着时间的延续而增加,同时也随现有规模的扩大而增加。与此同时,单位成本随之下降,这种下降既是因为产量增加使得企业可以采用新的方法,同时也是因为企业已经取得了更多的经验。理想的话,我们希望对两者做出区分,以便强化来自经验曲线的优势,这种经验是大的新进入者所不能获得的。领先一步的优势来源于经验曲线效应而不是纯粹的规模效应。

在许多行业,尤其是资金密集型行业的确存在学习曲线效应,但它并不总是产生领先一步的优势。特别是这种学习曲线对进入的影响,很大程度上取决于现有组织对这种学习经验的独占性。如果所增加的经验仅仅被企业内部所掌握,那么,累积产量越大,单位成本就越低,有经验的企业与没有经验的竞争对手和潜在进入者之间的差别也越大。在这种情况下,学习曲线效应产生领先一步的优势。反之,若现有企业对学习经验没有独占性,或者说,学习经验已经泄露,那么,新进入者可能很容易利用现有企业所获得的学习经验进入行业。一般说来,技术扩散对进入障碍有显著的影响,如果这种扩散相对容易,那么,学习曲线效应作为进入障碍的作用将下降。

4) 首创品牌的优势

进入障碍不仅来源于与成本有关的一些因素,而且还与顾客对品牌的认同有关,当然,这种品牌认同是否成为进入障碍很大程度上取决于行业的特点。例如,在处方药品、香烟和计算机主机行业,首创品牌似乎可以带来持久的竞争优势。人们注意到,顾客在购买中心处理器时,宁愿买 IBM 的产品,而不愿冒险买其他公司的产品,这种品牌忠诚使其他公司,包括很大的公司很难进入计算机主机市场与 IBM 竞争。

但在另外一些行业,一般的品牌和新进入者却可以做得很成功。例如,在个人计算机市场,顾客似乎很容易接受新产品,这给现有企业带来了更多的压力。"康柏"1982 年才进入个人计算机市场,但到 1992 年,销售收入已逾 30 亿美元,成为该行业的两家大型企业之一。Sun Microsystem 在计算机工作站市场也经历了类似的变化,该公司的历史虽然不长,但到 1992 年,它已经主宰了低、中档工作站市场。而现在,这两家公司正面临一些新的公司,如 Dell 公司的挑战。的确,在某些市场(像高档音响设备),新产品可能更受顾客的欢迎。

至于顾客首先选择老产品还是新产品,首创品牌是否比新产品更有优势主要取决于顾客对不确定性和风险的判断,而这两个因素又与产品的特性有关。对很多商品,其质量高低只有在使用后才能确定,这类商品被称为实验品。相反,有些商品只通过简单的检查就能判定其好坏,这类商品被称为检验品。新产品能否成功很大程度上取决于它是检验品还是实验品。

对实验品来说,顾客购买时是冒了风险的,因为他们并不知道产品的质量究竟是高还是低。当他们买错了产品时,有时可能仅仅是在价格上吃点亏,但在另外一些情况下,比如说医药,买了坏产品可能会造成很大的损失,甚至引起死亡。在实验品市场,潜在进入者面临的一个问题是如何说服消费者冒险去购买它们的新产品,尤其是在顾客对现有产品的质量已经比较了解和肯定的情况下。在计算机主机市场,大多数顾客不愿意冒险去购买其他厂家的产品,说服他们往往是困难的。在一定意义上说,顾客对现有产品的认同减小了他们试用新产品的可能性。当然,顾客是否愿意试用新产品还与这种试用可能带来的损失大小有关。例如,新进入者进入餐馆业的速度要比进入医药业的速度高得多,尽管这两个行业提供的产品都是实验品。

那么,在哪种行业,首创品牌才能成为一种优势并阻碍新进入者的进入呢?首先,产品应该是实验品;其次,买错了产品付出的代价很高;最后,顾客对现有产品比较满意,从而不愿意试用新产品。

尽管首创品牌的企业具有一定的优势,但首创品牌并不能完全阻止进入。新进入者可以向顾客免费提供样品,以鼓励其试用新产品,还可以采用让价策略与现有的产品竞争。有时,政府的资格认证也可以减弱首创品牌的优势,因为这种资格认证向顾客提供了质量保证。但在这些情况下,新进入者也要有一定的费用,并因而降低了它们的获利性。

第三节 竞争对手之间的抗衡

一般说来,为某一顾客群体服务的企业不止一个,企业实际上是在一群竞争对手的包围和制约下从事自己的经营活动。这些竞争对手不仅来自本国市场,而且也来自其他国家和地区。竞争不仅发生在行业内,行业外的一些企业可能通过与行业内现有其他企业的联合而参与竞争。竞争对手之间的抗衡不仅决定了它们各自的市场地位,而且直接影响行业的获利能力,因此必须对行业的竞争状况进行分析。

一、竞争对手分析

竞争对手分析的内容相当广泛,大体包括以下几个方面,对这些问题的了解有助于识别竞争者并制定相应的变通战略。

1. 产品研究与开发

了解竞争对手的产品研究和开发策略是否与其产品生命周期阶段相适应,无论从绝对意义上还是相对意义上讲都是重要的。在产品生命周期的早期,产品研究和开发具有较高的投资风险,同时竞争对手可能还没有想出顾客需要的特点是什么。因此,应着重分析其实验、制造和正确判断的能力。

随着行业离开萌芽阶段,产量开始缓慢增加,这时应特别注意竞争对手研究与开发的规模,并与自己企业作对比。显然,对实力不同的企业,即使用于研究和开发的费用同样多,但对它们基础的冲击是大不相同的。如 IBM 公司和苹果公司虽然花同样多的钱来开发新型个人计算机,但它对 IBM 的影响可以说是微不足道的,而对苹果公司的销售和利润却有很大的影响。

在产品生命周期的后期,产品的研究与开发对企业的影响更为复杂,所以应特别注意竞争对手是否正在重新设计产品以减少成本;是否正在扩大技术并服务于新的市场,以及是否正在对产品采取一定的修补措施以维持其竞争地位。

2. 制造过程

可以根据成本、质量、灵活性和可靠性等变量来评价竞争对手所设计的制造过程的有效性。一般说来,在产品生命周期的早期,消费者选择的主要依据是质量和灵活性,而在成熟期则主要考虑产品的成本和可靠性。

3. 采购

当外购品在总成本中占有很大比例的行业或者当供应商非常强大时,分析竞争对手的购买方式是非常重要的。在作这种分析时,所需要了解的关键问题依赖于所购物品的性质。如对原材料来说,关键问题是竞争对手是否利用了长期合同、数量折扣,或是接近供应商,并因而减少了成本;对于劳动力,关键问题是竞争对手如何组织,是否利用了国际市场上的劳动力,为了获得有技能的和非技术性的劳动力,是否采用了不同的策略。除此之外,还应了解竞争对手在哪里购买了何种产品以及购买条件(数量和价格)。

4. 市场

企业管理人员应该分析和评价竞争对手是如何选择目标市场和满足顾客需要的,同时要了解它们在细分市场上的销量、产品组合、广告费用和促销项目等。尤其需要明确竞争对手最主要的市场计划是什么,各种要素之间是否互相适应。最后,还要了解竞争对手为了保持竞争优势,为目前和潜在的顾客做了些什么。

5. 销售渠道

在技术比较稳定和适用性较好的成熟行业,销售渠道往往成为企业能否成功地进行经营的关键。在这些行业,必须细心地估价竞争对手的销售渠道的成本、规模和质量。在一些特殊行业,不仅要评价竞争对手的销售渠道对顾客需求的敏感性,而且要评价其零售商和销售人员的专业知识水平。

6. 服务

应该细心地评价竞争对手在维修、服务、培训、零配件的适用性等方面为顾客提供优质服务的能力和意向,其中包括服务人员的数量和背景、服务项目的数量、服务人员和销售人员之间的关系,以及服务在竞争战略中的作用。

7. 财务管理

对某些行业来说,良好的财务系统往往是获得竞争优势的关键。因此,企业管理人员应该分析竞争对手对现有资产、债券和红利的管理方式,并与本企业加以比较。

8. 个性和文化

在竞争分析领域,普遍强调收集和分析有关竞争对手的财务、制造、市场方面的定量数据,尽管这些信息对揭示竞争对手的能力是重要的,但它们通常并不能说明竞争对手将如何利用这些能力。因此,企业管理人员应该重视对竞争对手个性和文化的分析,这不仅有助于了解它的思维方式,而且有助于更好地预测其将来的动向和对企业所坚持的不同战略将做出怎样的反应。例如,通过对竞争对手目标的分析,可以了解其个性和可能坚持的战略。一个承诺不解雇人员的企业在需求下降的市场上将难以实现低成本战略;一个追求高增长目标的企业在价格上很可能比强调利润的企业更富有进攻性。分析竞争对手的投资历史可以帮助企业了解其基本原则和习惯,通过对竞争对手在其他行业的战略的研究,可以估计它在企业目前所在行业的战略,例如,它是一贯倾向于高价还是低价,它经常以怎样的方式扩张,在研究和开发上,它是领先者还是追随者。此外,通过对竞争对手过去实践的分析,也可以在很大程度上揭示其行为特点:是坚强的还是懦弱的。例如,它是否很快地丢弃不获利的业务,或者虽已遇到挫折却仍向这种业务投资,它的主要财力资源是用于现有业务,还是致力于新的发展。

对竞争对手个性和文化的分析还包括对其组织结构和管理人员的分析,如它的所有权、董事会的组成和主要管理者的个人情况等。一般来说,个人持股的竞争对手常常有较低的利润目标,这往往使企业难以和它们竞争;董事会的组成有时能够说明其管理方式,例如,以内部董事(在企业中有管理职位)为主的董事会倾向于注意生产,而外部董事则可能更多地强调财务收益。主要管理者个人的经历对竞争对手的行为也有重要的影响,他们往往倾向于采用自己在其他企业和业务活动中采用过的成功的战略和方法。

概括说来,对竞争对手的分析包括两个方面,其一是它的行为;其二是它的个性和文化。有关前者的事实和数据告诉企业竞争对手是否能够开展竞争,而后者则说明竞争对手喜欢如何竞争,它是企业努力分析竞争对手的最重要目标。

二、产生激烈竞争的因素

1. 行业增长缓慢

在行业增长比较缓慢的条件下,各企业为了寻求发展,不得不采用各种方法来争夺市场占有率。在这种情况下,往往容易触发价格战和促销战,进而会导致激烈竞争。而在行业快速增长的条件下,行业内各企业可以与行业同步增长,而且还可以在增长的过程中充分地运用自己的资金和资源。很显然,行业快速增长意味着总体市场需求的扩大,甚至可能产生供不应求的状况,因而,购买者关心的是能否买到所需要的产品而不是价格,所以众多企业都可从行业快速增长中获益。

2. 众多的竞争对手

在其他条件相同的情况下,一个行业内的企业越多,竞争也就越激烈。这不仅仅是因为众多的企业都要在总需求确定的市场中占有一席之地,而且还因为每个企业都认为其本身不过是行业内一个微不足道的参与者,因而其降价或其他投资策略对整个行业仅有很小的影响,进而它们会采取单独的行动。在这种情况下,企业之间的合作将变得更加困难。换句话说,行业内的企业越多,这些企业的相对成本以及其他经营指标的不确定性也越高,从而它们的合作机会就越少。很显然,合作机会的降低意味着竞争的加剧。

3. 竞争对手实力相当

行业内企业的规模分布是影响竞争强度的一个重要因素。一般来说,在主要竞争对手,尤其是众多竞争对手实力相当的行业,竞争往往比较激烈,而在一个或少数几个大企业主宰市场的行业,由于其相对地位很强大,所以它可以通过调整其价格和其他方面的策略来影响其他企业。

欧洲汽车市场是实力相当的企业之间激烈竞争的一个典型例子。在欧洲共有7个汽车制造商,它们的市场份额介于10%和15%之间。随着欧洲各国之间贸易壁垒的消失,这7个实力相当的汽车制造商之间的竞争更加激烈。在我国20世纪80年代初期的洗衣机行业,80年代中后期的空调行业以及目前的VCD行业,众多实力相当企业的存在,使这些行业的竞争空前激烈。

实际上,行业内企业的数量及其相对规模反映的是行业的集中度,通常用主要生产商所占有的市场份额来度量。行业的集中度越高,行业内的企业数量相对越少,同时一家或几家大企业所占的市场份额越大,竞争也相对和缓。在70年代施乐主宰市场的普通纸复印机行业,柯达和富士占统治地位的彩色胶卷行业,以及可口可乐与百事可乐两霸争强的软饮料行业,基本上是这种情况。

4. 固定成本或库存成本高

竞争对手对市场份额争夺的激烈程度不仅取决于行业增长的快慢,而且与它们的成本结构有密切的关系。简言之,竞争对手的固定成本与可变成本之比决定了其怎样压价,以利用多余生产能力。例如,航空公司之所以愿意以8折甚至6折的低价售出按航程表飞行的航班的空位,是因为这些空位的变动成本接近于零。同样,多余生产能力对化工和钢铁业盈利性的巨大影响说明这些行业的固定成本很高。

当一个行业的固定成本很高时,会对所有的企业造成很大压力,这迫使它们进一步提高生产能力的利用率,而结果又往往导致价格迅速下跌。

产品的库存成本对行业的盈利性和竞争激烈程度也有类似的影响。有些行业生产的产品很难库存或库存费用极高。在这种情况下,企业就容易为尽快销售而遭受降价的损失。这种压力使得一些行业,如捕龙虾、危险化学品等始终获利很少。

5. 缺少差异化

当众多竞争对手向顾客提供的产品或服务缺少差异时,顾客可能选择一家的产品或服务代替另一家,这将刺激企业之间互相降价以扩展各自的业务。由于缺少差异,购买者将以产品的价格和服务作为选择的标准,因而就会导致激烈的价格竞争和服务竞争。我国目前的粮油加工、钢结构、化工,甚至计算机组装行业基本上属于上述情况。

当然,产品和服务的差异化是否导致激烈竞争不仅取决于各企业提供的产品和服务的差异化程度,而且与顾客能否识别这种差异有密切的关系。例如,管理咨询本来是差异化程度很高的行业,但目前在我国由于很多企业的识别能力有限,因而许多"骗子"公司应运而生,并进而导致了激烈的价格竞争。香水、医药和餐馆业也出现了类似的情况。我国消费者的鉴别能力差是大量假冒伪劣产品得以流入市场的内在原因之一。

6. 生产能力过剩或退出障碍高

由于供给和需求的不断变化,许多行业的获利能力呈周期性变化。当生产能力过剩时,企业往往通过降价来拓展自己的业务,以分摊它们的固定费用。生产能力过剩往往是市场需求下降引起的,这种需求下降既可能是长期的,也可能是周期性的。当然,过量投资也可能导致生产能力过剩。无论什么时候,只要生产能力大量过剩,就会打破行业的供需平衡,特别是在新增生产能力有较多风险的行业更是如此。这样,就会使行业生存在生产能力过剩和价格削减的周期性循环中加剧企业之间的竞争。在需求长期下降过程中,过剩的生产能力为什么没有从现有行业转向其他行业而减缓竞争?这取决于行业的退出障碍。所谓退出障碍,是指阻碍过剩生产能力离开所在行业的成本及其他方面的因素,主要包括以下几种。

1) 专业化的固定资产

它是指在特定经营业务或地理位置上具有的高度专门化的资产,其清算价值低,或者转换成本高。如输油管路和水轮机组等。

2) 高的退出固定成本

这种成本包括解除劳动合同后所需的重新安置费用以及保养配件的生产能力等。

3) 战略的协同关系

公司内的某一经营单位与其他经营单位的协同关系表现在许多方面,如产品形象、市场营销能力和分享设备等。维持良好的协同关系常常是战略管理的重要内容之一,对采用多角化战略的公司尤其如此。如果其中某一经营单位退出其所在的行业,就会破坏这种协同关系。

4) 感情方面的障碍

多余的生产能力能否转向其他行业不仅与上述成本和战略因素有关,而且还取决于管理人员对具体经营业务的认识水平、雇员的忠实性以及他们对个人事业前途的畏惧和担心等感情因素。

5) 政府和社会的限制

政府考虑到失业问题和对地区经济的影响,有时会出面反对企业或劝阻企业放弃退出所在行业的行动。这不仅是我国,尤其是破产法实施前的普遍现象,而且在西方许多国家也不同程度地存在着。

在退出障碍很高时,过剩的生产能力不能离开行业,那些在竞争中处于不利地位的企业也不能放弃经营。这种企业存在明显的劣势,但又要顽强地活下去,所以自然要采取最有力的战术,结果,整个行业的获利能力会一直保持在较低的水平上。

三、抗衡的转变和进入、退出障碍

前面我们讨论了影响行业竞争强度的主要因素以及它们对行业获利能力的影响,实际上,这些因素会不断发生变化。如上所述,行业增长的快慢,可能受市场需求波动的影响,既可能呈周期性变化,也可能在相当长的时期内持续下降;竞争对手的数量和相对实力也在不断地发生变化,随着竞争的不断加剧和行业集中度的提高,相对弱小的竞争对手将不断地被排挤出行业;政府的有关法规和政策也会随着环境的变化不断地做出调整并进而影响退出障碍的高低。当以上这些因素发生变化时,行业的竞争强度和获利能力也随之变化。

企业管理人员的任务就是努力使抗衡向有利于自己企业的方向转化,例如,可以通过向顾客提供满足其生产经营需要的产品设计,或使顾客依赖于企业的技术咨询来提高它们的转换成本;可以通过新颖的设计或营销革新等提高产品和服务的差异化程度;可以把销售工作的重点放在发展最快的细分市场上,或者放在固定成本与变动成本之比最低的产品上以减弱行业抗衡的强度;还可以设法降低自身的退出障碍。

另外,把进入障碍和退出障碍综合起来进行分析更能看出行业内的抗衡状况,如图 3-5 所示。

进入障碍 \ 退出障碍	低	高
低	低的稳定的收益	高的风险小的收益
高	高的稳定的收益	高的风险大的收益

图 3-5　行业的获利性与进入、退出障碍

从行业获利能力的角度看,最好的情况是进入障碍高而退出障碍低。在这种条件下,新进入者的进入会受到阻挡,不成功的竞争对手将退离该行业而不致采取过分压价等手段,但遗憾的是,这种条件很难同时满足,因为增加进入障碍的因素往往也提高了退出障碍。

当进入障碍和退出障碍都比较高时,潜在的利润很高,但通常有较大的风险。在这种情况下,新进入者的进入虽被阻挡,但不成功的企业也不能轻易退出,仍要留在行业内参与竞争。资金密集型行业,如汽车、钢铁、摩托车等往往具有这种特点。

当进入障碍和退出障碍都比较低时,企业容易进入也容易退出,因此,盈利比较低的同时风险也比较低,很多服务业,如修理、低档餐饮等属于这类行业。

行业盈利性最差的情况是进入障碍低而退出障碍高。在这种条件下,新进入者进入行业很容易,还会因为经济条件好转或现有企业其他意外的获利而吸引更多的竞争对手进入该行业。然而,当条件恶化导致需求下降时,过剩的生产能力和竞争中败北的企业却不能离开行业,所以行业的获利能力将会大幅度下降。事实上,如前所述,由于降低进入障碍的因素往往也降低退出障碍,所以这类行业并不多见。

最后,需要指出的是,进入障碍和退出障碍的高和低都是一个相对的概念,并没有严格的数量界限,以自行车行业为例,与修理业相比,它是一个进入障碍高、退出障碍也高的行业,而与汽车行业相比,它又是一个进入障碍低、退出障碍也低的行业。此外,对具有不同资金实力和技术水平的企业,同样的进入障碍对它们的阻碍作用却大不相同,这正像运动场上的障碍物对不同水平的运动员的阻碍大小不同一样。至于一个企业究竟是喜欢高进入障碍的行业还是低进入障碍的行业则完全取决于它所处的位置,当它已经处在某一行业中时,它可能希望借助高进入障碍来保护自己免受侵入的威胁,而当其不在行业中时,它可能更喜欢越过低进入障碍而进入该行业,在进入该行业以后,它又常常希望"低"的障碍转变为"高"的障碍以阻止其他企业的进入。

四、战略群组

前面介绍如何对竞争对手进行分析,但我们发现,在现实中即使聚焦于一个行业内,企业的竞争对手也是非常多的。如果要求企业对所有的竞争对手都进行实时关注、分析并且与之竞争的话,这很明显是不经济的行为,并且会分散企业有限的资源与精力。因此,研究学者引入战略群组概念,并利用这个概念对企业进行深入研究来指导实践。下面我们对于战略群组的内涵和应用进行简要介绍。

1. 战略群组内涵

Andrews(1951)是最早尝试研究战略群组理论的学者之一。他选择采用技术标准指标,根据技术过程的相似性对行业进行分组,但他并没有确切地给出"战略群组"的概念。直到20世纪60年代,Hunt在描述当时家用电器的行业绩效时首次正式提出了"战略群组"。Hunt指出,不同企业在三个关键战略变量上存在差异,它们分别是垂直一体化程度,产品多元化程度,以及产品多元化的差异程度。这三类战略变量的差异可以把家用电器行业中的众多企业归分类为四个不同群组。在此基础上,Porter(1980)扩展了战略群组的概念,将其定义为"某一产业中,采用相同或相似战略的公司组成的集团",他认为,战略群组划分是针对结构分析设计的一种分析工具,是分析行业整体与各分立公司之间的中间参系。从理论上来说,划分战略群组的标准应该是不同战略群组之间的差异,即战略上的差异,上述学者的研究也基本上都从产业组织的角度来定义战略群组。

除了按照战略上的差异来划分战略群组外,企业间不同的资源是另一重要的分组依据。在过去的研究中,大多数人在讨论战略群组这个概念时或是没有包括战略差异、经营范围,或是没有包括资源。这往往会导致分组情况不完善,所以我们要综合这两种观点,把战略群组定义为:战略群组是在同一行业内互为竞争对手,但具有相似的经营战略资源的企业组合。

2. 组内竞争与组间竞争

决定战略群组内竞争激烈程度的因素与之前讲述的在整个行业内决定竞争强度的因素类似,诸如市场空间大小、行业增长速度、企业数量等均是影响群组内竞争激烈程度的重要因素。但行业内各个不同战略群组间竞争的产生,则主要是因为市场重叠以及竞争条件等因素。市场重叠即市场范围的重合程度,其重叠越多、群组的数量就越多,相应的组间竞争越激烈。所谓竞争条件影响,是指一个战略群组内企业的竞争波及了另一个群。例如,合并后的奔驰与克莱斯勒公司成为世界第五大汽车公司,大公司间的竞争加剧,生产制造和国际营销成本下降,这将对其他群组的企业产生影响。

当然,很多企业不甘心自己所处的地位,希望向理想的战略群组迈进,但这并不是轻易就可以做到的。因为在不同的战略群组之间,会存在"移动壁垒"的制约,这也是影响组内竞争与组间竞争情况的重要因素。

移动壁垒(mobility barriers)即企业从一个群组移向另一个群组所必须克服的障碍,实际上就是战略群组之间的移动障碍。在典型情况下,不同战略群组间的移动壁垒等于从原群组的退出障碍和进入到新群组的进入障碍之和。移动壁垒可以有效降低其他群组的企业对自身造成的威胁,反过来说移动壁垒的存在也可以解释为什么有些公司可以享有凌驾于他人之上的系统优势,也就是竞争优势的位差,这些优势体现在规模经济、成本优势等方面。移动壁垒是阻碍企业任意改变其战略定位的结构力量,不同战略群组间均存在不同程度的移动壁垒,这使一些公司拥有长期竞争优势。

从移动壁垒的角度来看,企业在战略群组中常用的战略方向包括:(1)巩固企业在所处战略群组中的地位;(2)向另一个市场地位更有利的战略群组发展;(3)创造一个新的战略群组。下面我们通过IT行业的情况来对战略群组、移动壁垒以及战略群组战略进行具体分析。

3. IT行业的战略群组与移动壁垒

1) IT行业的战略群组

IT行业的战略群组可以分为微软阵营、反微软阵营以及其他阵营。

微软阵营的代表是微软公司(Microsoft)和英特尔公司(Intel),两家的联盟被认为是强强联合。这两家公司家喻户晓,微软公司早期在IBM公司等大型公司的夹缝中逐渐成长起来,极为重视智力资本和技术资本,最终靠Windows操作系统占据了绝大部分的市场份额,成为IT产业的领导者。英特尔公司则是电脑芯片制造领域的领导者,同样拥有长期技术资本积累,是推动芯片制造技术发展的主导企业。微软的Windows操作系统一直以来都是在Intel的芯片上运行,双方很早就建立了良好的合作关系。为了应对来自行业内其他公司的竞争与压力,微软与英特尔进一步加强合作,试图通过强强联合来保持在竞争中的领先地位。

出于共同反对微软公司的行业垄断目的,IBM公司与Sun公司走了一起,形成反微软阵营,这个阵营里的公司一般都是微软的老牌竞争对手。IBM公司涉及操作系统、应用软件、个人计算机、企业咨询等领域,随着业务和产品链越来越丰富,公司的竞争力日益提高,也因此在多个领域与微软公司产生了竞争关系。IBM公司强烈抵制微软提出的各项行业标准,为了与微软展开竞争,IBM公司大力倡导自己提出的行业标准。Sun公司由于以开发操作系统为主营业务,其开发的操作系统与微软的Windows系统属于完全不同的两个体系,所以与微软形成竞争关系。Sun公司成功推出了非常受欢迎的Java语言,导致一部分使用微软产品的客户转而投向Sun公司,这也加剧了Sun公司与微软的竞争。

除了微软阵营和反微软阵营之外,还有以苹果公司为首的中立阵营和以Google为首的新兴阵营。苹果公司凭借其苹果计算机和苹果操作系统开辟市场,由于苹果计算机在图像处理方面有着先天的竞争优势,因此特别受到来自美工和广告等行业客户的喜爱。

苹果公司也因此占据了个人计算机市场和操作系统市场一定的市场份额。在微软阵营和反微软阵营的长期对抗中,苹果公司选择不参与其中的任何一方,而始终按照自己的思路保持独立的经营策略。Google公司则以IT行业新兴企业的形象形成了新兴阵营——Google阵营。虽然它起初是一家不起眼的小公司,但Google公司在互联网搜索市场尚处在萌芽阶段时,就致力于开发研究互联网搜索技术,推出了在当时处于技术领先地位的搜索引擎产品,迅速吸引了大量的客户。Google一直坚定地执行自己的竞争战略,创造了一个新的战略群组,与一些与其拥有良好合作关系的公司逐渐形成了Google阵营。

上面介绍的IT行业中战略群组例子也反映了如何从战略群组角度来选择定位企业自身的战略。Google通过创造新的战略群组,苹果公司则巩固企业在所处战略群组中的地位,虽然战略不同但都取得了成功。

2) IT行业的移动壁垒

不同战略群组会受到不同移动壁垒的保护。移动壁垒的来源主要有三种:一是来自于市场相关的策略,如产品线宽度、市场涵盖的地理领域、销售渠道、品牌形象等;二是来自于产业供给特性,如营销或制造规模所造成的规模经济、投资于提供的产品或服务的无形资产;三是来自企业特性,如厂商特有的组织结构、管理能力以及与其他外部相关组织的关系等。

微软阵营的移动壁垒主要来自于第一种和第二种。微软公司市场策略成熟、产品线宽度大,从操作系统到应用软件,又延伸到游戏软件。微软市场覆盖全球,建立多种销售渠道,其强大的技术力量帮助公司树立了良好的品牌形象。另外,微软公司在营销和制造规模上已经形成了显著的规模经济,这也帮助微软可以拥有大量的人才储备用于持续开展产品的研发和服务。相比较之下,反微软阵营的移动壁垒主要来自于第一种和第三种。IBM和Sun公司的产品线均包括操作系统、应用软件、数据库等,宽度较宽。两家公司目标市场也是全球范围,专注产品的质量和服务的品质;另外IBM公司卓越的管理能力也是其强大资本之一,IBM公司采取矩阵式组织结构,把多种划分部门的方式有机地结合起来,形成"活着的"立体网络——多维矩阵,获从而得"能够跳舞的大象"的美誉。

五、竞争对手的选择

毫无疑问,无论在军事上还是在市场竞争中,对抗双方总是首先把注意力集中在如何战胜对手以巩固阵地或夺取市场份额上,同时还要考虑对手对自己战略的反应以及如何防止其进攻,但问题在于,当竞争对手不止一个时,是否都有同样的危害,是否需要四面出击,或利用其中某些竞争对手或敌人防范另外一类对手或敌人。

在军事上,一个高明的统帅总是善于根据形势的变化和自身的力量对不同的敌人采取不同的进攻策略,或坚决打击,或分化瓦解,或化敌为友。事实上,这些军事策略同样也适用于企业之间的竞争。其中关键问题之一是正确识别和判断不同竞争对手所起的作用。

大量研究发现:在很多产业中,合适的竞争对手能加强而不是削弱企业的竞争地位。好的竞争对手有助于企业实现自身的战略目标,增加持久的竞争优势,并改善所处产业的结构。此外,还有助于企业的市场开发以及扼制进入。

1. 增强竞争优势

1）吸收需求波动

竞争对手可以吸收由周期性、季节性和其他原因带来的需求波动，从而使企业能更充分地利用其生产能力，对行业领先者来说这一点尤其重要。当需求上升而其不能或不愿满足全部市场需求时，可以由竞争对手来弥补其生产能力的短缺以消除顾客因买不到商品而产生的抱怨，同时又可以避免盲目增加生产能力后需求下降造成的损失。

2）提高顾客对产品和服务差异化的辨别能力

一些弱小的竞争对手提供的产品和服务存在明显的差距时，可以帮助顾客提高识别差别化的能力，而没有竞争对手时，顾客可能比较难以看到企业创造的价值，因此，就可能对价格和服务更为敏感。

3）服务于不具吸引力的细分市场

一些弱小的竞争对手可能乐于为一些小的市场提供服务，而企业认为这些市场是不具吸引力的。不然，为了维护企业的形象，或为了防御的原因，企业将被迫服务于此市场，并因此降低企业的盈利能力。所谓不具吸引力的市场，是指那些企业为其提供服务成本昂贵，买方具有讨价还价的实力，而且对价格比较敏感，或是服务于该市场会损害企业在更具吸引力的细分市场中的地位的那些市场。

4）提供成本方面的保护

高成本的竞争对手有时可以为低成本的企业提供成本方面的保护，从而提高其利润率。当没有这些竞争对手时，由于缺少比较对象，顾客的讨价还价能力就会增强，从而降低企业溢价销售的可能性。

5）降低反垄断的风险

对于一个实力雄厚和利润率很高的行业领先者而言，这一点非常重要。对这些企业来说，行业内多几个弱小的竞争对手可能对它的地位和获利能力没有什么影响，而一旦受到反垄断调查和指控，尤其是被迫公开某些它们赖以维持强大竞争优势的技术秘密时，它们将遭受重大的损失。美国的柯达公司和 IBM 都曾多次受到过反垄断指控，并为此消耗了大量时间和精力，现在 Intel 和微软公司也遇到了类似的麻烦。

6）增加竞争动力

竞争对手的另一个重要作用是它在给企业带来巨大压力的同时，也增加了企业的竞争动力。竞争对手往往是企业降低成本、改进产品以及跟上技术进步潮流的重要刺激因素。我国的很多行业，尤其是彩电等家用电器行业中的许多企业，如长虹等，实际上是在日益激烈的市场竞争中才发展起来的。相反，有些受国家保护的行业，其技术进步和发展却慢得多。

2. 改善当前的产业结构

1）增加产业需求

存在适量的竞争对手可以增加整个产业的需求，且在此过程中增加企业的销售额。这主要是因为：第一，存在适量的竞争对手可以增强顾客对企业的认同感，消除他们对购买现有产品和服务的顾虑和担心；第二，当某种产品的需求量取决于整个产业的广告和其他促销费用时，那么，企业就可以从竞争对手的广告和促销中受益。此外，当产业的产品系列包括互补产品,比如照相机和胶卷、录像机和录像带,尤其是当企业的产品组合的宽度和深度较竞争对手为大时,竞争对手的存在可以促进产业需求。

2) 提供后备货源

在许多产业中,尤其在那些涉及重要原材料或其他重要投入要素的产业中,购买者希望有后备货源,以减轻供货中断的风险和限制供方的讨价还价能力。在这种情况下,存在适量的竞争对手可以增强购买者的信心,对产业购买者来说,还可以刺激它们扩大生产规模。

3. 协助市场开发

1) 分担市场开发成本

竞争对手能够分担新产品或新技术的市场开发成本。一般说来,当行业开发一种新技术或向市场推出一种新产品时,要说服顾客接受它们并不容易,往往需要大量做广告、免费试用等,而且仅靠一两家企业的努力很难奏效。若是存在适量的竞争对手,不仅可以节省以上促销费用,而且会打消顾客对新产品或新技术的不信任感,从而加速市场化进程。此外,竞争对手还可以帮助减少建立独立维修机构等基础设施的费用。

2) 加速技术标准化或合法化

毫无疑问,当只有一家企业采用某项新技术时,不仅顾客对它存在疑虑,而且政府也不愿接受它作为行业的标准,而竞争对手的存在可以加速技术合法化和标准化的过程。

3) 改善产业形象

合适的竞争对手有时可以美化产业的形象。有些产业因产品简单,或其他原因,致使其在顾客心目中形象不佳,如我国的快餐业和修理业等。在这种情况下,其他行业或其他国家久负盛名的公司的进入,常常会给产业带来信誉,并加速其发展。如麦当劳和肯德基在对中国快餐市场造成强大冲击的同时,也极大地改善了快餐业在消费者心目中的形象。

4. 扼制进入

1) 封锁合理进入的途径

当面对新的更具侵略性和破坏性的进入者的威胁时,合适的竞争对手可能采取削价之类的策略与它们争夺市场,充当防御它们的第一道防线。在这一过程中,新进入者可能不得不付出高昂的代价,而企业又可以从容地调整自己的策略,并发现更好的竞争方法。这是军事上为什么特别重视掎角之势的原因,也是企业常用到的市场防御原理。

2) 作为一种显示进入困难的标志

有时,潜在的进入者可能会过低估计进入障碍和领先者的竞争优势,进而大规模进入行业或错误地发动降价等。这会加剧竞争,并大大降低行业的获利能力。如果存在合适的竞争对手,其实力很强,但在领先者所在的产品市场上却增长缓慢,盈利很低,那么,潜在进入者可能就会放弃它们的占有计划。换句话说,竞争对手的低盈利是一个阻止其他潜在进入者的更有效的战略信号。

以上我们分析了竞争对手在增加竞争优势、改善当前产业结构、帮助市场开发以及扼制进入方面的作用。需要注意的是,只有好的竞争对手才会产生积极和肯定的影响,而坏的竞争对手则会严重破坏产业结构,并对企业造成重大的威胁。因此,企业必须识别两类不同的竞争对手,并采取相应的策略。

一般说来,好的竞争对手与企业相比,实力较差,而且它们知道自己的劣势和应遵守哪些竞争规则,对自己在市场中的相对地位有比较清醒的认识,同时要求适度而不是过高的市场份额和利益。因此,这些企业不会制定冒险和侵略性的市场占有计划,也不会做出与其实力和地位不相称的价格决策,如发动降价等。简言之,好的竞争对手能够审时度势,并甘当配角,它们实际上不是竞争对手,而是合作伙伴。

事实上,没有哪一个竞争对手能完全符合好的竞争对手应具备的上述条件,也几乎没有哪家企业不希望谋求更大的利益和有利的市场地位,而且竞争对手的目标、战略和能力会随着环境的变化和其高层管理者的更迭而变化。昨天是好的竞争对手,可能明天就变为坏的竞争对手,而过去的对手可能成为今天的同盟者。这给企业的识别工作带来了很大困难,但这并不妨碍企业通过冷静的分析来识别它们。事实上,企业,尤其是处于领先地位的企业可以通过正确的战略影响竞争对手的行为和思考方式,从而改善产业的结构,并维持持久的竞争优势。例如,通过向好的竞争对手颁发技术许可证,一方面,可以扩大产业需求;另一方面又可扼制更具威胁性的竞争对手;在与竞争对手争夺市场时,不仅要给好的竞争对手保留适当的利益,以使其安分守己,而且轻易不要把坏的竞争对手赶向绝境,以致给自己造成更大的隐患。这方面的典型例子是美国博士伦公司在 20 世纪 70 年代后期与其他款式隐形眼镜制造商的削价竞争,虽然它的确赢得了大量的市场份额,但却使其绝望的竞争对手一个接一个地将自己出售给比它实力大得多的公司,从而引起了更激烈的竞争。当然,在另外一些情况下,也不排除通过收购和兼并以及其他方式"消灭"坏的竞争对手的可能性。至于企业究竟应该采取怎样的策略对付各种竞争者,完全取决于组织的目标、当时的环境条件、竞争对手的性质和它们的相对强弱。

第四节 替代的威胁

所有产业都面临替代的威胁,有些替代是由经济因素引起的,如人们用人造革代替皮革,用人造蟹肉代替天然蟹肉;有些替代是由原材料短缺引起的,如用各种化学纤维代替棉麻;还有些替代是技术进步的结果,如晶体管取代真空管、彩色显像管代替黑白显像管等。从替代品的作用看,有的只起短暂的补充作用,如上述第一种替代;有的可能是永久性替代并导致某一行业的衰退,如上述第三种替代。由于替代的威胁限制了原有产品价格的无限上扬,所以替代是决定行业利润率的五个竞争作用力之一。

虽然替代品是广泛存在的,但对不同的行业其影响的程度并不相同。当一个行业只有少数几家企业且市场范围有限或难以迅速增加供给时,替代品的影响更加突出,因为在这种情况下,企业通常希望通过涨价来实现利润的自然增长,但替代品的存在却限制了价格的上扬和利润增长。

一、辨识替代品

对于一个给定的产品,怎样才能识别其可能的替代产品或服务?其中哪些替代品限制了现有产品的价格上扬?其实,辨识替代品的本质在于寻找那些与该产品实现相同总体功能的产品或服务,而不仅仅是那些具有相同形式的产品。比如,汽车、火车与飞机极不相同,但它们对买方都实现相同的基本功能——点对点的运输。

在最简单的替代形式中,一种产品替代另一种产品是在同一买方的价值链中实现相同的功能。如用陶瓷发动机零件代替原来的金属零件,用塑料洗衣机筒代替铝筒,用皮革沙发套代替布套等。即使在这种简单的替代中,最重要的还是要确定产品在活动中所实现的功能,而不要求确切知道它如何实现其功能,这是因为过于关注后者常常会漏掉一些重要的替代品。例如,普通信函与电子信箱传输信息的方式完全不同,但却实现了相同的功能,而且随着信息化过程的加快,电子信箱可能成为普通信函最重要的替代品。实际上,由于普通信函实现的一般性功能是信息传输,因此,除电子信箱外,电话、电报也都是它的替代品。一般说来,产品的功能越具一般性,其潜在替代品的数目一般就越多。例如,卡拉OK实现的一般性功能是娱乐,所以电视、电影、剧院以及其他娱乐休闲活动都可能成为其替代品。

在较为复杂一些的替代形式中,替代品实现的功能与现有产品不尽相同,有的替代品实现的功能更多一些,有的更少一些。空调器既可制冷又可升温,而传统的暖气设备只可用于升温,因而空调器既是暖气设备的替代品,同时也是电风扇的替代品。打字机实现的功能只是文字处理机功能的一部分,在个人计算机功能中所占的比例更小,但无论如何它却可以部分替代这两类产品。因此,在辨识替代品时,不仅必须注意那些在完成现有产品功能之外还有别的用途的产品,而且还要注意那些能够完成现有产品主要功能的产品。在很多情况下,以上两类替代品往往比单纯实现相同功能的替代品更有威胁,在现有产品质量较高或价格较低的情况下尤其如此。

从广义上讲,除以上两种形式的产品替代外,还有另外几种类型的替代。

第一种,是买方根本不买任何东西来完成此功能。例如,在水表业中,最主要的替代品是根本不装水表。这类替代在其他行业也不同程度地存在着,如北京亚都公司面临的最大困难之一恐怕就是如何说服气候干燥地区的人们购买加湿器,保险公司也会遇到类似的问题。

第二种,也是被经常忽视的替代品是用过的回收品。例如,在美国的铝产业,初级铝生产商遭遇的最具威胁性的替代品是次级铝(回收铝)。一般来说,某种产品所用的原材料占生产成本的比重越大,该种原材料越稀缺,同时回收率越高,回收品作为现有产品替代品的可能性就越大。例如,在我国的零售家具业,回收的旧家具不仅限制了木材供应商的价格,而且修整后的产品使低档家具面临直接替代的威胁。

第三种,形式的替代是所谓的下游替代。例如,中型卡车既可以使用柴油发动机,也可以使用汽油发动机,如果生产柴油机的厂商获得供货权,那么,对汽油机零件的需求就会下降,尽管零件本身并未面临直接的替代品。当买方的产品是互补性产品,且专有性和配套性很强时,下游替代也可能发生。在家电、仪表和其他行业,都可以找到下游替代的例子。

二、替代的经济性

前面我们分析了对于一个给定的产品替代发生的可能性,或者说几种可能的替代形式,但这些替代是否真正发生还取决于替代过程给顾客带来的利益是否足以补偿所造成的损失。换句话说,如果一种产品带给顾客的转换诱惑超过了顾客的转换成本,那么它就可以替代另一产品,转换诱惑的大小取决于替代品与当前使用的产品的相对价值/价格比。

除了相对价值/价格比和转换成本外,替代的模式还受顾客转换欲望和其评价标准的影响。因此,替代的威胁主要取决于三个因素:

(1) 替代品与当前产品的相对价值/价格比。
(2) 转向替代品的转换成本。
(3) 顾客的转换欲望。

粗略地看,替代的经济性很容易度量,但实际上,相对价值/价格比和转换成本受很多因素的影响,而且会随时发生变化,同时,顾客的转换欲望也有很大的不确定性,所有这些都给替代的经济性分析带来了现实的困难。

1. 相对价值/价格比(RVP)

所谓相对价值/价格比是指替代品的价值/价格比与当前产品的价值/价格比之比,而一个产品的价值/价格比是指其提供给顾客的价值与顾客为它支付的价格之比。

在计算 RVP 值时,替代品和当前产品的价格相对容易确定,但需采用规划期间的期望相对价格,以反映价格随时间的变化,同时还要根据折扣、回扣以及辅助产品或服务的价格进行调整。

计算或估计替代品的相对价值要困难一些,一方面取决于替代品向顾客提供的差异性的大小;另一方面还取决于顾客是否能够感知这种差异,并承认其价值。由于顾客的主观判断具有很大的随意性,因此,替代品能否替代人们对其质量和价值已有充分了解的当前产品,在很大程度上取决于它给出价值信号的能力。例如,一个台球厅若想用健身器替代台球来留住老顾客,那么关键在于向他们说明健身器不仅同样可以实现适当运动的功能,而且还可以帮助他们达到减肥和健美的目的。

在比较替代品和当前产品的价值时,要考虑的因素非常之多,如替代品的使用率,交货和安装费用,价格的相对变动性及可得性,直接和间接使用成本,顾客使用替代品前后业绩表现上的差异,替代品相对当前产品功能的多少,互补产品的成本和性能等。对不同的替代形式,上述因素所起的作用不尽相同,因此,必须逐一地加以分析,以便准确估算 RVP 值。

2. 转换成本

在前面分析新进入者的威胁时,我们曾给出了转换成本的概念及其主要构成,它同样适用于对替代威胁的分析。换句话说,转换成本越高,替代发生的可能性越小。

3. 顾客的替代欲望

不仅处于不同环境和不同行业的顾客的替代欲望不同,即使面临同样的转换诱惑,处于同一环境和行业的不同顾客,因其文化、历史、年龄的不同,替代欲望也有很大差异。例如,不同的顾客的风险意识常常有很大差异,这是由他们的阅历、年龄、收入以及他们所处产业内竞争的性质等所决定的。敢于冒风险的顾客比愿意回避风险的顾客更乐于采用替代品。再如,对技术比较熟悉的顾客可能较少考虑由技术变化引起的替代风险。

实际上,同一顾客的替代欲望也会随竞争环境的变化而变化。例如,当一个顾客,尤其是一个产业用户处于激烈竞争的压力下,并正在寻求某种竞争优势时,它可能比一般情况下更乐于采用替代品。再如,在竞争对手互相压价竞争的情况下,它们可能更希望买到价格便宜的替代零配件,以减小它们产品的成本。

三、替代和防替代战略

分析替代的可能性、经济性以及顾客替代欲望的目的,在于寻找可能的替代途径或者帮助现有企业制定反替代战略。下面我们主要讨论现有企业应该如何摆脱替代的威胁,至于如何促进替代的问题读者不难从讨论中找到答案。

第一,针对替代品的威胁,行业内的现有企业最好采取集体主义的反击行为。例如,20世纪70年代美国的杜邦公司发明了一种皮革替代品——可发姆,用来制造皮鞋,后来正是由于皮革行业联合起来大做广告,说可发姆只是一种透气性和舒适性很差的替代品,才迫使杜邦公司退出皮革行业,并将可发姆生产技术卖给了波兰一家公司。

第二,通过降低成本或改进产品等措施来降低RVP。

第三,通过各种办法来提高顾客的转换成本。

第四,为企业的产品寻找不受替代品影响的新用途,尤其是替代品实现的功能比较单一的时候。

第五,将目标转向最少受替代威胁的细分市场。例如,棉布生产企业将不断受到化纤和丝绸等替代品的威胁,为此,可将目标市场转向购买内衣、休闲服装或高档服装的顾客。

第六,当替代品与企业产品之间存在很强的关联性时,不妨进入替代品的产业,以获取关联优势。这些关联可以是共同的销售渠道和买方等。实际上,进入替代品行业在某些情况下也是一种积极的防御战略。

第七,当整个行业面临因技术进步等环境变化所带来的替代威胁时,寻求与替代品的共存与联合可能是更明智的策略。例如,在安全警卫行业,电子报警系统是有强大竞争力的替代品,它会变得越来越重要,尤其是对一些重要的部门和单位。因此,安全警卫行业能够采取的最佳策略就是将人工警卫与电子报警系统相结合。

第五节 供应商分析

供应商是向企业及其竞争对手供应各种所需资源的工商企业和个人。它们的情况如何会对企业的经营活动产生巨大的影响,尤其是在所购货物占生产成本比例很大或供应商非常强大的行业。例如,原材料的价格变化、短缺以及原材料供应企业的工人罢工等,都会影响企业产品的价格和交货期,并且会因而削弱企业与客户的长期合作与利益。因此,管理人员必须对供应商的情况有比较全面的了解和透彻的分析。一般说来,按照与供应商的对抗程度,可以把供应商分为两类:作为竞争对手的供应商(寄生关系)和作为合作伙伴的供应商(共生关系)。供应商管理的目的就是确定在哪些条件下对哪些原材料可以通过自行生产来解决,而哪些需要通过外购来解决。

一、作为竞争对手的供应商

一般说来,尤其是在传统的观念或教科书中,对供应商的管理意味着实现输入成本的最优化,也就是说,企业主要关心原料的价格和数量,并设法维持一种强有力的与供应商讨价还价的能力。

例如,当一个企业在对自行生产还是在开放的原料市场上购买所需资源作决策时,它实际上关心的是以哪种形式投资可获利更多。类似的问题还有,确定库存的经济批量也是为了减少库存和供应成本。

因此,把供应商作为竞争对手的观念实际上是倡导这样一种原则,即尽可能地减弱它们讨价还价的能力以获得更大的收益。在以下情况下,供应商具有较强的讨价还价能力。

(1) 所供应的原料或零配件由少数几家企业所控制,即供应商的集中程度高于购买者的集中程度。

(2) 供应的原材料或零配件没有替代品,购买者只好接受供应商的价格和其他条件,以维持其生产和经营。

(3) 购买者或者某一行业并非供应商的主要顾客,或者说购买者所购数量只占供应商很小的销售百分比。

(4) 供应商提供的原材料或产品对购买者的生产制造过程和产品质量有重要的影响,而且购买者依赖于供应商的技术和咨询。

(5) 供应商提供的原材料或产品与众不同,或转换成本很高。

(6) 供应商可以与购买者的竞争对手实现前向一体化。

针对以上这些情况,企业可以采取以下相应措施来维持与供应商的关系,并保证原材料的有效供应。

(1) 寻找和开发其他备选的供应来源,以尽量减少对任何一个供应商的过分依赖。

(2) 如果行业仅有很少几个供应商,可以通过积极地寻找替代品供应商而减弱它们的讨价还价的能力(如用塑料容器代替玻璃容器)。

(3) 向供应商表明企业有能力实现后向一体化,也就是说,企业有潜力成为供应商的竞争者,而不仅仅是一般的顾客。另外,如果企业获得自我生产的经验,那么,就可以更好地了解供应商的制造过程和原材料成本方面的信息,从而使企业处于有利的讨价还价地位。

(4) 选择一些相对较小的供应商,使企业的购买成为其收入的一个重要部分,亦即增加供应商对企业的依赖性。

二、作为合作伙伴的供应商

企业把供应商作为竞争对手来对待往往引起一些消极的后果,为了获得原材料或者其他货物的稳定供应和维护质量的一致性以及与供应商长期而灵活的关系,企业最好把供应商作为自己的伙伴,并在此基础上考虑自己的经营活动。这种管理模式的主要特点是更多地采用谈判而不是讨价还价的方式。为实现这一目标,可以考虑以下几种方案。

(1) 可以考虑与供应商签署长期合同,而不是采用间断式的购买方式,这对稳定将来的供应关系有很大的作用,它可能带来的优势是使供应商拒绝向竞争者提供货物。在许多情况下,供应商实际上也喜欢签署长期合同。签署长期合同,并不一定像人们抱怨的那样会使企业丧失灵活性。事实上,一个经过充分准备的长期合同需要考虑将来发生的偶然事件(如需求变化等),以及在这些偶发事件中考虑合同双方的期望。此外,签署长期合同也有助于企业更好地对库存、运输、供货的数量、组合以及供应商的地位进行规划,而这些正是战略管理所需要的。

(2) 说服供应商积极地接近顾客,尤其是当企业处于下游生产过程,也就是更接近于终端用户时。帮助供应商了解顾客是有益的,它有助于供应商更好地为企业提供服务。

(3) 分担供应商的风险。例如,企业可以与供应商密切协作以改进原料、制造工艺和质量,并以此降低供应商的成本。在特殊情况下,企业甚至可以向供应商投资以促进其对新技术的采用。在必要的情况下,企业也可以与供应商联合或合资,并通过共同研究和开发来进入新的市场。

虽然上述两种模式对于帮助我们认识不同的供应商是有益的,但在实际情况下,可能没有哪一家供应商的行为完全与其中一种模式相吻合,但无论对于哪种类型的供应商,管理人员都应该培养对他们进行理性分析的能力。

第六节 顾客的讨价还价能力

顾客是企业产品或服务的购买者,是企业服务的对象。顾客可以是个人、家庭,也可以是组织机构(包括其他企业和转售商)和政府部门,它们可能与企业同在一个国家,也可能在其他国家和地区。限制顾客的讨价还价能力和分析他们的购买行为及特点是企业成功经营的基础与前提。

一、顾客的讨价还价能力

对于一个企业来说,最令其不安的莫过于顾客采取了它所不期望的行为,如许多顾客突然开始购买竞争对手的产品,要求它提供更好的服务或更低的价格等。实际上,顾客采取何种行为与其讨价还价能力有很大的关系。在以下几种情况下,顾客具有较强的讨价还价能力。

(1) 相对于供应商而言,顾客的数量小,规模大,或者说顾客非常集中。失去这类顾客后很难有类似的大宗交易。

(2) 顾客的转换成本较低,比较容易找到其他供应商或替代品。

(3) 顾客从供应商买的产品是标准化产品,缺少差别化,而且顾客对价格非常敏感。

(4) 顾客具有后向一体化的资源和能力。

(5) 顾客充分了解供应商的产品信息,如制造过程、成本和价格,甚至了解供应商与其他竞争对手交易的时间和条件。

二、顾客的购买行为和特性分析

上面分析了影响顾客讨价还价能力的因素,那么,针对顾客的不同特点和市场环境的变化,企业应该做出怎样的反应,以避免失去最好顾客的风险呢?答案自然应该是作一个妥善的计划,以赢回失去的顾客并满足他们的要求。

顾客分析的目的在于了解顾客为什么选择某一产品或服务。是因为价格低、质量高、快速送货、可靠的服务、有趣的广告,还是推销人员能干?如果企业不知道哪些东西吸引顾客,以及他们的选择将来可能如何变化,那么,企业最终将会失去市场上的优势地位。有效的顾客分析应包括下列几个步骤。

第一,确定分析的目的。首先,要收集有关顾客的全面信息,并仔细地加以研究,不能把顾客分析简单地作为一种短期的应急事务;其次,要把分析结果与实际的决策过程相结合。

第二,明确企业的顾客。这似乎是一个简单而不实在的问题,但事实上它经常被企业的管理人员所忽视。在这里,最重要的是了解以下几点:

(1) 产品对用户的最终适用性(如技术上的要求是否适合顾客的产品或工艺)。
(2) 顾客的购买方法。
(3) 顾客的统计学特点。
(4) 地理位置。
(5) 需求特性(服务、质量和功能)。

第三,明确企业需要在哪些方面增进对顾客的了解。一旦初步选定了所要服务的顾客群体,下一步就是仔细地考察企业在对顾客的认识上仍存在着哪些空白,它们往往成为随后数据收集的重点。它们包括:

(1) 产品满足了顾客的哪些需求?
(2) 顾客还有哪些需求未得到满足?
(3) 顾客对产品和技术的熟悉程度如何?
(4) 谁是购买决定者与参与者?
(5) 顾客的购买标准是什么?
(6) 顾客群体的范围和增长程度?

第四,决定由谁和如何分析所收集的信息。在这一过程中,至关重要的是将有关信息在企业各部门内广泛交流,同时要求市场、销售和研究开发部门的管理人员明确顾客分析的特殊意义,以及他们各自应采取哪些新的行动。企业高层管理人员应该判断企业的计划是否真正符合顾客的需要。总之,顾客分析的目的在于帮助企业作一些实际的决策,而不是将一大堆数据和报告束之高阁。

前面几节我们主要讨论了波特教授提出的分析行业结构的"五因素模型",它是认识行业结构特点的重要分析工具之一,在应用这一模型时,需要明确和注意以下一些问题:

第一,不同行业之间的获利性有很大差异,因此,行业的吸引力是决定企业经营绩效的关键要素之一。

第二,即使在同一行业,不同企业的获利能力也有很大不同。换句话说,企业的资源和发展能力对其经营业绩有非常重要的影响。行业结构和相对竞争地位共同决定了一个企业的业绩水平。

第三,行业的行为和获利性随着时间的推移可能发生显著的变化。例如,20世纪80

年代早期高盈利的汽车和计算机制造商在90年代早期只能维持中、低水平的利润率。这意味着仅仅从静态的观点对行业结构进行分析是不够的,还必须通过纵向分析考察行业随时间的演化。

第四,行业结构要受企业,尤其是领先企业战略决策的影响和制约,同时与企业之间的相互竞争结果有密切的关系。换句话说,"五因素模型"可能难以说明战略与行业结构之间的双向作用过程,这是应用这一模型时需要注意的。

第五,由于行业结构不可避免地随着环境的变化而变化,并且很可能以人们难以预测的方式发生变化,因此,必须承认行业结构所应有的动态性,并且努力使企业的资源和能力与之相匹配。事实上,网络化和电子商务的迅速发展已经极大地改变了企业的外部环境和行业的竞争结构,下一节我们就电子商务对行业竞争结构的影响做进一步的讨论和分析。

第七节 产业演变

目前学者以及企业家在对企业采用何种战略进行分析时,首先都要周密详实地分析企业所处行业的情况,最常用的工具就是如前面章节介绍过的波特五力模型,进而得出行业结构特征及行业形态。但从长远的战略眼光来看,仅通过对目前的产业情况进行断面式的横向分析是不够的,还需要在纵向维度上对产业演变进行深入探究,应该从产业发展的历史中探寻经验、总结产业发展规律,从未来产业发展的预测中抓住变革所带来的机会、避免产业演变带来的危机与威胁。

近年来产业变化加剧,尤其是在我国,很多产业处于发展阶段,不稳定的市场结构、快速更新的技术以及消费者需求变化等因素都加快了产业演变的脚步。以中国乳业的发展为例:规模化与低价格是产业发展之初基本的战略选择,渠道与终端的掌控、价格、品牌、奶源基地这些方面是企业之间竞争的焦点。在经过初步的产业恶性竞争与产业重新洗牌之后,品类创新或者概念创新成为新的竞争焦点,各大品牌纷纷推出高端奶、花色奶、含乳饮料等新品类,价格不再是竞争的焦点。而在这种快速变化的节奏中,对产业变革的掌握、分析以及与之匹配的战略制定意义尤其重大。下面我们概括性地介绍产业演变的基本规律以及如何在演变中发现机会,制定与之相匹配的战略。

一、产业演变的轨迹

企业在制定战略的时候,如果违反了产业演变的规则,企业战略就不可能获得成功;反之,如果企业战略与演变的规则保持一致,并且能够根据产业演变轨迹创造出来的机会灵活地调整战略,那么企业获得成功的概率将会大大增加。事实上,目前很多知名企业之所以发展壮大,很大原因要归功于其充分抓住、利用了在产业环境发生变化时所出现的机会。而能够把握机会的重要前提就是要了解和掌握产业演变的轨迹,下面我们来看产业具体有哪几种演变模式。

哈佛商学院教授麦加恩提出了具有权威性的产业演变的四种模式:渐进性演变、创新性演变、适度性演变、激进性演变(见图3-6)。麦加恩通过"核心资产或核心经营活动是否受到实质性威胁"这两条标准来区分四种模式。

图 3-6　产业演变的四种模式

核心资产是指企业获取竞争优势的资源,包括实物资产以及品牌、专利技术等无形资产;核心经营活动,是指企业的商业模式、运营模式;实质性威胁则是指原有产业的核心资产或商业模式正面临淘汰。当核心资产与核心经营活动受到不同的实质性威胁的时候会导致不同的产业演变方式,进而使企业面临不同的机会与威胁,如何避免产业演变所带来的危机与威胁,如何抓住产业演变所带来的机会并借以打造企业的竞争优势,是企业的战略制定者必须关注的。下面我们根据麦加恩的定义详细介绍四种产业演变模式。

（1）渐进性演变是绝大多数产业的演变轨迹,在这一轨迹中,核心经营活动和核心资产都是稳定的。产业从引入阶段到成长阶段、成熟阶段、衰退阶段,产业竞争制胜的竞争方式不会发生本质改变,企业打造竞争优势的核心资产与核心商业模式也不会发生本质的变化,企业与顾客及供应商的关系稳定,产业中创造价值的基本方式不变。在这种演变方式下,企业创造持久竞争优势的关键在于遵循核心经营活动的主流模式和提高整体运营效率,这是企业基本的战略选择。

（2）如果产业的演变导致企业的核心资产受到实质性威胁,但商业模式未受实质性威胁,这种产业演变方式就是创新性演变,如制药产业、软件应用与开发产业、电影产业等。这些产业的特点是通过不断的试错以创造新的资产。处于创新性演变产业中的企业主要通过模式创新和发展核心经营活动来盈利。软件开发商一般会同时开发几个新产品,期望其中的一个或更多个能够畅销。通过运用良好的技巧进行使用测试、技术认证和市场营销,行业中的龙头企业延续它们的成功。在这种演变方式下,不断开发新产品、新服务,并构建一个使新产品迅速商业化的系统是产业竞争制胜的关键。

（3）如果产业的演变导致产业的主流商业模式受到威胁,而核心资产并未受到实质性威胁,那么我们称这种演变方式为关系性演变,或适度性演变。当信息流程的变化使得新的交易方式更有效时,关系性演变就会发生,通常新的信息沟通方式会导致该产业与顾客、供应商之间的关系发生改变。现实中,我们感受最深的是网络对很多传统产业所带来的冲击,比如图书发行业、唱片业等。

在关系性演变产业中,需要尝试用新方法重组经营活动以创造价值来维持企业的业绩。例如,在唱片业中,与以往在唱片推广上进行大量支出不同,行业中领先企业开始通过推出造星服务、与其他媒体机构合作、联合选秀等创新商业模式来发展,虽然顾客和经营活动都发生了变革,但是核心资产仍然适用。

适度性变革意味着产业的性质已经发生改变,一个新的产业会从原有产业中分离出来,如新兴的超市与卖场业态是从传统的杂货零售业中分离出来的,原有产业会急剧萎缩甚至趋于消亡。在这种演变方式下,企业基本的战略选择是将正在获益的核心资产剥离出来,转移到新模式中,对资源重新配置适应新的商业模式。

(4) 如果产业的演变导致产业的主流商业模式受到威胁,核心资产也受到实质性威胁,那么我们称这种演变方式为激进性演变。通常这种演变是由科技或规则的突破性进展所驱动的。这种演变的最大特征是随着新产业的诞生,原产业趋于消亡,比如随着数码相机的兴起,胶片相机市场迅速萎缩;随着手机产业的兴起,BP机产业基本消亡;随着个人计算机业的兴起,打字机产业趋于消亡等,这都是近几十年发生在我们身边的案例。在这种演变方式下,企业基本的战略选择是减少在原产业的投入,避免过度投资,进行多元化经营,寻找新的竞争领域。

适度性演变与激进性演变都会裂变出一个新的产业,在这种产业巨变中酝酿着巨大的机会,如果无视这种变化也就意味着危机即将到来。新产业从原有产业中裂变出来一般会经过新兴、趋近、相持、支配四个阶段。在新兴阶段,新的价值创造方式(商业模式)开始产生,原有产业的主流商业模式虽然受到挑战,但威胁尚小;在趋近阶段,新的价值创造方式已经清晰可见,所带来的销量已经接近原有模式,虽然传统产业仍然在销量上占有主导地位,但威胁已经迫近;在相持阶段,顾客、供应商对新产业的接受度越来越高,但由于受到原有产业的强力阻击,新产业增长速度放缓;在支配阶段,新产业成为主流,开始处于支配地位,原有产业的增长停止,并开始萎缩,如果是适度性演变,原有产业分裂为两个产业,如果是激进性演变,原有产业就会趋于消亡。处于新旧交替时期产业中的企业,必须充分把握各阶段之间变化的拐点所带来的机会,构建竞争优势、改变产业中的竞争位势。

二、运用情景分析法预测产业演变

在谈到情景分析法时,大家一定会想到《财富》最新公布的2013年世界企业500强排名中的状元企业——英国皇家壳牌石油公司。壳牌能够从20世纪60年代在世界石油公司中排名末位到如今的全球第一,成功"上位",其重大的转折点就是壳牌通过运用情景分析法成功抓住了1973年由于中东战争爆发引发石油行业剧变的机会,在西方所有石油公司因中东战争遭到重创的同时,壳牌得益于情景分析法过程中提出的几种应对方案,为这场石油危机做好了充分准备,实现了跨越式发展。

那么具体什么是情景分析法,以及如何应用情景分析法呢?下面我们结合中国移动运营市场的具体情况来介绍如何通过情景分析法成功地把战略与产业变革联系起来。

"情景分析法"(scenario analysis)是在对经济、产业或技术的重大演变提出各种关键假设的基础上,通过对未来详细、严密地推理和描述来构想未来各种可能的方案。其最大特点不是预测未来的某一种可能,而是根据对未来的预测判断各种可能出现的情景。这种方法要求企业管理人员能对未来环境变化充分分析并提出各种不同的假设,并制订出基于不同未来假设下的与之匹配的商业应变计划。这样做的好处就是使管理者能发现未来变化的某些趋势并避免两个最常见的决策错误,即过高或过低估计未来的变化及其影响。

经过将近 40 年的发展,情景分析法的操作步骤有了各种不同的版本。现在大多数国际组织和公司最为常用的为斯坦福研究院(Stanford Research Institute,SRI)拟定的六项步骤法:

(1) 明确决策焦点。明确所要决策的主要内容项目,即凝聚情景发展的焦点。决策焦点应当具备两个特点:重要性和不确定性。

(2) 识别关键因素。即确认直接影响决策的外在环境因素。

(3) 分析外在驱动力量。包括社会、技术、经济、环境、政治等层面,以决定关键决策因素的未来状态。

(4) 选择不确定的轴向。在重要性和不确定性水平高的驱动力量群组中,选出 2~3 个不同组合,称之为不确定轴面,作为情景内容的主体架构,进而发展出情景逻辑。

(5) 发展情景逻辑。根据不确定轴面,得出情景。并对各个情景进行细节描绘,完善为完整的情景剧本。

(6) 分析情景的内容。管理者对以上情景进行对比分析,从而制定相关的管理决策,以确保预定目标的实现。

三、利用情景分析法分析中国移动运营市场的竞争格局

中国移动运营市场飞速发展,存在很多不确定性,因此非常适合利用情景分析法来对产业发展的前景进行预测,以便为企业的战略制定提供有效的参考。而 3G 牌照的发放更是对于我国移动运营产业发展格局有着深刻的印象。目前我们看到,中国移动、中国电信和中国联通已经获得了三张第三代移动通信(3G)牌照,其中中国移动获得了 TD-SCDMA 牌照,中国电信获得 CDMA2000 牌照,而中国联通则获得 WCDMA 牌照。但在牌照具体发放前,移动行业内的几家代表企业如何来利用情景分析法来进行分析呢?下面我们一起来运用情景分析法对于移动产业的演变进行深入分析。

中国的移动运营市场一直是中国移动和联通两家的双寡头竞争格局,且中国移动在市场上处于绝对优势地位。但随着我国进入 3G(第三代移动通信业务)时代,政府对于 3G 牌照的发放预示着移动运营市场将重新洗牌,无论是竞争者数量、结构,还是市场份额都可能发生很大的变化。面对如此多的不确定因素,整个通信行业未来的发展走势非常不明朗。由于当前移动市场面临的形势是崭新的,不能根据以往的统计分析方法对历史数据进行趋势预测,所以我们借助情景分析法来研究移动运营市场后 3G 时代的竞争格局。

1. 确认主题,即决策焦点以及考虑时间长度

总体来看,中国的移动运营市场成长迅速,移动用户数以及营业收入每年都是以两位数的速度在成长,远远超过 GDP 的增长速度。但在整个市场高速增长的背后,仍然是一个不成熟的市场模式:竞争者的力量对比悬殊、竞争不充分、单纯依靠价格战等。所以情景分析法决策焦点不是站在某个企业视角,而是从更加宏观的角度来分析如何使中国移动运营市场形成良性的竞争格局,这也可以更加全面地了解如何采用情景分析法来进行分析。在此分析的时间长度为 3~4 年。之所以选择这个时间跨度,是因为我国在 2008

年提供 3G 技术服务并发放 3G 牌照。牌照发放以后,移动市场上竞争者的重新确立也会随之发生。3G 牌照发放以及产业重组以后,再经过 2~3 年的 3G 网络建设和 2G/2.5G 老用户的升级,移动市场将基本进入 3G 时代,并且趋于稳定。

2. 识别关键因素

影响近期中国移动运营市场竞争格局的关键因素有电信重组方案、3G 服务的普及、3G 技术和替代产品等。其中电信重组方案是由政府主导,将直接划分出初步的竞争格局,它包括重组后移动运营商的数量以及各运营商的实力状况等因素。3G 服务的普及方面包括普及的用户数量以及普及的速度等因素。3G 技术方面包括 3G 技术形式的选择以及在各运营商之间的划分等因素。替代产品方面包括替代产品的种类、数量及其相对优势等因素。

3. 分析外在驱动力量

1) 影响电信重组方案的驱动力量

影响电信重组方案的驱动力量主要包括:

(1) 国家培养本土移动运营商的竞争优势的需要。由于中国对 WTO 的承诺,外国的移动运营商很可能不久即将获批在中国移动市场独立开展业务。为了保持本土移动产业的竞争力,中国政府有必要成立一家乃至几家真正经得起市场考验的移动航母。

(2) 各运营商目前的实力对比状况。各运营商的实力对比情况也是重组需要考虑的因素。既要避免重组后仍然是某个运营商一家独大的局面,也要保证各运营商之间的良性竞争。

(3) 已有网络投资的合理利用,避免资源浪费。为了避免重复投资,政府在重组时必须考虑现有的 2G 网络在各个新运营商之间的分配。

2) 影响 3G 服务普及的驱动力量

影响 3G 普及的驱动力量主要包括:

(1) 移动用户对 3G 业务的偏好程度。相对于 2G,3G 的最大卖点是其带宽和数据业务。由于其带宽,它能够方便、快捷地处理图像、音乐、视频流等多种媒体形式,提供包括网页浏览、电话会议、电子商务等形式在内的多种信息服务。很明显,用户对 3G 新业务的接受程度将对 3G 的普及产生极大的影响。

(2) 3G 技术的全面商用是否成熟。3G 全面导入后,其流速是否能够得以保证,以及各网之间的互联问题能否得到解决,将决定 3G 技术能否得到全面商用。

(3) 3G 手机和服务的费用。由于 3G 不同于所有的现在国内使用的 CDMA、GPRS 等标准,所以必须使用 3G 手机。手机的价格还有 3G 服务基本收费的水平都将影响用户的选择。

(4) 3G 手机的辐射。据国外研究机构的测试,现有 3G 手机的辐射量远远大于 2G 手机。

(5) 国家政策对 3G 的倾斜。

3) 影响 3G 技术选择的驱动力量

目前,3G 就是指国际电信联盟(ITU)确定的三大主流无线接口标准:WCDMA(宽频分码多重存取)、CDMA2000(多载波分复用扩频调制)和 TD-SCDMA(时分同步码分多址接入）。影响我国导入 3G 技术选择的驱动力量主要包括：

（1）国家对民族产业的支持。TD-SCDMA 是中国电信百年来提出的第一个完整的通信技术标准，标志着中国从跟随向创新转变的历史性的一步。所以政府必然会对 TD-SCDMA 的建设给予一定的支持。

（2）三种技术标准的成熟度。目前，WCDMA 和 CDMA2000 已经在欧美以及日韩市场得到广泛的应用，技术相对成熟。其中 WCDMA 在全球的市场占有率达到 80% 以上。而 TD-SCDMA 只有我国在用，而且还处于商用测试阶段。

（3）导入风险。对于导入风险的考虑，使政府不可能采取单一的技术标准。

（4）政府在国际上的承诺。由于政府已承诺在 3G 技术上保持中立态度，所以也将采用 WCDMA 和 CDMA2000 标准，以便避免相关的贸易纠纷。

4. 选择不确定的轴向

该步骤可分为两个小步骤：首先，选择重要性和不确定性都较高的驱动力量；其次，在选择出的重要驱动力量群组中选出 2～3 个不同的组合，作为下一步发展情景逻辑的依据。

（1）影响电信重组方案的有国家培养本土移动运营商竞争优势的需要和保证投资的平衡，避免重复浪费两种重要驱动力量。因此能够预测出可能出现的两种重组方案：

一是中国移动获批经营固网业务但移动业务不变，中国联通把 CDMA 出售给中国电信，联通与网通合并后经营 GSM 网业务。

二是和第一种方案类似，中国移动的移动业务不变，中国联通把 GSM 网出售给中国电信和中国网通，联通经营 CDMA 业务。

（2）影响 3G 业务普及的重要驱动力量有用户对 3G 新业务的偏好程度和 3G 手机业务的服务费用。因此能够预测出 3G 普及的三种不同情景：

一是 3G 在比较短的时间内（2～3 年）成为中国移动运营市场的主体业务。

二是 3G 业务长时间内处于低普及的状态而难以成为中国移动通信市场的主流。

三是介于以上两种极端情况之间，3G 业务取得了一定的效果，但还达不到预期效果，只在时尚青年和少数商务人士为代表的部分人群中得到普及。

（3）影响 3G 技术选择的重要驱动力量有政府对民族产业的扶持和各种技术的成熟度。因此能够预测出两种不同的选择情景：

一是中国移动得到 TD-SCDMA 牌照；中国电信购买联通的 CDMA 后得到 CDMA2000 牌照；联通和网通合并后得到 WCDMA 牌照。

二是中国移动得到 TD-SCDMA 和 WCDMA 牌照；中国电信和网通合并购买联通的 GSM 网后得到 TD-SCDMA 和 WCDMA 牌照；联通 C 网得到 CDMA2000 的牌照。

5. 发展情景逻辑

把以上各因素的情景进行排列组合，构想出各种不同的情景。由于篇幅有限，这里选择其中最为可能的三种情景进行细节的描绘和丰富。

（1）电信重组完成，中国移动得到 TD-SCDMA 牌照，中国电信购买联通的 C 网后得到 CDMA2000 牌照，联通和网通合并得到 WCDMA 牌照。3G 业务已经成为中国移动市场上的主体业务。由于 WCDMA 在国际上的优势以及政府对 TD-SCDMA 的扶持，联通和网通的市场份额将达到45%左右,中国移动的市场份额将从现在的70%左右下降为40%左右,中国电信的移动份额将达到15%左右。

(2) 中国移动得到TD-SCDMA牌照和WCDMA牌照,中国电信和网通合并购买联通的GSM网后也得到TD-SCDMA和WCDMA两张牌照,而经营C网的联通得到CDMA2000牌照。3G业务成为移动市场的主体业务。根据以上因素分析,中国移动的市场份额将下降到50%左右,中国电信和网通的市场份额将达到35%左右,中国联通的市场份额为15%。

(3) 中国移动得到TD-SCDMA牌照和WCDMA牌照,中国电信和网通合并购买联通的GSM网后也得到TD-SCDMA和WCDMA两张牌照,而经营C网的联通得到CDMA2000牌照。3G业务并没有全面普及,其普及率只有35%左右。由于中国移动原有客户数量的优势,其市场份额将不会下降太多,将保持在55%左右,继承了联通G网的中国电信和网通的市场份额将达到35%左右,而联通的市场份额为10%左右。

6. 分析情景的内容

通过对以上三种可能的竞争格局情景的描绘,我们可以看出,政府在竞争格局的初步形成阶段起到了至关重要的作用。无论是3G牌照的发放还是产业重组的具体方案,都将由政府来主导。而等到竞争格局初步形成以后,则将是市场的主体,即运营商和用户占据主导地位。通过上述情景分析,为企业勾勒出了未来移动市场运营的大概趋势,企业可以根据不同情景下制定出相应的对策,以备不时之需。这将大大降低由于行业变革给企业带来的冲击,并为企业实现跨越式发展提供机会。

第八节　网络化和电子商务对行业结构和竞争模式的影响

一、行业壁垒的变化

由于信息的迅速传播、流通环节的大幅减少和地域限制的逐渐消失,许多人预言电子商务将使企业进入"无边界竞争"的时代,认为行业的界限将变得更为宽松,甚至消失,企业的市场选择更加自由。从表面上看,企业进入和退出一个市场所受到的限制的确少了很多,行业壁垒似乎显著地降低了。例如,在常规模式下开一个书店,就必须有合适的地段空间,还需要较大的资金投入和较长的准备时间;而在电子商务方式下,只需要建立一个售书网站,雇几个送书工人就行了。

然而正是这种"无边界竞争",使得多数行业的进入壁垒反而升高。在传统经济下,虽然新的市场进入者大多没有能力在短期内胜过现有竞争对手,但通常都能找准市场空隙分一杯羹。然而,在电子商务环境下,虽然进入限制少了,但先行者优势却扩大了,有优势的企业可以覆盖整个市场,留给其他企业的生存空间很小,新进入者只有超越现有竞争者才能在行业内立足。因此,虽然有优势的进入者可以迅速在市场中占有一席之地,但不能超越现有竞争者的新进入者想分一杯羹却更难了。网络界有一句名言:"只有第一,没有第二。"说明在电子商务环境下,单纯模仿而不创新是没有出路的。还是以书店为例,如果在传统经济条件下,一家新开的书店即使在地段、价格、质量、服务等方面都不占优势,也总会吸引一定量的客户群,可以惨淡经营,但是,如果是在电子商务环境下,这样的网上书店很可能连一个顾客都不会有。因为各个网上书店的报价和服务条件就出现在同一个计算机屏幕上,任何理性的消费者都不可能选择一个各方面都比较差的书店。

与进入壁垒不同的是,退出壁垒呈现普遍下降趋势。由于电子商务的应用,企业立足一个市场的初期投入明显减少,企业退出市场的代价也就相对变小,不会难以割舍。进入壁垒和退出壁垒的这种相反变化趋势,最终会导致行业集中度的上升。

二、企业竞争模式多样化

传统经济条件下,企业间的竞争以规模效益的竞争为主。规模优势一旦确立,其他企业就很难再对其形成挑战。根据波特的竞争战略理论,在一个成熟的市场中,各种规模的企业会形成不同的战略集团,每个战略集团都有不同的市场层次定位,使整体行业结构保持相对稳定。处于同一战略集团的竞争者之间,爆发激烈竞争的可能性很大;而处于不同战略集团的企业很少爆发激烈竞争。只有在市场处于高速发展的情况下,才会发生企业之间不管规模大小都参与全方位竞争的局面。

在传统经济条件下,由于信息传播不通畅,小规模的企业即使在某些方面取得领先于大企业的优势,也无法在短时间内占领市场,发展壮大,而大企业则可以从容地进行赶超。例如,在 20 世纪 60～70 年代 IBM 一直是计算机行业的领导者。虽然其竞争对手经常在产品技术、服务方式、功能设计等方面超过 IBM,但由于这些企业规模太小,外部条件所限,它们的创新很难迅速转化为市场竞争优势。最终,这些创新被 IBM 以技术模仿、人才挖取甚至企业收购的方式获得,反而成为 IBM 的竞争利器。虽然 20 世纪 80 年代 IBM 在 PC 机大潮中遭到重创,但其真正原因是领导层的极端保守,实际上当时 IBM 仍有足够的时间和实力故技重演,并重新取得优势。

电子商务的出现打破了这种竞争模式,行业竞争更多地从"大鱼吃小鱼"变为"快鱼吃慢鱼",即从单纯的规模效益之争转向速度效益与规模效益并重的竞争模式。由于信息的迅速传播,市场的反应速度也明显加快,领先的产品与服务创新能迅速被市场接受,再加上一些有利的外部因素,如市场需求不断变化,产品生命周期不断缩短,融资条件日趋便利,以及销售渠道的多样化,一个能对市场需求和变化作出快速反应并创新出质优价廉产品的企业可以迅速扩张,占领市场;而规模较大的企业,如果只会后发制人式的模仿而不会创新,将逐渐被市场淘汰。因此,随着电子商务的引入,企业规模在提升企业竞争力方面的作用明显下降。

可见,电子商务为所有企业提供了一个全面竞争的舞台。小企业可以凭借某一方面的突出优势迅速崛起,挑战大企业的地位。由于这种"一招鲜"的获胜机会大增,行业的竞争结构将不再像以前那样稳固,尤其是领先者的地位更难以保持。在这样的竞争环境下,只有致力于不断创新的企业才能长久立于不败之地。

三、替代产品或服务威胁的变化

尽管我们很难确定在网络和电子商务环境下替代产品或服务的威胁是否明显增加了,但有一点可以肯定的是,信息技术的迅速发展和互联网的应用的确会对某些行业的传统产品和服务业务产生新的威胁,前面提到的亚马逊网上书店和嘉信理财都是借助网络和电子商务的帮助而对传统零售书店和银行业务造成威胁的典型例子。《不列颠百科全书》的迅速衰落则是另外一个技术替代的典型案例。

众所周知,《不列颠百科全书》是个有着悠久历史的品牌,从1768年出版至今已有200多年的历史,1990年其多册套装的销量还创造了新的历史纪录,达到了6.5亿美元,但在之后的十几年中,它却在人们的眼中渐渐消失了。《不列颠百科全书》在美国的销售额急剧下降了80%以上,与此同时,其他的同类百科全书出版物也经历了类似的命运,而将它们推入绝境的只是一张小小的貌不惊人的光盘。这是因为一部纸质的《不列颠百科全书》售价为1 500~2 000美元,而一部光盘版的百科全书售价却只有50~70美元。不仅如此,商家们还经常将这些光盘作为计算机及其外围设备的促销品赠送给消费者。由于光盘的制作成本十分低廉,每张仅1美元,而《不列颠百科全书》的生产成本大概为250美元,所以愈来愈多的商家将其作为促销品并导致《不列颠百科全书》的沉没也就不足为奇了。

四、虚拟采购改变供应链管理方式

采购是企业重要的活动之一,也是构成产业价值链的重要一环。对于许多制造业企业来说,稳定的原料供应是企业正常运作的必要条件之一,采购成本构成了产品成本的很大部分。过去,为了保持生产的稳定性,许多企业以价格让步为代价建立了长期的供应商关系。而电子商务的普及,尤其是BtoB模式的广泛应用,为企业间交易提供了一个虚拟的、无边界的平台。企业与供应商之间的关系因此变得更加微妙,供求双方之间的主从关系变得更加清晰。

根据双方地位的不同,虚拟采购通常有三种形式。在买方主导的供应关系中,虚拟采购通常采用竞价式采购的方式,从而使买方降低了对长期合作伙伴的依赖程度,增加了企业讨价还价的能力。如通用电气、通用汽车、福特汽车、Cisco等大型企业建立的虚拟采购市场,把供应商范围扩大到了全球,简化了采购流程,降低了采购成本,同时加强了对采购过程的控制,使自身竞争力得以提高。而在卖方主导的供应关系中,一般采用类似于拍卖的形式,卖方借此能获得最高的收益。如石油制品、芯片等行业就是如此。第三种形式是第三方建立的虚拟市场,如CommerceOne、Ariba、eSteel等。这种形式往往存在于有众多买家和众多卖家的供求关系中,供求双方的地位大致平等,定价模式与传统市场类似,主要目的是简化采购流程,降低信息成本。

可见,电子商务下的供求关系同样呈现出一种强者更强、弱者更弱的马太效应。虽然供求双方都享受到了信息成本降低带来的好处,但获得的好处并不是对等的。在电子商务方式下,供求关系的主导一方议价能力得到了增强,而从属的一方地位削弱。由于现代经济中大多数的市场都是买方主导,总体而言企业对供应商的议价能力得到了增强。

五、电子商务增加了虚拟制造的可行性

虚拟制造早在20世纪70年代就已出现,最典型的企业是耐克公司。所谓虚拟制造是指公司本身主要负责产品设计和市场开拓,而几乎所有的生产环节都采用外包的方式来进行。因此,虚拟制造本质上是另一种形式的供应商关系。因为不需要负担巨大规模

的生产投资,虚拟制造企业机制灵活,对市场需求反应灵敏,有很强的适应性。但这种运作模式也有致命的弱点,就是要求公司具备超强的信息处理能力,能迅速协调分布于世界各地的市场营销、产品开发与生产活动。在传统的信息环境下,这意味着巨大的管理成本。只有像耐克公司这样的大企业才可能用品牌优势所带来的超额利润作为支撑,但一般的企业是难以承受的。因此,虽然耐克公司的虚拟制造闻名已久,但模仿者寥寥。

互联网和电子商务的出现,使信息传递、储存、处理的时间和成本大大降低,从而为虚拟制造的普遍应用开创了良好的前景。这是因为协作成本的降低可以使企业专注于其最为擅长的产业环节,而将弱势环节交给其他企业进行运作,以此来提高经营效率。因此,虚拟制造的开展必然导致产业资源的重新配置和产业价值链的重新整合,产业内的专业化程度更高,产业链的效率也同时会得到提高。很明显,对崇尚大而全、小而全的传统企业来说,虚拟制造对企业制造系统的构造提出了更高的要求,企业必须专注于自身优势,迅速找准自己在产业链中的定位,否则将面临"样样通,样样松"的尴尬境地。

六、顾客议价能力显著增强

俗话说:"买的没有卖的精。"这句话很好地描述了交易中的信息不对称现象。长期以来,企业在交易过程中总是处于信息优势地位。即使在买方市场为主的过剩经济时代,作为卖方的企业依然是交易的主导者。企业这种优势地位的建立是基于这样一个事实:作为购买主力的大多数消费者对产品的基本信息所知非常有限,而且消费者之间几乎隔绝,交流极少。例如,牙膏是非常普通的商品,但一般消费者几乎不可能知道牙膏的成分配方、生产成本、质量标准、有无副作用等方面的情况,而且也不大可能专门与其他消费者讨论一下此类问题。利用这种信息屏障,企业得以维持较高的利润以及市场的相对稳定。

提高消费者信息地位的主要途径就是加强消费者之间的联合与相互交流。传统经济条件下虽然有消费者协会等自发组织来实现这一目标,但由于信息成本高昂,这些组织的作用是很有限的。而在电子商务环境下,信息的传递更为方便、廉价和快捷,消费者之间的交流和联合的步伐大大加快。互联网上数不胜数的虚拟社区或多或少都会与某些产品或服务相关联,所以,每一个消费者的点滴信息都能参与交流,最终结果就是每个消费者都很容易获得比较全面的产品信息。出于种种利益驱动,社区主持者还经常寻求各种专业力量的协助,使消费者得到的信息更为准确和详尽。因此,许多虚拟社区自然地演变成为自发的或营利性的消费者集团。例如,许多网站和大学的BBS上都有数量众多的讨论区,在相关版面一般都可以快速地免费找到相关商品的信息。即使是电脑、电器等技术含量较高的商品,也会有许多专业化的讲解、质量鉴别方法以及其他消费者的购买经验可供参考。

电子商务的普及还带来了一些新型的信息平台。这些平台提供实时的分类商品信息,并进行大规模的信息加工,大大降低了信息搜寻的成本。例如,许多消费网站(如eBay、易趣、雅宝等)都提供广泛的搜索服务,消费者只要输入简单的需求信息,不但可以得到相关商品的几乎所有品牌、生产厂商、质量特点、各地当前零售价等详细信息,还可以看到其他消费者的经验之谈;有的网上销售商甚至提供自动比价功能,能自动搜索其他网站上同一商品的报价,消费者因信息不明而当"冤大头"的可能性大大降低。对于较大额的需求,许多网站还提供反向拍卖和集团购买的形式,代表消费者参与交易,进一步提高了消费者在交易中的地位。

由此可见,电子商务虽然没有彻底消除信息不对称现象,但已经使不对称程度大大降低。随着电子商务的开展,购买方作为一支强势力量迅速崛起,企业凭借信息优势获取额外利润的能力将大大削弱。对多数行业而言,以卖方为核心的传统模式将逐渐改变,企业与顾客讨价还价的能力将显著降低,最终使行业整体经营环境受到影响,企业为了维持市场地位不得不更加激烈地相互竞争。

七、流通环节大幅压缩

流通环节是传统经济中至关重要的一环,层层的分销网络是商品和信息的双重载体。电子商务最初就是从流通领域开始的,随着电子商务的普及,流通环节的重要性虽然未变,但本身却面临着巨大的变革。信息的快速传递和覆盖全世界的配送网络不再需要多层的中间分销商,直销或一级渠道将成为主要的分销方式,流通环节的简化趋势不可避免。这对传统的流通企业可以说是一个灭顶之灾。比如,以亚马逊书店为代表的网上书店的兴起,使美国的连锁书店遭到沉重打击,独立式书店更是纷纷关门。其他产品也有类似的现象。流通环节对企业竞争战略选择有重要的意义,控制分销渠道是传统企业最重要的竞争战略之一。众所周知,大规模的分销渠道需要花费大量的人力物力和较长的时间才能建立,而这种渠道一旦建成,就成为一项重要的资源。许多大企业正是利用自己的分销网络控制客户群,同时阻止竞争对手的进入。而在电子商务环境下,流通方式发生剧变,建立分销网的时间和成本都大大降低,渠道的垄断性不复存在,这意味着渠道资源大幅度贬值。例如,IBM和康柏等传统计算机厂商花了十几年的时间才建立起世界范围的计算机销售网络,并一直以此来阻挡其他竞争者的进入。然而,电子商务出现后,以Dell为代表的网上定制直销模式迅速崛起,在很短时间内就建立起了相当规模的世界网络。在这种极具优势的新型模式面前,IBM和康柏苦心经营的传统销售网络在一夜之间就成了食之无味、弃之可惜的鸡肋,个人计算机市场持续多年的格局很快就被打破。

地区性和全球性的配送网络是电子商务环境下流通领域的发展趋势,这也意味着企业的竞争将突破地域界限,短兵相接。过去,地理距离曾经是许多弱势企业的一道坚强屏障,一般产品都有明显的地域分布,即所谓的"强龙不压地头蛇"。但随着电子商务的推行和生产要素,如人员、资金和信息的自由流动,企业跨地区甚至跨国经营的能力逐渐增强,地理屏障也不再不可逾越,弱势企业无法再凭借地利偏安一隅。电子商务的这个特点是一种典型的马太效应,优势企业在一定区域内形成"胜者通吃"局面的可能性大增。对多数行业而言,行业的集中程度将迅速提高,甚至形成垄断或寡头垄断的局面,企业之间将呈现强者更强、弱者更弱的两极分化现象。

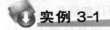
实例 3-1

行业重组高潮迭起　光伏触底复苏

在沉寂一年之久后,江西赛维这个昔日光伏巨头终于开始了艰难的重组进程。

近日,中国光伏巨头赛维LDK与其联合临时清盘人宣布,赛维已向开曼群岛大法院提交启动债务重组程序,与此同时,赛维LDK创始人彭小峰辞去公司董事长及董事职务。

彭小峰是2007年中国新能源行业首富,在豪赌多晶硅失误之后,这座巨头开始背负上了数百亿元的沉重债务,江西政府曾经多次输血赛维,但已无济于事,最终走上了如今的债务重组之路。与彭小峰一样的是2006年的新能源首富施正荣,这个曾经也笼罩了无数光环的企业家一手创立的无锡尚德也于去年破产重整,企业易主。

由施正荣、彭小峰开始,中国光伏行业在经历了短暂辉煌之后开始进入漫长的寒冬期,而今已迎来重组浪潮,而今年上半年虽遭遇欧美双反,但由于日本、南美洲等新兴市场兴起,再加上国内市场强势崛起,多家光伏上市公司都走出了连续亏损的困境,光伏行业开始回暖。

重组

此前,彭小峰两次辞职都是赛维最为关键的时刻,上一次是2012年年底,当时赛维面临严重债务危机,而这次则是债务重组和公司重回美股主板市场的时期。

今年3月底,因为赛维的股价长期低于1美元,被纽交所判定其不再符合挂牌交易标准,宣布将其摘牌,将等其重组和融资之后,再对其上市状态进行评估。资料显示,彭小峰于2005年创办赛维LDK,2007年带领赛维登陆纽交所,也就此以400亿元成为当年新能源首富。而到2012年底,赛维负债已高达300亿元人民币,资产负债率102%。

据一位赛维人士表示,推动此次赛维重组的为公司第二大股东江西恒瑞新能源有限公司,这也是一家有江西省国资背景的公司,如此也说明了江西省对赛维的控制权并未放弃,"江西省很看重赛维,无论是其昔日辉煌还是如今落魄都一直把公司看成江西的标杆企业,他们不希望这个企业就此消失,而是希望在政府的帮扶下能渡过这一难关"。

此前,江西省政府屡次帮助赛维解围。2009年,赛维资金紧张,国资背景的江西信托就出资15亿元收购其下面一个工厂股权为之解困,2010年,赛维资金宽裕再以同等价格进行了回购。2012年,赛维面临5亿元信托贷款兑付危机,江西省财政就通过"赛维LDK稳定发展基金"替其垫付。

在当地政府的多方奔走之后,今年5月,以国开行为首的11家银行组成的银团给予了赛维20亿元贷款,使其有了可以复产的机会,而此时赛维为了重返纽交所而开始艰难的债务重组。

在彭小峰去职之后,接任者是佟兴雪。此前,赛维公告称其创始人、原董事长彭小峰即日起辞去公司董事长及董事职位,但仍将担任公司高级顾问及名誉董事长;现任公司总裁兼首席执行官的佟兴雪担任临时董事长。

一位知情人士表示,这个举动表示,彭小峰仍然是赛维的实际控制人,赛维并没有如业界传言的"去彭化",而彭小峰只是暂时退居幕后,运筹重组事宜,这样也能暂时避开一些风浪,可以待时机成熟时重新出山。"与当年无锡尚德关系复杂,管理层之间争权夺利不一样的是,赛维内部关系简单,到目前为止只有一个领袖,始终是彭小峰。"

在去年3月底无锡尚德重组之前,施正荣曾经前后被董事会强行免去董事长和CEO之职,其与后任CEO金纬之间也爆发了矛盾,曾经一度让业界侧目。

而上述知情人士则表示,"佟兴雪是彭小峰亲自挖过来的人才,也是他一直最信任的人,佟与彭之间十分合拍,佟也是彭政策的坚定执行者,两者不同的是,彭作风大胆,决策激进,而佟则谨慎很多,此时把严谨小心的佟兴雪推向前台也有利于赛维的债务重组。"

以去年3月底,无锡尚德进入破产重整,如今赛维进入债务重组为标志的是,中国光伏行业进入了大规模的行业重组,昔日的龙头企业也被进行了洗牌,而且这其中两个变化是,一是随着国际资本市场的变化,地方政府已经越来越无力仅靠"输血"等财政支持来支撑企业不倒闭,负债沉重的企业之间的破产重整和债务重整会越来越多;二是兼并者和收购者并不像行业原本预期的其他巨头,而可能是行业新贵和其他商业资本,比如此前顺风光电就蛇吞象地完成了对无锡尚德的收购。

而据记者了解,目前工信部正牵头制定《光伏企业兼并重组实施意见》,拟采取综合措施推动光伏企业兼并重组工作有序开展,提升光伏产业集中度和核心竞争力。

回暖

下半年,国内光伏企业开始回暖,众多去年同期亏损的企业开始扭亏为盈。

财报显示,阿特斯太阳能第二季度太阳能组件发货量为646兆瓦,超过600~630兆瓦的目标,较去年同期455兆瓦有所提高,比第一季度的500兆瓦明显增加;实现净利润5580万美元,折合每股盈余0.95美元。而去年同期,该公司净亏损1260万美元,折合每股亏损0.29美元。

与此同时,其营收也从上季度的4.66亿美元增至6.238亿美元,其中,解决方案业务的净收入占比从第一季度的27.4%提升至32.6%。而由于组件出货量不断提高,价格持续上涨,同时制造成本的有效控制及整体解决方案业务的贡献,其毛利率连续几个季度以来持续稳定增长,到二季度已达19%。

对此,阿特斯总裁兼首席执行官瞿晓铧表示,这主要得益于日本、德国、英国和美国市场的强劲需求,也得益于其在加拿大电站业务的布局和发展。

另外,昱辉阳光二季度实现营收3.87亿美元,同比微有提升;实现毛利润5690万美元,去年同期及上季度分别为3040万美元与4400万美元;实现毛利率14.7%,去年同期及上季度分别为8.0%及10.65%;其运营利润率为2.7%,而去年同期及上季度分别为-4.4%及-2.1%。

昱辉阳光预计,2014年三季度,太阳能组件出货量为530~550兆瓦,毛利率为15%~17%。而晶澳太阳能的增幅更为明显。其财报显示,二季度,该公司实现太阳能总出货量681.8兆瓦,同比增幅为47.0%;组件出货量445.8兆瓦,同比增幅为75.6%;电池出货量236兆瓦,同比增幅12.5%;实现营收3.9亿美元,同比激增52.9%;运营利润率32.2%,净利润650万美元。

晶澳董事长兼首席执行官靳保芳对此表示,晶澳二季度业绩令人满意。不仅营收强劲增长,持续实现保底利润额,电池向组件的转型战略也取得显著进展——本季度组件销售额已成为公司营收额的主要来源,而本次成功转型令晶澳跻身全球一线组件供应商之列。晶澳预计,三季度,太阳能总出货量为730~760兆瓦;2014年全年出货量达2.9~3.1吉瓦,高于原先预期的2.7~2.9吉瓦。

晶科能源第二季度的财报也十分亮眼,其财报显示,其净利润为1.382亿元,比去年同期 4 830 万元增长 186%。晶科能源二季度毛利润为 5.503 亿元,高于去年同期的 3.116 亿元;毛利率为 22.6%,高于去年同期的 17.7%;运营利润为 2.516 亿元,高于去年同期的 1.558 亿元;运营利润率为 10.3%,高于去年同期的 8.8%。

至此,国内一线几个主流光伏厂商在今年第二季度均已实现扭亏为盈或减少亏损,复苏迹象明显,业界人士普遍认为,这主要得益于国内光伏安装市场的刺激作用。

今年下半年以来好消息不断。在国家能源局 9 月 2 日下发分布式光伏新政后,企业家们期待中的一系列配套文件正在陆续出台。

近日,国家能源局已向各省下发《关于加快培育分布式光伏发电应用示范区有关要求的通知》,在开建时间、园区统一协调、区域电力交易商业模式创新等方面做了细化规定,并要求各示范区方案于 9 月 30 日前备案,确保今、明两年分布式光伏装机目标完成。

2013 年,我国新增光伏装机量为 10GW 左右,而如今业界普遍预测,随着光伏新政的逐步推出和政府对国内市场扶植力度的加大,今年的安装量将超过 13GW,而随着行业重组洗牌,像无锡尚德、江西赛维这样的巨头重组,国内光伏企业的生存环境也会进一步得到改善,光伏冬天曾经寒冷的坚冰已经融化。

资料来源:中国经营报,作者:叶文添;日期:2014 年 9 月 15 日。

实例 3-2

平台红利时代即将结束　国内电商瞄向第二轮行业竞争

京东成功上市而阿里已经上市在即,伴随着电商这一轮 IPO 高潮,电商行业开始谋划新的竞争格局。

6 月 11 日,商派 ShopEx 董事长李钟伟透露,公司主导的电商技术大会上,将向广大用户推出"第二轮电商发展时代",李钟伟其意在于表达"电商平台红利已经结束,今后不会再有大规模的电商平台出现"。但这并不意味着只会有京东、淘宝、当当、聚美等几家电商的格局,而是电商行业正在发生转型。从平台型电商大发展时代转为新技术驱动下的电商发展时代。

行业分水岭

2014 年或许必定会成为电商行业发展的分水岭。在电商领域,厂商矛盾已经初步显现。今年 3 月,茅台与电商正式解约,同时开设微信平台招标,计划独自发展电商经营,而据了解另外一家国内知名酒厂也正进行同样的工作。

放弃电商销售平台,据业内人士点评认为,茅台不能确定销售量有多少是直接到消费者手中,而有多少是囤积在渠道商手中。此外茅台无法通过原有的区域销售分布判断自己传统的区域市场分布及销售时间分布。"这对于茅台的营销体系是有很大破坏的。如果按照当下时髦的大数据营销而言,茅台失去了真实的销售数据掌握,未来就成了电商的打工小弟了。"有酒业资深销售人士透露。

看到这种状况,产品制造商放弃依托平台化电商销售是一方面,而另一方面则是平台化电商积极"侵入"产品制造"厂"的地盘,这不能不让制造商捏把汗。

刚刚上市不久的刘强东对外宣布,未来京东 70% 的利润会来自于京东金融。那我们来看一下京东金融是做什么的呢？如果你理解京东金融是在电商平台上买保险的，那你就错了。日前成立不久的京东金融是京东CFO负责的在线投融资平台。其中业务之一，帮助有创新能力的人士融资制造创新产品，而后在京东销售。

也就是说，你作为某个行业的专家，一旦发现新的市场机会，例如互联网空调产品，从京东金融获取融资后，迅速组织设计和社会化制造，快速制造出自己创新的空调，而通过京东迅速占领市场。在社会化制造能力过剩的今天，互联网思维的产品创新与制造方式，正在革"传统大厂们"的命。

平台电商依托产品厂商低价优质产品，获得大批用户，快速崛起平台建立优势后，又在借助资金和互联网思维，快速剿灭"产品厂商"。

在家电卖场激情动荡的岁月，格力依然拒绝国美的故事，在电商时代已经开始上演。

第二轮电商竞技

对于传统厂商继续单一依靠平台化电商发展电子商务，既有养虎为患自掘坟墓的恐怖，同时也不吻合丰富化的电商发展趋势。因此，商派扯起了第二轮电商时代大旗。所谓第二轮电商时代，其主体是产品和服务厂商，以自身发展为导向建设电子商务，不单一依靠现有电商平台销售产品，而是通过大数据、云计算、O2O、移动互联网、可穿戴设备等更多新技术应用，建设多渠道电商营销体系。

之前有过这样的提法，买书去当当、买酒当酒仙、买化妆品去聚美等，但这些都是行业人士自己的假想，消费者消费习惯和行为是不会被商家利用标签去强行捆绑的，伴随着新技术的更新，新的消费领域还会不断出现。作为产品厂商，通过新技术的运用，占领多渠道，如：平台化电商（阿里、京东、当当）；微信微店，以及自身各种大数据挖掘等，通过构建以自己为核心的电商体系，将营销大数据、客户等大数据留在自己手中，方能不沦为电商平台的打工仔。

有人说阿里上市标志着电商行业走上了巅峰，而在很多人看来，阿里、京东的成功刚刚给这个行业注入了新的不安分的基因，真正意义上的电商大战才刚刚开始。以前电商大战是电商平台之间的大战，靠的是广告、影响力、资金实力，而下一步电商大战主角将是"厂与商"的大战。

作为厂商的电商技术服务商，商派已经开始为新一轮电商大战做好了技术准备。去年在传统电商"双十一"大战中，商派依托技术帮助百丽、欧普照明、南极人、联想、TCL[微博]、美的、三枪、麦德龙、蒙牛等传统的龙头企业客户创下了53亿元的销售纪录。

商派为传统厂商开出的第二轮电商竞技的技术处方：第一是全面多平台渠道建设，尤其是移动平台投入，减少厂商对单一电商平台渠道的依赖性，第二是通过新技术的全面应用将大数据、O2O等商业模式引入构建自身的电商系统。

"过去平台化电商利用用户消费能力，绑架厂商，而今厂商利用新技术应用最短距离地对接用户，根据用户需求调动电商资源，而平台电商只成为其中的一个交付环节。"有分析人士指出。

资料来源：中国经营报，作者：佚名；日期：2014年6月16日。

实例 3-3

评级公司的死与生

近日,国际评级机构的日子不太好过。美国司法部2月3日表示,评级公司标准普尔已与司法部门达成相关和解协议,同意支付总额为13.75亿美元的罚款,用于了结针对该公司金融危机前为保障自身利益而高估相关风险资产信用评级的指控。

与此同时,穆迪公司也正遭遇美国司法部的调查,重点是2004年至2007年期间的住房抵押贷款业务。目前,国际评级机构已形成标准普尔、穆迪、惠誉三巨头格局。它们在国际金融市场上的话语权,让包括中国在内的许多发展中国家感到极大的不公平。而他们的错误评级,更是搅动了国际经济金融秩序,令人担忧。

不靠谱的评级公司

穆迪此次遇到的调查仍然与金融危机有关。穆迪公司是否给部分抵押贷款业务不实评级?

在被美国司法部罚款之前,据美国证券交易委员会的声明,国际评级机构标准普尔公司将为住房抵押债券虚假评级诉讼达成和解支付超过5 800万美元罚款,将为纽约州和马萨诸塞州检方提起的诉讼达成和解支付1 900万美元罚款。评级公司遭受欺诈诉讼,已不是什么新闻。大大小小的诉讼案不算少数。

金融危机之前,与评级公司有关的丑闻早就有了。2001年安然事件,让评级公司备受诟病。在事件发生前四天,评级公司甚至给出了维持投资的评级。2002年又有虚构巨额利润的世通公司丑闻。在国际金融危机发生时,评级公司的问题暴露得更加充分。

穆迪此次遇到的调查仍然与金融危机有关。穆迪公司是否给部分抵押贷款业务不实评级?不值钱的资产偏偏说成值钱的,不那么值钱的说成很值钱的,值钱的说成不怎么值钱的,评级公司或高估,或低估,就是与客观的价格有着较大的差异,从而获取不当回报。金融资产证券化程度的加深,意味着不实评级对资产价值有着更大的影响。2008年国际金融危机的爆发在很大程度上就与此有关。评级公司的一举一动,特别是国际评级公司三巨头的行为,对美国乃至全球经济金融格局都有不小的影响。

问题丛生的评级公司,表明其基本功能——评级功能在退化。作为信用中介机构的评级公司,本应保持中立,为利益相关方提供必要的信息支持。但是,预期与现实的差距仍然很大。在各方质疑声中,评级公司也多以自己恪尽职守,利用了所能利用的信息,遵照了各种必要的程序为由,百般推卸责任。

国际评级机构不仅在美国国内遭到质疑,在国际上也不例外。现实中,国际评级机构已形成标准普尔、穆迪、惠誉三巨头格局。它们在国际金融市场上的话语权,让包括中国在内的许多发展中国家感到极大的不公平。一些国家已在努力发展自己的评级机构。但是,国际评级机构三巨头格局不是行政垄断的产物,在很大程度上,这是市场演变的结果。因此,改变这一切,绝非容易。

虽然,目前针对国际评级机构所制造的问题进行调查的以美国监管机构为主,但评级机构评级的顺周期行为,即繁荣时高估,危机时低估,破坏的是全球经济金融秩序,而不仅仅是某个国家的秩序。由此看来,国际评级机构更需要的是定位的重新反思。

信用评价者

从历史来看,评级机构存在的必要性是因为它具有信息中介功能。

现在广为流行的金融评级源于商业活动。美国西进运动中,原先熟人社会的商业信贷不再适用。熟人社会中,人们相互熟悉,贷款者可以根据借款人的偿还能力,决定是否给他们信贷。但是,随着市场的扩大,陌生人社会逐步形成。有能力提供贷款者,无法充分了解借款者的实际偿还能力,这样,生意就很难做。但是,企业做生意的意愿仍然存在,于是,专门提供征信报告的行业应运而生。

最早的商业信贷机构于19世纪40年代诞生。这些机构为商人的偿债能力提供评级。1841年,刘易斯·塔潘(Lewis Tappan)在纽约市成立了第一个商业征信所,之后,陆续又有类似机构成立。信用评级机构真正兴起是在20世纪初期。证券市场的发展对评级的需求,催生了这类机构。特别是,当时修建铁路,需要巨额资金,只能通过发行债券来融资。需要注意的是,评级机构的兴起,往往和金融危机有着密切的关系。评级机构所提供的信息可以帮助投资者决策。这样,专门的评级机构就能够向投资者收费。后来,评级机构的服务对象扩大,并开始采用字母评级制度。

禁止混业经营的美国1933年格拉斯-斯蒂格尔法案通过之后,金融分业经营,银行业只能持有"投资级"证券,评级行业因此发展迅猛。投资者对证券透明度提升的需求较旺,因此有了新的证券发行者信息披露法律。这还催生了证券交易委员会(Securities and Exchange Commission,SEC)。国际三大信用评级机构的形成与SEC不无关系,特别是和SEC的全国认定评级机构(Nationally Recognized Statistical Rating Organization,NRSRO)因素有着密切关系。

SEC发布关于银行和证券公司净资本要求的规则。投资级的证券,既要具有高度流动性,又要非常"安全"。符合条件的包括美国政府债券,也包括非常稳定公司的商业票据。证券的安全等级只能通过信用评级来反映。证券的信用等级评定是由评级机构进行的。NRSRO制度始于1975年。美国20世纪80年代初期有7家NRSRO,到了20世纪90年代,因合并只剩下3家。市场集中带来社会压力。NRSRO2003年增加了加拿大的多美年债券评级服务机构(Dominion Bond Rating Service,DBRSR);2005年又增加了贝氏评级公司(A. M. Best,1907年就成立,原先主要专注于保险公司评级);2007年,SEC又增加了日本的两家评级机构以及美国一家规模较小的评级公司,即位于费城地区的伊根-琼斯评级公司(Egan-Jones Rating Company,EJR)。最初,SEC对"国家认可"采取的是具体案例法,而不是规定具体标准。有意成为NRSRO的评级公司,可以向SEC提出申请,SEC会通过研究市场,判断该机构是否得到广泛使用,以及是否"可信赖",再决定申请者是否符合条件。

从历史来看,评级机构存在的必要性是因为它具有信息中介功能。这个功能可以帮助评级机构在社会分工中获得一席之地。只有真正地满足社会对信息中介功能需求的评级机构,才能适应社会发展的需求。现实中,评级公司偏离轨道,不仅影响美国自身利益,也对全球化和统一的市场带来很不好的影响,说明改革势在必行。

竞争改变缺乏信用的"信用评价行业"

应该客观地看待当前评级行业存在的问题。无论是发行人付费,还是投资人付费,都不可回避有效信息的提供问题。

评级巨头受到重罚之后，就会有变化吗？与造成的损失相比，即使是现有的巨额罚款，也不见得有足够的威慑力。这是值得注意的。可以预期的是，评级公司会有一些转变，以适应监管的需要，甚至评级公司经营战略也会作出相应的调整。但是，调整的程度，转变的力度，仍然是个未知数。

如果评级市场的改善仍然需主要依靠三巨头自身力量来改变，那么结果将不是那么乐观。这仅仅看罚款之后评级公司所为就可知晓。表面上看，评级公司支付罚款，为诉讼和解支付赔款，但是，评级公司对自己行为认错尚不到位，在很大程度上，支付罚款赔款只是被迫为之。

评级行业从表面上看，是开放的。但是，要挑战在位者，难度有多大，仅仅看它们的市场份额就知道了。市场集中度不能说明根本问题，因为只要市场是开放的，新的竞争者就可能进入。问题在于，即使没有市场进入的制度障碍，各式各样的行业壁垒照样存在。评级行业毕竟有自身的专业要求，新进入者要与在位者进行竞争，谈何容易？必要的专业技能，以及在集中度很高的市场上夺取市场份额，都不是轻而易举的事。

这也不是说，对于国际评级机构存在的问题，各方就没有办法。监管机构仍可以对评级机构的行为规范提出要求，并对失范行为作出合理有效的惩罚。同时，法律也应该发挥作用。

新进入者必须拿出自己的独特的优势来。仅仅靠渲染民族主义，是无法让发展中国家的评级公司真正成长起来的。新进入者要特别注意当今时代环境的变化。在这个新时代，区别于传统评级公司的新评级公司正在产生。大数据分析越来越普遍，原先集中于某家公司的评级功能可能分散化。不一定所有的评级事务都需要大公司来操办，任何一家公司只要能够提供有效的评级服务就是合适的。不一定要全面评估某家公司的信用等级，只要能对这家公司的某方面作出合理评估，市场的需求就可能得到满足。一些互联网公司，正在利用自己作为电子商务平台收集的信息，提供小额金融贷款服务和授信服务。这些新业务的开展，不同于传统的面对面服务，大大降低了成本，且更有针对性。按此延伸出去，新的评级公司就可能应运而生。新进入者应充分注意这些新变化，以把握新形势，才有可能进入。

为证券发行所进行的评级，到底应该由谁付费？最初是投资者付费，后来，随着信息传播成本的下降（在美国，复印机的出现就大大降低了传播成本，更不用说现在的互联网传播），投资人付费模式转变为发行人付费。但是，发行人付费很容易导致发行人与评级公司之间的合谋。（这个问题会计师事务所和其他中介机构也同样存在）如果是由投资者买单，那么随着评级公司客户的改变，对客户的责任也随之变化。

应该客观地看待当前评级行业存在的问题。无论是发行人付费，还是投资人付费，都不可回避有效信息的提供问题。没有信息，没有充分的信息，就是再有本事的评级机构，也难以作出公正的评估。

评级行业会有一次凤凰涅槃吗？评级公司为市场提供信息，是市场经济繁荣之所需。经济社会环境的变化，也要求评级行业和公司的变化。我相信，这一天终会到来。

资料来源：中国经营报，作者：杜志勇；日期：2015年2月9日。

复 习 题

1. 宏观环境研究和行业结构分析有什么不同？为什么要进行行业结构分析？
2. 简述波特的"五因素模型"。
3. 行业进入障碍主要来源于哪些方面？请举例说明。
4. 如何对行业内的竞争对手进行分析？请举例说明。决定行业竞争激烈程度的因素有哪些？
5. 为什么说合适的竞争对手能加强而不是削弱企业的竞争地位？
6. 什么是战略群组？战略群组的概念对企业战略管理有什么帮助？
7. 企业如何通过战略摆脱被替代的威胁？
8. 把供应商作为竞争对手和把供应商作为合作伙伴进行管理有什么不同？哪种管理模式更好？
9. 网络化和电子商务对行业结构和竞争模式带来了哪些方面的影响？
10. 产业演变有哪几种模式？如何运用情景分析法预测产业演变？

第四章

企业的资源、战略能力和市场地位分析

在第二章和第三章,我们主要分析了我国宏观环境的特点、变化趋势及其对企业经营行为的可能影响,还讨论了行业结构对其获利能力的决定性作用,这些分析旨在强调一个成功的公司必须密切关注外部环境因素的变化,并采取与之相适应的战略。很显然,面对同样的外部环境,即使处在同一行业内的企业采取的战略和经营行为也有很大差异。即是说,企业究竟采取怎样的战略,不仅取决于外部环境和所在的行业结构,而且还与企业的内部环境——资源、能力和市场地位有非常密切的关系。《孙子兵法》有云:知己知彼,百战不殆;知天时地利,百战不殆。它不仅同时强调外部环境和内部因素对战争胜负的作用,而且将后者放在优先的位置上来考虑。Liddell Hart认为:战争的基本原理就是用己之长,攻彼之短。毛泽东同志也提倡"集中优势兵力,各个击破敌人"。事实上,在中外战争史上,尤其是在现代战争史上,相对资源优势的分析已成为军事战略研究的最主要内容。在第二次世界大战期间,德国军队之所以失败是因为其过高地估计了自己的力量。事实上,希特勒并没有可以同时在东欧、西欧和北美进行空战、海战和地面战争的资源。而在"冷战"期间之所以有较长时间的和平,是因为美国和苏联在常规和核武力方面保持着大体的均衡。

同样,在顾客选择偏好、购买行为和价值取向以及满足顾客需求的技术,都处在迅速变化的超竞争时代,仅以外部环境为导向,并不能形成有效的方向一致的长期战略。由于外部环境处在连续的动态变化过程中,因此,企业的资源和能力在保持一定的机动性的同时,也要有相当的稳定性。换句话说,企业应该明确它能做什么,而不是一味地追求应该满足哪些要求。传统上,企业是通过扩大其市场服务范围来对环境变化做出反应,如铁路业将其本身视为运输业,而不仅仅是铁路业。但实际上,如果企业不能开发出服务于目标顾客所要求的能力,仅仅拓宽其目标市场并没有太多的价值。铁路业适合于从事卡车、航空和汽车出租运输业务吗?也许,铁路公司更适合于开发不动产,或者建设石油和天然气管道。大量研究发现:一个企业试图同时满足其顾客的更多需求常常是困难的,国内外有很多企业试图向顾客提供"一条龙"服务,结果都失败了。相反,更多地关注开发内部资源和能力,并以此为基础来确定其战略的公司比较容易适应外部条件的变化。例如,日本的本田公司自1948年创立以来,其战略特点之一就是充分利用其在发动机设计和制造方面的专长,这使得它成功地从摩托车市场扩大到其他汽油发动机产品市场。再如,美国的3M公司在薄膜技术上的专长使得它可以通过多角化战略来拓宽其产品范围。

正是由于以上一些原因,所以从20世纪80年代后期开始,人们将注意力更多地集中在企业的资源和能力上,并研究其作为战略基础的重要作用,认为企业本身的资源和能力才是决定其获利能力的主要因素。

第一节 企业的资源

事实上,无论企业大小,都有多种资源,这些资源各有不同的特点和作用,不同行业的企业资源构成也有很大的差异。这些资源能否产生竞争优势,取决于它们能否形成一种综合能力。资源、能力和竞争优势之间的关系如图4-1所示。

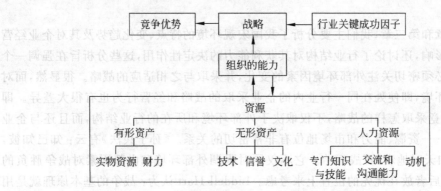

图4-1 组织的资源、能力和竞争优势之间的关系

一、有形资产

有形资产是比较容易确认和评估的一类资产,一般可以从企业的财务报表上查到。但从战略的角度看,资产负债表上所反映的资产价值是模糊的,有时甚至是一种错误的指示,这是因为过去所做的成本报价并不能真实地反映某项资产的市场价值。

当考虑某项有形资产的战略价值时,不仅要看到会计科目上的数字,而且要注意评价其产生竞争优势的潜力。换句话说,一项账面价值很高的实物资源,其战略价值可能并不大。实物资源的战略价值不仅与其账面价值有关,还取决于公司的地理位置和能力,设备的先进程度和类型,以及它们能否适应产品和输入要素的变化。这正是我国很多三线军工企业面临的难题。一方面,这些企业拥有巨额固定资产,有些设备还很先进;但另一方面,这些企业大多位于偏僻的山区,交通不便,信息滞后,很难适应市场需求的快速变化。

在评估有形资产的战略价值时,必须注意以下两个关键问题:

第一,是否有机会更经济地利用财务资源、库存和固定资产,即能否用较少的有形资产获得同样的产品或用同样的资源获得更大的产出。

第二,怎样才能使现有资源更有效地发挥作用。事实上,企业可以通过多种方法增加有形资产的回报率,如采用先进的技术和工艺,以增加资源的利用率;通过与其他企业的联合,尤其是与供应商和客户的联合,以充分地利用资源。如我国的数据通信行业可以通过与集成商和企业的联合,来充分地利用光纤电缆和网络资源。当然,企业也可以把有形资产卖给能利用这些资产获利的公司。实际上,由于不同的公司掌握的技术不同,人员构成和素质也有很大差异,因此它们对一定有形资产的利用能力也是不同的。换句话说,同样的有形资产在不同能力的公司中表现出不同的战略价值。

二、无形资产

资产负债表上标明的有形资产一般可以从市场上直接获得,可以用货币加以直接度量,并可以直接转化为货币。相反,无形资产是企业不可能从市场上直接获得,不能用货币直接度量,也不能直接转化为货币的那一类经营资产,如企业的经营能力、技术诀窍和企业形象等。无形资产往往是企业在长期的经营实践中逐步积累起来的,虽然不能直接转化为货币,但却同样能给企业带来效益,因此同样具有价值。

由于无形资产的不可见性及其隐蔽性,所以人们往往忽略其战略价值。例如,在民用航空业,航班在机场上的起飞和着陆实际上是非常重要的,但这一资源并不归某家航空公司。在产品质量和服务对潜在的顾客利益的影响并不明显的行业,企业信誉和知名度往往是最重要的资源。一般来说,信誉和知名度往往与公司联系在一起,有时也与特定的品牌有关。例如,在软饮料行业,可口可乐和百事可乐是世界上信誉和知名度很高的两家公司,这种巨大的无形资产已成为它们最重要的竞争资源。而前几年的"活力28",则更多地是一种品牌效应。医疗、教育等行业都是更多地依赖于信誉和知名度的行业。信誉和知名度高的企业不仅其产品和服务容易被消费者接受,在同样的质量下可以卖出较好的价格,而且可以在融资、借贷方面得到方便和优惠。

第二类重要的无形资产是技术,包括其先进性、独创性和独占性。一旦公司拥有了某种专利、版权和商业秘密,它就可以凭借这些无形资产去建立自己的竞争优势。美国的Intel、微软,中国的北大方正都是这方面的典型例子。而施乐公司试图开发个人计算机但没有成功,则是错误地评估关键资源的例子。当前,中国很多家电企业纷纷涉足电脑业,一方面说明电脑市场潜力巨大,但另一方面也很令人担忧,即这些企业是否真正认识自己的资源优势所在。须知与家电行业不同,电脑行业不仅需要开发和维修技术,而且使用者的购买习惯和消费行为也与前者有很大的区别。

企业所具有的技术能否成为重要的无形资产,除与其先进性和独创性有关外,还与其是否易于转移有密切的关系。如果某项技术易于被模仿,或者主要由某个人所掌握,而这个人又很容易流动,那么,该项技术的战略价值将大大降低。相反,如果某项技术很难被模仿,或者与其他技术方法一起使用才能发挥其应有的作用,而这些其他技术方法又掌握在很多人手中,那么,该项技术作为一种无形资产的战略价值就高得多。

三、人力资源

一个组织最重要的资源是人力资源。大量研究发现,那些能够有效地利用其人力资源的组织总是比那些忽视人力资源的组织发展得更快。是人的进取心和掌握的技术创造了企业和组织的繁荣,而不是实物资源和财务资源。在技术飞速发展和信息化加快的知识经济时代,人力资源在组织中的作用也越来越突出。

所谓人力资源主要是指组织成员向组织提供的技能、知识以及推理和决策能力,我们通常把这些能力称为人力资本。实际上,确认和评价一个企业或组织人力资本的价值是一项困难和复杂的工作,这是因为人们常常根据他们的工作业绩、经验和资历来评价个人的技巧和能力。然而,个人能力能否充分发挥作用还取决于他所在工作小组的状况。有时,很难直接评价个人对组织业绩的贡献。因此,企业常常通过间接的方式来评价个人的业绩,如考查个人的工作时间、热情、职业习惯和态度等。在环境迅速变化的条件下,如果一个企业想要适应这种变化,并利用新的机会求得发展,更重要的不是考查其雇员过去或现在具有怎样的能力和业绩,而是评估他们是否具有挑战未来的信心、知识和能力。近年来,许多公司,如深圳华为等都已开始对其成员做更广泛,更细致的知识、技巧、态度和行为测评。与此同时,越来越多的企业认识到在评估其人力资源状况时,不仅要考查其成员个人的专长和知识,而且尤其要评价他们的人际沟通技巧和合作共事的能力。换句话说,一个企业的能力不仅取决于其拥有的资源数量,而且更重要的是取决于它是否具有将各种资源整合的能力。大量的研究发现,一个具有创造性和内聚力文化的企业具有更大的竞争优势,在这样的企业里,管理人员和企业员工分享共同的理念和价值观。

企业的资源类型如表4-1所示。

表4-1 企业的主要资源类型汇总表

资源种类	主要内容
财务资源	现金及企业的融资能力,创造现金收益的能力。
物化资源	生产设备、库存、原料以及采购渠道。
商誉和品牌资源	顾客和供应商所认可的品牌、信誉及合作关系。
技术资源	各种知识产权以及与之相关的技术知识。
人力资源能力	员工的培训水平、适应力、判断力和工作态度。
组织资源	企业的组织结构和它的计划、控制、协调系统

第二节 企业的能力

毫无疑问,无论是生产一种大型设备,还是一种中型家用电器,或是提供一种简单的服务,企业都需要消耗相应的资源。虽然具备一定的物质资源是企业开展经营活动的基础和前提,但资源本身并不能创造价值。资源利用效率在很大程度上取决于企业整合它们的能力,这种整合能力是指在整个价值链活动中使资源不断增值的能力。本节在介绍企业能力结构的基础上,通过波特的价值链分析来强调整合资源能力的重要性,并阐述在超竞争环境下对企业动态能力的要求。

一、企业能力

实际上,与任何企业都拥有自己的资源结构一样,所有企业也都拥有着一套独特的能力结构,如市场渗透能力、生产能力、科研开发能力、人力资源能力、管理能力和财务能力等。在这些企业所特有的能力结构中,不同性质、不同类型和不同层次的能力在营造和维持企业竞争优势中的作用都是不同的。表4-2是法国学者梯耶塔尔提出的对企业能力进行分析的方法,他直观地勾勒出了企业的能力结构。

表 4-2 梯耶塔尔对企业能力的评价

	评价尺度	弱 1	2	中等 3	4	强 5
市场渗透能力	产品线的范围		□	☆	⊙	
	产品质量		⊙		□	☆
	市场占有率	⊙			☆	□
生产能力	生产过程的质量水平		⊙			☆
	制造周期			□⊙	☆	
	制造成本		☆	□		⊙
科研开发能力	开发的新产品数量		⊙	☆		
	企业的研究能力		⊙	☆		□
财务能力	企业的债务		☆	⊙	□	
	现金储备	⊙	□	☆		
	可支配资金总量		☆			⊙
人力资源能力	员工的技能水平			⊙	□☆	
	吸纳人才的能力			⊙	☆	
	企业的工薪水平	⊙				☆
管理能力	企业的灵活性			⊙	☆	□
	决策过程	⊙			□	☆

注:"□"为本公司;"☆"为竞争对手1;"⊙"为竞争对手2。

由于企业经营领域的不同,因此所面对的产业环境、制度环境和文化环境各不相同,企业的能力组合也不尽相同。对于我国大多数企业而言,它们并非处于技术发展的前沿,而且参与市场竞争的时间比较短,这决定了我国大多数企业能力建设的先后顺序应该是先管理能力,而后是功能性能力(科研开发能力、生产能力、市场渗透能力等),最后是技术能力。因为只有在通过运用有效的管理策略和功能性能力获得市场生存机会后,企业才能逐步建立起技术能力,特别是进行原创性技术创新的能力。在管理能力方面,要求企业家和高层管理团队具有发现市场机会和形成合理战略的能力,并且要同时具备有效执行战略的能力,能够将投入要素、生产手段、市场策略、产业机会等多种资源有效地整合在一起,从而建立起企业稳定赢利的基础。

二、价值链分析

为了评价企业的能力,需要对组织活动进行分类,一种最基本的分类方法是按活动的顺序进行分类,如图 4-2 所示。图 4-2 所示的活动顺序基本上反映了企业资源增值的过程,即价值链。但不同行业在不同阶段增值的幅度可能有很大差异。一些行业在产品设计阶段的增值比较明显,如计算机软件业。而另外一些行业可能在营销和分销阶段增值较多,如软饮料行业。企业必须根据行业的特点和本身的条件来完成资源增值过程。

技术	产品设计	制造	营销	分销	服务
来源	功能	整合性	价格	渠道	质量保证
成熟性	外形	原料	广告/促销	整合性	速度
专利	美观	生产能力	销售队伍	库存	独立性
产品/工艺选择	质量	地理位置	包装	仓储	价格
		部件加工	品牌	运输	
		组装			

图 4-2　按活动顺序分类的价值链

波特把企业的活动分为两组,一组是基本活动,主要涉及如何将输入有效地转化为输出,这部分活动直接与顾客发生各种各样的联系。另一组是支持性活动,主要体现为一种内部过程,如图 4-3 所示。

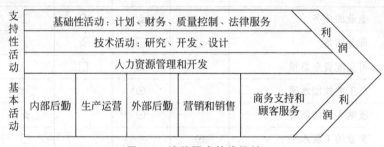

图 4-3　波特提出的价值链

其基本活动主要包括以下几类活动:

(1) 内部后勤。内部后勤包括资源接收、储存和分配活动,也包括材料处理、库存控制和运输等。

(2) 生产运营。这一活动过程将各种输入转化为最终的产品和服务,如制造、工艺调整和测试等。

(3) 外部后勤。外部后勤包括产品接受、储藏和分销活动。

(4) 营销和销售。主要包括消费行为研究、广告和促销等。

(5) 商务支持和顾客服务。这项基本活动包括安装、维修、培训和提供备件等。

支持性活动可以分为以下几个方面:

(1) 基础性活动主要包括计划、财务和质量控制以及法律服务等。

(2) 技术活动。实际上,一切价值增值活动都含有技术这个要素。一个企业的技术水平如何直接关系到产品的功能强弱、质量高低以及资源的利用效率。

(3) 人力资源管理与开发。表面上看,人力资源的开发与管理是一项长期性的任务,并不直接参与价值增值过程。但实际上,这是一项非常重要的活动,因为所有其他活动都是由人来完成的。这部分活动主要包括人员的招聘、选拔、培训、补偿和激励等。

应该说明的是,在大多数行业,很少有哪一个企业能单独完成从产品设计到分销的全部价值活动,总要进行一定程度的专业化分工。换句话说,任何一个企业都是创造产品和服务的价值系统的一部分,随着世界经济全球化、一体化过程的加快,这一特点将更为突出。因此,在了解价值是怎样产生时,不仅要考察组织的每一项内部活动及它们之间的联系,还要对包括采购和销售链在内的整个价值过程进行深入分析和了解。

价值链一旦建立起来,将有助于企业准确地分析在价值链各个环节中所增加的价值。而且价值链的应用不仅仅局限在企业内部,它还可以有效地帮助企业在对价值链的分析过程中正确地选择外部资源。随着互联网的应用和普及,竞争的日益激烈,企业之间组合价值链联盟的趋势也越来越明显。企业更加关心自己核心能力的建设和发展,集中发展整个价值链中的一个环节,如研发、生产、物流等环节。

图 4-4 具体描绘了一个虚构的新创网络公司的价值链。基本活动按水平轴线排布,代表产品创造附加值所必需的活动。比如,一个互联网零售商为了销售商品,首先需要获取产品(从供应商处购买或自己制造),并把计划卖给顾客的商品储存起来。网络公司的运作主要是电子化的(如服务器操作、订单处理、收款),但在所有经营领域中都有类似的运作。为了履行订单,价值链上的发货物流步骤包括配货及组织发货等工作。网络公司中的营销和服务功能与传统零售商的同类活动有些不同,但这些活动的任务实际上完全相同,只不过处理方式有所不同。

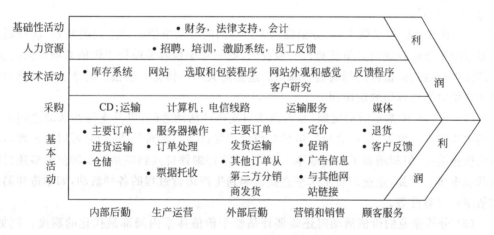

图 4-4 某网络公司价值链分析图

资料来源:The generic value chain model was developed by M. E. Porter, Competitive Advantage: Creating and Sustaining Superior Performance(New York: The Free Press, 1985), p. 47. The Internet firm example is the author's original application of the model.

支持活动分布在纵轴的上半部分。同样,尽管这一部分没有出现在获得产品、附加价值和履行订单的基本物流活动中,但人们看到支持活动的类型就会意识到,如果不履行这些支持性功能,任何企业都将无法完成订单。

三、资源的使用和控制能力

价值链分析帮助我们认识和了解企业资源的增值过程,但仅此还不能说明企业之间在能力上的差别,尤其不能说明同一行业内相同或类似规模的企业为什么盈利能力会有

很大的差别,因此,必须对企业的资源使用和控制能力进行评估。在做具体的评估之前,首先要明确以下几点:

(1) 虽然企业所从事的每项价值活动,包括基本活动和支持性活动都是企业成功经营所必经的环节,但这些活动对组织竞争地位的影响是不同的。有些活动的影响是直接的,有些活动的影响只能间接地表现出来。此外,对不同的行业,或者当企业采用不同的战略时,各种价值活动的重要性次序可能发生变化,这是企业必须密切加以关注的。换句话说,必须确认那些维持企业竞争优势的关键因素,这些因素被称为成本驱动因素或价值驱动因素。

(2) 必须站在最终用户的角度来评价产品或服务的价值,做到这一点有时并不容易。这是因为:第一,许多生产商可能与最终用户相距甚远,或者两者之间还隔着其他的生产商和分销商,因而最终客户对价值的判断或理解可能逐渐受到扭曲,或者被其他团体所切断。换句话说,许多生产商根本无法接触到其所处市场的真实状况,因此会对其价值活动做出错误的判断;第二,最终客户的价值观随时间而改变,这种改变可能是由生活方式变化引起的,如服装消费,过去在我国主要是考虑经济和耐用,而现在越来越多的人讲究款式和档次;也可能是因为竞争对手的产品能够提供更高的货币价值。总之,价值是相对的,而不是绝对的。

(3) 必须明确包括供应商、分销商和客户在内的各项价值活动之间的联系,这种联系可能有助于维持企业的竞争优势。一般说来,竞争对手很容易模仿组织的某项价值活动,但却很难抄袭到价值链之间的这些联系。这正是大型一体化程度很高的企业更具竞争优势和竞争对手难以仿效的原因。

(4) 必须明确基本活动之间、基本活动与支持性活动之间,以及支持性活动之间所存在的重要联系。例如,保持高库存虽然会使生产安排变得相对简单,同时可以对顾客需求做出快速响应,但却增加了经营成本。因此,应该仔细评价其到底是增加的价值多还是增加的成本多。再如,企业的技术水平直接影响到生产运营过程的各种活动,如制造和测试的效率和可靠性等。

(5) 分析企业的价值活动时还需要评估整个价值体系内局部最优化的程度。例如,一个大型连锁集团总部可以减少它自己的仓储成本,但这可能导致其各分店的存货过多,并进而影响这些分店的相对竞争能力。

在评估企业的资源使用和控制能力时,经常使用的标准是成本效率、有效性和一些财务指标,下面就此做些分析。

1. 成本效率分析

对很多企业,尤其是采用低成本战略的企业,或者是生产某些低档产品以满足顾客基本需要的企业,能否获得成本效率往往是其能否成功的关键。一般说来,在做成本效率分析时首先要考虑以下几个方面。

(1) 是否可以通过规模生产和分销来大幅度降低成本,对制造类行业的企业这一点尤其重要。

(2) 能否通过与供应商的良好合作或者削弱其讨价还价能力来降低供应成本,对那些原料和零配件成本占产品成本很大比例的行业,或者本身的活动很难提高产品附加值的商业和中介组织具有至关重要的意义。例如,各种各样的装配厂,甚至计算机组装厂都是这种情况。

(3) 生产和工艺流程是否合理也是影响企业成本地位的重要因素。合理的生产和工艺流程不仅可以提高劳动生产率,而且可以提高产出率和运营资本的利用率。当然,生产和工艺流程中包含很多具体的活动,因此,有必要对这些活动做深入分析,以确定其中有哪些是成本驱动因素或价值驱动因素。

(4) 是否有效地利用了经验曲线效应,换句话说,是否通过提高市场占有率和更多的销量使成本下降了。如果一个公司不能通过占有率的提高来积累经验和驱动成本下降,那么,当遇到更有经验的竞争对手,或者竞争对手更善于学习时,该公司的竞争地位就会不断地下降。

2. 有效性分析

企业对资源的使用和控制能力不仅表现在其能否通过一系列价值活动来提高组织的成本效率,而且与其产品或服务满足客户需求的程度密切相关。换句话说,我们不仅要考察资源利用的效率,还要考察其有效性。应该看到:保证资源利用的有效性是更为重要的工作,唯有如此,提高成本效率才是一件真正有意义的事情。在做有效性分析时,必须明确以下几点。

(1) 产品或服务的功能和特性与客户的要求匹配程度如何?为提供这些特殊功能或特性所增加的成本能够由客户补偿吗?如果答案是否定的,那么,资源的使用可能就是无效的。

(2) 企业所提供的商务支持活动和顾客服务与客户的要求相符吗?它们能为产品或服务增加价值吗?同样,所增加的价值是否足以补偿这些活动所增加的费用。

(3) 在售前、售中和售后,与客户建立的交流和关系是否可以为企业增加价值?如果增加,主要体现在哪些方面?是稳定了与客户的关系,还是减少了交易费用,或者节约了市场开发成本?

3. 财务分析

企业对资源的使用和控制能力在很多情况下可以通过财务指标反映出来,这也是长期以来人们比较关注财务分析的原因。然而,如何衡量一个企业或组织的财务状况是一项困难的工作,因为不同的利益相关者对企业有不同的期望,满足一方的要求可能伤害了另一方的利益,因此,管理人员必须善于在不同期望下调度和使用资源,并使资源配置大体均衡。

(1) 资源的使用和调度要满足股东对投资回报的要求,反映在财务指标上就是要有比较高的每股收益和市盈率。

(2) 资源的使用和调度要尽量降低银行和其他贷款者的风险,反映在财务指标上就是要有一个合适的负债比率和利息收益率。

(3) 资源的使用和调度要满足供应商、债权人和雇员对短期资金使用的要求,因为他们最关心的是企业能否按时支付工资和偿还贷款,反映在财务指标上就是要有一个合适的"流动比率"。

(4) 资源的使用和调度要有助于降低社会成本,如不能引起严重的环境污染,不能对社会公众和儿童造成损害等。随着人们物质文化生活水平的提高和对生活质量的日益重视,这一问题将越来越重要。

四、动态能力

前面对资源和能力的讨论较多地关注它们的静态存量,但资源和能力的开发、积累、流失的过程本质上是动态的。而且随着超竞争时代的来临,企业所处的环境变化越来越快,使其更难获取并维持竞争优势。基于这样一个快速变化的环境,学者们提出了"动态能力"概念,用来探索企业在动荡变化的环境中实现不断成长的途径。

1. 动态能力的内涵

动态能力,是指企业整合、创建、重构企业内外部资源从而在变化多端的外部环境中不断寻求和利用机会的能力,也就是企业重新构建、调配和使用企业核心竞争力从而使企业能够与时俱进的能力。

动态的资源和能力观点与传统的观点有些不同。它强调更新甚至重构资源和能力的必要性,从而与变化的环境保持一致。这种能力在技术变化迅速、未来竞争难以预料的产业中尤为重要。当在位企业不具备这样能力的时候,即使是强大的企业也会被那些准备树立新产业标准的竞争对手所超越。之所以说企业资源与能力组合的价值直接受到动态能力的影响,也正是因为竞争环境不断变化给企业重新配置资源带来挑战。

2. 动态能力的表现方式

从上述定义和分析中我们可以看到,"动态能力"最大的特征就是重新组合资源和能力。下面是通过整合不同资源与能力从而创造新型高回报产品和服务的动态能力的几个典型例子。

首先,我们看到迪士尼通过其发布的公主系列产品获得了意料之外的收益,公主系列产品就是以迪士尼故事中的著名人物为基础开发出来的产品,这体现了迪士尼整合开发和营销活动的动态能力,它把已经成功开发出的人物形象和相分离的营销活动合为一体。

其次,动态能力的另一种形式是在不同部门间将资源和能力重新配置或转化。UPS收购邮政中心说明了这种情况。UPS通过将自身在主要业务领域中特许经营获得的知识进行编码,然后在邮政中心创造出了未来特许经营的模板。在新领域中的特许经营者需要准备复制模板,然后才能根据当地市场的需求进行适度调整。因为UPS内部的研究表明,预先复制模板的特许经销商要比先把经营模式定制化的经销商表现得出色。

最后,通过联盟和收购的方式也是企业重新组合资源和能力的重要途径。资源和能力通过这样的方式既可以得到也可以失去。思科公司过去一直致力于通过战略性收购在整个网络架构中的一些片段或局部从事运营的企业来发布新产品。

英特尔内部的组合流程和组织文化使英特尔能够从一个技术平台戏剧性地转换到另一个平台,尤其是能把稀缺的生产资源在非常短的时间内从存储芯片产业转换到微处理器产业中。这种基于流程和文化的动态能力也是最难拥有和构建的。

从上述几个运用动态能力的例子中,我们可以总结出动态能力是外部动荡环境和激烈竞争的产物,企业往往可以通过培养、构建动态能力来有效面对超竞争环境。

3. 动态能力对我国企业的借鉴意义

目前我国有相当数量的企业还不具备所谓的核心能力，因此在与国外企业的竞争中难以获得竞争优势。在技术和经营范式不断变革的今天，动态能力理论为我国企业发挥后发优势、追赶国外成熟企业提供了新的思路。

首先，识别我国企业当前的战略态势，结合企业内外部环境的现状与趋势，对企业的发展路径进行战略性调整。我们当前所处的时代是各种因素瞬息万变的时代，任何技术、组织或经营范式都不可能一成不变地长期维持下去。而范式的转变往往要求企业的资源组合、结构配置和发展路径随之进行根本性变革。在原有范式下处于竞争劣势的企业，通过不断审视自身的战略态势、发展路径，借助资源重组、流程再造、能力重构等机制，就有可能实现与新环境的战略性匹配，进而赢得长期竞争优势。

其次，企业的投资重点应向构建"高阶能力"倾斜。高阶能力是一个相对概念，相对于企业的制造能力而言，研发创新能力就是高阶能力。对于处于后发地位的我国企业而言，要缩短与国际巨头的差距，就必须重视吸收国外先进技术后的二次创新，而且必须进行突破常规的二次创新，这样才有可能抓住新范式转变带来的机遇，赢得竞争优势。除了研发创新能力以外，企业投资构建柔性制造系统、设计适应变化需要的组织架构、营造富于创新的组织文化等高阶能力，都有助于企业提升对外界环境的适应力，抓住机遇赢得竞争优势并保持下去。

最后，强化组织学习在能力构建中的作用，创建学习型组织。国内企业的技术、组织和经营能力普遍偏低，因此在经济日益全球化的大背景下，如何提升适应全球环境变化的能力是一个必须重视的重要问题。通过强化组织学习机制，创建学习型组织，不但可以提升企业原有的组织能力，而且可以通过能力监控，及时采取纠正措施改进企业的运营规则，从而适应范式变化的要求。此外，系统的组织学习可以增强企业的研发、重构、再造和整合等能力，使得适应能力成为企业的核心竞争力，从而帮助企业实现跨越式发展，并且在新范式出现时占据主动地位。

第三节 企业的资源、能力与竞争优势

本章前两节我们讨论了企业资源和能力的类型及其评价方法，这一节我们来分析企业的资源和能力怎样才能转化为竞争优势。换句话说，企业必须明确在哪些条件下它所具有的资源和能力可以超过竞争对手，并进而增加其盈利潜力。

一般说来，企业从其资源和能力上获得的竞争优势及盈利大小主要取决于这些资源和能力的特性，如可获得性、可维持性和适用性等，下面我们就进一步做些分析。

一、竞争优势大小与资源和能力的关系

一项资源或能力要成为竞争优势必须满足两个条件，如图4-5所示。

第一，这种资源和能力必须是稀缺的。如果在行业内很容易得到这类资源和能力，那么，它们将成为参与竞争的先决条件，而不会成为竞争优势的来源。例如，在个人计算机行业，要想有效竞争，制造商必须具有以下几项资源和能力，一是要能买到最新的Intel的

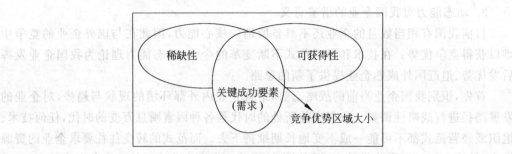

图 4-5 竞争优势大小与资源和能力关系图

微处理器和微软的操作系统；二是组装成本要低；三是有好的分销渠道。Dell,康柏和 IBM 虽然都是实力较强的公司，但它们在计算机整机生产上却没有明显的竞争优势。这是因为任何一家微机生产商都很容易获得上述几项资源和能力。在汽车行业，日本丰田汽车公司和其他日本汽车生产商在制造过程中实行全面质量管理的能力，在 20 世纪 80 年代曾使这些公司拥有很大的竞争优势，但到 90 年代早期，随着全面质量管理在全行业范围内的扩散，这种能力不再成为一种明显的竞争优势。再如，过去我国很多行业的产品拥有价格低的优势，这是因为企业靠近原料产地和有廉价的劳动力，但随着合资企业的进入，这种优势也在逐渐丧失。

第二，这种资源和能力必须与行业的关键成功因子相联系。换句话说，它们应该为顾客创造可感知的价值。例如，在出版业，许多国家级出版社有较长的历史和信誉，过去曾给它们带来很大的竞争优势，因为过去读者更多关注的是价格和印刷质量，而现在它们的竞争优势正在逐渐丧失，因为读者的注意力已经转向内容的新颖性和实用性。在饮食业和食品加工业，国营企业拥有的资源和能力过去一直是它们的优势所在，但现在这种状况已发生了很大变化，这是因为许多消费者，尤其是集团消费的注意力已从价格转向食品结构和服务水平。而后者正是国营企业所不熟悉和欠缺的。

二、竞争优势的可维持性与资源和能力的关系

企业的盈利能力不仅取决于所建立的竞争优势的大小，而且取决于其维持竞争优势的时间长度，而这一时间长度既与资源和能力的持久性有关，同时又与竞争对手模仿企业战略的能力有关。一般说来，资源和能力的流动性越强，或者可复制性越好，竞争对手的模仿能力也就越强。

所谓资源和能力的持久性是指它们能在较长时期内维持其价值不变，但很遗憾，这是不容易做到的。例如，技术的迅速变化已经大大缩短了很多设备的使用期，尽管这些设备还远远没有折旧完毕。另外，企业的信誉和知名度却可能持续更长的时间，如世界上很多著名的跨国公司和我国的百年老字号企业的信誉，都曾给它们带来很多新的市场机会。当人们想喝一杯饮料时，自然会想到可口可乐和百事可乐；当人们患眼疾时，自然会想到北京同仁医院。事实上，即使这些公司进入新的行业或推出一种新的品牌，也容易引起消费者的关注并赢得他们的信任。

影响竞争优势可维持性的第二个因素是资源和能力的流动性，这种流动性可以反映

资源和能力在不同公司之间转移的难易程度。如果一个企业的竞争对手很容易获得模仿其战略所需要的资源和能力,那么,该企业的竞争优势就很难持久。一般说来,原材料、零部件、由设备供应商生产的机器以及只具有一般技能的雇员都比较容易在企业之间转移,而低流动性主要是由以下原因引起的。

(1) 由于地理上的原因,一些企业如果想得到昂贵的大型设备或具有特殊技能的高薪雇员,在这种情况下,原来拥有这些设备和雇员的企业将获得一定的竞争优势。

(2) 由于信息的非对称性或不完整性,要想对资源和能力做出准确估价是困难的。在这种情况下,原有企业掌握有关资源更多的信息和使用知识,可以更好地发挥资源的潜力,他们与新进入者对资源回报的预期是不同的,这将导致它们之间获利能力的不同。

(3) 企业的特有资源一般情况下也不易转移。除了由于地理原因和信息不对称引起的交易成本外,因资源转移引起的劳动生产率降低也是资源不易流动的原因。例如,品牌信誉一般是与创造该品牌的公司联系在一起的。在这种情况下,品牌名称所有人的变更会破坏该品牌的价值。事实上,无论在我国还是国际上,很多著名品牌都是以公司名称命名的,如可口可乐、娃哈哈、三九胃泰等。

此外,还应该看到,与单项的资源相比,组织能力的流动性更低,这是因为组织能力与文化和环境有更为密切的关系。

除持久性和流动性外,资源和能力的可复制性也是影响竞争优势可维持性的重要因素。例如,在零售业,一些商店通过延长开业时间、有奖销售、信用卡等方式,所获得的竞争优势就很容易被竞争对手所模仿。同样,在金融服务业,一家金融机构推出新的服务方式也很容易被其他金融机构所模仿。因此,在以上一些行业,哪家公司想维持持久竞争优势都是困难的。

另外,有些组织能力却很难模仿或复制,当这种能力与特定的组织文化相联系时尤其如此。一些组织能力表面上看似乎很简单,但实际上却很难模仿。例如,日本公司所采用的准时生产制和质量控制体系看似相当简单,并不要求复杂的技术和操作系统,但由于其要求不同部门和人员之间的高度合作,因此,世界上其他国家的公司,包括欧洲和美国的大公司都很难有效地实施这种生产体制。

即使有些竞争对手可以复制或模仿企业的资源和能力,但由于资源和能力具有动态性,因而最先拥有资源和能力的企业仍可获得一定的竞争优势。一般说来,要经过一段时期的投资才能形成一定数量的资源和能力,并进而产生资产批量效应,这意味着在技术、销售渠道和信誉方面取得的优势地位,可以加速随后的资源和能力的积累过程,而试图通过快速投资来积累某些特殊资源和能力往往并不奏效。

三、竞争优势与资源和能力的适用性之间的关系

毫无疑问,人们总是认为资源和能力的所有者会取得相应的回报,而实际上,所有权常常是一个模糊的概念。名义上讲,机械设备、品牌或专利等都归收购或开发这些资源的企业所有,但实际上,许多资产权,尤其是技术产权很难明确其归属,这是因为:第一,企业的技术与个人的人力资本之间的界限并不清楚;第二,雇佣合同仅仅部分地说明了企业从雇员那里买到了什么。而实际上,这种雇佣合同远远不能说明雇员所拥有的知识与

技能。事实上,当涉及技术与专有知识时,人们很难确定哪些东西归于个人,哪些东西归于企业。当某个技术水平较高的人因某种原因,尤其是因各种矛盾而离开原来的企业时,他不仅带走了所拥有的知识和专长,而且还可能带走该企业的商业秘密。这些人离开后既可能受聘于竞争对手,也可能自己办企业,无论出现哪种情况,都会削弱原来所在企业的竞争地位。

就组织能力而言,当这种能力的形成依赖于雇员的技巧和知识,而后者又以组织为其存在基础时,评价组织能力的适用性问题变得尤其困难。事实上,企业对某种能力的控制程度以及企业与雇员个人之间权力的均衡状况,在很大程度上取决于个人技能与组织之间的关系。个人的技能和知识越依赖于企业整体和信誉,企业对雇员控制的能力就越强,同时从组织能力上获得的回报也就越高。

图 4-6 是对企业内部进行分析的逻辑过程,管理者根据企业的资源、能力和持续竞争优势所做的决策对于企业建立竞争优势和获取超额回报有着极其重要的影响。但是在快速变化的超竞争环境中,企业管理者对于企业内部的资源、能力、竞争优势以及三者的适用性之间的关系分析有很大的不确定性,从而使管理者面临着巨大的挑战。

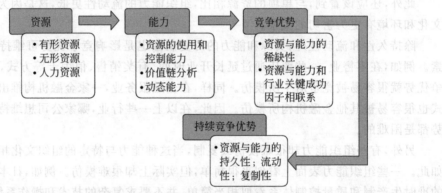

图 4-6 企业持续竞争优势路线图

当很难确定某些资源和能力的所有权时,企业和其雇员之间的利益分配在很大程度上取决于两者的相对讨价还价能力。如果雇员个人对劳动生产率的贡献很容易明确,且雇员本人很容易流动,同时其技能在其他企业同样可以发挥作用,那么,雇员在利益分配上就会处在较强的讨价还价地位。

除了所有权相关问题外,外部环境的复杂性也会增加竞争优势与资源和能力的适用性之间关系的模糊度。新的专有技术出现、政治和经济发生迅速的变化、社会价值观发生改变、顾客的需求发生转变,这些都是管理者在调和竞争优势与资源和能力之间关系时面临的巨大挑战。

四、核心能力的概念及其应用

在前面的分析中我们已经看到,企业竞争优势的形成与维持与其资源和能力有密切的关系,如资源的稀缺程度、资源和能力是否能为顾客创造可感知的价值、资源与能力的持久性、流动性和复制性等,并不是所有的资源和能力都能为企业带来竞争优势,它们必须满足一定的条件或要求,所谓企业核心能力(又称核心竞争力)就是为了描述这种独特能力所提出的一个重要概念。

企业核心能力的概念最初是由 C. R. Prahalad 和 Gary Hamel 发表在《哈佛商业评论》上的一篇文章中提出的,从那时起,有关企业核心能力的观点和著作愈来愈多,研究也在不断深入和细化。但遗憾的是,直到今天,企业核心能力还没有一个能为大家普遍接受的、较为清晰的定义,而且由于不同研究者关注的问题不同和视角上的差异,对核心能力的理解上的歧义有进一步扩大的趋势。由此给企业核心能力的识别和培育造成了相当大的困难。因此,需要对企业核心能力的内涵做更多的研究和讨论。

Prahalad 和 Hamel 给出了一个关于企业核心能力的形象化说明,如图 4-7 所示。如果说从事多角化经营的企业是一棵大树,那么,树干和主要分支是它的"核心产品"(core products);较小的分支是组成它的不同的业务单元(business unit);树叶、花和果实是它的"最终产品"(end products),而为这棵大树提供营养并保持其稳定性的根系就是企业核心能力。以本田公司为例,该公司所生产的不同型号的汽车、摩托车等是其最终产品,汽车和摩托车、割草机等构成了其战略业务单位,发动机是其核心产品,而其全球闻名的引擎技术则是它的核心能力,如图 4-8 所示。

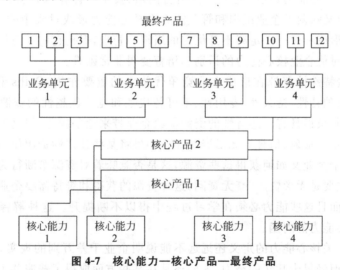

图 4-7 核心能力—核心产品—最终产品

基于以上认识,Prahalad 和 Hamel 给出了如下定义:

企业核心能力是组织中的集体知识,尤其是指协同不同产品的生产技能,以及对多样化的技术进行集成的知识。

上述定义是关于企业核心能力的较早的和"经典"的定义,虽然定义本身强调企业核心能力乃是一种知识的集合,但从 Prahalad 和 Hamel 的形象化说明和其实际应用上看,人们通常还是把核心能力理解为一种核心技能,如本田公司的发动机技术、佳能公司的光学技术、夏普公司的光电技术和 3M 的聚合物化学技术等。虽然把核心能力理解为核心技能一定意义上使概念简单化,同时有助于人们在实际工作中识别某一企业所具备的核心能力。但这一定义显然在很多情况下还不能解释一些企业虽然看不出具有哪种明显的

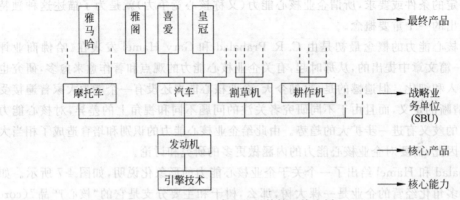

图 4-8 本田公司的核心能力树

技能或核心技术,但都同样有着骄人业绩的复杂现实,如我们很难说麦当劳和肯德基到底具有怎样的核心技能。沃尔玛、美国联邦快寄等公司也许都是通过良好的组织和管理而蜚声全球的,D.福克纳和 G.鲍曼认为:一个企业所拥有的又能使其在行业中表现最佳的运行制度可称为核心能力,这一能力包括销售网络、技术一体化以及价值提升和创新能力。虽然这一定义强调了企业组织和管理能力在核心能力形成过程中的重要作用,或者说,核心能力的形成和保持一定离不开优秀的组织和管理,但把它们本身作为核心能力显然过于宽泛,同时使企业核心能力的识别和培育变得非常困难。

考虑到一些特殊性资源在形成企业竞争优势中的重要作用,Collis 和 Montgomery 等认为那些具有独特性、持久性、专用性、不可替代性和竞争优越性的资源就是企业核心能力。应该看到,虽然具有上述特性的资源能给企业带来竞争优势,但这种资源到底是指实物资源,还是企业形象、信誉等无形资产呢?如果将某些独占性资源作为企业核心能力来对待,那么一个企业又如何获得这些资源,这是否意味着对资源垄断行为的鼓励。如果说这里的资源主要是无形资产,毫无疑问,这种资源的获得和维持需要企业具有良好的组织和管理能力,而且这些能力必须在学习过程中得以不断提升。这种解释同样不适当地扩大了企业核心能力的内涵。

尽管上述有关核心能力的定义还远远不能说明企业千差万别的现实,而且概念上比较模糊和交叉,但经过十几年的努力,人们还是在某些方面取得了普遍共识。

第一,核心能力是指某些技能或知识集合而非产品和功能。毫无疑问,一个具体的产品或某项产品功能,包括那些受到专利保护的产品和特殊功能也很容易被他人复制,或为一些替代品所替代,而技能或知识集合可能掌握在一群人手中,而这群人的技能和知识集合又是通过组织协调才能发挥作用,所以它们才是竞争者难以模仿的核心能力。

第二,企业核心能力不仅是产品生产技能的协调和技术集成,它也涉及组织和价值传递。如核心能力常常涉及跨组织边界的沟通、包容和深刻的承诺,核心能力往往是跨越各部门的技能或知识集合。

第三,企业核心能力并不等同于"核心产品",尽管它们之间有着密切的联系。核心产品只是企业核心能力在产品上的一种具体体现,换句话说,某一核心产品可能因市场环境的变化不再受消费者的欢迎,但具有核心能力的企业会根据需求的变化迅速采取行动,同时在不改变核心能力的情况下生产出差异化产品,满足顾客变化了的需求。当然,在大多数情况下,核心产品在一定程度上反映了企业核心能力。

第四,核心能力根植于整个组织系统,不能仅仅依靠一两个魅力型领袖或天才人物的存在,它是通过整个企业的组织系统和文化价值的传递而发挥作用,一旦形成这种以整个组织体系和共同的文化价值为基础的组织能力,竞争对手就难以通过简单模仿或挖走几个关键人物就可以复制这种能力。

第五,不存在外延方向上统一的"核心能力",但存在内涵上统一的核心能力,关键在于"核心"和"能力"两个方面的统一。换句话说,不是所有成功的企业都拥有一种为大家所共同承认和易于识别的统一的核心能力,每一个企业都可以拥有自己的独特的核心能力,但这种能力一方面必须为企业带来相对持久的竞争优势,另一方面又不是一般意义上的组织或管理能力。即是说,如果一味地扩充核心能力涵盖的内容,那么核心能力也就失去了"核心"。

怎样识别一种能力是企业的核心能力还是一般能力呢?一般认为核心能力有三个主要特征。

(1) 一个企业的核心能力应该为顾客创造可感知的价值。例如,日本本田在生产世界一流的发动机和传动系统方面的能力确为用户提供了很多可感知的价值:省油、易发动、易加速、噪声低以及振动小等。强调为顾客创造价值不仅是核心能力的本质,而且有益于帮助企业管理人员和技术开发人员从顾客和市场的角度评价一种能力和资源的优劣,而不是自身的主观好恶。事实上,也只有那些为顾客创造价值的能力才能在市场上得到回报,从而进一步获得人员和资金的支持,反过来又会使这种能力得到进一步培育和提升。实际上,企业或组织也往往根据市场标准来判断一项能力和资源的优劣。

(2) 一个企业的核心能力应该具有难以模仿性。当然,所谓难以模仿也是一个相对概念,实际上,世界上也没有什么绝对不能模仿的技术和管理诀窍。只要企业在一定时期内保持对某项技术的领先地位,竞争对手在短期内不能迅速开发出这种技术,或者企业掌握一种生产诀窍和药方,而它们也还没有泄露和传播,那么,企业也就在这一时段具有竞争优势。实际上,除了某些特殊技术和生产药方外,多数企业的核心竞争能力在不断培育和提升过程中,如本田的发动机技术、3M 公司的薄膜技术等。具有核心能力的企业由于处在技术和管理变革的前沿,积累了更多的经验和财富,因而也更易于创新和维持其拥有的核心能力。

(3) 一个企业的核心能力不仅要为顾客创造可感知的价值和具有难以模仿性,同时应该是企业的各战略业务单位可以共享的能力。如果一种资源或能力仅仅是有关某一特定产品的特殊能力,根本不能向其他战略业务适当扩散,同时也不能在公司范围内为企业增加价值,那么,我们认为这种能力就不是一种核心能力。换句话说,核心能力是一种具有适当应用范围,同时又能给企业带来竞争优势的能力。大量研究发现,那些成功的公司不仅在前期经营过程中培养了自己的核心能力,而且更重要的是形成了以这种核心能力为基础的战略导向,根据 M. Robert 的研究,依据所在行业的特点和市场条件的差别以及核心能力的不同,不同公司可以有不同的战略导向。采取产品导向战略的公司要有目的的将精力集中在某一单一产品及其系列上,如可口可乐、波音公司等;采取用户导向战略的公司要有目的的将精力集中在自己有兴趣的客户群体上,这种战略成功的关键在于准确掌握用户需求的变化并作出迅速的反应,如强生和宝洁公司等;采取技术导向战略的公司将重点放在某些核心技术的研究开发上,旨在长时期内保持技术领先的地位,成功地实施这种战略需要对研究和开发有充足的资金投入并有高水平的尖端技术人才,如辉瑞、3M、Intel 和北大方正等;采取销售或营销导向战略的公司关注的焦点是如何建立一个有特色的销售体系和网络,如 Dell 在美国的直销模式和联想在中国的代理模式等。

上述的研究结果和企业实践表明,一个企业,尤其是管理、技术和资金实力都不是很强的企业不应该也不可能同时追求多方面的优势,并同时满足多个市场不同消费者的要求,集中精力做好自己能做的事,或专注于培养一种核心能力也许永远是一种明智的和可行的战略。

五、网络环境下企业应该具备的一些特殊能力

无论哪种类型的企业,无论处在什么样的环境下,要谋求长远发展和建立长期竞争优势,都要不遗余力地培育自己的核心能力,但仅仅如此还是不够的,因为网络环境下企业的运作方式、行业边界、交易对象和面临的问题等都发生了很大变化,如表 4-3 所示。因此,除了培育核心能力外,还必须建立以下几个方面的特殊能力,只有这样,才能充分发挥核心能力的基础和支撑作用。

表 4-3 传统方式与电子商务方式的差别

项　　目	传 统 方 式	电子商务方式
运作方式	实体运作	虚拟运作
行业边界	竞争边界相对固定不变	竞争的边界模糊
重组方式	结构化的正式联盟为主	网络化的非正式联盟为主
交易对象	固定	流动,随机选定
交易速度	长期合同	现货市场
销售渠道	实体场所	电子交易虚拟场所
面临的问题	区域的限制	复杂的需求和迅速变化的环境
产品服务的开发	速度慢	速度快
与客户的关系	点到面的服务关系	点到点的服务关系

(一)收集和更新信息的能力

在网络环境下企业决策需要更多的信息,因此,必须增强对信息的敏感性和对信息爆炸的适应性。不仅要注意收集各方面的信息,而且必须把客户信息、采购信息、生产信息、研发信息、财务信息、客户支持信息等有机集成,否则就无法对客户的需求作出及时响应,导致效率下降,客户流失。为了实现信息的有效交流和集成,首先要建立以下几个系统。

1. 供应链管理系统

这一系统涉及企业的外协、外购、分销、库存管理、运输和客户支持等环节。

2. 生产管理信息系统

该系统包括企业的各种生产数据、物料清单、生产计划、质量管理、成本管理等各种信

息的集成。

3. 财务管理系统

这一系统涉及企业资产负债信息、流动资金信息、应收应付账款信息、财务分析信息等的集成。

4. 客户关系管理系统

由于提高顾客满意度已经成为企业提高竞争力的最重要手段之一,因此,建立客户关系管理系统变得日益重要。实际上,客户关系管理已成为主要的基础管理工作。

5. 决策支持分析系统

这一系统主要是对企业的各种经营数据进行系统分析,及时为企业的经营决策提供支持,提高决策的效率和准确性。内部信息系统的集成应按照不同部门、不同人员的信息需求,设置访问权限,既做到信息实时共享,又要保证信息安全可靠。

(二) 内部的资源整合能力

企业应构建局域网,全面整合企业内部资源。在局域网的基础上,应借助 ERP、CIMS、CAD,连接研发、生产、供应、营销、财务、服务等环节,实现对人、财、物利用的全面优化。

(三) 利用各种外部资源的能力

网络化和电子商务的发展使虚拟生产和制造等成为可能,因此,企业之间的竞争结局不再仅仅取决于企业实际占有资源的多少,而是取决于它可控制运用资源的多寡,所以,企业必须拥有整合外部资源的能力。

(四) 扩建电子商务社区的能力

通过扩建电子商务社区,企业可以利用因特网所提供的信息共享和实时交互功能,完成协同式的商业运作,从而减少中间环节,提高交易效率,降低交易费用。如世界汽车业三大霸主——通用、福特和戴姆勒-克莱斯勒共同出资组建 COUISINT 网站,集中进行三大汽车公司的原材料、零部件采购,成为世界最大的汽车电子商业社区。

(五) 网络搭建和改造的能力

为了充分发挥网络和电子商务的作用,企业需要较强的网络搭建和改造的能力。这些网络系统如 ERP 系统,绩效考核系统(平衡计分卡)以及针对三个直接增值环节所设计的客户关系管理(CRM)、供应链管理(SCM)以及产品研发管理(PLM)等。

第四节 市场份额和市场地位分析

前已述及,一个企业的盈利能力主要取决于两个因素,一是其所在行业的结构;二是其相对竞争地位。毫无疑问,本章前三节有关资源和能力的分析有助于我们从不同方面去认识和评价一个企业的相对竞争地位,也有助于我们认识一个企业是否具有发展潜力和会形成怎样的核心能力。然而,仅有上述分析是不够的,因为一个企业的总体实力强,并不意味着它在每个方面都优于竞争对手,而一般情况下企业生产和经营的产品都不止一个或两个,总有一些好的产品项目,同时也不可避免地有一些坏的产品项目。因此,有必要对企业产品组合的每一产品项目进行分析,以便根据它们各自的相对市场份额和市场地位采取相应的策略。

一、市场份额分析

在很多情况下,市场竞争表现为市场份额之争,而且具有最高市场份额的企业往往也获利最多。如 IBM 在计算机主机、麦当劳在快餐店和可口可乐在软饮料行业都占有最高的市场份额,因而有可观的利润。

计算一个企业的市场份额似乎是一个容易的任务,即用该企业的市场销售额除以全部市场销售额,但它实际上并不如此简单。因为确定某一企业的市场份额完全取决于如何定义该企业的市场。例如,如果该企业的产品线非常有限,那么,测量时是仅包括销售该企业产品的市场中它占的比例,还是包括所有竞争对手的产品的市场中它占的比例。类似地,如果该企业仅在中国的某一区域参与竞争,那么,它的市场是仅指那个区域,还是整个中国?

上述问题似乎是不重要的技术问题,但它能够深远地影响对一个企业的分析以及对其市场地位的判断。例如,如果皇冠密封公司(Crown Cork & Seal Co.)把其市场定义为整个容器市场,那么,它仅占有很低的份额。另外,如果将其市场仅限定为金属容器市场,那么,它就占据了重要的市场份额。很显然,皇冠密封公司在两类容器市场的相对地位是不同的,因而其战略着眼点也会不同。

了解市场份额是一项重要的任务,但企业更关心的是其能否扩大自己的市场份额。很明显,并不是所有市场都能出现增加市场份额的机会。一般说来,在下述几种情况下企业比较容易显著地增加其市场份额。

1. 整体市场迅速增长

在整体市场迅速增长的地方,企业有更多的机会增加市场份额,因为一些竞争对手可能缺少资源条件或能力与快速增长的市场保持同步。例如,我国春兰空调在 1995—1996 年、联想公司在 1997—1998 年,都因市场的迅速扩大和它们自身能力的提高而迅速增加了市场份额。

2. 技术、社会价值观和法律环境的变化

技术发明和进步为一些企业提供了建立市场份额机会的例子已屡见不鲜。例如,固定式滚筒打字机的发明使 IBM 成为办公室打字机市场的领先者;在 20 世纪 60 年代,美国年青一代朝着非正规生活方式转化的趋势,为 Levis 公司提供了通过生产宽线斜纹布以扩大市场份额的机会;同样,我国人们生活方式方便化的倾向,为麦当劳、肯德基、可口可乐等提供了巨大的市场机会。

3. 有利的竞争条件

当竞争对手忽视了一些差异化因素,使企业有减少成本的机会时,企业能增加市场份额。Miller 公司之所以能够在成熟的美国啤酒行业增加它的份额,是因为没有一个竞争对手有非常成熟的促销技术,也没有其他公司认识到,一个有健康意识的公众可能欣赏轻啤酒。类似地,我国的旭日升公司之所以能在竞争日益激烈的饮料市场增加其市场份额,是因为没有其他竞争对手认识到冰茶更适合我国很大一部分消费群体的口味。

二、相对市场地位分析

1. 波士顿公司(BCG)的成长-份额矩阵

波士顿公司的成长-份额矩阵,又称波士顿矩阵,于1970年由美国波士顿咨询公司首创,后来在许多国家传播,并得以不断发展和完善。该矩阵方法是按每种产品的销售增长率(企业前后两年销售总量之比)和相对市场份额(本企业产品市场份额与该产品主要竞争对手的市场份额之比)将企业的产品分为四种类型,根据它们在矩阵中的位置而采取相应的策略,如图4-9所示。

波士顿矩阵由4个象限组成(分别记为1,2,3,4象限),图中每一点分别对应于不同的相对市场份额和销售增长率。采用该矩阵分析产品组合时,首先,计算企业每种产品的相对市场份额和销售增长率;然后将产品定位在矩阵图中的相应位置,并且以大小不等的圆圈表示出每种产品当年

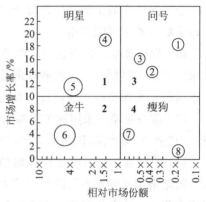

图4-9 波士顿公司的成长-份额矩阵

的市场销售量,以便于对各种产品当年获利情况进行对比。矩阵图中相对市场份额和销售增长率的高低标准应根据不同行业产品的特点和历史经验加以确定。如可以以销售量增长10%作为分界线,大于10%的产品为高,小于10%的产品为低。同样可以以相对市场份额1.0(即本企业产品的市场份额与主要竞争对手的市场份额相等)作为相对市场份额高低的分界线。

第1象限:产品相对市场份额和销售增长率都高,被形象地称为"明星"产品。这类产品既有发展潜力,企业又有竞争能力,是高速成长市场中的领先者,也可以说产品可能处于生命周期的成长期,是企业的重点品种项目,应多投资促其发展。

第2象限:处于这一象限的产品相对市场份额高,但销售增长率低,被形象地称为"金牛"产品,这类产品之所以称为"金牛",是因为它为企业带来了大量的现金收入。由于市场增长率低,企业不必大量投资,同时也由于该类产品是市场领先者,所以具有规模经济和高利润率的优势。企业常常用它的"金牛"类产品的收入支付账款和支持"明星"类、"问号"类和"瘦狗"类产品,后三类产品往往需要大量的现金。另外,"金牛"类产品可能已进入生命周期的饱和期,或属于衰退行业的产品,所以应设法维持,或稳定其生产,以便获取尽可能多的利润。

第3象限:这一象限的产品市场份额低,而销售增长率高,称为"问号"类产品。一般说来,企业的大多数产品都要经历这一阶段,即企业力图进入一个高速成长的市场,但其中已有一个市场领先者。"问号"类产品要求投入大量现金以增加厂房、设备和人员,从而满足迅速成长的市场需要。此外,它还要追赶领先者,在确定"问号"类产品的发展策略时

必须小心谨慎,必须在对它进行大量投资和及时放弃之间做出明智的选择。

第4象限:此类产品的相对市场份额和销售增长率都低,称为"瘦狗"类产品。此类产品既无市场潜力可挖,又缺少竞争力,可能是衰退期产品,或因有其他问题难以进入成长期,应采取"收缩"和"淘汰"策略。

把各种产品在成长-份额矩阵图上定位后,企业就可以进一步确定其业务组合是否合理。一个失衡的业务组合就是因"瘦狗"类产品或"问号"类产品太多,而"明星"类和"金牛"类产品较少。

企业下一步的工作就是为每个产品确定目标和策略,并决定它需要何种支持。企业可以采取四种不同的策略:

(1) 发展策略。采用这种策略的目的是扩大产品的市场份额,甚至不惜放弃近期收入来达到这一目标。这一策略特别适用于"问号"类产品,如果它们要成为"明星"类产品,其市场份额必须有较大的增长。发展策略也适用于"明星"类产品。

(2) 维持策略。采用这种策略的目的是为了保持产品的市场份额。这一策略适用于强大的"金牛"类产品,因为这类产品能够为企业挣得大量的现金。

(3) 收获策略。采用这种策略的目的在于增加短期现金收入,而不考虑长期影响。这一策略适用于处境不佳的"金牛"类产品,这种产品前景黯淡,而又需要从它身上获得大量现金收入。收获策略也适用于"问号"类和"瘦狗"类产品。

(4) 放弃策略。采用这种策略的目的在于出售或清理某些产品,以便把资源转移到更有潜力的领域。它适用于"瘦狗"类和"问号"类产品,这些产品常常是赔钱货。

值得注意的是,随着时间的推移,一个产品在成长-份额矩阵中的位置也会发生变化。成功的产品都有一个完整的生命周期。它们从"问号"类开始,转向"明星"类,然后成为"金牛"类,最终成为"瘦狗"类,从而走向生命周期的终点。因此,一个企业不能仅仅注意其产品在成长-份额矩阵图上现有的位置(这犹如一张快照),还要注意它变化着的位置(这犹如一部动画)。对每一项产品,都应该回顾它去年、前年以至更久以前处在哪里,还要展望明年、后年甚至更远的年份大概将处在哪里。如果某项产品的预期轨迹不太令人满意,企业就应该调整其战略。

应用成长-份额矩阵时,尤其要注意在产品组合发展策略上有一条成功的轨迹,同时也有三条失败的路线,如图4-10所示。

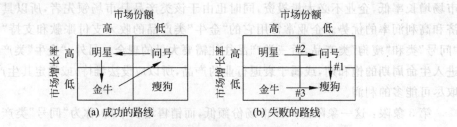

图4-10 成长-份额矩阵的应用

所谓成功的路线是指从"金牛"产品赚来的钱,不是全部投资在原来的业务上,而是投资在"问号"类产品上,将"问号"类转变成"明星"类产品,同时保证"明星"类向"金牛"类产品转化。结果,在矩阵中形成了一封闭的三角形。

而失败的路线有三条。

首先,许多企业将从"金牛"产品赚来的钱,重新投资在该产品上,而对"问号"类产品投资不足,结果"问号"类产品变成了"瘦狗"类,而未变成"明星"类。即用将来的机会换取了现在的金钱。

其次,一些企业对竞争对手或新进入者没有足够的警惕,允许它们在高增长的市场上增加市场份额,结果在"明星"类业务上投资不足,"明星"变成了"问号",进而变成了"瘦狗"。例如,在20世纪70年代,Adidas 允许 Nike 在跑鞋市场上增加份额,结果失去了市场。我国同样也有很多企业犯了类似的错误,有些企业生产的产品本来已成为市场领先者,但却在地位并未完全巩固时就过早地将目光移向其他产品,结果极大地削弱了自己的竞争地位。

最后,一些企业从"金牛"身上挤了太多的奶,结果"牛"死了。众所周知的例子是美国施乐公司在20世纪70年代后期和80年代早期过多地从复印机上获得利润,试图进入个人计算机市场,结果并未成功。目前,我国众多家电企业纷纷涉足电脑业,杭州娃哈哈集团也试图以现有盈利产品支持"非常可乐",与可口可乐和百事可乐竞争,虽然结果很难预料,但这些企业遇到的困难可想而知,因为它们必然分别遇到电脑业和可口可乐的强烈反击,同时又要与原来的竞争对手争夺市场。

波士顿公司的成长-份额矩阵因其简单明了而得到广泛的应用,但它却过多地强调了市场份额对盈利能力的作用,而忽视了其他因素,容易导致决策不够周密。实际上,企业的盈利潜力还与产品与行业特性有密切的联系,为此,在20世纪80年代初,波士顿咨询公司又提出了一种新的矩阵,其中横坐标为竞争地位差别,纵坐标为企业取得的独特优势,该矩阵如图4-11所示。

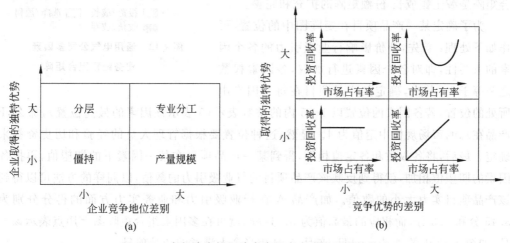

图 4-11 在新波士顿矩阵内市场占有率和利润的关系

由图 4-8 可知，只有在具备规模经济效应的行业，随着市场份额的增加，产品成本才会随之下降，并导致资金利润率增加。汽车、电视机等加工装配行业大体上可归入这一类。

"僵持"行业是指进入障碍较低或退出障碍较高的一类行业，在这类行业内所有企业不论大小其盈利能力都比较低，它们之间的竞争地位和盈利率相差不大，与市场份额基本无关，如一般产品的初加工就属于这一类。

"分层"行业内企业的盈利潜力与其是否能取得某种独特的优势直接有关，独特优势越突出，盈利越高，相反，则盈利较低。但盈利能力却与市场份额关系不大，这方面的典型例子是饮食业。

"专业分工"行业是指这样一类行业，即在行业内市场份额较小，但产品具有特色的企业盈利能力较高。同时，市场份额很大、产品成本很低的企业，盈利能力也较高。而只有处于两者之间的企业盈利能力较低。

2. 通用电气公司(GE)多因素业务经营组合矩阵

该矩阵是美国通用电气公司在波士顿矩阵法的基础上创立的，如图 4-12 所示。在多因素组合矩阵中，按行业吸引力和企业业务实力大小将企业的产品分为几类。图上标出了某公司的 7 项产品项目，以圆圈的大小表示这些产品的整体市场规模，其中阴影部分代表公司产品的绝对市场份额，如产品项目 B 所在市场为中等规模，其市场份额为 25%。

为了确定行业吸引力和企业业务实力的大小，可逐项列出影响它们的因素，如表 4-4 所示，其中包括有波士顿矩阵中的两个重要因素，说明多因素组合矩阵是波士顿成长-份额矩阵的扩充和完善。

为了确定某一产品项目在矩阵图中的位置，可作如下处理：首先，评价影响行业吸引力的各个因素的重要性，即对各个因素进行加权，各因素权数之和等于 1；其次，确定某产品项目在每一因素中

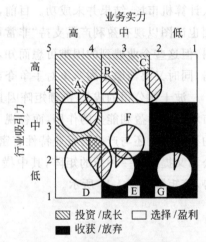

图 4-12 通用电气公司多因素业务经营组合矩阵

所处的位置，若各因素的位置以 1~5 内的整数表示(5 表示该因素的最高位置)，那么，B 产品在总的市场规模中定值为 4。显然，这种位置要根据管理人员的经验和历史资料来确定。最后，将各权数和各定值相乘，得到某一产品项目在某一因素下的期望值，再把各因素的期望值相加，就得到反映该产品项目的行业吸引力的数值，以同样的方法可以得到该产品项目实力大小的数值。如产品 A 在行业吸引力和业务实力方面的得分分别为 3.45 分和 4.3 分，而相应的最高值为 5。这样，就可在多因素组合矩阵图上用点表示该产品，如图 4-12 中的 A 点。可见，产品 A 是相当令人满意的产品项目。

表 4-4 通用电气公司多因素业务经营组合模型

	因 素	权数	定值（1~5）	值（分）
行业吸引力	总体市场大小	0.20	4.00	0.80
	年市场增长率	0.20	5.00	1.00
	历史毛利率	0.15	4.00	0.60
	竞争密集程度	0.15	2.00	0.30
	技术要求	0.15	3.00	0.45
	通货膨胀	0.05	3.00	0.15
	能源要求	0.05	2.00	0.10
	环境影响	0.05	1.00	0.05
	社会/政治/法律	必须是可接受的		
	合计	1.00		3.45
	因素	权数	定值（1~5）	值（分）
业务实力	市场份额	0.10	4.00	0.40
	份额增长	0.15	4.00	0.60
	产品质量	0.10	4.00	0.40
	品牌知名度	0.10	5.00	0.50
	分销网	0.05	4.00	0.20
	促销效率	0.05	5.00	0.25
	生产能力	0.05	3.00	0.15
	生产效率	0.05	2.00	0.10
	单位成本	0.15	3.00	0.45
	物资供应	0.05	5.00	0.25
	开发研究实绩	0.10	4.00	0.80
	管理人员	0.05	4.00	0.20
	合计	1.00		4.30

在图 4-12 中，多因素组合矩阵实际上分为三个部分。左上角的三个格子表示最具发展前途的产品项目，企业应采取投资发展策略；在左下角到右上角这条对角线上的三个格子的产品项目的总吸引力处于中等状态，企业可适当地采取盈利收获策略。右下角的三个格子表示产品项目的总吸引力很低，企业应该采取放弃或收获策略。例如，产品 G 就是一个在规模较大，但吸引力不大的行业中占极小份额的产品项目。

第五节 SWOT分析

SWOT代表优势(strengths)、劣势(weakness)、机会(opportunities)和威胁(threats),因此,SWOT分析实际上是将以前的内容进行综合和概括,进而分析组织的优劣势、面临的机会和威胁的一种方法。应该指出的是,优劣势分析主要是着眼于企业自身的实力及其与竞争对手的比较,而机会和威胁分析将注意力放在外部环境的变化及其对企业的可能影响上,但是外部环境的同一变化给具有不同资源和能力的企业带来的机会与威胁却可能完全不同,因此,两者之间又有紧密的联系,这也是我们将它们综合在一起的原因。

一、优劣势分析(SW)

1. 竞争优势的概念

虽然前面几章我们多次谈到竞争优势及其在市场竞争中的作用,但我们并没有给出它的定义。实际上,定义这样一个概念和明确企业真正的竞争优势所在,并不是一件容易的工作。

一般认为,当两个企业处在同一市场或者说它们都有能力向同一顾客群体提供产品和服务时,如果其中一个企业有更高的盈利率或盈利潜力,那么,我们就认为这个企业比另外一个企业更具有竞争优势。换句话说,所谓竞争优势是指一个企业超越其竞争对手的能力,这种能力有助于实现企业的主要目标——盈利。但值得注意的是:竞争优势并不一定完全体现在较高的盈利率上,因为有时企业更希望增加市场份额,或者多奖励管理人员或雇员。

上述竞争优势实际上指的是一个企业比其竞争对手有较强的综合优势。而事实上,明确企业究竟在哪一方面具有优势更有意义,因为只有这样,才可以扬长避短,或者以实击虚。为此,我们可以认为,竞争优势是指在消费者眼中一个企业或它的产品有别于其竞争对手的任何优越的东西,它可以是产品线的宽度、产品的大小、质量、可靠性、适用性以及风格和形象等。

衡量一个企业及其产品是否具有竞争优势,只能站在现有和潜在用户角度上,而不是站在企业的角度上。例如,一些人可能把大型轿车看作是高性能、安全和豪华的汽车,而另外一些人则把同样一类车看作是不可靠的怪兽。需要强调指出的是,直到今天,我国仍有一些企业和设计部门总是醉心于自己的产品构思或设计,或者不切实际地高估产品的市场潜量,或者抱怨消费者的识别能力不够,殊不知从消费者的角度来判断企业及产品才是最重要的。

由于将企业看作一个整体,认识竞争优势比较困难,以及由于竞争优势来源的广泛性,所以,在做优劣势分析时必须从整个价值链的每个环节上,将企业与竞争对手作详细的对比。如产品设计是否新颖,制造工艺是否复杂,销售渠道是否畅通,以及价格是否具有竞争力等。如果一个企业在某一方面或几个方面的优势正是该行业企业成功应具备的关键要素,那么,该企业的综合竞争优势也许就强一些。

2. 维持竞争优势

由于拥有特殊的资源和能力，或者通过采取适当的战略，一个企业可以获得某种竞争优势，但与此同时也吸引了众多竞争对手的目光，它们开始对此做出反应，这一过程如图 4-13 所示。

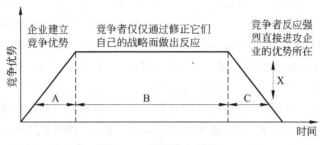

图 4-13 维持竞争优势

由图 4-13 可知，企业建立某种竞争优势需要一段时间，即图中标为 A 的一段；其次，有一个平滑期，即 B 阶段，在这一时期，通过修正它们当前的战略，竞争对手开始注意并对这种优势做出反应。在第三阶段 C，竞争对手开始直接进攻企业的优势所在，或采取其他更为有力的策略使这种优势受到削弱。

毫无疑问，企业维持竞争优势的持续时间至关重要，因为在反应延迟期，企业获得了超过其正常利润的收入。这段反应延迟期的跨度主要是由行业的竞争态势决定的，而影响竞争态势的三个关键因素是：

(1) 建立某种优势要多长时间；
(2) 能够获得的优势有多大；
(3) 竞争对手做出有力反应需要多长时间。

第一，建立竞争优势所要求的时间是竞争条件的函数。在进入障碍较高的资金密集型行业，如汽车、彩电等，建立竞争优势的时间要长一些，而在修理业或服务业，相应的时间要短得多。

第二，所能获得的优势大小也与竞争条件有关。在某些环境，尤其是有较高进入障碍的环境中，比其他企业获得竞争优势的可能性更大。换句话说，一旦企业通过较长时间的努力克服了进入障碍，那么它就有了更大的竞争优势。

第三，反应延迟，即竞争对手采取进攻性反应，并足以侵蚀竞争优势所需要的时间，这一时间长度非常重要。如前所述，它决定了获得非正常利润的时间跨度。另外，在这一时期，企业必须建立下一个战略优势，同时补偿建立第一个战略优势所做的投资。不断地建立新的竞争优势是超竞争环境下企业唯一的选择。

二、机会和威胁分析（OT）

如前所述，随着世界经济全球化、一体化过程的加快，技术的日新月异，尤其是因特网的建立和消费需求的多样化，企业所处的环境更为开放和动荡。这种变化几乎对所有企业都产生了深刻的影响，正因为如此，环境扫描成为一种日益重要的企业职能。

环境发展趋势基本上分为两大类：一类表示环境威胁；另一类表示环境机会。人们对环境威胁所下的定义是：环境威胁是指环境中一种不利的发展趋势所形成的挑战，如果不采取果断的战略行为，这种不利趋势将导致公司的竞争地位被削弱。

本书作者在 1995 年 10 月依据收集到的市场信息和北京海燕——优美加体育器材有限公司（简称海燕）的状况，并按威胁的严重性和出现的可能性做出的海燕公司的威胁矩阵，见图 4-14。由图 4-14 可知，1——竞争者开发成功成套保龄球设备的威胁是关键性的，它将严重危害海燕公司的利益，并且出现的可能性很大。因为保龄球设备的生产技术尽管在体育器材领域属于较复杂的一类，但就其加工、控制和机电一体化程度来说，在机电行业并不算复杂。当时，国内几家企业已准备自己生产开发这种产品。海燕公司必须对这一威胁有清醒的认识，并准备相应的计划。2——国家宏观经济状况持续恶化的威胁虽然对海燕公司的影响很大，但出现的可能性较小。3——国外保龄球设备逐渐进入中国市场的威胁，尽管由于其价格高和安装维修不便，而不会严重削弱海燕公司的优势，但其出现的可能性却非常大。4——政府严格限制集团和公款消费的威胁比较微弱，可以不必太重视。事实上，当时国内已有一些代理商在销售美国、韩国以及意大利等国的保龄球设备。对后两种威胁，尤其是第三种威胁海燕公司需要密切加以关注，因为中国要加入世界贸易组织，国外成套保龄球设备的价格可能大幅度下降，因此第三种威胁可能发展为重大威胁。事实证明，海燕公司的确受到了第一种威胁和第三种威胁。

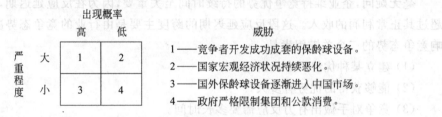

图 4-14 海燕公司的威胁矩阵

同样，管理人员也应该识别环境变化所带来的重要的营销机会。所谓营销机会是指对公司行为富有吸引力的领域，在这一领域里，该公司将拥有竞争优势。

这些机会可以按其吸引力和每一个机会、可能获得成功的概率来加以分类，如图 4-15 所示。值得指出的是，公司在每一个特定机会中的成功概率取决于它的业务实力是否与该行业的关键成功因子相匹配。

```
              成功概率
            高      低        机会
      大 |  1  |  2  |   1——吸引力大，且成功概率很高。
吸引              2——吸引力虽大，但成功的可能性低。
力    小 |  3  |  4  |   3——吸引力不大，但成功概率较高。
                           4——吸引力低，成功的可能性也低。
```

图 4-15 机会矩阵

由图 4-15 可知，一个公司应该努力捕获的最佳机会是图 4-15 中 1 的那些机会，即吸引力大、成功的概率高的机会;而对4的机会可以不必考虑。最后,对2和3的机会,企业应该密切加以关注,因为其中任何一个机会的吸引力和成功概率都可能因环境的变化而变化。

最后强调一点,一个企业仅仅能够识别环境带来哪些机会和威胁是不够的,还必须具有对这些机会和威胁做出迅速反应的能力,对那些持续时间短的重大机会或比较突然的威胁,企业必须做出快速的反应和果断的决策,而要做到这一点,就必须拥有很强的核心能力。

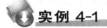

实例 4-1

南航基地升级 "三大航" 激战上海滩

日前,总部位于广州的中国南方航空股份有限公司上海分公司正式挂牌,成为南航旗下第21家分公司。等待多年的基地终于升级到分公司,按照南航方面的表述,此举标志着南航在长三角地区的发展迈出了战略性的步伐,将为长三角航空客货运输提供更丰富优质的选择。

在此之前,总部位于北京的中国国际航空股份有限公司(Air China Limited,简称"国航")已经于2009年在上海成立分公司,渗透上海市场。南航在上海的这一次升级,也意味着东航、国航和南航三大航在上海市场正式展开同级别"较量"。

南航成立上海分公司

对于南航来说,从基地到分公司的"升级"是一个漫长的等待。

在分公司挂牌仪式上,一位南航相关人士私下对《中国经营报》记者感慨:"等了好多个年头了,在成立其他分公司的时候就提交了申请,一直没有批下来。"

作为国内最大的航空公司,南航早在1997年即成立上海营业部,并于2007年发展为南航上海基地,开展了客货销售、机务维修、货机保障、地面服务、运行保障等业务。

南航相关人士告诉记者,此前南航在上海设置的机构仅为"基地"级别,从行政等级到职权上都相当有限。比如,与南航在其他城市的分公司不同,基地一般没有自己直接管理的飞机和飞行员,仅能从事保障运行等工作。上海和北京对于以广州为大本营的南航来说意义重大,因为广州的国际长航线客源比北京和上海要小很多。

成立分公司则意味着,南航将在上海拥有完整的市场、销售、飞行、机务等队伍,执管自己的飞机,并加大上海始发国内外航线的拓展。

业内人士告诉记者,南航迟迟未能在上海成立分公司,主要是受制于民航局的规定。2009年,民航局发布《民航局关于航空公司设立分公司的管理意见》(以下简称《意见》),对航空公司设立分公司实施核准管理,并且提出了航空公司设立分公司的一系列基本条件。根据该《意见》,旅客运输量超过1 000万人次的繁忙机场,设立的公司、分公司原则上不得超过5个。

以上海为例,在当时除了东方航空、上海航空、吉祥航空和春秋航空4家基地航空公司,国航也在此设立了分公司。根据《意见》,上海机场原则上不再接受新的航空公司或分公司的成立。

上述业内人士对记者表示,此次南航分公司获批也许并不意味着设立分公司的管制放松,"东航和上海合并以后,可以被认为是一家航空公司,加起来仍然不超过5家。"

"三大航"抢占上海市场

上海市场向来为兵家必争之地,竞争日趋白热化。目前在上海市场,传统以上海为基地的东方航空的市场份额占绝对优势。此外,上海还有春秋、吉祥两家民营航空公司。在南航之前,中国国航也于2009年年初成立了上海分公司,早一步渗透上海市场。

原本三大航在各自的"大本营"都处于垄断地位,如2010年国航在北京的市场份额为42%;东航收编上海航空后,在上海的市场份额也接近50%;而南航则牢牢盘踞着广州的市场。但现在的趋势是,受到高铁挤压,航空业盈利能力下降,抢夺航线、抢夺航空港、抢夺时刻和三大航相互间的渗透越来越明显。

上海地处华东长三角经济带的中心,也是航空客货运输的核心枢纽。以数据而论,2013年上海虹桥和浦东两个机场的旅客吞吐量达到8 279万人次,仅次于首都机场,稳居国内第二;货邮吞吐量335万吨,位居全球第三。

根据上海市航空运输"十二五"规划,上海要基本建成亿万级机场体系,预计"十二五"期间,飞机起降架次、旅客运输量、货邮运输量年均增长速度分别为9.6%、6.8%和9.5%。旅客吞吐量亚太地区排名前列,2015年力争达9 000万~1亿人次,货邮吞吐量保持世界前列,力争达500万~550万吨,航班起降量2015年达86万架次。

此前尽管名为"基地",但实际上南航也投入了重兵。南方航空总经理谭万庚告诉记者,经过多年发展,南航目前在上海已投放运力38架,开通飞往广州、深圳、沈阳、长春、大连、乌鲁木齐、郑州、北京等地的30多条国内航线,从中国上海至日本名古屋、韩国首尔、中国台北等多条国际、地区航线,2013年,南航在上海地区共执行航班5.3万余架次,进出港旅客700多万人次,每天运营超过140个航班。

货运更是南航在上海市场的重点。传统上,南航一直将上海作为货机经营的最主要基地,打造"辐射国内,连接海外"的重要货运枢纽。目前南航在上海共投入运营6架波音777全货机,开通阿姆斯特丹、法兰克福、维也纳、芝加哥、洛杉矶、温哥华等7条欧美货机航线。

"南航在上海投放的航班数量和承运人数,都已经达到分公司的级别。"南航相关人士坦言。

谭万庚透露,随着分公司成立,南航将持续增强在上海地区的运力投放和服务保障。首批新增3架波音737-800型飞机计划于本月到位,投入运营上海至武汉、昆明、贵阳、广州、深圳等地航班。

据悉,南航升级为分公司后的第一步动作是,着手组建上海分公司乘务队伍,已经在全公司范围内选调100余名精英乘务员。未来,南航还将在上海地区增开更多的国内、国际航线,加密上海至中南、东北以及西南各重点市场的航线密度,进一步增强在长三角地区的竞争力。

与上海的发展同步,2015—2017年,南航将再引进多架波音777全货机,还将筹划建设航空货站,推进长三角货运一体化管理,完善华东区域卡车运输网络,全力打造上海货机枢纽。

"东航作为上海的基地航空公司,有天时地利人和的优势,而国航已经率先在上海成立了分公司。其他力量再想插入,并不容易。"一名民航业内人士认为,一旦南航在沪成立分公司,原有的市场格局就会发生变化。

举例来说,南航是内地唯一既拥有目前运载人数最多的超大型客机空客 A380,同时也拥有东航和国航目前所没有的最新型波音 787 客机的航空公司。如果南航将这两款飞机投入到上海航线的竞争,对其他公司的威胁不言而喻。

资料来源:中国经营报,作者:熊晓辉,日期:2014 年 6 月 23 日。

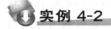

实例 4-2

奥迪 A6L 制胜之道:得技术者得天下

就像没有人会怀疑奥迪 A6L 将继续稳坐高档 C 级车市场头把交椅一样,人们对奥迪 A6L 所展现出的强大技术内涵,更是津津乐道。而奥迪对先进技术的无止境追求,也正是其在高档 C 级车市场长期位居榜首的秘密所在。

单从当前的最新一代奥迪 A6L 上,就不难看出奥迪领先技术为消费者带来的好处——大幅提升的静音效果,让车内更加安静;专为中国用户开发的 2.5 FSI 发动机,更平顺、更省油;手写 MMI 更方便操作、后座中控台更实用、带有语音控制的导航系统精确使用方便……而事实上,作为消费者十分值得购买和拥有的车型,奥迪 A6L 的技术先进性远远不止于此。

技术探求之基——安全至上

作为人类最伟大的发明之一,汽车在为人们的生活带来极大的便捷之余,也给人身安全增加了许多隐忧。在汽车产业不断壮大的今天,如何更加高效地保障车内乘员的安全,已经成为众多车企孜孜以求的主要技术课题。

奥迪 A6L 的车身设计从选材到生产,都旨在最大限度地保护乘员的安全。在欧洲 E-NCAP 安全碰撞测试中,全新一代奥迪 A6L 车型获得了五星碰撞的最佳成绩。

从车身上来看,奥迪 A6L 采用轻量化铝钢混合结构车身,并且在部分结构性部件中采用"局部调制"的制造工艺,将不同材料的特性融入一个部件中。此外,奥迪 A6L 的气囊在同级别中也是非常丰富的:标配全尺寸、环形展开、两级释放的司机和前排乘员安全气囊,前后乘员侧安全气囊,以及头部安全侧气帘。当汽车发生碰撞时,这些气囊能实现对乘客的全方位包裹,从而最大限度确保乘客安全。同时,全新一代奥迪 A6L 还标配奥迪整体式头部约束系统,能在碰撞时更大限度地保护乘客的颈椎不被伤害。

而在客观因素之外,奥迪 A6L 更创造性地在主观层面加入了技术元素,其所提供的驾驶辅助系统如同行驶中的机器人,能实现对驾驶员全方位的协助,让用户在全天候、全路况下都能安全驾驶。

得益于先进的模块化造车理念,此前用于奥迪 A8L 和奥迪 A7 Sportback 的奥迪预防式整体安全系统、带有停走功能的全新自适应巡航系统、奥迪主动式车道保持系统、奥迪侧向辅助系统、夜视辅助系统、平视显示等一系列先进的主动安全系统和驾驶辅助系统如今已装备奥迪 A6L。这些安全辅助系统能够让汽车保持合理的车距,在碰撞难以避免时自动刹车,帮助驾驶员并线或保持车辆在固定车道内行驶,提供泊车辅助,还能通过远红外设备,在夜间延伸驾驶者的视野范围。

技术探求之梁——节能经济

随着节能减排的呼声越来越高,以及成品油价格的节节攀升,即便是在高档C级车市场,"经济性"也已经成为消费者选择车型的重要参考因素。时刻关注市场变动的奥迪品牌,在这一点上同样当仁不让。

全新一代奥迪A6L全系标配带能量回收功能的发动机启停系统,大幅减少二氧化碳排放,提升了燃油经济性。相比上一代车型,发动机启停系统的加入使二氧化碳排放平均减少10克/公里,平均燃油消耗降低0.4升/100公里。一汽-大众奥迪根据前期消费者的反馈,在车内为驾驶者提供了启停系统的控制开关,可以在无须发动机启停系统介入的情况下关闭该系统。

更为贴心的是,奥迪A6L的驾驶模式选项让不同驾驶风格的用户能够做到随心驾驶,选择舒适、运动、自动、高效及个性模式之外,甚至为注重环保的人准备了为之钟情的高效驾驶模式——通过先进的换挡程序和优化运行有效降低发动机的燃油消耗及排放。

驾驶模式选项不仅能调整发动机、变速器及转向系统的特性,还能调整一些选装装备,如自适应空气悬挂、减震阻尼、可逆式安全带预紧器(奥迪预防式整体安全系统基本版组成部分)及弯道照明灯。而驾驶模式不同,发动机和变速器对油门位置变化的响应方式也不同,有时响应更直接迅速,有时则更均衡。同时换挡条件根据不同驾驶模式也会有所不同:动态模式下发动机在转速较高时才换挡,而在舒适模式下发动机转速较低时就会换挡。转向系统同样也会根据不同驾驶状态从运动、平稳到舒适而进行相应的调整。动态模式下,可逆式安全带预紧器触发的临界值会提高。如果配备了空气悬架,车身高度及减震阻尼也会相应改变。

显然,奥迪A6L的驾驶模式选项旨在尽最大可能节省燃油,并主动引导驾驶者采用更加经济的驾驶风格。

技术探求之峰——和而不同

当市场竞争趋于"白热化",同一细分市场下的各品牌车型难免出现"雷同"。因此,"私人定制"才会逐渐成为高端的象征和趋势。全新一代奥迪A6L,不仅提供了众多的领先标准配置,更为用户提供极为丰富的选装配置,让用户可根据自身的实际需求,制定最符合自身利益的个性化订单。

奥迪A6L为用户提供了多种选择,例如:带停走功能的全新自适应巡航系统,它的主要优势就是为用户省去了在停走之间重复设定巡航系统的烦琐,为用户带来极大的便利性;奥迪预防式整体安全系统,它最主要的用途就是在用户注意力不集中时主动为车辆减速,为用户提供主动式安全保障;全LED大灯,它可为用户提供最为接近日光的照明亮度,在黑夜中驾驶犹如在白昼一般,极大地提高了在夜晚驾驶的安全性;奥迪主动式车道保持系统、奥迪侧向辅助系统,这两项配置的主要功能是在用户尚未注意到危险的情况下,主动探测可能发生的危险,并提示用户,为用户带来更为安全的驾驶;夜视辅助系统,通过位于车头奥迪四环标志后的远红外摄像机捕捉前方300米内的热源,经过电脑处理,图像会在仪表盘中以黑白对比色进行显示,当行人横穿车辆行驶方向时,系统会迅速做出判断并以红色突出显示,同时发出声音警告,极为有效地提高夜间行车安全;自动泊车辅助,该系统不但可以帮助车辆进行平行或垂直泊车,还可辅助车辆驶出停车位,超越了主要竞争对手的相似功能,为用户带来真正意义上的泊车辅助功能,提供更好的便利性;平视显示,该系统可将车速、导航箭头及辅助系统所提供的重要信息,以图标或者数字的形式投射到挡风玻璃上,用户在开车时不必转移视线,便能够快速读取上面的信息,大大提高了行车安全性。

奥迪的领先科技从来不是冰冷的技术。在各技术的研发伊始,其目标就是为用户带来更高级别的安全性、经济性和便利性。

资料来源:中国经营报,作者:郑宇;日期:2014年5月26日。

实例 4-3

沃尔玛电商"迷途"

当沃尔玛中国区公司事务高级副总裁博睿(Raymond Bracy)在今年的"98投洽会"上畅谈中国一定会成为沃尔玛除了美国之外的最大的市场、并可能跟美国相匹敌的市场的时候,沃尔玛正面临来自阿里巴巴、京东等中国本土电商的巨大挑战。

2014年第二季度的数据显示,阿里巴巴掌控着中国超过一半的B2C市场,相比之下,沃尔玛两年之前收购的电商平台——1号店仅占1.4%的市场份额。与此同时,由于面临来自苏宁易购、国美在线的强力进攻,到今年年底,1号店线上交易份额的排名有可能继续变化。

所有这些,都在给这家全球最大的线下零售企业带来巨大压力,由于无法找到在电商时代控制成本并获取利润的有效方式,沃尔玛在电商时代明显落后了。除了在美国市场上无法比肩亚马逊之外,在中国市场上,沃尔玛通过收购所获取的电商平台也正在遭遇各种不利的传闻。

比较典型的问题在于,沃尔玛虽然控股了1号店,但沃尔玛与1号店的关系到底如何,是仅仅停留在战略投资层面,还是会利用其供应链优势以及全球采购的议价能力与1号店不断进行资源共享,最终实现协同价值?对沃尔玛来说,1号店更多的是其通过互联网触达中国消费者的探路者或试验者,还是其未来O2O战略的真正组成部分?沃尔玛未来是否会在中国推出它自己的War-mart.com电商平台?一切似乎变数很多。

协同之难

按照博睿的披露,沃尔玛目前持有1号店51%的股份。但是,这种控股地位到底能在多大程度上让沃尔玛与1号店在供应链上实现共享仍然是一个问题。

9月19日,《中国经营报》记者从1号店获得的消息显示,"目前与沃尔玛更多的合作在商品采购、物流方面。一方面,1号店已经开始使用沃尔玛的直采商品,目前1号店的进口直采商品已经拥有近400个SKU,一部分就是通过沃尔玛直采的,比如沃尔玛子公司的ASDA独家和1号店合作,在1号店销售其品牌产品。"

"另一方面,1号店也销售沃尔玛自有品牌的商品,比如沃尔玛自有品牌现在在1号店销售的包括Mainstays/明庭、Great Value/惠宜、Select Edition爱逸特选三大品类的

400多个SKU。"

然而,相比于沃尔玛所销售的几百万个SKU来说,几百个SKU的合作实在是太少。来自沃尔玛内部工作人员也告诉记者,"目前沃尔玛与1号店之间,在供应链上有协同,但是非常小的一部分。"

供应链协同之难背后的原因是什么?是双方在线上线下的磨合没有到位,还是两者在消费者定位上的差异引发了商品SKU上不同的布局?抑或双方仍然各有保留?

此前(今年"6·18"大促之时),记者在采访1号店副总裁程峻怡时,他告诉记者,"1号店正在推出一项为期三年的战略,即针对'辣妈''丽人'最需要的产品进行品类布局,比如丽人会涵盖吃、喝、美容、美护、流行百货、时尚电子等提升生活品质等,辣妈方面会涵盖母婴用品、居家摆设、小型家电等。首先要在这些领域上做到品类全,其次要突出这些品类的产品品质。"

程峻怡同时告诉记者,1号店之所以在总体的品类布局中针对"辣妈""丽人",还有其不可忽视的重要背景,即"1号店以女性顾客为主,女性顾客占比超过2/3,而在一些传统的3C电商里,女性顾客一般都不会超过40%,强调更针对女性的品类布局是与其固有消费人群有关"。

同时,其面向的这些重点消费人群,集中在重点城市,以中高收入的白领阶层为主,她们有比较好的消费实力,对商品品质的要求更高。

反观沃尔玛,其消费者定位却并不单纯是"辣妈""丽人"等女性消费者,逛沃尔玛的人群,相当一部分是高收入男性人群,而作为线下品类最为齐全的零售商,沃尔玛的线上野心当然肯定不只限于销售"辣妈""丽人"所喜好的商品。或许正因如此,让两者在定位上出现了差异。

再来看看店铺的选址方面。数据显示,截至2012年1月,沃尔玛在中国已经开设了381家门店,其中80%处于2～4线城市。目前沃尔玛在中国开设的门店有400多家,但这种城市的分布格局并没有太大的改变。显然,这种2～4线城市与1号店大城市的女性消费人群也出现了差异。

而上述差异的存在,让沃尔玛与1号店在O2O上的闭环很难完全实现。所以,博睿在公开场合才会表示,"我们在美国的电商也是很强大的,叫作沃尔玛.com。很多人认为是除了亚马逊之外最大的电商品牌,现在沃尔玛.com在中国的线上店没有开,但是我们在未来会考虑开。在未来线上线下结合是非常有利的手段"。

而对于1号店,博睿的态度则是,"1号店有我们51%的股份,我们是大股东。另外还有其他网上零售商,都是我们的合作伙伴,我相信这种合作伙伴能够把1号店的业务连接在一起,这样有助于沃尔玛多元化发展的模式,相信这里有很好的商机,我们一定会非常审慎地去发展"。

中国挑战

显然,1号店难以完全实现沃尔玛在中国的电商理想,但沃尔玛要想独自在中国布局自有的电商平台,却也面临巨大的挑战。

长期以来,沃尔玛在零售市场最大的优势就在其全球采购能力和精细的供应链管理体系。强大的供应链管理优势和全球采购的议价能力,让沃尔玛在产品品类以及价格上具备足够的竞争力,当然,这也曾经是国内电商企业普遍欠缺的能力。

但是,伴随国美、苏宁等在供应链领域的逐渐成熟,京东在上市过程中所昭示的强势供应链,沃尔玛在中国的供应链优势正逐渐弱化。与此同时,不够强大的沃尔玛门店扩张覆盖面,以及尚未建立完善的在中国本土的全国配送体系,正成为沃尔玛的软肋。

举例来说,苏宁、国美目前都有1 600家左右的门店,两者同时还在加速二、三线城市的门店布局,而沃尔玛目前在中国只有四五百家门店。与此同时,对应中国城市发展的布局,国美、苏宁的门店调整计划已经完成或基本接近尾声,而沃尔玛的门店布局则刚刚开始调整。

数据显示,仅在今年3、4月间,沃尔玛便关闭了7家门店。而沃尔玛去年宣布,2015年年底之前,公司将在中国关闭25家门店。同时,沃尔玛在中国计划投入6亿元,建第一个购物中心,拟建的购物中心有3~4个。显然,这是沃尔玛在进行线下店面的布局调整。

值得注意的是,在O2O时代,线下门店的布局起着至关重要的作用,比较典型的作用在于门店的体验性,尤其是门店在供应链体系中可以充当重要的库存和配送的角色。

与中国不同,三分之二的美国人口都住在沃尔玛门店周围5英里(约合8公里)的范围内,每天都会有卡车穿梭于全美各地,为各家门店补充库存,这种模式将极大地降低配送成本。而工作人员会直接推着购物车,从沃尔玛连锁店的货架上取下商品,然后打包邮寄给数百万的美国人。

然而,在中国,大跨度的地域距离以及其仅有的四五百家店铺,很难想象沃尔玛可以实现其在美国这样的电商布局。尽管沃尔玛中国目前也支持店面送货,但经历过的人都知道,这种送货不但麻烦,而且消费者要自己付费,这与中国本土竞争者的"免费送货,一日三达"等服务效果相去甚远。

沃尔玛能否在中国电商平台的关键投资上狠下工夫值得关注。众所周知,在电商平台方面,IT系统、物流系统的投资巨大,但过去两年,沃尔玛在这一领域的投资并不显著,对1号店更未看到追加投资的计划。

美国公开的数据显示,(如果2013年年初的预算没有太大出入)沃尔玛2013年在电子商务方面的投入为4.3亿美元,但有多少分摊到中国这个庞大的市场不得而知。不过,博睿表示,"在物流和供应链方面我们过去是投资不足的,现在我们正在追加这方面的投资。"

来自1号店方面的消息也显示,"沃尔玛是1号店最大的战略合作伙伴,1号店是沃尔玛在中国电子商务核心解决方案,沃尔玛与1号店正在制定未来规划,双方将在更多方面展开合作,如供应商资源、供应链、电子商务技术、O2O等方面。"

资料来源:中国经营报,作者:屈丽丽;日期:2014年9月29日。

复 习 题

1. 简述企业资源、能力和竞争优势之间的关系。
2. 有形资产与无形资产有哪些差别,它们各有哪些特点?了解这些资产对企业制定战略决策有哪些帮助?

3. 什么是价值链分析？请举例说明。
4. 企业主要可以通过哪些方面来评估企业的资源使用和控制能力？
5. 什么是动态能力？企业动态能力的表现方式有哪些？
6. 简述竞争优势的可维持性与资源和能力的关系。
7. 什么是核心能力？企业用来识别一种能力是否为企业的核心能力的三个主要特征是什么？
8. 网络环境下企业应该具备哪些特殊能力？为什么？
9. 举例说明企业在哪些情况下比较容易显著地增加市场份额？
10. 如何通过波士顿成长-份额矩阵方法分析企业的业务，并定制相应的发展策略？
11. 什么是SWOT分析？举例说明如何具体应用SWOT分析。

第五章

文化与利益相关者的期望

前面四章我们分析了企业的外部环境、所处的行业结构对战略形成的制约和影响,还讨论了组织的资源和能力,尤其是企业的核心能力在战略形成过程中的关键作用,这些分析无疑都是非常重要的,但不能简单地认为战略是组织对环境的消极反应。因为这种战略逻辑难以认识人在战略演化过程中的复杂作用。事实上,面对同样的环境,甚至资源和能力类似的企业的反应却不一定相同,有时甚至差异很大。这些不同是由于战略决策人员不同的文化和政治背景引起的。换句话说,战略形成过程不仅受环境和企业资源与能力的影响,而且与组织的文化和政治状况有密切的联系,这种文化反映了一个组织更深层的"信仰和假设",并且以一种"本应如此"的方式影响组织对其自身在环境中的定位。因此,认识组织的文化和政治状况是管理人员的又一个重要任务。

除文化和政治外,利益相关者的期望,尤其是那些与组织利益相关且有很大权力的利益相关者的期望,对组织目标具有重要的影响,甚至决定了组织发展的方向。利益相关者是指那些对企业投资或者经营有各种期望和要求的团体或个人,包括股东、顾客、供应商、雇员、管理人员以及众多的社团,如银行、政府和消费者协会等。一般说来,不同利益相关者对企业的期望和要求是不同的,并经常产生冲突。所以,他们总是试图通过自己的权力来影响组织的目标和战略,以便确保自身利益的实现。文化和政治对战略的影响过程如图5-1所示。

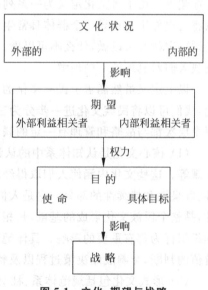

图 5-1 文化、期望与战略

事实上,文化状况对企业战略的影响,虽然不像某些外部环境因素或内部资源要素那么直接和明显,但却更为广泛和深刻。由此不难理解为什么改革开放30多年来,我国一些原来工业基础很好的城市却步履维艰,而另外一些起步较晚的城市却能迎头赶上,并且在经济上一直保持强劲的增长势头;一些原来实力雄厚的国有大型企业的经营状况不断恶化,而一些名不见经传的小型高技术企业和私有企业却迅速崛起。尽管其中的原因非常复杂,但有一点是明确的,即那些发展迅速的城市和企业对外部环境变化有更强的适应能力,能够根据环境的变化和要求调整自身的目标和战略,同时善于协调各方面的利益和矛盾,因而能够把握发展的机遇,而这一切又都与其文化状况有密切的关系。换句话说,这些城市和企业的文化更具开放性和变革性,其中决策层的观念和信仰起了十分重要的作用。因此,必须重视文化和政治在战略制定、评价和实施过程中的重要性。

第一节 文化与战略管理的关系

一、外部文化

这里的外部文化主要是指企业之外的民族文化和行业文化,它们对个人,包括企业主要管理人员和股东的期望都有重要的影响,并进而影响组织战略的形成。

1. 民族文化

根据特普斯昭(Terpstra)和戴维(David)对文化的定义,我们可以认为民族文化是一个民族多数成员共享、可学习而又被动接受的一系列相互关联的符号;这些符号表明了处于其中的社会成员在面临某种问题时,就具有与其他民族的成员不同的解决办法。

例如,爱斯基摩人具有大量形容雪的词汇。文化提供了群体不断延续的方式。例如,孩子的教育方式,到什么时候与谁结婚等。文化几乎渗透到我们生活的所有领域,包括饮食穿戴等。由于将文化定义为一系列符号令普通人难以理解,因此,从管理的角度看,可以将文化界定为指导一个群体日常生活的普遍的共享的信念、准则和价值观。其中文化准则决定什么可以做,什么不可以做。价值观决定什么是好的,什么是重要的。而信念则反映人们对真理的不同理解。

以上定义虽然涵盖了民族文化的主要内容,但对研究管理问题却显得过于宽泛。为此,我们可以将民族文化进一步分为三个层次:即核心文化、形式文化和商业文化。其中每个层次都与战略和管理有一定的联系。

(1)核心文化是认知体系中的认识论部分,包括感知、思维方式、哲学观、价值观和审美观等。这些文化内涵使人们取得经验和认知过程中产生了差异,它是文化中带有根本性、源泉性和持续性的部分。它是人们受遗传、教育和社会环境影响而形成的基本共有特性,是整个民族文化形成的基础,是相当稳定和不易改变的。因此,核心文化对企业战略和组织行为都有重要的影响。具体地说,它影响所有利益相关者对外部环境的观察和对价值的判断,影响战略决策过程以及整个战略实施的有效性。

(2)形式文化包括规范体系、社会关系和社会组织、物质产品、语言和非语言符号系统,还包括认知体系中的知识体系。它们是在核心文化的作用下随历史积累下来的文化外在表现,随时间和环境的变化而不断地演变,并同时反作用于核心文化,对其产生影响。

(3)商业文化其实也是一种形式文化,是传统的形式文化与商业行为的结合。由于商业行为在20世纪得以迅速蔓延和扩展,它的影响已渗透到社会和文化的每个角落,并且在很多方面改变了人类的形式文化,这些都足以促使我们把商业文化作为一个单独的文化层次进行讨论。另外,从管理的角度看,把商业文化单独分出来也很有必要,因为很多管理措施都与商业文化有关。

虽然形式文化和商业文化仅仅是文化的外在表现形式,但对它们进行分析仍然是有益的。

第一,形式文化是核心文化的外在表现形式。因此,了解形式文化与核心文化的关系及其相互作用,有助于从形式文化的表象发掘出核心文化的本质,从而有助于预测和处理因核心文化差异而导致的冲突。

第二,有的文化冲突是由于对形式文化的不了解而造成的,并非核心文化上的冲突,因此,对形式文化的有效掌握和控制,能减少文化冲突,提高组织效率。

第三,商业文化对形式文化有很大的影响,因此,有效地利用商业文化去影响形式文化,进而影响核心文化,这是处理跨国经营时文化冲突的好方法。例如,可以通过母公司的企业文化影响合资企业员工的生活方式、语言、组织制度,并进而影响他们的价值观;再如,可以通过跨国广告和其他营销活动引导消费者的爱好和需求,从而产生新的生活方式和消费观念等。

随着经济的全球化和国际交往的日益增多,跨文化管理问题也日益突出,在跨国公司内部就存在很多的跨文化管理问题,如不同民族人员的跨文化沟通、管理多样化的员工以及组建跨文化团队等。在跨文化管理过程中,尤其要关注以下几个方面:

(1)企业的行为如何随文化的不同而不同。

(2)在不同文化环境中企业行为上的差别是否是由文化因素决定的。

(3)不同文化环境中企业行为差异的变化趋势是倾向于扩大还是缩小。

(4)如何将文化差异转化为一种资源和优势。

2. 反映文化差异的综合模型

根据 Brake, J. & Walker, Doing 等人的研究,不同民族文化间的差异体现在 10 个方面,如图 5-2 和表 5-1~表 5-10 所示。

图 5-2　文化差异的综合模型

表 5-1　不同文化中人们对环境的不同看法

分　类	含　义	代表国家或地区
可控的(Control)	认为人可以控制和改变环境	美国
和谐的(Harmony)	认为人应该与环境保持和谐,天人合一	大多数亚洲国家
受制的(Constraint)	认为人受到环境的制约,宿命论	拉美和中东

表 5-2 不同文化中人们对时间的不同看法

分类	含义	代表国家或地区	分类	含义	代表国家或地区
单一焦点（Singlefocus）	同一时间只做一件事情；以任务为中心；遵守计划	美国、北欧、亚洲发达地区	固定的（Fixed）	精确守时	美国、北欧
多重焦点（Multifocus）	同时做几件事情；以关系为中心；计划赶不上变化	南欧、拉美、中东、南亚	流动的（Fluid）	不严格守时	亚洲、拉美、中东

	过去	现在	未来
美国		▭	▭
东亚	▭		▭
中东	▭		
拉美		▭	
欧洲	▭		▭

表 5-3 不同文化中人们行动的主动与被动导向

分类	含义	代表国家或地区
"行动"文化（"Doing" Culture）	强调行动、成就、达到目标；以成就为基础的激励	美国 欧洲
"存在"文化（"Being" Culture）	强调个人工作满意度；以组织生活质量为基础的激励	东亚 中东/拉美/南亚

表 5-4 不同文化中人们对沟通风格的不同偏好

分类	含义	代表国家或地区	分类	含义	代表国家或地区
低情境性（Low Context）	字面信息，关键是"说了什么"	低：美、德、瑞士、北欧	直接（Direct）	直接面对面解决冲突，无须调解者	美国和其他西方地区
高情境性（High Context）	弦外之音，关键是"如何说"	中：南欧 高：亚洲、拉美、中东	间接（Indirect）	避免面对面冲突，或采用第三方调解	亚洲/拉美（非洲/拉美/印度等采用第三方调解）
表达性（Expressive）	表达情感；关系导向；不精确	拉美、南欧、中东	正式（Formal）	强调历史/文化/传统；尊重社会地位和规则/习俗/礼仪	拉美、中东、亚洲、欧洲
工具性（Instrumental）	客观事实；非个人化；目标导向	日本、美国、西欧、北欧	非正式（Informal）	随意/放松/变化，遵从时间表而非地位、关系等	美国、澳大利亚、加拿大、新西兰

表 5-5　不同文化中人们对空间的不同界定和要求

强调私人空间	强调公共空间
关门开会 私人办公室 管理者与员工分开办公 避免"不速之客" 交谈中人际距离较大	大房间，很少分隔 管理者与员工坐在一起办公 允许"不速之客" 交谈中人际距离很近，甚至有身体接触
拉美人或阿拉伯人感到比较舒服的社交距离大约等同于美国人的亲密距离	

表 5-6　不同文化中人们对权力分配的不平等性的期待和接纳程度

平等性	等级性
采用法律的、经济的、政治的手段减小不平等性 扁平组织 员工以自己认为正确的方式工作 职位、地位等在谈判中影响力甚微 美国和其他 Anglo-Saxon（盎格鲁-撒克逊）国家、北欧	接受某些人拥有更多权力 等级化的组织 员工按照领导要求的方式工作 谈判者的职位、地位获得更多重视 阿拉伯、拉美、亚洲；法国、比利时、西班牙、土耳其

表 5-7　不同文化中人们的个人或集体主义倾向

个人主义	集体主义
个体之间的纽带相对松散 社会控制的核心是建立自尊和害怕失去自尊 激励指向成就和权力 冲突不可避免 雇佣关系建立在相互利益基础上 美国和其他 Anglo-Saxon 国家、西欧、北欧	个人利益服从于集体利益 个人身份识别建立在个人所从属的群体上 社会控制基于害怕失去面子 关系比完成任务更重要 雇佣关系类似于家庭关系 亚洲、阿拉伯、拉美、南欧

表 5-8　不同文化中人们对竞争与合作的不同偏好

竞争	合作
强调成就和成功 看重物质性的成功 注重进取、决断、速度 美国和其他 Anglo-Saxon 国家、西欧、日本、中国香港、菲律宾、希腊、意大利	注重生活质量、情感和关系 关注工作满意、相互依存 物质成功的激励作用很小 北欧、南亚
介于中间：阿拉伯国家、拉美	

表 5-9 不同文化中人们对不确定性情境的容忍程度

秩序	灵活性
减少模糊性，提高可预测性和可解释性	宽容不确定情境
对规则的需求高	角色和责任界定不严格
清晰的角色和责任	愿意冒险
避免冲突和失败	接受冲突
谈判过程是预制的	谈判过程不是事先规定好的
拉美、中东、南欧、德语系国家、部分亚洲国家和地区（日本、韩国、泰国、中国台湾）	Anglo-Saxon 国家、北欧、部分亚洲国家和地区（中国香港、印尼、印度、马来西亚、菲律宾）

表 5-10 不同文化中人们思维方式上的差异

归纳式：收集、分析事实和数据建立规则；基于实证观察和实验的模型与假设	线性的：强调分析、拆分事件或概念；因果联系的逻辑链；强调精确性和实用性
美国式的思维	美国式的思维
演绎式：抽象思维建立理论；概念性的思辨	系统的：强调综合，注重联系和统一性；运用类比和比喻进行解释
法国式的思维	中国、日本、巴西等国

3. 文化五维与战略管理

民族文化的三个层次实际上是从纵向来揭示其构成的，前面的综合模型则以更广泛的视角揭示了不同民族文化间的差异，但对从事跨国经营的公司来说，民族的核心文化起着更为重要的作用。因此，我们有必要研究一下核心文化的维度及其与战略管理的关系，其中几个维度在综合模型中也已做了初步介绍，这里主要介绍霍夫斯蒂德的半定量描述及它们在战略管理中的作用。

按照霍夫斯蒂德的研究，民族文化间的差异可以用五维来描述和比较。这五个维度是权力距离、对不确定的逃避程度、个人/集体主义、阳刚/阴柔意识和短期/长期取向。它们对战略管理都有一定程度的影响。

表 5-11 列出了所挑选的国家在以上五个维度按百分数大小排序的数据。表中数字是按大小顺序排在每个国家之后的百分比。例如，美国在个人主义方面得分最高。

表 5-11 依据文化群选择的一些国家（地区）按霍夫斯蒂德文化方面指标的排序

（100 为最高；50 为中等）

文化群/国家（地区）	权力化程度	不确定性规避	个人主义	男性主义	长期取向
英语的：					
澳大利亚	25	32	98	72	48
加拿大	28	24	93	57	19
英国	21	12	96	84	27
美国	30	21	100	74	35
阿拉伯：					
阿拉伯	89	51	52	58	—

续表

文化群/国家(地区)	权力化程度	不确定性规避	个人主义	男性主义	长期取向
远东：					
中国	89	44	39	54	100
中国香港地区	73	8	32	67	96
新加坡	77	2	26	49	69
中国台湾地区	46	53	19	41	92
日耳曼语的：					
奥地利	2	56	68	98	—
德国	21	47	74	84	48
新加坡	26	35	93	6	65
瑞士	17	40	75	93	—
拉丁美洲：					
阿根廷	35	78	59	63	—
哥伦比亚	70	64	9	80	—
墨西哥	92	68	42	91	—
委内瑞拉	92	61	8	96	—
欧洲：					
比利时	64	92	87	60	—
法国	73	78	82	35	—
意大利	38	58	89	93	—
西班牙	43	78	64	31	—
近东：					
希腊	50	100	45	67	—
爱尔兰	46	42	57	35	—
土耳其	67	71	49	41	—
北欧：					
丹麦	6	6	85	8	—
芬兰	15	42	70	13	—
挪威	12	30	77	4	—
瑞典	12	8	82	2	58
独立：					
巴西	75	61	52	51	81
印度	82	17	62	63	71
以色列	4	66	66	47	—
日本	32	89	55	100	—

资料来源：Adapted from Hofstede 1980；Hofstede 1991；Hofstede in Pucik, Tichy, and Barnett 1993b, 139-158; and Ronen and Shenkar 1985, 449.

4. 全球化公司处理文化差异的战略

不同民族间的文化差异是一种现实的存在，在相当长的时期内都不会消失，而经济全球化和国际化经营范围的扩大同样是不可逆转的趋势，因此，全球化公司的现实选择不是回避因文化差异产生的矛盾，而是采取恰当的应对战略。

Heenan 和 Perlamuttor 将跨国公司总部和子公司之间的关系以及相应的管理办法按照四种类型进行定位。

民族中心主义：这种观点认为本国人员、管理系统和经营方式具有固有的优势，因此，世界各子公司的主要职位均应由本国人担任，并给他们比当地人更多的权力与报酬。表现在母公司与子公司的关系上，则由总部决定干什么和怎么干。

多中心主义：这种观点承认文化差别的存在，并认为外国人令人难以理解，最好由他们管理在他们国家的事物，总部只应该低度介入子公司的管理，这是一种多中心主义的思想，即由总部决定干什么，子公司决定怎么干。

区域中心主义：这种观点认为应该以区域为基础进行协调和管理，因为同一区域可能文化上有更多的相同或相似之处。这样地区总部可以充当总部与子公司之间文化联系的纽带，可以兼顾两方面的要求。

全球中心主义：这种观点认为全球化公司应该有能力在全球范围内达到资源配置最优化。好的想法可以来自任何民族和子公司，并被用到任何一个国家的子公司中去。表现在母公司与子公司的关系上，就是由总部和子公司共同决定干什么和怎么干。毫无疑问，这种观点具有一种更开放和更国际化的视角。

上述四种观点及其相应的管理办法在跨国公司开展海外业务的不同阶段起着各自不同的作用。

在发展海外业务的最初阶段，以自我民族主义为中心的管理办法也许有利于总部对子公司的直接控制，由于业务刚刚起步，子公司人员对业务还缺乏了解，同时对总部寄予更多的希望。所以比较容易接受总部的领导和控制。

随着业务的发展和子公司规模以及实力的增强，子公司的管理人员开始意识到本国市场在产品标准和环境上的特殊性，同时也会注意到总部的很多管理原则和方法并不完全适合当地的情况，因此会要求更多的授权，母子公司的关系演变为多中心主义。

当业务扩大到一个比较大的地理区域，需要在几个国家的不同子公司之间协调产品开发和市场运作的时候，地区中心主义也许是比上述两种管理模式更明智的选择。

在国际化经营的高级阶段，跨国公司面临的主要问题是如何协调子公司既要有应变能力，同时各子公司之间又会在开展全球化协作中出现矛盾，因此，全球中心主义就成为一种必然的选择。

有研究认为：奉行全球中心主义的企业业绩最好，多中心主义和区域中心主义的企业业绩居中，而民族中心主义的企业业绩最差。

以上几种文化倾向实际上反映了全球化公司处理文化差异的基本战略，即忽略、最小化和利用文化差异，如表 5-12 所示。

当采用忽视文化差异的战略时，实际上是假定企业经营是与文化无关的事情，因此，要由母公司根据需要决定公司政策和惯例，子公司只是一个执行单位。采用这种战略有助于维持产品质量水平，对客户的服务质量和技术标准，保证企业文化被全球员工承认或分享。这种战略的主要缺陷是管理无灵活性，容易失掉新的市场机会。

当采用文化差异最小化战略时，基本假设是文化差异客观存在，而且会对公司的运作和效率产生威胁，因此，可以采取两种不同的方式，最小化文化差异的影响，一是尽量将各种文化均匀化,即在公司内建立全球化的企业文化,使总部和子公司的文化尽量保持一致性;另一个是通过文化隔离将各子公司的文化孤立起来,减少潜在矛盾的发生,这种多中心或区域中心的处理方式可能会造成公司的分裂或失去可能的协作,同时许多工作带有重复性。

表 5-12　全球化公司处理文化差异的三种基本战略

	忽　略	最　小　化	利　用
假设文化	不相干	会产生问题或构成威胁	相互学习并进行创新的机会或产生竞争优势的原因
总部与子公司的关系	总部以自我民族为中心	多中心或地区文化中心倾向	全球中心倾向
可能带来的好处	标准化全球化合作	地区差异化地区应变能力	创新和相互学习的便利
行为标准	高效率	适应性	地区间协作
沟通交流方法	从上到下	从上到下 从下到上汇报	各种可能的沟通途径
面临的主要挑战	得到各方面的认同	达到各方面的一致	差异均衡
主要缺陷	管理无灵活性容易错过机会	分裂 错失潜在可能的协作,同时许多工作带有重复性	无秩序 部门之间存在摩擦

利用文化差异的战略的基本假设是:各民族都有自己的优势和长处,因此,民族间相互学习和创新会给企业带来新的竞争优势,所以全球化公司要给各子公司人员提供创新和相互学习的便利,要通过各种可能的途径进行沟通,以促进地区间的协作并实现利用文化差异的目标。

利用文化差异的战略实际上是承认文化的多样性及其优势,从而最大限度上实现文化协同,所谓文化协同是一种管理文化多样性影响的方法,包含了管理者基于组织成员和客户的文化模式建立组织战略、政策、结构和行为规则的过程。从本质上说,文化协同的方法既承认文化的相似性,也承认文化的差异性;既不忽视文化的多样性,也不试图使文化多样性最小化,而是将其作为设计开发组织系统资源的依据。表 5-13 是文化协同的基本假设与常见的误导性假设的比较与区别。一旦产生文化协同,全球性公司就可以获得多方面的益处。

(1) 市场方面:提高了公司对地方市场不同文化偏好的适应能力。

(2) 成本方面:减少了公司在周转和聘用非当地人士担任经理方面花费的成本。

(3) 解决问题方面:由于总部和子公司员工有了更广阔的视角,所以提高了决策能力和决策质量。

(4) 系统灵活性方面:提高了组织在面临多种需求和环境变化时的灵活应变能力。

实现文化协同的过程如图 5-3 所示。

表 5-13 有关文化的基本假设

常见的误导性的假设	文化协同的假设
同质性(Homogeneity)	异质性(Heterogeneity) 不同社会群体的文化是不同的
相似性(Similarity) 别人和我很相似	有同有异(Similarity & difference) 别人与我既存在文化上的相似性,也存在差异性
思想狭隘的(Parochialism) 只有唯一的道路	思想开放的(Equifinality) 条条大路通罗马
民族中心主义(Ethnocentrism) 我们的方式是最好的	文化权变论(Cultural Contingency) 有许多好方法都能达到同样的目标。在不同的文化下最好的方法是不同的

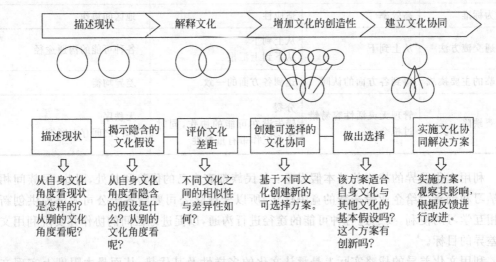

图 5-3 文化协同的过程

5. 行业文化

所谓行业文化是指行业内人们对一些事物的基本假设和信仰,包括公共价值观和期望等,它们对行业战略的形成具有十分重要的作用。在专业职员占很高比例的组织中,专业实体或专业机构的成员关系尤其重要,这些组织常常是由那些对它们的工作持有很强职业观念的人领导和控制,而这些职业观念在很多情况下与管理观念并不吻合,有时明显不符合市场竞争的要求。例如,研究和设计部门总是试图采用世界最先进的技术成果,而较少考虑生产工艺方面的问题和消费者的价格接受水平。或者说,它们更乐于接受差异化而非大众化的产品设计等。另外,很多行业有许多约定俗成的惯例和程序,它们对新的进入者可能是相当大的障碍。事实上,无论新进入者还是原有的企业,在战略制定和实施过程中都必须遵守这些规则,尽管这些规则并不一定写成文件或手册。

二、内部文化

所谓内部文化是指企业多数成员共享的基本假设和信仰,这种文化在不知不觉中发挥作用,影响组织的决策方式和战略选择。例如,在沿海开放城市和中心城市,办合资企业是绝大多数企业乐于接受的一种投资方式,并常常把其作为摆脱困境、增强实力和扩大知名度的重要手段,而在边远地区的一些军工企业,很多企业职工仍然难以接受被"资本家收编"的决定。

大量研究发现,一个经营业绩突出的企业或高效率运行的组织都有一种优秀的组织文化,从而保持强大的凝聚力和向心力。换句话说,这些组织有被成员普遍接受的信仰和假设,当需要对环境变化做出反应时,能采取一致的行动,并保持良好的协作。当然,也不排除在某些情况下这种共同理念会成为战略变革的阻力。相反,有些组织却缺少共同的价值观和理念,因此难以根据环境的变化采取统一的行动,从而导致效率的下降。

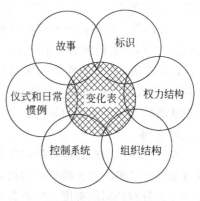

图 5-4 组织的文化网

一个组织的文化状况可以通过其文化网更准确地反映出来,如图 5-4 所示。在对文化网进行分析时,表 5-14 所列问题可能是一个有用的向导。

表 5-14 与文化网有关的主要问题

(a) 故事	(d) 组织结构
1. 故事反映了什么核心信仰?	1. 采取怎样的结构,是机械式的还是系统的?
2. 这些信仰的普遍性怎样?	2. 结构的层次/扁平化程度如何?
3. 故事与下列情况相关吗?	3. 结构的正式化程度怎样?
・优势或劣势	4. 结构鼓励合作还是竞争?
・成功或失败	5. 它们支持什么类型的权力结构?
・一致性或异议性	(e) 控制系统
4. 谁是英雄或恶棍?	1. 最严密监测/控制的是什么?
5. 异议从何而至?	2. 强调奖励还是惩罚?
(b) 日常惯例和仪式	3. 控制与历史战略还是与当前战略有关?
1. 强调哪些日常惯例?	4. 控制是多还是少?
2. 如果发生变化,哪些日常惯例看起来很牢固?	(f) 权力结构
3. 日常惯例鼓励什么行为?	1. 领导的核心信仰是什么?
4. 什么是主要仪式?	2. 这些信仰(理想主义或实用主义)的牢固程度怎样?
5. 它们反映了什么核心信仰?	3. 权力在组织中是如何分配的?
6. 培训程序的重点是什么?	4. 变革的主要阻碍在哪儿?
7. 仪式/日常惯例变动的难易程度如何?	(g) 总述
(c) 标识	1. 主要(占统治地位)的文化是什么(防御型、开拓型、分析型)?
1. 使用什么语言和行话?	2. 变革文化的难易程度如何?
2. 它的内部化或可理解程度如何?	3. 在文化网的各独立要素之间存在着联系吗?
3. 宣传中强调了战略的哪些方面?	
4. 有关状态的标识是什么?	
5. 有代表组织的特殊标识吗?	

1. 变化表

所谓变化表是一个组织从事各种事务或采取某些行为时所遵循的基准框架,它由三个层次构成。

(1) 价值观。价值观在组织中很容易识别出来,并且常常作为组织的使命、具体目标或战略写成条文形式,但其表述一般是模糊的。

(2) 信仰。信仰是一种较专门的概念,表示一个群体对某些事物或精神理念信奉和忠诚的态度,但它们仍然是组织中人们能够从表面看到和谈论的问题。

(3) 假设。假设是组织文化的真正核心。它们是组织生活中人们的一种想当然的主观判断,很难对其做出识别和解释。有时,这种假设可能不受组织战略的影响,反过来却会对战略形成一定程度的制约。

2. 故事

在一个组织中广为流传的故事可以帮助我们深入了解该组织的核心信仰和假设。这些故事概括了组织过去的经验和精华,以及当前在组织内的个人和团体正统的行为类型和外部人员对公司的态度。它们告诉人们在组织中什么是重要的,鼓励和惩罚哪些行为,哪些态度和行为受到广泛欢迎和赞赏,哪些行为和态度是不可接受的。总之,通过这些故事,我们可以窥视一个组织大多数成员的一般期望和要求。

3. 日常惯例和仪式

组织的日常惯例代表在执行战略过程中实现价值活动的方式,是组织生活世俗的一面,常常想当然地成为"在我们这儿做事的方法"。事实上,外部人员通过聆听管理人员描述其组织的日常惯例就能够识别组织变化表中的要素。应该注意的是,这种惯例很难改变,并且对组织的核心假设和信仰有较强的保护作用。

仪式比日常惯例的级别要高。组织用仪式强调一些重要事情和特殊事件,如培训项目、晋升条例或联合协商等。日本企业的朝会和周会制度是典型代表。近几年来,我国很多企业或组织也逐渐认识到,通过一定的仪式可以培养员工的敬业爱岗精神。

4. 标识

标识是组织本质或信仰的一种简洁的表示,如商标、厂旗、办公室或汽车称号,以及组织的座右铭和训语。

在了解和分析组织文化以及促进战略变革的过程中,人们常常忽视标识和标识行为的重要性。而实际上,这些标识常常是了解组织期望发生和应予以奖励行为的重要方法。例如,层级的标识——奖金多少,办公室面积大小,是否配备汽车等,这都是分析组织重视什么,是对人们行为的有利引导。这些标识一定会鼓励组织成员谋求更高的职位,并在这一过程中对组织目标的实现做出自己的贡献。

同样,企业的公开报表以及年终总结等是表明组织最关心哪些利益相关者的可见性的标识。

5. 组织结构

了解组织结构对战略的制定和实施具有十分重要的作用。毫无疑问,任何战略都是通过一定的组织形式才得以实现的。换句话说,组织结构是战略实施过程的载体。而且,组织结构还保护了组织的核心信仰,并通过其权力结构使其合法化。因此,了解组织结构与组织变化表之间的相互关系,以及改变组织结构的难易程度,对战略制定和实施都很重要。如果组织结构刚性很大,或者说不易改变,那么,战略变革过程所需的时间就相应要长一些,而且可能需要在战略目标上做出某种程度的折中。相反,刚性较小的组织结构可能比较容易适应战略的变化。此外,一方面,组织结构与战略有一定的适应关系,某一类型的战略需要特定组织结构的支持,另一方面,组织结构也不仅仅被动地适应战略,两者互相制约和影响。有关组织结构方面的内容,我们将在本书第十章予以介绍。

6．政治和权力结构

政治和权力结构是组织文化的又一个重要方面。事实上,没有哪家企业的战略是纯粹的经济行为,在战略形成过程中,各种政治利益集团总是试图通过自己的权力直接或间接地对其施加影响。很多企业战略都是不同利益代表讨价还价的产物。在这一过程中,权力最大的人或集团将施加更多的影响。值得注意的是,当组织需要根据环境的变化调整其目标和战略时,往往要破坏原有的政治和权力结构,这会引起一些人的抵触。因此,管理人员不仅需要战略变革的决心和勇气,而且尤其需要掌握推进战略变革的方法。

三、四种职业文化原型

在前面一部分我们讨论了内部文化所包含的基本内容及它们对战略管理的可能影响,但并没有具体说明哪种类型的企业或团体具有怎样的文化特点,下面我们就来进一步讨论这个问题。

针对一个组织或某一群体,马尔斯根据其群组参与程度和规则分工的强弱,将职业分成四类:"鹰"、"驴子"、"狼群"和"秃鹫"。如图 5-5 所示。每一类职业不仅结构上有许多共同特征,而且有独特的行为方式和思考方法,它们反映了不同的价值观、态度和信仰,因而也需要不同的管理对策。

图 5-5　四种职业文化原型

1．"鹰"(弱规则分工,弱群组参与)

像其有羽毛的同类一样,"鹰"是喜好竞争的个人主义者,不喜欢待在组织中,受到组织规则的约束,而是希望由自己来制定规则,使规则适合于他们。这一类人包括有自主权的企业家和善于周旋的人,也包括有创造力的专家和小商人。他们的目标是"把事办成",为此他们总是努力保持并提高自主权。

"鹰"的最大资本是组织外的交际网所带来的知识和阅历,而且这种知识和阅历有很大的市场。"鹰"的行为特点是其活动具有独立性,因而增加了控制的困难。如果试图控制"鹰"的不轨行为,却不建立相应的报酬制度,就会导致关键职员的流失。由于"鹰"的关系网很发达,他们很容易转移到对手那里,带走包括公司的客户在内的资源。在我国很多企业,包括私有企业和国有企业中,主管市场的副总经理和市场部经理转移到竞争对手那里,或者另立门户从而使企业蒙受重大损失的例子不胜枚举。还有其他一些组织,如大学和科研开发部门也经常遇到类似的管理和控制问题。

2. "驴子"（强规则分工，弱群组参与）

"驴式"工作较多地受到规则的束缚，缺少自主性，并且社会地位很低，彼此之间相对隔离。许多运输工作具有"驴式"工作的特点，通常要受时间表和安全规程的限制，一般比较独立。超级市场的出纳员和机器看管人也受到类似的限制。当产生不满情绪时，做"驴式"工作的个人通常采取的行为是违反规则、愤怒地破坏系统或产品以及人际关系，甚至进行诈骗以增加他们的自主权和兴趣。上述行为可能产生破坏性的后果，因为这种不受团队影响的独立活动必然缺少团队的限制。

值得注意的是，尽管"驴式"工作是被动的，但并不能低估其管理和控制工作的复杂性。有研究发现，管理层越是通过典型的加强限制和严格规定来控制"驴式"工作，他们就越可能得到相反的结果。相反，通过扩大工作范围，充实工作内容和轮换工作来增加工作的主动性和兴趣，效果会更好一些。

3. "狼群"（强规则分工，强群组参与）

"狼群"是一个有明确责任并分层统治的群体，无论是做有益的工作还是进行盗窃，它们都倾向于采取集团行动。传统的码头工帮派是原形例子。他们执行不同的又相互协调的任务，有等级、规则和内部控制。许多维修工人和建筑工人也是类似的群体。当他们偷窃或恣意进行其他不轨行为时，根据一致的原则，在统一的限制范围之内，通过明确的分工进行。他们不像独立的"驴子"，而必须学会异常的行为和技术，像真实世界的狼一样，他们知道谁是头，谁被领导。他们通过内部组织来奖赏或惩罚遵守或违反规矩的人。他们通常要求对群体高度忠诚。

"狼群"一律都是用开玩笑、嘲弄以至驱逐的手段来对成员进行制裁，其结果是他们很难再在一起共事，从而会造成团体的分裂。另外，他们也可能有助于信息和感情的沟通，他们可能在工作后一块儿喝酒，并吸纳亲朋好友，将娱乐和工作融为一体，进而提高团体和组织的士气。此外，在与管理层谈判时，他们可能扮演团结而有力的角色，并可能采取集体的克制行为。"鹰"是令人难忘的创新者，"驴子"趋向于宿命论，而"狼群"则是天生的保守派，通常抵制变革与创新，这种保守性常常迫使企业管理层容忍他们的不轨行为以换取组织的和平与安宁。

4. "秃鹫"（弱规则分工，强群组参与）

"鹫"也是一种团队，但是它们的团队与"狼群"不同，在级别和功能上基本没有区分。旅行销售人员、为同一上级服务的秘书、出租车司机（尤其是那些为同一车场工作的司机）以及火车和轮船乘务员都有类似的特点。他们依靠同事的信息和支持，需要一个集体，但在各自的利益上又是互相竞争的。由于缺少分工以及自相矛盾的竞争，所以他们既没有既定的领导，而同时又需要合作，这使他们在解决争议和纠纷时困难重重，因而特别易于进行诽谤和选择替罪羊。"秃鹫"团体很可能是不稳定的，而且在劳资行为上也趋于混乱。但在引入职能分工后，他们会像"狼群"一样行动。

在"鹫式"工作中，行为既不是被动的"驴式"工作，也不是创造性的"鹰式"工作，而是根据管理层提供的变革机会做出反应。"秃鹫"不会像"狼群"那样，反对加快工作进度、扩大生产规模，改变激励系统等，相反，他们愿意通过变革来获得新的机会。

第二节 利益相关者分析

如前所述,利益相关者包括雇员、管理人员、股东、顾客、供应商以及众多的社团,其中内部股东和管理人员,尤其是高层管理人员,直接参与战略决策过程,而一般雇员除参与战略实施外,也要通过其他途径和方式(如工会或职工代表大会)反映他们的期望和要求。同样,外部利益相关者也试图通过各种方式对战略管理施加影响,以维护他们在企业内的利益。然而,不同的利益相关者对企业的期望和要求是不同的,而且常常产生冲突。例如,有战略眼光的股东和高层管理人员,尤其是持有企业股票的管理人员,可能希望企业以更快的速度增长,提高市场占有率和企业知名度,以谋求长远的发展。但这需要牺牲短期收益率、现金流和支付水平,因而会引起一些债权人和雇员的不满。当公众拥有企业的股票,从而要求公开财务状况和控制标准时,企业管理人员会感到不适。同样,当股东试图通过资本投资实现成本效益时会遭到雇员的反对,因为那样做意味着减少工作机会,并使雇员面临失业的威胁。除以上几类冲突外,不同利益相关者之间还有其他方面的矛盾和冲突。当上述冲突发生时,企业必须在不同期望之间做出妥协,同时解决局部最优化的问题。而要做到这一点,就必须深入了解和分析不同利益相关者的期望,他们的权力高低和可能采取的态度和行为。

一、确定利益相关者及其地位

粗略地说,每个企业都有前述的几类利益相关者,但实际上,即使对于同一企业,当采用不同的战略变革措施时,其涉及的利益相关者也是不同的。换句话说,当一项变革措施影响一部分利益相关者的利益时,却可能对另一部分利益相关者没有什么影响。如海尔公司进入电脑业,对技术和工程部门提出了更高的要求,但对其运输部门或服务员工却没有大的影响。因此,在确认利益相关者时,必须根据每一项战略变革作更具体的分析。

利益相关者对企业的战略管理究竟施加怎样的影响,不仅取决于它对企业的期望,而且取决于其权力大小及其行为的可预测性,即企业需要对他们的地位和态度做出判断。

1. 权力/动力矩阵

图 5-6 所示为权力/动力矩阵,在这个矩阵上可以画出各利益相关者的位置。利用这种方法可以很好地评估和分析出战略管理过程中应该特别注意哪种政治力量的影响。由图 5-6 可知,最难应付的团体是处于 D 区内的那些团体,因为它们可以有力地支持或阻碍新战略,但是它们的观点却很难预测,这意味着在采取一项重大的战略举措之前,一定要找到一种方法来测试这些利益相关者的态度,以防发生不测,或利用它们的支持来推动战略变革。相反,在 C 区内的利益相关者,可能会通过管理人员的参与过程来影响战略,这些管理人员同意他们的观点,并试图制定那些代表他们期望的战略。相对说来,A 区和 B 区的利益相关者权力很小,而且 A 区的利益相关者的态度和行为可以预测,因而不会对战略变革形成大的阻力。当然,这也并不意味着它们一点都不重要。事实上,这些利益相关者的态度和行为会对权力更大的利益相关者的态度产生影响,尤其是在两者关系非常密切的情况下。

	可预测性	
	高	低
低 权力	A 问题很少	B 不可预测，但可管理
高	C 影响大，但是可以预测	D 最大的危险或机会

图 5-6　利益相关者定位图：权力/动力矩阵

2. 权力/利益矩阵

权力/利益矩阵的一个有价值的发展，如图 5-7 所示，它根据利益相关者的权力大小，以及在何种程度上表现出对组织战略的兴趣，对其分类，因此称其为权力/利益矩阵。这个矩阵指明了组织与利益相关者之间关系的不同类型。显然，在战略制定和实施过程中，应重点考虑主要参与者(D 区)是否接受该战略。因为他们既有权力又有兴趣。关系最难处理的一类利益相关者是 C 区内的利益相关者，虽然总的说来他们是相对被动的，但却可能因某些特定事件而对战略产生兴趣，并施加有力的影响。因此，全面考虑利益相关者对未来战略的可能反应非常重要。如果低估了他们的利益而迫使其突然重新定位于 D 区内，并且阻止战略变革，那么情况就会很糟。类似地，需要正确地对待 B 区中利益相关者的需要，因为企业的经营业绩和战略，与他们的利益密切相关，而他们并没有太大的权力，所以可以通过保持信息交流来满足他们对利益关注的心理要求。

	利益水平	
	低	高
低 权力	A 最小的努力	B 保持信息灵通
高	C 保持满意	D 主要参与者

图 5-7　利益相关者定位图：权力/利益矩阵

通过权力/利益矩阵可以明确以下一些问题：

(1) 组织的政治和文化状况是否可能会阻止采纳特定的战略，如处在一个成熟行业里具有惰性文化的企业，可能不愿采用技术创新战略。换句话说，确定利益相关者位置是一种分析文化适应性的方法。

(2) 确定哪些个人或团体是战略变革的支持者或反对派。为了重新确定某些特殊利益相关者的地位，要明确是坚持战略，还是改变战略，以满足他们的期望和要求。

(3) 一旦制定了明确的战略和确定了利益相关者的地位，就应该采取一定的维持行动，以阻止他们对自己重新定位。因为重新定位会阻止战略的实施。这意味着应努力保持 C 区内利益相关者的满意程度，并保持与 B 区内利益相关者的信息沟通。

二、利益相关者的权力来源与评估

前面我们分析了利益相关者的期望以及企业在战略管理过程中对不同利益相关者应采取的态度和策略,但这些都是建立在对这些利益相关者的权力有明确认识的基础上的。因此,在明确利益相关者在权力/动力矩阵、权力/利益矩阵上的位置之前,首先需要评估不同利益相关者的权力大小,了解其来源及是否可以转移等。

需要说明的是,这里的权力不仅仅是指领导或上级指挥或命令其下属的权力,即职位权力,也包括任何个人或团体通过其他方法所实际拥有的权力。换句话说,为了进行战略分析,最好将权力理解为个人或团体能劝说、诱导或强迫别人进行某种特定活动,或采取某种特定行为的能力。事实上,很多利益相关者并不直接参与战略的制定,也没有指挥或命令管理人员的权力,但又确实通过各种方法对战略管理过程施加影响,因此,不应该低估这种影响。

1. 组织内权力的来源与评估

组织内的权力可由很多方式产生,下面是最常见的几种权力来源:

(1) 等级制度。等级制度为一些人提供了超过其他人的一种正式权力,它是大多数组织维系上下级沟通和联系的主要手段,也是企业高级管理人员借以影响战略制定和实施的主要方法。在不同国家和地区,这种权力所发挥的作用可能是不同的。例如,在美国等国家,等级制度所产生的正式权力起的作用更大一些。也就是说,有什么样的职位,就有什么样的权力。相反,在我国很多组织或企业中,这种正式权力并不一定能发挥作用,而是更多地依赖于非正式权力,即领导者个人的影响力。

(2) 影响力。影响力是一个非常重要的权力来源,它可能是由于领导者具有非凡的能力和崇高的品德引起的,也可能是由于复杂的人际关系网形成的。如我国很多企业或组织的现任领导是由上任领导一手提拔的,前任领导名义上虽然退休了,而实际上仍然控制着整个组织。

毫不奇怪,那些坚持组织核心信仰和假设,或者说更适应组织文化的个人或团体,可能更容易获得权力。一方面,他们更了解上级的想法和意图,因而易于晋升;另一方面,他们的主张和计划容易受到与他们具有相同信仰的下属的欢迎,易于控制和实现,这又进一步巩固和强化了他们的地位。

(3) 对战略资源的控制。当某些个人或团体对战略资源拥有控制权,尤其是这些资源对企业的生存和发展具有重要影响时,他们也就拥有了相应的权力。例如,在核电企业,反应堆的安全运行是决定企业效益和公众反映以及政府政策的关键所在,因此,负责反应堆运行的生产和操作部门在战略决策过程中就有了更多的发言权,因而也有对其他资源更大的索取权。同样,一个资产负债比很高的企业对银行或其他债权人会俯首帖耳,从而增加了这些利益相关者的权力。应该记住不同资源的相对重要性,以及组织内各部门的权力大小会随企业环境和状况的变化而发生变化,如国有大中型企业在计划经济体制下生产部门比销售部门有更大的权力和影响,而目前这种状况已发生了很大变化,多数企业开始更加重视销售部门的意见和要求。再如,设计和研究开发部门在以开发新产品和新工艺为主的开拓型企业内权力会很大,而销售部门在以销售为主的公司内权力很大。

(4)拥有专业化知识或特殊技能。一些个人或团体能从他们的专业化知识或特殊技能上获得权力。当某些专家拥有组织内其他人所不具备的专业化知识或特殊技能时,企业会把他们看作不可替代的人物,同时他们自己也会通过工作,在周围环境制造神秘气氛来保护其特权地位,以谋求更大的权力。计算机专家、高级程序编写人员、自动控制系统专家和销售能手可能会成为这样的特权人物。对待他们的最好办法也许是培养或招聘有类似水平和能力的人。当然,也要通过适当的激励来调动他们的积极性,发挥他们在战略管理过程中的特殊作用。

虽然组织内的权力来源多种多样,但在大多数组织内权力在个人、团体和部门之间并不是平均分配的。而评估这些利益相关者权力的大小及由哪部分人控制战略的制定不是件容易的事情。虽然个人或团体在等级中的地位、所掌握的资源数量(如部门人数、资金数额)以及外部标识(如办公室面积等)可以提供一些信息,但在很多情况下这些信息并不可靠。例如,很多国有企业的大厂长、小书记或大书记、小厂长现象,就足以说明这一问题的复杂性。还有很多私有企业和民营企业也存在类似的现象。表面上看,从外部聘来的总经理或其他管理人员在管理着企业,而实际上,战略决策权却更多地控制在所有者及其亲属手中,尽管后者名义上并没有太多的权力。

2. 外部利益相关者的权力来源

虽然组织内的利益相关者更多地参与战略制定和实施过程,同时他们的影响也更直接,但外部利益相关者的权力制约和影响也不容忽视,在外部资源比较稀缺或市场比较动荡的情况下尤其如此。外部利益相关者的权力有以下几种来源。

(1)资源占有或控制。资源占有或控制是外部利益相关者的重要权力来源。供应商或分销商对稀有资源或分销渠道的封锁和控制可以增加其与企业讨价还价的能力,这种能力实际上是一种索取剩余价值的权力,正像Intel和微软公司对全球计算机制造商所做的那样。由于长期以来的资金短缺,我国银行的工作人员,尤其是掌握贷款审批权的人,他们几乎变成了企业的"上帝"。不仅如此,对某些特殊资源的长期依赖,还会以一定的方式形成组织的态度或文化,使组织很难脱离他们。

(2)参加战略实施。在现代市场条件下,几乎没有哪家企业能够单独完成产品从设计到输送到用户手中的全部价值活动,企业总是或多或少地需要外部人员和团体的支持与协作。换句话说,外部利益相关者,如供应商、用户以及中间商等通过参加战略实施来获得权力。例如,在数据通信领域,系统集成商在用户和通信设备生产厂家之间起桥梁和纽带的作用,因而可以对他们施加影响。

(3)内、外部利益相关者之间的联系。与内部利益相关者保持联系是外部利益相关者影响企业战略的又一条途径,这方面的典型例子是供应商的销售人员通过与企业采购人员的配合,有时甚至通过违法或其他不正当手段来影响企业的采购战略。再如,股东、中介机构和消费者协会可以通过企业主要领导的对立面或持不同观点的人了解企业的内部情况,如产品质量,有无偷、漏税以及是否转移资产和收入等,以此来维护社会公众和他们自己的利益。

在对外部利益相关者的权力进行评估时,除注意与内部利益相关者类似的几项指标外,尤其要考虑他们所拥有的资源是否可以由其他资源取代,转换成本如何以及是否可以通过一体化过程来降低他们的作用。

第三节 企业社会责任与战略管理

企业与社会的关系对企业发展的影响日益深远,尤其在媒体发达的当代,涉及企业和社会关系的典型新闻报道,在报纸、杂志、电视以及网络上都可以找到。媒体的无孔不入,使得企业很小的违规行为都可能会被无限放大,进而给企业带来无法预计的损失;与此相反,如果企业善于处理社会相关问题,那么在媒体"推波助澜"的作用下,企业也很可能获得意想不到的效果。

我们从最近的热门事件——三聚氰胺牛奶事件可见一斑。一些企业不负社会责任的做法引起了全国人民的愤怒,从而导致"三鹿"的破产,甚至蒙牛和伊利这样的民族乳业龙头企业的信誉也受到严重的冲击。在"5·12"汶川地震中,各企业的不同社会表现也为它们带来了截然不同的效果。"5·12"企业赈灾印象排行榜中最引人关注的企业非"王老吉"莫属。在2008年5月18日晚,央视的赈灾捐款晚会举办于刚刚发生地震的一个星期,可谓万众瞩目,收视率堪称有史以来最高。其中"王老吉"捐款1亿元人民币的善举聚集了亿万人的视线,成为全国人民心中的民族英雄,加之网络夸大的宣传效应,使得"王老吉"的知名度大增。从2009年3月的统计数据显示,罐装"王老吉"在2008年保持着60%以上的增长速度,市场份额达到24.6%,夺得"2008年度全国罐装饮料市场销量第一名"的称号。这与其妥善地处理企业社会责任密不可分。

除了上述主观性企业社会责任行为外,时下在世界范围内人们对气候变暖与节能减排的大力关注,使得企业在客观上也必须要时刻关注环境,关注企业社会责任。2009年12月7日在丹麦哥本哈根召开的气候变化峰会上,来自世界各地与会的人数超过2.5万人,其中多达110名国家元首或政府首脑参加了此次会议。可见大家对当今环境的重视程度。所以企业作为社会的重要组成体系,也必须要肩负起社会责任。

一、企业社会责任

自1924年英国学者欧利文·谢尔顿(Oliver Sheldon)第一次从学术角度提出"企业社会责任"的概念以来,关于企业是否要承担社会责任、承担哪些方面社会责任、如何承担社会责任的争论,从来没有停止过。但经过实践与理论的不断探索,目前企业社会责任已经被社会各阶层广泛接受。

1999年1月,时任联合国秘书长的安南在达沃斯世界经济论坛年会上提出"全球契约"(Global Compact)概念,要求跨国公司和私营企业在各自的影响范围内重视劳工标准、人权和环境保护,以克服全球化进程带来的负面影响,在全球范围内推广企业社会责任。截至2013年,已有超过12 000个成员加入了"全球契约",包括遍及世界145个国家,其中商业机构超过8 000家,商业机构中又有相当比重是全球知名的跨国公司。

在对企业社会责任进行定义的时候,不同学者持有不同的观点,但定义中的核心思想都是围绕着企业社会责任包括哪些内容以及企业社会责任的对象是谁这两个主要问题。

1. 企业社会责任的内容

在对企业社会责任的定义中,最受欢迎的为阿奇·B.卡罗尔对企业社会责任直观全面的总结,即某一特定时期社会对组织所寄托的经济、法律、伦理和自由决定(慈善)的期望。其中归纳出四个方面的企业社会责任,如图5-8所示。

图5-8 企业社会责任金字塔

资料来源:Archie B. Carroll,Buchholtz. 企业与社会伦理与利益相关者管理[M]. 北京:机械工业出版社,2004:26.

该金字塔图描绘了企业社会责任的四个层次,其中经济责任反映了企业作为营利性组织的本质属性;但企业对利润的追求必须在法律的约束下进行,即企业要承担法律责任;然而法律责任不能涵盖企业社会责任的所有内容,因为法律有时与其说反映出适当的伦理,不如说可能体现立法者的个人利益和政治动机,而企业伦理责任与企业法律责任不同,是未上升为法律但企业应予履行的义务,包括各种企业行为规范和标准;企业慈善责任是指企业参与非强制性的或者法律和伦理所要求的社会活动的义务。

但需要注意的是,这个金字塔图并不是说明企业按由低到高的次序履行其责任,恰恰相反,企业是同时履行其所有的社会责任,即需要同时履行其经济、法律、伦理和慈善这四个方面的责任。

2. 企业社会责任的对象

如何定义企业社会责任的对象,不同学者根据对企业社会责任不同的定义得出不同的范围。上一节我们介绍了利益相关者理论,根据利益相关者理论我们可以把企业社会责任的对象分为内部对象和外部对象两部分。其中内部对象包括:股东、员工;外部对象包括:消费者、政府、债权人、社区、环境、竞争者和供应商。

很多企业在"股东利益至上"的信条下,忽视了对于其他内部对象和外部对象责任的承担。结果导致了诸如环境污染、公司欺诈、偷税漏税、克扣员工工资、拖欠银行贷款等不良社会现象出现,进而引致了社会问题。2006年南方周末报社历时一年的调查显示:相当数量的世界500强在华投资企业社会责任履行状况不佳。这些跨国公司在中国的不良行为主要涉及五个方面:不遵守中国《工会法》,甚至公然拒绝组建企业工会;存在重大环保违规行为;商品服务质量存在严重问题;产品质量遭到中国消费者多次或者重大投诉等。表5-15为基于利益相关者理论对企业社会责任对象的归纳总结,并通过与联想集团的企业社会责任情况进行对照并解释说明。

表5-15 企业对不同利益相关者履行社会责任内容总结(以联想公司为例)

企业社会责任对象	履行重点责任事项	联想的企业社会责任
股东	股东是企业所有者,企业对股东负责,向股东提供企业各项经营资料、信息,维护股东资产安全、收益。不仅要考虑大股东利益,还要考虑广大中小股民的利益。	为股东提供符合社会责任的价值最大化是公司的基本责任。联想注重股东长期利益,坚持创新,勇于国际化,以出色的业绩向股东交出一份满意的答卷。
员工	除了相互间付出劳动与支付报酬的法律关系外,企业还要为员工提供安全健康的工作环境、平等的就业机会和参与管理企业的渠道等责任。承认工会的地位、对其提供支持和帮助。	联想视员工为第一财富。创造平等与公平的环境,完善的员工薪酬福利制度,倡导并遵从员工发展理念,保证员工的健康和安全,让员工带着快乐上班。
消费者	企业有责任为消费者提供保质保量的商品以及正确的商品信息,有义务为消费者提供完善的售后服务。	为客户提供创新性产品与服务,帮助客户提升生活品质和工作效率,实现客户的满意与成功。
政府	企业要遵从政府的管理,依法纳税,合法经营,响应政府号召,支持政府的各项公益、福利、慈善事业,接受政府监督。	除了遵从政府管理外,积极支持慈善捐赠项目。从1998年抗洪抢险捐助300万元到2008年汶川地震的企业1 000万元和员工的500万元捐款。
债权人	企业要向债权人还本付息,保证债权人的利益,安全稳定地偿还债务。	披露真实信息,全面尊重债权人,按时按要求办事。
社区	企业要与社区保持和谐关系,关心社区建设、建立和发展,为社区捐赠资金,培训社区劳动力,保护社区环境等。	积极关注国际社会和当地社区的进步与发展问题,扶助小企业发展,帮助社区建立"联想小企业孵化器"。
环境	企业要保护环境,在原材料使用、污水和废弃物排放上注意环保。节约能源、提高利用率,倡导与自然和谐共处的企业价值观。积极响应参加保护环境相关活动。	公司战略和政策方针做出相关规定,立志成为环保先锋。环境管理体系已通过ISO14001认证,委托认证代理机构,每年对公司的所有主要经营活动和产品研发等环节进行审核。
竞争者	尊重竞争对手,不采取恶性竞争,恶意兼并等行为,注意维护社会道德。	强调诚信守法,协作发展。
供应商	按时足额支付供应商贷款金额,不能欺压中小型供应商。	在全球各地建立多元化、平等互利的商业关系,促进联想与合作伙伴建立更加开放、有效和富有成果的共赢关系。

二、企业社会责任与战略管理的关系

企业不能只是空谈社会责任,而是要将其落到实处。当然,除了对社会、利益相关者需要负相应的责任外,还应该将企业社会责任与自身的特定情况相结合。迈克尔·波特主张应该将企业社会责任放在战略管理框架下进行研究,旨在达到企业经济和社会效益的双赢状态。我们看到企业社会责任对企业发展的重要性也日益增加,所以企业的管理者在制定企业战略时,要充分考虑企业社会责任的相关议题。

1. 企业社会责任与企业使命

企业使命是对自身和社会发展所作出的承诺,是对企业的根本性质与存在理由的阐述,它包括企业的经营哲学、企业的宗旨和企业的形象。企业的经营哲学是指一个企业为其经营活动方式所确立的价值观、态度、信念和行为准则。而企业社会责任是企业经营哲学、经营理念和行为准则的反映,这样企业社会责任便成了企业使命的重要组成部分。随着经济的高速发展,在竞争日益激烈的市场环境下,现代社会对企业的要求已经从单纯的营利性组织发展为具有社会性使命的组织。与此同时,目前很多企业从自身角度出发,为了促进企业发展也已经把企业使命与企业社会责任统一起来。可见,把企业社会责任观念融入企业使命和企业战略规划中,不仅是社会和时代的要求,也是组织展现其价值观和优越性的重要方面,它已经成为企业战略管理的重要部分。表 5-16 是国内几个行业内著名领先企业制定的企业使命,我们可以看到它们对于企业社会责任的思考。

表 5-16 国内领先企业企业使命分析表

企　　业	企业使命	解　　读
联想集团	为客户利益而努力创新	创造世界最优秀、最具创新性的产品;像对待技术创新一样致力于成本创新;让更多的人获得更新、更好的技术;最低的总体拥有成本,更高的工作效率
美的集团	为人类创造美好生活	为客户创造价值、为员工创造机会、为股东创造利润、为社会创造财富
哈药集团	用心创造健康生活	珍爱生命,服务健康。哈药集团以高素质的员工队伍、高素质的产品和品牌、高素质的管理和服务,为您用心创造健康生活,和您共创生命新辉煌

2. 企业社会责任与企业目标

众所周知,传统意义上的企业目标就是实现投资者利益最大化,即企业应以股东利益为中心。很多人把"利益最大化"狭隘地理解为财务方面的最大化,这是不对的。投资人是社会人,企业也处于社会之中。因此,对于企业目标的理解应该是双重的,即一方面要实现投资者利益;另一方面要为社会作出贡献,实现社会责任,实现社会利益。企业的社会责任在企业目标方面具体体现在以下四个方面:

第一,企业作为市场主体,向社会提供产品和服务,必须把消费者利益放在重要地位。企业的社会责任在于使消费者得到优质的产品和优质的服务。一个为消费者利益着想的企业,既为社会作出了贡献,又有可能在提供产品和服务的过程中实现投资者的利益。

第二,在市场竞争中,企业为了自身的生存和发展,必须致力于创新,包括技术创新、体制创新、管理创新、营销方式创新等。企业在创新中取得的成绩越大,对社会的贡献越大,也就越能实现投资者的利益。换言之,企业的社会责任和企业投资者的利益,将会在企业创新的过程中同时实现。

第三,坚持走可持续发展道路,保护环境,节能减排,发展循环经济,同样是企业社会责任之所在。企业在这方面做得好,不仅体现了对社会的贡献,而且也体现了企业对股东利益的关注,因为企业持续发展会增加股东们的长期收益。

第四,企业要致力于企业内部和谐和企业外部和谐。这里所说的企业内部和谐,主要是指企业同职工之间的和谐,包括工作条件的改善,遵守法律、法规中有关劳动合同的规定,增进职工的福利,并使企业职工的收入能随着企业的发展而增长。这里所说的企业外部和谐,主要指企业同企业所在社区、街道、乡村之间的和谐。企业要处理好同周边居民之间的关系。总之,无论是实现企业内部和谐还是企业外部和谐,都有助于企业更好地尽到自己的社会责任,同时又能使投资者的利益增长。

由此可见,把"社会利益"融入"投资者利益最大化"之中,是实现企业双重目标的最佳方式,也是企业兼顾近期利益和长期利益的最佳方式。

3. 企业社会责任与企业竞争优势

纵观企业竞争方式演变的轨迹,随着竞争加剧,企业间竞争的焦点正不断从价格竞争向非价格竞争转移、从产品本身向产品以外延伸。在超竞争环境下,市场竞争的主导方式也在沿着"价格竞争—产品竞争—服务竞争—关系竞争"的轨迹发生转移,管理者更加关注企业社会责任,反过来企业社会责任也正逐渐成为企业新的竞争优势。

但在具体实践过程中,并非一味强调企业社会责任就会取得很好的成效。迈克尔·波特总结了企业在考虑社会责任问题时,通常会犯的两个错误:一是把企业和社会对立起来,只考虑两者之间的矛盾,而无视两者之间的相互依存性;二是只泛泛地考虑社会责任,而不从切合企业战略的角度来思考该问题。这就导致企业内部的各项社会责任行动好似一盘散沙,既不能带来任何积极的社会影响,也不能提高企业的长期竞争力,造成企业资源和能力的极大浪费。

波特把企业社会责任分为两类,一类是反应型的;另一类是战略型的。反应型企业社会责任又分两种形式:①做一个良好的企业公民,参与解决普通社会问题,比如进行公益性捐助;②减轻企业价值链活动对社会造成的损害,比如妥善处理废物排放。

而战略型企业社会责任,则强调寻找能为企业和社会创造共享价值的机会,核心思想是将社会责任活动与企业目标、战略有效地统一起来。广义上可以理解为"广泛地参与给公司带来长期收益的社会项目",这种收益可以是直接、实际的商业机会和财务收益,或者是无形的收益,比如潜在顾客的忠诚度和好感;狭义上是指有明确财务回报的,比如参加慈善活动,参加公益性市场营销,包括价值链上的创新(如丰田推出油电混合动力车普锐斯)和竞争环境的投资(如微软和美国社区学院协会的合作)。另外,企业还应在自己的核心价值主张中考虑社会利益(如全食超市强调其食品的天然、有机和健康),使社会影响成为企业战略的一个组成部分。

履行反应型企业社会责任虽然能给企业带来竞争优势,但这种优势通常很难持久。只有通过战略性地承担社会责任,企业才能对社会施以最大的积极影响,同时收获丰厚的商业利益。企业承担社会责任不仅仅是要避免做出危害社会的事，也不应该只包括向当地慈善机构捐款、为救灾工作出力，或者救济社会穷困人口这些内容。诚然，这些贡献都非常有价值，但企业社会责任中最重要的任务，就是要在运营活动和竞争环境的社会因素这两者间找到共享价值，从而不仅促进经济和社会发展，也改变企业和社会对彼此的偏见。

把承担社会责任看作是创造共享价值的机会，而非单纯的危害控制或者公关活动，这需要我们具备全新的思维方式。尽管在这一过程中还需要企业的不断探索，不过我们相信，未来企业社会责任对于企业的成功将起到越来越重要的作用。

第四节 商业伦理与企业价值观

一、商业伦理

本章前面部分分析了一个组织的文化状况对内、外部利益相关者的期望和态度的影响，以及这些期望和态度又怎样通过权力起到了决定组织目标和战略的作用。但正像前面分析过的，在大多数组织内权力在各利益相关者之间并不是平均分配的，换句话说，战略通常是由一部分利益相关者（通常是企业的所有者和管理层）控制的，那么，如何保证他们的决策能反映不同利益相关者，尤其是社会公众的利益和要求，这就是商业伦理问题。

商业伦理的实质是一个企业或组织在社会中应发挥什么作用或负什么责任的问题。实际上，它不仅涉及社会一般公众的利益或期望能否得到满足，而且也涉及企业的长远目标能否实现和一个社会的均衡发展问题。因此，在战略分析过程中关注商业伦理问题不仅是理论研究的需要，同时也是企业管理人员在选择战略之前必须完成的任务。

关于商业伦理主要有三种观念。

第一种伦理观念是由米尔顿·弗里德曼（Milton Friedman）提出的"企业的业务就是经营企业"，或者说"企业的唯一目标就是追求利润最大化"。这种伦理观念认为关心社会问题不是企业的责任，而且还认为企业在关心社会问题时会使其对社会做贡献的最主要方式（如上缴利润）受到破坏，因此，政府的主要责任是通过立法来阐明社会对企业追求效益所应施加的约束和限制。应该说，这种伦理观念尽管有些极端，但也不无道理，如在计划经济体制下，国有大中型企业就是因为过多地承担了政府和社会应承担的责任，从而使本身的包袱越来越重，削弱了竞争能力，并使它们难以完成最主要的任务。但这并不意味着企业在追求利润最大化时，可以不负相应的社会责任。例如，一个医药生产企业或医院首先应该对病人的健康负责；其次才是追求经济目标。一个自来水和煤气公司的责任首先是保证人们的生活用水和用气。如果一个企业没有社会责任感，而只是一味地追逐利润，那么，它就很难得到社会的承认，结果也必将失去其自身的利益。我国一些企业在这方面存在的问题非常突出，从假酒、假药到假种子、假化肥，从假报表、假亏损到假合资、假集团等，其中有法制不健全的原因，但更主要的是商业伦理问题。总之，企业在追求利润最大化并满足股东利益的同时，还要兼顾其他人和团体的期望和要求。

第二种伦理观念认为应该将所有利益相关者的利益和期望更明确地融入组织的战略

中，应该避免生产"反社会"的产品，即不能不顾消费者的需要而把盈利作为唯一的目标，同时在使现有用户满意，并取得盈利时，不能忽视可能对社会公众造成的危害。首先，企业在生产经营活动中必须考虑环境保护问题，如不能在人口密集区生产毒化和污染环境的产品，及产生过量的振动和噪声等。其次，还要注意维持整个环境的生态平衡，如不能大量向江河湖泊排放污染物等。最后，企业的生产和销售活动应有助于社会文明程度的提高，如不应向儿童销售有害身心健康的读物。这种伦理观念认为企业应该为了社会的利益而承担利润减少的损失，但实际上，能够获利往往是企业致力于生产和销售的直接动力，因此，它们不大可能做出完全不顾自身利益而只对社会和公众有益的战略决策。

第三种伦理观念认为那些专门成立的用来满足社会需要的企业应该将社会需要放在至高无上的位置上，而无须考虑财务上的因素，或者仅仅将财务因素作为一种约束和限制。应该看到，这样一种商业伦理虽值得推崇，但实际上却很难行得通。世界各国的公共服务部门，如政府、电信、国有银行一般都有一个听起来很神圣的服务宗旨，但实际上也滋长了一些官僚习气和懒惰作风。因此，一种好的商业伦理应该尽可能多地考虑到所有利益相关者的期望和要求，有助于实现企业的长远目标，并对不良态度和行为起到约束和限制的作用。

二、企业价值观

企业价值观管理作为企业文化管理的核心部分，一直备受管理者和学者重视。在不同的价值观体系下，来自美国、日本以及欧洲的企业在发展战略上表现出了明显不一致的特征。一些企业的内外部条件虽然相近，但在发展上却采取了完全不同的战略。众所周知，当日本丰田汽车风靡美国的时候，很多美国企业开始效仿丰田公司的"终身雇佣制"，然而企业不但未有起色，反而出现"水土不服"的现象；同样，在日本企业纷纷陷入发展瓶颈的时候，一些企业开始引入灵活的美国式雇佣制、绩效工资以及科学的股权激励制，但这些变革被员工批评为"个人主义"色彩浓郁，起到了相反的作用。从中我们可以看出，当企业的价值观形成后，其管理模式一定要与之匹配，否则很容易产生事与愿违的现象；这也提醒管理者，在进行企业变革的时候，一定要首先审视改变的模式是否与企业的价值观相融合。

1. 企业价值观内涵

虽然各学者对企业价值观的定义不同，但从各学者的研究中我们可以把握企业价值观内涵的共同要点：

（1）企业价值观从本质上讲应该是渗透在企业生产经营管理各个环节中的一种规范、思想和理念。

（2）企业价值观是以企业为主体的价值观，不是企业家个人价值观，而是绝大多数企业员工认可的价值观。

（3）企业价值观是"一只看不见的手"，是"一根无形的指挥棒"，是间接的潜在的生产力。

（4）企业价值观的形成不是一蹴而就的，而是企业文化的长期积淀。

（5）企业价值观和企业精神是企业文化的根本内容，企业价值观是企业文化的核心。

综上所述,我们认为,企业价值观是贯穿于企业生产、经营、管理各个环节,经过长期积淀内化为全体员工所接受的共同观念。企业价值观是把所有员工联系在一起的纽带,是企业生存发展的内在动力,是决策者对企业性质、目标以及经营方式作出选择的取向,是企业行为制度规范的基础。

产品会过时,市场会变化,新技术会不断涌现,管理时尚也在瞬息万变。但是,我们知道,无论社会如何变化,在优秀的公司中,企业的价值观却不会变,它代表着企业存在的理由。表5-17列举了优秀企业的核心价值观,这些企业所采取的战略,员工的日常表现,企业管理者对员工的态度等方面都可以体现出他们各自所倡导的企业价值观,可见企业价值观贯穿于企业的各个环节,对企业各方面有着深刻影响。这些企业的价值观是其企业哲学和企业精神的基础,是企业全体成员的精神支柱、凝聚的"黏合剂"、行为准则和动力源泉。企业价值观对于调动员工的积极性、主动性和创造性具有至关重要的意义。

表5-17 优秀企业核心价值观汇总表

企 业	核心价值观
宝洁	领导才能、主人翁精神
百事	身体力行、开诚布公、多元化、包容性
沃尔玛	尊重每一位员工、服务每位顾客,每天追求卓越
杜邦	安全、健康和环保、商业道德、尊重他人和人人平等
飞利浦	客户至上、言出必行、人尽其才、团结协作
福特汽车	客户满意至上,生产大多数人买得起的汽车
丰田	上下一致,至诚服务;开发创造,产业报国;追求质朴,超越时代;鱼情友爱,亲如一家
星巴克	为客人煮好每一杯咖啡
统一集团	"三好一公道",品质好、信用好、服务好、价钱公道

2. 目前价值观管理的现状

毫无疑问,企业价值观的形成是企业领导者与员工之间、员工与员工之间的个体价值观长期相互影响、相互作用的结果,同时再对组织内成员起到多方面的作用。而且我们知道,企业中的每一个个人可能在进入企业之前有各自不同的价值观,这就要求企业对员工的价值观进行有效的引导与管理,使员工的价值观与企业和谐一致,并服务于企业愿景和最终目标,这对于企业能够顺利地发展有很大的作用。但在具体实践中,我们看到目前企业在价值观管理中存在诸多问题。

1) 没有明确的价值体系

在一些企业里,缺乏明确的企业目标和企业精神,员工对自己的行为取向缺乏价值观作为指导,同时企业家很少能意识到建立一种明确的、能为全体员工所接受的价值观念体系是企业发展不可或缺的重要任务。纵观世界优秀的企业,企业文化是不能在任何形势、任何地方、任何时候缺位的,特别是居于文化核心地位的价值观。

2) 价值观念千篇一律,缺乏个性特色

根据调查,《财富》100强企业中,55%的公司声称"诚信"是它们的核心价值观,49%的公司倡导"客户满意度",而40%的公司信奉"团队精神"。这些都是优秀的文化要素,但这样的术语不能成为指导员工行动的明确纲领。市场经济造就了经济活动的多元化,行业不同，服务对象不同，企业的任务和目标不同，员工素质不同，这就决定了不同的企业应有不同的价值观念，应把社会价值所要求的观念文化、现代企业管理者普遍要求的观念文化，以及体现人的兴趣、爱好、追求、理想的人本文化都表现在企业文化的特色之中。

3）缺少与价值观相配合的理念制度体系

尽管价值观念是企业文化的核心，但它要发挥作用是离不开其他要素的。一些长期形成的风俗习惯、行为准则、制度规范、道德风尚、奖励惩罚等，都应根据企业的不同特点和具体情况综合衡量和调整，在确立价值观的同时，配备相应的配套措施，特别要注意机制和流程的匹配。

4）价值观强化固化缺乏科学系统的方法

比如很多企业设有"职工之家"、文化墙和图书室，举行各种文娱活动和体育运动，进行社会赞助等，有的企业则采用升厂旗、唱厂歌、穿厂服、佩戴厂徽等形式，但这些仍显单调，大部分还只停留在形式上，尚不能充分发挥企业价值观的深层次功能。在价值观的系统传播、强化方面缺乏科学方法及工具支持，或者因结构设计的问题，难以培育"真知、真信、真行"。

3. 战略管理新模式——愿景驱动式管理

愿景驱动式管理是文化管理思想在战略管理思想中的集中体现，它把价值观管理，企业文化的塑造和企业战略管理有效地统一起来，使软管理和硬管理统一起来，使企业制度同企业的核心信念统一起来，使个人的自我实现和组织的实现统一起来，使企业持续的成功和企业价值观的长期稳定统一起来。在超竞争环境下，企业愿景式驱动管理将成为企业战略管理发展的新趋势。

随着知识经济时代的来临和环境的迅速变化，许多优秀的企业逐步从科学管理进入文化管理时代，如何调动全体员工的积极性，通过学习和创新来适应环境，成为战略管理的首要任务。在这种情况下，愿景驱动式管理成为一种新的战略管理模式，并迅速得到推广。在这其中具有影响和代表性的愿景驱动式管理模式包括：哈默尔和普拉哈拉德提出的战略意图，彼得·圣吉提出的共同愿景和柯林斯与帕斯提出的愿景型企业。这些学者在从 IBM、英特尔、惠普、索尼等拥有持续竞争优势公司的成功原因总结中发现，保持核心价值观和核心使命的不变，同时又使目标、战略和行动适应变化的环境，是企业不断自我更新，取得长期优秀业绩的原因，而构建与贯彻优秀的企业愿景是企业取得成功的关键。

在愿景驱动式管理中，企业价值观起到至关重要的作用。麦肯锡的 7S 理论（见图 5-9）也很好地说明了在面对日益激烈的国际市场竞争时，价值观对于企业构建持久竞争优势的核心作用。在麦肯锡的 7S 理论模型中，共同的价值观起核心作用，只有当这些因素形成一个和谐整体的时候，企业才能够取得持续竞争优势。

愿景驱动的管理模式除了要建立一个优秀的愿景和核心价值观外，还需要创造各种有效的机制

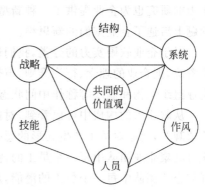

图 5-9　麦肯锡 7S 理论

来保障核心信仰的延续并能够激发未来景象的变革。这些机制包括更有效的企业文化氛围,适合企业特点的员工甄选与培训,企业内部成长的领导人选择机制以及永不满足的自我完善、自我超越机制等。

第五节 企业软实力

前面介绍了企业文化、企业社会责任、商业伦理以及企业价值观等内容,在这些概念的分析中我们也提到,随着竞争的加剧,企业间竞争的焦点正不断从价格竞争向非价格竞争转移、从产品本身向产品以外延伸。企业要想获取竞争力除了依靠传统的资产、设备、技术等"硬实力"之外,更要注重以企业文化、企业社会责任、商业伦理以及企业价值观等为主要组成部分的"软实力"。"企业软实力"概念在被提出之后,由于其很好地诠释了在超竞争环境下企业间竞争的重点以及企业寻求发展需要更加专注的方向,迅速被大家所认同。下面我们来介绍何为企业软实力以及如何提升软实力。

一、企业软实力含义

在论述"企业软实力"之前,我们首先要了解"软实力"概念提出的背景。20 世纪 90 年代初,哈佛大学教授约瑟夫·奈首创"软实力"(soft power)概念,从此开启了"软实力"研究与应用的潮流。按照约瑟夫的观点,软实力是一种能力,它能通过吸引力而非威逼或利诱达到目的,是一国综合实力中除传统的、基于军事和经济实力的硬实力之外的另一组成部分。这一概念的提出明确了软实力的重要价值,将它提高到与传统的"硬实力"同等甚至更为重要的位置。正如约瑟夫·奈所言,硬实力和软实力同样重要,但是在信息时代,软实力正变得更加重要。

我们看到软实力不仅存在于国家以及国际关系领域中,其思想体系能够延伸推广到类似处于竞争关系的领域中,其中以日趋国际化和多元化的企业竞争领域最为典型。很多学者把软实力引申应用于企业,形成了"企业软实力"的现代管理科学:即以企业组织模式、行为规范、价值理念、管理科学、创新能力、企业文化、品牌战略、企业社会公信度、企业内外部环境和谐指数等,作为构成影响企业发展的长期性、基础性和战略性的诸多要素。企业软实力强调的是导向力、吸引力和效仿力,是一种同化式的实力,而对于这种软实力的研究也为企业提供了一种新型、全面和平衡的发展路径,在提升企业持续竞争优势问题上启迪了企业家们的新思维。

对于企业软硬实力的分类,我们通常把企业的厂房、设备、产品等认定为企业的硬实力资源,把企业的理念、行为准则、声誉等认定为企业的软实力资源,而把介于两者之间的企业组织结构和制度等称作中间状态。表 5-18 是对于企业软实力构成的具体分解。

从软实力的构成中可以看到,对内"软实力"的表现方式体现在:企业使命、愿景以及价值观等,建立对员工产生无形的感召以及激励;企业文化所体现出的较强凝聚力能够充分凝聚企业团队中每一个员工的智慧,充分发挥企业团队中每一个员工的创造力,充分释放企业团队中每一个员工的潜能,从而达到增强企业团队的凝聚力、激发企业员工的创造力、提高企业整体战斗力的目的。

表 5-18 "企业软实力"的构成体系

企业软实力	文化力	理念、使命、愿景、价值观、精神、风貌等
	形象力	品牌标识、商誉、企业家形象、员工形象、产品形象、社会责任、公共关系等
	整合力	企业内部的资源整合、企业外部的资源整合、塑造产业竞争格局等
	创新力	技术创新、产品和服务创新、业务流程创新、业务模式、管理和文化创新、政策与社会创新等

此外,通过大量生动形象、扎实具体的工作,建立起对公众利益、生态环境、社会进步、社区和谐负责任的良好的企业社会美誉度、公信度;拥有为社会广泛认知的名牌产品;较高的产业集成能力和自我创新能力;获得有利于推动企业发展的政策扶持环境、公众评价环境、人际和谐环境等。在全社会和广大消费者心目中形成强势持久的影响力、感召力和辐射力,从而达到外塑形象的目的。

企业软实力特别迎合未来的发展趋势。随着能源、资源、环境成为全球共同面临的严峻挑战,居民的环境意识、可持续发展的理念不仅表现在对产品的选择、货币选票的投向,而且反映在对厂商的褒贬和扬弃的现实中。随着人们对企业合法性、企业性质等企业根本性问题反思的深入,企业软实力、软实力竞争越来越受到认可、重视和推崇。特别在"企业社会责任运动"风靡全球、社会要求企业承担更多公共责任的呼声日益增大以及中国建设和谐社会的时代背景下,企业软实力的作用更显得尤为重要。

二、软实力提升途径

企业的软实力建设要比硬实力更难。因为软实力的建设更多地是全体员工思想、价值观、服务态度、诚信行为的建设,而要整合这些意识层面的问题,让大家在企业倡导的层面上来感知、认知、知觉和认同,这当中的工作是巨大而长期的。因为它面对的是一个个有思想、有感情的个体,他们具有可塑性、变化性和不确定性。因此,一个企业"软实力"的建设具有目标性、经常性和长期性。

(1) 明晰企业愿景,打造卓越企业文化。企业文化是企业的基础和灵魂,也是企业"软实力"的核心内容,是企业长远发展的精神动力。国际知名企业非常注重形成企业的"经营理念"和"价值观",通过企业文化聚合社会优质资源。例如,壳牌、BP 这两家能源公司,多年的主要业务都是石油和天然气,它们却并没有将自己定位成一家"从油井里打油的公司",而把"新能源转换的领导者"作为企业的角色定位,并在此领域进行了大量的投资,虽然目前还没有盈利,但他们考虑的是 30 年后公司的状况,而不是短期行为。

(2) 坚持不断创新,构筑企业发展动力。创新是企业发展的动力与源泉,国际知名企业可持续竞争的唯一优势来自于超过竞争对手的创新能力。创新已经成为这些企业的企业文化中一个组成部分,支持着企业持续、快速发展与壮大。基于这种创新精神,微软公司始终掌握软件市场的主动权,麦当劳独领快餐市场风骚,英特尔公司得以长期雄踞芯片市场王座。英特尔的总裁葛洛夫说过一句话:"只有具有忧患意识,才能永远长存。"

(3) 提升品牌价值,塑造企业商誉与形象。国际知名企业大多拥有很高的品牌价值和商誉,有较好的社会形象,而且正在为品牌价值提升、社会形象与商誉提升进行持续投资。企业产品参与市场竞争有三个层次:第一层是价格竞争;第二层是质量竞争;第三层是品牌竞争。今天的竞争已经发展到了品牌的竞争,品牌意味着高附加值、高利润、高市场占有率。企业拥有市场的唯一途径就是拥有占据市场主导地位的品牌。品牌及品牌战略已经成为企业构筑市场竞争力的关键。

(4) 履行社会责任。履行社会责任是企业发展不可或缺的一部分。国际知名企业绝大多数都成立了专门机构负责解决企业社会责任落实的问题,这是这些企业优化持续发展环境的重要举措,也是其持续发展的关键。作为世界上最大的石油与石油化工集团企业之一,应该说,英国石油公司(BP)是一家严格看待企业社会责任(CRS)的企业,该企业的网站记录了很多案例,突出它在全球的企业责任影响力。近年来,我国的石油石化公司也十分重视履行社会责任,中国石油集团于2006年在国内率先公布了社会责任报告,将企业履行社会责任的行动向社会通报,展示了良好的企业形象,获得了更多的社会认同。

(5) 加强人力资源管理,夯实发展基础。摩托罗拉公司这样阐述自己对人力资源的看法:"人才是摩托罗拉最宝贵的财富和胜利源泉。"摩托罗拉公司将对人才的投资摆在比追求单纯的经济利益更重要的位置。尊重个人是摩托罗拉在全球所提倡的处世理念。为此,摩托罗拉将深厚的全球公司文化融合在中国的每一项业务中,致力于培养每一个员工。

培育软实力比培育硬实力更为重要和艰难。现在,许多国内大企业都有进军世界500强的梦想,但注重的往往是产值规模。与世界优秀跨国公司相比,我国一些企业特别是在短时间内拼凑起来的"企业航母",从表面指标看差距似乎不大,但以企业文化为主要内容的软实力则有天壤之别。经验表明,增加产量易,提高品牌知名度难;做大易,做强难。培育优秀企业文化,打造一流竞争力,是一项系统工程。这需要管理者彻底改变传统思维惯性和做法,扭转偏重硬件、忽视软件,注重生产、轻视文化的观念,把培育企业文化当作企业做大做强的力量源泉和关键环节。而且管理者要认识到不断学习、积极创新是企业之树长青的根本所在。

世异时移,企业面临的市场环境、经营条件等均处于不断变化之中,企业的应对策略乃至思维方式、组织方法等也需相应调整。因此,建设学习型组织,不断学习,积极创新,打造自身强有力的软实力对于企业实现可持续发展来说是重要条件。否则,企业就会落后、倒退,甚至被淘汰。

实例 5-1

涉嫌共谋压低工资 硅谷公司面临集体诉讼

一场针对 Adobe、Apple、Google、Intel、eBay 等硅谷公司的巨额集体诉讼正在进行之中。

这些公司,无论是在科技领域还是在商业领域,都曾取得巨大的成绩,他们被人仰慕,甚至被人尊敬。然而,他们被诉基于"压低员工工资"的共谋,却让人们看到了另一面。而在被披露的共谋者中,包括了苹果前首席执行官乔布斯和谷歌创始人布林,谷歌主席施密特等科技大佬。

美国 Lieff Cabraser 律师事务所律师 Kelly Dermody 就表示,"高技术雇员间的竞争有其特别的重要性,这种竞争往往可以导致更高的薪水,更好的职业机会,以及对消费者更优质的产品,硅谷公司和其他高技术公司本该将其巨大的成功归于其雇员的牺牲和努力工作,但他们并没有这样做,由此他们也必将为其错误的行为承担责任。"

目前,该案正在加利福尼亚州圣何塞市的美国联邦地方法院的诉讼程序之中,并预计在 2014 年 5 月 27 日进行开庭审理。根据法庭公开的文件显示,目前有约 6.4 万名员工参加了这一集体诉讼,赔偿金额可能高达 90 亿美元。

中国著名劳动法专家梁智就本案接受《中国经营报》记者采访时表示,"伴随 TMT(数字新媒体)领域的技术发展越来越呈现出全球同步的趋势,中国非常有必要警惕在这一领域的类似行为,在相关立法和执法方面做好准备。"

一名软件工程师引发的"集团诉讼"

在奥巴马"重振美国制造业"的国家政策之下,肩负重大使命的高科技公司有必要在高科技人员的使用方面做出重大改革。

该案源起于卢卡斯的一名前软件工程师提起的指控。

2011 年 5 月 4 日,该软件工程师提起了一个集团诉讼(也称代表诉讼),指控 Adobe 系统公司、苹果公司、Google、Intel Corporation、Intuit 软件公司、卢卡斯公司和皮卡斯公司违反"反垄断法",共谋一项固定而严格的雇员支付计划,并达成"互不挖角"协议。

随后,来自上述公司的大量雇员参与进来,形成一个巨大的诉讼案件。该案件由联邦法院法官 Lucy H. Koh(高兰惠)审理,案件被命名为"高技术员工反垄断诉讼案件",诉讼编号为 11-CV-2509-LHK。

有意思的是,高兰惠法官曾经审理过著名的苹果和三星之间的专利大战,对高科技公司有着深刻的了解。她毕业于哈佛大学法学院,最早在公司里从事知识产权相关事务的代理,此后进入法院工作,并在 2010 年被奥巴马总统任命为现在的职务,即联邦地区法院法官。

此后,案件在是否作为一个集团诉讼案件进行将近三年的争议。

"需要注意的是,在美国的集团诉讼制度中,存在着一项很重要的确认程序,即由法院对诉讼是否能作为集团诉讼程序进行的确认,同时法院在集团诉讼确认程序中做出的决定和其对案件实体问题做出的裁判具有同等的重要性。"来自美国的律师告诉记者。

但是 2012 年,Koh 法官实质性否决了被告就撤销该案的联合动议。关于是否作为集团诉讼案件的争议更加激烈。

2012 年 11 月 16 日,美国司法部和加利福尼亚总检察长备案一份针对 eBay 诉讼案件,该案件指控,eBay 前 CEO Meg Whitman,曾经和 Intuit 的高层从 2006 年到 2009 年,共谋不雇佣彼此的员工,此举违反了美国和加利福尼亚州的反垄断法律。根据原告的指控,就在这一期间,eBay 负责雇佣工作的员工,被要求扔掉来自 Intuit 公司员工的简历。

大量的诉讼引发了美国司法部的调查,就在这个调查被公开进行之后,被告同意结束反竞争协议。然而,对这些被告的雇员并没有进行赔偿。

2013 年 4 月,员工们的集体诉讼曾被驳回,理由是他们未能证明所有或接近所有诉讼成员都因反招揽协议而受到影响。

然而,2013年10月24日,高兰惠最终接受了原告的动议,即就针对Adobe、Apple、Google、Intel和其他高科技公司的指控可以进行集团诉讼,该指控主要针对上述公司在大约2005—2009年期间共谋压低员工工资,包括同意不雇佣彼此的员工,这些员工包括技术岗位,一些有创造性的岗位和一些薪资岗位。

一份复杂的、长达86页的法庭决议中,法官指出,"基于广泛的书面证据、经济学理论和专家统计模型,原告证明了一个共同的问题,即所有或接近所有诉讼成员都因反招揽协议而受到了影响。"

而熟悉美国集团诉讼宗旨的律师们都明白,"一项案件被确认为集团诉讼,除了要实现对受损害个体的赔偿之外,法律设立集团诉讼的目的,主要是出于一定的政策导向的目标,比如在特定领域内对特定利益的保护,寻求对相关法律规定做出立法改革的努力。"

这意味着,在奥巴马"重振美国制造业"的国家政策之下,肩负重大使命的高科技公司有必要在高科技人员的使用方面做出重大改革。

事实上,2013年10月25日,San Jose Mercury News(《加州圣何赛信使报》)就高兰惠法官的决议发表了深度文章。在该文章中,Lieff Cabraser律师Kelly Dermody指出,"这个动议传递了一个重要的信息,人们需要对雇员权利和工作市场的公平性给予更多的重视。"

史无前例的诉讼人数

卢卡斯和皮卡斯两家公司是最早参与到这一计划之中的企业,随后是苹果、谷歌、Intel以及Adobe等。

据了解,该集团诉讼案件预期在2014年5月27日进行开庭审理,而在正式开庭前的集团诉讼认证中,大约64 600人参加这一集团诉讼。

根据法庭的认证文件,所有在以下一家或一家以上公司工作过的员工,包括技术性、创新性的岗位,和/或研究发展的岗位,如果在以下期间工作于这些企业,都可以作为本集团诉讼的原告。

他们包括:①从2005年3月到2009年12月在苹果公司工作的员工;②在2005年5月到2009年12月在Adobe公司工作的员工;③从2005年3月到2009年12月在Google工作的员工;④从2005年3月到2009年12月在Intel公司工作的员工;⑤从2007年6月到2009年12月在Intuit工作的员工;⑥从2005年1月到2009年12月在Lucasfilm(卢卡斯)工作的员工;⑦从2005年1月到2009年12月在Pixar(皮卡斯)工作的员工。

需要注意的是,该认证同时排除了一些这一期间工作于上述公司的员工,包括一些零售部门的员工,公司的管理人员,董事会成员以及来自被告公司的高级执行官员。

不难看出,卢卡斯和皮卡斯两家公司是最早参与到这一计划之中的企业,随后是苹果、谷歌、Intel以及Adobe等。这暗示了这一共谋计划在硅谷的扩张。

值得注意的是,法庭文件同时披露了被认证的"个人工作岗位",包括:软件工程师,硬件工程师和组件设计人员,应用开发人员,程序员,产品开发人员,用户界面或者用户体验设计人员,质量分析人员,研究者和开发者,动画制作人员,数字艺术人员,创新性岗位的管理者和技术编导,图形设计者和图形艺术家,网站开发人员,IT专家,系统工程师和行政管理人员,以及其他被雇主认定为技术专家岗位的雇员。

"可以想见,这几乎囊括了硅谷涉及技术开发的所有工作人员,不亚于硅谷所发生的一次大地震。"在硅谷一家著名公司工作的高层这样告诉记者。

不过,这些被认证的员工并不一定会全部加入到集团诉讼的程序中,因为有一部分原告已经与被告公司进行了和解。

2013年7月,卢卡斯和皮卡斯双方同意支付900万美元,Intuit软件公司同意支付1100万美元与本公司员工达成和解,参加上述和解的人员占到了整体集团诉讼人数的8%。

据记者了解,法庭将在2014年5月1日举行一场最后的听证,"考虑上述2000万美元的和解协议是否可能被执行,如果和解协议被通过,这些公司的诉讼成员将可以分享这笔和解资金。"

"之所以要对和解协议进行听证,是因为集团诉讼中的和解协议与一般民事诉讼中的和解不同,法院对集团诉讼中和解协议有批准与否的权力。这样做主要是为了确保未直接参加诉讼的集团成员的利益得到充分的保障。"律师表示。

按照美国法律,法院在对和解进行审查的过程中,主要是考虑以下几个方面的因素:该集团成员的利益能否得到充分的保障;参与诉讼的人是否滥用集团其他成员的信任;实施以上行为或者不实施以上行为,是否只是为了代表人自身的利益等。

"通过此项审查,法院可确定集团代表人或者其律师是否与对方当事人恶意串通,以损害集团其他成员的利益为代价且使得自身获得某些利益为回报而达成和解。同时,被告的经济能力也是法院对和解协议进行审查以确定和解协议内容是否公平的重要因素。"

由此,卢卡斯公司、皮卡斯公司和Intuit软件公司的和解协议能否生效仍然需要等到5月1日才能知道。

未来和解的可能性

在进入法庭指控阶段,包括苹果、Google、Intel等在内的公司虽然没有选择和解,但这并不意味着他们最终不会接受这个选择。

在这一案件中乔布斯、布林、施密特、坎贝尔等科技大佬的表现令人失望,而一项被称为"cold calling"的硅谷做法也引起了全球媒体的广泛关注。

"cold calling"事实上是被指控的共谋行为中的一种,即这些高技术公司要求负责雇佣工作的员工直接取缔了上述公司员工的选择机会。

公开的信息显示,这种行为最早开始于卢卡斯和皮卡斯,他们和其他被告公司一起,至少持续到2009年,这些公司之间没有招聘需求,没有雇佣,没有挖角行为,也没有什么其他的反竞争协议,他们的意图只是减少雇员的赔偿和动议。随着更多的公司加入这一被指控的共谋,这些参与公司的劳动力竞争大大降低,而被告公司员工的赔偿也少于一个正常劳动力市场员工的赔偿。

然而,竞争者的出现迟早会破坏既有的规则,Facebook公司就被视为不按常理出牌。当Facebook公司不断地从Google公司和苹果公司挖人的时候,Intuit公司主席比尔-坎贝尔将"互不挖人"的承诺传达给Facebook公司,结果却遭泼了一盆冷水,曾在谷歌担任在线销售与运营副总裁一职的桑德伯格表示拒绝限制招聘范围,包括从谷歌挖人。

"我当时拒绝了限制脸谱网招聘来自谷歌的员工的要求。"Facebook公司首席运营官桑德伯格在一封法庭文件中称。

一位不愿透露姓名的美国律师告诉记者,"没有人会或者没有人愿意在这一案件中隐瞒什么,因为他们也隐瞒不了。按照美国的《电子邮件法》,所有公司的电子邮件都必须按不同情况保存数年甚至更长时间,否则将承担相应的法律后果。"

"我不相信这些公司的律师不理解《克莱顿反垄断法》,当这些科技大佬决意进行压低员工工资的共谋时,他们要么是没有认识到问题有一天会发展到今天这样严重,要么是在商业利益和违法行为之间做出了抉择,他们可能认为只有这样才能保证他们的既得利益,然而这是他们的逻辑,Facebook打破了这个逻辑。"梁智表示。

而在进入法庭指控阶段,包括苹果、Google、Intel等在内的公司虽然没有选择和解,但这并不意味着他们最终不会接受和解。因为按照美国的《反垄断法》,如果没能达成和解,原告要求总赔偿金额将是30亿美元的3倍,即90亿美元,相当于每位员工平均获赔14万美元。

"他们在开始不选择和解,很可能是因为他们还有一些把握,毕竟此前类似案件的判例很少,当然,法庭的证据开示可以让彼此可以更加了解对方的筹码,之后谈判的和解金额可能会让双方更能接受。"梁智分析表示。

资料来源:中国经营报,作者:屈丽丽;日期:2014年4月28日。

实例 5-2

空气净化器市场　高利润无国标

没有国家标准,没有价格标准,却有高达约300%的高额利润。各个厂家宣传五花八门,各不相同,消费者却一头雾水。

随着"雾霾经济"迅速升温,空气净化器一跃成为很多家庭的必备品。数据显示,未来五年,空气净化器的市场容量将以每年30%的速度增长。强劲市场的需求下,各个相关厂家竞相进入这一领域,推出了各种功能的净化器。然而,《中国经营报》记者在调查中发现,虽然该市场品类繁多,但目前产品并无统一认证标准。各个厂家对于功效买点的宣传各不相同,消费者在选购中一头雾水。业内人士普遍呼吁,空气净化器行业亟待出台统一的国家标准。

空气净化器行业成投资蓝海

目前,各大家电企业在空气净化器领域已经基本布局完成。

"空气净化器行业在中国是朝阳产业,潜力巨大。"国家室内环境与室内环保产品质量监督检验中心主任宋广生表示。

据了解,最初人们购买空气净化器是为了除甲醛,净化刚装修后新居的空气。随着人们对"雾霾"的关注,除霾功能、释放负离子功能等各种空气净化器纷纷进入消费市场,这样的趋势立即受到资本的青睐,空气净化器行业目前已成为一个新的投资热点。

除了市场空间大,利润也十分可观,一位新品牌空气净化器企业的负责人向记者介绍,起初决定进入空气净化器行业,是被业内所说的50%的利润所吸引,但后来发现这个行业有50%利润的说法是相当保守的。该人士告诉记者,不管产品具备什么功能,一台空气净化器的成本最高也就是800元,但市场售价却可以卖到2 000~5 000元,利润空间高达约300%。

一直以来中国家电企业以反应迅速著称,新细分行业一旦热度上升,就会蜂拥而上。这种现象在空气净化器行业得到印证。目前,各大家电企业在空气净化器领域已经基本布局完成。

据记者调查,目前各大企业家电产品净化原理各不相同。夏普方面介绍,其推出的空气净化器新品均采用的是净离子群技术,也就是产品内部安装有净离子群发生器,可释放出高浓度净离子群离子。美的空调相关负责人则称其空气净化器采用的是高效塔式结构滤网,可以高频立体循环净化。其他企业有的采用活性炭滤芯过滤,还有的企业是把加湿和净化功能合二为一。

记者走访多家卖场调查发现,各品牌空气净化器价格从千元到上万元不等,功能和种类也各有不同,从传统的活性炭滤芯到加湿净化二合一,可谓琳琅满目。各品牌还把"除醛"作为卖点大力推广,其宣传的净化效果更是神乎其神。"甲醛下降率99.7%""清除甲醛99.36%""纯净生活,开启无醛境界"等宣传广告在柜台随处可见。

"雾霾经济"迅速升温。未来五年,空气净化器的市场容量将以每年30%的速度增长。

宣传浮夸实效不佳

祛除甲醛,就肯定能祛除PM2.5的说法是不科学的。

日前,质检总局公布了2015年产品质量国家监督抽查计划,共涉及182种产品。其中,空气净化器首度纳入国家监督抽查计划。

监管政策收紧源于数次不尽如人意的抽查结果。各地质监部门多次对空气净化器的抽查显示,不少产品并不能达到净化空气的效果,反而会产生一定的毒性。除甲醛效果更是与标注值大相径庭。

对此有生产厂家回应称,甲醛去除率低,是因为机器运行时间不够,如果达到足够长的时间,净化率都可达到90%。中国电子商会副秘书长陆刃波表示,同样是声称"甲醛净化效果能达到98%",有的净化器只需要一两个小时就能达到,而有的净化器却需要六个小时,甚至更长时间。尽管最终在数值上可以实现宣传值,但实际意义却不大。不少企业是在故意玩文字游戏,夸大宣传功能。

对于除霾空调,宋广生也认为,空调能否祛除PM2.5颗粒要看空调内部的结构,单纯除甲醛的模块肯定不能祛除PM2.5。因为模块吸收甲醛属于化学分解的过程。而PM2.5颗粒的祛除则主要通过高效过滤网进行吸附,是一个物理处理的过程。"所以,所谓能祛除甲醛,就肯定能祛除PM2.5的说法肯定是不科学的。"宋广生提醒说。

行业国标亟待出台

目前针对空气净化器产品,国家并推出相应的国家强制性标准。

行业局面混乱、急速扩容,与行业标准没有跟上有极大关系。据了解,目前针对空气净化器产品,国家推出相应的国家强制性标准,推荐性的国家标准中也是以企业标称的数据作为检测评价的依据。所以,目前各家企业标称的净化率数据也并非在同一条件下的测试获得,这给了不少企业以可乘之机。

此外,一些地方性行业认证检测机构也应运而生。不少认证检测机构并不具备空气净化器行业检测资质。据行业人士介绍,有的地方性认证检测机构宣称自己有认证资格,但在认证过程中,企业若某些技术指标不达标,在缴纳一定数额的"检测费用"或"自检费用"后,技术指标就可大为改观。

消费者在市场上选购产品会发现认证检测机构五花八门。比如,一款沃讯车载空气净化器提供的是中国疾病预防控制中心环境与健康相关产品安全所出具的空气净化合格证明;飞利浦出具的是获得美国电器协会的检验论证;远大、爱普爱家等品牌出具的是获得当地质监部门的空气净化效果合格证明。

陆刃波指出,随着国内空气净化器消费市场的快速扩容,已到了产品统一规范的关键时期,统一标准的行业摸底测试将为决策部门提供有力的数据参考,行业发展也会因此提速。

奥维空调环境事业部助理分析师陈剑波告诉记者,2015年年内空气净化器新国标即将出台,这不仅有助于推动企业产品升级、技术改良,更将为消费者购买和识别产品提供重要的参考依据。

资料来源:中国经营报,作者:孙聪颖;日期:2015年3月16日。

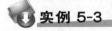

实例 5-3

食品安全问题频发,零售企业临深履薄

今年的两会期间,食品安全问题再次成为老百姓最关注的话题。李克强总理在今年的《政府工作报告》中谈道:人的生命最为宝贵,要采取更坚决措施,全方位强化安全生产,全过程保障食品药品安全。而新修订的《食品安全法》有望今年出台,在和消费者日常生活联系最为紧密的超市,食品安全事件爆发更是一个接一个。就在2014年,零售企业的食品安全事件依然时不时占据新闻头条,零售企业缘何成为食品安全频发的"大户"呢?

"存有侥幸心理,认为被抓住的并被曝光的概率不会太大,是很多零售企业的心态。"商务部研究院消费经济研究部副主任赵萍认为。

超市成食品安全问题"常客"

沃尔玛的过期油事件最为突出。有报道称,过去3年,因为食品安全、误导性定价等问题,沃尔玛已经接到了中国政府高达9 800万美元的罚单。

与此同时,据《中国经营报》记者梳理发现,2014年范围涉及最广的一次超市食品安全事件发生在青岛。去年3月份,青岛市食品药品监管局检测到不合格商品达39个批次,家乐福、利客来、利群、维客等一大批商超由于馒头和火烧含铝超标、烤鳕鱼等熟食菌落超标而入选抽查黑榜。

特许经营专家李维华说,上述零售企业还仅仅是被监管机构和媒体曝光出来的冰山一角,没有被曝光的企业可能食品安全问题更多。

在他看来,问题食品在超市有容身之所关键在于超市监管不严。而且,非法供应商也用不正当的手段进入超市,在国内商超行业,"灰色地带"一直存在。

细数零售企业近来在食品安全领域的问题,从价格欺诈、商品过期……声名显赫渐成声名狼藉。

"眼下零售行业已经进入微利时代,许多涉事的零售企业还是过度看重眼前利益,尤其是在业绩考核和利润压力下,高层容忍食品问题的存在,而具体到超市的管理层如店长等还是基于业绩指标的压力,怂恿过期食品更改保质期、不合格产品重新包装又上架。"赵萍分析认为,零售企业对出现问题的商品睁一只眼闭一只眼,就是为了降低自己的损失。

联营区域是重灾区

"员工更改食品过期日期,被政府监管部门和媒体曝光的次数如果是干100次仅被抓住几次,超市当然愿意铤而走险。"赵萍表示。

在她看来,超市食品安全问题大都在联营区域,例如主食、熟食加工区一直以来是媒体曝光食品安全问题的集中地带。超市熟食出现问题已经不是一次两次了,超市熟食区俨然成为了食品安全问题的多发区"因为许多零售商以二房东的方式对联营区域进行管理,进货也由联营方负责,超市基本上处于放羊的状态。"赵萍说。

"联营本是属于强强联合的举措,但在执行过程中就走偏了,负责加工部分业务的联营方规模太小,基本上是小作坊的形式,安全性不高。"京客隆副总裁高京生告诉记者。

实际上,面对利益,在质量管控上,即便是国外的零售巨头也不可能用国外的标准来要求中国所有门店。尤其在竞争环境下,商超企业对自己监管得越严,在超市设置严格的监管体系就意味着成本的增加。

麦德龙相关人士告诉记者,为此,麦德龙中国成立了一家咨询公司麦咨达,为农民提供麦德龙质量标准的农副产品生产、繁殖、加工、包装等全方位培训。合格的农户将直接为麦德龙中国的商场供应产品,这样也就减少了中间商环节,确保农副产品的质量。

沃尔玛方面表示,沃尔玛一直与大型供应商直接合作,减少中间环节。以猪肉产品为例,沃尔玛猪肉供应商已经由过去的270多家精简到目前的近80家。

但在上海尚益咨询总经理胡春才看来,"一波未平、一波又起"的超市食品安全问题不断刺痛人们的敏感神经,还是需要监管部门加派人手不断巡查,并进行商品的定期抽样检测。在中国现今的环境下,要企业绝对地守法是不可能的,成本越多也就代表自己在市场上竞争被淘汰的机会就越大。

"沃尔玛、家乐福在内部管理上已经下了很大的功夫,包括建立生鲜基地和加工等举措,但也不能排除管理上还有漏洞。来自于传统观念,很多零售企业仍然以视觉、感觉来评价食品质量的好坏。另外涉及人员处分上仍是举得高,落得轻,也会形成不少超市员工明知故犯。"高京生直言。在他看来,违法成本低也导致商超企业屡教不改。

内部管控行动升温

"对于食品安全,有政府和媒体紧盯着零售企业才不会过于放松。"胡春才认为,对外资零售企业还是要不断地曝光,毕竟其占有品牌优势,拿到的商品返点折扣比国内企业更具有优势,外企就必须发挥模范作用。

随着食品安全问题越来越凸显,沃尔玛、家乐福、大润发、麦德龙等也在行动。麦德龙有关负责人透露,麦德龙商场的一大特点,就是食品陈列区域非常冷,因为低温冷链是确保食品新鲜和优质的关键一环。麦德龙商场对不同的商品进行不同的严格温度控制,比如说鲜肉类商品在0℃~4℃之间储藏专间销售,奶制品则是5℃~7℃。

据沃尔玛方面介绍,沃尔玛也在增加供应商审核和产品检测频次。沃尔玛已于2014年对肉类产品进行了超过1000次DNA检测及1800次对供应商的第三方审计和验厂。而2015年,沃尔玛将在此基础上增加20%的DNA检测。

此外,沃尔玛也在投入高新技术手段以提升门店食品安全及质量管理标准。去年,沃尔玛开始引入美国沃尔玛门店的成功实践"SPARK"(无纸化的检查及记录)系统引入中国。SPARK系统通过手持温度探测器进行温度检测,及时监控食品储存温度,再通过无线设备将相关数据自动上传,用于分析和监测。

高京生则告诉记者,京客隆此前还得到政府的资金支持来购买食品安全检测设备。不过,在他看来,检测是有局限的,如今每检测一种指标的成本不菲,薄利的零售商也很难负担,很多零售企业的检测系统沦为摆设。"完全靠设备并不足以表明商超对食品安全的把控就多么出色,这与超市内部管理制度、考核机制、认识程度等都直接挂钩。"

"在食品安全把控上,大润发做得更为出色,因为其超市管控相对较严。"胡春才表示,在大润发超市,可以发现卖场的卫生、商品陈列规范等更为精细,这不仅是营业水平的体现,更与其内部管控制度流程有关。

去年6月,沃尔玛中国宣布2013~2015年大幅增加食品安全投入,但隔天沃尔玛知春路店销售的三款竹荪干货就检测出重金属镉超标。看来食品安全问题是一个长期而深远的课题,难以一蹴而就。无论是对于零售商还是供应商,都必须明确把尊重消费者放在重要位置,才能守住质量安全的最后一道防线。

资料来源:中国经营报,作者:黄荣;日期:2015年3月16日。

实例 5-4

三星争做中国企业公民 2014 年捐赠外企第一

一提到三星,人们头脑中想起的就是三星手机、电视或者其他电子产品,但是三星还有不为人知的一面。

2月4日,根据中国社会科学院出版的《企业公益蓝皮书(2014)》显示,2014年外资企业公益发展指数平均得分为33.4分。其中,韩资企业平均得分最高为63.6分,领先于其他国家的企业。

而在三星业绩下滑的传闻中,中国三星在2014年依旧捐赠9443万元,位列外企第一。

2014年底,中国三星在社会责任方面获得诸多认可。继社科院企业社会责任排名位列外企第一之后,又陆续获得多家中国主流媒体的诸多表彰。

而这些认可,与三星长期投身社会责任活动是分不开的。

公益投入十年坚持

2013年的雅安地震,三星第一时间捐赠6000万元,位列外企第一。2014年8月的云南鲁甸地震,三星捐赠3 000万元,再次位列外企第一。

除此之外,三星更多的是开展持续性的社会责任活动,一直在"人才第一""绿色发展""社会公益""顾客满足"和"诚信守法"五大方面推进。

对一个企业来说,利用最尖端的技术为消费者提供最高品质的产品和服务,是基本的社会责任之一。为此,中国三星在持续扩大在华研发、不断推出最新产品的同时,更加重视售后服务。

而这对三星来说是远远不够的,自1992年进入中国以来,三星也在积极探索企业自身与社会共同发展的成长机制。尤其在社会公益方面,本着坚持实效、长期坚持、员工参与的原则,中国三星在"分享经营"的理念指导下,已经在青少年教育、残疾人帮助、农村支援、环境保护形成三星特色的公益活动。

青少年是国家的未来。从2005年起,中国三星开始援建"希望小学工程",现已援建了140所希望小学。支持大学生利用暑假期间到中西部贫困山区进行1个月时间支教的"西部阳光"活动,到今年也开展了10年,共有2 600多名大学生参加。

从2014年开始,为了让希望小学的孩子们在假期获得更多的知识,三星把他们带到大城市的大学里学习生活,此项目叫作"梦想课堂"。为继续帮助青少年教育,2014年5月,三星与中国青少年发展基金会签订未来5年合作计划,每年捐赠2 000万元,主要用于以希望工程为平台的青少年教育支持和援助。

同样有着悠久历史的是三星支援农村的活动"一心一村"。三星分公司与周围的贫困农村结为姊妹关系,定期提供支持和援助,到目前已结成44个姊妹村。2014年10月中旬,中国三星发起"分享村庄"项目,计划投入3 000万元援助贫困乡村的发展。

本着"注重实效"的原则,帮助残疾人也是三星的重点公益项目之一。三星与中国残疾人福利基金会合作,重点帮助白内障患者和残疾青少年。2014年11月初,中国三星开启第二期援助计划,计划2015年至2019年每年捐赠1 000万元,主要帮助残疾孩子进行康复训练以便更好地融入社会。

中国三星在2008年宣布"绿色经营",旗下4大部门(经营、产品、工程、区域社会)以绿色环保为己任,通过经营绿色化、产品绿色化、工厂绿色化和社区绿色化来完成这一目标。中国三星希望在2020年达到:将单位产值二氧化碳排放量在2007年的基础上削减50%,废弃资源的再利用率达到95%以上。

走进中国　走近民众

对于三星集团而言,中国市场至关重要。随着中国经济的持续高速发展,中国市场有着巨大的潜力,未来20~30年内三星的增长动力来自中国。

面对中国目前所做的扩大内需、加大产业结构调整尤其是发展高科技产业等改革动向,中国三星的具体战略是:继续推动本土一体化业务体系,同时扩大对尖端技术装备产业的投资,加强研发,推进业务的多元化,并积极发掘以新兴产业为核心的新增长动力,向中西部、东北部、中小城市扩大业务等。

而要成为一个真正的本土企业,必须要突破外企的身份,做到比本地企业更加尊重消费者,更加遵守当地的法律秩序,更加努力成为符合中国社会发展的企业。

在三星大中华区总裁张元基看来,企业作为社会公民,在保持对弱者全力帮扶的同时,不能脱离社会而生存,更要承担起应有的社会责任,让社会能在更和谐的道路上发展,这也是企业经营战略中最核心的组成部分。

三星在做好自身诚信守法经营的同时,也在时刻帮助供应商做好守法经营管理。2014年10月,在三星供应商较多的天津和惠州地区,三星电子分别召开了中国供应商守法经营宣誓仪式和企业社会责任交流大会,督促中国供应商守法经营,内容包括严格执行中国劳动法、遵守环境安全标准,建造舒适、安全的生产企业。

CSR 也创新

中国三星持续的努力也获得社会的认可。在社科院发布的企业社会责任指数中,中国三星连续两年获得外资第一,2014年在全体企业排名中位列第13位。

自2013年起,中国三星宣布将从传统的投资模式中跳出来,寻找一条经济投资与社会责任齐头并进的投资发展之路。在三星最尖端半导体工厂和研究所等重点投资区域的陕西省,中国三星开始了这种尝试。2014年3月27日的启动仪式上,中国三星与陕西省政府签署落实了5大合作项目,包括灾害救助、农村帮扶、教育支援、残疾儿童救助、环境保护等方面。包括宝鸡市的白内障手术,都是陕西省全方位社会责任活动的一部分。

三星选定陕西省为"社会责任示范区",结合当地需求开发新的公益项目和重点实施三星已有的公益项目,努力打造成功案例推广到全国。

中国三星还从2014年加大了社会公益的投入幅度,并不断探索新颖的活动方式。不仅为改善贫困地区的青少年教育5年内投入1亿元,同样为改善残疾人的生存环境,计划5年内投入5 000万元。

学习三星的公益原则

注重实效:所做的公益活动能起到真正的作用,比如环境保护,不断扩大对贫困地区基础教育的投入等。

持续性原则:中国三星围绕农村、儿童和学生、残疾人等展开的公益活动,也遵循着持续性的原则,有的已经坚持了十多年。只有坚持,公益的投入才能逐步显现效果。不炒作,不跟概念。

员工亲自参与:与一般企业不同的是,中国三星的公益活动不是简单地捐钱捐物,而是坚持员工亲自参与的原则。通过亲自参与,员工在感受到给予幸福的同时,也增加了对公司的认同感。比如一心一村、西部阳光等项目。

资料来源:中国经营报,作者:孙聪聪;日期:2015年2月9日。

复 习 题

1. 什么是企业的外部文化和内部文化,它们具体包括哪些内容?

2. 企业的利益相关者包括哪些?组织内和组织外部利益相关者的权力分别来源于哪些方面?

3. 什么是企业社会责任?企业社会责任包括哪些内容?企业社会责任的对象有哪些?请举例说明。

4. 你是如何理解企业社会责任与企业战略管理之间的关系的？
5. 你是如何理解商业伦理与企业价值观的？它们的内涵有什么区别？
6. 什么是愿景驱动式管理？
7. 什么是"企业软实力"？与企业硬实力相比，企业软实力的构成体系以及表现方式体现在哪些方面？
8. 企业可以通过哪些途径提高企业的软实力？

第六章

企业的一般战略

前面几章我们介绍了战略的概念、特征、战略管理思想的演进以及战略管理的一般过程,分析了外部环境因素和行业结构特点以及企业本身的资源、能力和利益相关者的期望对战略的制定和实施会有怎样的影响和制约,以上这些基本上属于战略分析的内容,同时也是战略选择和实施的前提。本章和第七章、第八章将讨论战略选择问题,即根据外部环境所带来的机会、威胁、自身的优劣势,以及利益相关者的期望和要求,企业确认可能会采取哪种战略方案。

那么,究竟存在哪些企业战略呢?这个看起来似乎简单的问题,并没有明确和清楚的答案。由于各种战略管理书籍从不同的研究角度对其有不同的分类方法,这常常使读者,包括企业管理人员感到困惑,因此,本书试图采用一种更直观和简便的方法,对可选的战略方案做些归纳,同时将战略本身与其实现方式做些区分,以避免读者产生混淆。

在第一章,我们曾把战略分成三个层次:公司战略、竞争战略和职能战略。

公司战略主要决定企业应该选择哪类经营业务,进入哪一行业或领域,实际上是解决企业如何成长或发展的问题,当然也包括在不利环境下的收缩和巩固问题。我们可以将这一层次的战略统称为成长战略,它指出了企业在发展过程中可选的方向。

竞争战略主要涉及如何在所选定的行业或领域内与对手展开有效的竞争,即主要解决竞争手段问题。我们可以将这一层次的战略看作是一般战略或基本战略,它是企业赖以生存和与竞争对手争夺市场的基本工具。当然,我们并不能认为一般战略与竞争战略,成长战略与公司战略是一一对应的关系,因为一般战略与成长战略有部分内容是重叠的(以后我们将要看到一般战略中的差异化战略与成长战略中的产品开发很难完全区别开来,巩固和收缩与集中战略也有一定的联系),但这并不妨碍我们把这种分类作为深入了解战略管理的线索和工具。

职能战略是企业各个职能部门根据总体战略目标要求所确定的职能领域的战略,它要满足公司战略和竞争战略的需要,同时也是前两种战略的支持性战略和细化。限于篇幅本书对职能战略不做过多的讨论。因此,可以把图 6-1 作为识别各种可选战略方案的向导。

本章首先讨论企业的一般战略,企业的成长战略和国际化战略将分别在第七章和第八章讨论。之所以将国际化战略单独辟为一章是因为国际市场有其特殊性,但这并不意味着国际化战略与前面几种战略是平行的分类。换句话说,企业进入国际市场时同样要采取以上某种形式的一般战略和成长战略,同时也要考虑实现这些战略的不同方式。

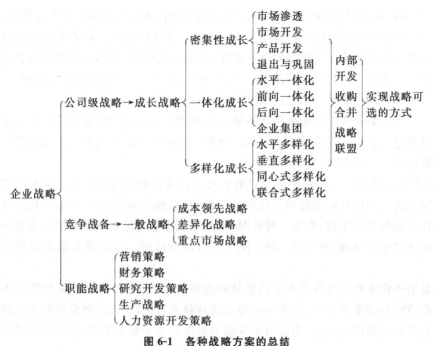

图 6-1 各种战略方案的总结

第一节 成本领先战略

一、成本领先战略的概念

成本领先战略是波特提出的三种一般战略之一,自波特 1980 年出版《竞争战略》一书以来,一般战略的概念已得到广泛传播。所谓成本领先战略是企业努力发现和挖掘所有的资源优势,特别强调生产规模和出售一种标准化的产品,在行业内保持整体成本领先地位,从而以行业最低价格为其产品定价的竞争战略。成本领先战略也称作低成本战略。

值得注意的是:采用成本领先战略意味着企业可以通过其低成本地位来获得持久的竞争优势,从而成为行业中的高水平经营者,它与一般的削价竞争并不相同,后者往往以牺牲企业利润为代价,有时甚至亏本运营。换句话说,尽管爆发价格战时具有成本领先地位的企业具有更强的压价能力,但采用这些策略时的指导思想并不一样。

二、成本领先战略的优势

一旦企业在行业范围内取得成本领先地位,那么,它将拥有以下几个优势,或者说,成本领先战略将给企业带来相应的战略益处。

(1) 即使行业内存在很多竞争对手,具有低成本地位的企业仍可获得高于行业平均水平的利润,这将进一步强化其资源基础,使其在战略选择上有更多的主动权。

(2) 能有效地防御来自竞争对手的抗争,因为其较低的成本意味着当其他的竞争对手由于对抗而把自己的利润消耗殆尽以后,它仍能获得适当的收益。当消费者购买力下降,竞争对手增多,尤其是发生价格战时,成本领先地位可以起到保护企业的作用。

(3) 企业的低成本地位能对抗强有力的买方,因为买方的讨价还价能力只能迫使价格下降到下一个在价格上最低的对手的水平,也就是说,购买者讨价还价的前提是行业内仍有其他的企业向其提供产品或服务,一旦价格下降到下一个最有竞争力的对手的水平,购买者也就失去了与企业讨价还价的能力。

(4) 无论是在规模经济还是在其他成本优势方面,那些导致成本领先的因素往往同时也是潜在进入者需要克服的进入障碍。例如,在某些行业,大规模生产在降低了产品成本的同时,就提高了行业的进入障碍。

(5) 具有成本领先地位的企业可以有效地应付来自替代品的竞争。这是因为替代品生产厂家在进入市场时或者强调替代产品的低价位,或者强调替代产品具有那些现有产品所不具备的特性和用途,在后一种情况下,具有成本领先地位的企业仍可占领一部分对价格更敏感的细分市场,而在第一种情况下则可以通过进一步降价来抵御替代品对市场的侵蚀。

正是由于成本领先战略具有上述明显的优势,因而历史上战略分析都将成本领先作为获得竞争优势的重要基础,对成本优势的这种强调,反映了人们将价格作为企业之间竞争的主要工具的倾向,这是因为价格竞争能力最终取决于成本效率,同时也反映了一些大公司在战略选择上的偏好。在 20 世纪的大部分年代,许多大公司主要通过成批生产和大规模分销来实现规模经济,进而谋求成本领先地位,而在 20 世纪 90 年代,一些大公司将其注意力转移到通过重构、削减规模等来取得成本效率上,在这一时期,这些大公司试图获得动态而不是静态的成本优势。

众所周知,松下电器公司在 1927 年新设电热部准备生产电熨斗时,日本全国一年的电熨斗销售量还不到 10 万个,而其零售价是 4~5 日元,一般的家庭难以问津。所以松下幸之助希望开发和生产出价格比当时市场售价低 30% 的电熨斗。但要使价格降低 30%,则必须达到月产 1 万个,否则难以实现上述目标。松下公司在正确分析市场需求的基础上,经过 4 个月的努力终于开发出了零售价为 3.2 日元的新产品,月产 1 万个不仅没有库存和积压,而且供不应求。这一事例说明:保持低成本不仅有利于竞争,而且还可以刺激需求,扩大总需求量。

零售业巨头沃尔玛之所以取得成功,除了采用"农村包围城市"战略外,最重要的就是采用了"天天平价"的成本领先战略。沃尔玛的经营宗旨是"天天平价,始终如一",它做到的是"不是一种或若干种低价商品低价销售,而是所有商品都是以最低价销售;不仅是在一时或一段时间低价销售,而且是常年都以最低价格销售;不仅是在一地或一些地区低价销售,而且是所有地区都以最低价格销售"。可以说,成功地实施成本领先战略是沃尔玛在零售业迅速崛起和扩张的最重要原因之一。

美国第二大共同基金公司 Vanguard 集团同样是采取成本领先战略,这家公司热衷于提高效率,认为过高的费用和成本非常有害。例如,1998 年 Vanguard 管理的国内和国际股票基金的平均费用为 0.36%,而整个股票基金的平均费用为 1.56%,同年,Vanguard 的主要竞争对手高达公司的平均费用为 1.18%。

事实上,对于某些行业,成本优势是获得竞争优势的重要基础。如果一个企业的产品是日用品或一般商品,那么,避开成本而在其他方面竞争的机会是非常有限的。即使对重视差异化因素的产品市场,日益激烈的竞争同样使成本效率成为获利的重要前提。在20世纪90年代,更多的行业开始追求成本效率,而这些行业,如电信、医疗和航空等,过去主要不是依赖价格竞争。

只要企业通过某种方式取得了在行业范围内的成本领先地位,一般情况下就会有较高的市场份额,同时赢得较高的利润。而较高的收益又可加速企业的设备更新和工艺变革,反过来进一步强化企业的成本领先地位,从而形成一个良性循环。反之则可能形成一个恶性循环,如图6-2所示。

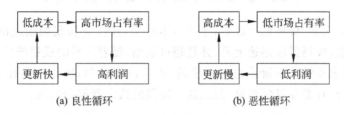

图 6-2　两种循环

三、实现成本领先战略的措施

成本领先地位可以给企业带来很多战略益处,也是众多企业追逐的目标,但要取得这种地位并不容易,需要采取一种或多种有效的措施,如实现规模经济,获得廉价的原材料,设计出便于制造的产品,以及充分利用生产能力等。

1. 规模经济

通过规模经济生产和分销也许是实现成本领先战略的最重要措施。

规模经济的重要性在于其战略上的意义(见图3-3)。如果单位产品的成本随着累计产量的增加而下降,那么,企业相对于其竞争对手的成本取决于它们之间的相对累计产量。如果一个企业可以比其竞争对手更快地扩大其产量,则其经验曲线将比它的竞争对手下降得更快,从而可以拉大它们之间的成本差距。在这种情况下,企业的主要战略目标应该是扩大市场份额,因为随着市场份额的扩大,它可以比其竞争对手更快地降低成本,这意味着企业应该根据期望成本而不是当前成本来为产品定价,这就是反向定价法。即定价时首先估计购买者可以接受的价格或者满足企业市场占有目标时应该达到的价格。然后再确定合适的产量或规模,从而获得较高的边际收益。

值得注意的是,经验曲线反映的是成本与产量之间的关系,而不是价格与销售量之间的关系。事实上,成本与价格之间的关系不仅决定了企业的利润水平,而且决定了其能否在市场上生存。随着产品从引入期到成熟期的转变,有时价格随着成本同步变动,但多数情况下并不如此,而是表现出两种模式。

在稳定的竞争环境下,价格与成本之间的关系如图6-3所示,由图6-3可知,在这种情况下,价格与成本同步变动。即价格随着市场的扩大和成本的降低而降低,而边际利润保持稳定。

在不稳定的竞争环境下,价格与成本之间的关系如图6-4所示,有4个不同的阶段。

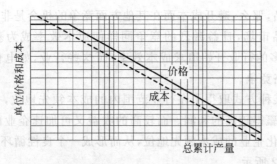

图 6-3 稳定环境下价格/成本与累计产量间的关系

第一个阶段为引入期,价格低于成本,企业亏本经营,还没有实现规模经济效应。第二个阶段为增长阶段,市场需求迅速上升,并且超过供给,随着销量的成倍增长,规模经济效应日渐明显,同时成本迅速下降。在这一阶段,由于没有竞争,所以价格比成本下降得慢。事实上,销售者没有必要降低价格,所以这一阶段的边际利润是高的。

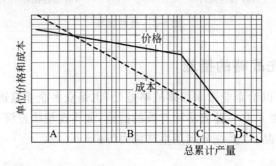

图 6-4 非稳定环境下价格/成本与累计产量间的关系

然而,并没有永远增长的市场。随着市场的成熟,必然发生两种现象,一是一些企业降价以增加市场份额;二是已经在行业内的企业所获得的高边际利润吸引了更多的新进入者,这些新进入者将扩大其生产能力。无论发生哪种情况,都要淘汰掉一些企业,这些企业或者离开行业,或者承受重大的损失,这是第三个阶段。

在第四阶段,一些企业已离开行业,市场价格稳定在具有最低成本的厂商的成本水平以上,这些企业已经积累了大量经验,从这一阶段开始,价格线再次与成本线保持平行。

毫无疑问,无论是在稳定还是不稳定竞争环境下,一个希望长期生存和发展的企业都必须通过增加销量来积累经验和降低成本,而且其速度要比其他竞争对手快,只有这样,才能维持生存和发展。

大量研究发现,对很多行业,利润率和市场份额之间保持正向关系,即利润率随市场份额的扩大而增加,如图 6-5 所示。一般来说,市场份额最高的企业往往具有较低的投资、库存、营销和采购成本。

应该强调的是,经验曲线只是经验观察的一般总结,它并不意味着不论在什么情况下增加累计产量都必然导致成本按预先确定的比例下降,同样,它也并不意味着累计产量的增加是取得成本优势的先决条件。因为还可以通过其他方式获得成本优势,如从竞争对手那里取得经验,经验在不同部门之间的转移,以及利用创新来跳过经验曲线等。另外,即使过去的数据说明成本与产量、利润和市场份额之间存在明显的相关关系,但并不能据此假定这种关系能外延到将来。因此,当企业试图通过增加经验来实现成本领先时,必须考虑它们所涉及的成本。

2. 充分利用生产能力

从长期的角度看,企业可以根据产出的变化,即市场需求的变化来调节它们的生产规模和能力。但在较短的时期内,企业的生

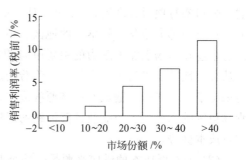

图6-5 市场份额与销售利润率之间的关系

产能力却基本上是固定的,市场需求的变化往往伴随着生产能力利用率的变化。在需求下降期间,生产能力过剩,而在需求达到峰值时,只有通过超时工作、夜班、周末加班和减少维修来增加产量。当生产能力过剩时,固定成本必然要分摊在较少的产出上。在诸如化工和钢铁等资金密集型行业,生产能力过剩将显著增加单位产品的成本,在这样一些行业,能否充分利用生产能力将成为能否取得成本优势的关键。同样,在衰退行业和需求经常有很大波动的行业,调整生产能力以适应需求变化的能力是取得成本优势的关键。

由以上分析可以看出,对固定成本比较高的资金密集型行业,要通过各种方法充分利用生产能力,如增加生产线的适应范围,以增加产品线的宽度等;还应通过开发和设计相关产品来降低研究和开发费用,以及尽可能地利用已有的销售渠道等。

3. 产品的再设计

要实现规模经济进而取得成本优势,企业还必须设计出易于制造的产品。可以说,能否利用新的制造技术和工艺来提高劳动生产率的关键在于产品的重新设计。例如,当前在电视、手机和很多电子产品中,越来越多地使用集成元件,这些集成元件可以很方便地插在相应的位置上,从而大大简化了制造和安装过程,降低了产品成本。

实际上,产品的再设计还可以使企业在规模经济的基础上实现产品差异化。例如,为了在设计、开发和零部件生产上实现规模经济,世界上比较先进的汽车生产企业已经减少了基本的"平台"的数目,引进了统一的模型和标准化的发动机。同时,这些企业增加了汽车在式样、颜色和其他方面的差异化,以满足顾客的不同需求。

4. 降低输入成本

在充分发育和健全的要素市场上,我们希望每个企业都能以同样的价格买到生产原料和半成品等,而实际上,在大多数行业,由于各种各样的原因,不同企业输入的成本有很大差异,这种差异往往是其中一些企业取得成本优势的重要原因。造成输入成本差异的原因主要有以下几种:

(1) 由于地域原因造成的输入成本上的差异。众所周知,由于不同国家和地区经济发展的不均衡性,不同国家和地区的劳动工资率有很大差异。在纺织、鞋袜和玩具等劳动密集型行业,劳动工资率上的差异是一些企业获得成本优势的重要原因,也是一些发展中国家和地区在这些行业的出口产品具有竞争力的重要原因。同样,由于我国幅员辽阔,各地经济发展很不平衡,东南沿海和中西部地区的劳动工资率也有很大差异,因此,中西部地区的企业可以通过降低劳动成本来获得成本领先地位。在我国的建筑业,越来越多的

建筑公司实行项目经理制,除主要设计人员和管理人员外,这些建筑公司,尤其是大城市的建筑公司都大量从比较落后的地区雇用工人,以降低劳动成本。这也是其中一些大型国有企业在市场上竞争乏力的主要原因,因为这些公司的固定工人太多,而他们的工资也比从贫困地区雇来的工人高得多。除劳动成本外,与地域有关的输入成本上的差异也可能来源于原材料的运输成本或能源的成本,或是由不同国家的汇率所致。例如,靠近东北森林地区的木材加工企业或铁路沿线的运输公司,通过批发和加工木材很可能比较容易取得成本优势。

(2) 拥有低成本的供应来源是一些企业取得成本优势的重要途径。在原材料是重要的输入要素的行业,如家具公司和印刷企业,拥有廉价原材料,如木材和纸张是取得竞争优势的重要条件。同样,靠近大庆油田的石油化工企业有可能从大庆油田获得廉价的原油,同时减少运输费用,进而取得成本领先地位。

(3) 讨价还价能力上的差异也是一些企业取得成本优势的重要原因。当外购原料或零部件占产品成本很大比例,同时这些原料或零部件又只有少数几家供应商时尤其如此。当某些企业讨价还价能力较强,如购买数量巨大,从而可以用较低的价格购买到这些输入要素时就比较容易获得成本优势。众所周知,沃尔玛实施成本领先战略的一个重要措施就是有效地控制进货成本,其一是采取中央采购制,尽量实行统一进货。尤其是在全球范围内销售的高知名度商品,如可口可乐、柯达胶卷等,沃尔玛一般将一年销售的商品一次性签订采购合同,由于采购数量巨大,其得到的价格优惠远远高于同行,形成他人无法比拟的优势。其二是买断进货,并固定时间结算,虽然要冒一些商品积压、滞销的风险,但却赢得了供应商的信赖,大大降低了进货成本。

(4) 稳定与供应商的关系是降低输入成本的又一条途径。随着技术的迅速发展和组织结构的加速演变,越来越多的企业注意与供应商建立密切而长期的关系。例如,随着准时生产制,全面质量管理体系和敏捷制造系统的采用和推广,越来越多的企业已经减少了供应商的数量,并鼓励供应商直接参与企业的生产过程和分享有关的技术,这样一种伙伴关系可以显著改善产品的质量,节约时间和费用。沃尔玛和供应商就是采取这种合作的态度和方式,由于它的采购量大,所以一般从工厂直接进货,通过电脑联网,实现信息共享,供应商可以在第一时间了解沃尔玛的销售和存货情况,及时安排生产和运输,从而大大降低了供货成本。沃尔玛也就能将从中获得的优惠让利给客户。

5. 采用先进的工艺技术

在多数商品生产过程中,总有几种或更多种生产工艺技术可供选择。在产出相同的情况下,如果某种工艺技术少消耗某种输入要素,而同时又不多消耗其他输入要素,那么这种工艺技术就有一定的优越性。如果某种生产工艺虽多用了某些输入要素,但同时却少消耗了另一些输入要素,则这种生产工艺的相对成本效益高低取决于各种输入要素的相对价格。因此,美国等一些发达国家的跨国公司,如家电制造商等总是把组装厂建在巴西、菲律宾等一些发展中国家。

一般说来,工艺革新总是与采用新的设备有关。因此,那些迅速扩张和具有较强投资能力的企业容易取得技术和工艺的领先地位,一旦取得这种领先地位,企业就可以进一步降低能源和材料消耗,对汽车等行业这一点非常重要。然而,要想使新的工艺技术产生较高效益,必须对工作设计、雇员激励、产品设计、组织结构和管理体制进行变革。事实上,采用敏捷制造和计算机集成制造系统,并不仅仅是简单地建立一个新厂和安装一台新设备的问题。这些系统能否充分发挥作用取决于产品的再设计、组织的重构和人力资源管理的变革。大量研究发现,日本公司在这些方面比美国和其他国家的公司做得更好些。

6. 强化物流成本控制

随着经济全球化和市场竞争的加剧,仅凭某一种手段来实现成本领先已变得相当困难。因此,必须在整个价值链的各个环节上实施成本控制,而其中物流成本控制又是一个突出的环节。因为物流成本控制的水平实际上反映了一个企业的综合管理水平和控制能力。一个高效的物流管理系统可以使库存大量降低,资金周转加快,企业成本自然降低。例如,沃尔玛为了强化物流成本控制,建立了强大的配送中心系统,拥有全美最大的私人卫星通信系统和最大的私人运输车队,所有分店的电脑和总部网络相连,配送中心从收到店铺的订单到向生产厂家进货和送货,只要2天的时间,而美国另两家大型折扣商店凯玛特和达格特则需要5天,沃尔玛的物流费用率比后者低60%以上。

四、成本领先战略的风险

虽然成本领先可以给企业带来竞争优势,但采用这种战略也将面临一定的风险。

第一,技术的迅速变化可能使过去用于扩大生产规模的投资或大型设备失效。例如,晶体管的发明和投产使原来大规模生产电子管的企业蒙受重大经济损失。一种新型工艺的出现可能导致原有工艺的无效。

第二,由于实施成本领先战略,高层管理人员或营销人员可能将注意力过多地集中在成本的控制上,以致无法看到消费者选择偏好的变化。

20世纪20年代的福特汽车公司是成本领先战略失利的典型例子。在这之前,福特公司通过对汽车型号和品种的限制,以及通过各种措施严密控制成本,平稳地取得了成本领先地位。然而,随着美国人收入的增加,许多已经购买过一辆汽车的买主又在考虑购买第二辆,于是开始更加重视时髦的式样、多变的型号、舒适性和密闭性。通用汽车公司注意到这种变化,并迅速开发出型号齐全的各种汽车。而在这种情况下,福特公司要想对其生产线进行调整,不得不花费巨额费用,因为以前的生产线是为降低成本而设计的大规模生产线。

第三,为降低成本而采用的大规模生产技术和设备过于专一化,同时适应性差。在稳定的环境下,技术和设备的专一化也许不致引起多大的问题。但在动态环境下,非常大的工厂和企业往往比小企业更难适应需求的波动、产品结构和技术的变化。随着商业环境的日益动荡,企业应该由强调静态效率转向强调动态适应性。

第四,当大企业和工厂通过大规模生产来降低成本时,人员的激励和部门之间的合作问题往往成为重要的制约因素。这些大企业往往产生劳动关系紧张,增加监督成本和浪费。

第五,成本领先的战略逻辑要求企业就是成本领先者,而不是成为竞争这一地位的几个企业之一。如果没有一个企业能取得成本领先地位,并且"劝阻"其他企业放弃它们的成本领先战略,那么正如我国很多行业发生价格战的例子一样,众多企业同时追逐成本领先,对盈利能力和产业结构造成的后果将是灾难性的。所以,成本领先是一种格外依赖于先发制人策略的一种战略。

第二节 差异化战略

一、差异化战略的概念

所谓差异化战略是指企业向顾客提供的产品和服务在行业范围内独具特色,这种特色可以给产品带来额外的加价,如果一个企业的产品或服务的溢出价格超过因其独特性所增加的成本,那么,拥有这种差异化的企业将取得竞争优势。

差异化战略是企业广泛采用的一种战略。事实上,一个企业将其产品或服务差异化的机会几乎是无限的,因为每个企业都有自己的特点,因而存在很多差异化的机会。当然,一个企业能否将其产品和服务差异化,还与产品的特性有密切的关系。例如,汽车和餐馆比一些高度标准化的产品,如水泥和小麦等有更大的差异化潜力。一般说来,日用品在物理特性上存在较少的差异化机会,但即使在这种情况下,企业仍然可以通过良好的分销、库存控制、人员培训等突破产品特性对差异化的局限。

虽然企业可以通过各种方法实现产品和服务的差异化,但这并不意味着所有的差异化都能为顾客创造价值。差异化的目的是为了增加竞争力和盈利,因此,必须分析顾客需要哪种差异化,这种差异化所创造的价值是否超过它所增加的成本。换句话说,企业必须了解顾客的需要和选择偏好是什么,并以此作为差异化的基础。必须记住,差异化战略并不是简单地追求形式上的特点与差异,它所关注的问题也是企业战略要解决的基本问题,即谁是企业的顾客,怎样才能创造价值,在满足顾客要求并盈利的同时,怎样才能比竞争对手更有效率。

由于差异化战略的目的在于创造产品和服务的独特性,因此,很难通过一种简单的标准程序和方法获得差异化优势,但这并不意味着在追求差异化优势时科学的系统分析是无效的。毫无疑问,为了保证差异化的有效性,必须注意两个方面:第一,企业必须了解自己拥有的资源和能力,及其是否能创造出独特的产品;第二,从需求的角度看,必须深入了解顾客的需要和选择偏好。企业所能提供的独特性与顾客需要的吻合是取得差异化优势的基础和前提。

美国苹果公司 2001 年推出的多媒体播放器(iPod)就是这方面的一个典型例子。众所周知,在多媒体播放器这一细分市场,三星和帝盟公司设计并销售的 MP3 最先进入市场并取得领先地位,但 iPod 与竞争对手产品相区别的地方以及它为顾客创造价值的地方在于其人性化的操作方式和巨大容量。用户只需一个大拇指就可完成全部操作。由于使用非常方便,即使从未使用过 MP3 的人也知道如何准确地使用 iPod 播放器。虽然 iPod 价格高,但在其推出后的 2002 年,iPod 迅速占领了市场。这一结果显示:对于多媒体播放器,顾客认为 iPod 在操作方式和容量的差异化特征要比其他性能更有价值。

二、差异化战略的优势和风险

1. 差异化战略的优势

首先,由于差异化的产品和服务能够满足某些消费群体的特定需要,而这种差异化是其他竞争对手所不能提供的,因而顾客将对这些差异化产品产生品牌忠诚,并降低对价格的敏感性,他们不大可能转而购买其他的产品或服务。换句话说,差异化可以使企业缓冲竞争抗衡。例如,我国生产的101毛发再生精和505神功元气带,因它们的神奇疗效而受到一部分顾客的喜爱,并已形成了品牌忠实性。这类产品较少受需求波动的影响和其他品牌的冲击。

其次,差异化本身可以给企业产品带来较高的溢价,这种溢价不仅足以补偿因差异化所增加的成本,而且可以给企业带来较高的利润,从而使企业不必去追求成本领先地位。产品的差异化程度越大,所具有的特性或功能越难以替代和模仿,顾客越愿意为这种差异化支付较高的费用,企业获得的差异化优势也就越大。

再次,如上所述,由于差异化产品和服务是其他竞争对手不能以同样的价格提供的,因而明显地削弱了顾客的讨价还价能力。很显然,由于顾客缺乏可比较的选择对象,因而不仅对价格的敏感性较低,而且更容易形成品牌忠诚。这是很多名特产品售价虽很高却拥有稳定消费群体的重要原因。

最后,采用差异化战略的企业在对付替代品竞争时比其竞争对手处于更有利的地位。这同样是由于购买差异化产品的顾客对价格的敏感性较低,更注重品牌和形象,一般情况下不愿意接受替代品。而事实上,很多替代品生产企业也总是选择那些对价格比较敏感的消费群体作为自己的目标市场。例如,人造革代替皮革,仿羊皮代替真羊皮,人造蟹肉代替蟹肉等都是这方面的例子。

2. 差异化战略的风险

作为广泛被企业选择和采用的一种战略,差异化战略往往给企业带来相应的竞争优势,因为从本质上讲,顾客的选择偏好具有多样性,这种多样性是企业得以通过差异化创造竞争优势的前提。然而,在某些条件下,追求差异化的企业也会遇到一定的风险。

首先,顾客是否选择那些具有鲜明特性和独特功能的产品,不仅取决于这些产品与竞争对手的产品的差异化程度,而且也取决于顾客的相对购买力水平,并受经济环境的影响。如果获得成本领先地位的竞争对手提供的产品价格非常低,以致两者之间的价格差额足以抵消取得差异化地位的企业的特征、风格和形象,那么,试图通过差异化取得竞争优势的企业将面临风险。事实上,当经济环境恶化,人们的购买力水平下降时,顾客将把注意力从产品特色和包装转移到最一般的实用价值和功能上来,对一些基本的生活用品尤其如此。因此,如果企业试图通过差异化来取得竞争优势,一方面,要清楚自己产品与竞争对手产品的主要差异在哪里,是有独特的功能,还是仅仅多了一些附加的功能;另一方面,还要分析这种差异能否作为顾客购买的长期基础,如顾客对这种差异的重视是否轻易改变等。

其次,顾客需要的产品差异的地位和作用逐渐下降了。当顾客变得成熟时,就可能发生这种情况。例如,20世纪80年代在我国流行沙发时,很多家庭对沙发的折叠功能特别喜欢和重视,以致沙发生产企业可以凭此给沙发一个很高的加价。而实际上,增加折叠功能并不要增加多少生产费用。但后来人们逐渐认识到,折叠沙发并没有给他们带来很多的方便,即折叠功能的作用已下降了。洗衣机上不同的速度挡,电风扇的"自然风"、"四季风",随着购买者的成熟,都已逐渐变为"多余功能"。

最后,竞争对手的模仿可以缩小顾客感觉到的产品差异,这是随着行业成熟而发生的一种普遍现象。事实上,企业能否通过差异化取得竞争优势,在一定程度上取决于其技术和产品是否易于被模仿。企业的技术水平越高,形成产品差异化时需要的资源和能力越具有综合性,则竞争对手模仿的可能性越小。

第一种风险非常重要。例如,川崎公司和其他一些日本摩托车生产商曾通过向买方提供优惠条件,利用成本领先战略使摩托车大众化,使标有产品差异优势的大型摩托车行业中的哈利——戴维森公司和凯旋公司面临困境。

三、实现差异化战略的途径

1. 有形差异化

也许,实现差异化战略的第一个途径,也是比较简单的途径,是从有形的方面对产品和服务实行差异化。很多产品差异化的潜力部分是由其物理特点决定的。对于那些技术比较简单,或者满足顾客简单需要,以及必须满足特定技术标准的产品,差异化机会主要受技术和市场因素的影响。而对那些比较复杂,或者满足顾客复杂需要,以及不必满足严格的标准的产品,将存在更多的差异化机会。

有形差异化主要涉及产品和服务的可见的特点,这些特点影响顾客的偏好和选择过程。它们包括产品的尺寸、形状、颜色、体积、材料和所涉及的技术。除以上因素外,有形差异化还包括产品或服务在可靠性、一致性、口味、速度、耐用性和安全性上的差异。实际上,延伸产品的差异也是有形差异化的重要来源,这些延伸产品包括售前售后服务、交货的速度、交货方式的适用性,以及将来对产品进行更新换代的能力等。对于一般消费品,以上差异化因素直接决定了顾客从产品获得的利益。而对生产资料,上述差异化因素影响购买企业在其业务领域赚钱的能力,因此,当这些因素降低购买企业的成本或增强其差异化的能力时,它们将成为差异化的重要来源。

2. 无形差异化

当顾客感觉产品或服务的价值并不取决于其有形的特性时,企业可以通过无形差异化取得竞争优势。实际上,顾客仅仅通过可见的产品特性或性能标准选择的产品数量是非常有限的,社会因素、感情因素以及心理因素都影响产品或服务的选择。对于一般消费品,人们对专有性、个性化和安全性的追求往往是强有力的刺激因素。当某种产品或服务是为了满足顾客的较复杂的需求时,差异化的关键在于企业产品的整体形象,这一点对那些质量和性能在购买时难以度量的"经验"产品或服务尤其重要。这些产品包括化妆品、医疗服务或教育等。换句话说,差异化不仅与产品的物理特性有关,而且可以扩展到产品或服务的很多方面,只要提供的差异能为顾客创造相应的价值。这意味着差异化包括企业与其竞争对手在所有方面的差异。因而,麦当劳在快餐业的差异化优势,不仅涉及其食品和饮料的特点,也不仅涉及与其食品和饮料有关的服务,而且还与它对儿童的幸福和兴趣的关注有关。也就是说,差异化是建立在公司的风格和价值观基础之上的。近年来,我国各地兴起的"贵族"学校是通过无形差异化取得竞争优势的例子。这些学校满足了一部分学生家长无暇照顾子女,又"望子成龙""望女成凤"的复杂心理要求,而其教育效果又只有经过一段时间(至少是几年)才能体现出来。

3. 维持差异化优势

虽然传统上战略分析一直将取得成本领先地位作为建立相对竞争优势的基础,但实际上,维持成本领先地位比差异化优势更为困难。随着国际贸易和国际投资的增长,一些发达国家里原来靠成本领先取得竞争优势的企业都已面临来自新兴工业化国家和地区的竞争对手的严峻挑战。同样,我国沿海地区和国有大中型企业中原来靠成本优势占领市场的企业,现在不得不面对西部地区的乡镇企业和私有企业的严重挑战,后者可以买到更廉价的原材料,大量节约劳动成本。相反,通过加大研究与开发的力度,潜心研究顾客消费需求的特点,维持企业创造独特产品的能力来维持差异化优势,可能是一种更有效的方法,尤其是在竞争不断加剧,人们的生活水准越来越高,同时更加追求多样化和个性化的经济和社会环境下。

第三节 集中战略

一、集中战略的概念

所谓集中战略是将目标集中在特定的顾客或某一特定地理区域上,即在行业内很小的竞争范围内建立独特的竞争优势。

与成本领先战略和差异化战略不同的是,集中战略不在于达到全行业范围内的目标,而是围绕一个特定目标开展经营和服务。采用集中战略的逻辑依据是:企业能比竞争对手更有效地为其狭隘的顾客群体服务。即企业或由于更好地满足其特定目标的需要而取得产品差异,或能在为目标顾客的服务过程中降低成本,或两者兼而有之。从总体市场上看,也许集中战略并未取得成本领先或差异化优势,但它确实在较窄的市场范围内取得了上述一种或两种地位。三种一般战略之间的关系如图 6-6 所示。

		竞 争 优 势	
		客户察觉到的独特性	成本领先地位
竞争范围	全行业范围	差异化	成本领先
	仅限于某个特定的市场面	差异化集中	成本集中

图 6-6 三种一般战略

与前两种一般战略一样,集中战略也是企业,尤其是实力和技术并不很强的中小企业广泛使用的一种战略。例如,一个轴承厂可以专门生产供农村畜力车使用的小型轴承;一个服装公司可以专门为购买力水平较低的老年人市场生产特体服装;一个后起的大学商学院可以优先发展一至两个新兴的专业等。

20世纪90年代初期Intuit在软件市场上与微软公司的竞争就是采用的市场集中战略。在竞争开始的1989年,Intuit公司只拥有50名雇员,年销售额1900万美元,而同期微软公司拥有4000名雇员,年度收益8亿美元,无论从资金实力还是从智力储备上看,微软公司都占有绝对优势,但Intuit并不在软件行业,尤其是微软主导的操作系统领域与之竞争,而是通过寻找市场缝隙,在微软可容忍的专门软件细分市场上参与经营,集中1000多人的力量专门从事个人财务软件和相关软件的开发,而微软公司专门从事该类软件开发的人仅60名左右,通过这种资源集中使用,Intuit到2002年仍然保持着在中小企业和家用财务软件市场上的领先地位,并入选2002年《财富》杂志所评选的全美100家最佳雇主。

当企业试图通过差异化集中取得竞争优势时,必须首先明确顾客需求和不同顾客群体之间的差异,哪部分顾客的需求并不能通过现有的产品和服务得以满足。只有这样,企业对其产品或服务所做的差异化才是有意义的。

二、集中战略的风险

在某些情况下,采用集中战略会面临一定的风险。第一种风险是向较窄的目标市场提供产品所引起的高成本风险,因为有些狭小的市场难以支撑必要的生产规模。另一种风险是由细分市场的需求变化引起的,而企业采取的集中战略却是基于当前顾客的需求差异。此外,如果实施集中战略的企业的目标市场与其他细分市场并无差异,那么,集中战略就不会成功。例如,在美国的软饮料行业,皇冠公司(Royal Crown)专门致力于可乐饮料,可口可乐和百事可乐公司则生产种类繁多、味道多样的饮料。然而,可口可乐和百事可乐在服务于其他细分市场的同时也很好地服务于皇冠公司的细分市场。这样,可口可乐和百事可乐因有更多种类的产品而在可乐市场上享有高于皇冠公司的竞争优势。

集中战略有时也会遇到另外一些风险。例如,地方企业因运费低,在地方市场上处于有利地位,但会因交通工具发达而失掉市场。在狭小市场的部分产品的差异化和成本优势还可能因其他条件变化而削弱。总之,集中战略对外部环境变化的适应性较差。

第四节 战 略 钟

一般战略的概念非常重要,这是因为它们给管理人员提供了思考竞争战略和取得竞争优势的方法,然而,当试图用这些概念解决企业的实际战略选择时却会遇到很多问题。一般地说,企业遇到的实际情况比较复杂,并不能简单地归结为应该采用哪一种基本战略。而且,企业采取何种战略还取决于其产品组合和市场范围,对不同的产品,企业可能采用不同的一般战略,而且所谓成本领先或差异化也只有相对的意义。例如,我国联想集团的某一型号的自有品牌电脑与国外竞争对手相比也许具有明显的成本优势,但与国内一些小型企业,尤其是那些"攒机商"相比,价格上并没有竞争力。与这些企业相比,联想产品的优势或许表现在其良好的性能或售后服务上,即具有差异化的优势。因此,我们需要对三种一般战略做更深入的分析,同时探索实现这几种战略的几种途径。

假设不同企业的产品或服务的适用性基本类似,那么,顾客选择其中一家而不是其他企业购买的可能有以下原因:

(1) 这家企业的产品或服务的价格比其他公司的低。

(2) 顾客估计这家企业的产品或服务的价格比其他厂家的要高,换句话说,该家企业的产品或服务有更高的理解附加值,即顾客愿意花更高的价格去买该企业的产品。将价格和理解附加值综合在一起考虑,企业实际上将沿着以下 8 种途径之一去完成自己的经营行为,其中一些路线是可能成功的途径,而另外一些路线却极有可能导致企业的失败,如图 6-7 所示。

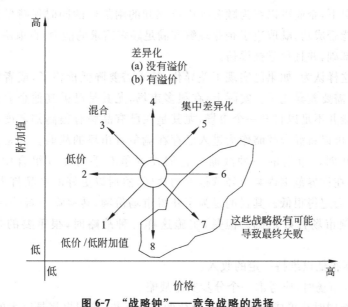

图 6-7 "战略钟"——竞争战略的选择

一、低价低值战略(途径 1)

低价低值战略(图 6-7 中的第 1 条途径)看似没有吸引力,但却有很多公司按这一路线经营得很成功。毫无疑问,采用这一战略是在降低理解附加值的同时降低价格,这时企业关注的是对价格非常敏感的细分市场。在这些细分市场内,虽然顾客认识到产品或服务的质量很低,但他们买不起或不愿买更好质量的商品。实际上,低价低值战略是一种很有生命力的战略,这是因为无论在哪个国家或地区,总有一部分人的收入比较低,他们不可能去选择那些拥有较高附加值,但价格却很昂贵的商品,况且理解附加值更多地体现在产品的特色和差异上,而不是基本的效用和功能上。事实上,我们周围的便民店、简易的理发店以及街头小贩的长盛不衰已足以说明这一点。

二、低价战略(途径 2)

途径 2 是企业在建立竞争优势时常用的典型途径,即在降低价格的同时,努力保持产品或服务的质量不变。与途径 1 不同的是,竞争者易于对这种战略进行模仿,也降低价格。在这种情况下,如果一个企业不能将价格降低到其竞争对手的价格以下,或者顾客难以对产品的质量水平做出准确的判断,那么,采用低价战略可能是得不偿失的。要想通过这一途径取得成功,企业必须取得成本领先地位。因此,途径 2 实际上就是成本领先战略。对不具有成本领先地位,但又准备参加价格战的公司而言,其危险就是减少其本身在行业中的总收入,进而使其再投资和开发新产品的能力降低。然而,令人遗憾的是,有很多企业经常在不清楚自己的成本地位的前提下,盲目地发动降价,从而触发价格战,不仅本身深受其害,而且使整个行业的利润降低。

三、混合战略(途径 3)

在某些情况下,企业可以在为顾客提供可感知的附加值的同时保持低价格。而这种高质低价战略能否成功,既取决于企业理解和满足顾客需求的能力,也取决于是否有保持低价格的成本基础,并且很难被模仿。

可能有人这样认为,如果已实现了差异化,就不需要降低价格了,或者如果已实现了成本领先,就不需要差异化了。实际上,在很多市场,尤其是已被其他企业占领的市场仅靠一种优势可能并不足以打开一个市场,尤其是在已有品牌有很高知名度和顾客忠诚的情况下。因此,可以将混合战略作为进入已存在竞争者市场的战略。这是许多日本公司在全球范围内开创新市场的一种战略。它们在竞争对手的业务组合中寻找"松动的砖"——也许是在世界范围内某个经营很差的地区,然后以更好的产品打入那个市场,如果必要,价格也会定得很低。其目的是为了获得市场份额,转移竞争者的注意力,为它们将来进一步占领市场打好基础。但是,实施这样一种战略时,很重要的是要保证以下两点:

(1) 总成本很低以维持一定的收入。

(2) 在进入市场时,应考虑一个分步实施战略。

如果企业能同时获得成本领先和差异化的竞争优势,则回报将是巨大的,因为在这种情况下收益可能是累加的——差异化会带来价格溢价,与此同时,成本领先则意味着成本的降低。在其细分市场上获得成本领先和差异化优势的企业,如美国金属容器业的皇冠盖封公司(Crown Cork and Seal)。皇冠盖封公司将目标定在啤酒、软饮料和烟雾剂产业里的所谓"难对付"的瓶罐上。它仅生产钢罐,而不生产铝罐。

在以下三种情况下,企业能同时取得成本领先和差异化的优势地位:

(1) 竞争对手夹在中间。所谓夹在中间是指致力于追求成本领先地位却劳而无获的企业,它们不具有任何竞争优势。当竞争对手都被夹在中间时,其中任何一个都没有足够的优势解决降低成本和提高差异化的矛盾,这正是皇冠盖封公司面临的情况。

(2) 成本受市场份额或产业间相互关系的强烈影响。当成本地位在很大程度上取决于市场份额而不是产品的设计、技术水平、提供的服务或其他因素时,企业也许可以获得成本领先和差异化优势。

(3) 企业首创一项重大革新。一项重大技术创新往往可以使企业在降低成本的同时增强其产品和服务的差异性。例如,采用新型自动制造技术,将新的信息系统技术引入后勤管理或使用计算机进行产品设计。

四、差异化战略（途径 4）

实际上，这是一个广泛使用的战略，即以相同的或略高于竞争者的价格向顾客提供可感受的附加值，其目的是通过提供更好的产品或服务来获得更多的市场份额，或者通过稍高的价格提高收入。如前所述，企业既可以采取有形差异化，也可以采取无形差异化战略，具体地说，可以通过以下各项措施实现差异化战略。

（1）保持产品的独特性并不断做出改进。应该强调的是，产品的独特性应该是顾客所愿意接受的，而不应该是设计人员自以为是的矫揉造作的产物。

（2）通过一定的营销方法说明产品或服务怎样比竞争对手更能满足用户的要求。采用这一战略时要有名牌产品或独特的促销方法。如美国的 Levis 服装、汉森食品、中国的海尔冰箱和联想的家用电脑等。

差异化战略能否成功取决于许多因素，以下几个问题尤为重要：

首先，采用差异化战略的公司一定要弄清楚顾客是谁，他们的需求是什么，他们认为最有价值的是什么？例如，当一个台球桌生产企业向商业台球厅或体育俱乐部提供台球桌时，其顾客到底是台球厅的经营者、体育俱乐部的负责人，还是打台球的人。他们可能有不同的需求或价值观，如果采用差异化战略，应该以谁为基础？毫无疑问，准确判断顾客及其需求是差异化战略得以成功的基础和前提。

其次，管理人员，技术和产品开发人员经常想当然地理解顾客或利益相关者的价值判断，这是非常危险的。一般说来，管理人员在制定和实施战略时要么以传统的经营方法和他们想当然的经验为基础；要么以组织拥有的资源和技能为基础。而实际上这是不够的，因为企业以其自身资源和技能所创造的差异化，并不一定符合顾客的价值标准和要求。因此，要成功地实施差异化战略，企业的管理人员必须接近市场，对顾客的选择偏好和价值观十分敏感，并且要保持适时做出反应的能力。

再次，企业所提供的差异化应该是竞争对手难以模仿的。要实现这一点，企业或者拥有特殊的远高于行业水平的技术，或者掌握了特殊的生产配方或工艺诀窍。一般说来，模仿以组合活动或功能为基础的差异化，比模仿产品的某些功能或特色要难得多。例如，我国很多产品之所以缺乏竞争力，除与技术水平有关外，还与基础工业的薄弱和管理水平的低下有关。

最后，试图在静态基础上通过差异化来获得竞争优势是有问题的。原因有两个，其一是在许多市场中顾客的价值判断是不断变化的，即差异化的基础在不断变化，因此，必须对差异化战略的重点进行调整；其二是即使顾客的价值观和选择偏好相对稳定，但随着时间的延长，竞争对手也会逐渐模仿企业的产品。其隐含的意思是采用差异化战略的企业必须不断地更新其差异化的标准，保持战略的不断变化。

五、集中差异化战略（途径 5）

在某些情况下，企业可以采取高质高价战略在行业中竞争，即以特别高的价格为用户提供更高的使用价值。但是，如果采用这样的战略，就意味着企业在特定的细分市场内参与经营和竞争。事实上，这也许是一种真正的优势。在大轿车市场中，Ford、Rover、

Peugeot、Renault、Volkswagen 和许多日本竞争者都在同一市场中进行竞争,在这种情况下,一个公司想说服顾客,让顾客相信该公司的产品与其他竞争者的产品不同,这是很困难的。BMW 也是一个轿车生产商,但它并不直接与其他的生产商竞争,而是以特别高的价格向顾客提供带有很高的可感知的附加值的产品。值得指出的是,我国很多企业并不清楚如何维持自己所特有的竞争优势,或者轻易放弃自己的特色或差异性,或者盲目地扩大生产规模以扩大市场范围,殊不知一些特殊产品或高价产品的市场容量总是有限的。

当然,采用集中差异化时还会遇到以下重要的问题:

(1) 企业必须在跨市场的广泛差异化(途径 4)和集中差异化两类战略之间做出选择。事实上,全球的企业管理人员都必须在不断涉足全球化市场和集中经营这两个战略之间进行选择和决策,采用前一种战略旨在取得全行业范围内的竞争优势,但易于受到竞争对手的关注和模仿,同时对企业的实力和规模有更高的要求。后一种战略旨在在特定的目标市场内取得差异化优势,虽然对企业的技术实力有很高的要求,但因市场容量有限,所以也许是那些技术水平高、但规模和资金并不十分雄厚的企业首选的战略。

(2) 明确公司是在哪个特定的细分市场内,通过满足顾客哪些需要进行竞争是至关重要的。如果一个企业想在不同的细分市场内满足不同的需求,那么,它就很难实施集中差异化战略。例如,如果一个装修豪华、购物环境十分舒适的大型百货商场,试图出售各种不同档次的商品,则其很难实现上述目标。它也许想通过上述经营方式吸引不同的顾客,但其商店的设备和装置、环境和员工却没有根据不同细分市场的需要进行差异化,这样往往会使其产品和服务既没有价格优势,也没有差异化优势。这是我国很多大型百货商场和宾馆饭店经营绩效低下的一个重要原因。

(3) 集中战略有时可能与利益相关者的期望相矛盾,在公共服务领域尤其如此。例如,如果一个公立医院撤出需求低、价格也低的医疗服务业务,而将资源更多地投放到为高薪阶层服务的业务中去,那么,它也许会更高效低成本地运营,其成本效益会更好,但这会遭到很多人的反对。同样,电力和通信邮电部门也会遇到类似的问题。也就是说,企业经营不是简单地如何实现利润最大化的问题,有时还要涉及复杂的社会伦理问题。

(4) 所谓集中和差异化都是一个相对的概念,因此,必须随时注意顾客需求和市场范围的变化,今天仅有 2 000 人的市场,明天也许会增加到 4 000 人。此外,随着经济环境和社会价值观的变化,细分市场之间的差别可能会消失。在这种情况下,企业将面临更多的竞争对手。另外,企业还必须注意保持适度的市场规模,同时要防止目标市场被竞争对手进一步细分和蚕食。

六、失败的战略(途径 6、7、8)

途径 6、7、8 一般情况下可能是导致企业失败的战略。途径 6 提高价格,但不为顾客提供可感知的附加值。除非企业处于垄断的地位,否则不可能维持这样的战略。当然,垄断性行业的企业或者在卖方市场条件下产品供不应求时,可以采用这样的战略,其前提是没有竞争对手提供类似的产品和服务,否则,竞争对手很容易夺取市场份额,并很快削弱采用这一战略的企业的竞争地位。

途径 7 是途径 6 的更危险的延伸,降低产品或服务的使用价值,同时却在提高相应的价格。

途径 8 在保持价格不变的同时降低理解附加值,这同样是一种危险的战略。但与途径 6 相比,这种战略可能采取较为隐蔽的形式,在短期内可能不被那些消费层次较低的顾客所察觉。但从长期的角度看,这种战略同样是不能持久的。这是许多饭店和旅馆开业初颇为红火,但过不了很久就生意萧条的重要原因。这些饭店往往缺乏长期经营的观念,总是生意刚有起色就试图通过降低质量和服务水平来赚取更多的利润,等到多数顾客都不再光顾时才意识到问题的严重性,但为时已晚。

"战略钟"是一个基于市场的战略选择模型,它将三种一般战略进行了综合。它比较全面地反映了企业可以选择的具体途径,可以作为三种一般战略的重要延伸和补充。

第五节　网络环境下三种基本竞争战略的实现途径

在本书第二章至第四章,我们曾涉及网络化的趋势、网络化对行业竞争结构的深刻影响,以及在网络环境下企业应该具备哪些新的能力等。那么,这是否意味着长期以来企业作为基本竞争手段的三种一般战略已经过时了呢?实际上,网络化并没有改变三种一般战略的有效性,而是扩大了它们的应用范围,或者说,在网络环境下,实现三种基本竞争战略有了更多的途径和选择。

一、成本领先战略的实现途径

在这里我们不是讨论实现成本领先战略的一般途径,而是重点强调在电子商务或网络环境下,企业,尤其是利用电子商务的企业与传统企业相比有哪些降低成本的新措施和新的成本效益方面的优势。

第一,利用电子商务可以减少商品的流通和交易环节,有些行业的企业,如图书出版商可以通过网络将产品直接销售给客户,不仅缩短了交易时间,加速企业资金的运转,而且省去了中间商的费用,企业和顾客可以分享原来属于中间商的利润。

第二,实施电子商务,可以降低企业同客户和供应商之间商务联系的费用,大幅降低信息的收集和处理费用。在传统的经营环境下,受信息交流成本的控制,企业从事交易的范围、速度和数量都受到很大限制,而这又进一步限制了企业的用户规模和生产经营规模,导致企业运营成本的上升。实际上,在传统环境下企业很难获得大范围内的供应商和客户的数据,这一方面加大了上游供应商的讨价还价能力,另一方面又很难针对个别的用户提供定制的服务,满足他们个性化的需求。毫无疑问,有效利用电子商务的企业将比传统企业有更多的机会和空间,同时可以大幅度降低信息收集和处理的成本,较易取得成本领先的地位。

第三,实施电子商务的企业不需要像传统企业那样建筑店面和租用办公楼等,还可以通过第三方物流等实现零配件和成品上的零库存,而且可以以更短的时间和更灵活的方式实现订单、发货单等的发送和接受,缩短生产周期,所有这一切,都可以减少企业在设备折旧、公用设施、建筑费用和管理费用方面的固定开支,使单位生产成本降低。

二、差异化战略的实现途径

同样,我们在这里不是讨论实现差异化战略的一般途径,而是讨论在网络环境下企业将产品和服务差异化的新的可能性和方式。

首先,企业可以借助网络的帮助更多地了解用户的需求,得到更多的信息反馈,从而产生更多的创新思维和产品构思,实际上,网络化和电子商务不仅加强了互联网企业相对传统企业的差异化能力,而且也使互联网企业之间差异化的机会增多,这是因为在网络服务上实现差异化不需要像传统企业那样必须投入大量的研究开发或运营费用。例如,像网络娱乐、网络通信等新产品都是电子商务驱动的产品创新的结果。再如,著名的网上拍卖网站 Onsale 把传统的拍卖模式搬到互联网上实施,突破了产品固定价格的概念,创造了崭新的商业模式。

其次,由于互联网技术的迅速发展,企业可以借助于技术进步的成果促进产品的差异化,比如在国内 C—C 领域处在领先位置的淘宝网开始进入 C—C 领域时,国内其他公司早开始了这种业务,作为一个后来者,淘宝则必须在差异化上作出努力。2003 年,推出了支付宝产品,致力于为用户提供"简单、安全、快速"的用户支付解决方案,目前已是全球领先的第三方支付平台。

最后,网络的特点使服务内容的差异化变得相对容易。例如,我国的三大门户网站新浪网、网易和搜狐之所以能形成三足鼎立的局面,是因为三家公司在人才、用户规模和资金实力基本相当的情况下保持自己的服务特色。比如,新浪网的特点是面向大中华,形成大中华以及全球华人的市场特点,并以新闻见长;网易以虚拟社区为先,提供网上交流,同时致力于开发新的电子商务平台;搜狐则以其搜索引擎为特色,其内容尤以财经频道独具特点,它有关股票、外汇、道琼斯等的专栏文章,是国内独一无二的。很显然,网络环境下服务内容的差异化要比传统经济环境下产品和服务的差异化更容易实现,当然,也容易被其他竞争对手所模仿。换句话说,网络环境下企业必须提高产品与服务的创新速度、对市场的反应速度,并提高客户关系管理的水平,从而对顾客的需求做出快速的反应。

三、集中战略的实现途径

在本章第三节,我们指出了集中战略主要是将经营目标集中在特定的顾客或某一特定区域上,而在网络环境下,由于信息可以在更大的范围内迅速传播,消费者之间的信息交流更加快捷和频繁,所以形成了各种类型的虚拟社区,同一虚拟社区内聚集了大量兴趣、志向和需求偏好同样或类似的顾客,因此,网络环境下企业可以更多地将目标集中在顾客而不是地理区域上。研究发现:几乎所有的门户网络都开辟了虚拟社区,如雅虎的 Yahoo! Club,Excite 的 Excite Community 等。

第六节 动态竞争与持续竞争优势

前面已经分别介绍了成本领先、差异化与重点市场这三种一般竞争战略的概念、优劣势以及实施途径,但是由于企业在现实中所面临的竞争环境远比一般竞争战略理论框架中所论述的复杂。而且随着新科技的不断涌现、经济全球化进程的加快以及竞争方式的多样化,使得企业处于愈加动态的环境中。在这样超竞争的外部环境下,战略必须有效且始终保持动态性,才能使企业获得动态竞争力与持续竞争优势。

一、动态竞争的内涵

如上所述,在外部复杂环境给企业带来越来越多挑战的同时,学者们开始探索这其中的原理与规律。著名战略学家迈克尔·希特(Michael A. Hitt)在充分分析企业所面临的新竞争环境的特点后,提出了动态竞争的概念,并用动态竞争来描述在新环境下企业的竞争行为。他指出,动态竞争就是企业为应对竞争环境和追求市场优势而做出的竞争性行为,并表示企业的战略和战略实施在本质上都是动态的。动态竞争是由行业中某企业的行动和某竞争对手的反应行动引起的,即一个企业的竞争行为会引起其竞争对手的反应行为,同样地,竞争对手的反应行为又会再次引起先动企业的一系列反应。企业之间的这种竞争是一个动态的过程,也就是企业双方进行动态博弈的过程。动态竞争有两个显著的特点:对抗性和动态性。其中对抗性体现了竞争企业之间的互动关系和博弈过程;而动态性则体现了竞争随时间和环境的变化而变化的过程。这其中驱动动态竞争的主要因素如下。

1. 竞争互动

竞争互动由两类相关的要素组成,即在位企业之间的互动以及新进入者与在位企业之间的互动。当新进入者以一种全新的经营模式进入,即其战略与在位企业显著不同时,所引发的互动是一种特殊的动态机制。

2. 产业演变

如第三章中对产业演变所论述的,竞争性质与对抗程度随着产业演变而发生变化,例如从差异化战略演变至低成本或相反方向的变化。由于成功的低成本战略与差异化战略需要的资源与能力不同,因而随着时间的推移,竞争优势基础的变化将会导致竞争优势从资源与能力已经过时的企业转向条件有利的企业。

1) 技术变革

技术变革会引起类似的转化,尤其当变革是一种跃变时,现有产业领导者的优势就会难以持续。此外,当技术变革主要影响到经营过程时,往往会为企业带来一定的风险。

2) 变革的速度

除了上述变革的驱动力外,变革的速度也是影响竞争的关键因素。速度往往会把所有变革驱动力的作用综合起来,无论是产业演变、技术破坏还是其他因素。随着变革速度的加快,企业必须要能够对竞争优势基础的变化作出迅速反应,甚至要能对这种变化进行预期(预测)。在极端的情况下,企业还需要能够引领产业的变革。

二、面对动态竞争的战略

企业在动态竞争过程中为保持竞争优势,企业会通过低成本、差异化、推出新产品或服务等战略来巩固或抢占市场,在第一阶段,企业所采取的行动也许未能引起竞争对手的注意甚至被竞争对手忽视。然而随着事态的发展,当企业所采取的战略得到了顾客很好的市场反馈时,那么在第三阶段竞争对手会根据这家企业的竞争行动以及对市场的分析作出反应。在第四阶段,竞争者会对他们之间的相互竞争行为进行评估,而后开始一个新的循环过程,如图6-8所示。

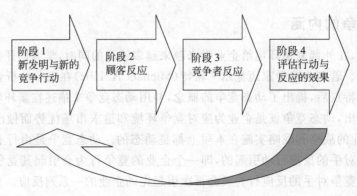

图6-8 竞争互动的阶段

为了反映企业间的互动行为,美国弗吉尼亚大学陈明哲教授对动态竞争理论进行了发展,提出动态竞争以企业与竞争对手间的行动—反应对偶关系为分析单位。这一对偶关系包括攻击者、攻击行动、反应者三个要素。攻击者是率先采取竞争行动的企业,攻击行动是攻击者所采取的竞争行为,反应者是针对攻击行动采取反攻击活动的企业。

1. 竞争的不对称性

根据行动—反应对偶关系三要素,可以理解动态竞争理论中的一个重要概念——竞争不对称性。

竞争不对称是指由于存在信息不对称,攻击者与反应者在战略决策时存在认知差异,导致从攻击者到反应者的距离与反应者到攻击者的距离不一样。攻击者对反应者的看法,与反应者对攻击者的看法,也会不一样。竞争不对称性是动态竞争理论的重要逻辑起点,需要在战略制定和实施过程中予以考虑。竞争不对称性会影响到竞争对手识别。例如,苹果公司在推出iPad电脑时,没有内置ibook阅读软件,未将亚马逊的kindle电子书阅读器视为竞争对手;但亚马逊的电子书销量却受到显著影响,为了与iPad竞争,亚马逊公司在kindle的降价与营销方面均做出了极大努力。

2. 识别竞争对手

识别企业的主要竞争者是竞争分析的首要工作。在静态环境下,竞争对手识别是一项简单的工作。传统理论认为,竞争对手是指两个以上在同一行业运营、提供相似产品、覆盖相近客户群的企业。但随着市场复杂性的提高和技术的飞速发展,准确识别竞争对手变得越来越困难。动态竞争理论认为,竞争者是指在相同市场中,针对相似顾客群,提供相似产品的企业,或者在不同市场,但采用相似的关键资源或能力开展竞争的企业。在此基础上,陈明哲教授的动态竞争理论提出市场共同性和资源相似性两个概念,对竞争企业的市场形态与企业资源进行比较和分析,来判断它们是否是真正的竞争者。

市场共同性是指企业与竞争对手共同涉及的市场数目,以及每个单独市场对于各方的重要程度,即攻击者与反应者之间所呈现的市场交叠程度,亦即双方产品的相似与替代程度,或者在多个市场同时展开竞争和对抗的情况。此处的市场广义地包含产品基础和顾客基础的概念,如地理市场、产品细分或品牌。如果两个企业在多个市场相互竞争,它们即处于多市场竞争状态。例如,淘宝网与京东商城目前销售的商品已有很大重合,覆盖人们衣食住行、文化教育、医疗卫生等方方面面。通常,同一种商品在淘宝与京东上都有销售,顾客也经常在这两个网站中对比和选择商品。在这种情况下,淘宝与京东即处于多市场竞争状态。

资源相似性是指处于动态竞争的企业之间具有相似的资源类型和数量。资源包括组织结构、组织文化、经营团队、管理流程等有形和无形方面的企业资源。拥有相似种类和数量的资源的两家企业很可能有相似的优势和劣势,也可能使用类似的战略。不同行业的企业也可能因为拥有或需要相似的关键资源而成为竞争者。例如,新东方和新航道是外语教育市场上的两家知名培训机构。由于新航道创始团队成员多来自新东方,这两家企业在课程风格、教师聘用、教学方法、培训目标等资源方面具有很大的相似性,彼此成为了竞争对手。

识别竞争对手包括对竞争者的市场目标、拥有的资源、市场力量和当前战略等要素进行评价。其目的是了解竞争对手的优势和劣势,了解竞争对手的战略目标,并且预测竞争者可能采取的竞争行动,从中找出自身在竞争中的相对竞争优势,从而决定自己的竞争行动。动态竞争强调竞争者分析的目的是能够预测竞争对手的行动。因此,企业在采取攻击行动时,也要能够预测对手可能进行的反击。长期观察竞争对手的行动,分析对方决策者的决策风格以及行动背后的假设,有助于深入了解它们的竞争手法。动态竞争理论认为,企业都有自身的薄弱环节。从竞争的角度出发,一方面,企业应充分了解自身的优势,从中提出竞争对手的薄弱环节;另一方面,企业也应分析自己的劣势,因为竞争对手很有可能从这些环节发起攻击。

3. AMC 分析法与预测竞争性相应

在企业识别出竞争对手之后,需要分析竞争对手会如何对己方发起的竞争性行动进行反应。分析竞争者,可以预测竞争对手反击的对抗性有多大。如果企业在采取竞争性行动时,能够有效降低竞争对手的对抗性,就会在竞争中处于有利地位。陈明哲教授提出了"觉察—动机—能力"(awareness-motivation-capability)的三要素分析模型,即 AMC 分析法,来对竞争对手进行分析。

觉察力是 AMC 模型的第一个要素,是指反应者是否知晓攻击者所采取的竞争行动。攻击者的某些竞争行动容易被觉察,而某些竞争行动则不易被觉察。影响到反应者觉察力的因素包括攻击者的知名度和竞争行动的特性。攻击者的知名度反映在攻击者的大小及行业地位,如较大规模的企业和行业排名靠前的企业,其一举一动都会受到其他竞争对手的关注。攻击行动的特性是指该攻击行动的明显性和复杂性,是否需要推理,是否涉及许多环节。反应者对攻击者所发起的竞争行动感受越强烈,其进行回应的可能性也越大。例如,电商降价是对其他同类型电商的竞争行动,通过互联网很容易被其他竞争对手察觉,引发价格战。改善产品和服务品质,秘密与供应商和批发商结盟,则是较隐蔽的竞争行动,不易被竞争对手察觉。觉察力可以预测竞争对手反应的速度。当企业在核心市场对竞争对手采取强有力的竞争行动时,竞争对手为了留住客户与捍卫声誉,往往会立即做出公开回应。觉察力随着市场共同性与资源相似性的增加而提高。例如,当当网与京东商城销售的书籍有很多重合,消费者在选择某种书籍时往往会在这两个网站间对比价格、包装及物流服务。在这种情况下,当当与京东对彼此的商品价格、产品包装和物流速度都格外受到关注。

动机是 AMC 模型的第二个要素,是指反应者在攻击者采取某竞争行动时进行反攻击的意向。市场共同性会影响竞争对手采取反击行动的动机,当竞争企业之间具有比较高的市场共同性时,反应者对攻击者采取反击行动的可能性比较高。同时,企业会对反击行动的收入与成本进行比较,以确定是否采取反击行动。当攻击者对竞争对手的主要利润市场发起进攻时,竞争对手反击的动机会比较高。当攻击者对竞争对手的非核心利润市场发起进攻时,竞争对手的反击动机会比较低。例如,在智能手机普及之前,诺基亚公司在全球手机行业中处于领先地位,非智能手机市场是诺基亚公司手机业务的主要利润来源。诺基亚的竞争对手苹果公司没有在传统的非智能手机市场对诺基亚发起进攻,而是选择当时并没被诺基亚注意的智能手机作为突破点。等到诺基亚察觉到智能机的挑战时,为时已晚。苹果公司在短短几年里发布了 iPhone 系列产品,开启了智能手机新时代,最终取代诺基亚成为了手机行业的新领头羊。资源相似性也会影响竞争对手反击的动机。相似的资源意味着企业双方具有相似的攻击与反击能力。如果双方的资源相似性较高,降价等掠夺性的竞争行动会造成两败俱伤,因而企业采取这种竞争行动的可能性较低。在企业间的资源相似性较高时,理想的情况是企业通过创新改变产品或商业模式,创造新的竞争规则,使竞争对手无法反击。

此外,反应者进行反击的动机还受到反应者目前的绩效、攻击行动的潜在影响等因素的影响。如果受攻击市场对反应者很重要,具有较大的潜在影响,则反应者很可能采取反击行动。如果反应者目前绩效较差,则对攻击者有可能采取"破釜沉舟"的反击行动。例如,酒店预订是携程旅行网和艺龙旅行网的核心业务,2012 年,双方在这一领域打起了激烈的价格战。为了保护市场份额,双方寸步不让,以牙还牙。尽管艺龙网首先出现亏损,但仍不终止价格战,与携程血拼到底。

能力是 AMC 模型的第三个要素,是指反应者有没有实力组织反击行动,即反击所需要的资源和能力与防守所需要的资源和能力。反击能力与反攻击者的资源调度及决策能力相关,这种能力决定了反击的种类,可能是差异化的反击(如提供新的产品和服务),也可能是相似性的反击(以牙还牙)。如果反应者能够以简单、经济不会引起组织分裂的方式进行反击,则更有可能做出反击行动。如果反击行动需要大量的资源支持,反击的可能性会降低。此外,反应者的规模、资源实力、冗余资源也会影响到反击能力的大小。反应者规模越大、资源实力越强,也越有可能对攻击者的竞争行动做出反击。

AMC 模型对竞争对手的反击行动分析包括"知不知"、"会不会"、"能不能"三个要素,即觉察—动机—能力,这三个要素缺少任何一个,竞争对手都不会做出反击行动。企业的任务,是尽可能降低竞争对手的注意力,尽可能降低竞争对手的反击动机,以及尽可能降低竞争对手的反击能力,以达到降低竞争对手反击可能性的目的。

4. 竞争行动与预测竞争性反应

在识别了竞争对手,对竞争对手进行觉察力、动机及能力分析后,攻击者需要采取竞争行动,并预测竞争对手可能采取的反应行动的内容。竞争行动与竞争对手反应的内容包括可能性、速度、类型、程度、范围、场所。竞争行动和反应行动的形式包括"市场活动"和"内部活动"。前者如开辟新的区域市场、收购、价格变动及新产品上市等,后者如研究与开发、全球资源搜寻、组织架构调整等。由于竞争行动与反应行动的内容和形式丰富多样,所以行动—反应可能以多种方式呈现。

陈明哲教授以美国航空业的竞争数据为研究样本,发现了如下一些研究规律:第一,竞争行动的影响力越大,反应行动的数目越多;第二,竞争行动的平均攻击强度越高,反应行动的数目越多,反应行动的速度越慢;第三,竞争行动的执行条件越高,反应行动的数目越少,反应速度越慢;第四,相对于战术性竞争行动,战略性竞争行动所引起的反应行动数目较少,反应速度较慢;第五,竞争行动越明显,受攻击企业的反应行动数目越多;第六,对竞争行动的反应难度越高,竞争性数目越少;第七,当受攻击者的关键市场受到攻击时,反应行动的速度会比较慢,但反应行动的数目会比较多。

动态竞争理论认为任何的竞争优势都是暂时的,企业需要不断进行竞争对手分析,发起竞争行动或对竞争行动进行反应,以此保持竞争优势。

第七节　技术创新战略

一、技术创新战略的概念和类型

20世纪80年代,战略管理领域的学者们认识到技术是影响企业竞争优势的重要因素,开启了技术创新战略的研究。技术创新战略是指企业技术选择的表现形式,包括为获取、支持、利用和放弃技术能力而投入的资源,这些技术选择决定了企业基本技术能力的特征和程度,以及可用的产品和过程平台。技术创新战略是一种重要的企业战略,在实施技术创新战略时企业需要考虑做什么技术是有价值的、是否有可能实现、技术创新针对哪些技术和市场、何时将新技术引入市场、技术来源于企业内部还是外部等问题。

技术创新战略的主要内容包括:

(1)在公司的产品—市场战略中配置技术,在差异化和成本中找准技术的定位,以获得基于技术的竞争优势。

(2)在公司价值链包含的各种活动中广泛运用技术。

(3)公司对各个技术领域的资源投入。

(4)公司运用组织设计和管理方法来管理技术职能。

陈劲教授在《创新管理》一书中对技术创新战略的类型进行了划分。按照涉及的技术范围和技术领先度这两个维度,技术创新战略可以分为四种类型:技术领先战略、市场缝隙战略、技术跟随战略和技术合理化战略。

技术领先战略是指企业通过开发和利用关键核心技术,建立和保持在技术竞争领域的市场领导地位,其目的是赶在竞争对手之前,率先采用新技术并使新产品最早进入市场,建立品牌,获取较大的市场份额和利润。这种技术创新战略要求企业具备较强的实力和研发能力,以及较强的抵抗风险的能力。技术领先战略的盈利方式主要包括两种:一是为企业产品设定较高的价格；二是以平价获得较大的市场占有率，以在较长时间实现盈利。企业采取哪种方式实现盈利，是实施技术创新战略时需要做出的重要决定。

市场缝隙战略是企业根据自身的技术实力来开发针对特定细分市场的相对优势技术以创造竞争优势。投入市场的时机可以选在市场发育的早期或成长期，也可以在后期即市场进一步细分的时期。

技术跟随战略是在较大的范围保持技术的通用性，企业的技术重点在于应用，避免基础研究所带来的风险。这一战略通过迅速模仿领先者的技术，将新产品投入市场。这种技术创新战略要求企业具备较强的产品开发能力。在营销方面，企业的重点在于吸引现有客户，而不是激发客户的原始需求。同时，企业要善于总结"领先者"所犯的错误和经验，从而开发出性能更好、可靠性更高和更先进性的产品。

技术合理化战略是企业保持选择范围内的技术的实用性。对于这些企业，它们的技术缺陷要通过其他具备竞争优势的企业来弥补。这种战略通过模仿先进技术，以低成本开拓市场。它要求设计与工艺部门在降低成本和费用方面有较强的能力，进入市场的时机一般选择在成长期或稍后一些时间里，这时销量较大，可以接近经济上最合理的规模，并使设备的大量投资可在产品定型化或标准化之后进行。

企业采取哪种技术创新战略，与企业所采取的技术的演化阶段和战略地位有关。在技术渐进演化阶段，技术领先战略适用于有着强大技术研发能力和市场地位的企业；市场缝隙战略适用于技术能力强但市场地位并不强大的企业；技术跟随战略适用于缺乏技术领先地位，但却拥有强大的市场竞争地位的企业；技术合理化战略适用于既缺乏市场竞争地位，又没有强大的技术能力的企业。对于多元化经营的企业，由于它们在多个领域竞争，技术创新战略会更加复杂。

二、技术创新战略的两大关键选择维度

企业在实施技术创新战略时，创新程度与创新方式是需要做选择的关键维度。在创新程度的维度上，创新分为渐进式创新和颠覆式创新。在创新方式的维度上，创新分为封闭式创新和开放式创新。

1. 渐进式创新与颠覆式创新

从创新程度来看，渐进式创新还是颠覆式创新是企业创新要面临的战略选择之一。渐进式创新是指企业在原有的技术轨迹下，对产品、工艺、服务、商业模式等进行程度较小的改进和提升；颠覆式创新是指企业打破了原有的技术轨迹，通过开发新产品、引进新工艺、提供新服务或者创造新的商业模式来显著增加企业的收入或利润。

颠覆式创新是基于渐进式创新提出的。对于大多数企业，若想获得持续竞争优势，都需要通过渐进式创新不断完善自身的产品或技术。因为颠覆式创新能够给企业带来巨大的收益，所以许多公司都会努力发现这种机遇。但由于对原有技术轨迹存在依赖性，并不是每个企业都能通过颠覆式创新实现企业价值的飞跃。准确区分渐进式创新和颠覆式创新是识别颠覆式创新的基础。

当一种区别于原有技术轨迹的新思想提出后，需要企业通过颠覆式创新来实现价值。在新产品初入市场时，其性能较之原来的产品可能有所不及。例如，在20世纪70年代，

数码相机刚刚问世时，成像非常粗糙，远不及胶片相机。但当企业解决新产品面临的关键性技术难题后，产品性能会有很大改进。经过四十多年的发展，目前数码相机的像素已过千万。一旦企业新产品的各项性能指标趋于稳定，企业便进入了渐进式创新阶段，直到下一个颠覆式创新打破目前的技术轨迹。如果企业能够同时进行渐进式创新和颠覆式创新，就会获得持续竞争优势。如果企业只做渐进式创新，可能会受到从事颠覆式创新企业的挑战，行业格局发生变化。现实世界中，颠覆式创新往往发生于中小企业，渐进式创新往往发生于大型企业。这是因为，大型企业在原有技术轨迹中，依靠组织规章、企业文化、激励机制、经营策略、组织能力等建立起来的竞争优势更适合进行不改变技术轨迹的渐进式创新，而颠覆式创新往往需要打破企业以往的成功经验，这对大型企业来说成本太高。中小型企业由于尚未取得竞争优势，不会被原有的技术轨迹锁定，因而更可能从事颠覆式创新。学者们已从多个角度对颠覆式创新和渐进式创新进行了比较，如表6-1所示。

表 6-1 颠覆式创新和渐进式创新的多角度比较

比较项目	颠覆式创新	渐进式创新
创新目标	改变游戏规则，实现跨越	维持与加强现有市场地位
重点	开发新产业、产品/工艺（流程）	原有产品性能的提高
技术	研究探索新技术	现有技术的开发利用
不确定性	高	低
技术轨迹	发散的、不连续的	线性的、连续的
商业计划	基于探索性学习而演化	创新开始即制订计划
新思想产生与机会识别	偶发于整个生命周期	在前一创新末期产生
主要参与者	具有多种功能知识的个人，非正式的网络	正式的交叉功能的团队
过程	早期阶段为非正式的柔性，后期阶段为正式的	正式的阶段模型
组织结构	思想—孵化器—目标驱动的项目组	在业务单位内部运转的跨功能项目小组
资源与能力	创造性获取资源与能力	标准的资源配置
运营单位的介入	早期的非正式介入—后期正式介入	早在一开始就正式介入

2. 封闭式创新与开放式创新

传统的创新理论认为，技术创新是企业获得垄断租金的重要方法，企业需要独立完成研发，保守技术秘密，保持自身技术处于行业领先地位。在这种创新观念中，内部研发是企业保持持续竞争优势的关键。许多资金雄厚的国际知名公司如高通、英特尔都采用了这种战略，它们雇用了一批世界上最具创造力的高科技人才，投入大量资金进行研发设施建设，从事科学研究。它们将研究成果商业化，获得巨额利润。

学者Chesbrough称这种创新为封闭式创新，其特点是为了实现创新价值，企业需要独立完成从研发到商业化的各个环节，并能够对创新成果进行有力的控制。随着商业环境的持续变化，20世纪末以来，封闭式创新受到越来越多的限制。一方面，行业内部研发效率普遍降低，研究成果商业化的难度提高，企业依靠自身进行创新面临的风险越来越高；另一方面，原先具有行业领先地位的企业受到许多新兴企业的挑战，这些新兴企业不从事基础性科学研究，却有很强的创新能力，例如谷歌和小米公司。这些企业善于利用已有的外部研究成果进行创新，以不同于传统的方式进入市场。此外，信息技术的发展大大加速了知识创造和传播,风险投资的流行为研究成果商业化提供了资金支持,技术人员可以直接进行创业,而不需要在企业内部将他们的成果交给产品开发人员进行新产品设计开发。在这种情况下,封闭式创新在研发环节产生的成果将直接流到企业外部,不能为企业带来任何价值。那些没有进行封闭式创新,却具有极强创新能力的新兴企业受到越来越多的关注。Chesbrough将这些新兴企业的创新方式赋予了一个新的概念——开放式创新。

开放式创新是指企业在技术创新过程中,同时利用内部和外部相互补充的创新资源实现创新,技术的商业化路径可以在企业内部进行,也可以通过外部途径实现,在创新链的各个阶段与多种合作伙伴多角度地动态合作的一类创新模式。在开放式创新中,外部创意和外部市场化渠道与内部创意和内部市场化渠道具有相同的地位。

许多知名公司都采用开放式创新的模式成功实现了创新。例如,谷歌公司的安卓系统摆脱统一的硬件规格,对手机制造商开放,许多知名手机品牌,如HTC、摩托罗拉、三星等,都纷纷在其机内搭载安卓系统。软件开发商设计出上万种应用,在安卓平台上提供给用户。尽管谷歌公司本身具有很强的研发能力,但仍重视整合内外部资源进行创新。在谷歌的推动下,安卓生态圈实现了高速成长。再如,小米公司在研发手机的过程中,在互联网的论坛里向"手机发烧友"询问改进建议,并将这些用户反馈体现在新一代的手机当中。同时,小米公司还是一家轻资产的公司,没有建立自己的生产工厂和物流体系,而是与其他知名公司合作,完成产品制造和分发,自身则主要负责产品设计。正是充分发挥开放式创新的优势,在短短四年的时间,小米手机的市场占有额进入了全球前三名。小米创始人雷军更是放出豪言,未来要投资100家公司,复制小米模式。

在开放式创新模式下,知识、人员流动、专利权转让扩散到企业外部,企业不再牢牢控制其知识资产,而是通过许可协议、短期合伙和各种制度安排,吸引其他公司应用自身具备的知识资产,企业以此获利。开放式创新改变了"非此地发明"(Not Invent Here)和"非此地销售"(Not Sold Here)的偏见,企业可以从外部寻找技术和途径,弥补内部创新资源的不足,获得新的实现技术商业价值的方式。

Chesbrough对封闭式创新与开放式创新的特点进行了总结,见表6-2。

表6-2 封闭式创新与开放式创新的特点比较

封闭式创新的特点	开放式创新的特点
本行业里最聪明的员工为我们工作	并非所有的聪明人都为我们工作。我们需要和企业内外部的所有聪明人合作
为了从研发中获利,我们必须自己进行发明创造、开发产品并推向市场	外部研发工作可以创造巨大的价值,而要分享其中的一部分,则必须进行内部研发
如果我们自己进行研究,就能最先把产品推向市场	我们不是非要自己的研究才能从中受益
最先将创新商业化的企业将成为赢家	建立一个更好的商业模式要比贸然冲向市场好得多
如果我们创造出行业中最多、最好的创意,我们必将胜利	如果我们能充分利用企业内外部的创意,我们必将胜利
我们必须控制知识产权,这样竞争对手就无法从我们的创意中获利	我们应当通过让他人使用我们的知识产权而从中获利,同时应当购买别人的知识产权,只要它能提升我们的商业模式

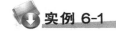 **实例 6-1**

京东战淘宝 切下淘宝 10% 份额

2014年6月10日,阿里巴巴发布了"码上淘"战略。"码"将成为阿里集团"云+端"战略重要一环。阿里想通过二维码构建一个触及最多消费者的商业入口,最终实现人和人、人和信息、人和实物的无缝互联。商家则能够通过"码"沉淀客户关系,打通线上—线下的交易闭环,实现自定义渠道。

阿里在移动领域布局可谓疾行快走,除了收购外还推出各种适应移动互联网的产品。

当阿里在移动互联网道路上奋力向前时,转嫁京东的拍拍网却在积极布局,想在C2C领域抢下一块市场。在淘宝占有绝对优势的C2C市场,在移动的大背景下,京东能否重整拍拍?

"一键搬家"挖角淘宝

新拍拍网改版上线,从首页看,新拍拍走起了小清新路线。不过小清新的背后却是大杀招——其招商政策几乎就是针对淘宝卖家而制定:对个人商家明确提出了费用全免的承诺,无平台使用费及佣金扣点。企业商家9月1日前入驻,2014年平台使用费全免。为了方便卖家从其他电商平台搬到拍拍网,拍拍还将提供一键搬家功能。

淘宝卖家最为头疼流量问题,拍拍在招商中明确,2014年京东对拍拍网进行大幅的流量补贴,包括站内流量和站外流量。其中,站内流量包括PC端、无线端;站外流量包括网络媒体、CRM、社会化媒体等。

在流量补贴政策中,拍拍网特别提到,将为商家做整站引流、会为商家外投进行补贴以及保证位置均衡分布给中小商家等,包括QQ空间广告、QQ客户端广告、QQ秀以及京东旗下的DSP平台"京东商务舱"也将被运用到商家的站外广告投放中。

京东上市前,腾讯投资京东的同时将之前的电商业务都转给了京东,其中就包括拍拍网。虽然当下其招商政策足够诱人,但仍然有评论认为,拍拍网在腾讯这样的大流量平台都没有做起来,转嫁京东更加没有起死回生的可能。不过,似乎京东集团CEO刘强东并不这么认为,恰恰相反,他对于拍拍是寄予厚望的。接手拍拍之后,京东成立了拍拍子公司,由原京东商城开放平台的负责人蒉莺春担任总裁一职,还重金挖来了有着多年零售及电商经验的银泰网CEO林琛负责运营。

拍拍网在国内C2C市场淘宝独大的局面下撑到现在实属不易。来自于中国电子商务研究中心的一份报告中显示,截至2013年6月,淘宝网在中国C2C的市场份额占据了95.1%的市场份额,而拍拍仅有4.7%的份额。

一位原腾讯内部人士告诉《中国经营报》记者,原先拍拍网在腾讯旗下确实没做好,当时腾讯发力电商时,整个公司电子商务的战略是向B2C转型,拍拍作为C2C平台几乎有三年时间是处于不受重视又没人管的状态。京东的基因是电子商务,拍拍转到京东后刚好弥补了京东在C2C领域的不足,定位会更准确,反而比在腾讯的电商体系更好做。"如果拍拍能拿下淘宝10%的份额,那就是1 000亿元的市场,而这是有可能做到的。"上述人士表示。

吸引淘宝的二线卖家

"切淘宝10%市场份额"的可能性恰恰源于淘宝过于强大。拍拍市场负责人宋旸在与记者沟通时指出,淘宝的确做得很强大,商品无所不包,是一个非常长尾的市场。但是淘宝的大而全,也使得类目不一定足够深。拍拍体量较小,可以在一些重点类目做深度运营,比如母婴、海外购、二手商品等,从一些类目入手,重点突破是会有机会的。

一位在淘宝上卖干果的卖家陈小姐告诉记者,自己正打算到拍拍上去试试,现在淘宝上竞争太激烈,现在拍拍重新改版,而商家没有那么多,拍拍刚开始会给流量资源支持,只要用心经营,至少会享受到初期的流量红利。

陈小姐的心态与当年百度做有啊时,一些在有啊开分店的淘宝卖家极其相似。但事实是有啊最终也没能撼动淘宝的市场地位,反而自己销声匿迹了。一位淘宝的资深买家在接受记者采访时指出,淘宝已经成为第一品牌,如果拍拍没有做出什么亮点,虽然商户搬家了,如果用户没有迁移并形成使用习惯,仍然难成大势。

对此,口袋通创始人白鸦并不认同。他指出,目前淘宝有800多万商家,已经非常拥挤了。淘宝目前的模式下,80%的收入来自于搜索广告,在淘宝平台很难根据类目的特点去做深度的运营,而这是拍拍的机会。

一个典型的例子就是美丽说、蘑菇街,这两家网站实际上就是将淘宝的服装这个类目的商品优化了,商品的展现方式改变了,用户找东西的方式也发生了改变。仅仅是这样的变化就能够吸引来足够的用户,也成就了蘑菇街如今10亿美元的估值。这就说明,淘宝是有优化空间的。另外,拍拍天然能够和微信以及手机QQ的社区生态相结合。

白鸦指出,拍拍应吸引的淘宝商户不是一线卖家,而是第二梯队的商户,那些在淘宝上做到第一梯队的大商户,就目前拍拍的流量,对于他们的销售起不了太大的作用。反而是那些在淘宝做不太大的、有品质的二线卖家是最好的吸引对象。

改变流量分发方式

马云曾经提过的"小而美",拍拍再次提及。宋旸认为,要想真正把"小而美"做出来,就要重构流量分发模式。

在传统的流量分发模式和广告模式下,小的商户很难做起来。这也就是今天淘宝面临的困境,大量的商家把钱花在了买流量上而不是做产品上,就使得只有那些销售高毛利商品的卖家能生存下来。

一位电商分析人士指出,搜索是一个很重要的流量分发渠道,但在淘宝模式下,搜索权重中,销量的权重很大。正是由于销量权重大,很多店会拼命打造爆款,以爆款做销量,从而在搜索中占据优势。而打造爆款,要么刷单,要么打广告,做低价把爆款做起来。

这样的流量分发模式,用户对于商户是没有忠诚度的,商户也不拥有用户。实际上淘宝早已看到了这个问题,也在不断进行变革,淘宝首页也数度改版,强化标签,改变搜索规则,通过数据挖掘推行千人千面等。不过淘宝平台太大,商户太多,转型并不容易,而淘宝2014年将更多精力放在了移动端。

宋旸指出,拍拍在搜索权重里大量降低销量权重,而代之以真实的客观评价、服务质量以及社交因素推荐等。以社交因素为例,某用户被推荐的商品有可能是自己的朋友买过的,或者与自己有相同兴趣或者消费水准的用户买过的。

另外,在移动运营方面,拍拍计划与微信的微店打通,用户关注微店的东西可以被自动推荐到拍拍上来。打通之后,商户可以在微店和拍拍同步处理商品,拍拍可以为微店引流,将 PC 端和移动端的生态串连起来。而手机拍拍的 APP 重点不是展现全站的商品,而是更强调用户个人的兴趣和关注点。

"在一个 C2C 平台上,有人、店、货这三个因素。淘宝强调货的因素,而拍拍更强调人的因素,人和店的关系,人和人的关系,以及平台级的 CRM 关系,即 A 店与 B 店人群的交叉共享等。"宋旸指出。

如今腾讯要打造开放的生态,反而外部更容易利用腾讯的一些资源。要想切下淘宝的市场,初期商品肯定不能做得足够全,是在某个垂直类目先切开一个口子。

沿着这个思路,与腾讯可能产生很多合作机会。近日,拍拍想重点在母婴类目有所突破,宋旸觉得有个很好的资源可以利用,那就是母婴 QQ 群,腾讯光母婴群就有 100 多万个,几千万活跃用户,在这样一些群里,妈妈们会经常推荐商品,转化率很高。如果能把这些资源利用起来,将非常适合一些特别类目的运营。

资料来源:中国经营报,作者:姜蓉;日期:2014 年 6 月 16 日。

团购行业进入巨头争霸模式

团购江湖上,双雄争霸戏码正在上演。只不过,这次的方式是"对簿公堂"。

近日,行业"老大"美团控诉"老二"大众点评侵权盗取图片一案已获判决,以美团胜诉告终。上海徐汇区法院判令大众点评删除 90 张侵权团购摄影图片,并赔偿美团 4.94 万元。

前一场官司刚刚结案,时隔不久,大众点评又以几乎一样的理由将美团告上北京市朝阳区人民法院。

伴随 2014 年上半年团购行业业绩出台,美团与大众点评的双寡局面已经形成,但双方并没有放弃你追我赶。打官司在某种意义上不是为了获取那区区几万元的赔偿,更多的是在争夺眼球。

坊间已经有消息传出美团和大众点评都在筹备上市事宜,谁先谁后结局可能会大相径庭。从这个角度看,打官司这种举动便显得颇值得玩味了。

团购巨头的焦虑

美团和大众点评近来不断对簿公堂。最先是美团因大众点评盗取其网站摄影图片,于 2013 年年底向法庭提起诉讼。据美团销售副总裁杨俊在其微博中所述,该侵权案近日已经由上海市徐汇区法院做出判决,以美团胜诉告终。

令人意想不到的是,随后大众点评又将美团推上了被告席,理由也惊人的相似,即旗下拥有著作权的逾百张图片遭到了美团网的侵权。大众点评相关人士告诉《中国经营报》记者,"其实这两个诉讼案件是差不多时间发生的,只是他们诉我们的案件早宣判而已。"美团方面尚未作出回应。

美团和大众点评可谓一对欢喜冤家。当然也是在团购市场里大浪淘沙后胜出的两强。自 2010 年年底团购模式进入中国后迅速遍地开花,2010 年 7 月团购网站只有 400 多家,到了 2011 年 5 月就达到 5 058 家,在 10 个月内增长率为 10 倍。

业内普遍认为,团购网站的魅力在于其 O2O 商业模式。吸引线下商家到其平台,直接向全球数百万消费者提供优惠商品服务。这也是谷歌会在 2010 年邀约 60 亿美元收购团购鼻祖 Groupon 的重要原因。

然而好景不长,经历了千团大战、恶意竞争、资本断粮、裁员关站等状况后,轰轰烈烈的团购大跃进时代结束,各家开始闷头提高精细化运营能力。所谓"剩者为王",一些小团购网站纷纷倒下后,团购市场也逐渐形成了寡头局面。据 7 月中旬数据显示,团购网站数量已由 2011 年 8 月高峰时的 5 058 家缩减至 176 家,其中美团、大众点评、糯米占据了 80% 以上的市场份额。

通常来说,团购进入到垄断时代,谁也无法把对方打败,巨头们理应划分好各自的地盘,并在暗中"操纵"着市场的动向,掌控全局。但也有业内人士指出,越是这种局面,大家想要争当行业老大的目标就越明确,于是非市场竞争手段登场。

互联网分析师于斌向记者表示,"美团最大的可能性就是通过这场诉讼,扩大自身的品牌影响力及合理性,以此第一案的胜诉来奠定行业第一的正版地位,但大众点评的反击却是美团所没能预料到的。"在其看来,就目前来说,团购行业的发展越来越紧凑,只有美团、大众点评、糯米生活得挺不错。"腾讯是大众点评的靠山,百度是糯米的靠山,而作为没有靠山的美团,必须寻求一个出路,这条出路也许是先发制人,也许是投石问路。"

寡头竞争进行时

激烈的市场竞争之后便是寡头竞争的开始。当竞争处于胶着状态时,团购企业不仅要"守土"还要扩张,这对运营能力要求更高。

以交易额划分,目前国内排名前五的团购网站分别是美团、大众点评、糯米、窝窝团、拉手网。自从获得阿里的战略投资后,美团在去年实现盈利,成为三年来首次盈利的团购网站。而从美团、大众点评公布的官方数字来看,美团去年的交易额约为 160 亿元,大众点评为 100 亿元,后者仅为前者的 2/3。

不过即便是团购行业老大,美团也有所担忧,尤其是其竞争对手大众点评是一个强劲的对手。大众点评于今年 2 月忍痛用 20% 的股份换取腾讯的移动入口流量。这样一来,大众点评就可以独家接入微信支付,像嘀嘀打车一样,通过"我的银行卡"直接进行消费支付,促使大众点评"流量变现"。

但也有业内人士指出,腾讯虽然掌握着最大的社交流量,但其"流量变现"能力一直很"骨感"。在与腾讯合作一个季度后,大众点评与美团网的差距却进一步拉大,从最直接的销售额增长来看,今年美团 5 月销售额较 3 月净增长 20%,而大众点评 5 月较 3 月增长了不足 10%(来自团 800 数据)。在流量效果上,大众点评背后的腾讯实实在在地输给了美团的干爹阿里。

大众点评相关人士多次向记者强调,团购只是其业务的一部分。"我们更多的是在做本地生活服务,包括旅游、结婚等,我们的业务不仅仅在团购。今年以来我们开始走平台化路线,包括投资外卖网站'饿了么',也有投资在线点餐网站'大嘴巴'。作为平台来说,我们会接入一些更加垂直性的服务,然后提供给用户使用,这样我们起到的是平台的作用、连接的作用。"

反观美团,在以团购为主营业务的同时,为了获得更大的利润空间,也选择横向发展。据了解,美团开始深耕电影票、酒店等细分领域,并开发相应的猫眼电影 APP、美团酒店 APP。其中,电影团购在美团 2013 年交易额中占 9.5%,达到 15 亿元;美团酒店更是"战果累累",其酒店团购业务占全国酒店团购市场的 70%。此外,美团还在北京等数十个城市推广外卖业务,不断扩张产品线,扩张分站。

上市命题的背后

坊间传言,美团和大众点评都在筹备上市事宜。美团的 CEO 在接受媒体采访时也明确表示上市地点将会是美国。

从去年下半年起,58 同城、去哪儿网、久邦数码、500 彩票网等先后成功赴美上市,掀起了一轮中概股热潮。业内认为,今年是 O2O 的黄金窗口期,也是美团和大众点评最好的机会。显然,谁先拿到赴美敲钟的门票,谁就能主导国内团购市场甚至 O2O 领域的格局。

然而,团购网站是否还能得到美国投资者的认可是个需要面对的问题。原因是美国的团购鼻祖 Groupon 的糟糕表现。

前不久刚刚发布的 Groupon 第二季度财报显示,Groupon 营收 7.5 亿美元,比去年同期增长 23%,但刨除支出后,净亏损 2 290 万美元,而去年同期亏损为 760 万美元。

Groupon 的财报让投资者越来越失望,股价跌跌不休,目前股价为 7 美元左右,与股价高峰时期的 30 多美元相比,Groupon 市值已经蒸发了 3/4。

有分析认为,Groupon 衰落的根本原因是团购模式先天的问题,也就是说,团购只是一种短期促销的手段,从根本上无法实现商户、平台、用户利益链条的良性运转。美国投资人乔斯·费拉雷的看法更为极端,他认为团购无法创造价值,5 年之内 Groupon 会消亡。

有了 Groupon 这个坏榜样,美团和大众点评要在美国资本市场说服投资人显得不那么容易。好在中国的市场环境与美国有着很大的差异,三、四线城市市场拓展还有很大的空间。

早前,美团已放出 2015 年千亿、2020 年万亿的目标,可以看出其想成为巨头的梦想。而近日据彭博报道,大众点评正与高盛、摩根士丹利、德意志银行等投行接触,筹备在美首次公开募股(IPO)事宜,拟融资 5 亿~10 亿美元。

Groupon 比国内团购网站发展早 1~2 年,Groupon 遭遇的模式困境,国内团购行业同样会遇到。国内团购网站要么加紧布局整个 O2O 闭环,要么就渠道下沉进军三、四线城市。以美团为例,其渠道下沉是最快的,计划要达成开设 300 个城市分站的目标。不过,在冲高交易额的同时,要保证盈利就成为一个很难的命题。

而中国团购要想在美国资本市场打破 Groupon 的魔咒,除了市场规模的预期,最重要的就是要盈利。

资料来源:中国经营报,作者:吴文婷;日期:2014 年 8 月 18 日。

实例 6-3

豪车市场价格"血拼" 多米诺效应一触即发？

继两年前由奔驰引发的豪华车大降价给市场带来巨大变数之后，奔驰这次又在售后服务方面大做文章。

近日，北京梅赛德斯-奔驰销售服务有限公司（以下简称"北京奔驰销售公司"）高调宣布，从7月1日起在全国范围内推出全新的售后服务产品，据经销商透露，汽车保养费用降价的幅度会达到30%～50%。这是奔驰首次以官方姿态宣布下调售后保养价格。

在此之前，奥迪、沃尔沃等豪华车品牌也曾对售后服务价格进行过调整。值得注意的事，最近几年，诸多豪华车企纷纷推出了价格在20多万元的"入门级"车型，与中高级车争夺消费者，再加上此番在广受诟病的售后服务、保养价格上大做文章，豪华车企业的举动势必会引发车市一系列"多米诺骨牌"效应。

价格调整

早在半个月前的6月16日，北京奔驰销售公司就将保养降价的举措传递至奔驰的各家4S店，奔驰方面表示，将从7月1日起在全国范围内推出全新售后服务产品——星徽保养菜单，主要包括基础A保养、基础B保养，以及固定周期配件更换和磨损件更换服务，并且所有服务内容的菜单价格均包含配件费与工时费，在全国范围内统一适用的建议零售价。

6月30日，笔者在北京西四环一家奔驰4S店发现，多数顾客进店主要还是询问汽车的性能、价格及优惠政策，鲜有问及售后服务及保养等问题，而销售人员则已经开始将售后服务降价作为卖点介绍给顾客，销售人员认为售后服务降价对销售会有推动作用。

有专家认为，奔驰此举意在借此提升在华销量。数据显示，今年5月，奔驰在华（含香港地区）销量为2.3万辆，同比增长30.1%；1～5月累计销量达11.25万辆，同比增长41.8%。

尽管奔驰车今年的销量增长显著，增幅高于老对手奥迪（18.6%）和宝马（24.6%），但是从销量绝对值来看，远低于奥迪的21.79万辆和宝马的18.48万辆。

奔驰此举，使德系三大豪华车的市场争夺战再掀高潮。事实上，为了争夺市场份额，近年来德系三大豪车品牌纷纷引入了多款入门级车型，如奔驰A级、B级，宝马1系、X1，奥迪A1、A3等车型，最低售价均已进入20万元区间，奔驰C级、宝马3系、奥迪A4L也在竞争中打出直逼中高级车的价格。

然而这些"入门级"的豪华车销售一直以来"不温不火"，不少消费者认为，尽管这些"入门级"豪华车的价格已与中高级车价格接近或持平，但是后期维修保养的价格却比中高级车高出许多。这是否是奔驰汽车此次售后服务的初衷，截至7月2日，奔驰方面并未给予回复。

竞争再起

豪华车正抢夺中高级车市场份额，不仅在车型上推出了"入门级"车，在维修服务及保养方面,也异常激烈。

从销量空间上看,豪华车抢占原本属于中高级车市场份额的举动显得十分"合理"。销量数据显示,2013年中国豪华车销量不到100万辆,而中高级车销量为300万辆左右,豪华车"下探"空间巨大。

售后方面,除了此次奔驰宣布降低维修保养费用外,奥迪在今年4月份要求经销商严格执行1万公里的保养周期,对于之前经销商普遍推荐5 000公里一保养的周期,相当于变相降低了奥迪车的保养成本。此外,沃尔沃自今年4月17日起,对最主要保养项目和易损件价格进行全面向下调整,全国统一基础保养标准严格采用100%沃尔沃原厂配件,并且配件同时享有24个月保修期。而3月份沃尔沃已经将新车3年不限公里的质保期延长至4年不限公里。

汽车行业知名分析师贾新光认为,此番豪华车售后服务的降价,受益最大的当属消费者,它改变了人们认为豪华车"买得起修不起"这一观念,在促进销售方面会起到积极作用。

"消费者的购车成本主要包括买车成本与用车成本,而这次降价大大降低了用车成本,使得一些想买豪华车却担心维修成本高的消费者可以承受;此外,不久前爆出过国内豪华车整车、配件零整比过高的问题,此举在一定程度上可使豪华车挽回一些舆论压力带来的被动局面。"贾新光说。

多米诺效应

豪华车售后服务降价,如同推倒了一块多米诺骨牌,或将引发一系列连锁反应。

一直以来,4S店的主要利润点之一就是维修保养服务部分,一家奔驰4S店经理告诉笔者:"奔驰的售后服务全面降价,对于经销商而言,利润确实降低了不少,但厂家必然会通过降低零部件的成本价格,或者是某些额外的补贴来弥补这一利润的缺失。但目前补贴政策还未得到证实。"

他还表示:"对于一家奔驰4S店来说,降低了售后服务价格的30%后,其实反映到利润方面仅仅占了10%,通过降低零部件成本或者推动整车销售方面进行弥补,整体收入是只会增长不会减少。"同时,他对奔驰今年下半年的整车销售很有信心,这得益于奔驰新C级轿车将在8月份全面上市,此次的售后降价政策必然会为新C级轿车的销售铺路。

而对"入门级"豪华车争夺中高级车市场的问题,广汽丰田公关部负责人向笔者回应称:"现在似乎没有感到来自豪华车降低售后价格所带来的压力。从乘联会等数据来看,今年以来中高级轿车市场依然保持明显的增长态势,增长率高于整体轿车市场,市场消费能力升级已经成为一种趋势。"但在中国中高级车市场占有绝对领先地位的大众公司相关负责人对笔者表示:"借助相对较高的品牌地位,豪华车这几年猛推入门级车的做法已经对中高级车市场造成了分流,现如今,如果奔驰在售后服务领域的举动被普遍模仿,那中高级车市场的空间势必会再次受到挤压。"

如贾新光所说,豪华品牌整车和售后服务降价政策的最大受益者将是广大豪华车新老客户,而随着"入门级"豪华车价格与中高级车价格趋同并且降低了售后服务成本,其到底能在多大程度上吸引消费者转投豪华车市场阵营,我们将保持持续关注。

资料来源:中国经营报,作者:宁源;日期:2014年7月10日。

复 习 题

1. 什么是成本领先战略、差异化战略以及集中战略?
2. 如何通过采用成本领先战略、差异化战略以及集中战略来获取竞争优势?
3. 在执行成本领先战略、差异化战略以及集中战略时通常会有哪些风险?
4. 如何通过"战略钟"来分析企业竞争战略的选择?
5. 网络环境对于企业的一般战略的实现途径有哪些影响?
6. 简述动态竞争的内涵及分析方法。
7. 技术创新战略都有哪些关键维度?

企业的成长战略

企业的一般战略主要是解决在所选定的行业或领域内如何与竞争对手展开有效竞争的问题。但仅此是不够的,随着企业规模的扩大和市场需求的变化,管理人员还必须解决企业如何进一步成长和发展的问题,如下一步应选择哪些领域和行业,在已有的市场内如何扩大企业的市场份额,企业主要通过内部积累还是通过外部收购来寻求增长,企业在增长过程中是以本身的技术还是市场作为考虑的基点和核心等。毫无疑问,成长战略主要涉及战略的可选方向及其实现形式,这是本章将要涉及的主要内容。

第一节 密集性成长

密集性成长是指企业在原有生产范围内充分利用在产品和市场方面的潜力来求得成长发展,也可称作集约性成长。主要有图7-1所示的以下三种形式。图中所列的多样化成长不属于密集性成长,多样化成长将在第三节讨论。

市场＼产品	当前	新
当前	市场渗透	产品开发
新	市场开发	多样化

图7-1 战略增长方向

一、市场渗透

所谓市场渗透是指企业生产的老产品在老市场上进一步渗透,扩大销量。办法主要有三个:

(1) 尽量使老顾客增加购买数量,如增设销售网点,用做礼品等。美国宝洁公司劝服人们在用海飞丝洗发精时使用两份,其效果比使用一份要好。

(2) 夺走竞争对手的顾客,这就要求自己的产品质量好,价格便宜,服务周到,以及广告做得好等。

(3) 争取一些潜在的新用户,如采取送样促销活动,激发他们对购买产品的兴趣。例如,香水制造商以此种方法说服不使用香水的妇女使用香水。

虽然市场渗透可能给企业带来增加市场份额的机会,但能否采取这一战略不仅取决于企业的相对竞争地位,而且取决于市场的特性。

一般地说,当整体市场在增大时,不仅占领先地位的企业可以增加市场份额,而且那些只占有少量市场份额以及那些新进入市场的企业也比较容易扩大它们的销售。例如,前几年由于基本建设规模急剧扩大,对钢材和电力的要求迅速增加,所以不仅大型钢铁企业和发电厂生意兴隆,利润丰厚,而且那些小型钢铁厂也迅速扩大了生产规模和销量,同时还新出现了很多小型火力发电厂。

相反,在稳定和下降的市场中却很难实现市场渗透,这是因为这两类市场的需求已趋于饱和,基本上已经没有潜在顾客可以争取。在这种情况下,占有少量市场份额的企业也很难再扩大它们的市场份额,因为市场领先者的成本结构或品牌效应会阻止这些企业的进一步渗透。当然,这并不意味着占有少量市场份额的企业绝对没有市场渗透的机会,当某一细分市场容量过小时,对领先者已完全无利可图,或者领先者疏于防守时,它们就可以通过这一细分市场向更广的市场进行渗透。如前所述,这正是一些日本公司在全球市场竞争时常常采取的战略。

二、市场开发

所谓市场开发是指用老产品去开发新市场,当老产品在老市场上已无进一步渗透的余地,或者新市场的发展潜力更大,或者新市场的竞争相对缓和时,企业都可以考虑采用市场开发战略。市场开发包括进入新的细分市场,为产品开发新的用途,或者将产品推广到新的地理区域等。例如,美国强生产品公司的婴儿洗发精,原来只是用于婴儿,但随着美国婴儿出生率的下降,该公司决定将这一产品推向成年人市场,并开展了颇有声势的广告促销活动,结果在短时期内,该公司的婴儿洗发精成为整个洗发精市场的领先品牌。类似地,杭州娃哈哈集团生产的口服营养液,最初是针对儿童市场的,后来通过中央电视台的广告,逐渐推广到老年人市场。

杜邦公司是通过为产品开发新用途而实现市场开发的典型例子。例如,该公司生产的尼龙最初是做降落伞的原料;后来又做妇女丝袜的原料;再后,又做男女衬衣的主要原料。每一种新用途都使该产品进入新的生命周期,从而延长了产品的寿命,为杜邦公司带来了源源不断的利润。

将产品推广到新的地理区域是实现市场开发的又一条重要途径。例如,可以将在城市不太时髦的产品推向农村,因为一般情况下,无论从消费档次上还是从式样上,与城市消费者相比,农村消费者都有一定的滞后,这样的产品如黑白电视机、加重自行车以及轻型汽车等。这也是发达国家的跨国公司在全球经营时经常采用的战略,即将在本国技术上已经落后或已进入饱和期的产品推向发展中国家市场,进而再倾销到欠发达地区。当然,采取市场开发战略并不一定把经济发展水平的差距作为前提,如我国企业同样可以将高质量的产品,如海尔冰箱以及有特色的传统产品推广到发达国家和地区。

能否采取市场开发战略来获得增长,不仅与所涉及的市场特征有关,而且与产品的技术特性有关。在资本密集型行业,企业往往有专业化程度很高的固定资产和有关的服务技术,但这些资产和技术很难用来转产其他产品,在这种情况下公司有特色的核心能力主要来源于产品,而不是市场。因而不断地通过市场开发来挖掘产品的潜力就是公司首选的方案。一些拥有技术诀窍和特殊生产配方的企业也比较适合采用市场开发战略,如可口可乐、百事可乐以及肯德基等。

三、产品开发

所谓产品开发是指用改进老产品或开发新产品的办法来增加企业在老市场上的销售量。这就要求增加产品的规格、式样,使产品具有新的功能和用途等,以满足目标顾客不断变化的要求。毫无疑问,产品开发和市场开发往往是同步或相继进行的,两者有非常紧密的联系。一方面,进入新的细分市场(市场开发)要求开发出现有产品的替代品或新的功能和特性(产品开发);另一方面,产品的更新和再设计,也需要新的细分市场的支撑。因为很多产品,尤其是耐用家电以及高档时装有比较长的使用期,这些产品老用户不会短期或经常更换,而新顾客却已通过老用户了解了现有产品的特点和不足,并对性能等提出了新的更高的要求。所以,企业必须设计出新产品或对老产品加以改进才能满足这些新用户的要求。也就是说,产品开发和市场开发往往是交替进行的。

以口服保健液为例,一些企业最早开发出的是蜂王浆。随着顾客服用次数的增加及其疗效的下降,一些企业进一步生产出人参蜂王浆。后来考虑到用户对使用我国人参的顾虑,这些企业又开发了西洋参蜂王浆。再后来是脑黄金、金灵鱼和中华鳖精等。这些产品有的是直接针对老年顾客的,有的是考虑到新的细分市场的要求而设计的,另有一些则可能同时照顾了两个市场。

一般来说,技术和生产导向型的企业更乐于通过产品开发来寻求增长,这些企业或者具有较强的研究和开发能力,或者其市场开拓能力较弱。但无论出于何种原因,一旦产品开发获得成功,往往可以给企业带来较丰厚的利润。

然而,成功地进行产品开发并非易事,它往往伴有很高的投资风险。有研究表明:新产品开发的失败率对消费品来说约为40%,工业品为20%,服务为18%。新产品开发之所以失败的原因固然很多,如市场环境的急剧变化,新技术的出现,以及国际上发生重大政治事件等。但企业在整个开发过程中没有坚持正确的路线和原则也是非常重要的原因。一般地说,产品开发应遵循以下一些原则。

(1) 在选择市场机会和设计产品时要充分重视市场的作用,更关心产品的市场定位而不是强力推行某个管理和技术人员所喜欢的产品构思。

(2) 从战略的角度上看,企业应重点开发以其核心能力和技能为基础的产品,并以此构建其长期发展的技术基础。

(3) 在产品开发过程中充分借鉴顾客、供应商和销售人员的意见,并尽可能地与竞争对手的产品做出对比判断,同时要强调各部门之间的交流与协作,以及在必要时使用外部公司的技能等。

四、退出和巩固

前面几部分我们重点讨论了企业在原有生产范围内如何成长和发展的问题,采取以上三种成长战略的基本前提是企业仍有较大的发展空间。但实际上,许多企业由于各种各样的原因不得不考虑相反的问题,即退出现有市场或巩固现有市场的问题。

在以下一些情况下，企业可能主动或被迫采取退出和巩固战略。

（1）当市场对某种产品的需求严重下降，企业的产品或资产的价值实际上已大为降低时，企业可能要果断地放弃这些产品。这对那些做投机买卖，如能源、金属、土地或房地产等的企业来说尤其重要。

（2）在全球经济和国内宏观经济严重衰退，银根紧缩，企业的制造成本和销售成本均面临通货膨胀压力，短期内难以消除危机的情况下，企业需要考虑采取退出部分市场或放弃部分产品的战略。

（3）大型企业或分散化的企业常常有很多子公司，有些子公司是企业在大规模扩张过程中为了获得财务上的好处而收购来的，它们的产品和技术与企业的主导产品或核心技术并没有太多的联系，在这种情况下，企业在适当时机可以考虑再将这些子公司出售。

（4）在一些情况下，当企业的经营状况不断变坏时，企业有必要从一些活动中退出，以积累和保存资金，减少损失。这可以看作为企业整体巩固和成长战略的一部分。

（5）退出的一种极端形式就是清理。所谓清理是指企业由于无力偿还债务，不得不通过出售或转让企业的全部资产来偿还债务。清理分自动清理与强制清理，前者一般由股东决定，后者由法庭做出裁决。清理战略是所有战略中最为痛苦的选择，对于单一品种经营的企业，它意味着企业寿命的终结；对于多种经营的企业，它意味着要关闭一定数量的工厂和解雇一部分员工。通常情况下，这是所有其他战略均不奏效时采用的一个战略。

（6）巩固战略是一种无增长战略，其目的在于保持企业已有的竞争地位。处于行业领先地位的企业和其他地位的企业都可能采取这一战略，前者是为了维持其在行业中的高利润，后者可能因为自己的实力有限，难以扩大市场份额，或面临新进入者的威胁，但目前的市场地位使它们能获得很大的利润，因此，它们愿意花一定的代价来巩固这种地位。传统上，很多企业通过增加营销费用来巩固它们在市场中的地位，但近年的研究发现，这并不是巩固市场地位和改善经营状况的好方法。对那些市场份额较低的公司，过多的营销支出会降低投资收益率。同样，通过资本投资来提高劳动生产率以达到巩固市场地位的传统方法，在很多情况下并不奏效。有证据表明，增加资本密集度可能会降低投资回报率，这对那些市场地位较弱的企业尤其正确。但是，那些在市场中已有很强或处于领先地位的企业，可以通过提高资本密集度来改善经营绩效。因为这些企业不可能遇到激烈的价格竞争，并且能够通过增加投资来减少设计成本和生产成本。

第二节 一体化成长

在第一节里，我们讨论了企业如何在原有生产范围内求得成长和发展的问题，即企业怎样通过改进老产品或设计新产品适应老顾客的需求变化，以及如何将已有产品推向新的市场，尤其是新的地理区域的问题。而在这一节，我们将讨论企业应该如何处理其经营范围，主要是如何处理那些与企业当前活动有关的竞争性活动和上下游生产活动的问题。

一体化，尤其是纵向一体化是企业确定最佳经营范围时要涉及的核心问题之一，它主要涉及交易费用在决定企业边界以及企业内外部关系时的作用。纵向一体化是20世纪90年代很多大企业面临的最重要战略问题之一。例如，非纵向一体化在许多行业已成为一个重要的倾向和企业重构的重要内容。事实上,汽车配件生产企业和汽车制造商,芯片设计者和生产者,以及消费品生产商和零售商之间纵向关系的重新确定,已经成为这些企业寻求新的竞争优势的重要手段,其实质是在纵向一体化和市场交易之间取得平衡,从而获得两者相结合的利益。

实际上,每个企业都要涉及交易内部化的问题,或者说在多大程度上实现纵向一体化的问题,这类决策的实质是决定"造",还是"买",但实际情况要更复杂一些。例如,有些企业可能完全在其内部进行交易,有些企业可能完全是外部交易,还有另外一些企业介于两者之间,既有内部交易也有外部交易。如可口可乐公司既通过特许经营方式,让一些装瓶厂出售其软饮料,同时本身也拥有自己的装瓶厂。

如何组织交易对一个企业是一个至关重要的战略决策,因为它涉及企业内部生产体系、分销渠道以及营销职能的构造。下面我们就来进一步探讨企业的一体化成长问题。

一、一体化的概念

从组织形式上看,人们习惯于把一体化简单地理解为联合化,即把两个或两个以上的原本分散的企业联合起来,组成一个统一的经济组织。这种统一的经济组织可以称之为联合企业或工业中心。需要指出的是,一体化并不是企业之间的简单联合,这些企业在生产过程或市场上应该有一定的联系。

在资本主义工业发展史上,按企业之间结合紧密程度的不同,联合企业又有低级形式和高级形式之分。首先出现的一种低级联合形式叫卡特尔(Cartel),它是指同类性质的企业为避免互相竞争而对一时期内的产量和价格等达成协议,采取统一的行动。参加卡特尔的各企业只需要遵守共同的协议仍是独立的法人,独立性较强。随后又出现另一种低级形式叫辛迪加(Syndicate),其特点是设立一个统一的销售机构,各企业的产品都要集中到这个机构,自己不能自行销售其产品。由于统一销售,参加辛迪加的企业的独立性比参加卡特尔的要差,但各企业仍是独立的法人。再晚出现的联合企业叫托拉斯(Trust),它是企业联合的高级形式,其特点是把各参加企业的生产销售活动都统一起来,组织得更严密。参加托拉斯的企业已无独立性可言。它们只是联合企业的股东,而不是法人。最后出现的联合企业叫康采恩(Konzern),它是多个企业以一个大垄断企业为核心的联合,各组成企业是独立法人,但总部要对各组成企业的投资和产品开发等进行总体协调。

很显然,按组织形式和联合企业的活动方式来对一体化进行定义或概括并不充分。换句话说,一体化并不完全等同于企业联合,尽管在很多情况下企业的一体化可能是通过企业之间的联合和收购实现的。

一般来说,所谓一体化主要指以下三种典型的生产经营活动:

(1) 后向一体化(backward integration),即沿着与企业当前业务的输入端(价值系统中的前端)有关的活动向上延伸。例如,原材料、能源、设备和劳动力都是制造类企业的重要的输入要素。因此,如果一家啤酒厂以前是从玻璃厂购买啤酒瓶,而现在与玻璃厂实现某种程度的联合,让它专门生产啤酒瓶,或者它自己建厂生产啤酒瓶都是后向一体化。

(2) 前向一体化(forward integration),即沿着与企业当前业务的输出端(价值系统的下端)有关的活动向下延伸,如运输、销售、维修和售后服务,以及下加工等,都是围绕输出端的活动。如一家轧钢厂与一家购买其钢材的钢管厂实行联合等。后向一体化和前向一体化统称为纵向一体化,即企业沿着生产过程上下游开展活动。

(3) 水平一体化(horizontal integration),即开展那些与企业当前业务相竞争或相互补充的活动。例如,一个先进的图书馆为了拓展其业务,增加了旅游信息服务或录像材料的供应等。

二、一体化成长的优势和风险

实行一体化有以下很多优势。

1. 一体化的经济实力

(1) 联合作业的经济实力。有时,企业通过把各种技术上有独到之处的作业组合在一起就能获得效益。例如,在制造业方面,一体化能够减少生产工艺的步骤,减少费用和降低运输成本。以钢材热轧为例,如果炼钢与轧钢作业实行一体化,则钢坯就不必重新加热,在下一个运作之前轧材也可不必作防止氧化的涂层处理。另例,若硫酸生产厂和硫酸用户(化肥公司)后向一体化,则可以将设备安装得十分靠近,因而可以降低运输成本。

(2) 内部控制和协调的经济实力。如厂商实行了一体化,在编制进度、协调作业以及应急等方面所需的费用可能就低些。如式样的变化、产品的重新设计、新产品的推出在内部比较容易协调,这就有利于减少闲置时间和对存货的需要,以及对有关职能部门人员的需要。

(3) 信息处理的经济实力。一体化会减少收集有关市场某些类型信息的需要,同时有助于企业更迅速地获得有关市场的精确信息。总的说来,一体化有可能减少获得信息的总成本。

(4) 避免市场交易的经济实力。通过一体化,企业能够节省市场交易环节中所需的那些销售、定价、洽谈等业务费用。虽然在内部业务处理过程中通常也会有某些洽谈活动,尤其是在很多企业推行模拟市场运行的情况下,但所需的花费要低得多,同时也不需要专门的销售人员、营销或采购部门。此外,还可以节省大量广告和宣传费用。

(5) 稳定交易关系的经济实力。在了解其买卖关系比较稳定的情况下,一体化的上游和下游均能为彼此的业务来往开发更有效率和更专门化的交易方法,这可以节省费用。

(6) 合理避税和规避的经济实力。通过垂直一体化,企业可以合理避税,从而达到转移和增加利润的目的。如果一个企业要缴很高的所得税,那么,通过向税率较低的产品线转移利润,它可以合理逃避一些税收。换句话说,垂直一体化增加了合理避税的可能性。类似地,跨国公司也可以通过一体化来避税。这是因为不同的国家的公司税率具有很大的差异。

与合理避税有关的另一个重要因素是规避。如果一个企业的投资回报率在其某一市场上受到限制,即国家和地方政府允许的投资回报限制了该企业的盈利能力,那么,一般说来,所允许的投资回报将低于该企业在不受限制时所能赢得的投资回报。现在假定该企业从其他不受限制的机构或企业购买原料或其他供应品,通常情况下它付的是市场价格。如果受限制的实体购买了那家机构,那么,它可以以非常高的价格购买输入要素,随之其成本和价格也将上升。这样,对受限制的部分,收入正好弥补了新增加的涨价,因而满足了政府限制投资回报的要求。但对输入要素生产分部来说,则已增加了很多盈利。总之,通过垂直一体化,企业可以合理避税和规避。

2. 有利于开发技术

纵向一体化的第二个潜在效益在于技术的开发。在某些情况下,纵向一体化能够使联合企业对上游或下游的技术更加熟悉,从而有助于开发出更加适合市场需要的产品。例如,许多计算机主机和微型计算机厂商已在半导体设计及生产方面推行了后向一体化,以便对这些基本技术有更好的了解。

3. 能确保供应与需求

纵向一体化可以保证企业在某些输入供应紧张阶段能得到有效的供应,或者在总需求量不大的阶段保证产品有销路,但一体化仅在下游单位可以吸收的情况下保证对上游单位产品的需求。很明显,如果下游产业的需求量下降,联合企业内各单位的销售量也会下降,并且对内部供应者的需求量也相应减少。因此,一体化降低了内部顾客任意删减需求的不确定性,而不是保证一般意义上的需求。

虽然纵向一体化能够减少供应和需求的不确定性,并且能规避产品价格的浮动,但这并不意味着内部转移价格不应反映市场变动。换句话说,转移价格应尽量反映市场价格以保证每一单位正常地管理它的业务。如果转移价格大大偏离市场价格,那么,上游单位或下游单位就会人为地确定价格,而这会损害企业的竞争地位并降低劳动生产率。

总的说来,纵向一体化可以减少或削弱供应和需求的波动,从而会减少市场需求的上升和下降对企业影响的不确定性,这对钢铁和石油等行业非常重要。

4. 抵消讨价还价能力及投入成本的失真

通过一体化来抵消讨价还价能力,不仅可以降低供应成本(通过后向一体化)或提高实际价格(通过前向一体化),而且可以避免投入成本的失真。事实上,一旦企业知道投入的真实成本,它就可以通过改变下游单位生产过程中所需各类投入的组合来提高企业的效率。这种变动能够增加总利润。

5. 提高进入障碍

如果企业因某种原因而在市场中占有领先或统治地位,那么,通过一体化可以提高行业的进入障碍,这是因为占统治地位且已实现一体化的企业可以制定较高的价格,同时具有较低的输入成本和较小的风险。在这种情况下,新进入者或者被迫采用一体化,或者面临更大的竞争压力。相反的问题是当企业的竞争对手已实现一体化时,为了防止被竞争对手封锁,企业也必须采取一定程度上的一体化。一般说来,较后一体化的企业将面临抢夺剩余供应商和顾客的激烈竞争,而且这些供应商和顾客往往更难以应付和协调。

一体化,尤其是纵向一体化,虽然可以带来以上战略益处并节省了很多交易费用,但这并不意味着企业有充分理由实现一体化,这是因为一体化将交易内部化,在降低市场费用的同时却增加了管理成本。联合企业内部垂直关系的管理效率取决于很多因素,尤以下面几个最为重要:

(1) 不同生产阶段之间最佳运营规模上的差别。以美国联邦邮寄公司为例,它是美国市场卡车和搬运车的主要购买者,但该公司从未考虑过自己生产卡车和收购现有的卡车生产公司。第一,这是因为该公司可以很容易买到卡车,因而有关交易费用很低;第二,它的最佳运营规模与卡车制造商的最佳运营规模不同。虽然联邦邮寄每年购买25 000多辆卡车,但这一数量远远低于制造商所要求的产出量。例如,美国福特汽车公司1992年的商用车的产量为200万辆。因此,纵向一体化可能使某一生产阶段的运营达不到规模经济的要求,从而使成本增加。这一事实说明为什么专用车生产商比商用车生产商更少实行后向一体化。因此,不同生产阶段最佳运营规模上的差别会对纵向一体化形成制约。

(2) 管理不同业务。纵向一体化引起的重要管理费用之一来源于协调不同业务所增加的支出。例如,美国联邦邮寄公司拥有卡车制造业务的主要缺点之一是卡车制造所要求的管理和加工能力与快寄所要求的完全不同,这可以解释为什么制造企业和零售商之间很少实行纵向一体化。很显然,制造和零售是不同类型的业务。一般说来,制造商要有较强的制造能力、技术优势和产品开发能力,而零售商要有快速适应顾客需求的反应能力。管理不同的业务不仅对企业高层管理者是一个挑战,要求他们掌握新的知识和有新的视野,而且要求企业要有适应新业务的体制和结构。

(3) 灵活性方面的差异。在涉及灵活性时,一体化和市场交易各有自己的优势。当需要对不确定的市场需求做出快速反应时,市场交易可能更有优势。例如,建筑行业的企业很少进行纵向一体化,这是因为建筑公司必须保持足够的灵活性以适应周期性需求和满足每个工程的不同要求。实行纵向一体化的建筑公司需要拥有设计和工程能力,一般建筑承包能力并能提供专业化服务,如空调安装等。而这种一体化公司在适应周期性需求时将更为复杂,同时也难以满足不同工程项目的特殊要求。

然而,在要求系统灵活性时,纵向一体化可能比市场交易更容易在各个层次上进行调整。例如,在推广使用无铅汽油和天然气时,炼油厂与公司自己拥有的加油站一体化将优于独立的加油站,这些加油站由独立的炼油厂和燃气公司提供汽油和天然气。

(4) 复合风险。从一定意义上说,纵向一体化带有一种复合风险,即在任何一个生产阶段上出现问题时都会威胁其他生产阶段的生产和利润。

除了增加管理成本外,一体化还给企业带来其他几方面的风险。

第一,一体化可能会增加经营风险。很显然,如果企业是在市场上购买所需要的产品或原料,那么所有的成本都是变动的,而若通过一体化来生产这些产品,那么,即使因某些原因产品的需求量下降,企业也必须承担生产过程中的固定成本。在一体化企业内,由于上游单位的销量衍生于下游单位的销售量,因此,垂直业务链中任一个引起波动的因素也会在整个业务链中引起波动,即一体化可能使企业收入呈现周期性变化,这种周期性变化实际上是一种经营风险。

第二,一体化会提高企业的退出障碍。毫无疑问,由于增加专业化的固定资产,维持紧密的内部关系等,一体化会增加企业的退出障碍。

第三,一体化会弱化对某些部门和单位的激励。由于一体化意味着通过固定的关系来进行购买与销售,因此,无论是上游单位销售产品或下游单位购买产品时都不会像外部交易时那样激烈地讨价还价。另外,对内部扩大生产能力的计划或内部购买与销售的合同的审查,也要比与外部顾客与供应商所签的合同宽松。简言之,这种内部购买与销售会弱化对某些单位的激励并很容易产生"烂苹果"问题。换句话说,如果一体化企业内上游单位或下游单位是病态的,那么,这种"病"很容易蔓延到其他健全部分,即一个单位的高成本或低质量产品会沿着业务链扩散到其他单位,同时引起管理的混乱。

三、实现一体化成长的方式

企业可以以多种方式实现一体化成长,如内部开发、合并和收购等,它们同样适用于下节将要讨论的多样化成长。下面仅就收购与合并的有关问题作一简单讨论。

1. 收购

通过收购发展新业务的方法在西方发达国家呈现波浪化的趋势,并且因行业的不同而不同。随着市场经济体制的不断完善,以及企业的不断分化,我国企业的收购倾向也在不断加强,同时将日益走上规范化的轨道。实际上,通过收购来发展业务,尤其是国际化业务对许多行业都非常重要,如报纸、媒介、食品业、饮料业和休闲娱乐业的许多企业都是如此。

进行收购的一个重要原因就是其允许公司以更快的速度进入新的产品和市场领域。在很多情况下,由于产品和市场变得很快,以至于收购成为企业成功地进入市场的唯一方式,因为内部开发的速度太慢。采取收购方式的另外一个原因是企业缺少内部开发所需要的相关知识和资源。例如,接收某个公司可能主要是为了得到这个公司的研究开发能力,或者是得到它在某特定类型的生产系统方面的知识。通过收购或联合开发进入国际市场,主要是由于市场知识的原因。

竞争环境可能会影响企业对收购的选择。在已有公司的市场占有率相对比较稳定的静态市场内,一个新公司想进入市场是非常困难的,因为它的出现会打乱原有的平衡。但是,如果这家新公司采取收购的方式进入市场,其遭到竞争性对抗的风险就会减少。当行业中已有的供应商收购了一个竞争者,其目的是为了获得它的订单,以增加市场占有率,或者在某些情况下是为了关闭其生产能力,以帮助恢复供需平衡时,收购仍然是一种有效的进入方式。

收购还有其财务方面的好处。如果一个企业的股票价格或市盈率很高,那么,通过收购股票价格或市盈率低的公司,该企业可以获得很高的财务收益。如果一个企业的股票价格低于它的真实市场价值,那么,该企业将成为一个正准备进入该市场的公司的收购对象。实际上,获得财务益处常常是那些积极进行收购或兼并活动的公司的主要动力之一。收购的极端例子是资产榨取,其主要目的是通过购买低价的资产然后高价出售来获得短期利益。

采取收购战略的又一个原因是可以提高企业的成本效益。当被收购的企业的生产规模已处于经验曲线的后半部分,而企业通过内部开发很难快速获得同一效率时,通过收购可以提高企业的成本效益。

2. 合并

广义上说,合并可以分为三种类型,第一种是横向合并,即在同一产品市场内两个或两个以上直接竞争者之间的合并；第二种是纵向合并，它将处于某一特殊市场不同生产阶段的企业联合在一起；第三种是联合式合并，在这一合并中，所合并的企业既不是直接竞争对手，同时也不在同一生产链上。

在本书中，我们所讨论的合并就是上述的两个或更多个企业之间的联合，而通常情况下合并的含义要窄得多。通常意义上的合并是指由购买企业吸收被收购企业的全部资产和债务，所收购的资产和债务不必特别注明，而由收购方自动承担全部责任。传统上，由董事会提出和批准合并方案并报告给股东。此外，合并还必须得到被收购企业股东的同意，其有效法定人数因国家不同而不同，大多数国家为全部股东的2/3。

从历史上看，发达国家的合并与收购一样呈现波浪化的趋势。图7-2给出了美国在1900—1980年发生的合并数量及所涉及的资产总值。

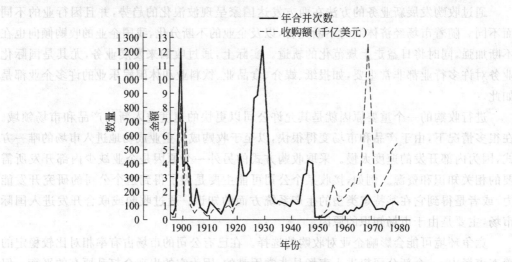

图7-2 美国企业的并购趋势

由图7-2可知，美国的第一次合并浪潮发生在19世纪末和20世纪初。这一时期的合并主要是横向合并，美国很多大企业是在这一时期形成的。在1897—1903年，大约发生了3 000次合并，其中多数合并涉及多家企业。在1905—1920年，伴随着美国经济的衰退和第一次世界大战，美国的合并活动也处于低潮。美国第二次大的合并运动发生在1920年以后，在这一时期，纵向合并成为主要方式，同时开始出现一些联合式合并。美国的第二次合并浪潮随着30年代的经济萧条而结束。

美国的第三次合并浪潮发生在1955—1970年。1960—1970年，有记录的合并有25 000多次。但在这一时期，占有很大市场份额的大企业之间的横向合并受到反托拉斯法的限制，代之而起的是联合式合并。

美国的第四次合并运动发生在20世纪80年代。在80年代早期，能源行业的6家拥有几十亿美元资产的企业被其他企业收购。这一时期，银行业也发生了大量的合并与收购活动。像第三次合并浪潮一样，这次合并主要也是联合式合并。表7-1给出了1982—1991年在美国发生的合并和收购的资产价值。在20世纪90年代，美国发生了更大规模的企业合并与收购活动。1999年美国收购与合并所涉及的金额高达17 500亿美元。

表 7-1　1982—1991 年美国的合并活动

年　份	收购值（10 亿美元）	年　份	收购值（10 亿美元）
1982	55.7	1987	171.5
1983	48.9	1988	232.4
1984	121.1	1989	244.1
1985	141.3	1990	164.3
1986	200.7	1991	98.0

值得指出的是，合并的波浪化趋势并不仅仅发生在美国。从 20 世纪 50 年代中期到 1970 年，欧洲也发生了大量的合并活动，事实上，英国 20 世纪 60 年代工业集中度的提高可能与合并活动有很大的关系。在 20 世纪 70 年代后期，欧洲的合并活动再一次增多。像美国一样，欧洲近期的合并主要是联合式合并。值得注意的是，欧洲的许多合并是在不同国家之间进行的，这进一步扩大了企业的经营空间。随着欧洲贸易壁垒的消失，欧洲的合并活动进一步增加。此外，东欧市场对西欧的开放也加速了区域间的合并活动。与此同时，欧洲的公司也正积极地在美国展开收购活动，在 1990—1991 年，外国在美国的收购约占美国整个收购数量的 20%。

合并与收购的原因很相似。

第一，通过合并可以加快企业进入新市场的过程。众所周知，进入新市场是一项非常复杂和困难的工作，它要求有效地配置各种资源，如劳力、管理人员和设备等，对需要复杂技术和大型设备的行业尤其如此。因此，如果企业想快速进入市场，与现有企业合并也许是一个最明智的选择。例如，1992 年美国可口可乐公司进入东德市场主要是通过收购已有装瓶厂而不是建新装瓶厂来实现的。

第二，通过合并进入市场不致引起生产能力的大量过剩。很显然，如果企业通过投资进入新的业务领域，那么势必导致行业生产能力的增加。如果所开发的新产品具有显著的规模经济效应，而新进入者又希望达到最小有效规模，那么行业的生产能力将很快扩张，结果势必导致市场价格的下降，除非市场需求也以很快的速度上升。换句话说，通过合并或收购进入新的市场可以避免市场价格的大幅度下降。我国很多行业的生产能力大量过剩和价格下跌的原因固然很多，但各地区、各部门及不同企业多采取新投资建厂方式进入市场显然是最重要的原因，这种情况在汽车、家电、纺织、大型零售业都曾不同程度地发生过。

第三，横向合并可以提高企业在市场中的竞争地位及与顾客和供应商的讨价还价能力。例如，如果两个合并伙伴是行业中两个较大的企业，而且这一行业中的企业数量有限，那么，合并后的企业就可以控制和提高市场价格。当然，这种合并要受到反托拉斯法或反不正当竞争法的制约。

尽管合并与收购的原因相似，但是，合并通常是两个企业自愿地结合在一起的结果，这可能是因为它们都想获得协同效用。此外，合并也可能是环境变化所提供的机会与威胁对它们共同作用的结果。相反，收购更多的是一方主动、一方被动的结果。

3. 业务整合与文化整合

(1) 业务整合。收购与兼并能否取得成功在很大程度上取决于两家企业业务整合的程度和速度,即在两个企业间战略性能力能否有效地实现转移,而战略性能力的转移有效性又取决于并购双方战略性能力的相互依赖性。相互依赖性越高,整合的要求越高,即两个企业的能力被置于同一企业边界之内的可能性越大;反之,两个企业保持各自的边界的可能性越大。根据企业间战略性能力相互依赖性的高低和被并购企业自治程度的高低,可以把并购后的整合战略分为四种类型,如图 7-3 所示。

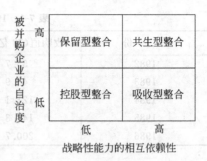

图 7-3 整合的类型

当被并购企业的自治度比较高,而并购双方战略性能力的相互依赖性比较低时,应采取保留型整合战略,即兼并企业应该通过有限而审慎的干预来培养被兼并企业的能力,允许被兼并企业最大限度地发展自己的能力。在这种整合战略中,在两个企业之间只发生一般管理技能的转移。这种整合通常发生在两大企业之间的并购过程中。

当被并购企业的自治度比较高,同时并购双方战略性能力的相互依赖性也比较高时,两个企业的整合属于共生型。在这种整合战略中,两个企业开始时各自独立,但逐渐形成相互依赖的关系,即一方面需要保持两个企业各自的边界,另一方面两者的边界又有一定的可渗透性。共生型整合不涉及经营资源(包括销售人员、制造设备、商标、品牌、分销渠道等)的共享,但功能性资源(包括设计、产品开发、生产技术、物流管理、质量控制等),会通过企业边界得以扩散和转移。

当被并购企业的自治度低,而并购双方战略性能力的相互依赖性又比较高时,就会发生吸收型整合。吸收型整合要求两个企业完全融合,同时集中使用资源以避免浪费。这种整合战略通常应用在"夕阳产业"中或者被兼并方实力较弱,需要兼并方输入技术和管理才能发挥其资源作用的情况下。

当被并购企业的自治度和并购双方战略性能力的相互依赖性都比较低时所发生的整合称作控股型整合。在这种整合战略中,虽然被并购企业可能因被对方控股而丧失了绝大部分的自治权,但由于两者的战略性能力的相互依赖性比较低,所以整合的程度十分有限,通常应用在一个企业从事多角化经营而采取收购和兼并的过程中。在这种情况下,企业并购的目的在于通过控股获得其他产业的较高利润和降低整体经营风险,而不是通过兼并来增强自己的核心竞争能力。

(2) 文化整合。实际上,并购面临的最主要问题之一是能否将新企业融入老企业中。当两个企业具有不同的企业文化,尤其是属于不同民族和国家时,常常会引起各种文化冲突,需要管理者特别注意。按照并购双方企业文化强弱的不同组合,可以把文化整合分为四种方式,如图 7-4 所示。

	弱	强
强	文化注入式	文化融入式
弱	文化融入式	文化促进式

横轴:被并购企业的企业文化
纵轴:兼并企业的企业文化

图 7-4 企业文化整合的方式

当兼并企业的企业文化比较强,而被兼并企业的企业文化比较弱时,文化整合意味着强势企业的文化向弱势的一方输入和转移,弱势一方员工的思想和行为要发生比较大的改变,以适应企业战略和业务整合的要求。例如,当海尔公司兼并亏损企业时,首先派出的人员不是市场营销人员,也不是财务人员,而是企业文化部的人员。

当兼并企业和被兼并企业的企业文化都比较弱,或者说当两者的企业文化特色都比较鲜明时,文化整合表现为两家文化的融合,可能分别吸收了两个企业的某些文化特点而形成一种新文化。尽管还能在新文化中找到原有文化的若干痕迹,但是这种新文化已经不同于以往的任一家企业的文化了。一般来说,文化融合要花更长的时间,文化冲突的机会会更高一些。

当兼并企业的企业文化比较弱,而被兼并企业的企业文化比较强时,文化融合表现为互相促进的方式。在这种情况下,尽管作为强文化的被兼并企业的企业文化能够维持,价值观体系也相对稳定,但是由于毕竟要引入兼并企业的文化,所以被兼并企业的强文化也会受到一定程度的影响,主要表现在一些具体文化参数的变化上,使原文化的功能更加完善。

第三节 企 业 集 团

企业集团作为一种高级组织形态,实际上是水平一体化和纵向一体化的高级形式,它具有多种功能和作用。在企业发展到一定阶段,组建企业集团不失为一种重要的成长战略。

一、企业组织形式的演进

企业的组织形式,是指社会生产过程中企业采取的组织形态及企业间的结合关系。它随着商品生产、市场竞争和社会化大生产的要求而不断发生变化。从家庭手工业、工场作坊到大机器生产且内部分工发达的大工厂;从封闭、分散,小型的企业演变为分工协作发达、生产经营集中、资产一体化的大型企业集团。从历史上看,企业组织形式演变经历了以下几个阶段。

1. 家庭手工业阶段

在近代社会初期,企业组织形式是以单体劳动为主的家庭手工业组织。这种组织形式简单,基本上不需要组织费用,是与当时的生产力状况相适应的。

2. 手工工场阶段

与家庭手工业相比,手工工场是企业制度的一种创新。它建立在分工和协作的基础上,生产可以连续进行,在这一阶段出现了各部分生产活动间的协调和组织。

3. 以大机器生产为基础的工厂制阶段

在工厂制中,由于企业赖以生存和发展的物质技术基础是机器生产,所以需要运用科学知识来进行组织和指导。同时由于是大机器生产,所以企业要以较多的资金和较大的规模进行生产和经营,才可获得规模经济性。这一阶段企业的规模进一步扩大。

4. 现代公司阶段

由于生产力的发展和市场竞争的日趋激烈,企业进入市场的障碍和对资本的要求越来越高,并伴随着经营风险的增大。所以,以单个资本为基础的无限责任的企业组织已难以适应生产力进一步发展的要求,在这种情况下,公司制应运而生。这是又一次企业组织制度的创新。它主要表现在:实现了资本的集中,扩大了投资能力,分散了经济风险,使单个资本能够进入高额投资领域,且只以投资额为限,承担有限责任。

5. 大公司与企业集团阶段

由于社会化大生产的发展,市场竞争的日益激烈和规模扩张的要求,世界各国,尤其是发达国家先后出现了巨型公司和企业集团,这些公司在全球经济中占有十分重要的地位。

总体上看,企业组织形式是沿着从规模较小、单一经济职能、企业管理者通常兼有资本所有者身份、所有权与经营权合一,向着规模较大、多种经济职能、所有权与经营权分离的方向演进。当然,在这一过程中,也并不排斥几种企业组织形式并存的情况。在同一时期不同行业或同一行业内部,往往是几种企业组织形式并存,但可能有一种形式占主导地位。

二、企业集团的产生和发展

1. 国外企业集团的产生和发展

企业最初以集团的形式出现是在 19 世纪末 20 世纪初。当时欧美一些国家以家庭和商业银行为核心的财团逐渐兴起,这些财团通过控股、持股、选派董事等方式,控制了一大批子公司、孙公司,从而形成了一个资本融合的企业群体。这些群体的特点是有一个统一的核心企业,表现为以控股为主要方式的母子公司关系,由母公司对所属企业实行控制。在某种程度上它更接近我们现在所说的控股公司。

尽管在 20 世纪初欧美一些国家已有了企业集团的雏形,但企业集团一词却产生于第二次世界大战后的日本。当时日本最大的三菱、三井、住友等大财阀被当局强制解散,原属财阀系统的部分企业为适应企业系列化生产和产业政策调整的需要而重新组织联合,目的是强化企业间的生产协作关系,这种企业间的联合已有了企业集团的某些重要特征。各成员企业在技术及其他功能上相互补充,并各自享有独立经营自主权,同时又以某一大银行为核心,为各成员企业提供资金贷款。在这一阶段,企业集团的产权联结主要表现为环形持股,如图 7-5 所示,它侧重于企业间相互信任和互补前提下的分工与协作。

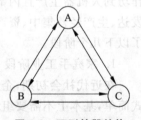

图 7-5 环形持股结构

在 20 世纪 60 年代和 70 年代,日本出现了丰田、松下等新型企业集团。这些集团由于产品配套和组装上的需要,除了保持上述企业间的相互协作外,都产生了表现为控股公司的核心企业,并以其为核心形成了自上而下的金字塔式的垂直结构,如图 7-6 所示。这种形式的企业集团代表了国际上企业组织形态发展的方向,也是目前国际上企业集团的基本模式。

2. 我国企业集团的产生和发展

我国企业集团的发展是从 20 世纪 70 年代末 80 年代初的横向联合开始的。当初的横向联合遵循"三不变"原则,即隶属关系不变,财政体制不变,所有制形式不变。这是我国企业集团发展的第一阶段。

20 世纪 80 年代中后期,随着企业改革的推进和企业经营自主权的不断扩大,"三不

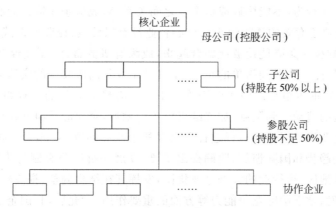

图 7-6　垂直持股的金字塔式企业集团

变"原则越发难以适应企业间联合发展的要求,因为当时企业间的联合已由生产协作关系,向联合生产和共同经营方向发展,因此,我国开始倡导对联合企业实行人、财、物、产、供、销"六统一"(称"老的六统一")。这种组织虽然仍有很强的传统管理特征,但已有了企业集团的雏形,企业间已建立了非产权关系的紧密、半紧密和松散关系。这是企业集团发展的第二阶段。

企业集团计划单列以后,我国有关部门进一步提出了企业集团核心企业对紧密层企业实行"六统一"(称"新的六统一")的原则。

(1) 统一计划。由集团核心企业统一集团企业的发展规划和年度计划。

(2) 统一承包。集团企业实行承包经营的,由集团核心企业统一承包,紧密层企业再对核心企业承包。

(3) 统贷统还。集团企业的重大基建、技改项目的贷款,由集团核心企业对银行统贷统还。

(4) 统一对外。集团企业进出口贸易和相关商务活动,由集团核心企业统一对外。

(5) 统一负责国有资产保值和增值。集团企业占用的国有资产的保值、增值和资产交易,由集团核心企业统一向国有资产管理部门负责。

(6) 统一任免领导干部。由集团核心企业统一任免紧密层企业的主要领导干部。

企业集团管理上实行"新的六统一"是我国企业集团发展的第三阶段。

应该强调指出的是,尽管在当时的历史条件下,"三不变"、"老的六统一"和"新的六统一",在促进企业间的横向联合,加快我国企业集团发展过程中曾起到过巨大的推动作用。但毋庸置疑的是,直到党的十四届三中全会,我国企业集团的主体尚未发展到健全形态,其主要标志就是存在着大量的没有产权联结的非股份制形式的不规范的企业集团。这种企业集团由于其固有的先天的缺陷,所以在运行和发展过程中出现了许多问题和矛盾,主要表现在以下几个方面:

(1) 企业集团的产权关系模糊,主要表现为行政性企业集团,在现行体制下,不能形成自我发展、独立经营的机制。这种集团对主管部门的依赖性大,同时又得服从于地方政府的利益,企业无力也不想从政府的行政保护下解脱出来。

(2) 核心企业对成员企业的调控能力不强。由于没有建立产权关系,所以核心企业无法影响成员企业行为,不能协调成员企业之间关系,对成员企业缺乏向心力和凝聚力。

(3) 企业间缺乏有效的连接纽带。核心企业没有以参股、控股的形式,对其成员企业进行资本参与,缺少一条既能使彼此融合起来,成为有机的整体,而又保持各自独立的法人地位的纽带,只能是企业间简单的结合,不具备企业集团应具备的实质内容。

(4) 企业集团的重组与发展比较困难。由于没有建立有效的产权组织制度,所以在集团内生产要素的流动受到限制,加之缺乏资本的融通,企业的重组和发展困难较大。

鉴于我国企业集团组建和运行过程中出现的矛盾和问题,党的十四届三中全会根据企业集团的发展趋势和国际惯例,明确提出了要"发展一批以公有制为主体,以产权连接为主要纽带的跨地区、跨行业的大型企业集团,发挥其在结构调整、提高规模效益、加强新技术、新产品开发、增强国际竞争能力等方面的重要作用"。此后,我国企业集团的发展走上了更加规范化的轨道,这是企业集团发展的第四阶段,目前我国企业集团正处于这一发展阶段。

三、企业集团的概念和基本特征

所谓企业集团是以一个实力雄厚的大型企业为核心,以产权连接为主要纽带,并附以产品、技术、经济、契约等多种纽带,把多个企、事业单位联结在一起,形成具有多层次结构的以母子公司为主体的多法人经济联合体。

概括说来,企业集团具有如下的主要特征:

(1) 企业集团应以产权连接为主要纽带,以母子公司为主体。这是企业集团的基本特征。

(2) 企业集团必须有一个能起主导作用的核心企业,这个核心企业也称为集团公司或母公司,或控股公司。不同称谓应用于不同场合,但指同一企业主体。这个集团公司可以是一个既从事生产经营又从事资本经营的混合经营型公司,也可以是一个专门从事资本经营的单纯管理型公司。在我国,集团公司规模必须达到国家大型企业标准,或注册资本达到1亿元以上。在企业集团内,集团公司依据产权关系,统一行使出资者所有权(产权)职能,统一投资决策,统一配置资源,统一调整结构,统一负责国有资产保值增值。集团企业间应有内在的技术、经济联系,能在市场配置资源的机制中形成利益共同体。还要有明确的通过企业集团体制实现的市场目标。企业集团应有整体发展战略和发展规划。

(3) 企业集团母公司、子公司和其他成员企业均具有法人资格,为法人企业,依法享有民事权利和承担民事责任。分公司和事业部不具有法人资格,不作为独立的成员单位。企业集团不是法律主体,不承担民事责任。它既不是统一纳税、统负盈亏的经济实体,也不具备总体法人地位。企业集团只是一种建立在控、持股关系上的法人集合。单个法人企业或大型联合企业(托拉斯)不能称之为企业集团。

(4) 企业集团具有金字塔式垂直控制的分层次的组织结构(图7-6)。按产权关系及投资、持股比例分为:母公司(核心公司);全资、控股子公司(紧密层企业);参股关联公司(半紧密企业);子公司的全资、控股子公司(二级子公司);无产权关系的协作企业(松散层企业)。企业集团以母子公司为主体,是基本结构形式。企业集团的母公司(核心企业),一般称为集团公司或控股公司。是指对被投资企业拥有控制权的企业。

企业集团的控股子企业含全资、控股子公司,是指被母企业拥有控制权的子企业。它包括由母公司直接或间接控制其过半数以上权益性资本的被投资企业和通过其他方式控制的被投资企业。

这里所指权益性资本是指能够据以参与企业经营管理,对经营决策有投票权的资本。在投资企业,它体现为长期投资中的股票投资和其他投资(包括固定投资、无形资产投资、货币资金投资等),在被投资企业,它体现为所有者权益中该出资者所享有的份额。这里所指通过其他方式控制的被投资企业,主要指以下几种情况:

——通过与该被投资企业的其他投资者之间的协议,拥有该被投资企业半数以上表决权;

——根据章程或协议,有权控制企业的财务和经营决策;

——有权任免董事会等权力机构的多数成员;

——在董事会或类似的机构会议上有半数以上表决权。

控股分为绝对控股和相对控股。绝对控股是指投资企业在被投资企业的持股比例超过51%;相对控股是指投资企业在被投资企业为最大股东,一般持股比例超过30%。

企业集团参股企业是指集团公司(母公司)虽持有股份但未达到控股程度的企业。参股企业不应称为参股子企业。子企业只应相对控股企业而言。

协作企业是指与集团公司和子公司以合同、协议方式建立较为稳定协作关系的企业,它们之间是非产权关系。承认企业集团章程的协作企业称之为集团协作成员企业。

那么如何理解原有的企业集团是由核心企业、紧密层企业、半紧密层企业和松散层企业构成的这一概念呢?从企业集团是以产权连接为主要纽带的这一基本特征出发,原设定的概念是模糊的,很难界定,因此在说明企业集团的概念和组织结构时不宜再采用。为了易于过渡和衔接,我们不妨将过去所说的核心企业、紧密层企业、半紧密层企业和松散层企业与现在的集团公司、控股子企业、参股关联企业和协作企业相对应。

(5) 集团母公司应至少拥有5个以上控股子公司。之所以对集团子公司有数量上的限定,是由于集团母公司拥有子公司的控股权,不同于一般出资盈利为目的的持股行为。集团公司在选择是否持有一个公司股权时,应有明确的市场目标,要通过控制一定数量的子公司达到占有某些产品一定市场份额的目的。也就是说,企业集团有双重目标:市场目标和盈利目标(以资本增值为标志)。单纯以盈利为目的的持股公司,一般只有单一的盈利目标。如各种基金,当被持股公司盈利水平达不到出资者预期及社会平均利润率水平,会通过"用脚投票"方式转让所拥有的股权,转而投向盈利水平更高的公司。这些持股公司作为出资者也会同时持有众多其他公司的股份,但持股公司与被持股企业之间并无内在的技术、经济联系,这说明它们之间并无共同的市场目标。因此不能称之为企业集团。

企业集团如果用一种形象的说法来比喻,它就像一个海军舰队。舰队中有旗舰,这是舰队的指挥和神经中枢,对舰队中的其他舰船拥有指挥、控制权,这就相当于企业集团中的母公司。舰队中除了有旗舰外,还有其他舰船,如巡洋舰、驱逐舰等。它们相当于集团子公司。旗舰对其他舰船是指挥关系。这些舰船可以在旗舰统一指挥下独立作战。各自的功能不一。舰队就是众多舰船的集合。舰队并不是指具体的舰船。旗舰不等同于舰队,旗舰是舰队之首,对外代表舰队。舰队要有统一指挥,舰船又各自独立作战。集团公司要有统一规划和战略,各子企业又要独立经营。既要实现集团经营的规模和优势,不能各行其是,又要发挥子企业各自独立经营的积极性,不能统得过死。集团公司与子公司间的关系是控制与被控制的关系。集团公司对外代表企业集团。

这种在经济上统一控制而法律上又各自保持独立的多法人联合体,才称作企业集团。企业集团产权关系如图 7-7 所示。

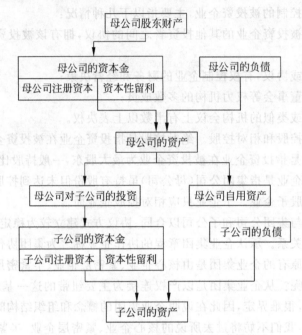

图 7-7 公司制度基础上的母子公司产权关系

四、组建企业集团的方式

我国规范化的企业集团的组建尚处在初始阶段,已有的不少企业集团的集团公司与成员企业的关系是靠行政隶属关系,统一承包关系,统一计划单列关系或契约、协议来维持的,作为核心企业的集团公司无法按产权关系对集团内企业统一实行专业化分工和结构调整,所以,集团的整体优势也难以发挥出来。因此,如何将集团企业间的非产权关系转化为产权关系,是我国企业集团发展所面临的重大难题。

将集团企业间的非产权关系转化为产权关系的方式分为两种:市场方式与半市场方式。

1. 市场方式

市场方式就是通过投资、兼并、收购等方式确立企业间的产权关系。这是市场经济国家企业集团发展的基本途径,也是以后我国企业新组建企业集团应采取的主要方式。一般说来,以这种方式完成企业重组要经过一个漫长、痛苦的过程,要付出一定的社会代价和巨大的交易费用,但所组建的企业集团比较规范,能充分发挥市场机制配置资源的基础性的作用。具体地说,市场方式有以下几种类型。

1) 分立式

所谓分立式是指一个实力雄厚、市场前景良好的企业，根据市场和竞争的需要，从企业母体中分立出一部分实体资产，独立注册成法人实体，与母企业法人构成母子公司关系。

如一个汽车制造厂所属的转向器分厂，其产品不但本企业需要，社会也有广泛需求，总成产品的经济规模又大大超过整车经济规模，如继续以分厂——分公司的组织形态发展生产规模，显然很不适应市场需要，不利于企业效益的提高，不利于处理好各种经济关系，此时最好使总成分厂单独成立子公司，以便其充分发展。

还有一种情况，母体企业为了避免因出现大的经营风险而连带母体本身，故将生产高风险产品的单位分立为有法人资格的子公司，母体企业以其出资额为限承担有限责任。这方面的典型例子是海运、河运公司。通常做法是一条船注册为一个法人企业。一旦出现风险，最多赔这条船为止，不致影响整个船队。母体企业将成建制实体资产独立为子公司，即为分立式。分立的子公司要独立编制资产负债表。母企业的长期投资在子企业的资产负债表上表现为实收资本。

2) 对外投资式

母企业以资金、实物、无形资产作为资本独资或与他人合资设立一个法人企业。这个新设企业成为母企业的独资或控股或参股企业。采用这种方式时，往往是由多个股东共同出资设立企业，开辟新的经营项目，或是由于异地、异国投资设厂。当地法律规定新设企业必须独立注册和独立纳税时，常采用这种方式。

3) 购买兼并式

企业兼并是指优势企业购买其他企业的产权，其他企业或失去法人资格与优势企业合并，或改变其股权结构，成为优势企业的控股子企业（保留法人资格）。购买兼并的方式有以下几种：

(1) 以现金购买股票式兼并，是指 A 企业使用现金购买 B 企业的全部或大部分股票，以实现兼并（一般通过股票市场）。

(2) 以股权交换股权购买资本式兼并，是指 A 企业向 B 企业股东发行新股票换取其持有的 B 企业股权，使 B 企业的股东转而成为 A 企业的股东，A 企业拥有 B 企业的股权。

(3) 以股票交换股票式兼并，是指 A 企业向 B 企业股东发行股票以交换其持有的 B 企业股票，使 B 企业的股东拥有 A 企业的股票，A 企业拥有 B 企业的股票。

以上四种兼并中，兼并全部产权（股份）的，可以保留或取消被兼并企业的独立法人资格，兼并部分产权（股份）的必须保留被兼并企业的独立法人资格。

购买式兼并最典型的案例就是一汽集团公司购买金杯股份公司（上市公司）51％的股份，从而使金杯股份公司成为一汽集团公司的控股子公司。

4) 承担债务式

所谓承担债务式是指当 B 企业的资产与债务数额相等，即 B 企业账面净资产为零时，A 企业以承担 B 企业债务为条件接收 B 企业的全部资产以实现兼并。它的实质是零字购买，属于现金购买产权（股份）的一种特例。兼并后，可以保留或取消被兼并企业的独立法人资格。

5) 补偿式

A企业欲兼并B企业,由A企业与B企业的股东协商签订兼并协议。A企业对B企业的股东做出承诺,兼并后按协议分期偿还B企业股东应得的资金。这种协议一旦签订,即实现了A企业对B企业的兼并,也就是A企业拥有了B企业的产权。B企业可以并入A企业,也可以仍然独立经营,作为A企业的子公司。兼并后B企业与原股东已无产权关系,剩下的只是A企业与B企业原股东间的债权债务关系,实质上是现金购买产权(股份)的一种非即期交易方式,是以分散付款方式兼并企业。这是我国第一汽车集团公司创造的兼并模式。如第一汽车制造厂对吉林轻型车厂和长春轻型车厂、长春发动机厂、长春汽车配件厂的兼并即采取了这种方式,既实现了资产合理配置,提高了资产效益,减少了重复投资,发挥了集团优势,又解决了购买企业资金困难问题。实践结果是五方(吉林、长春四企业所在地方政府,吉林、长春四企业本身,一汽集团公司,一汽集团,国家)均得到了利益。

6) 等值换股式

在集团公司(A企业)缺乏足够的资金对被兼并企业(B企业)投资入股达到控股的情况下,可以通过A企业与B企业存量股权的等值置换实现控股。假设A、B企业均为独资公司,并且企业股本等于企业市场价值,如A企业有10亿股本,B企业拥有6亿股本。A企业增资扩股6亿股份,B企业股东以价值6亿股份的B企业投入A企业,享有A企业增资扩股的6亿股份。股权置换后,B企业股东与B企业则不再有产权关系。B企业或并入A企业,或成为A企业的子公司,构成母子公司关系。等值换股式实质上是股票交换股票。由于A企业股本大于B企业股本,交换后,A企业股东除了仍控制扩股后的A企业,同时通过A企业控制了B企业。

7) 租赁、承包式

通过以上各种方式建立母子公司式的产权关系,其前提就是要有资金用于入股。这一点即使对于许多实力雄厚的大企业来说也有困难。在这种情况下,可以采用租赁、承包式,即在承包、租赁其他企业期间,承包企业将承包、租赁费用交给被承包企业的股东。被承包、租赁企业所产生的超过承包、租赁费用的利润被承包企业作为承包企业的资本投入,被承包企业存量资本不再增加,经过若干年后被承包企业即成为承包企业的控股子公司。

通过以上各种方式形成企业集团内的母子公司关系,是市场经济条件下的通常做法。

2. 半市场方式

是指同一所有制下的企业的所有者根据市场和企业发展的需求所进行的产权重组和产权划转。半市场方式我们称之为授权投资或授权持股,是我国特定历史条件下的产物。企业集团国有资产授权持股定义为:"国有资产授权持股(授权经营)是指国有资产管理部门将企业集团中国家以各种形式直接投资设立的成员企业的国有产权授权集团公司统一持有,以确立母子公司产权关系。集团公司依据产权关系成为授权范围内集团成员企业的出资者,依法统一行使出资者所有权,即资产受益、重大决策、选择管理者等权利。统一对国有资产保值、增值负责。"具体地说:

(1) 授权的主体是国有资产管理部门。这一点在国务院批转国家计委、国家体改委、国务院生产办公室《关于选择一批大型企业集团进行试点的通知》中已有明确规定。

（2）授权的客体是企业集团的集团公司。

（3）授权持股的范围是国家以各种形式直接设立的成员企业。授权持股后，集团公司即作为授权范围内集团成员企业的出资者（持股主体、投资主体、产权主体），统一行使出资者所有权，即资产受益，重大决策，选择管理者等权利。

但同时应当明确，授权持股范围不包含集团公司自身，即集团公司不能持有自己的股权。集团公司的股权归政府持有。集团公司拥有法人财产权，包含直接占有的实物资产和长期投资（含授权其持有的子企业的股权）。集团公司在法人财产的范围内负责统一决策，统一调整结构，统一配置资源。集团公司对其占用的（含授权持股范围）全部国有资产负保值、增值的责任。

（4）授权持股后，集团公司与授权范围内的集团成员企业形成母子公司产权关系。在股权性质上，集团公司为国家资本，成员企业原国家资本转为法人资本。与此相对应，在会计财务上，需将授权范围内成员企业的国有资本之和相应调增到集团公司的国家资本和长期投资上，并与成员企业的法人资本对应。

（5）授权持股后，授权范围内的集团成员企业与集团公司直接投资设立的集团成员企业，与集团公司的产权关系是一样的，均为母子公司产权关系。在法律关系上是平等的。集团公司要统一对国家承担其占用的国有资产的保值、增值责任。其占用的国家资产既包括集团公司直接占用的国有资产，也包括新调增的授权持股范围内企业国有资产之和。两者之和即为财务并账调整后的集团公司国有资产总额。

授权持股的实质是确立集团公司与成员企业（非关系）间的母子公司关系。即将集团公司与原非产权关系成员企业间原有的行政隶属关系、统一承包关系、统一计划单列关系、紧密联营关系转化为母子公司产权关系。

第四节　多角化战略

一、引例：巨人危机引起的争论

1997年年初关于珠海巨人高科技集团倒闭的传闻震惊了中国的管理界。尽管我国实行市场经济已有几个年头了，大家已深知商场的风云变幻，但巨人集团的危机还是着实让人们大吃一惊。

针对这一现象，有的人不禁问：巨人集团怎么了？想当年史玉柱以4 000元起家，以惊人的速度增值，几年间资产达数亿元，很快成为涉足电脑、生物工程、房地产等产业，旗下有100多家公司的庞大的企业集团，是中国民营企业中备受瞩目的新星。其总裁史玉柱，也因而成为商界中炙手可热的人物。可如今却面临生死关头。危机起因是兴建巨人大厦，从1993年开始破土动工，到1997年为止花费不过1.7亿元，其中还有卖楼花费1.2亿元。在商海中诞生、成长的弄潮儿怎么会遇到一点风浪就倾覆了呢？

有人说"巨人"走偏了道。他们认为如果巨人集团学一学大洋彼岸的微软，认定软件开发这条路后，坚定不移地走下去，集中力量打歼灭战，也可望成为中国的微软。也有人说,只做软件开发,若是不幸全军覆没岂不更可惜。还有人说,联想集团走过的路对巨人集团应有启示:柳传志规定投入多角化项目资金总额不得超过集团资产的20%,这正是联想成功的关键。可又有人说,如果"巨人"能从"四通"那里学习一点多角化战略经营的方法,也不至于让巨人大厦拖垮整个集团。

所有这些争论实际上就是多角化战略的选择和管理问题。自从多角化战略被提出以来,这种关于单一业务和多业务战略选择的争论就一直继续着,并一直上演着"三十年河东,三十年河西"的故事。

二、多角化战略的概念和类型

多角化经营(diversification)也叫多样化成长或多元化经营,最初是由著名的产品-市场战略专家安索夫在20世纪50年代提出来的。此后,尤其在20世纪70年代,多角化经营战略风靡一时,各国企业争先采用。据统计,1970年美国最大的500家工业公司中有94%的公司从事多角化经营。同一时期,日本经济企划厅做的调查表明,日本制造业中有74.7%的企业,商业、服务业中有58.7%的企业实行多角化经营。英国最大的100家企事业中,从事单一部门生产的企业仅占1%;在德、法、意三国,这一比例分别为22%、16%、10%。全世界最大的50家石油公司中,有46家实行多角化经营战略。目前,我国许多大中型企业,甚至相当一批中小企业也都采用多角化经营战略,其势头与美国70年代的情形相似。

多角化经营一般有两种含义。一种含义是,多角化经营是指一个企业同时在两个或两个以上行业中进行经营,如机械、电子、化工等。然而,随着社会分工越来越细,实际上,传统的行业内已经扩展出许多截然不同的业务。另一种含义是,多角化经营是指企业同时生产或提供两种或两种以上的产品或服务。这种定义方法比较形象,但是其含义并未界定清楚。

也许多角化的分类可以帮助我们更好地理解多角化的含义,除了大家比较熟悉的分类方法,即将企业战略分为单一产品战略、优势产品战略、技术相关产品战略、市场相关产品战略、市场技术相关产品战略和非相关产品战略等六种类型外,鲁梅特根据产品之间的关系和收入比例将多角化战略分为如下几种。

(1)不相关多角化(unrelated):一个企业的主要业务收入低于企业全部收入的70%,而且其他业务与主业务之间不具备相关性。采用这种不相关多角化战略的公司一般称为混合公司(conglomerate)。

(2)相关-关联型多角化(related-linked):主业务收入占总收入的比例低于70%,但是与其他相关业务(并不与主业务直接相关)总共所占的比例超过70%。

(3)相关-限制型多角化(related-constrained):主业务收入比例不超过70%,但与其他直接与主业务相关的业务一起占的比例超过70%。

(4)主导事业型:主业务收入占总收入的比例为70%~95%。

(5)单一事业型:主业务收入占总收入的比例超过95%。

上面的分类说明,单一事业型或主导事业型的公司已经不是多角化的公司,箭牌口香糖公司和凯洽洽公司是这两类公司的典型例子,前者的全部精力都放在口香糖市场,而后者的收入主要来自早餐麦片市场。不相关多角化或高度多角化公司是指公司各项业务之间基本上没有联系。值得注意的是,相关多角化可以进一步分为两类,即公司业务之间的联系比较直接和频繁时,该公司就属于相关-限制型公司。这一类型的公司各项业务共享很多资源和行动,典型例子有宝洁、施乐和默克制皮公司等。若公司各业务之间联系不多,各业务之间并不共享资源或资金,但却共享某些知识或企业的核心能力,则称为相关-关联型多角化,几种类型公司的特点如图7-8所示。

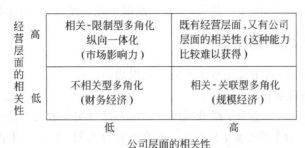

图7-8 多角化的类型

也可以按以下分类方法对多角化战略进行分类。

1. 水平多角化

水平多角化是指在同一专业范围内进行多品种经营。例如,汽车制造厂生产轿车、卡车和摩托车等各种不同类型的车辆。

2. 垂直多角化

垂直多角化是指在一个完整的生产全过程中,企业在原承担的生产阶段的基础上向前或向后发展经营。例如,汽车制造厂在生产汽车元件并装配的基础上,又生产车轮、传动机械等。美国的最大的钢铁公司——美国钢铁公司(U. S. Steel)是通过垂直多角化发展起来的。这家公司的创始人卡内基(Andrew Carnegie)18岁时只是一家铁路公司的电报员,后来他决心创办钢铁工业,他的第一步是投资入股生产铁轴的科劳曼公司,接着他控制了这家公司,并购进一家铸造公司的股份,成立铁桥公司。当看到国内铁轨需求量不断增长时,他立即投资建立炼铁厂"托马斯"钢铁工厂。进入20世纪时卡内基面临严重的竞争:金融大王摩根(J. P. Morgan)联合其他钢铁公司不再购买他的钢铁进行加工处理,在这生死存亡关头,卡内基建造了一座庞大的钢管厂,使公司生产的钢铁有了出路。再后来,当铁路公司不再和他合作的时候,他决定用他的钢铁生产铁轨,并铺设铁路,打算连接成全国第一条横贯新大陆的铁路,狠狠打击铁路业,摩根不寒而栗,最终和卡内基合并,形成一家巨大的公司——美国钢铁公司。垂直多角化也可进一步分为两种:一种是向后发展经营;另一种是向前发展经营。垂直多角化若以同一技术为基础,则协同效应较大;如果不以同一技术为基础,则协同效应较差,甚至可能出现负效应。

3. 同心式多角化

同心式多角化是指以市场或技术为核心的多角化,有三种形式:第一种形式,多种产品或劳务都以相同市场为统一的核心。如一家公司生产电视机、电冰箱、洗衣机等各种产品,但都统一于"家电"这个市场;第二种形式,各种产品或劳务都以相同技术为统一的核心,如造船厂在造船业不景气的情况下承接海洋工程,钢结构加工等;第三种形式,各种产品或劳务以相同的市场、技术为统一核心。如收音机、录音机、电视机都以电子技术为基础而统一于家电市场。

4. 联合式多角化

联合式多角化是指各种产品或劳务没有任何共同主线和统一核心的多角化。如美国杜邦化学公司除经营化学产品外还经营摄影器材、印刷设备、生物医学产品。西德克虏伯公司同时经营钢铁、造船、电子产品等,这些产品既不在一个市场,也无技术相关可言。

三、采用多角化战略的原因

企业采用多角化战略主要是基于下面五类设想。

1. 业务组合风险理论

企业进行多角化主要是为了降低风险。如成都联益实业股份有限公司原来是一家以钢坯、钢材加工产品为主的企业,主业收入占业务总收入的91%,后来由于该行业竞争比较激烈,市场风险很高。为分散风险,该公司从1993年起开始进入医药、通信设备等领域。这是企业利用多角化逃避单一行业风险的例子。

2. 逃避业务萎缩理论

在目前的产品-市场范围内,企业无法实现自己的目标,只好通过多角化来逃避现在业务下降的风险。如联想集团认识到计算机整机组装竞争日趋激烈,利润率很低,单纯依靠计算机组装的利润无法使企业得到更大的发展,因此在生产整机的同时发展系统集成和代理等,寻找新的利润增长点。这是主动式的。而嘉陵集团、湘火炬则是被迫去寻找能支撑企业的领域。如在深圳上市的湘火炬,是1996年深圳上市公司中为数不多的亏损公司之一,其主业——火花塞技术含量低,厂家容易进入,市场占有率一再下降,在主业上已很难有所作为,所以只能寄希望于寻找新的利润支柱。

3. 组织规模理论

企业进行多角化是为了获取整体规模优势。如充分利用资源,或充分利用现有的营销能力和渠道,或充分利用现有的生产能力,或利用现有的顾客基础,等等。如山东东阿阿胶股份有限公司在1996年针对中国保健品的多角化需求的趋势,进一步确定中成药、保健品、生物高科技产品作为今后的重点开发方向。有时,进行多角化是降低成本提高效益的需要。例如,工业生产过程中会产生许多废料,充分利用废料制成适宜产品,是变废为宝,降低成本的有效途径。如英国有家饭店集团,不仅经营饭店,还开设食品制造厂,先是供应集团内各饭店,后来进一步供应外部客户,成了一个庞大的烘烤食物与冰激凌的制造商。后又成立了洗染中心,此外,还设立了货物运输队。多年来,这些业务不仅降低了公司的成本,也带来了大量利润。

4. 系统效果理论

企业多角化主要是为了从报酬系统、资源分配体系逐渐增加的复杂性中获益。

5. 集团增长理论

企业多角化主要是为了账面资产、利润的增长。如浙江绍兴的钱清热电集团,1994年7月以钱清热电厂为核心组建企业集团时资产仅为7 298万元,净资产仅为2 363万元;但凭借其自身经济效益好、资金实力强的优势,进行多方投资,在仅仅一年半的时间内就发展成为拥有10户全资或控股公司的跨行业、跨地区的企业集团,总资产为3.79亿元,净资产为1.21亿元。一般说来,随着资金实力的增加,企业资本经营的力度也可进一步加大,可以寻觅更为有利的投资机会。

四、多角化经营的发展历程

1. 20世纪50～60年代运用通用管理技巧实现多角化经营

20世纪50～60年代,人们认为经验管理已不能满足现代企业管理的需要,必须强调学习管理科学知识,而管理科学理论却总是强调不同行业所面临的共同管理的问题,在这种情况下,出现了一种跨行业组织混合型企业的热潮。

当时混合型企业的成功,证实了企业主管运用通用管理技巧能够实现多角化经营。诸如Textron、ITT和Litton等混合公司当时不仅成长非常迅速,而且盈利可观。哈罗德·吉尼是当时ITT的总裁,他利用一套详细的预算制度、严格的财务控制和管理人员之间面对面的交流体系,使ITT成为高度多角化的混合公司。如果当时的管理理论不能提供管理复杂问题的技巧和效率,就不可能有混合公司的产生。这些管理技巧为各种不同业务的运作提供了管理上的统一性和兼容性,从而使多角化战略和公司发展形成一个有效的循环。

但是到20世纪60年代末期,混合公司的绩效成为一大问题。1969年,道琼斯指数仅下落9%,而许多混合公司,如Litton、Gulf & Western和Textron的股价却下降了将近50%。GE在1965—1970年,销售额增长了40%,而利润却在下降。通用的组织控制、财务控制和合理的增长目标不再能保证高度多角化经营的公司获得良好的绩效。大家都意识到企业界需要新的战略经营理论。

2. 20世纪70年代众多企业采用业务组合计划

20世纪70年代最重要的战略理论莫过于战略概念的界定和业务组合计划,在这一时期,战略管理不仅涉及公司长期目标的设定,它更重要的任务是确定公司的基本方向,使公司有能力面对未来的挑战。C.罗兰·克里斯坦森认为,战略就是简化高层管理者的任务,使其从日常的经营活动中脱离出来,而集中解决公司面临的最重要的问题。

各大公司的总裁们欣然接受这种观点,纷纷建立了相应的计划系统和组织结构,但这一观点无法帮助多角化公司进行资源分配。

约瑟夫·鲍尔认为,企业的一个基本问题是财务问题,这是因为企业总部和业务部门在项目选择标准上存在一定的差距。财务理论强调管理者的任务是选择报酬率最高的项目;而对企业总部而言,所有建议的项目都至少应该达到公司的投资回报标准;但实际上,只要项目达到可接受的回报水平,业务部门就会提出投资建议。由于公司各层次的管理者缺乏选择项目的统一标准,这给公司的资源分配带来很大的困难。因此,投资决策不应该建立在这一层次上,而应该与业务战略、产品-市场决策结合起来。正是在这样的条件下,波士顿咨询公司和其他公司建立的业务组合计划作为一项新技术应运而生。其核心是平衡组合,即由一系列营利性、成长性、现金流等特征互补的业务组成一个平衡体系,这就为公司的管理者提供了比较各种不同业务的统一框架,帮助他们在不同业务之间进行资源配置。

此后越来越多的公司采用业务组合计划。据1979年一项调查表明,《财富》杂志所列的500家大公司中,有45%的企业采用某种形式的业务组合计划。但随着组合理论的广泛应用,其问题也就逐渐暴露出来。最严重的是,管理具有不同战略特征、目标和经营领域的业务组合非常困难。如一个有着长期管理成熟业务经验的经理就很难有效地管理那些变化很快的新行业中的业务。不同的业务需要按不同的方式管理。这从根本上否定了通用管理技术和业务组合计划是多角化企业的理论基础这一论点。

3. 20世纪80年代企业广泛接受核心业务的观点

在20世纪80年代,大家普遍怀疑公司是否有能力管理多角化的业务组合并为之创造价值。对于许多公司而言,总部对公司的贡献只是成本。而削减费用和裁员也并不意味着能给各业务增加价值。迈克尔·波特在1987年的一项研究表明,许多公司的多角化战略并没有能增加价值,而分立之后的价值要大大高于公司价值。正是这种观念导致了80年代的并购、分立热潮。而这次并购浪潮促使公司的主管们意识到自己的主要任务是创造股东价值,并开始用经济度量的方法,而不是用统计度量的方法来评价公司的绩效。

在1982年彼得斯和沃特曼合著的《追求卓越》一书出版之后,企业应以核心业务为基础发展的观点迅速被大家接受。他们主张,在不同行业上的多角化对股票和债券投资比较适合,但不适于公司。很多成功的企业并不进行广泛的多角化,只是集中于某一特定的行业,努力完善自己在这一领域上的知识和技术。这一观点加深了人们对企业管理多角化能力的怀疑,最终导致了一轮退回核心业务的浪潮。事实上,1981—1987年,大约50%的《财富》500强公司又返回到了主营业务上。到1988年,《财富》500强公司中单一事业型或主导事业型公司的比重上升到53%,而这一比例曾从1950年的超过60%下降到1974年的37%。

从某种角度而言,20世纪80年代的企业重组是在纠正公司的过度多角化。这一时期,许多企业都将业务限制在一个或几个非常相关的业务领域内。迈克尔·詹森认为,企业分立,卖掉一些部门,可避免浪费资本,并有助于改善公司的绩效,即企业不应该随意进行多角化。但也有许多成功的企业,如GE,Hanson,Cooper Industries都是涉足多行业的多角化企业。应该指出,企业管理是一个复杂的系统,只有从多方面、多角度上审视这个系统,使每一部分都匹配起来,企业才可能获得成功。

尽管在20世纪90年代,企业核心能力的概念被广泛接受,同时许多西方大公司纷纷回归主业务,但关于多角化还是专业化更能提高企业绩效的争论并没有停止,Tarun Khanna和Krishna Palepu在比较了发达国家和新兴市场的体制环境以后提出,在西方发达国家奉为经营准则的专业化战略并不适新兴市场的体制环境,相反,多角化战略可能是这些国家企业的更佳选择,如表7-2所示。Tarun Khanna和Krishna Palepu认为:由于缺乏信息,要树立有良好信誉的品牌,新兴市场中的公司要比发达市场中的同行付出更高的代价,而在产品和服务上享有盛誉的企业集团可以利用集团的无形资产优势进入新的业务领域,即使这些业务与其现有业务完全不相干。同样,在这样的环境中,多角化的企业集团通过向投资者展示自己以往的投资业绩,可以更容易地得到投资。从政府监管的角度上看,当多角化企业下属各公司或其国外合作伙伴需要与政府监管机构打交道时,企业集团可以充当中介人牵线搭桥,利用其丰富的谈判经验和四处渗透的关系网而大大降低维持政府关系的成本;最后,企业集团可以利用它们在以往交易中树立起来的商业信誉获得合作伙伴和投资者的信任,从而拿到更多的订单、投资和获得其他支持。

表 7-2 体制环境决定战略选择

体制范畴	美 国	日 本	印 度
资本市场	以股权市场为中心,通过信息披露原则和公司控制权来监督	以银行为中心,通过相互投资和互任董事来监督	欠发达、流动性差的股权市场和国有化银行,政府官员监督不力
劳动力市场	有许多商学院和咨询公司提供人才,技能认证加强了流动性	商学院比较少 公司实施内部培训 公司有特定的人才培养计划	商学院少 缺乏培训 管理人才稀缺
产品市场	产品责任法的可靠执行 信息的有效传播 许多积极的消费者	产品责任法的可靠执行 信息的有效传播 有一些积极的消费者	产品责任法的执行有限 信息传播欠通畅 积极的消费者不多
政府监督	政府干预少 腐败现象相对少	政府干预程度中等 腐败现象相对少	政府干预程度严重 腐败现象十分普遍
合同执行情况	可预测	可预测	不可预测
结果	多元化集团劣势颇多	多元化集团具备一些优势	多元化集团具备诸多优势

从我国企业多角化经营的情况看,既有通过专业化获得成功的企业,同时也有通过多角化经营迅速发展和壮大的企业,目前还难以形成比较一致的认识和结论,需要我们作出更多的努力。

日本学者主张将核心能力扩展到无形资产上(它包括特定的技术、品牌、地位、顾客、信息等),这一主张迅速得到了实业界的认同。但问题是,许多业务可能具有相似的核心能力,却要求不同的战略和管理方法。例如,Texas Instruments 曾经试图将自己在半导体上的能力应用于计算器、钟表、家用电脑等行业,但并未获得成功。其失败的原因就是因为其高层管理者没有经营家用电器这类业务的经验。同样,P&G(普罗克特·甘布尔公司)在将自己产品创新和促销的能力应用于软饮料行业时也失败了。这是因为 P&G 遇到了所不熟悉的问题——如何管理当地的装瓶商,而正是地方的装瓶商控制了绝大部分的饮料分销。

可见,有关核心能力的见解虽然拓宽了对公司资源的理解,同时它向企业指出怎样做对公司的长远发展最有价值。但核心能力并不是增加业务价值的充分条件。管理者不仅要为业务创造技巧和能力,还要为他们准备资源、批准发展计划和战略并控制过程的结果,换句话说,企业必须在各项业务和活动上实现协同,只有这样,核心能力的概念才能为公司创造价值。

如果业务组合的绩效大于各部分之和,我们就说这些业务之间存在协同作用。协同作用的概念在很大程度上是建立在规模经济的概念之上的,即将两个或多个业务结合起来使用共同的生产设备、销售力量或广告服务可以降低成本。这就是多角化经营的基本优势。

协同作用是指一种联合作用的效果。安绍夫指出,协同作用涉及企业与其新产品和市场项目相配合所需要的特征。在管理文献中,常常指出协同作用会产生 2+2>4 的效应,就是说,企业内各经营单位联合起来所产生的效益要大于各个经营单位各自努力所创造的效益的总和。

安绍夫又进一步将协同作用划分为:销售协同作用,即企业产品使用共同的销售渠道、仓库等;运行协同作用,即企业内分摊间接费用,分享共同的经验曲线;管理协同作用,即在一个经营单位里运用另一个单位的管理经验与专门技能。当然,如果协同作用使用不当,也会产生负的作用,即 2+2<4。

但实际上许多公司发现,要想从协同作用中获益是很困难的,其中尤以为获得协同作用而进行的并购活动最为危险。因此,现在的理论都在探讨企业如何能在业务间共享资源。Porter 认为,需要建立一种新的组织结构——"水平组织",这种组织通过强调水平方向的协调系统和管理结构来实现业务之间的关联作用。Kenter 则提出了"企业后(post-enterprises)公司"的概念,他主张建立跨业务的管理方式。

除了需要在组织结构上进行一定的变革外,管理者还要清楚协同作用的对象,不能简单地将协同作用等同于规模效益。事实上,由规模效益产生的那种协同作用带来的效益是表面的、暂时的。因此,只有明确业务之间协同作用的对象,即那些对企业具有战略性意义的、不可替代的、不可模仿的资产,协同作用才能真正地为多角化公司服务。

五、多角化战略的业务选择理论——匹配性评价矩阵及其启示

在选择多角化业务方面,企业一直缺少比较合适可行的工具。20 世纪 70 年代盛行的业务组合理论利用现金流特征将业务进行分类,为企业平衡业务组合和配置资源提供了一个统一的标准,但这种方法并没有解决企业如何选择新的多角化业务的问题。80 年代 G. K. Hamel 等提出应以核心能力作为企业创造价值的基础来建立业务组合,并建立相应的组织机构和管理模式。尽管这一观念非常诱人,也提高了人们对企业组织的认识,但它无法解释像 ABB、GE 等高度分散化也能成功的原因,而且由于缺乏有效的分析工具,这一观念并不能为多角化企业在选择业务方面提供太多的帮助。这里将介绍最初由 Compbell 等人提出的匹配性评价矩阵,并结合我国典型企业的实例讨论企业在资产重组和开展多角化经营时应注意的问题。

正如同评价某一特定管理者是否适合某一特定工作一样,评价多角化企业应该选择哪一业务也是非常困难的,但采用以下方法有助于企业更好地选择多角化业务:第一,分析某一经营业务时,第一,分析其关键成功因子,以便判断企业对该业务的影响在哪些地方是积极的,在哪些方面是消极的;第二,明确可以从哪些方面改善该项经营业务;第三,分类探讨多角化企业的特征,以便判断其是否适合于经营业务的发展机会和需要;第四,判断多角化企业的特征和经营业务的关键成功因子与母合机会之间的匹配性。

1. 经营业务分析

1) 关键成功因子

在每种业务领域内,都有某些关键成功因子,它们是成功经营和形成优势的关键。例

如对快餐业务而言,品牌、地点和操作过程标准化是其关键成功因子;对食品业务而言,产品设计、产品组合和规模效益是其关键成功因子;而对运输业务而言,交货时间、安全性和运输费用是关键成功因子。一般说来,不同业务领域的关键成功因子也是不同的,因此,企业在选择多角化业务时必须分析其关键成功因子,这样才不致在经营该业务时破坏其价值。

2)母合机会

所谓母合机会指一种经营业务能被进一步完善的可能性,也就是企业能为其创造价值的机会。

下面是 Compbell 等人总结的十种常见的母合机会。

(1)大小和历史:历史悠久、规模庞大的企业是否因过去的成功而滋生了官僚习气和过多的管理费用;而反过来,小的、年轻的业务是否存在职能技术不足、管理不规范和财力不足等问题。

(2)管理能力:与竞争对手相比,业务单位是否雇用了一流的管理人员,管理者的目标是否正确,该业务是不是有赖于吸收并保留那些具有难得技术的人才。

(3)业务界定:业务管理者对业务的看法是否有错误,目标市场是否太大或太小,业务组合中的每一项业务是否都有利于提高企业的竞争优势。

(4)错误的可预测性:业务的性质和地位是不是容易使管理者犯错误,例如,坚持以前的决策可能会放弃更佳的替代方案;过长的生产周期可能会对老产品产生过分的依赖性等。

(5)业务联系:一项业务是否可能与其他业务有效地结合以提高其效益或市场地位,在没有外部帮助的情况下,业务单位之间的联系是否比较复杂或难以实现。

(6)共享的能力:该业务是否具有可以与其他业务共享的能力。

(7)特殊的技能:一项业务是否可以从母公司的特殊能力中获益。

(8)外部联系:母公司是否能更好地管理业务单位的外部关系,如股东、政府、行会和供应商。

(9)重大决策:是否要在缺乏经验的领域内对业务进行重大决策,如:进入外国市场和兼并收购等。

(10)重大变更:业务单位是否要在管理层缺乏经验的领域做出重大变更决策。

2. 多角化企业的母合特征分析

多角化企业影响业务单位绩效的资源、能力等特征称为多角化企业的母合特征,可以从下面五个方面来分析:

(1)指导多角化企业主管的指导思想和管理模式,即指导多角化企业主管与业务部门打交道时的价值观、行为的规则、形成的偏见等等,也包括管理者对企业发展方式的认识,这些都影响主管对母合机会的认识以及母公司与业务单位之间关系的理解。

(2)多角化企业的组织结构、系统和程序,即多角化企业创造价值的机制,包括管理层的数量、组织结构、任命业务主管的方式、预算体系和计划程序、内部定价系统以及其他的协商和联系机制。这些都是母公司影响业务单位绩效的重要方式。

(3)中心职能、服务部门和重要资源,如公司拥有的专利、品牌、特殊的外部关系,或获取稀有资源、金融资产的能力,等等,这些都是很重要的母公司特征。

(4) 多角化企业主管的特质、经验和技巧。这里强调的是多角化企业中的关键人物在为业务创造价值过程中的重要性。有许多多角化企业的母公司都是由某个特定的有影响力的人控制,如联想集团的柳传志和四通集团的段永基,二人在个性、用人态度、管理策略和战略思想上的差别决定了联想和四通截然不同的发展道路,也决定了母公司为业务部门创造价值的不同方式。

(5) 多角化企业分权度。它决定着多角化企业一般会对业务的哪些方面施加影响,哪些方面会让业务主管自主决策,这一般反映在权限的设置、工作的分配、任务的性质、工作程序等方面。

研究表明,可以通过以上五个方面来研究多角化企业可能施加的影响。

3. 匹配性评价矩阵

在分析完业务单位和企业的主要特征以后,就可以进一步分析。

(1) 多角化企业的特征是否与业务的母合机会匹配。

(2) 多角化企业的母合特征是否与业务的关键成功因子匹配。

将这两个匹配性判断综合起来,并根据匹配性判断的结果,就可以总结出 Compbell 等人在 1995 年首次提出的矩阵,如图 7-9 所示。

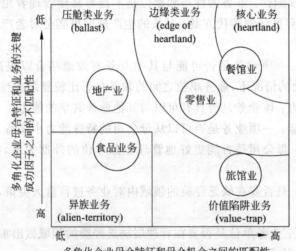

图 7-9 一个多角化食品公司的匹配矩阵

矩阵的水平轴代表多角化企业特征和业务母合机会之间匹配性的高低——匹配性评价中的第一组判断。匹配性的高低代表多角化企业为业务创造价值的可能性的大小。

Compbell 等人在最初提出匹配性评价矩阵的时候,匹配程度仅仅是一个模糊的主观概念。但实际上,这一概念还可以进一步明晰。一个业务可能具有多个母合机会,但其中只有一部分能与多角化企业的母合特征相匹配。在这里姑且将其称为第一组匹配性的"量",即与多角化企业匹配的母合机会的个数。同时,另一方面,这种匹配性也存在着程度上的深浅,匹配程度越深,创造价值的可能性和量也就越高,这一特征可以称为第一组匹配性的"质"。这里当然还要考虑母合机会对业务单位的重要程度,这也将影响母公司对业务单位创造价值的高低,可用以调整母合机会的匹配数,而匹配性的"质"可以分成一定的档次,赋予一定的权数。"质"和通过权数调整的"量"的乘积则可以比较精确地表示出母公司为业务创造价值可能性的多少。

如某一业务单位共有 10 个母合机会,其中有 5 个母合机会与母合特征匹配,对每一个母合机会而言,其对业务单位的重要性可以用权数 t_i(0~1)来表示,而其与母合特征的匹配程度可以用 d_i(0~1)来表示,这里,这一业务单位的匹配性高低就可以用 $\sum_{i=1}^{n}(t_i d_i)$ 来表示,其中 n 为匹配的母合机会数,即为 5。如果定义不匹配的母合机会的 d_i 为零,则可用 $\sum_{i=1}^{n}(t_i d_i)$ 来表示匹配性的大小,其中 n 为业务单位的母合机会数,即为 10。

匹配矩阵的垂直轴表示多角化企业特征和业务的关键成功因子之间不匹配性的高低——匹配性评价中的第二组判断,良好的匹配性会减少破坏业务价值的可能性,需要注意的是这里用的是"不匹配性"。如成功经营某一业务的关键是部门必须有充分的自由度,灵活多变才具有竞争优势,而多角化企业成功的关键却在于母公司强有力的领导和稳扎稳打。这就存在不匹配性,而这一点就会破坏业务的价值。当然,与第一组匹配性判断一样,这一"不匹配性"也存在"质"和"量"的问题,也可以采用类似的方法来分析。

根据以上这两个匹配性判断,企业业务组合中的每个业务均可在矩阵中标出。图 7-9 标出了一个多角化食品公司的各项业务,下面我们就分析一下这五类业务对多角化企业战略上的含义及对策。

4. 业务类型描述

1) 核心业务(heart land)

位于矩阵右上角的业务是适合多角化的业务,也是企业未来发展的希望。对例子中的餐馆业务,企业在食品采购、账单管理、人员配置等方面能够提供高质的服务,而且企业的母合特征与业务的关键成功因子不冲突,因此不会破坏业务价值。

核心业务在企业的业务组合发展中应该具有一定的优先权,这些业务应该成为多角化企业的核心。

2) 边缘业务(edge of heartland)

有时很难对某业务做出明确的判断。有些企业特征与业务匹配,而另外一些却不匹配。我们把这些业务称为边缘业务。如例子中的零售业,企业在人员配置、品牌管理、组织结构等方面的技巧会增加业务的价值,但其在财务管理和选址方面的要求与餐馆在这方面的要求却不同。换句话说,多角化企业既可能增加边缘业务的价值,也可能破坏其价值,其净效果很难判断。

3) 压舱类业务(ballast)

大多数企业的业务组合都有一些压舱类业务,多角化企业很难抓住这些业务的母合机会,不过却与这些业务的关键成功因子匹配。也就是说,企业很难为业务创造价值,但一般也不会破坏价值。例如在食品公司中,地产业务就属于这类业务。该项业务拥有许多地产,并出租给第三方。由于找不到母合机会,企业现在无法创造价值。当然,由于管理者很了解这项业务,所以企业也不会破坏该业务的价值。

压舱类业务是稳定经营的重要基础,为企业提供稳定的现金流和可靠的盈利。但是这些业务也可能是企业的包袱,会减慢企业增值的速度,使管理者疏忽那些更有前途的业务。而且,更危险的是,业务环境的变化可能会导致压舱类业务转为下面要谈到的异族业务,而企业却不容易察觉。

4) 异族业务(alien-territory)

许多企业的业务组合中都有这样一种业务,没有什么创造价值的机会,却有可能会破坏价值,这些业务就是企业的异族业务,是企业在多角化时必须避开的业务。如例子中最大的食品业务基本上就属于这一类。尽管这一业务曾经是企业的核心业务,但由于当前这一业务已成为全球性产业,而该企业的管理者又缺乏管理国际化业务的经验,这时企业的影响就是破坏价值,而非创造价值。

5) 价值陷阱业务(value-trap)

这类业务与母合机会匹配,但是与关键成功因子不匹配。在上述食品企业的例子中,旅馆业务是这一企业的价值陷阱类业务。即在食品采购、资产管理、绩效标准方面具有母合机会,但母公司在旅馆业务所需要的销售技巧、其他业务的配合和选址方面的影响却是消极的,结果在投资五年以后,该业务只值初始投资的一半。

5. 企业在资产重组过程中应注意的问题

匹配性评价矩阵是多角化企业业务选择或业务重组的重要工具,尽管目前还缺少定量手段或标准,但对正在进行资产重组中的我国企业仍有重要的启示。具体地说,企业在资产重组或进行多角化时应注意以下一些问题:

(1) 一般说来,对多数企业,尤其是实力不太强的中小企业,除非现有产品市场已经饱和,需求量趋于下降,或竞争对手太强而难以维持销量,不要盲目进行多角化。

(2) 研究表明,企业的长期竞争力来源于它的核心能力,公司增值的基础是建立核心能力并在不同业务之间利用这些核心能力,因此,当两个或多个业务结合起来使用共同的生产设备、销售力量或广告服务并使成本降低时或在单一行业经营风险太高时应开展多角化经营。

(3) 当某一业务在生产过程中产生很多副产品,通过综合利用可以变废为宝或大量增加附加值时应开展多角化。如甘蔗制糖厂可以利用蔗梢和蔗渣生产纸、酒精等。

(4) 当某一业务的市场开拓遇到困难,或所需要的原料难以保证,而企业又有相应能力时应通过垂直多角化来增加竞争优势,即沿着整个生产过程向上游或下游产品市场发展。

(5) 若企业确有必要进行多角化经营时,应根据匹配性评价矩阵来选择业务,即应首先采用同心多角化的形式,即以相关技术或市场作为统一的核心来进行多角化,充分利用协同作用,而不要像巨人集团那样先是开发计算机产品,继之转产补药脑黄金,再后是兴建巨人大厦,在几个基本没有技术关联和市场关联的领域进行联合多角化。

(6) 在资产重组过程中,应该为压舱类业务寻找新的母合机会,使之成为边缘业务或核心业务。若要兼并其他企业,应选择具有较多压舱类业务的企业。

(7) 对于异族类业务,无论其是否有增长的潜力,是否受重要管理者的青睐,都应尽早分离出去,因为这种业务与多角化公司之间的关系是在破坏价值。

(8) 一个公司的母合特征在很大程度上是建立在公司的价值观之上的,很难改变。每个企业都无法与所有的母合机会和关键因子匹配,只能在某一方面具有突出的优势,从而去寻找合适的业务。

第五节 业务外包战略

本章主要介绍的是企业的成长战略。提到成长战略大家首先会想到前面几节阐述的横向一体化、纵向一体化、多角化等扩张战略,但事实上当企业成长到一定阶段遇到发展瓶颈的时候,决定企业能否继续成长的关键在于其是否能够最有效地利用企业有限的资源、能否充分利用外部资源来提高竞争优势。通过集中精力做好核心业务,剥离其他业务环节来打造、加强核心竞争力,这就是越来越被企业重视的"业务外包战略"。从这种视角来看,剥离、业务外包也是企业实现成长的重要战略,下面我们着重介绍业务外包战略。

一、业务外包的含义

业务外包(outsourcing),也称资源外包、资源外置。从字面上看,其含义就是将自己的一些事情"包"给"外面"去做。这一管理策略是指企业整合其外部最优秀的专业化资源,将一些传统上由企业内部人员负责的非核心业务外包给专业化、高效的业务供应商,从而达到降低成本、提高效率、充分发挥自身核心竞争力和增强企业对环境迅速应变能力的效果,进而获得比单纯利用内部资源更多的竞争优势。

1990年,美国学者普拉哈拉德(C. K. Prahalad)和哈默尔(Gary Hamel)在其《企业核心能力》一文中正式提出业务外包概念。根据他们的观点,可以将业务外包定义为,企业基于契约,将一些非核心的、辅助性的功能或业务外包给外部的专业化厂商,利用他们的专长和优势来提高企业的整体效率和竞争力。通过实施业务外包,企业不仅可以降低经营成本,集中资源发挥自己的核心优势,更好地满足客户需求,增强市场竞争力,而且可以充分利用外部资源,弥补自身能力的不足,同时,业务外包还能使企业保持管理与业务的灵活性和多样性。

经过理论界的不懈研究和企业界的不断实践探索,目前"业务外包"的内涵已经得到很大的扩展,使用外部供应的领域也已经从保洁、餐饮和保安等经营活动的边缘性内容扩展到包括设计、制造、营销、分销、人事和信息系统等经营活动在内的关键领域。特别是近几年来,它已经逐步从一种经营措施发展成一种战略,其内涵已开始包括企业非优势资源的外部获取、企业网络、战略联盟、企业的外部化成长等一系列重要的战略问题。

二、企业采取业务外包的驱动因素

在业务外包的实践中,戴尔电脑公司(Dell Computer Corporation)应该是非常典型的例子。尽管戴尔电脑公司进入个人计算机领域的时间比康柏(Compaq)或IBM要晚,但是戴尔公司敏锐地发现了市场销售的重要性,果断地把物流和维修这两项非核心功能外包出去。虽然戴尔公司承担了一定的风险,但这却使它获得了良好的现金流以及更多的资源和精力,以便集中优势在市场销售上。戴尔公司也因此获得了成功,抢占了大量的市场份额。

戴尔的外包策略中隐含着三个相关的驱动因素:首先是技术成本和复杂性不断增加,因为面临的供应系统成本以及复杂性正在日益提升,因而戴尔面临着一个选择——是否应该投巨资并雇用数千名职员在企业内部完成这个职能。其次是如果戴尔自身内部完成供应系统的话,它将投入大量的管理时间和公司的资源,而这些资源的投入将大大削弱其他环节的发展。最后一个因素是由于技术变化迅速而市场又非常容易失去,自身投资供货系统将会存在很大的风险,所以将其通过外包给其他公司,可以把风险转嫁。下面我们来具体阐述企业采取业务外包战略的驱动因素。

1. 技术复杂性及其开发成本的增加

新技术、新产品的不断涌现使企业受到前所未有的压力。计算机及其他高技术为基础的新生产技术在企业中的应用为企业发展带来了很大的变革。例如,计算机辅助制造系统、柔性制造系统、自动存储和输出系统、自动条码识别系统等。虽然高技术的应用能够帮助企业节省人力,降低劳动成本,提高产品和服务质量等,但同时由于其技术的复杂性以及成本的不断提高也给企业带来了巨大的压力。

一种新产品的问世往往需要涉及越来越多的技术领域,经过越来越多的生产和经营环节。从产品的策划、设计、研制到批量生产、市场销售和服务,产品的价值链构成了一个规模越来越大的系统工程。这样的系统工程,对于任何一家公司来说都是挑战。如果一家公司在自己经营的各个环节均采用最先进的技术的话,不仅需要巨额的人力和财力的投入,而且还要承受因技术迅速变革所造成的无形折旧损失,这就要求企业在保持自己在核心业务上的技术优势的同时,考虑将其他次要的方面交与他人。

2. 资源获取的难度增加

资源的稀缺因人类活动的延续和丰富而日趋严重,生态失衡、能源危机、原料短缺等一系列问题使企业不断地感受到,要想获取有限的资源,企业所需付出的努力越来越多。由于自然的、历史的或技术的原因,有些企业在某些资源的拥有上有着较为突出的优势。其他企业要想获取同样的优势,即便可能,也要比那些在资源占有上拥有优势的企业要付出更多的代价。因此,在这个问题上,企业不能一味地去获取各种资源,应该换个角度去思考资源的获取和利用问题。在这样一个资源日益稀缺的年代,人们也意识到,所有的资源应该消耗在共同取得的成功上,而不是消耗在击败其他群体上,通过外包网络将其他公司的优势资源整合到本企业中,往往会收到意想不到的战略效果。

3. 市场需求变化日益莫测

时代的发展、大众知识水平的提高和激烈竞争等问题的出现,使得现在市场上的产品日益增多,并使市场营销观念也发生了变化。消费者的要求和期望越来越高,需求结构普遍向高层次发展且变化更快。今天适销对路的产品可能在很短的时间内便被抛弃,许多经销商都在感叹,消费者的需求越来越难以把握,产品的生命周期越来越短,产品必须不断地升级换代。

因此,企业的战略思想和管理技术也必须紧跟市场竞争的要求,不断地在广度和深度上加以扩展,并且使其具备更大的灵活性。对于一个追求在各个业务领域都面面俱到的企业来说,上述方面的要求是难以满足的,最好的办法莫过于进行资源外取,与有关方面结成战略性的信任联盟,共享资源,共担风险。

4. 社会环境变化

大量信息的飞速产生和通信技术的发展迫使企业把工作重心从如何迅速获得信息,转移至如何准确地过滤和有效地利用各种信息,这要求企业经营者必须抽出更多的时间进行信息分析和战略决策。随着通信、交通的发展以及企业竞争的加剧,企业竞争日益呈现全球化的特色。企业在建立全球化市场的同时,也在全球范围内造就了更多的竞争者。此外,商品市场的国际化也创造了一个国际化的劳动力市场。跨国企业大量使用发展中国家的廉价劳动力来维持企业的竞争优势,使得成本竞争日趋激烈。发达国家私有化程度的加深以及一些发展中国家的改革开放为业务外包的发展提供了有利的契机。

三、业务外包的优势

1. 战略性优势

1) 精力集中

业务外包战略最重要的一个优势是企业可以集中精力发展"核心竞争力"。企业实施业务外包,可以将非核心业务转移出去,借助外部资源的优势来弥补和改善自己的弱势,从而把主要精力放在企业的核心业务上。根据自身特点,专门从事某一领域,某一专门业务,从而形成自己的核心竞争力。如波音——世界最大的飞机制造公司,却只生产座舱和翼尖;耐克——全球最大的运动鞋制造公司,专注品牌与市场,自己却从未生产过一双鞋;等等。

2) 灵活性

企业将非核心业务外包出去,就可以不用再考虑相关方面的资本投入、基础设施建设及与该业务相关的既定利益。企业外包业务后同时可以精简组织机构,拥有更加干练合适的组织架构。业务外包的灵活性还体现在信息获取方面,企业通过外包与外部供应商结成网络,这个网络不仅传递产品和服务,更是一个传递信息的网络。企业借助这一网络可以以比自身"孤军奋战"更快的速度获取更多的信息。获取信息速度的提高和数量的增加可以使企业较早预见经营环境中可能出现的变化,并对其采取对策,从而达到更加灵活地安排经营目标的效果。这些让企业具有更高的灵活性,这在当下经济不确定的大背景下,显得尤为重要。

3) 技术和员工的提高

承包商会不断寻求提高自己工作效率的方法,因此他们会将资金投入到最好的技术和设施中去,以求能够为客户提供最好的服务。承包商所具有的规模效益能够为企业带来技术优势,承担普通内部部门所无法负担的先进系统。与此同时,由于外包出去的部门受到事先签订的服务协议的约束,承包商会尽全力提高技术保证质量。

在员工方面,一方面,通过外包可以获得更多的优秀人力资源,这对于一个停滞的内部部门来说是很重要的,停滞的内部部门自身很难招聘到优秀员工,但是外包后,优秀的承包商能够更好地吸引和留住优秀员工;另一方面,通过外包,企业内部员工可以与更多思想接近的人共事,工作环境也会变得充满活力和商业气息,利于整个企业的内部发展。

2. 财务优势

1) 承包商的规模经济

由于承包商集中在某个领域,且拥有多个客户,经营成本要比企业自身运营低很多,承包商在同一服务项目上每获得一个新的客户,其分摊成本还会再降低。如果条件允许的话,企业可使价值链中的每个环节都由世界上最好的专业公司完成。这些供应商由于在规模、技术开发、管理技能等方面拥有专业化优势,所以它们能够比其他公司以更低的价格、更高的质量提供某些产品或服务,而且产品或服务的价格之低、质量之高是企业自身所无法比拟的。例如,如果企业要管理尚未兑现的支票或是账款,需要固定的人员和另外购置的基础设施,但当外包给专业企业时,承包商基本上无须增加成本就可以进行管理。

2) 现金流和财务报表

企业通过业务外包,不用提前垫付资金,由承包商投资进行生产或提供服务。当企业向承包商支付资金后就可以实现销售,这样资金周转大大加快。另外,当生产过程中需要设备更新、整合和重新引进的时候,企业也无须支付大笔费用就可以获得一步到位的技术升级。这些都为企业提供了良好的现金流,使企业可以把资金用在更加重要的方面,"把钱花在刀刃上"。另外,业务外包除了给企业带来良好现金流外,还可以在不实际改动公司经营的状况下,迅速改善公司的财务报表情况。

3) 企业自身的规模效益

通过实施业务外包战略,将企业非核心的、效率较低的业务交给在这些方面有专长的公司去做,可以解放企业的人、财、物力资源,集中用于企业核心业务的维持和发展上,这样便可以使原本有限的资源发挥更大的效用,实现并进一步放大企业在核心业务上的规模经济性。更为重要的是,资源外取可以使经理人员减少以往用于一些边缘性业务的时间,而将精力更多地投入到经营的核心内容上,从而为经理人员提高管理水平和工作绩效创造有利的客观条件。

3. 降低经营风险

企业一方面可以与承包商一起分摊业务外包的风险;另一方面集中发挥自身有限资源的作用可以加速企业对外部环境的反应能力,强化组织的柔性和敏捷性,适应复杂多变的环境。

技术的复杂化和消费需求的不断变化,使得企业面临来自研究开发、市场销售等方面越来越大的风险。企业研究与开发需要投入巨额的资金,尽管研制成功会带来丰厚的收益,但是一旦失败,就有可能给企业带来灭顶之灾。如果企业将该项业务内化完成,风险就要自己完全承担。业务外包出去后,由于外包服务企业具有专业化的优势,它们在该业务上失败的风险会比原企业小。但是仍要注意的是,尽管企业可以通过业务外包在一定程度上转移该业务的风险,却可能承担由于该业务失败而导致整体业务受损的风险,在业务外包过程难以监督而业务外包效果需要执行的时候风险更大。

四、业务外包的风险

虽然外包有上述的优势,但外包的过程并不总是一帆风顺的,失败的案例比比皆是。

零售业巨头西尔斯百货(Sears),曾经将自己的财务管理进行集中之后外包给安达信公司(Anderson)。几年以后,由于行业形势的转变以及新型管理模式的兴起,公司想将它的部分零售业务剥离出去,但是如果要剥离零售业务,必须也将相应的财务管理剥离。而由于事前进行了财务管理外包,要剥离相应财务管理就很困难。虽然此事并没有给西尔斯百货带来摧毁性打击,但我们看到在企业进行转型或变革的时候,以前所进行的外包就可能成为企业的绊脚石。具体来说,业务外包的风险主要体现在以下方面。

1. 企业责任外移问题

由于在外包经营中缺乏对业务的监控,增大了企业责任外移的可能性,导致质量监控和管理难度加大。

2. 员工工作积极性问题

在业务外包中,必然会牵涉部分员工的利益。如果员工意识到他们的工作将来会被外包出去的话,那么员工的工作热情和职业道德会降低,他们会失去对公司的信心和工作的动力,从而导致工作业绩明显下降。

3. 知识产权问题

特别是涉及研究与开发之类的业务外包中,外包者所开发技术的专利、版权的归属问题通常是由企业与外包厂商双方协议达成而非法律规定,在这协商的过程中很容易产生纠纷,进而产生更多的机会主义行为的成本。

4. 外包企业的忠诚度

专业外包企业在利益的驱动下很可能从一个企业转移到另一个企业,这就会导致企业自身经营运转失控。而且企业过分地依赖外包会导致交易成本的提高。

5. 外包商选择问题

企业对于业务外包有许多种选择,挑选了错误的外包者将会导致关键技术的失败,从而失去竞争的领先地位。

第六节 战 略 联 盟

一、战略联盟的概念和特征

所谓战略联盟是指由两个或多个企业出于战略上的考虑,即为了全局和长远发展的需要而通过各种协议结成的松散型企业组织。需要注意的是,联盟意味着多个实体的结合而并非只是一个企业,它强调的是企业的运作模式而非具体的组织形态,战略联盟的纽带主要是各种形式的协议,但这种协议一般是基于战略上的考虑而作出的长期性安排,而不是一般和短期性的合同。战略联盟具有以下几个主要特征。

1. 组织松散性

尽管不同的战略联盟形成的动因不同,但它们的组织结构却有一个共同的特点,就是战略联盟并不是一个独立的公司实体,也不是一般意义上的企业集团,它是一个动态的、开放的体系,是一种松散的公司间组织形式。一般说来,战略联盟不涉及所有权的转移,也不接受一般意义上的法律约束,联盟企业之间是因共同的战略利益而彼此相互依存的

"联盟关系"。

2. 战略导向性

战略联盟区别于其他企业组织的另一个重要特点是其明显的战略导向,它的一个重要目标是利用企业外部的资源,包括在产品和市场上存在诸多竞争的传统意义上最主要竞争对手的资源。实际上,企业之所以形成战略联盟往往是为了对付更大范围和更高层次的竞争。通过组建战略联盟,企业可以扩大资源的获取和使用界限,一方面可以提高企业的资源使用效率;另一方面又可以减少企业开展新业务时的投入,降低转置成本,从而降低企业的进入和退出障碍,提高企业战略调整的灵活性。

3. 合作的平等性

由于战略联盟是为了战略利益而形成的松散性组织,一般并无股权和权力上的控制,除了遵守协议上的约束外,联盟的一方并不能左右另一方的行为,即使是一个实力非常强大的跨国公司与一家小公司形成的联盟也不例外,因此,战略联盟的一个重要特点是要产生"互惠"的结果,这就要求保持联盟各方在利益分享和决策方面的平等性。一旦这种平等性遭到破坏,或者超过了一方能够接受的最低限度,联盟也就随之解体了。

4. 范围的广泛性

与一般企业组织形式相比,战略联盟无论从合作内容上,还是从联盟的对象以及协议的形式上都具有广泛性。从联盟合作的内容上看,既可以有研究开发型战略联盟,也可以有生产型战略联盟,还可以是信息服务型战略联盟;从联盟的对象上看,不仅大型跨国公司之间可以结成战略联盟,大学、科研机构,甚至企业工会都可能因各种各样的原因和动机而加入战略联盟;从联盟协议和形式上看,既可以是技术转移协议,也可以是特许经营协议,还可以是市场或管理协议等。战略联盟范围的广泛性大大扩展了联盟企业的视野,使它们在更大的范围内获得和使用资源,因而可以参与更大范围的竞争。

战略联盟最本质的特征在于它是竞争性合作组织,是介于市场与企业之间的一种特殊的企业组织形式,它是一种扩大了企业市场和产业范围而没有扩大企业的组织形式。它同时也是经济全球化、网络化和竞争加剧的产物。

二、战略联盟形成的原因及其作用

作为企业的一种组织形式或者经营模式,战略联盟可以追溯到20世纪初的卡特尔,但战略联盟的真正兴起和得到理论界的广泛关注却是在20世纪90年代,毫无疑问,在这一过程中,全球化、网络化和竞争加剧是战略联盟形成和发展的外部原因,而技术的迅速扩散则起到了重要的催化作用。

如前所述,经济全球化的显著标志就是消费需求的趋同化,并因而产生了全球性消费者和全球性生产者,换句话说,人们实际上是生活在地球村里,而企业则不得不在全球性市场上参与竞争,因此,无论一个企业的规模多大,资金和技术实力有多强,都不可能仅凭自己的力量达到全球范围内的规模经济效应,也很难独立承担巨额的研究开发费用,实际上,一个企业不必要也没有可能生产所有的零部件并保证它们是一流的设计和质量。前面提到,使IBM公司的个人计算机一夜走红的商业软件,并不是IBM公司的产品,而是莲花计算机公司的产品。同样,是微软公司在英特尔公司的微处理器上导入了操作系统。

消费需求的趋同化和固定成本的日益重要要求企业通过战略联盟来扩大生产规模和取得规模经济,而需求的快速变化和技术的迅速扩散,则从另一方面迫使企业通过战略联盟来分担技术和市场开发的风险,这是因为在现代网络环境和人员大范围流动加速的情况下,技术的扩散大大加快了,没有哪项技术可以长时期保持专有,也没有哪一家公司可以在知识爆炸的时代掌握一切技术,尤其是尖端技术。所以通过战略联盟来分享合作伙伴的技术成果不仅是一种客观的需要,也是一种比较明智的战略选择。

如果说经济的全球化和技术的迅速扩散给企业带来了联盟的压力,而网络化和技术的不断进步则给战略联盟带来了运作上的可能性,通过互联网,地处地球不同区域,包括远隔大洋的两家企业的技术人员可以共同参与设计一个零部件,全球金融服务和贸易结算可以使企业方便地进行资本的融通和信息交换。实际上,互联网可以帮助企业真正地实现组织结构的网络化,这种网络化组织改变了过去那种集权式层级型组织的运作模式,可以便捷地实现企业之间的信息交换、技术扩散和管理协作,并导致企业采购成本、设计成本和管理费用的大幅度降低。换句话说,网络化使企业通过战略联盟分享技术进步和规模经济效益有了现实的可能。

企业之所以选择战略联盟是在市场和组织内部交易比较后所做出的中间性选择。按照交易费用经济学,如果某一市场交易的交易费用为 M,合并以后新增的管理费用为 B,合并以后由于不能实现规模经济而带来的新增成本为 C。那么,当交易费用大于管理费用加新增成本(即 $M>B+C$)的时候,企业将实行外部交易内部化,即合并的战略;而当交易费用小于管理费用加新增成本($M<B+C$)的时候,企业将继续通过市场交易来维持运营。企业对某一项交易依赖程度越高,该交易的交易费用越高,企业合并的倾向性也随之增大,如图 7-10 所示。很显然,当交易费用恰好等于管理费用加新增成本时(即 $M=B+C$)或者企业对交易和合并的利弊难以进行清楚比较的时候,企业将可能采取中间组织的战略。如果这种中间组织的成本既低于合并费用,又低于市场交易费用,采用这种中间组织就是一种明智的选择。

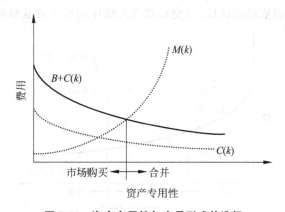

图 7-10 资产专用性与交易形式的选择

两个企业 A 和 B 到底会形成什么样的组织?一方面取决于两者对交易的依赖程度,另一方面取决于两者的力量对比。如果 A 企业对 B 企业的依赖程度很高,而 B 企业对这一交易的依赖程度很低(违约的可能性大),这时对于 A 企业来说意味着维持市场交易的交易费用比与 B 合并的费用大，所以会产生控制交易的意愿。如果：

(1) A 的实力远远超过 B，A 有可能通过合并的方式控制 B，这时如果 B 不愿被 A 控制，A 在理论上也可以自己建立一个与 B 相同的组织，或者从市场上合并一个与 B 类似的组织。

(2) 当 A 的实力远远低于 B 时，只能通过与 B 建立协作关系的方式与 B 维持稳定的交易关系。这种通过合同承包等形式实现的稳定交易关系是组织性较弱、市场性强的一种中间组织。

(3) 当 A 与 B 的实力大致相当时，A 与 B 可以互相提供某些资源作为交换条件，从而建立长期稳定的联盟关系，但由于 B 企业对 A 企业缺少依赖性，所以对 B 企业来说，这种联盟的重要性较差。

以上考虑的是 A 对 B 依赖程度很高，而 B 对 A 的依赖程度很低的情况。如果两者互相依赖程度都很高，或者说，两者违约的可能性都很低，那么：

(1) 如果两企业实力悬殊，或者都很小，则可能发生双方都主动地合并。

(2) 如果两企业的规模都很大，由于合并会引起组织过于庞大或改组的限制，因此两企业都有意愿组成对彼此都有战略意义的联盟，这种中间组织的组织性一般要大于市场性。

图 7-10 进一步说明了在什么情况下企业会通过战略联盟来增强自己的竞争优势，而在什么情况下会选择市场交易和组织内部化。图 7-11 中的控制意愿线是指一个企业由于资产专用性达到一定程度而对交易有依赖，并且认为对交易的控制是利大于弊时，产生控制意愿的临界线。由于企业对交易费用、管理费用和新增生产成本难以准确计算，所以意愿线的位置大概处于 $B+C(k)$ 曲线与 $M(k)$ 曲线交点的左侧附近。合并可能线是指一个企业由于资产专用性达到很高程度，对交易强烈依赖时产生的通过合并对交易进行控制的临界线，其位置大概处于 $B+C(k)$ 曲线与 $M(k)$ 曲线的交点右侧附近。在控制意愿线与合并可能线之间，是企业难以准确地对交易费用、管理费用和新增生产成本做出估计和计算，但又必须互相依赖的区域，是交易双方形成中间组织或战略联盟的区域。

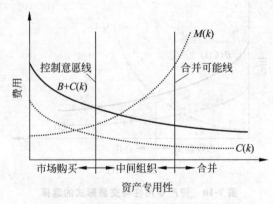

图 7-11 资产专用性与交易形式的关系

综上所述，战略联盟的形成既是外部环境变化的产物，同时也是企业发展到一定程度时自身内部的要求，目的是在不扩大企业组织规模的情况下实现产业和市场范围的扩张。

同时,最大限度地降低环境不确定性所带来的经营风险和市场风险。

战略联盟会在以下几个方面发挥重大作用:

第一,有助于企业实现仅凭自身的力量难以实现的战略目标。众所周知:1990年3月,德国的戴姆勒-奔驰集团开始与日本三菱集团开展战略合作,旨在实现下述六个方面的目标:①共同在苏联境内建立轿车生产厂;②共同在国外购置和生产零配件;③在基础技术领域共同进行研究开发;④在交通系统、半导体等方面进行技术合作与提供零部件;⑤在德国设定生产卡车的合资企业;⑥在日本组装和销售新型商用汽车。显然,无论奔驰集团,还是三菱集团都不可能单独完成上述目标。

第二,有助于企业提升竞争力,在更大范围和更高层次上参与竞争。20世纪70年代欧洲四家飞机制造公司联合组成的空中客车公司可以说是战略联盟的范例。众所周知,在空中客车公司组建之前,民用航空制造业一直由美国公司占据主导地位,欧洲任何一家航空制造企业都无法与其抗衡。空中客车公司组建后,集中了欧洲各自在飞机制造业上的优势,在德国生产机身,在英国生产机翼,在西班牙生产尾翼,最后在法国总装,从而对美国飞机制造业造成了重大挑战,并最终导致了波音与麦道两家公司1996年的合并。IBM、摩托罗拉与苹果公司所形成的战略联盟显然是希望通过它们的合作挑战Intel和微软在全球芯片市场和操作系统市场的霸主地位。

第三,有助于企业的研究和开发,降低研究和开发方面的巨额投资风险。众所周知,在计算机、航空和通信等全球性行业,开发新一代技术和产品需要巨额的费用,仅凭一家公司的力量是做不到的,而且开发完成以后,还将面临技术扩散的压力。所以,企业需要通过战略联盟来承担巨额的研发费用。例如,在航空领域,美国波音公司与实力强大的富士、三菱及川崎重工结成战略联盟,投资40亿美元联合开发波音777喷气客机。

第四,有助于企业开拓新的市场。对于全球性的跨国公司来说,能否获得规模经济和范围经济的效应很大程度上取决于它们在世界市场的份额和能否合理地调整其生产和经营格局。例如,美国通用汽车公司和日本丰田汽车公司的合作使丰田公司提前3~5年在美国建立了汽车生产基地,同时也顺利地冲破了美国对日本汽车进口的限制。

三、战略联盟的类型

由于对战略联盟的概念和理解仍然存在很多分歧,因此,对战备联盟做出准确的分类仍然是一件困难的工作。一般说来,可以根据以下几种标准对战略联盟加以区分。

1. 根据合作伙伴的数量划分

(1) 双伙伴型战略联盟。是指由两家企业组成的联盟,是一种比较简单和普遍的战略联盟类型,旨在就某一领域的特殊问题进行合作,靠合作双方的努力基本上能实现联盟的目标,不需要更多方的参与,形成这种联盟相对比较容易,建立的周期也比较短。

(2) 多伙伴型战略联盟。是指由多家企业围绕同一目标组成的联盟,旨在解决仅凭一家或两家企业难以解决的问题,如研究开发的巨额费用、多学科交叉的复杂技术的开发、开展大规模业务活动所需要的管理技能等。如由东大阿尔派软件股份有限公司发起组建的全国性大型软件企业联盟就已吸收了包括美国Oracle等30余家国内外知名软件企业加盟。

2. 按合作的领域和范围划分

(1) 单一型战略联盟。是由两个或多个企业围绕一项主要活动或功能所组建的联盟,目的是通过联盟企业的合作尽快解决一家公司不能解决或需要较长时间才能解决的某一领域的特殊问题,以求尽快地占领市场和获得规模经济效应,根据活动范围的不同,这种单一型战略联盟又可进一步分为研究开发型联盟、产品联盟、品牌联盟、分销渠道联盟、促销联盟和价格联盟。

(2) 复杂型战略联盟。这种联盟成员之间的合作范围十分广泛,既可能是在合作各方价值链上某几个环节上的合作,也可能是全部环节上的合作。同时,联盟成员之间的关系也比较复杂,既可能是围绕一个主要领域的多目标的多方合作,也可能是联盟成员之间的网络型合作。一般说来,这种联盟希望参与更大范围的竞争。

3. 按联盟成员的地位和作用划分

(1) 协作型联盟(或接受型联盟)。这种联盟的特点是联盟成员之间的实力或市场地位有较大的差别,但较弱的一方又的确能够在某一方面对实力强的成员提供协助,如帮助对方进入本地或本国市场等。协作型联盟由于投入的要素差别较大,从联盟中获得的益处对不同地位的联盟成员也可能不是均衡的,所以需要仔细处理利益的分配。

(2) 互补型战略联盟。这种联盟的特点是联盟成员之间的实力或市场地位比较接近,或者联盟成员各方都有自己的独特技术或资源,从而互相依赖性很强。建立这种联盟的目的是取得优势互补,提高市场竞争力,以期在更大范围和更高层次上参与对抗性竞争。

4. 按联盟的时间长短划分

(1) 短期联盟。这种类型的联盟是指企业为了获得某种短期所急需的资源而与其他企业所建立的联盟。这种资源既可以是某项先进技术,也可能是短缺原材料或零部件,还可能是某种类型的专门知识或人才,一旦通过联盟获得了这种资源,建立联盟的目标也就达到了,联盟也会随之解体。

(2) 长期联盟。这种联盟是联盟成员从长远战略目标出发,为获得某些长期需要的战略性资源而同具有同样需要的企业所结成的战略联盟。一般说来,这种联盟合作的领域比较广泛,而且联盟成员都需要对方的长期合作和支持,因此,这种联盟一旦形成,都具有很强的稳定性。

5. 按联盟成员的行业和类型划分

根据联盟成员所在行业的不同,可以有汽车业联盟、航空业联盟、信息业联盟等,但这里我们要强调的是在网络环境下战略联盟有以下三种典型形态:

(1) 网络企业之间的联盟。网络企业之间的联盟主要发生在门户网站同专业垂直网站之间及综合门户网站之间。综合门户网站可以借助垂直网站的特色吸引更多的、专业范围更广的用户。而专业性网站由于业务范围狭窄,用户群有限,所以仅凭自身的力量很难取得成本效益,因此,与大型门户网站联盟成为其最佳选择。

(2) 传统企业之间以互联网为纽带的战略联盟。很显然,这种联盟就其本质来说并不是一种独立的联盟形式,但互联网的应用和电子商务的发展的确给传统企业之间的联盟提供了极大的便利并带来了新的特点。一般说来,传统企业之间的联盟往往是供应链上的各个企业之间的联盟,在传统经济环境下,由于信息交流的成本很高,所以要在大范围、远距离情况下整合资源有很多困难,而在网络环境下,处在同一供应链的上下游的企业可以突破不同企业之间的组织边界,跨越地域的限制,协同对市场的反应,在供应商管理、库存管理、配送管理和渠道管理等各个环节上实现协同效应。

(3) 网络企业和传统企业的联盟。这种战略联盟是一种互补性联盟。一方面,由于网络企业的创立比较容易,没有传统企业的负担,也不需要大规模的基础设施投资和庞大的人员队伍,而且在人才和技术方面,尤其是网络和电子商务方面具有明显的优势,但这些企业并不能独立地向市场提供有价值的产品,尤其是实体产品和相关服务,所以需要和传统企业联合;另一方面,传统企业虽然在资源、生产技术和品牌等方面具有优势,但却不熟悉网络方面的技术,独自创立网络企业很可能造成不必要的浪费。因此,同网络企业结盟可以实现资源的充分利用。需要注意的是,传统企业同网络企业之间的联盟能否巩固,取决于联盟建立后运作的协调性和决策的一致性。由于两种企业产生的经济环境和时代不同,人员素质和管理模式也有很大差异,所以两类企业联盟后必然会产生不和谐的因素,如果处理不当导致分歧扩大化,很可能导致联盟的解体。

在经济全球化、网络化和竞争日益激烈的条件下,战略联盟的重要性正在日益增加,但如何才能组建并巩固有效的战略联盟是一个非常复杂的问题,不仅需要更多的理论探索,而且也需要从实践中不断总结。限于篇幅,这里不再讨论,有兴趣的读者可以参考有关书籍。

第七节 平台战略

一、平台战略的特点及演变

平台战略是一种独特的企业成长战略,它通过创造让不同用户群互动的环境,使他们满足彼此需求来创造价值。这种战略可以在许多产业中出现,如信用卡(持卡人与商家互动)、医院(患者和医生互动)、黄页(广告商和消费者互动)、电子商务网站(买家和卖家互动)等。平台战略的特点是通过使每个用户群在与其他用户群互动中得到价值来吸引更多的人,最终实现企业自身的成长。

平台战略不是近人新创。在人类历史进程中,它已广泛地应用在商业中。例如,《元史·刑法志三》中记载,"诸在城及乡村有市集之处,课税有常法"。市集这个平台规定了交易规则和互动环境。在古代社会中,商家可以在市集中摆设摊位,销售商品,但必须向官府交纳税费。随着市集规模的扩大,更多的人被吸引而来,这进一步促进了商品种类的增加和商家声誉的提升,而这又会再吸引更多的人参与到市集当中。随着市集的发展,管理部门从中获得了丰厚的税收,各种基础设施建设也相应开展起来,越来越多的人选择定居在市集附近,城市逐渐兴起。事实上,世界上许多大的城市,如伦敦、巴黎都是从市集发展而来。城市本身就是一个容纳多边群体的平台,具备丰富的功能。

进入 21 世纪,互联网的发展为平台战略的实施创造了绝佳的条件。例如,为了使处于不同地域、不同年龄、不同身份的人们可以一起在网上进行互动、交流信息、互通有无,一批以交友为主要功能的平台网站应运而生。再如,互联网上的小说、音乐、影视等体验式产品复制成本几乎为零,许多平台网站借此吸引网民观看和广告商进驻。又如,互联网降低了商品的营销成本,店家可以在网上店铺内通过文字、视频、图片等各种媒体以极低的费用推销自己的产品,不再需要设立专门的实体店,传统产业链大大缩短。淘宝、京东等电子商务网站正是抓住这样的契机,搭建了吸引买卖双方的平台得以迅速崛起。陈威如教授在《平台战略》一书中,从商业模式的角度对平台模式进行了解读。本节以《平台战略》一书为参考,从企业成长战略的角度,介绍这一战略的构成要素和主要实施方法。

二、平台战略中的网络效应

传统的经济理论将消费者在消费产品或服务时所获得的价值视为个人层面的东西,与他人无关;然而在现实生活中,存在一些这样的产品或服务,当使用者越来越多时,每一位用户所得到的消费价值都会呈跳跃式增加,形成网络效应。

实现网络效应是平台战略发挥能量的关键。网络效应,又称网络外部性,或需求方规模经济,是指在经济学或商业中,当且仅当消费者选用某些商品或服务所得的效用,因使用该商品或服务的其他用户人数增加,而产生更大的效用,典型例子如电话、传真机、储备货币、即时通讯软件、SNS社交网络服务等。平台战略的特点,就是借助网络效应给某种产品或服务带来无限增值的可能性。

微信的成功,在于它激发了用户之间的网络效应。2011年,腾讯公司发布微信手机聊天软件,它可以快速发送文字和照片、支持多人语音对讲,这大大提高了人与人之间网上交流的便捷性,一时间人们对这种新的交流方式产生了很大的兴趣。每个微信用户都有一个账号,用户可以对自己的账号进行个性化设置,好友之间可以互发信息。随后,腾讯公司将更多的应用添加到微信软件中,用户之间可以玩游戏、传视频等。仅仅三年的时间,微信用户规模就实现了巨大飞跃,2013年,微信用户数量已超过6亿,到2014年年底,用户达到12亿。随着微信用户规模的扩大,人与人之间的线上互动不断丰富和持续增值,微信逐渐成为了中国人的生活必需品。

网络效应给平台带来的增值是自然产生的,用户在使用平台的产品或服务时并非是为了给他人创造价值,但在使用的过程中,却使整个平台的价值在无形中获得提升。

三、平台战略的基本要素

1. 双边(或多边)群体

分析或设计平台战略首先需要界定双边(或多边)使用群体。许多典型的平台连接了两个不同的群体,例如世纪佳缘网的"男方"与"女方",智联招聘网的"招聘方"和"应聘方",天涯社区中的"作家"和"读者"等。涉及三方不同群体的平台,例如,搜狗搜索引擎提供的信息检索服务,使网民能够迅速接触到无数的"内容网站",以此吸引商家广告的投放。更复杂的平台,其搭建的生态圈甚至包含了更多的群体,例如上海浦东、天津滨海高新技术产业开发区等,都需要企业、技术劳工、医院、学校、商店等各种配套设施及群体的入驻。

无论一个平台连接了多少边群体,双边都是平台的基本分析单位,如图 7-12 所示。企业实施平台战略,首先就要确定第一边和第二边用户群体是谁,这两边群体有怎样的特点和需求。例如,淘宝、京东等电子商务网站的崛起已使人们在互联网上几乎可以购买到任何新产品。但有些人希望买入或卖出二手品时,却找不到有效的渠道。58 同城抓住了这个商机,建立起以二手品买卖为主的电子商务信息平台,让买方和卖方能够相互匹配,实现交易。此外,58 同城还引入了管赔、全程担保等机制,进一步确保二手品交易质量。在二手品交易平台的基础上,58 同城还涵盖了找工作、租房、装修建材等其他生活信息提供服务。正是找到了连接供给和需求的契机,58 同城一跃成为国内领先的生活分类信息平台。

图 7-12 双边模式基本结构

多边模式的平台,是以双边为基本建构单位,连接起两方不同的群体。但也有的平台,需要三边共同构成平台的核心单位。这三个群体以循环的方式彼此吸引,去掉任何一边,平台战略都不能实施。搜索引擎是最典型的三边平台模式,如图 7-13 所示。它以信息整合为价值主张,吸引网民,再以网民吸引广告商,连接了"网站—网民—广告商"三方群体。从某种程度上可以说,网站是搜索引擎整合的内容,搜索引擎以免费的方式帮助网民找到需要的内容,因而受到大规模网民的依赖,进而吸引广告商。

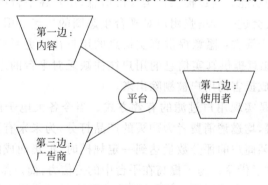

图 7-13 搜索引擎的三边模式基本结构

2. 网络效应

平台网络效应包含两类:同边网络效应和跨边网络效应。同边网络效应是指,某一边市场群体的用户规模增长将会影响同一边群体内的其他使用者所得到的效用;跨边网络效应是指,一边用户的规模增长将影响另外一边群体使用该平台所得到的效用。效用增加则称为"正向网络效应",效用减少则称为"负向网络效应"。平台战略的目的是激发网络效应的"正向循环"。

新浪微博是一个由新浪网推出,提供微型博客服务的网站。用户可以通过网页、WAP 页面、手机客户端、手机短信、彩信发布消息或上传图片。通过将看到的、听到的、想到的事情写成一句话或发一张图片,用户可以随时随地与朋友分享生活点滴;通过关注朋友,用户可以即时看到朋友们发布的信息。2009年11月,新浪微博上线,可通过API用第三方软件或插件发布信息。截至2010年10月底,新浪微博用户数已达5 000万,新浪微博用户平均每天发布超过2 500万条微博内容。越多的人参与到新浪微博中,用户就可以看到越多的朋友分享生活点滴,同一边群体的效用也进而增加,这即是正向的同边网络效应。2014年3月15日,新浪与阿里巴巴展开了账号、产品和广告等8个方面的合作。通过合作,淘宝获得了接触新浪微博注册用户的机会,并可以借此找到获利渠道。通过传递各种可能符合用户需求的商品信息、提高交易的便捷性,淘宝加强了用户对新浪微博的体验与黏性,这即是正向跨边网络效应——不同群体之间产生的吸引力。

3. 过滤机制

平台战略成败的关键是能否激发用户规模扩大带来的网络效应。然而,并不是所有的用户都会促进平台的健康成长。例如,有的用户在电商平台上卖假货,引起消费者的反感,给平台声誉带来损失。可以看出,如果某些用户不符合平台发展的要求,就可能对平台造成破坏。企业在平台上选择怎样的用户事关产品的定位以及平台的声誉,因而需要采用一定的机制对这些用户进行过滤。

用户身份鉴定是进行用户过滤的基本方法。有些平台企业强制要求用户提供真实身份信息,例如,阿里巴巴等电子商务平台、腾讯网络游戏,均需实名注册。新浪微博则需要用户绑定手机后才能正常使用,避免有人发表不负责任的言论。也有些平台企业通过设立奖励机制引导用户提供真实身份信息。例如,用户在人人网上上传真实照片后,会获得积分反馈,使用更多的功能。通过提供真实身份信息,用户在平台中的声誉也会提升,获得更多的关注,而这又会进一步增强用户对平台生态圈的依赖。用户身份鉴定对进入平台中的人们进行了初步筛选:愿意提供真实信息的用户往往更愿意遵守平台规则,长期在平台中互动;而不愿意提供真实信息的用户往往缺乏对平台的忠诚度。通过筛选,那些可能对平台发展造成损害的用户被剔除出来。

用户彼此评分也是实现用户过滤的有效方式。当今各大电子商务平台,如淘宝、京东、凡客、当当、卓越等,均邀请消费者为购买的产品打分,为未来有需要购买相同产品的消费者提供参考。当某商户的评分数量达到一定规模时,汇集而成的总评价便具备了一定公信力,为人们提供了借鉴。为了提高在平台中的公信力,商户需要提供更好的产品和服务。平台企业可依据公众的评价,对那些没有公信力的商户设定限制甚至将他们剔除出平台。

4. 补贴模式

商业模式的核心是盈利模式,而基于平台战略的商业模式,其盈利的方式是对某些群体进行补贴,而对另外一些群体进行收费。通过补贴,平台可以吸引到足够多的用户以激发网络效应;通过收费,平台可以弥补补贴的成本进而实现盈利。因此,在实施平台战略时,企业需要确定平台中谁是被补贴方,谁是付费方。例如,淘宝网等电子商务平台的"卖家"就是付费方。卖家通过支付额外费用,取得多项增值服务,包括付费让自己的商品出现在更显眼的地方,获取更高的曝光率。"买家"则是被补贴方,他们不需要付钱就能登录电子商务平台的庞大数据库,找到自己所需商品。

平台战略的成功,需要企业能够准确地确定哪一边市场群体为"付费方",哪一边市场群体为"被补贴方"。常用的区分被补贴方与付费方的战略参考依据包括:对价格弹性反应较高的一方进行补贴,对价格弹性反应较低的一方进行收费;对成长时给平台带来的边际成本较低的一方进行补贴,对成长时给平台带来的边际成本较高的一方进行收费;对同边网络效应为正的一方进行补贴,对同边网络效应为负的一方进行收费;对具有多地栖息可能性较高的一方进行补贴,对具有多地栖息可能性较低的一方进行收费;对现金流汇集较困难的一方进行补贴,对现金流汇集较容易的一方进行收费。

总之,设定补贴模式,就是为了在一个平台中的不同群体制造不平衡,推动被补贴群体鱼贯而入,进而激发平台的网络效应。

5. 用户归属

许多平台企业在进行机制设计的初期,往往聚焦于其硬性功能,忽略客户的心理特征。如果平台能够建立起一套运行机制,使用户产生对平台的归属感,往往会带来惊人的效果。例如,苹果公司每推出一款新产品,都会在全球掀起宗教式的狂热。除了拥有设计高度美观的硬件外,苹果的最大成功就在于,它能够形成品牌与使用者身份之间的连接意识,让用户产生深深的共鸣,认为该品牌是自己人格特质的投射。为了达到这一效果,苹果用户可以在 APP store、iTunes 等软件平台挑选自己喜欢的软件来安装,将手中的产品个性化,这种通过行为参与和自我决策所建立的归属感,是根深蒂固的。一旦平台培育出用户归属感,便具备了相当的能量。首先,用户黏性随着用户归属感的形成会大幅提升,企业不需付出额外的成本或设定强制机制就可以锁定用户。其次,这些具有高平台归属感的用户,往往会成为平台的代言人,吸引更多的用户加入到平台中来。

小米公司成立于 2010 年 4 月,创始人为雷军。在短短的四年时间里,小米公司迅速崛起。从一开始,小米公司就坚持用做互联网的思维来做硬件。他们设计了多种平台和工具,从多种渠道来收集和分析用户的反馈和喜好。例如,他们在论坛和微博上想办法,一方面,选择熟悉的论坛进行操作,来沉淀老用户;与此同时,当时微博刚刚兴起,小米开始研究微博的玩法,逐渐找到了一条以互联网方式做品牌的路径。传统行业的品牌路径是,先提高知名度,再做美誉度,最后维护忠诚度;而小米的路径是一开始只专注忠诚度,通过口碑传播不断强化这一过程,到了足够量级后,才投入做知名度。为了邀请用户参与硬件测试,小米专门推出"工程机",这是小米在正式推出新版小米手机前向极少部分"发烧"客户出售的测试版手机,拿到工程机的客户必须按照小米的要求进行测试并写出报告。小米论坛专门开辟出一个版块收集米粉对测试机提出的建议,同时还设有专门的 bug 库。所有问题汇总后,工程师会在下一批量生产前实现改进。拿到工程测试机的米粉可以选择个人收藏,也可以最后选择换一台新的量产机。一般的智能手机都强调产品的设计唯美、功能至上,而小米公司则更加倡导"让用户参与、让用户爽",这是用户参与的开放创新的一个重要体现。小米公司形成了极具特色的小米公司粉丝文化,可谓将用户参与发挥到了极致。众多的小米粉丝群成为小米手机客户的代言人,他们不断地为产品的创新和改进提供意见。尊重用户、赋予用户权限、增强用户的话语权是小米获得用户归属感的关键。

6. "边"的开放性

当平台企业与某群体的关系是通过"中立的机制选择"被纳入生态圈时,该群体即成为了平台一开放的"边"。如果某个群体能否加入平台完全由企业自行决定,即使该群体与平台企业有商业往来,也不能成为平台生态圈的一个"边"。

例如,苹果公司 iphone 手机的硬件制造商在产业链中扮演重要角色,它们的生产质量会直接决定 iphone 在消费者心中的地位。然而,这些硬件制造商不能成为 iphone 生态圈的一"边"。这是因为苹果公司并未将这些硬件制造商打造为开放的群体,他们不能参与到苹果产品的设计中来。苹果的每一款产品的设计都是完全由自己把关,并且由自己决定将产品交由哪些制造商负责生产。而谷歌公司的安卓系统,硬件部分则完全开放给手机制造商如三星、HTC、摩托罗拉等。这些手机制造商可以参与到安卓系统的开发中,成为安卓平台生态圈中的一边群体。

平台对某一群体的开放性不只有完全开放和完全封闭两种选择,这其中有多种可能性。例如,毫无阻碍的全面开放策略、准则宽松的高度开放策略,或是过滤机制极度严谨的低度开放策略。这些不同的开放策略会给企业的盈利模式带来影响。

以苹果 iOS 系统和谷歌安卓系统对此进行说明。苹果的 iOS 生态圈连接了三边群体:手机用户、软件开发商、广告商。iOS 的硬件具有统一规格,苹果公司自己把关制造程序,这方面苹果没有对外开放。对于"软件开发商"这一边,苹果公司则保持非常谨慎的审核,以确保软件质量。"广告商"虽然是苹果的第三边,却不是其主要的赢利来源。在这种模式下,苹果的盈利来源于收费软件的利润分成与手机终端本身的销售额。谷歌的安卓生态圈则连接了四边群体:手机用户、手机制造商、软件开发商与广告商。由于安卓系统高度开放,几乎所有"手机制造商"都能在其手机安装安卓系统。"软件开发商"则在安卓平台上提供大量应用吸引"用户"。在这种模式下,安卓的大部分收入则来源于"广告商",这是谷歌生态圈盈利的命脉。可以看出,"边"的开放性会影响到平台战略的盈利模式。

7. 核心盈利模式

平台战略的赢利方式千变万化,但其核心是从"付费方"获得收入,对另一边群体进行补贴,使其茁壮成长,进而吸引更多的付费方进入。也就是说,平台战略的根基是多边群体的互补需求所激发出来的网络效应。因此,平台战略若要有效赢利,必须找到双方需求引力之间的"核心环节",设置获利关卡。例如,世纪佳缘是一家以择偶平台为主要定位的社交网站。用户可以免费注册,登录平台后马上可以浏览众多异性的数据。与许多西方收费交友网站不同的是,浏览某位异性的信息不需要付费,用户可以免费根据自己的选择条件找到心仪的对象。但一旦用户想发起即时聊天,或与对方打招呼,或打开来自陌生异性的电子信,都需要付费才能实现。世纪佳缘赢利模式的核心就是控制会员之间的沟通渠道。

在实际商业活动中,平台企业可能会做出战略性调整,更正"补贴模式",原来的"被补贴方"可能会成为"付费方"。例如,互联网招聘平台前程无忧网原本向其"付费方"——企业群体——进行收费,之后由于战略变动,开始向原来的"被补贴方"——求职者——提供付费增值服务。可以看出,平台的赢利方式是持续衍生、转化的。

平台企业的另一个特点是,它并非仅是直线性、单向价值链中的一个环节,而是价值的整合者、多边群体的连接者,更是平台生态圈的主导者。因而,平台企业可以通过挖掘多方数据来拟定多层级的价值主张,进而实现盈利。例如,美国著名的 Groupon 团购平台拥有一支强大的线下团队,对每个城市、每个地区的消费者习性进行信息搜集,连续几个月加以追踪,并持续分析买方客户的行为与爱好演变。Groupon 的话语权,在于它能给所有商家客户提供精确的消费者行为数据,协助其制订营销方案。此外,Groupon 还培养了一支优秀的"创意团队",为商家撰写营销文案,刊登在每日产品的页面上。对于商家来说,Groupon 不仅是一个销售渠道,更是一个提升客户体验的营销媒体。因而,许多商家愿意以极低的利润将产品投入 Groupon 平台进行销售。Groupon 的商业成功正是来源于"数据"及"创意团队"打造出的核心价值。

四、平台生态圈的成长

1. 跨越临界用户规模门槛

平台企业连接起多边市场后,补贴模式是促使平台圈成长的核心战略。而对于某些企业,在平台创建初期,如图 7-14 所示中的 X 点,市场占有率很小,面临的最大挑战是如何引发网络效应并确保其持久性。企业必须突破缺乏网络效应的真空地带——图 7-14 的 X 点与 Y 点之间——才能挖掘出用户之间关系的增值潜能。一旦人们相信该平台生态圈将持续发展、壮大,"从众效应"就会发生,引爆网络效应,如图 7-14 所示中的 Y 点与 Z 点之间。

这些平台企业获得网络效应的一个前提是,生态圈里的用户必须达到存活的最低临界数量——图 7-14 所示中的 Y 点。在平台模式中,临界数量意为平台吸引用户的规模达到一个特定的门槛,让平台生态圈能自行运转与维持。若平台能够推进使用者的加入,使其规模达到引爆点,那么生态圈带来的加值效应将会自动吸引新的使用者进驻平台,促使生态圈有机地发展壮大。平台企业需要采取一定的手段,明确传达平台生态圈的发展前景,在用户心中树立良好的预期。在正面的预期下,这些期望发生自我应验的可能性就会增大,推动人们迅速进驻。

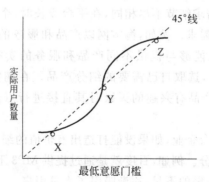

图 7-14 平台生态圈用户的加入意愿与实际用户数量的 S 曲线

总的来看,平台初创时期的网络效应非常微弱,企业在这段时期的发展策略需要侧重在给潜在用户提供其他的"非网络效应的价值",平台企业才有可能引诱早期使用者进入。

常见做法是，企业可以为初次进入平台的消费者打些折扣，为其提供赠品甚至奖金，或者主动协助不熟悉平台服务的消费者完成他们的初次体验。这些举措可以提供明确的非网络效应诱因，引导人们深入了解平台生态圈将提供怎样的产品和服务。

例如，携程网在创建初期，对酒店、机票的供应商仅收极低的平台使用费，为它们提供销售渠道。由于这两种服务都具有很强的期限性，过期后所有成本都转变为沉没成本，因而它们的供应商很希望在携程的帮助下减少空位子和空房间。携程以低廉的使用费为诱因，成功吸引到第一批客户。随着携程网上航空公司、酒店数量的增加，消费者也更多地使用携程订票、订房，进而带动更多的商户进驻，达到正向循环。

2. 提升平台质量

平台质量的提升既依赖于用户群质量的提高，也依赖于平台企业不断满足用户的需求细节。

并非所有的平台都以提升用户规模为第一目标。对于某些平台，用户群的质量比规模更加重要，盲目追求用户规模的扩大反而会对平台的发展产生不利影响。例如，爱思想网是一个定位为终身学习平台的公益性纯学术网站，在网站上发表观点的学者均在人文社科领域具有一定的高度，通过专家学者的文章补贴在网上浏览的潜在读者。它所针对的用户群是学术水平较高的专业人士，过滤掉了不从事专业研究工作的一般作者，不希望参差不齐的文章降低了学者前来发表文章的兴趣。通过用户过滤机制，平台企业可以维持生态圈的品牌和信誉，从中获益。

引入"知名用户"是平台企业提升用户群质量的重要方式。"知名用户"是指已在大众脑中有一定声望的用户或是使用频率高的用户，既可以是个人，也可以是企业组织。连接双边市场的平台生态圈若能网罗到具有高度相关性的知名用户，其引发的网络效应能量将迅速而强大。对于淘宝、美团等电子商务交易平台，商家群体的知名用户可能是像联想、麦当劳、阿迪达斯等国际连锁品牌；对于新浪微博、开心网等社交平台，知名用户可能是青少年偶像或演艺明星。这些知名用户的加入能够让整个生态圈的价值获得提升，使平台企业的品牌被肯定、质量得到认可，大幅提升平台的同边或跨边网络效应。

除了提高用户群质量，开发细分市场也是平台提升质量的有效策略。在同一个平台上，用户对产品和服务的需求细节不尽相同，在平台成长时，企业需要设立相应的个性化机制来满足这些差异化的需求。例如，淘宝网以产品和服务的类型进行市场细分，让需要不同产品和服务的卖家能够与提供不同产品和服务的卖家进行连接。这样的划分能让买家在海量的商品中，选取自己需要的细分产品。在淘宝的主页上，有孕婴童、中老年的链接，吸引对此类产品有兴趣的买家对其直接进行点击，同时，这也是有效的营销方法。

对于一个成长中的平台企业，如果没能打造出有价值的细分市场，就有可能被新的竞争者占领细分市场的一部分。例如，百度就是通过提供 MP3 下载服务这一独特的细分市场，弥补了当时其他搜索引擎的不足，逐渐吸引了大量用户。

值得一提的是，细分市场要取得成功，需要以一定的用户规模为基础。在平台的用户规模达到某个水平之前，过早的种类划分可能会起到反效果。一个完善的商业生态圈，其质量和规模应是相辅相成的。

3. 平台企业的话语权操控与定价策略

平台中的协商、交涉关系包括两类：

(1) 各边群体彼此之间的交涉关系；

(2) 各边群体与平台企业的交涉关系。

平台企业具备的话语权多寡决定其在协商、交涉过程中的影响力。

各边群体彼此之间的交涉关系存在于各边群体之间，未涉及平台本身。例如，淘宝网上，平台仅提供了一个交涉场所，负责建立起完善而中立的沟通机制、交易机制，接下来则由各群体自由互动。

各边群体与平台企业的交涉关系则反映了平台企业与其所服务的各边群体进行的博弈。身为生态圈建立者的平台企业需要与栖息在生态圈的各边群体进行协商，甚至谈判利润分成准则、促销责任归属等。例如，携程旅行网每时每刻都与平台各边的连锁酒店、机票公司进行交涉；团购平台则需与商家进行分成方面的谈判。

平台话语权的提升取决于其能否使一方群体吸引到一定规模的另一方群体；能否为特定用户提供好的赢利机会，以鼓励用户参与。一旦平台对一边群体的话语权加强，与另一边群体的交涉将更容易。

平台中的市场群体也会对平台企业产生影响。随着某边市场群体规模的扩大，它们会与平台企业进行交涉，要求对其所栖息的生态圈进行"改造"和"升级"。同时，某边群体规模的扩大不仅提升了自身与平台交涉的话语权，也提升了平台企业本身的话语权，因为平台企业此时拥有了更大的规模筹码与另一边群体进行交涉。平台企业的策略是循序渐进地推动各边群体相互刺激，提升彼此的话语权。平台战略的本质，就是平台企业通过巧妙掌控双边市场的互动，在扩大双方势力的同时也提升平台自身的价值。

平台企业的定价策略是其操控各边群体话语权的重要工具。通常，平台企业的产品和服务具有三个特点：

(1) 平台企业的产品不是可以精确计算成本的硬件产品，而多为无形的服务；

(2) 平台企业的服务不是直接为用户提供解决方案，而是建起生态圈连接多方群体，让他们来满足彼此的要求；

(3) 平台企业服务的边际成本很低，沉没成本很高。由于平台企业的产品和服务有自身的特点，因而其产品的定价也与传统产业存在差异。

在定价时，以下三点是企业需要考虑的重点：

(1) 每一边群体的定价策略都会对其他群体产生影响；

(2) 平台生态圈的发展阶段；

(3) 产业竞争格局。

第一，平台企业对一边群体的定价会影响到各边群体的消费及互动。由于不同边群体的价格敏感度不同，对某一边群体定价时，平台要考虑他们的支付意愿。例如，企业可根据不同客户的需求，推出一系列不同价格的产品，实施分级定价。然后，平台企业要将一定比例的分级定价盈余让利给其他群体，以使平台连接的各方群体不断受到鼓励，促进彼此的发展。

第二，在平台商业圈的不同发展阶段，企业的定价策略不同。平台企业的成长过程分为两个阶段：用户规模达到引爆点之前的阶段及用户规模达到引爆点之后的阶段。在平台企业初创期，补贴策略最重要。此时定价策略的主要目标扩大用户规模，有时甚至需要采取免费策略。当用户规模跨越临界数量后，平台的定价策略则需有所转变。此时，创造多种利润来源实现分级定价是这一阶段的核心。

第三，产业内的竞争格局也会影响平台企业的定价策略。若产业内的竞争对手以更低的价格甚至是免费提供相同的产品或服务时，平台企业若维持正常定价就会面临客户流失的风险。此外，若平台中的一方群体可以选择"多地栖息"，不仅会影响平台企业对它的定价策略，也会影响其对"另一边"群体的定价策略。例如，只有当"被补贴方"的多地栖息成为行业内的常态时，竞争对手对"付费方"展开的价格战才会更具威胁。

4. 平台营销

平台搭建起来后，企业需要对平台的产品和服务进行营销，包括用户吸引与锁定。

平台企业首先需要采取有效的策略将消费者吸引到平台中来。根据市场营销学对消费者行为进行的研究，平台企业吸引用户的策略可分为四个步骤进行：察觉、关注、尝试、行动。

用户吸引策略的第一步是使消费者察觉到平台企业产品或服务的价值。为了达到这一目标，平台企业可以选择在知名度较高的网络媒体上做广告，提高平台的曝光度知名度；也可以选择在目标受众时常出入的场所安装硬件设备，吸引消费者的注意力。

用户吸引策略的第二步是进一步激起消费者对平台产品或服务的关注和兴趣。例如，微信在软件中添加"分享"和"收藏"工具，使用户可以将喜欢的内容添加在自己的"朋友圈"和"收藏"中。这种网络分享和收藏工具将各类信息平台与有分享和收藏需求的用户连接起来。

用户吸引策略的第三步是通过提供产品或服务的试用版本，促进消费者对产品或服务的接受。例如，软件开发商免费提供功能较为简化的版本吸引用户；投资信息平台免费向用户提供旧的报告数据；网络期刊平台将论文的摘要免费提供给用户阅读。

用户吸引策略的第四步是通过提高"支付方式的便捷性与可靠度"推动消费者完成付费。安全可靠、方便迅速的支付模式能够降低消费者的疑虑，支持他们平稳顺利地完成消费体验。在电子商务刚刚兴起的年代，网络交易充满了诈骗风险，网络商户们正是借助了支付宝提供的第三方托管担保模式解决了交易双方所担忧的诚信问题而获得巨大成功。

在将用户成功吸引到平台后，接下来，平台营销的目标是锁定用户。平台企业需要采取一定的策略提高用户黏性，将他们锁定在平台上。

提高用户黏性的一种策略是增加用户的转换成本。所谓转换成本，是指当用户离开平台时所需承担的损失。转换成本以多种形式出现，包括用户使用平台所投入的时间、精力，进入新平台所需的投入，转换平台带来的商机损失。这些成本能够提高用户对平台的黏性，对用户离开平台起阻碍作用。

增强用户黏性的另一种策略是增强用户对平台的归属感和信心。归属感表现为用户在平台中所获得的身份，这一身份赋予用户权利与选择，使他们能够对平台环境施加影响，形成对平台的依赖。例如，许多网络游戏就是使用这种方式，通过在游戏中设置各种虚拟等级、财富,赋予玩家在游戏生态圈以归属感。信心表现为平台在用户心中建立了便捷有效的心理预期,用户相信应用平台的服务能够迅速帮助他们实现目标。这类平台通常不依赖转换成本作为留住用户的壁垒。信心使用户在不考虑转换成本时,仍然愿意使用该平台的服务。例如,生活分类信息门户网站赶集网提供"内容发表方"和"需求方"这样一个彼此互动的平台。在这个平台中,用户会基于特定需求而到来,希望迅速得到有效的解决方案;需求满足后即离开。用户对平台能够提供便捷有效服务的信任是这类平台锁定用户的关键。

在经济全球化、网络化和竞争日益激烈的条件下,平台战略的重要性正在日益增加,如何搭建并巩固有效的平台是一个非常复杂的问题,不仅需要更多的理论探索,而且也需要从实践中不断总结。限于篇幅,这里不再讨论,有兴趣的读者可以参考有关书籍。

实例 7-1

娃哈哈多元化迷局:饮料帝国的"土豪式"商业法则?

娃哈哈曾是一个奇迹,如今却可能成为一个"奇葩"。

这个通过"卖水"而建造起来的商业帝国,如今却被"旁逸斜出"的多元业务刻画得面目斑驳:试水商业地产的首个项目娃欧商场遭遇解约风波,曾经野心勃勃进军的奶粉业务也身陷"强制摊派过期奶粉"的传闻;创办十多年之久的童装品牌至今不瘟不火,而新品富氧水也被质疑概念炒作。

这些接踵而至的"坏消息"甚至让一贯淡然的娃哈哈创始人宗庆后也开始按捺不住发飙了,在外界对其"廉颇老矣"的疑虑中,宗庆后是否还会坚持其无战略理论、随机而动的多元化的"宗式打法"?而曾经一手缔造娃哈哈帝国的"开明的独裁者"宗庆后又能否再续商业传奇?

多元化苦果

"娃哈哈零售业失败是纯粹的胡扯!"面对此起彼伏的外界猜测和质疑,70岁的宗庆后终于发飙了。

日前,娃哈哈在杭州钱江新城的首个商业地产项目——杭州娃欧商场面临解约。尽管对于"违约"之说双方还各执一词,但不可否认的是娃哈哈向商业地产的进发的确出师不利,对此,娃哈哈也表示,"娃欧商场确实是娃哈哈商业项目的第一步,这一步走得比较坎坷,确实也反映了最初对进入商业领域困难估计不足、人才储备欠缺等问题。"

而娃哈哈估计不足的似乎不止这一件事情。

遥想2002年娃哈哈多元化经营元年,进军童装市场时,宗庆后扬言:"娃哈哈童装三个月内组建2 000家加盟连锁店,年销售额突破十亿元。"十年后,娃哈哈童装年公开销售额只有两亿元,且多年徘徊不前。

四年前,爱迪生奶粉最初进入中国市场的时候,宗庆后为其确定的目标是,要在创立两年时间内达到十万吨的销量、100亿~200亿元的销售额。如今,将近五年的时间过去,这款最初被寄予厚望的原装进口奶粉离目标还有很长的距离。

2012年宗庆后同样高调宣称:娃哈哈要投资运营国际精品商场、儿童专用商场及集吃喝玩乐为一体的城市商业综合体。此豪言壮志的热度尚未褪尽，商业项目失败的论调即甚嚣尘上，逼到宗庆后发飙。

2013年，在整个白酒行业陷入深度调整期之际，娃哈哈宣布先期拟投资150亿元进入正处寒冬期的白酒业。抱着"白酒就是有'酒精的饮料'"理念的宗庆后还夸下海口：娃哈哈白酒板块将在三到五年内上市。但是仅半年时间，其先锋产品领酱国酒即传出靠内部摊派冲量的风波。

尽管宗庆后或许不甘心承认各项扩张的"失败"，但每项事业的发展都与其最初的预想相去甚远却是不争的事实。一手缔造了娃哈哈帝国的宗庆后一直把多元化作为"再续辉煌"的一步棋。

2011年，宗庆后在全国两会期间曾对《中国经营报》记者谈及其多元化战略的思考。他认为，企业做大一定要多元化发展，因为东方不亮西方亮，但企业多元化要看有没有需要，有没有能力，还有就是有没有机会。从娃哈哈的角度讲，饮料行业已经做大做强了，是一个龙头企业，很难实现千亿规模的目标，所以有多元化的需求，加上有资金、人才，关键就要看机会了。

在宗庆后看来，饮料行业经过多年发展，集中度已非常高，排名前五的企业已占据了60%的市场份额，企业想再获得高速的发展已经不易，所以多元化是最佳路径。

随后的2012年，娃哈哈销售收入出现下滑，其多元化步伐陡然加速，紧急"拉开"。但是多位业内人士均表示，从当前情况来看，娃哈哈的多元化并未能为其主业分忧，反而可能成为拖累。

曾担任宗庆后四年贴身营销秘书、现任浙江传媒学院管理学副教授的罗建幸就指出，最近三年来，娃哈哈纯净水、茶饮料、果汁饮料的市场份额持续下滑，特别是曾经笑傲水业江湖的纯净水竟被农夫山泉、康师傅陆续赶超，屈居行业老三之位；而其主力新品啤儿茶爽、启力、格瓦斯都是雷声大雨点小，热闹了几个月后逐渐沉寂。"这里边有偶然更有必然，如果没有多元化经营分散了宗庆后及管理层的时间和精力，近年娃哈哈的饮料主业肯定会做得更好。"

随机扩张得与失

"除了钱，什么都没有。"宗庆后曾如此总结其与达能近十年的合作。许多营销专家也以此来总结娃哈哈多元化扩张的逻辑，正是因为有资本后盾，宗庆后在进军每一个新领域时，都会提出宏大的目标，一副"财大气粗"的阵势。

但是"不差钱"的娃哈哈却始终没有收获多元化的果实。

"多元化并非简单的砸钱，而且隔行如隔山，若寄希望凭借饮料行业的强势渠道去打通其他多元化方向的道路，娃哈哈只会从一个错误走向另一个错误。"有业内人士就此指出。

每一次多元化，娃哈哈强大的经销商团队都是宗庆后自认为可以取胜的"法宝"。然而事实证明，当其奶粉、童装、白酒等产品装入后，立即呈现出消化不良。

"娃哈哈饮料联销体无法嫁接到其他产品领域，所以其貌似强大的渠道，却造成其在多元化发展中没有渠道优势；不同产品在运营和顾客消费模式方面也大不相同，做饮料起家的娃哈哈并没有运营优势。"罗建幸认为。

对多元化扩张的难度估计不足的娃哈哈难免会"马失前蹄",中投顾问公司咨询顾问崔瑜就分析指出:"娃哈哈在多元化发展过程中,失败案例居多。其进行多元化发展战略的思路并没有错,多元化发展能够增加企业的盈利点,并增强抗风险能力。但是娃哈哈的扩张过急、过散,白酒、零售等行业娃哈哈没有经营经验可言,优势不显著,其贸然入局,失败在意料之中。"

其实宗庆后自己也明白,"企业盲目多元化,只能必死无疑。"所以,在他看来,娃哈哈的方向是,"一方面上下游拓展,另一方面向高新技术方面拓展。"

事实上,娃哈哈并非没有其他的选择。在罗建幸看来,娃哈哈可以通过并购、投资向上游发展,或是进行同行业并购,这样可以产生协同效应,而且其本身固有的优势也可以发挥作用。"但是这些较其他多元化发展的项目,收益偏低,正是宗庆后看不上的。"

因此在现实操作中,娃哈哈的多元化更多的是一种向"钱"看齐的打法,而非战略导向,罗建幸向记者透露,宗庆后自己曾表示,他从来没有做过战略,因为他认为三到五年的战略没有任何意义,"他都是走一步看一步,哪个方面有钱赚就向哪个方面发展,他认为商人应该以赚钱为荣耀,找各种各样的机会,有机会就行。所以他的定义是:企业无战略。"

这种"宗式逻辑"似乎能从娃欧商场的"善后"处理中看出一些端倪,有消息称,娃哈哈计划将娃欧商场转型为教育中心。但是这个脱困之举并未引来外界赞同,RET睿意德商业服务部董事杜斌认为,宗庆后或许是看到了教育市场近来的火热,但是教育业态对租金承受能力不高,这个行业本身的上升空间也有限,一家购物中心全部做教育也不太现实。

上海博纳睿成营销管理咨询公司董事长史贤龙在接受媒体采访时就表示,"其实,娃哈哈并没有多元化的发展战略,宗庆后的多元化基本上都是异想天开,而宗庆后本人就是一个机会主义者。"

"任何项目的成败都由操盘人决定,宗庆后是饮料业经营大师,却未必是其他产品的经营大师。说白了娃哈哈除了有钱,其他什么优势都没有!"罗建幸直言,"而如今早就过了有钱就能成功的时代。"

一个人的帝国

"宗庆后的生活很俭朴,个人花钱很少,住宿、穿衣都十分朴素,但是他内心有一个非常大的梦想,就是做一个大公司,有着很强烈的实现自我价值的目标。"谈及宗庆后其人,曾任娃哈哈集团策划总监的营销专家肖竹青如是说。

宗庆后曾在接受媒体采访时直言:"我的目标是进入世界500强""现在只是500大,而非500强"。

或许正是因为有这样的一个愿景,70岁的宗庆后依然奋战在一线,每天工作十多个小时;并不惜自毁创业神话,在多元化探索的道路上屡败屡战,义无反顾。

对于宗庆后近几年多元化项目的不理想,肖竹青向记者表示,"这才能表现他是真实的宗庆后,如果一个人事事成功,那就太假了。"

确实,成也萧何败也萧何。罗建幸就指出宗庆后这种一贯亲力亲为的性格导致娃哈哈缺乏人才优势。"娃哈哈公司没有战略部,没有副总经理等岗位的设置,所有的公司决定都是由宗庆后一个人拍板,他也不相信咨询公司,仅仅靠对其言听计从的部长和经理。

没有人敢提建议,也没人敢顶撞宗庆后,连他的女儿宗馥莉也不行。"

财经评论人王海涛认为,娃哈哈的困局,宗庆后有最大的责任,这个责任在一定程度上是他自身的局限所在——他过去的成功,他过去性格中、管理中的成功因素,现在可能成为了羁绊。宗庆后是一个强人,所以,当年能够凭借一个产品创建一个庞大的帝国。但也因为他太强了,公司里的其他人显得很弱。他像一棵参天大树,在他的旁边生长的都是草。一个过于强势的老板,难以培养出独当一面的下属。

"但现实是残酷的,时代总是在变,市场总是难以捉摸,守住江山,是一件比打江山更艰难的事情。"王海涛表示。

尤其是单纯一个人的"单打独斗"来守住江山更是难上加难。"宗庆后俨然是极度自信的帝王,"罗建幸说,"做白酒、做商业地产,手下的销售经理包括宗馥莉,都是反对的,可是一点办法也没有。"

其实,宗庆后也从不避讳所谓的专制思维,"你去看看中国现在能成功的大企业,都有一个强势的领导,都是大权独揽的,而且专制的。我认为在中国现阶段要搞好企业,你必须专制。一个卓越的领导者,必须是一个'开明的独裁者'。"他曾说,"公司有人在做(市场调研),但最终决策还是靠我的直觉,调研机构不一定对。"

即便对其"钦定"的接班人,宗庆后也无法放心地彻底交付,其曾公开表示,宗馥莉受外国文化熏陶,其实既不了解中国企业的现状,也不清楚国外的情况。并表示女儿要接班,还要再磨炼磨炼。而罗建幸则透露,其实宗馥莉在娃哈哈并没有太大的话语权,很难插手核心资产的运营。

对于上述质疑,记者向娃哈哈集团品牌总监任威风求证,至发稿前并未得到回复。

"他(宗庆后)的成功已经持续了 20 多年,这已经够奇迹的了。但试想,一个只依靠一个老人的企业,危机有多大?"罗建幸表示,"简单来说,娃哈哈就是中国土豪老板一路成长的缩影,如果不转型,就只能走下坡路了。"

资料来源:中国经营报,作者:李冰;日期:2014 年 7 月 21 日。

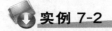

宝洁多品牌战略失灵　急速"瘦身"

"马不停蹄"的品牌剥离

据宝洁方面透露,此次调整主要是出于节省运营成本的考虑。这些即将剥离或退出的小品牌,年销售额基本都在 1 亿美元以下,而在过去的三年时间里,这些品牌的销售一直下滑,退出这些盈利能力较弱的品牌,将使得宝洁能够集中精力聚焦于盈利能力更强的核心业务。

"总部尚未公布如何集中发展全球核心品牌的最终计划,至于哪些会是最终的 70～80 个品牌,我现在还无法告诉你,但我可以说的是每一个都将是战略品牌,是有增长潜力的品牌。"宝洁中国公关总监梁云告诉《中国经营报》记者,目前还无法对此轮品牌剥离可能给中国市场带来的影响作出评估。

虽然宝洁方面未能透露此轮调整可能涉及的具体品牌,但根据伯恩斯坦分析师 Ali

Dibadj 的预测,宝洁旗下的洗衣品牌 Fab 和 Trojan、剃须品牌 Perma Sharp、头发护理品牌 Fek kai 将最有可能成为此次的"牺牲品"。相比之下,Tide(汰渍)、Pampers(帮宝适)、Crest(佳洁士)、Gillette(吉列)等约 80 个品牌将会保留。

依据就在于,在过去的三年时间里,上述核心品牌为宝洁贡献了 90% 的收入和 95% 的盈利,当中有 23 个品牌是年销售在 10 亿~100 亿美元的大型品牌,有 14 个品牌年销售在 5 亿~10 亿美元之间,其余品牌年销售额也介于 1 亿~5 亿美元之间。

对于宝洁而言,对旗下盈利能力欠佳的品牌进行剥离并非毫无征兆。早在 2014 年的四五月份,宝洁已经成功出售了旗下两项品牌资产:以现金 29 亿美元的价格将三个宠物食品品牌 IAMS、EUKANUBA 和 NATURA 出售给美国第五大私人公司 Mars Inc,同时将旗下一个医护网络品牌 MDVIP 出售给 Summit Partners。

而在更早的 2012 年,宝洁还先后出售了旗下福爵咖啡、吉夫花生酱、科瑞超酥油等食品品牌;也包括将旗下的品客薯片以 27 亿美元现金出售给家乐氏。

雷富礼坦言,这一轮品牌精简同样是宝洁 2012 年公布的"100 亿美元精简重组计划"中的一部分。按照当时宝洁的计划,宝洁会在五年时间里完成包括出售、停产、裁员等一系列的重组。

"我只是希望自己在位时为本来已经发布的计划提速,遭遇了 30 年以来最惨烈的经济衰退后,宝洁必须考虑现金流问题,我们希望在合适的时候寻求新的开始,同时消费者市场和竞争战略选择也是精简计划加速的部分原因。"雷富礼表示,预计此轮品牌剥离导致的裁员规模会控制在一万人之内。

在撤离"日程"上,根据宝洁首席财务官 Jon Moeller 透露的信息,该计划会在未来 12 个月至 24 个月内完成,但具体到单个品牌的剥离则没有详细的时间表。

雷富礼式"疗法"

在宣布裁撤上述盈利能力欠佳的品牌之前,雷富礼在企业管制、人事安排方面已经进行了一系列的调整。

从 2014 年 7 月 1 日起,宝洁的消费者与市场信息部、负责公关事务的交流中心、设计部以及品牌管理部四大部门将"合一",组建成为全新的"品牌管理"部门,原营销总监则转型为品牌总监。分析人士认为,这是宝洁为接下来的品牌裁撤铺路,明确各部门的职责,解决全球性部门与区域部门部分职责重合的弊端。

熟悉宝洁历史的人均清楚,这是雷富礼最为拿手的"疗法"。早在其 2000 年至 2009 年的第一个 CEO 任期中,雷富礼就是采取了类似的手段挽救了宝洁。彼时其前任——激进而冒失的贾格尔给他留下了一个恣意膨胀的烂摊子:核心品牌产品销售不断下滑,新品牌战略彻底失败,两个财年里每股收益率只有 3.5%,股价下跌 52%,公司市值缩水 85 亿美元。

为了快速整治摇摇欲坠的宝洁,雷富礼上台之后,一举更换了 30 名集团高管中的一半,并削减了近一万个工作岗位,以此来提高整个集团的运营效率。雷富礼的策略立竿见影,在其任期的头三年,宝洁公司股价上涨了 58%,重新从竞争对手手中夺回了全球第一日化巨头的宝座。

如今,重新出山的雷富礼必须为尾大不掉的宝洁做一次更大的"手术":削减人力远远不够,还需要削减那些占用宝洁大量资源却对营收贡献甚少的小品牌。"小将是更好的",雷富礼在8月1日的财报电话会议中表态称:"我们将会创造一个更高速增长、更有盈利能力的公司,它将更加简化以便经营。"

如果该计划能够完成,以当前宝洁拥有的近200个品牌估算,此轮被剥离的品牌约占到品牌总数的一半,这无疑会是宝洁品牌历史上前所未有的"大清理",而这一不寻常的举动也与宝洁以往的扩张逻辑截然相反。不少快消行业人士认为,宝洁的此番动作说明日化行业大规模抢占市场的时代已经结束,多品牌战略或将由此走向终结。

在知名跨国企业当中,宝洁一直以多品牌战略著称。回顾宝洁的发展历史可以发现,早在半个世纪以前,宝洁就开启了多品牌和多元化的战略之路:从早期的象牙肥皂到汰渍洗衣粉,从"专业去屑"品牌海飞丝到"防龋牙膏"佳洁士,然后到消费日用纸、婴儿纸尿片……正是通过一系列成功的品牌并购,宝洁才得以成为全球最大的跨国公司之一。

"可以说,品牌收购一直伴随着宝洁的成长过程,凭借着多品牌战略和合理的品牌定位,宝洁才能够占领不同的细分市场,最终奠定其全球日化巨头的根基。"一名熟悉宝洁的日化行业人士对记者表示。

然而,随着近年来日化行业的市场竞争日趋激烈,宝洁的多品牌战略遇到了前所未有的挑战:过长的产品线消耗了宝洁大量的精力;不断上升的人力成本,高投入低产出的"鸡肋"品牌的淤积,一步步吞噬着宝洁有限的盈利。

以宝洁的美容和个人护理部门为例,2000年至2007年,宝洁投入了大量的精力,以至于7年时间里该部门所属的品牌由7个增加至20多个,尽管在此期间该部门的盈利增长也超过了3倍,但是这些盈利几乎都是由Pan tene(潘婷)、Head&Shoulders(海飞丝)、Olay(玉兰油)和SK-II等核心品牌贡献,许多新品牌仍处于微利甚至亏损状态。

而新品牌的推出耗费了宝洁大量的营销资源,却并未取得合理的回报。以其2013年年初在化妆品专营店渠道推出护肤品"海肌源"为例,在该产品上市之初,宝洁进行了大量的营销推广,但上市还不到一年时间,该产品就因销售不畅在屈臣氏遭遇末位淘汰。

"我们认为多品牌战略并不能驱动业绩的增长,更不能驱动价值的创新。"在经过大量的数据分析后,雷富礼得出结论:必须专注于为宝洁带来90%盈利的那些核心品牌,才能在激烈的竞争下保证宝洁的现金流并持续盈利。

矫枉过正的隐忧

雷富礼的策略是不是有效,或许不久就会反映在财报里。股东们期望看到像宝洁辉煌时代一样好看的报表。但是宝洁可持续发展的策略是什么?雷富礼仅仅凭借给宝洁瘦身恐怕难以实现。

在宝洁看来,在将小品牌剥离之后,依靠剩下的核心品牌,公司经营将会变得更加灵活,至少能够在短期内抑制营收下滑的趋势。但事实上,在不少日化行业人士看来,砍掉目前盈利能力欠佳的新品牌,同时也意味着宝洁有可能失去未来市场的潜在机会。

"宝洁当前进行'瘦身活动'虽然符合'扶持强势品牌,枪毙弱势品牌'营销法则,但考虑到产品的更新换代,宝洁应该从长远考虑,扶植一些有增长潜力的小品牌,以推动产品的持续创新。"智研堂合伙人、品牌专家吴春芳认为,宝洁目前"全盘剥离"的做法过于"保守"。

资料显示,宝洁拟剥离的大部分小品牌虽然在过去三年时间里年销售额基本都在1亿美元以下,但大多数品牌并未陷入到亏损境地。如果全盘放弃,对于宝洁而言无疑放弃了培育潜在核心品牌的机会——未必小品牌在若干年后就不会成为盈利"新秀"。

事实上,随着宝洁盈利能力的下滑,近年来宝洁的策略在市场上开始引发不同的声音,其中备受指责的一条就是其创新乏力。以中国市场为例,有资料显示,最近五年来,宝洁在中国市场上先后推出的新品只有6种,即使在其最为擅长的洗涤剂领域,宝洁在中国市场的培育足足落后蓝月亮这样的企业有4年的时间。

"由于决策机制的问题,有时候大公司本身就不擅长培育创新的种子,宝洁或许在某些方面有创新能力,但是在品牌开发上给人的感觉总是不踏实。"日化行业知名观察人士刘李军认为,如果宝洁放弃培育新的具有潜力的品牌,那么宝洁也可以考虑收购市场上相对成熟的品牌以保证其品牌更新换代的需求。

但对于目前急于瘦身减负的宝洁而言,"品牌缺失"的可能性则似乎被有意无意地忽略了,不过一旦核心品牌市场退化,营收难以为继,宝洁难道又要重蹈多品牌战略的覆辙?这或许不是雷富礼愿意看到的事实。

资料来源:中国经营报,作者:王小明;日期:2014年8月11日。

实例 7-3

互联网巨头相继杀入影视行业上市公司

在腾讯入股华谊兄弟、阿里巴巴入股文化中国后,华策影视近日抛出的20亿元定增方案中,浮现了百度的身影。

"一方面,国内影视剧的回暖让互联网巨头看到了投资机会;另一方面,在一剧两星政策出台后,影视类上市公司业绩也面临一定冲击。"北京一位传媒行业分析师对《中国经营报》记者表示,随着国内影视剧受众年轻化,互联网平台成为影视剧宣传和播放的重要渠道,在此情况下,与互联网巨头合作无疑是影视类上市公司拓展渠道的重要方式。

三巨头加码影视

10月9日,华策影视发布的《非公开发行A股股票预案》显示,公司拟向北京鼎鹿中原科技有限公司(以下简称"鼎鹿中原")、泰康资产管理有限责任公司、上海朱雀珠玉赤投资中心(有限合伙)、建投华文传媒投资有限责任公司、北京瓦力文化传播有限公司(以下简称"北京瓦力")五家公司发行股份,募集资金20亿元,扣除发行费用后用于补充影视业务及相关业务营运资金。

值得注意的是,公司此次定增背后浮现了百度、小米的身影。

资料显示,鼎鹿中原成立于2006年,注册资本2 000万元,其主要经营与互联网相关的多项业务。公司法定代表人为王湛,其同时也是百度公司副总裁。在股东方面,刘计平持有公司80%股权,张雅珠持有公司20%的股权。其中,公司大股东刘计平2000年即加入百度公司,目前为百度常务副总裁。北京瓦力则成立于2014年5月8日,注册资金300万元,法人代表雷军,即小米公司董事长。

"市场上确实有百度、小米入股华策的说法,但这一说法并不准确。此次入股华策的两家公司都是独立运营的公司实体,并不是百度、小米直接入股。"华策影视总经理赵依芳对媒体表示,但华策影视一直以来都和百度、小米保持着战略合作关系,与两家互联网公司的合作也反映了互联网行业力量对公司影视业务的支持,华策影视将拥有更优质的互联网行业资源。

上述分析师则对记者表示,虽然百度没有直接参与此次华策影视定向增发,而且百度也不直接持有鼎鹿中原的股份,但从鼎鹿中原法人代表、大股东与百度之间的关系来看,可以理解为百度曲线入股华策影视,这是公司布局影视行业的又一举措。

8月27日,华策影视与百度旗下北京爱奇艺科技有限公司(以下简称"爱奇艺")签署了《关于共同设立并经营合资制作公司之股东协议》,双方拟共同出资成立一家主要从事互联网影视剧和综艺节目制作业务的合资公司(以下简称"合资公司"),并进行战略合作。

资料显示,合资公司为华策爱奇艺影视(天津)有限公司(以工商行政管理部门核定名为准),注册资本总额为3 600万元人民币,合资公司以互联网影视剧和综艺节目制作业务为核心,主营业务主要包括:制作互联网平台播出的网络剧;制作台网联通模式的综艺节目;制作、投资、运营互联网项目;双方同意的其他业务。

实际上,除了百度以外,阿里巴巴、腾讯都已经在影视行业有所布局。

3月份,阿里巴巴宣布斥资62亿港元,入股文化中国经扩大后的60%股权。文化中国主要在中国从事媒体相关业务,包括策划、制作、出版、投资、发行电视剧及电影。随后,在8月份,文化中国更名为阿里影业。公司行政总裁兼执行董事张强表示,加入阿里影业后,将继续强化公司在影视内容创新、投资、制作及发行等方面的优势。

而腾讯布局影视行业的时间则更早。2011年5月6日,腾讯通过大宗交易增持华谊兄弟股份为2 780万股,持股比例为4.6%。

随后,在2011年12月,腾讯与华谊兄弟签署《战略合作框架协议》,双方就"华谊兄弟专区"频道的建设和运营、信息网络传播权的授权播映、影视剧的投资拍摄、大剧精细化运营与整合营销、宣传及推广方面进行合作。

2014年1季度,腾讯持有公司5 560万股,持股比例为4.6%,为第三大股东。

而在8月27日,华谊兄弟与腾讯召开联合发布会,双方共同打造的O2O娱乐社交平台"星影联盟"正式运营。

"华谊兄弟、华策影视都是影视业巨头,有丰富的内容,但缺少渠道;而互联网公司在累计了数额巨大的用户后,急需优质的内容来支撑,双方进行合作是自然而行。"一位影视行业分析人士对记者表示。

与百度有望进一步合作

在与百度旗下爱奇艺合作及百度曲线参与定增后,市场人士推测,华策影视后续将会与百度开展更广泛的合作。

上述影视行业人士对记者表示,从腾讯入股华谊兄弟后,两者之间就影视制作、宣传、O2O娱乐社交平台等方面开展广泛合作,按照此种思路,预计华策影视与百度也将会在娱乐平台、游戏、影视方面开展进一步合作,特别是百度爱奇艺目前位居网络视频第1梯队,拥有流量和新媒体内容变现优势,与华策影视合作有助于快速弥补其精品内容制作短板,同时也将拓展华策影视影视剧宣传和播放渠道。

"我们也非常希望跟百度、小米建立全方位的业务战略合作,与互联网业务各板块形成协同发展。"华策影视董秘常务副总经理金骞对记者表示,如果合作,内容肯定是深入且紧密的,是能给双方带来化学反应、产生巨大机遇的合作,也可能会涉及诸多业务板块,包括内容的开发、大数据的应用、粉丝经济;等等。

上述传媒行业分析师表示,选择与百度进行合作有一个行业性的问题是,传统电视播放渠道的影视剧生产天花板已现,特别是在一剧两星政策出台后,加速了这种趋势,随着影视剧受众的年轻化,很多受众都选择在互联网上观看影视剧,这也是影视公司联手互联网巨头的重要原因之一,这点从华策影视的募投项目就能显现。

华策影视定增方案显示,本次募集资金中,4.5亿元用于打造20部以上网络定制剧,5亿元用于名家名导的系列电影及国际巨制,3.5亿元推出8档大型综艺节目,上述三项投入都属于内容制作业务升级;4.5亿元用于创作资源、艺人资源等方面的培植与整合。

"在目前古装剧限播、题材调整、'一剧两星'、互联网电视规范化管理等政策的影响下,行业门槛和难度提高,公司作为综合经营的行业领先者,优势反而更加明显,也是内容制作业务进行又一轮扩张和抢占市场的好时机。"华策影视在谈及此次募投项目时表示,同时,互联网巨头、视频网站已经纷纷向影视内容端渗透,公司也将以本次融资为契机加大互联网影视内容的投入和制作,对公司内容制作业务进行全面升级。

上述传媒行业人士进一步指出,虽然华策影视上市后的业绩都处于增长阶段,但行业方面的限制及公司主要收入来源电视剧也让公司感觉到压力,因此与百度合作是公司向互联网转向的重要举措。

数据显示,今年上半年,华策影视实现归属于上市公司普通股股东的净利润为2.03亿元,同比增长55.6%。其中,电视剧销售收入为7.11亿元,占总收入的比例为92.45%。公司公布的《2014年前三季度业绩预告》显示,公司前三季度实现归属上市公司股东的净利润同比增长35%~65%。

对于公司未来发展规划,金骞对记者表示,未来公司的重点发展方向,首先,还是稳固电视剧市场份额,保持华策克顿影视集团在电视剧市场龙头地位;其次,本次再融资的金额大部分将投向增量部分,包括电影、网络剧、综艺节目、新媒体等,希望形成综合性大内容平台;再次,华策影视的战略目标是打造综合性娱乐传媒集团,要成为综合性的平台就需要产业链的延伸,所以公司进行了互联网全媒体的布局。

资料来源:中国经营报,作者:张建峰;日期:2014年10月20日。

复 习 题

1. 什么是企业密集性成长?企业密集性成长有哪些手段,它们有什么区别?如何具体实施这些手段?
2. 什么是一体化成长?企业一体化成长的优势和风险有哪些?
3. 企业实现一体化成长的方式有哪些?

4. 简述企业集团的内涵以及企业集团产生和发展的背景。
5. 组建企业集团的方式有哪些？请举例说明。
6. 简述多角化战略的内涵，并举例说明多角化战略的类型。
7. 企业采用多角化战略的原因是什么？
8. 企业如何选取多角化战略的业务？
9. 什么是战略联盟？战略联盟有哪些主要特征？
10. 企业战略联盟都有哪些类型？请举例说明。
11. 简述业务外包的含义以及企业采取业务外包的驱动因素。
12. 为什么说业务外包也算是企业的成长战略？
13. 对比分析企业业务外包的优势和风险。

国际市场进入战略及其选择

第一节 国际化经营的必要性

自从第二次世界大战,尤其是20世纪70年代以后,企业的外部经营环境发生了巨大变化,最显著的标志之一就是世界经济日益国际化,主要包括:

第一,自20世纪70年代早期,世界国民生产总值(GNP)中的国际贸易额(IT)一直比GNP本身以更快的速度增长,它产生了两个结果,一是很多国家不同行业的商品进口量显著增加,对本国的产品形成了巨大的替代威胁;二是企业更多地关注海外市场以寻求增加销售的机会。例如,我国的进出口总额已由1978年的206.4亿美元增加到2014年的4.3万亿美元。

第二,自20世纪80年代初期,直接投资(DFI)比国际贸易(IT)以更快的速度增长。以美国为例,其海外私人投资在1970—1988年由100亿美元增加到800亿美元,与此同时,其他国家在美国的私人投资以更快的速度增长,从不足10亿美元增加到1 650亿美元。目前世界上很少哪个国家不能买到美国的软饮料和德国的啤酒。

再以我国为例。20世纪90年代以来,随着我国经济的高速稳定发展和对外投资环境的不断改善,世界上许多跨国公司开始跻身于对华大规模投资的行列,我国已成为跨国公司子公司分布最多的国家,达45 000多家。目前世界500家最大的跨国公司中,已有480多家来中国投资。跨国公司对我国的大规模投资使我国利用外资状况产生了两个显著变化:一是在我国的外国直接投资项目平均规模呈递增趋势,由1990年以前平均规模不足100万美元上升到2013年的516万美元;二是在我国的外国直接投资的产业和地区分布发生了重大变化,即由单纯的劳动密集型行业向资本密集性行业,如电子、通信设备、机械及化工行业转移;由单一的东南沿海经济特区向北延伸。与此同时,我国每年实际利用的外资占全社会固定资产投资额的比重、产品出口及出口商品构成也发生了相应的变化。

第三,自20世纪70年代以后,跨国股权投资比国际资本流动以更快的速度增长。股权投资的显著增长意味着跨国公司对东道国市场控制的加强,也意味着各种关税和非关税壁垒对本国市场保护能力的减弱及本国企业与外国企业合作机会的增多和深化。以我国为例,从1979—1983年,我国利用外资的协议个数仅为2 452个,而到2013年,我国境内的外商直接投资项目已达22 773个,所涉及的行业包括了除个别国家控制的行业以外的所有行业。

第四,跨国收购和兼并以更快的速度增长,其中尤以20世纪90年代最为明显,而且涉及的金额和范围越来越大。1990年,全球企业并购所涉及的金额超过4 640亿美元;1998年这个数字猛增到了5 000亿美元,2013年为2.81万亿美元。在汽车业,1996年

4月,美国福特公司投入4.81亿美元,全部买下日本马自达公司新增发的股票,从此取得了对马自达的经营权。1998年,戴姆勒-奔驰公司和克莱斯勒公司宣布斥资360亿美元实行合并;在金融业,德意志银行与美国信孚银行、芬兰商业银行同瑞典北方银行、荷兰商业银行同比利时布鲁塞尔银行实现并购或联盟;在装备制造业,2012年,三一重工联合中信基金以3.6亿欧元收购德国工程机械巨头普茨迈斯特100%股权跨国收购和兼并的快速增长意味着全球产业格局和市场格局的重新调整,同时也意味着全球竞争的加剧,需要企业作出及时和恰当的反应。

第五,多国公司的快速增多及其作用的增强。根据联合国贸易与发展会议多国公司与投资公司的统计,目前世界上约有多国公司63 000多家,拥有海外分支机构690 000多家,在世界经济中的地位和作用在不断上升。以世界500强企业(多数是多国公司)为例,2000年它们的营业总额达到14.07万亿美元,占全球GDP总额的46.36%,一些大型多国公司如埃克森-美孚、沃尔玛、通用汽车的销售收入超过超级大国俄罗斯的GDP,中东强国以色列的GDP和亚洲新兴发展中国家马来西亚的GDP只相当于或略高于这些公司的一半(表8-1)。埃克森-美孚、花旗银行、通用电气等公司的利润接近于一些较大国家中央政府的财政收入,如表8-2所示。另据不完全统计,多国公司内部交易或多国公司与其战略合作伙伴间的国际贸易约占世界贸易的50%;美国学者E.曼斯菲尔德的研究还表明,多国公司还控制着75%的技术转让和80%的技术开发。以上数据和分析说明,多国公司正在全球范围内实现渗透,调整其生产布局和运营管理体系,主导国际经贸活动和研究开发的方向,迫使更多的企业考虑如何参与国际分工,以便在全球经济体系中找到自己的合适位置,从而提高自己的国际竞争力并融入世界经济一体化的潮流中。

表8-1 代表性国家和优强企业的经济规模与劳动效率比较

国家、企业	俄罗斯	马来西亚	以色列	埃克森-美孚	沃尔玛	通用汽车
国家GDP、企业销售额(亿美元)	1 846.27	787.35	1 008.40	2 103.92	1 932.95	1 846.32

表8-2 代表性国家中央财政收入与优强企业利润规模比较(单位:亿美元)

国家财政收入			企业利润		
中国	印尼	泰国	埃克森-美孚	花旗银行	通用电气
9 688 (2013年)	1 590 (2013年)	649 (2013年)	449.8 (2013年)	137 (2013年)	165 (2013年)

毫无疑问,世界经济的全球化和国际化不仅影响多国公司的经营活动,而且也与地方市场上的企业有关,使这些企业在有更多发展机会的同时面临着丧失本国和本地市场的巨大威胁。因此,增强企业在国际市场上的竞争力,不仅是开展国际业务的前提,同时也是保护本国市场的客观要求。

过去有很长一段时期,商人活动的前沿是本国的市场。一些企业,尤其是一些已建立起较好本国市场的企业,认为自己已在市场周围建筑了一个由忠实顾客构成的"长城",国外竞争者难以逾越。这种认识的形成有多种原因:第一,各国政府采取不同程度的贸易保护主义和关税及非关税壁垒构成了外国竞争者进入本国市场的现实障碍;第二,由于这些企业在它们的本土上经营,所以认为自己比外国商人更了解市场的需求,因而有能力抵御国外竞争者的介入;第三,即使看到威胁可能发生,但仍不能正视国外竞争者在制定市场战略和对市场深入了解的优势的现实。毫不奇怪,这种看法已对一些企业造成重大危害。例如,由于没有认识到其不仅是在美国市场,而且是在全球市场上参与竞争,美国电视制造商已难以抵御日本企业的质量和价格竞争;相反,通过对国际市场战略的成功应用,美国香水公司设法减少了法国香水对美国的出口,而增加了在法国的市场份额。同样,在大量多国公司以其先进技术和雄厚的资金实力纷纷涌入中国市场,我国市场进一步对外开放的情况下,上述看法对我国企业是非常不利的。

如果说经济全球化和国际化(如自由贸易区的兴起所导致的国界消失、全球性消费者和生产者的出现、全球性标准以及全球金融市场的形成等)是迫使企业从事国际化经营的外部压力,而国际化所带来的效益增加和利润上升则成为它们走出国门和跨国经营的直接诱因,如图8-1所示。

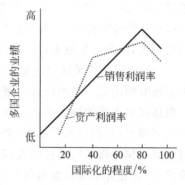

图 8-1 跨国企业的业绩与国际化的程度

综上所述,在经济日益国际化的背景下,企业管理人员面临着两项关键任务:①保护本国的市场;②进军海外市场。而无论完成哪一项任务,都必须加强企业在国际市场上的竞争力。为此,很多企业正在重新确定它们的市场战略和拓宽经营领域。显然,一个企业将来在全球市场上竞争是成功还是失败,取决于其认识国际市场环境和确定市场进入战略的能力。因此,必须创造性地选择国际市场进入战略和介入水平。

第二节 国际市场进入战略

根据公司的发展目标、资源条件和对国际市场的了解程度,公司可以选择不同层次和介入水平的国际市场进入战略,其中包括出口、特许经营、契约式生产、契约式经营、合资和公司拥有等。

一、出口

作为最早的国际化经营模式,出口贸易在不同国家和地区已经有了相当长的历史,这是因为与其他国际化经营模式相比,出口具有操作方便、决策相对简单、运营过程类似性高和风险易于判断等特点,尽管随着经济的全球化和国际化分工的加深,国际化经营模式越来越多,但由于出口的上述特点和贸易壁垒的逐步降低乃至消失,出口仍然是一种非常重要的国际市场进入战略。

出口作为一种重要国际化战略的产生和经久不衰的原因是它既为生产者,也为消费者创造了价值,生产商因国外市场对出口产品的需求而可以提高产品的价格和生产数量;消费者因进口产品的增多可以买到各种各样价格更低的产品。此外,由于绝对优势和比较优势的存在,无论是出口国还是进口国都可以从国际贸易中受惠,所以各国政府也都制定各种各样的政策鼓励企业从事进出口业务,以便尽可能地利用本国的优势并促进本国经济的发展和多样化。国际贸易所产生的一个消极结果是有可能降低某些国家的经济稳定性,导致某些企业的解体和重组。

研究发现:由于比较优势的存在,所以出口贸易会引起下述结果:

(1) 贸易能改善出口产品中密集使用的生产要素的相对收益,换句话说,出口产品中使用哪种生产要素越多,哪种要素供给者的收益越大。

(2) 若劳动力和资本无法在部门间流通,则出口行业的生产要素所获得的收益要高于进口行业,这是多数行业的企业愿意增加出口而不愿意接受进口的原因。

(3) 一个国家和地区,尤其是发展中国家和地区,出口产品消费者的收益要低于进口产品消费者,因为一般说来,出口产品相对于进口产品价格将会上升。

(4) 一个国家或地区总是愿意出口生产要素便宜且丰富的密集性产品。例如,劳动力相对便宜的国家一般出口劳动密集型产品而进口资本密集性产品。

根据出口市场的特点和企业自身的资源情况,企业可以在两种出口模式中作出选择,一种是直接出口,在这种模式下,企业参与在国外市场销售产品等必要活动,可以决定是否打开其在国外市场的销售网及控制市场营销组合决策;另一种模式是间接出口,在这种模式中,企业并不直接参与国外市场上的营销活动,间接出口主要通过中间商来进行,因而企业在各方面并没有更多的选择。

无论采用哪种出口模式,也无论具体出口哪种产品,企业管理人员都必须清醒地认识到出口贸易要远比在国内市场做生意来得复杂和困难。这是因为:第一,由于出口市场地理和文化的不同,他们对产品和服务可能有与本国市场不同的需求;第二,国际市场分销渠道比国内市场分销渠道更复杂,涉及更多的中间环节,因此,使各种风险增加;第三,由于信息获得更加困难,信息交流也会因文化或其他原因而容易受到阻滞,所以国际市场分销渠道比国内分销渠道成本更高;第四,由于出口贸易一般要花费更多的时间和有较长的周期,所以发生各种意外和风险的机会大大增加。总之,做出口业务要比国内业务付出更多的努力。

二、特许经营

所谓特许经营是由特许经营者向转让者付一定的转让费而获得专利、商标、产品配方或其他任何有价值方法的使用权。转让者不控制战略与生产决策,也不参与特许经营者的利润分配。由于在多数情况下特许经营者不仅负责产品的生产,而且负责与市场销售有关的任务,因而企业在决定国外市场介入程度上并没有太多的灵活性。

尽管特许经营在一定程度上限制了企业在决策上的参与和控制程度,而且要承担领先优势随业务增多和授权范围扩大而逐渐丧失的风险,以及在特许经营者不能保证产品所要求的标准和质量水平时可能会损害企业在国际上的声誉,但由于它不需要企业承担开发一个国外市场所需的开发费用和遭遇的风险,当所进入的外国市场发生各种意想不到的问题,甚至政局动荡时也不致承担过大的资金风险或颗粒无收,所以成为一种重要的国际市场进入战略。尤其是在企业对国外市场缺乏足够的了解,希望用最小的代价来获得额外利润；或者企业在希望采取更高层次战略介入国外市场前而要作一些尝试；或者企业所要介入的国外市场规模过小，不宜进行更大的投资；或者东道国政府限制进口，也不宜采取其他进入模式的情况下，特许经营不失为一种明智的战略选择。

三、契约式生产

所谓契约式生产(contract manufacturing)是指企业允许东道国的合作厂商按特定的要求组织生产，但市场方面的任务仍由企业负责，它的优点是东道国的合作伙伴可以以较低的投资风险进入国外市场，而企业则可以利用对方制造成本低廉和掌握市场销售的优势来降低成本和增加利润。所谓三来一补或OEM等都属于这种契约式生产模式。目前契约式生产正在成为进入国际市场的一种重要模式，其主要特点是在减少管理摩擦的情况下利用了双方的优势。

四、契约式经营

在这种模式下，企业向提供资金的东道国合作伙伴派出管理专家和提供专有技术，而东道国的合作企业则提供一定的费用作为补偿。与其他进入模式相比，契约式经营是一种更灵活的方式，由于派出的管理专家起着合作公司顾问的作用，可以参与企业的日常管理，因而可以要求获得某些信息或专门报告，这对了解市场情况和随后的商业介入非常有用。

五、合资

在这种模式下，合资双方分享所有权、风险和对企业的控制权。在特殊情况下，合资一方也可以通过协议完全控制市场活动。与上述几种进入模式相比，合资是一种更高水平上的进入模式。

企业之所以到国外市场开展合资经营有各种各样的动机，如通过合资生产达到规模经济，利用合资双方各自的技术优势进行研究和开发、获取行业的关键技术或核心技能，将现有产品打入国外市场获取更多的利润，以及利用合资的力量实现业务的扩张等。一般说来，在以下几种情况下，企业应该考虑合资的可能性：

第一，如果国外的生产成本比在本国生产的低，通过把生产设施转移到国外可以实现范围经济。

第二，所要进入的国家和地区与企业所在地距离遥远，高额运输费用成为产品出口的巨大障碍，尤其是对消费数量大的大宗商品，采用合资生产的方式不仅使企业能实现大规模生产的经济性，同时也减少了运输费用。

第三，所要进入的国外市场存在显著的关税壁垒或其他非关税限制措施，通过合资可以绕过这些障碍，而且可以进一步获取当地的市场知识。

第四，国外市场有较大的增长空间，而且存在较好的经济机会，通过合资可以比其他进入模式获得更多的投资回报。

合资企业能否成功的关键在于合资双方能否处理好母公司和合资企业的关系，如合资企业的战略自由度是否合适，每个母公司的管理角色是否合适，以及更重要的是能否保证合资双方在合作过程中实现"双赢"等。尽管成功地管理一个合资企业并非易事，要涉及更多的管理问题和文化冲突等,但随着国际化程度的提高,合资正在成为一种相比前几种进入模式更重要和更广泛使用的战略。

六、公司拥有(独资)

与前面提及的几种进入战略相比,在这种模式下,企业可以更严密地控制战略和生产决策,以实现其在东道国市场上获得更大经济利益和发展潜力的目标。无论是从投资水平还是面临的风险上,公司拥有都是最大的。一般说来,企业会按照先易后难的步骤对国际市场实现进入和渗透,因此,选择公司拥有往往是在比较了解国外市场以后,甚至是通过其他几种模式尝试以后才做出的选择。以我国为例,1990 年外商独资企业占全部外商直接投资的比重仅为 19.6%,但到 2013 年,这一比例已达到 76%。

为了选择合适的国际市场进入战略,企业首先应该合理评价企业内部条件,并明确以下问题:企业将承担多大的风险?设计的回收期是多长?在作有关生产和销售决策时,企业希望进行何种程度的控制?公司的短期、长期目标是什么?在对内部条件作适当评价以后,企业就可以进一步评价国外市场的条件。

第三节 影响国际市场经济机会和政治风险的因素

在第二节我们简要介绍了几种常用也是最重要的国际市场进入战略,这一节我们来分析影响国外市场优势和劣势的主要因素,包括经济、政治、社会文化、教育、法律和宗教等,其中经济和政治条件具有特别重要的作用,由它们决定的经济机会和政治风险及相互作用可以用来判断不同目标市场进入战略的适应性。

一、经济机会

所谓经济机会是指在国外市场上出现了进行某种商业活动要求的条件或公司能够通过自身的努力创造这些条件;或者存在着适当的有效需求并且满足公司的主要目标,因而经济机会的多少是由有利于企业生产和销售的因素之多寡决定的。事实上,影响产品生产和销售的因素及其重要性随着行业的性质而变化,因此,评价国际市场经济机会的首要步骤就是确定它的主要影响因素,包括基础设施、竞争对手、财政金融环境和人口等。

1. 基础设施

基础设施包括以下一些项目,如不同交通手段的数量和它们的相对条件;通信手段、能源和功能的适用性以及科学技术发展的水平。根据生产和销售活动时它们的不同要求,可以把某一国家或地区的基础设施分为发达、发展中和欠发达三种类型。

所谓发达的基础设施是指构成基础设施的要素能够适当和可靠地满足公司生产和销售活动的需要;当已经有公共或私人投资来改善现有市场的相关条件时,我们认为基础设施正在发展中;而当基础设施并不存在,同时也没有人投资来改善现有条件时,则基础设施属于欠发达型。

发达和欠发达的基础设施分别预示着高经济机会和低经济机会,而发展中的基础设施对经济机会的影响取决于它将来发展的潜力。对构成基础设施的相关因素的分析有利于确定其对市场潜力的影响,而对它们的忽略往往招致公司的失败,尤其是对采用投资模式的公司。

2. 财政金融环境

在考察财政金融环境时,企业需要注意以下几点:第一,国民生产总值可以表示某一国家或地区的总体经济水平,在很多情况下或对于特殊的行业及产品可以反映经济机会的高低。第二,人均收入可以反映人们的购买力水平,一般说来,人均收入越高,消费者可自由支配的收入越多,因而对奢侈品和服务有更大的需求;但对一个国家和地区的人均收入进行比较时,必须注意一些国家和地区的"地下经济"现象,有些国家"地下经济"的产值可能相当于被报道的国民生产总值的20%～30%;还有就是当用同一种货币表示时,同样的商品在不同的国家可能有不同的价格,因此评价人均购买力时最好采用购买力评价指数(PPP)。第三,汇率尤其是实际汇率通过对产品出口、进口、利润回收和交易成本的影响而影响市场潜力,因而需要仔细研究它的变化,以决定产品在特定市场上的竞争力;第四,高通货膨胀率意味着消费者实际购买力的下降和可自由花费金额的减少,为了确定经济机会,应该评价通货膨胀率对产品需求的影响。

实际上,一个国家和地区的经济环境,尤其是其经济发展水平及由此决定的基础设施状况和人均收入水平不仅影响经济机会的高低,而且在一定程度上决定了跨国公司进入的方式和水平。

众所周知,发达国家是吸收外国直接投资的主要东道国。到1980年,发展中国家对外投资存量只有61.7亿美元,占世界对外直接投资总额的1%。到1998年,尽管发展中国家的对外直接投资有了长足的发展,达到3 909亿美元,但也只占世界对外直接投资总额的8%。从发展中国家和地区内部看,吸引外国直接投资最多的地区是经济发展速度最快的亚太地区。1998年,亚洲的对外直接投资总量为3 167亿美元,占整个发展中国家对外直接投资总量的81%。实际上,从改革开放以来我国经济发展速度与跨国公司直接投资关系的比较分析中,同样可以看到经济发展水平对经济机会和投资方式的重要影响。自1992年以来外国对华直接投资持续快速增长,1992年首次突破100亿美元大关,此后连续几年我国吸引外国直接投资居世界第二位,仅次于美国,占发展中国家利用外国直接投资总额的30%～40%。而在20世纪90年代以前,由于我国经济发展水平还不高,尤其是在通信、运输和能源等基础设施方面的落后,导致跨国公司对我国市场持谨慎观望的态度,主要是在中国各大城市设立代表处,从事对华贸易。2014年,中国外商直接投资达到1 280亿美元,成为全球最大的外商直接投资目的地。

3. 竞争

公司在国际市场上面临的竞争可以分为两类:弱竞争和强竞争,显然,这两类竞争状态影响国际市场上经济机会的高低。如果某一国外市场的竞争强度很弱或可以忽略,那么在该市场上往往出现高经济机会,而在有强烈的贸易保护主义倾向或国际竞争的工业领域则表现为低经济机会。然而,在某些情况下,即使出现强烈的竞争,公司仍可以利用出现的某些特殊的经济机会进行有效的竞争。在对国际市场上的竞争状态分析时,公司应明确以下几个问题:谁是主要竞争者,它们采用了哪种进入模式,其市场占有率如何,竞争者的产品或服务现在或过去卖给哪类消费者,竞争者的最大优势是什么,有无可以利用的弱点,对这些问题的回答有助于公司在国际市场上发现经济机会。

4. 人口

在某一地区内人口的数量代表了市场的容量,但仅有人口并不反映市场的强度和潜力,后者是由有效需求决定的,具有低收入的大量人口可能只产生较少的经济机会,而具有高收入的少数人口都可能形成高利润的市场。当然,人口数量对经济机会高低的影响还取决于产品和服务的性质和价格,对一些廉价的日用消费品,尤其是某些生活必需品,人口数量往往起着决定性作用,而对一些价格昂贵的耐用消费品,市场潜力可能对人均收入更为敏感,但是,这并不足以说明在人均收入较低的国家和地区没有高档品的市场,在这种情况下,对收入分布的考察有助于获得某些特别产品市场潜力的信息。

5. 其他有关因素

由于它们对人们消费行为的重要影响,所以,文化、语言、价值观念、宗教、法律和其他因素在决定经济机会时起着重要的作用。例如,在沙特阿拉伯和其他一些伊斯兰国家,公司不应该生产和销售酒类和猪肉产品,因为在这些信奉伊斯兰教的国家禁止穆斯林喝酒和吃猪肉。类似地,在美国等国家,大多数西方人难以想象狗肉产品会是朝鲜族人的美味佳肴。同样,还有其他一些文化和社会因素通过对个人态度和选择偏好的影响而阻碍某些产品和服务的销售。

确定国际市场上的经济机会是一项复杂的工作。由于各种产品或服务要求的生产和销售条件不同,因而同一国家或地区在对一种产品表现出较多经济机会的同时,却可能对另一种产品表现出较少的经济机会。因此,应针对每种产品来评价国际市场的经济机会,至关重要的是在尽可能宽的范围内寻找新的经济机会,仅仅局限于评价某一国家市场的环境无疑会减少发现最好经济机会的可能性。

二、政治风险

在国际市场上从事生产和销售的公司通常同时在几个国家和地区开展自己的业务活动,这些国家的政治现实是公司不能回避和控制的因素。当东道国政府或某些社会团体采取某些不利于公司生产和投资的行动时,政治风险也就随之产生了。

与经济机会不同,政治风险并不是伴随某一国家、某一产品或某一公司的特有现象。事实上,它不仅出现在欠发达国家和发展中国家,而且同样出现在一些发达的工业化国家和地区。无论一个国家的政治和经济制度如何,都可能使跨国公司面临一定的政治风险。对于一个试图维持和发展竞争优势的公司来说,如果不充分了解可能存在的政治风险并采取相应的对策,那么,即使所做的国际市场计划再完善,最终也难免随着政治风险的出现而失败。因此,公司应该确定和分析影响政治风险的变量及其影响程度。

1. 政府的作用

在规范整个国家的商业环境方面,各国政府正在发挥日益重要的作用。恰如公司通过计划其市场活动以获得组织目标一样,政府试图通过法令和宏观经济政策以实现社会目标。一般说来,无论是在本国还是国外市场上,公司强调市场份额、投资回收期和利润增长等微观目标,而政府的社会目标则更多地涉及金融市场的稳定性、通货膨胀、贸易赤字、收支平衡和本土资源开采等广泛的经济和社会问题。为了实现一定的社会目标,各国政府总是试图调整它们的经济政策以重新构造其经济结构,这种调整可能对一些公司产生有利的影响,而有损于另外一些公司,因此,政府采取的行动往往决定政治风险的类型。

2. 政府的类型

简单地以政府类型(如民主、专制、资本主义、社会主义和军人执政)来确定在某一国家政治风险的程度并不可靠,既不能认为资本主义国家政治上比社会主义国家稳定,同样也不能认为社会主义国家一定比资本主义国家稳定。为了衡量与政府有关的政治风险的大小,应通过对其公开和秘密的决策程序的考察来评价某一政府。要知道,无论是社会主义国家还是资本主义国家,无论是哪一国家的哪一届政府无一不标榜自己的国家是民主和稳定的。

3. 内部和外部冲突

如果某一国家或地区处在严峻调整时期,往往以固定的高频率发生罢工、暴动、社会混乱和武装冲突等。一般说来,内部冲突常常表现为社会公众对政府和经济政策的不满,有时这种不满不仅引起罢工等和平抗议活动,而且会导致内部暴力事件。另外,外部冲突往往表现为各种经济制裁、贸易摩擦,甚至演变为国家之间的战争。无论是内部还是外部冲突,都将极大地增加商业环境的不确定性,因而使公司面临极高的政治风险。

4. 其他有关因素

当确定政治风险程度时,诸如宗教联盟、政治自由化和民族主义等都是值得考虑的因素。例如,在民族主义倾向严重的国家,人们可能拒绝或抵制某些外国产品和服务,这无疑增加了一些公司进入该国市场的障碍。

在社会、政治和经济结构迅速跳跃性变化的时代,确定国际市场的政治风险并非易事,公司只有随时监控社会环境的变化,才能避免来自政治风险的威胁。

三、经济机会和政治风险矩阵及其分析

为了评价各种国际市场进入战略在某一特定国际市场上的适应性,Akbter 提出了一个类似于波士顿矩阵的分析框图,如图 8-2 所示。该图分为四个象限,对于各种经济机会和政治风险的不同组合,公司可以根据自己的目标、资源条件和经验选择一种最适合的战略。下面结合 Akbter 模型来探讨我国公司进入国际市场的模式。

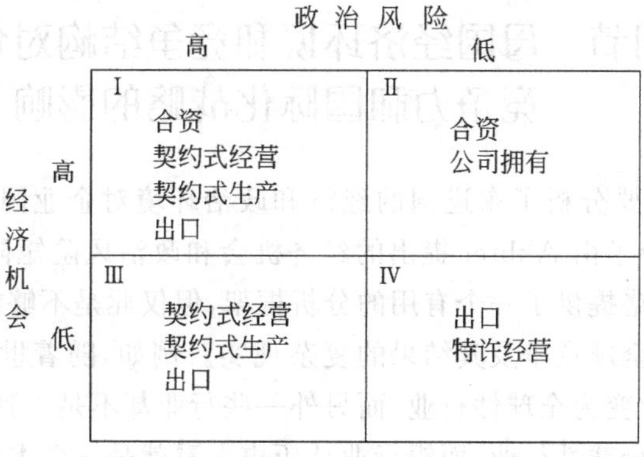

	政治风险	
	高	低
经济机会 高	I 合资 契约式经营 契约式生产 出口	II 合资 公司拥有
经济机会 低	III 契约式经营 契约式生产 出口	IV 出口 特许经营

图 8-2 Akbter 的国际市场进入模型

当政治风险和经济机会都比较高时(第Ⅰ象限),管理人员面临着两难选择:即如何在捕捉市场机会的同时减少所冒的政治风险。在这种情况下,有合资、契约式经营、契约式生产和出口四种战略可供选择,这里应主要考虑如何减少政治风险。与其他三种模式相比,合资投入的资源最多,因而表面上看风险也最大。但是由于合资时东道国人民平等地参与企业的经营和管理,因而经营成败与他们有切身的利害关系,所以,通过合资公司不仅可以建立一个现实的市场,而且可以减少因政府干预而引起的政治风险。因此,在这种情况下,合资可能是一种明智的选择。目前,我国的一些纺织、轻工、金属冶炼企业可以较多地以合资方式进入某些中东石油输出国。

如果政治风险低而经济机会高(第Ⅱ象限),那么,公司应该重点考虑合资或公司拥有两种模式。由于在这类市场上经济机会高,所以竞争者试图加速进入这些市场,因此,通过公司拥有不仅可以比竞争者优先进入市场,而且可以通过对市场的深入了解来改善竞争行为。例如,我国的林业、石油资源开发和一些具有传统特色的工艺品加工企业可以考虑以上述方式进入北美和澳大利亚市场。

如果政治风险高而经济机会少(第Ⅲ象限),那么,公司应减少在财政方面的过多承诺,要实现这一点最好采取契约式经营、契约式生产和出口模式。目前,我国的某些机电产品在俄罗斯或一些劳动密集型产品在若干发展中的周边国家大体属于这种状况,应较多地采用契约式经营等模式。

当政治风险和经济机会都比较低(第Ⅳ象限)时,公司应该首先选择出口或特许经营方式,以便在这些市场上占有一席之地和积累必要的经验,为将来商业环境改善时参与更高水平的进入作准备。例如,我国的食品加工、餐馆业可以考虑以上述方式进入某些发展中国家的市场。

实际上,可供这样的进入某一国际市场的战略往往不止一个,在某一市场上的战略组合取决于多种因素的综合作用。由政治风险和经济机会相互作用所导出的 Akbter 矩阵可以作为选择市场进入战略的粗略向导,公司可以按照出口到公司拥有这一范围来选择适合自己资源条件和经验的进入战略。从出口到公司拥有,公司承担的责任、风险、收入、挑战和复杂性,由低到高逐步上升,而其方便性、决策过程的一致性和运营过程的类似性则逐步降低。

第四节　母国经济环境和竞争结构对企业竞争力和国际化战略的影响

在第三节我们主要分析了东道国的经济和政治环境对企业国际市场进入战略的影响,并在此基础上讨论了由 Akbter 提出的经济机会和政治风险矩阵及其应用,它为我们选择国际市场进入战略提供了一个有用的分析框架,但仅此是不够的,它并不能完全说明国际市场和跨国公司全球竞争及其结果的复杂现实。例如,随着世界经济的全球化和一体化,为什么一些行业变为全球性行业,而另外一些行业却不是? 到 1992 年为止,多数人认为汽车行业已成为全球性行业,而银行业从历史上看就是一个本地化行业,它们之间的差异是什么? 在 20 世纪 50 年代中期,美国主宰着机床行业,拥有世界最先进的机床制造技术，同时也是世界上最大的机床出口国，而到 1986 年，机床业的霸主地位由美国移到日本，日本机床制造商控制了美国一半以上的市场。类似地，半导体行业起源于美国，但到 1992 年，日本却成为该行业的领导者，为什么会发生这种现象？为什么德国主宰着化学行业，而丹麦的酿造业比较著名？为什么集中了我国技术、资金和人才优势的汽车行业会节节败退？为什么无论从技术水平和管理水平上在国内都堪称一流的联想公司的利润率却比很多产品技术含量低，管理水平也差的企业低？大量事实说明：一个企业的竞争优势和应采取怎样的国际化战略，不仅取决于自身的资源和能力及东道国的经济环境和政治条件，而且与其母国整个国家的经济发展水平及由此决定的竞争结构有密切的联系。

根据波特的国家竞争优势理论，一个跨国公司的竞争优势与以下几个因素有关。

一、因素条件

所谓因素条件是指企业在生产经营过程中所需要的基本资源要素的供应状况，如原材料、劳动力和基础设施等。例如，由于沙特阿拉伯能够提供充足的高质量原油，所以该国的石油公司在全球石油行业拥有竞争优势。再如，美国的气候和土壤条件非常适合生产小麦，而澳大利亚的自然资源有益于铀的开采，许多南美国家因其丰富的森林资源而使这些国家在木材加工和造纸行业具有竞争优势。同样，菲律宾、印度和我国因有丰富的劳动力资源而在劳动密集型行业，如纺织、手工艺和玩具制造业等具有较大优势。美国、日本等国家则在要求输入高技术的生产领域(如微电子、医药和医疗诊断设备)具有竞争优势。分析因素条件在决定跨国公司竞争优势中的作用时，波特还将注意力从自然资源移向高度专门化的资源上。例如，分析好莱坞在影片制造上的杰出作用时，波特认为以加利福尼亚大学洛杉矶分校(UCLA)和南卡罗来纳大学(USC)电影学院培养的高技能人员起了至关重要的作用；在解释为什么日本公司会在照相机、印制和录像机行业获得巨大成功时，波特认为这是因为日本公司具有将电子和光学技术一体化的能力。波特还认为，资源条件的限制可能促进替代品的开发，如日本正是由于原料的短缺刺激了企业的发明和创新；而在意大利，劳动法律的限制加速了工业的自动化进程。

二、相关的支持性行业

研究发现，对某些行业来说，最重要的国家资源之一是相关的支持性行业。波特的惊人发现之一就是一个国家的竞争优势往往来源于若干行业的"集合"效应。在美国，半导体、计算机和软件行业互为重要的资源和相关支持性行业；而在德国，这种相互支持发生在化学、合成染料、纺织和纺织机械行业。与此相关的是，在一个国家具有竞争力的产业或产业集群中竞争者往往集中在某个城市或地区。如绝大多数的意大利毛纺织企业集中在两个城市；英国的拍卖业集中在伦敦某几条街上，瑞士三大药厂都在巴赛尔市等，值得注意的是，随着我国经济的发展和产业竞争力的提升，在我国广东顺德、南海和浙江温州一带也出现了明显的产业集群现象。

三、需求条件

一个跨国公司本国市场的需求状况及其对产品改进和革新的推动作用如何对其竞争

优势产生重要的影响。一般说来,成熟的消费者将迫使企业生产技术先进、高质量而价格合理的产品以保证它们在本国市场上的成功,能够满足顾客这些要求的公司在其他国际市场上与没有类似经历的跨国公司竞争时将有明显的优势。例如,瑞士和比利时巧克力制造商之所以在国际市场上具有突出优势,是因为其本国市场的消费者对该类产品特别挑剔;类似地,日本公司在世界照相机市场上的领先地位是由于在日本有一大批摄影爱好者,并且他们热衷于采用革新产品;德国公司之所以在高性能小轿车的世界市场上领先,也许与德国人喜欢以惊人的速度在高速公路上行驶有密切的关系。最后,美国巨大的本土市场已成为其跨国公司在飞机、汽车、计算机和医药行业的主要优势来源,因为巨大的本土市场可以使这些公司形成大规模生产能力,从而降低成本和提高技术水平。

四、竞争结构

波特认为,跨国公司与本国其他公司在本土市场的竞争状况对其竞争优势的形成有显著的影响。一般说来,本国公司之间的竞争比来自不同国家的公司之间的竞争更直接和激烈,因此,这种竞争很可能强烈刺激各公司进行技术革新和提高工作效率。日本汽车行业的最显著特点之一就是有9家汽车公司在其本土市场上进行激烈的竞争,同样,日本公司在国际传真机市场的主导地位与其本土传真机市场的激烈竞争有关。从我国的实际情况看,那些在国际市场上比较有竞争力的产品几乎都经历过国内市场的激烈竞争。冰箱行业之所以在我国成为产量、质量和技术水平提高最快的产业,同样与该行业的激烈竞争有关。众所周知,经过十几年的优胜劣汰,我国生产冰箱的企业已由200多家减至1996年的20多家,由海尔、科龙和新飞等12个厂家控制了80%以上的国内市场份额。目前,海尔的冰箱已成功地打入美国等发达国家的市场。

从以上分析中不难看出,除某些自然资源因素主要与地理位置有关外,其他因素一般都与一国的经济发展水平有关。如美国在微电子产品、医药和医疗设备,日本在照相机、印刷和录像机领域的竞争中优势主要来源于它们的技术优势,而后者则是因它们的经济发达而对科研开发作大量投入的产物。同样,相关的支持性行业的发展与一个国家的工业化进程和产业一体化能力有关。至于本国市场的需求条件和竞争状况则更要受经济发展水平的制约和影响,某一市场对高质量产品的需要固然与消费者的选择偏好和习俗有关,但更重要的是与经济发展水平决定的购买力与欣赏标准有关,而其竞争激烈程度也在相当程度上反映着某一国家和地区的经济发展水平。我国改革开放20年的历史也充分说明,随着经济的飞速发展和经济水平的不断提高,我国消费者无论对日用品还是耐用消费品的质量和品牌的要求都明显提高了,而与此同时,这些产品市场的竞争也越来越激烈。这从一个侧面说明了为什么我国在改革开放之初很少有产品走出国门,而今天为什么有越来越多的产品和企业进入国际市场。

正是由于母国经济结构和特点对企业竞争力的形成具有十分重要的影响,因此,如果一个企业想要在某一国际性竞争行业建立自己的竞争优势,那么就必须保持其竞争战略与母国比较优势的一致性,并根据东道国的经济环境选择合适的生产布局。例如,对英国刀具行业来说,由于来自韩国的同行企业具有低工资和低价钢的优势,所以英国刀具公司若想在普通不锈钢刀具市场上生存几乎是不可能的。在这种情况下,能够生存和发展的英国刀具公司只能是那些依赖高技术或将目标集中于高质量刀具细分市场的公司。同样,在个人计算机行业,马来西亚和泰国的制造商很难生产出自有品牌的高性能计算机,因为这些公司在技术上没有明显的竞争优势,但它们的安装成本却比较低,所以它们的明智选择是安装日本或美国计算机公司生产的计算机。

在考虑生产布局时,一个企业,尤其是跨国公司需要将其本身的竞争优势、母国的比较优势和东道国资源的适用性综合起来考虑。例如,对耐克(Nike)和锐步(Reebok)来说,低劳动成本对其制造优势是至关重要的因素,所以这两家公司只能在中国、泰国、印度和菲律宾来安排生产。类似地,遍布世界各地的计算机和电信设备制造商几乎都在美国设立研发机构,以利用美国的微电子专家。我国的联想集团和东信集团也已在美国硅谷设立了研发机构。此外,企业还要考虑其是否具有特定的竞争优势,对那些竞争优势主要来源于内部资源和能力的企业来说,产品在哪里生产主要取决于某一国家和地区是否能最充分地利用那些资源和能力。例如,日本的丰田(Toyota)、尼桑(Nissan)和本田(Honda)的竞争优势主要来自自身的技术、制造及产品开发能力。所以,20世纪80年代以前,这些公司将生产集中在日本国内,而到80年代以后,随着东南亚各国经济的发展以及伴随的生产力水平和管理水平的提高,这些日本公司才将生产逐步转移到国外。影响一个企业全球生产布局的另一个因素是产品的可贸易能力,高运输成本、各国消费者选择偏好的差异,以及东道国政府对进口的限制都可能刺激或迫使企业靠近市场来布置生产。

事实上,一个企业不仅要考虑以上因素对其全球生产布局的影响,而且还要注意到产品生产过程中垂直价值链及输入要素的变化,即要考虑不同国家和地区在价值链的不同阶段可能具有不同的优势。例如,在生产电视机和计算机等产品时,部件,尤其是彩色显像管和半导体芯片的生产是资金和技术密集性的,同时要求规模经济,因而部件生产主要集中在美国和日本等发达国家,但这些产品的组装是劳动密集型的,所以集中在新兴工业化国家和发展中国家。同样,纺织和织布行业也是采取类似的模式,纤维生产是集中在农业和化纤生产比较有优势的国家,纺纱和织布相对来说是资金密集性的,所以集中在新兴工业化国家和成熟的工业化国家。企业在考虑全球生产布局时还要特别注意在生产每一阶段需要投入的主要要素,以及生产它们时,不同国家的成本高低和适应性。以耐克的运动鞋为例,其生产过程包括三个阶段:设计、部件制造和装配。所以耐克公司根据这三个阶段需要投入的要素、劳动力技能以及资金密度的不同,将它们分别集中在美国、新兴工业化国家和中国、印度、菲律宾等发展中国家。当然,企业的全球生产布局反过来也依赖于它自身的战略,如果它试图通过成本领先战略去竞争,那么在选择生产地点时应选择使成本最小的地区,而对致力于追求差异化优势的公司,则应重点考虑是否易于获得高质量原料、部件以及设计专家。

第五节 多国公司的组织结构演化和常见的类型

一个企业,尤其是多国公司的国际市场进入战略不仅与其母国和东道国的经济环境和竞争结构有十分密切的关系,而且也决定了它的组织结构特点,而组织结构的刚性反过来又对其战略调整形成制约。通常一定的国际市场进入战略要求相应的组织结构与之对应。有关组织结构设计将在第十章详细进行分析和讨论,本节主要介绍西方多国公司的演进过程和常见的组织结构类型。

一、多国公司的组织结构演进

根据 Bartlett 等人的研究,按母公司与海外子公司权力关系划分方法,多国公司的组织结构演变大致经历四个时期,反映出不同的特点,它们实际上是多国公司的母国和东道国经济相对水平及全球信息化程度的反映。

1. "二战"前的欧洲多国公司时代

在 20 世纪头十年,欧洲的多国公司,如荷兰皇家壳牌公司(Royal Dutch/Shell)帝国化学工业公司(ICI)、飞利浦(Philips)站在国际商业前沿并在海外工业发展中起主导作用。这些公司被称为"多国的联邦",如图 8-3(a)所示,在这类公司里,每一海外子公司独立负责其产品开发、制造和市场,即其运作过程与母公司保持独立。这种"联邦制"公司的母子关系主要体现在母公司对子公司高级管理人员的任命、大额资金使用的批准及红利从子公司向母公司的流动上,很显然,这种组织结构的产生是因为当时国际运输和交流的成本很高,同时各国的市场高度差异化。

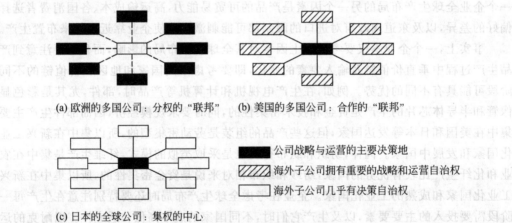

(a) 欧洲的多国公司:分权的"联邦"　　(b) 美国的多国公司:合作的"联邦"

■ 公司战略与运营的主要决策地
▨ 海外子公司拥有重要的战略和运营自治权
□ 海外子公司几乎有决策自治权

(c) 日本的全球公司:集权的中心

图 8-3　多国公司的母子公司关系

2. "二战"后的美国多国公司时代

在 20 世纪 50～60 年代,美国公司在整个世界的制造业占据了主导地位,通用汽车公司、福特公司、IBM 和可口可乐公司等在相应的行业成为领先企业。虽然美国多国公司的海外子公司在产品引进、制造和市场方面享有高度的自治,但整个公司的主体结构仍是以本国运作为主。如图 8-3(b)所示。由于美国是当时世界上最大和最丰富的市场,所以其本国基地对整个公司起着新产品和工艺技术源的作用,所以海外子公司的主要竞争优势是它们利用在美国开发的新产品、新工艺以及专有技术的能力。与早期的欧洲多国公司相比,美国多国公司的海外子公司虽享有一定程度的自治权,但其主要基础是在美国本土。

3. 20 世纪 70～80 年代日本多国公司的崛起

在 20 世纪 70～80 年代,与日本公司相比,美洲和欧洲的多国公司在钢铁、船舶、汽车和电子行业失去领先地位。日本多国公司的主要特点是它们采取以本国为基地的全球战略,如图 8-3(c)所示。一些大公司如松下(Matsushita)和日本电气公司(NEC)等将其研究与开发及制造集中在日本,而海外子公司主要从事销售和分销。通过建立空前规模的工厂满足世界日益增长的需要,这些日本公司获得了显著的规模和经验优势。日本公司能够采取这样的全球战略同样与其母国的经济结构有关,众所周知,日本企业能够通过广泛的联合而实现高度一体化。

4. 20 世纪 90 年代以后的网络化组织

在 20 世纪 90 年代以后,随着世界经济全球化和一体化进程的加快,尤其是随着全球信息网络的建立和人们需求选择的多样化,多国公司的主要战略倾向是要同时获得来自全球一体化和地区适应性的利益,即一方面要通过制造和技术开发的全球一体化来获得高效率和低成本;另一方面又要增强对局部环境的适应性。按照克里斯托弗(Christopher Bartlett)等人的观点,同时适应这两方面矛盾要求的多国公司的组织结构,非常不同于以前的相对简单的多国公司或全球性地区结构,如图 8-4 所示,其突出特点是要形成一个各海外子公司拥有独立的资源和能力,而且又高度一体化的合作网络,既能灵活地根据局部市场的需求组织生产,同时又能分享一体化制造和资源规模利用的益处。

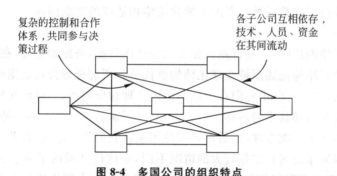

图 8-4 多国公司的组织特点

二、常见的多国公司的组织结构类型

前面我们介绍了多国公司组织结构演变的几个阶段及美、日、欧洲多国公司的主要特点,现在我们进一步来讨论多国公司的一般结构形式,如图 8-5 所示,它们是对多国公司国际化战略变化的反映。

本地子公司的独立性和灵活性	国际分部 (出口贸易)	全球产品公司 (全球一体化战略)
	国际子公司 (多国本地化战略)	跨国公司
	低	高
	全球协作程度	

图 8-5 多国公司的组织结构类型

1. 国际分部

多国公司的一种常见结构形式是在总部领导下设立国际分部,同时保留本国企业的主体结构,而由国际分部负责管理海外的企业和业务。一般说来,国际分公司要依赖于国内公司的产品,并且从这种技术转移中获得优势。这种结构的不足之处是难以提供适合分公司当地需要的产品或技术。它比较适合于分布地域广但地区之间对产品需求的差异不是很大或不需要很密切的全球协作的多国公司。"二战"以后的美国多国公司具有上述结构的某些特点。

2. 国际子公司

为了尽可能地满足当地市场的需求,多国公司可以采取按地区划分国际子公司的结构。它实际上是按地域划分的事业部结构。在这种组织中,各国际子公司都是多国公司的一部分或者是"袖珍翻版",但在各国内独立经营,几乎所有的管理职能都以本国为基础,同时考虑更好地适应本地的需要。这种公司虽然具有较强的独立性和灵活性,更能适应当地市场的需求和作出快速的反应,但是全球的协作程度很低,而且由于缺少规模经济性和范围经济性,所以产品的成本较高。如前所述,这种组织结构比较适合国际运输成本较高,存在关税壁垒而各国的市场又存在较大差异的环境。欧洲早期的多国公司具有上述结构的显著特点。这是一种与多国本地化战略相适应的组织结构。

3. 全球公司

随着国际竞争的加剧,一些行业正在变成全球性行业,与此相适应,在许多行业,国际分部或国际子公司结构正逐渐被全球化结构所代替。所谓全球公司是指将多国公司按产品划分为不同的产品分部,由它们在国际范围内管理相应的产品,以此来提高成本效益和促进各地区之间资源和技术的转移。例如,由某一国家的工厂生产某一特定的零件,而另一国家的工厂生产另一类零件,然后再在其他国家将它们组装起来,以此来获得一体化的战略益处。与国际子公司自主权较大的情况不同,全球性公司的下属子公司自主权比较小,以产品成本而不是利润作为考核的标准。20世纪七八十年代的日本多国公司具有上述结构的一些重要特点。但这种结构只适用于某些全球性行业,同时需要复杂的计划和控制系统。这是一种与全球一体化战略相适应的组织结构。

4. 跨国公司

随着全球信息网络的建立,一些公司发展了一种新的结构形式,被称之为跨国公司,旨在保持各国际子公司独立性和灵活性的同时分享全球协作的好处(参见图8-4)。它具有以下几个特点:

(1) 每个国际子公司独立经营,但同时也与其他国际子公司分享技术和能力。

(2) 每个国际子公司都要通过专业化达到全球规模,即它能够满足整个公司对其产品的需求。

(3) 通过全球网络将各子公司联系在一起,同时保持它们的密切交流与合作。

这种跨国公司结构本质上是一个运作网络,适合全球化压力和本地化压力都很高的环境。要使这种跨国公司结构有效运行,关键是要保证信息网络的畅通和正确发挥各子公司的作用。根据各子公司的能力和所在国国内市场的重要性,可以把这些子公司分成几类,如图8-6所示。

国内市场的重要性

	低	高
低	"推销员"	"黑洞"
高	贡献者	战略领导者

（子公司的能力，行标签）

图 8-6　跨国公司内各子公司的地位和任务

若子公司的能力很强，同时它所在的国内市场非常重要，那么，应该发挥其"战略领导者"的作用。

如果某一子公司的能力很强，但它所在的国内市场地位并不重要，则可将其视为"贡献者"，应将它们的产品和技术创新尽快地转移到其他国家和地区。

如果子公司的能力较低，同时其所在的国内市场不甚重要，那么，可让其扮演者将其他子公司的产品在本地销售的"推销员"的角色。

（4）若某一子公司的能力很弱，但其所在的国内市场却很重要，则公司总部有必要采取适当的措施堵塞这一"黑洞"，以免削弱整个公司的竞争地位。

国际市场不仅对多国公司的生存，而且对东道国的经济增长和社会的发展也起着十分重要的作用。随着我国加入世界贸易组织，一方面，我国企业有了更广阔的发展空间和新的增长的机会；另一方面，国际市场竞争的残酷性又给某些公司或行业，尤其是全球性行业的生存带来了巨大的威胁。因此，以怎样的姿态参与国际竞争是摆在企业的高层管理人员面前迫切要解决的问题。

从保护本国市场和对付跨国公司进攻的角度上看，我们也不是只有退出行业或成为跨国公司的"小伙计"一种选择，根据 Niraj Dawar 和 Tony Frost 等人的研究，按照企业所在行业面临的全球化压力的高低以及企业资源向海外市场的可转移性，发展中国家的企业有四种战略可以选择，如图 8-7 所示。

企业资源的可转移性

	适合于本国市场	可以向海外移植
高	躲闪者 注重价值链中以本土化为导向的环节，建立合资企业，或者向跨国公司出售资产。	抗衡者 注重提升能力和资源以抗衡跨国公司，通常的做法是坚守缝隙市场。
低	防御者 在跨国公司薄弱的细分市场中利用本土的资源优势。	扩张者 充分利用在本地市场培养的能力，拓展与本土市场相似的海外市场。

（行业的全球化压力，行标签）

图 8-7　发展中国家企业的战略定位

如果企业面临的全球化压力较小，也没有向海外转移的优势资源，那么企业应该采取防御型战略，即集中力量保护已有的市场份额不被跨国公司侵占（更准确的产品市场地位和更好的售后服务等)。

如果企业面临的全球化压力较小,而自身的优势资源又可以被移植到海外,则企业应该采取扩张战略,即要充分利用在本地市场培养起来的能力去拓展与本土市场相似的海外市场。

如果企业面临的全球化压力较大,而又没有向海外转移的优势资源,那么,企业应该采取"躲闪"战略,即企业应该对价值链的某些环节进行重组,以躲避外来竞争对手的冲击,从而保持企业的独立性。

如果企业面临的全球化压力较大,而企业也具有向海外转移的优势资源,那么企业就可以采取"抗衡"战略,换句话说,具有优势的发展中国家的企业可以与跨国公司展开正面的竞争。

从进军海外市场的角度上看,首要的步骤就是选择合适的国际市场进入战略及与之相适应的组织结构。值得指出的是,虽然近几年我国的对外贸易和跨国经营有了很大的发展,但总的说来与西方发达国家和新兴工业化国家、地区相比仍有很大差距,其中很重要的问题之一就是,在如何选择国际市场进入战略上存在着很多模糊认识。事实上,我们既不能笼统地认为我国企业缺乏跨国经营的经验和先进技术设备,而不敢在西方发达国家采取合资等高级形式,也不能盲目地认为与一些欠发达国家相比我们有很大的技术和资金优势,而忽略在这些市场上可能遇到的激烈竞争。同样,也不能照搬已有的组织模式,对同一国家的不同行业或对同一行业的不同产品,都要研究各种可能的经济机会和政治风险,同时考虑企业自身的资源条件和国家的相对优势,只有这样,才能在激烈的国际市场竞争中求得生存与发展。

第六节 新兴企业国际化理论

一、国际新创企业理论

1. 国际新创企业

随着经济全球化的推进以及信息技术的飞速发展,到 20 世纪 90 年代,全球商务环境发生了很大变化。学者们发现了一批比通常的国际化企业成立时间更短、规模更小、资源更为有限的国际新创企业,这些企业从成立之初就具备国际化的视野,通过其创新性的技术、产品设计及灵活性等能使产品迅速适应变化需求的竞争优势,为国际市场用户提供高附加值的产品和服务,迅速实现其国际化的活动,而不是像传统理论所认为的中小企业那样进行渐进地国际化发展,故也有学者用"天生国际化"来描述这种类型企业的特征。这类企业的最明显特征在于,它们在刚成立的初期即大幅开展国际化进程,迅速进入国际市场。

国际新创企业的概念最早由麦克道格和奥维雅特于 1994 年提出,他们将其定义为从诞生开始就积极利用多国资源寻求竞争优势,并在多国出售产品的企业。这些企业的特征在于成为国际企业的时间,与规模大小和是否进行海外直接投资无关。根据国际新创企业所涉及的贸易国家数量和从事价值链活动所覆盖的地域范围,它们可以分为出口或进口型、多国贸易型、地域集中型、全球型,如图 8-8 所示。

		有国际化业务的国家的数量	
		少	多
跨国价值活动协调	少	出口/进口创业企业	多国贸易企业
	多	地理集中创业企业	全球创业企业

图 8-8　国际新创企业的类型

与"国际新创企业"类似的一个概念是"天生全球化企业"。麦肯锡公司在 1993 年的一份研究报告指出,80%的澳大利亚新兴出口企业为中小企业,它们之中有 20%～25%是在成立初期就开始国际化经营,母国仅是支撑其国际运营的基地。这种天生全球化企业普遍存在于各种产业,甚至是衰退产业。它们凭借着其灵活性、创新技术、新颖的产品设计在利基市场上构建了强劲的竞争力,并实现了卓越的绩效。

2. 国际新创企业特征

与传统国际化企业相比,国际新创企业具有多方面的显著特征,以下对它们进行一一介绍。

1) 国际新创企业成立的时间

关于国际新创企业第一次出现的时间,学界有两种不同的观点。第一种观点认为国际新创企业是一个全新的现象,无法用现有的企业国际化理论进行解释,这一概念来源于 1993 年麦肯锡公司对澳大利亚出口企业的一份调查报告。第二种观点认为具备国际新创企业特征的企业早在 1993 年以前就已出现。有学者指出,在新西兰等国内市场较小的国家中,企业为了成长,在创立之初就将产品市场定位于全球,因而国际新创企业并不是一种全新的现象。

持第一种观点的学者多来自北美,他们以美国企业为研究对象,这些企业拥有庞大的国内市场,且历史悠久,因而它们直到最近才尝试快速国际化。持第二种观点的学者多来自欧洲,这些国家的许多企业因国内市场狭小被迫将产品出口到全球以求成长。

2) 国际新创企业所处的行业

行业因素是国际新创企业出现的重要动因。研究发现,国际新创企业大量存在于高科技以及知识密集型的行业,而且更倾向于应用互联网进行国际化。也有研究指出,生产性企业与服务性企业的天生国际化有很大差异。服务的特点是抽象、难以被支配且难以被运输和储存,这些使得服务企业在进行国际化经营时面临更大的风险。而且,服务性企业通常会面临员工、服务质量和控制能力方面的问题,与生产性企业相比,其国际化经营的成本较高。因而相对于服务性企业,生产性企业更容易成为国际新创企业。

然而,有学者提出国际新创企业不是某一行业的独有现象,在许多传统行业也可能产生。例如,赖特、贝尔和诺克维登在对新西兰海鲜出口企业的研究中发现,国际新创企业不仅存在于技术密集型行业,在传统行业的出口部门仍然存在。由于国内市场的狭小,小型开放国家传统行业中的企业为了获得持续成长而成为国际新创企业。

3) 国际新创企业的运营特征

在国际化速度、国际扩张模式、先前国际化经验以及学习能力方面,传统的企业国际化是逐步的、渐进的国际化;国际扩张模式是先启动国内市场,发展国内市场,再连续地依次发展海外市场;企业没有先前积累的国际化经验,对于国外知识取决于其学习能力,需要逐渐积累。而国际新创企业从成立之初就开始国际化的征程,是加速的国际化,迅速占领国际市场;国际扩张模式是国内、国外同步进行,甚至国外市场先于国内市场;在市场选择中,企业的商业网络关系会发挥重要作用,多个国家的市场往往被同时开发;国际新创企业要求其管理者具有丰富的国际经验,并具备在国际环境中的快速学习能力。

在市场进入模式方面,高科技行业的国际新创企业的市场进入模式主要有直接出口和利用分销商两种,进入模式决策主要取决于资源可获得性和满足客户需要之间的权衡。此外,企业特质、产品特质、目标市场的消费者特质都会影响国际新创企业进入模式的选择。例如,当企业管理者具有丰富的国际运营经验或目标市场的顾客需求发生显著变化时,国际新创企业更倾向于直接出口。

在渠道上,为了通过大规模的渠道来获得收益和现金流,国际新创企业需要充分利用跨国公司、商业网络、互联网及它们之间的相互结合体。有研究显示,由于跨国公司具备公众熟知的品牌,在客户中具有较高的信任度,其对国际新创企业的成长甚至超过互联网。在成立之初,国际新创企业具备的资源较少,必须比一般企业更善于通过整合经销商、供应商和互联网等资源来降低风险。对于国际新创企业,它们构建自己的资源体系往往会落入传统国际化的渐进增长路径,增加经营风险,因而寻找跨国公司合作是它们能够生存的关键。例如,作为一家轻资产的公司,小米没有建立自己的生产工厂,而是选择与世界一流的硬件供应商合作,这为它在短短四年内就跻身世界智能手机第三巨头奠定了基础。

二、企业国际化的关系网络理论

1. 企业国际化过程中的关系网络发展战略

企业国际化的关系网络理论源自新经济社会学中的"嵌入性"思想。这种思想强调,企业行为和其他社会行为一样,不是孤立存在的,而是嵌入于企业所处的社会关系网络中,称为企业的社会嵌入性质,企业嵌入的网络机制是信任。嵌入性强调企业行为的结构性限制而不是企业的能动性。关系网络为企业提供资源和信息,促进企业成长,企业国际化的过程可看成企业不断卷入国际商业网络关系的过程。

乔汉森和马特森应用关系网络理论最早建立了企业国际化的关系网络模型,分析了行业内企业的跨国经营行为,认为行业可以跨越国界,形成全球性产业内的企业关系网络。企业的网络位置可分为微观位置和宏观位置。微观位置是指企业与行业市场中某个企业之间的关系特征,包括相对于对方而言自身的角色、自身企业对对方的重要性,以及与对方关系的力度。宏观位置是指相对于整个网络,企业在其中的地位关系,包括与自身有直接或间接联系的企业的身份和地位、自身企业在整个网络中的角色、自身企业在网络中的重要性、企业与其他企业关系的力度。网络位置刻画了企业与其他企业和其行业环境的关系特征,也体现了企业所面临的机会和限制。此外,乔汉森和马特森还区分了以国界划分的不同国家的市场网络和以特定产品生产分工而联系的企业生产网络。企业生产网络涉及研发、生产、营销、服务等各个价值链上的环节，可以跨越不同国家而形成全球性网络。全球市场网络可以视为在不同国家市场基于全球生产而联系到一块的统一体。

根据乔汉森和马特森的模型，企业间的关系网络由众多从事生产、销售、服务等活动的企业构成。这个网络具有动态演化的特性，企业在建立新关系和维持、发展现有关系的同时，一些旧关系也会因某种原因而终止。在不同的时点上，企业所处的网络位置不同，某个网络位置是企业之前市场活动的结果，也构成了企业未来发展的网络机会和某些可能约束。企业国际化是企业在国际市场网络中建立、发展网络关系、调整自身网络位置的过程。从市场网络维度看，企业国际化程度的高低表现为企业是否在不同国家的市场网络中占据位置，以及这些网络位置的重要性；从生产网络维度看，企业国际化程度的高低表现为企业是否拥有众多在国际分工下企业的紧密联系。

2. 关系网络与企业国际化知识获取

网络嵌入的构成主要包括两个维度：结构性维度和关系性维度。相应地，网络参与者的嵌入性分为结构嵌入性和关系嵌入性。

结构嵌入认为网络成员按照不同位置有差别地占有稀缺资源和结构性地分配这些资源，资源在网络系统中并非均匀或随机地流动，不同位置的网络参与者获得资源的方式有很大差异。企业关系网络的结构性嵌入主要指企业在其行业关系网络中的结构性特征，包括两个方面：一是整个网络的特征，如行业中企业的数量、行业关系网络密集程度、行业中企业的相互协作与分工程度等；二是企业在行业关系网络中的相对网络位置，表现为是否居于网络中心、能否以最短距离到达尽可能多的网络成员等。

关系嵌入认为网络参与者可以直接通过网络中节点间的相互联系纽带来获取信息收益，其主要关注网络参与者间相互联系的内容，如信任关系、协作关系等。这个概念来自于格拉诺维特的"连接"观点。格拉诺维特指出，"连接"分为两种：强连接和弱连接。网络参与者间互动频率高、感情强度大、亲密程度高、互惠交换广的连接称为强连接，反之则为弱连接。连接是网络分析的最基本单位，企业关系网络的嵌入性是指企业与行业中其他网络参与者如供应商、客户等所具有的二元双边关系特征，以及这种关系特征对双方交易行为和结果的影响。

知识是企业的重要属性，企业嵌入在特定的关系网络中，关系网络为企业从外部获取知识创造了条件。在国际化的过程中，企业通过资源投入，获取海外市场知识，企业国际化可视为一个不断积累知识和经验的学习过程。国际化知识经验的学习与积累是推动企业国际关系网络发展和网络位置调整的核心动力。这些知识会为企业赢得竞争优势，带来超额利润，是抵销外部市场环境所带来的经营风险的重要资产。

从结构性嵌入的角度看，企业在国际商业网络中的位置会影响其知识获取。当企业处于网络中心位置时，意味着企业控制了网络中信息、资源流动的关键路径，信息资源的获取效率最高。同时，处于网络中心位置的企业能够以较短的距离到达网络中的其他成员，与各个成员的关系较为密切。在国际商业关系网络中，具备绝对技术、规模优势的核心企业往往能够居于网络中心位置，其他企业愿意与之建立连接，核心企业因而取得资源流向的支配权，可以更快获取商业网络发展动向的信息，有利于其在商业网络中的知识获取和创造。

从关系性嵌入的角度看,网络参与者可以直接通过网络中节点的相互联系纽带来获取知识。在知识传递中,弱连接往往比强连接更有力度。这是因为,强连接是在多方面都相似的节点间发展起来的,这些节点所了解的知识经常是相同的,因而企业通过强连接所获得的国际化知识往往重复性很高。相反,弱连接是在多方面都差异较大的节点间发展起来的,网络中的知识来源的分布范围较广,拥有的非重复知识更丰富,因而弱连接往往可以跨越不同群体,将其他群体的知识传递给不属于这些群体的个体。在国际商业网络中,拥有大量而广泛弱连接的企业,更有可能从其他企业获得不同于自身知识结构的新知识,避免行为趋同化。

企业的国际化知识可分为特定市场知识和国际化知识。特定市场知识是指带有某一特定国别市场背景,针对某一东道国或地区的语言、文化、政治、社会和经济所特有的知识,包括外国业务知识和外国制度知识。外国业务知识是与外国客户、竞争者和市场有关的知识。外国制度知识是外国政府、文化、制度架构及规范的知识。企业通过这两类知识识别出外国市场的机会与威胁。与特定市场知识不同,国际化知识不带有特定地区的背景,是企业参与国际化经营所必须具备的资源、能力和条件,以及如何运用这些资源条件,组织、管理和发展国际化经营活动的知识。

无论是特定市场知识还是国际化知识,企业都不能进行简单复制与转移,而只能通过"干中学"获取。"干中学"的过程是企业作为网络行动主体与国际商业网络中的其他企业交流互动的过程。在"干中学"的过程中,企业的决策不仅仅取决于自身的经验知识,还受到网络中其他成员知识的影响。同时,"干中学"为企业间的知识交流创造了一个良好的平台,企业通过"干中学"建立的信任使得双方的知识交流更为详尽,甚至包括隐性的、难以用语言描绘的经验知识。现实中,我国企业通过"干中学"从国外跨国公司获得了大量的国际化知识。

实例 8-1

好公司为什么都跑到国外去上市

阿里巴巴在美国纽交所上市了,创下 2 400 亿美元的市值,成为仅次于谷歌的全球第二大互联网公司。其创始人马云身价超过 200 亿美元,成为内地新首富。资本市场的神奇和创富功能由此可见一斑。

许多人也许会在意马云的首富光环。然而真正值得关注的,是这样一家优质的电商为什么不在国内上市,让内地股民分享其成果?提出这个问题,不单在于把阿里抬进纽交所的,其实是内地几千万网上购物客户,是他(她)们为阿里成为全球最大电商做出了最大贡献;更在于,内地好公司扎堆海外资本市场已成为一种现象,不说互联网公司,就连那些赚钱的垄断央企,如中移动、中石油、中海油等,也都把上市选在海外市场。

对此可以找出很多理由来解释。例如,早期中国的互联网公司都是由美元风投基金支持的,国外退出方便;内地资本市场对上市公司的盈利有要求,很多互联网公司上市时不盈利或盈利水平和历史不符合国内上市要求;互联网公司的注册地多在国外,在内地上市有法律障碍；国内 A 股市场发行是审核制，国外是注册制，上市要求低；在美国等海外市场上市还能提升企业形象，提高其产品或服务在国际市场的竞争力，有利于成为一个国际公司等。

上述解释当然有几分道理，但它们充其量只能针对早期的互联网公司而言，无法完全解释今天中国资本市场的状况，尤其是优质国企海外上市。因为国内创业板开通也已好几年了，注册地的法律障碍问题，也并非不能解决，至于国际化，多数在海外上市的公司，至今其主要业务还在内地市场。

所以，关键原因还得在中国资本市场自身寻找，是中国资本市场本身的不健康不规范问题"吓跑"了那些优质公司，包括那些虽然在公司治理上不优质，但很赚钱的垄断国企。A 股市场本是为国企圈钱而建，目标是让国企脱困，尽管如今民企上市数量已超国企，但这种为企业圈钱的本质没有改变，这体现在中国资本市场的一系列制度设计上，包括发行审核、风险防范、信息披露、投资者保护、市场运行和监管、企业退出等各个环节。

其实，中国股市被称为"政策市"，本身就颇能说明问题。资本市场发展当然离不开政策指引和政府作用，但炒股还要听政府的，可能全世界只有中国股市才这样。这是对中国资本市场高度行政化的一个形象说明，换言之，在中国资本市场，权力才是老大。这就违背了股市发展规律。股市的发展是一个市场化过程，其客观基础是经济主体的产权约束和市场信用规则，但中国股市从其产生后的运行来看，靠的却是政策调节股市供求，引导股市走向，决定股市命运，以行政化运行机制替代市场机制。由于行政权力和行政机制的大规模介入，中国股市也就成为一个"有计划"的资本市场。这种"计划性"突出表现在政府通过指标与审批制来选择上市公司，同时通过管制来维护股市的平稳运行并保护股民利益。此种状况至今未有根本改变，只是最近几年程度有所弱化而已。

权力管制资本市场的后果，一是容易造成"寻租"；二是会出现对民营企业和中小高新技术企业的"所有制歧视"，导致它们无法上市融资，资本与有效率的投资机会相分离；三是不容易形成市场化的定价机制；四是使上市公司呈现劣质化趋向，累积股市制度风险，表面上看起来，中国的上市公司全面移植了外来的制度规则，现代制度之形应有尽有，但由于上市公司实行的是行政化的激励约束机制，因此，即使上市公司效益不好，它也可以通过信息包装机制获得增配股或保留上市资格，由政府出面进行资产重组，免除被退市的命运；五是导致投资者保护机制缺乏，中小投资者的合法权益屡受侵犯，从投资者保护机制看，股市最重要的是要做到公正，公正的现实表现就是保护投资者利益，特别是中小股东的权益，但在中国股市，投资者合法权益的保护从来也没有得到真正的与有效的贯彻，即使是在股权分置改革这一重大的制度变革中也是如此。上述几点除第二点因创业板的开通有所改善外，其他方面变化不大。

可以说，一个与经济发展走势长期背离，亿万投资者长期亏损累累，不能让股民分享收益的股市，必定是劣质公司充斥的股市，是权力宰制的股市，是利益集团肆虐的股市。

从更深层次看，好公司不在国内上市，还反映了公司管理层对中国政经环境的担忧。比如，阿里在美上市，是否还出于以下考虑：在一个游戏规则完全由权力主导的社会，企业家的财富是高度不安全的。如果不能跟权力很好地合作，那辛苦创下的家业和财富就有被非法或合法剥夺之可能。以马云的讲政治和懂政治，不会不了解这一点。

所以，最终要留住和吸引好公司来国内资本市场上市，首先需要改造中国的资本市场，使之健康发展。但资本市场只是社会大环境的一部分，在改造资本市场同时，更要改造中国的政经生态，让法治而非权力成为社会的最高裁判。

中国经济最终要崛起成功，必有赖于一个强大的资本市场。资本市场具有银行和政府都不具有的发现机制，它能够发现优质的企业，并帮助其成长。中国提出了成为自主创新大国的任务，要实现这一任务，以及经济结构的顺利转型，都需要资本市场的帮助。但中国资本市场要起到这样的作用，前提是自身要完善，所以，必须改造中国资本市场的内在缺陷，建立起集体诉讼制度这样的坏公司清除机制，使上市公司和背后的利益集团不敢恣意妄为，好公司才愿意留在国内上市，否则，它们只会躲得远远的。

资料来源：中国经营报，作者：邓聿文；日期：2014年9月29日。

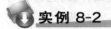

实例 8-2

南车"出海"中国高铁的世界车站

一国的总理在海外尽心尽力地为一家企业做"推销员"，这大概是中国改革开放以来罕有的事。中国南车股份有限公司（以下简称"中国南车"）就享受到了这种高级别的"总理营销"。

"中国装备走出去，你们的机车车辆是代表作。我每次出访都要推销你们的产品，你们要倍加爱惜自己的声誉。"2014年7月4日，国务院总理李克强在南车株洲电力机车有限公司（以下简称"株机公司"）考察时如是说。

新一届政府正在力推中国高端制造业走向全球，铁路设备行业无疑是中国最具竞争力的高端装备业之一。

中国南车赶上了"大时代"。

产品＋整车"高铁外交"加鞭

在新一届政府力推下，今年以来"高铁外交"效果惊人，中国南车亦成为最大受益者。6月，李克强总理出访欧洲，6月24日，中国南车获得马其顿6列动车组订单。这是中国城际动车组整车产品首次进入欧洲市场，标志着中国的最高端轨道交通装备产品赢得了欧洲市场的认可。此前，中国城市轨道车辆产品出口到欧洲市场的都是机车和轻轨车辆。

在中国进入高速铁路时代之际，中国南车同时驶入一条高速发展的轨道。除了国内市场，中国南车的海外征途同样正开创出新格局。

以东南亚、南亚等传统市场作为突破口，到辐射至中亚、中东和非洲、南美洲，再拓展到北美、欧洲等高端市场，从输出单一产品到高端机车整车出口，中国南车的"走出去"路径可称"中国制造"出海的典型。而中国南车逐渐被欧美高端市场接受无疑带来了更大的想象空间。

就出口产品类型而言，中国南车旗下的电力机车、内燃机车、电动车组、内燃动车组、地铁、轻轨、客车、货车、工程维护车等主机产品已经全部实现出口。

据了解，中国南车在产品出口方面主要是通过旗下株机公司、南车青岛四方机车车辆股份有限公司（以下简称"青岛四方"）等整车子公司销往海外。

"中国南车由原来的单一输出产品向输出'产品+服务+技术+基地建设'乃至项目总部进行转型升级,目前其海外订单已过千亿,海外市场从中东、中亚区域扩展到非洲、欧洲等,业已成为推动当地轨道交通产业群发展的首选合作伙伴。"中国银行(以下简称"中行")湖南省分行相关人士表示。

值得注意的是,中国南车践行"走出去"的转型升级过程中,也离不开金融支持作为后盾。而中行湖南省分行一直推进中国南车在湘企业"走出去",与中国南车旗下的株机公司、南车株洲电力机车研究所有限公司(以下简称"株洲所")等均有良好合作。

特别是今年以来,中行湖南省分行先后与中国南车叙做多笔业务。比如联动中行约翰内斯堡分行,为株机公司开出南非459台电力机车合同项下4笔金额共计4.1亿美元的履约保函和预付款保函,该笔订单是迄今为止我国单笔出口金额最大的轨道交通车辆订单;联动中行法兰克福分行及伦敦分行,为株洲所控股下的株洲时代新材料科技股份有限公司(以下简称"时代新材")收购德国采埃孚集团旗下的橡胶与金属业务,开出2.9亿欧元的履约保函,并为其提供包括并购贷款在内的一系列金融服务等。

通过与中国南车在湘企业一系列的跨境业务合作,中行帮助其扩大对外投资,带动技术、装备、产品等出口,将国内先进技术和产能向境外转移,实现产业和金融的良性互动。

制造+服务出口模式升级

熟悉国际业务的人士认为,中国南车产品之所以畅销海外,有三点非常重要:一是产品的质量,背后有强劲的研发创新能力;二是中国南车采取了得当的策略,寻找熟悉当地市场的代理商合作;三是凭借成本和技术优势提供定制式的高性价比产品。

进入一个新的国家,要站稳脚跟,产品的品质无疑是第一位的,通过产品的品质形成口碑进而影响周边国家。在"走出去"的路上,中国南车首先就用了这种"笨办法"。

1997年,株机公司作为中国首家企业初次向国外出口电力机车,彼时,其还只是中国同行业在国际市场上的一个探路者。2002年,株机公司获得12台出口乌兹别克斯坦电力机车订单。中国南车的市场人员没有放过这一机会,当地的工作人员不失时机的邀请原独联体国家的铁路公司参观在乌兹别克斯坦的中国南车的机车。随后,中国南车还取得了哈萨克斯坦等国的订单。

另一个策略是,寻找当地的代理公司拿下国际订单。"获得当地公司周到全面的服务,远比自己去闯获得成功的概率要大",这是众多中国制造企业在出海过程中的切身体验。

例如,今年9月10日,株机公司获签3亿元印度"新孟买1号线"地铁车辆及维保订单,这是中国南车继孟买1号线、新德里古尔冈线后第三条印度地铁车辆订单。据了解,本次投标株机公司也是与其他跨国公司联合。

除产品的价格优势之外,根据用户个性化需求,提供高端、高附加值的轨道交通装备系统解决方案越来越成为中国南车的海外竞争力。

今年的3月17日,株机公司南非控股子公司与南非国营运输公司(Transnet SOC Limited)签订了约21亿美元机车销售合同。"相同品质的产品,我们价格比西门子、庞巴迪的报价要低得多!"相关工作人员介绍。南非的此次销售合同也是根据业主的具体要求来进行产品设计,实现了"私人定制"。

跟随动车同时"走出去"的,还有维修保养服务。在中国南车看来,动车投入运营后,不仅需要有日检、周检、月检,还有大修。作为产品制造方,对产品最了解,做维护保养服务有优势。

2011年8月,中国首个城际动车组4S店——南车吉隆坡维保有限公司诞生,专注于列车的维护保养。在中国南车的4S店,客户可以享受从维修保养、技术咨询、员工培训、劳务输出、配件支持等一系列全周期、一站式服务。目前,这一4S店模式已在国内外广泛推广,涵盖地铁、电力机车、地铁工程维护、现代有轨电车等多个领域。

通过建立4S店,也让中国南车海外业务从单一的卖产品,延伸到"产品+服务",注重为客户创造价值,主动走进用户价值链,为持续获取国际订单奠定了坚实基础。

比如前述"新孟买1号线"订单就是中国南车首次获得印度地铁维保订单,成功将"制造+服务"的地铁4S店模式复制到南亚大陆。而这种服务更是为中国南车在提升销售的同时,带来了可观的附加利润。

主业+并购国际化加速

9月19日,中国南车股份有限公司总裁刘化龙带领7位董事会成员的6位到访德国,出席旗下公司时代新材并购德国博戈橡胶与塑料业务的庆典仪式。

这宗并购是中国南车株洲所旗下控股企业布局海外的又一新动作。

在将产品、技术、服务、基地建设等销往世界各地时,寻找跟主业相关的优质标的进行整合成为中国南车"走出去"的"一体两翼"。

"株洲所是中国南车旗下在海外投资并购做得最活跃的子公司。"株洲所旗下的株洲南车时代电气股份有限公司(以下简称"南车时代电气")副总经理刘可安表示,从2008年起,株洲所旗下众多控股企业做成了多次海外并购项目。

今年6月20日,国内首条8英寸IGBT专业芯片线在株洲所投产,这是世界上第二条8英寸IGBT专业芯片线。刘可安表示,南车8英寸IGBT专业芯片线离不开2008年的一宗并购。

2008年10月31日,南车时代电气收购了加拿大上市公司丹尼克斯75%的股权,这是中国轨道交通行业初次跨国并购。并购丹尼克斯,除了看中其良好的技术根底、HDVC范畴应用业绩等以外,最重要的一点是由于其具备IGBT的设计与制造才能。

"中国南车旗下有众多公司,每家公司在对外投资并购中都是基于核心产业布局而进行的。"刘可安解释,以IGBT为例,为了实现IGBT国产化之梦,中国南车集合了上百位专家,积聚20多年之功,累计投入超过30亿元。在2008年实现并购前,IGBT产品市场价格居高不下;在2008年,南车时代电气完成对丹尼克斯公司的并购后,产品价格开始下降;实现整合后的生产则直接为公司带来了巨大的经济收益和社会效益。

通过外延式的并购策略也体现在9月19日时代新材对德国博戈橡胶与塑料业务的收购上。国元证券(香港)有限公司认为,收购标的在研发能力、生产销售、人员配备等方面都具有较强的市场竞争力,部分技术也与时代新材的技术非常接近,有望产生较好的协同效应,也符合中国南车国际化的发展战略,通过收购协同效应较强的优质标的,不断在全球范围内合理配置资产以实现产业的升级,提升市场竞争力。

"当下,中国南车需要做两件事情。一是加快国际化步伐,二是跨行业发展。"谈到并购,刘化龙认为这是大公司发展的必然之路。"比如,德国西门子、加拿大庞巴迪、美国阿尔斯通和通用电气,它们的成长过程都少不了对企业的并购和取舍。通过并购,中国南车的业务可以进一步优化,资源配置能更好地发挥作用,也是对中国南车发展节奏的进一步推动。"

资料来源:中国经营报,作者:韩言铭;日期:2014年10月13日。

实例 8-3

阳光海外买楼战略升级 "出海" 寻求稳定回报

继收购澳大利亚喜来登公园酒店后,阳光保险集团又与喜达屋资本集团达成战略联盟。

近日,阳光保险集团宣布,喜达屋资本集团希望阳光保险集团入股其酒店管理公司、双方意向共同发起基金用于新酒店品牌打造,双方意向将喜达屋资本新打造、位于纽约曼哈顿中心的 Baccarat(水晶宫)品牌店以2.3亿美元的价格卖给阳光保险集团,平均每个房间约200万美元。阳光保险集团也成为至今为止唯一一家与海外知名酒店管理公司达成战略协议合作的中国公司。

《中国经营报》记者了解到,有关喜达屋资本此项战略合作目前尚未完成交割,仍有待双方相关部门批准。对于阳光保险集团而言,海外业务成为与金融、医疗并重的"下一个十年"三大战略之一。在业内人士看来,保险公司"走出去"已是大趋势,而买楼的方式较为普遍,则是经济环境、时机、项目等综合考量的结果,未来"走出去"的形式会更加丰富。

"走出去"从投资不动产切入

阳光保险集团方面披露,设施豪华的 Baccarat 拥有114间客房、超过1/3的高级套房,1.5万只从法国 Baccarat 工厂运来的顶级水晶器皿,以及多间每晚收费1.8万美元的豪华套房。

按每个房间的售价估算,这次并购将持平或刷新2012年印度 Sahara 集团204万美元/间收购 Plaza 酒店的交易纪录。Baccarat 酒店也是美国市场罕见的开张之前就转手的酒店,该酒店计划下月开门营业。该酒店也将成为曼哈顿唯一一家顶级六星级酒店。

2014年11月,阳光保险集团收购澳洲喜来登公园酒店。该酒店经营业绩目前表现优异,2014年全澳五星酒店排名第一,2015年1月入住率更是高达的98.4%,创造该酒店历史之最,高出同业10个百分点。

阳光保险集团董事长张维功在喜来登公园酒店收购完成后表示,阳光秉承多元化投资理念,旨在分散风险,合理分配资源。集团在澳洲的投资不仅限于酒店服务业,也会考虑进军农业、房地产、医疗等领域。集团核心投资理念一是投资优质资产,二是务求回报稳定。而且其十分看好澳洲稳定的经济环境,认为此次投资风险很小,需要考虑的因素只有汇率。

在对外经济贸易大学保险学院副教授徐高林看来,过去险企没有太大的动作,现在可能意识到趋势到了,比如人民币贬值,保险业整体达到一定规模,国家鼓励企业走出去等,但把险企作为企业来看，动作也不是很独特，其他很多房地产商都在"走出去"，符合大方向。

阳光保险集团战略发展部相关负责人对记者表示，首先，从大的政策环境看，国家鼓励装备、工程等企业"走出去"，而企业"走出去"背后还需要有金融服务的支持，保险就属于金融服务的一项；其次，欧美、日本等国家的保险业已发展的较为成熟，有先进的经验和方法可以借鉴学习，从而促进国内保险业进一步发展；最后，即保险资金海外投资，通过全球配置以达到更好收益，区域经济有不确定性，全球化的配置可以化解风险。

同时，其也对记者强调，投资海外不动产是目前险企"走出去"能够找到的一个合适的切入点，未来时机成熟或许还可以直接收购国外的保险公司，真正的服务全球客户。

风险因素仍需考量

而在谈及阳光保险以高价收购豪华酒店，这笔生意是否做得值时，上述阳光保险集团战略发展部负责人则表示，单从房间价格看可能非常高，但若考虑酒店经营质量、房间质量、流动率等因素，投资回报还是值得看好的。"通俗的以国内房地产为例，三四线城市的房价较低，但投资价值肯定还是一线城市要高。"

近日，安邦保险集团董事长吴小晖在哈佛演讲时谈到收购的华尔道夫酒店，其说道，酒店共1400多个房间，16.3万平方米的面积，19.5亿美元投资约合每平方米73000元人民币，与中国北京金融街拍卖地价每平方米10万元且40年使用权相比，这个项目获得的是终身产权，每平方米只有7万多元，公司觉得有很大的盈利空间。以此为基础，再综合考虑盈利性、税收、未来使用年限。

"在代表中国企业'走出去'的过程中我们不但首战必胜而且每战必胜，是考虑到在所有的底线情况下我们都能盈利。就靠这一点，我们在投资的财务数据计算过程中要判断这个商业模式能不能盈利，现金流能不能持续，能不能带来财务回报，这就是我们基本的投资逻辑。"吴小晖强调。

但凡投资必有风险，何况对于刚走出国门的保险企业而言。徐高林告诉记者，保险公司海外买楼早在150年前就在世界流行过，大约在19世纪60年代，美国前三大保险公司经营业绩非常可观，3家保险公司的资产总量占到全国的70%至80%，同时在全世界100多个国家拓展业务，当时这3家保险公司也选择海外买楼，全世界不少地标建筑都隶属于这3家保险公司所有，但几十年过后，面对全球复杂的政治、经济环境，特别是一战的到来，这3家保险公司损失不少，业务也开始大幅萎缩。

一位房地产行业资深人士在肯定险企抓住海外机遇的同时也对记者表示，国内企业海外投资房地产面临的风险很多，首要的是商业风险，在甄别一个项目的时候如何做到全面了解，价格是否合适，一般险企不会亲自对酒店、写字楼等进行管理，专业管理团队如何选取，短期投资与长期投资考虑因素也不一样；其次是汇率风险，近期人民币即期汇率波动较大，未来是否进入贬值环境还未清晰；最后如政策风险，包括国内国外不同经济体的多重政策影响，都会加大海外投资的风险。

资料来源：中国经营报，作者：宋毅；日期：2015年2月16日。

复 习 题

1. 试论述企业进行国际化经营的必要性。
2. 企业进入国家市场的方式有哪些?并分析影响国际市场的因素。
3. 简述母国经济环境和竞争结构对企业竞争力和国际化战略的影响。
4. 举例说明常见的多国公司的组织结构类型。

战略评价与选择

在前面三章我们介绍了企业可能选择的各种战略方案及这些战略适用的环境,事实上,在提出这些战略方案时,在一定程度上已包含了战略评估和选择的许多内容,这也正是在本书开始时我们强调不能将战略分析、战略选择和战略实施截然分开的原因。但这并不意味着在提出各种战略方案的同时也解决了战略评价与选择的所有问题。实际上,战略评价与选择是一个更为复杂的决策过程,它涉及战略评价标准、文化、利益相关者的期望,以及各种具体的评价指标和方法。更为重要的是,战略评价与选择的标准并不是绝对的,只具有相对比较的意义,而一个企业最终选择哪种战略既取决于它所处的环境和市场地位,同时也取决于它的文化,尤其是高层管理人员的思维习惯和个性。换句话说,战略评价和选择是一个管理评测问题,而并不总是一种纯逻辑和纯理性的行为。

本章将首先介绍战略评价的一般标准,然后再介绍一些具体的评价和选择方法,其中重点介绍处于不同竞争地位、行业生命周期不同阶段时的战略选择问题、战略选择矩阵,以及几种典型情况下的决策模型和方法,而对一般的财务分析方法和不常用的评价方法,本书只作简单介绍,有兴趣的读者可参阅有关财务分析和管理的书籍。

第一节 评价标准

战略评价与选择的主要标准有三个:适用性、可接受性和可行性。它们之间既有密切的联系,同时也有一定的区别,下面我们就来进一步讨论这些标准。

一、适用性

所谓适用性是这样一种评估标准,它用来评估所提出的战略对组织所处的环境的适应程度及与其自身资源的匹配性,还有它能否保持或加强组织的竞争地位。换句话说,一个适用的战略应该保持组织目标、资源条件与外部环境的一致性,这种一致性是选择战略时首先要考虑的标准。

在评估战略的适用性时,应主要考虑以下几个问题:

(1) 该战略将在战略分析中发现的问题,如企业在资源、能力和技术方面的劣势,以及外部环境威胁解决到什么程度。例如,该战略提高还是削弱了组织的竞争地位,增强还是削弱了企业与供应商和顾客的讨价还价能力,是否有利于对付来自新进入者和替代品的威胁。

(2) 该战略是否完全利用了组织的优势或环境所提供的机会,如一个技术水平很高的公司是否充分利用了其创新能力,一个善于规模营销的企业是否随着生产规模的扩大而在不断地开拓新的细分市场。

(3) 该战略与组织的使命和目标是否一致。例如,该战略的实施虽然明显改善企业的财务绩效,但它是否破坏了企业的长期形象,该战略是鼓励部门之间的合作还是竞争,它是否符合组织的思维方式和习俗。

二、可行性

所谓可行性是指组织有能力成功地实施既定的战略。换句话说,一个可行的战略应该是组织依靠当前拥有的资源和能力就可顺利实施且能达到既定要求的战略。在评价战略的可行性时,尤其需要注意以下一些问题:

(1) 是否有足够的物力和财力支持实施该战略。
(2) 是否具有有效竞争的技术和手段。
(3) 是否能够保证获得所需要的管理能力。
(4) 是否有能力达到所要求的经营水平。
(5) 是否能够取得所需要的相对竞争地位。
(6) 是否有能力处理竞争性活动。
(7) 当环境突然发生变化时,是否有能力处理危机事件。

三、可接受性

评估战略的第三个标准是可接受性,这种可接受性与人们的期望密切相关,因此,它带有更多的主观性。一些人认为"可接受"的战略对另外一些人可能就是不可接受的,尤其是在两者的期望相矛盾的情况下。因此,在很多情况下企业所选定的某种战略方案,实际上是不同利益集团讨价还价和折中的产物。在评估战略的可接受性时,应注意以下一些问题:

(1) 从利润率的角度看企业或组织的财务状况会发生怎样的变化,这种变化对资本结构和利益相关者的利益将产生怎样的影响。
(2) 会带来哪些财务和经营风险,这些风险产生的最重要影响是什么。
(3) 各部门、团体或个人的职位变化怎样,是否容易引起它们之间的矛盾和冲突,这种矛盾和冲突是否易于解决。
(4) 主要利益相关者以及社会公众是否接受所提出的战略,他们是否有能力阻止该战略的实施。

第二节 适用性分析和战略选择矩阵

一、组合分析

在第六章,我们主要讨论了企业的竞争战略,在多数情况下,这些战略主要涉及单个业务单位的活动,或者说主要是针对单一产品的战略。在第七章,我们虽然讨论了企业的一体化成长和多样化成长的问题,但并没有分析如何发现各战略业务单位的组合和均衡问题。而事实上,保持产品组合或各战略业务单位的均衡非常重要,它是企业得以生存和健康发展的重要前提。

在进行组合分析时,波士顿公司的份额-成长矩阵和通用电气公司的多因素业务组合矩阵不失为两种有用的办法。换句话说,这两种矩阵不仅有助于我们认识当前产品组合的状况(如第四章所述),而且可以提供战略选择的线索。毫无疑问,一个好的战略应该保持企业各战略业务单位之间的动态均衡,而不是顾此失彼。在用以上两种矩阵进行组合分析时,尤其应该考虑以下一些问题:

(1) 采用哪种战略最能保证将问号类产品转化为明星类产品,最终转变为现金牛。简言之,战略是否会使企业逐步在市场中占统治地位。

(2) 企业是否有了过多的明星类产品,对每一个明星产品是否都应该予以投资支持。由于它们需要大量的资金投入,企业是否有足够的现金牛产品来提供所需的资金。

(3) 在企业或组织内,维持各战略业务单位及部门之间活动的均衡非常重要,如果失去这种均衡,就会使一些团体严重地超额工作,而另外一些人却没有被充分地利用。同样,各战略业务单位和部门所掌握的设备和其他资源也将产生紧缺或闲置,结果大大降低企业的整体效益和效率。

(4) 矩阵还可以帮助识别收购对象和选择合适的收购策略。当通过收购来实现多样化成长时,如果能保证企业母合特征,关键成功因子和母合机会的匹配性,那么,某些问号和狗类产品也许是比明星和金牛类产品更理想的收购对象。

(5) 当企业通过纵向一体化和垂直多样化成长时,维持上、下游产品之间的组合均衡也很重要,它是各部分维持均衡生产的一个有力保证。

二、相对竞争地位和生命周期分析

如前所述,在一个特定行业中处于不同竞争地位的企业应采取不同的竞争战略,并应根据行业所处的生命周期阶段进行相应的调整,根据著名的管理咨询顾问阿瑟·D.利特尔(Arthur D. Little)的分析,企业的竞争地位大致可分为以下几类:

(1) 统治地位。处于这一地位的企业控制着其他竞争者的行为,并且在战略上有广泛的选择权,拥有第一位的市场占有率,可将其称为市场领先者。

(2) 有利地位。处于这一地位的企业可以采取不会危及自身长期地位的独立行动,有力量利用一些特定的战略,并且在改进它的地位上有超过一般企业的机会,可能拥有第二位市场占有率并希望获得更多的市场份额,可将其视为市场挑战者。

(3) 防守地位。处于这一地位的企业的经营业绩虽然还令人满意,但其存在和发展要受占统治地位的企业的制约和影响,在改进其地位的机会上少于处于有利地位的企业,这类企业总是试图维持它的市场份额,可将其称为市场追随者。

(4) 虚弱或无活力地位。处于这一地位的企业之经营业绩令人不满意,仅能利用有限的机会为那些其他企业不感兴趣的狭小细分市场提供产品或服务,或者必须退出原有的市场,采取放弃战略,可将其称为市场补缺者。

影响企业战略选择的又一个因素是行业所处的生命周期阶段,与产品的生命周期类似,一个企业或行业也要经历萌芽阶段、增长阶段、成熟阶段和老化阶段,每一阶段各有自己的特点,并对企业的战略形成制约。如处于萌芽期的行业特点是需求快速增长,技术变化加快,并且在不断吸引新顾客。相反,老化的行业需求下降,竞争者数目减少,并且产品种类很少。下面就来进一步分析处于不同竞争地位时企业应该采取的战略。

1. 市场领先者战略

尽管市场领先者在战略上有广泛的选择权,但这并不意味着它可以高枕无忧了,实际上,它必须提防其他企业,尤其是市场挑战者的各种进攻。当市场领先者的经营范围较小时,它可能难以抵御其他企业的绕道进攻,而若其经营范围过大,则又难以在所有产品市场上取得明显竞争优势,可能会受到其他企业的侧翼进攻。总之,其他企业经常会同市场领先者的实力挑战或者利用它的弱点,因此,为了继续巩固已有地位和保持现有优势,市场领先者必须在多方面做出不懈的努力。

第一,继续采取主动出击的策略。通过扩大总市场需求的办法来巩固和加强已有的竞争地位,因为总市场的扩大会给市场领先者带来最大的利益。其中最常用的战略就是密集性战略(见第七章),即领先者可以通过寻找其产品的新用户,或说服现有顾客更多地使用其产品来扩大销售。若行业处于萌芽期,企业很容易通过这种努力实现自然增长。

第二,采取坚守战略。通过各种预防措施保护自己的现有业务不受其他竞争对手的侵蚀,从而保证企业获得较丰厚的利润。

(1) 积极阵地和侧翼防御:通过各种多角化战略来保护现有产品的市场地位,如生产着世界将近一半的软饮料的可口可乐公司,通过进入酒类市场和兼并水果饮料公司等措施保护其现有地位;我国的杭州娃哈哈公司在保护其儿童饮料的市场地位时也采取了类似的战略;一家大的高档食品店可以通过销售和经营资源充足的廉价食品或增加新的品种、特定口味的食品来对付其他竞争者的介入。

(2) 先发制人或反击式的防御:在竞争对手发动市场进攻之前通过主动出击或心理攻势来使竞争对手处于防守地位或撤出它们的进攻力量,如当市场领先者知道有竞争者将建立一个工厂生产与自己相同的产品时,可以向竞争者发出自己企业将降低产品售价和扩大生产规模的战略信号以阻止其进入市场,尽管其本身并不一定真的降低价格和扩大生产规模。美国西北航空公司对付一家小航空公司的价格竞争是反击式防御的一个好例子。美国西北航空公司从明尼阿波立斯到亚特兰大的航线是一条最有利可图的航线,但一家小航空公司却发动了一次大幅度的机票削价和大量的广告宣传活动,以扩大其在这一市场的份额。美国西北航空公司的反击策略是降低明尼阿波立斯到芝加哥的机票价格,而这条航线恰是这家小航空公司收入的主要来源。由于主要的收入来源受到损害,这家小公司只得把其从明尼阿波立斯到亚特兰大的机票价格恢复到正常水平。有时,市场领先者可以通过较高的营销支出和地区扩张来阻塞竞争对手接近分销渠道或供应商的各种途径,甚至可以通过影响政府政策来提高行业的进入障碍以巩固其市场地位。值得注意的是,在需求下降的市场内,市场领先者可能需要通过收购竞争者来对付需求下降带来的威胁。

2. 市场挑战者战略

市场挑战者的市场地位虽然不如市场领先者那样强大,但它仍然可以通过灵活的战略去进攻市场领先者,以扩大自己的市场份额,当然,它也可能进攻实力较弱的企业同时保护自己的阵地不受后者的侵犯。在选择战略目标和竞争对手以后,市场挑战者就可以采取某些方式攻击已选定的目标。

第一,正面进攻。所谓正面进攻是指集中兵力向对方的实力而不是其弱点发起攻击,当企业具有比对方更强的竞争实力或市场领先者没有明确的防御战略时,就可以针对对手的产品、价格和促销等发动攻击,如通过发动降价和产品创新等夺走其市场份额。例如,在 1996 年至 1997 年上半年,针对我国计算机市场上外国品牌价格过高,而众多小的"攒机商"的产品质量差的格局,联想公司连续六次较大幅度地降低价格,从而大大提高了其市场占有率。我国的长虹集团在对付国外品牌的竞争时,也采取过同样的战略。

第二,侧翼进攻。所谓侧翼进攻是指"集中优势兵力打击对方弱点"的战略。市场挑战者采取这种战略攻击领先者时首先要对市场进行细分,然后再根据细分市场的特点去组织自己的生产和销售。如通过市场开发去占领一些市场领先者无暇顾及或力量薄弱的地理区域,或者通过产品创新寻找未被市场领先者服务所覆盖的市场需求,如北京海燕——优美加体育器材有限公司通过开发生产标准美式台球桌去满足机关团体、学校等快速打法的需求,与市场领先者——星伟体育用品有限公司开展竞争。

第三,绕道进攻。所谓绕道进攻是指避开竞争对手现在已占有比较稳固地位的产品市场,而用某种方式开发一个自己具有某种优势的市场,它是一种最间接的进攻战略。绕道进攻战略可以以不同的方式实现,如通过多样化来经营无关联产品,向市场领先者发起不被其注意和警觉的攻击,或者通过开发新的技术或工艺的办法,而获得进攻的优势。采取这一战略的主要目的是在自己实力不如竞争对手的情况下避免与其发生正面冲突,而是通过间接的方式去积蓄力量,待时机成熟时再向对手发动全面进攻。

3. 市场追随者战略

处于防守地位的企业和市场挑战者在没有把握的情况下最好选择追随市场领先者而非进攻它的战略。在某些资本密集的同质产品行业,如钢铁、肥料和化工,由于产品差异化和形象差异化的机会很低,服务质量常常相仿,而且价格的敏感性很高,任何试图抢占市场份额的努力都很容易招来对方的报复,所以,市场追随者应当仿效市场领先者,为顾客提供相似的产品或服务。

市场追随者的追随方式可分为三类:一是紧紧追随,即在尽可能多的细分市场中模仿市场领先者,并不积极地通过产品创新和促销去刺激市场需求,它们要做的仅仅是模仿领先者的产品或服务;为了实现上述目标,追随者最好在行业增长阶段进入行业,这是因为在这一阶段市场领先者不能或不愿满足那么多的需求。美国 20 世纪 80 年代早期家庭计算机系统的增长和扩散,我国 90 年代中期个人计算机和 BP 机、手机销售的快速增长都是很好的例子。在增长速度很快的行业内,追随者一般都能通过模仿市场领先者的战略而得到很好的发展,东方通信的快速成长就是这方面的典型例子。二是保持一般距离的追随,即追随者并不是在所有细分市场上效仿领先者,而只是在主要市场、价格和分销上追随领先者。三是有选择地追随,即追随者在某些产品上紧跟领先者,但在另外一些方面又有自己的特点和创新,事实上,在成熟的行业内,追随者能够采取的最好战略是差异化战略,以避开与市场领先者的竞争。在需求下降期间,这种战略尤为重要。如前所述,这是日本企业在全球化过程中常采用的一种战略。采取这种战略的企业常常能成长为未来的挑战者。

还应该看到，市场追随者虽然处于防守地位，并常常采取追随而非进攻的战略，但正因为如此，它们往往在市场份额较低的情况下有较高的盈利，这是因为它们可以不必冒产品开发的风险，从而降低了产品成本。我国的很多小型企业都曾成功地采用过这一战略。

4. 市场补缺者战略

这是处于虚弱和无活力地位的企业为维持生存或在撤出市场前为避免更大损失而常采取的一种战略。所谓市场补缺是通过专业化，即市场集中战略为那些可能被大企业忽略或放弃的狭小市场提供产品或服务。而专业化可以通过多种方式来实现，如将目标集中在特定种类的产品，特定的顾客群体或特定的地理区域（见第六章）。如果通过市场补缺还不能奏效，处于这一地位的企业，尤其是当行业处于成熟阶段时可能需要采取放弃战略或收获战略，即退出现有业务领域或短期内尽可能增大利润，然后再逐步退出市场。

三、几种战略选择矩阵

本节前面两部分分别从产品组合角度和企业相对竞争地位出发分析了企业的战略选择和评价问题，实际上，企业还可以根据自身的优势和劣势，相对市场竞争地位的强弱，外部环境带来的机会与威胁，市场增长的快慢，以及企业筹集资源方式的不同组合，来选择相应的战略，下面就来介绍常用的三种战略选择模型。

1. SWOT 模型

如本书第四章所述，SWOT（Strengths Weaknesses Opportunities Threats）分析是一种广泛使用的战略分析和选择方法。在用该方法选择战略时，要对企业内部的优劣势和外部环境的机会与威胁进行综合分析，尤其需要将这些因素与竞争对手加以比较，只有这样，才能最终选出一种适宜本企业的战略。

通过 SWOT 分析评价和选择战略的具体做法是：依据企业的目标列出对实现这一目标有重大影响的内部及外部环境因素，然后根据一定的标准对企业在这些方面的情况进行比较评分，以判定企业在某一方面与竞争对手相比是处于优势还是劣势。外部环境变化给企业带来的是机会还是威胁，据此可对企业的状况做出大致的判断，如图 9-1 所示。根据这一模型，当企业处于第Ⅰ象限，即外部有众多机会，又具有强大内部优势时，宜采用成长型战略；若企业处于第Ⅱ象限，即外部虽有机会，但内部实力不佳，可先采用巩固战略，然后再采取成长型战略；若企业处于第Ⅲ象限，即外部有威胁，内部状况又不佳，则应采取收缩型战略；若企业拥有较强的实力，而外部却存在一定威胁（处于第Ⅳ象限），宜采用多样化战略分散风险，寻求新的机会。

2. 以资源分配为基础的战略选择矩阵

这是企业可以采用的又一种战略评价与选择模型，与上一种模型不同的是，在评价企业的优劣势以后，这一模型不是根据外部的机会和威胁，而是通过调整资源筹措和配置方式来选择适合的战略，如图 9-2 所示。

根据这一模型，若企业处于第Ⅰ象限，即当前的实力有限，所经营的业务增长机会有限或风险太大，则应采取纵向一体化战略来减少原材料供应或向产品下游延伸的不确定

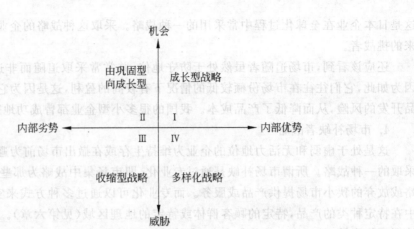

图 9-1　SWOT 选择模型

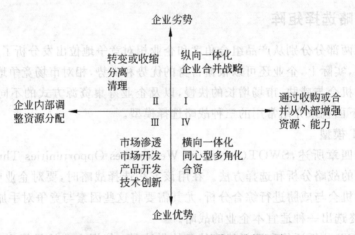

图 9-2　以资源分配为基础的战略选择矩阵

性带来的风险,或采用其他合并战略,这样既能获利,管理部门又不用转移其对原有经营业务的注意力。但必须注意的是,从外部获得资源和能力耗费的时间和资金量都很大,因此,必须防止克服一种劣势时又造成另一种劣势。

若企业处于第Ⅱ象限,可以采取较保守的办法来消除企业的劣势,即将业务范围进行收缩,将资源集中于有竞争优势的业务。尤其是当某种业务劣势已对企业构成重大障碍或克服这一劣势耗费甚大或成本效益太低时,必须考虑采用分离战略,把这种业务分离出去,同时获得补偿。当该项业务已经白白耗费组织资源并可能导致企业破产时,可考虑采取清理战略。

若企业处于第Ⅲ象限,即一方面企业拥有相当优势,且需要扩大生产规模来达到规模经济和一定的市场份额,同时又能从内部增加所需要的资金投入和其他资源,则可以从市场渗透、市场开发、产品开发及技术创新中选择一种战略。

若企业具有优势,而且可以通过向外部积极扩大势力范围以进一步增强企业优势,则可以从横向一体化、同心型多角化或合资等战略中进行选择。

3. 战略聚类模型

它是由小汤普森(A. A. Thompson Jr.)和斯特里克兰(A. J. Strickland)根据波士顿矩阵修改的一种战略聚类模型,如图9-3所示。

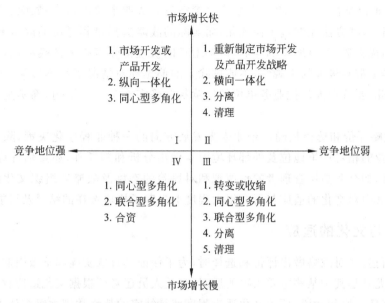

图 9-3　战略聚类模型

按照这一模型,象限 I 中的企业处于最佳战略地位,宜继续集中力量经营现有的业务,不宜轻易转移其既有的竞争优势。但如果企业资源除扩大现有业务外还有剩余,则可考虑采用纵向一体化或同心型多样化战略。

象限 II 中的企业必须认真评估其现有战略,找出绩效不佳的原因,判断有无可能使竞争地位转弱为强,四种可能的选择是重新制定市场开发或产品开发战略、横向一体化、分离和清理。一般说来,在迅速增长的市场中,即使弱小的企业也往往能找到有利可图的机会,因此应首先考虑重新制定市场开发或产品开发战略。如企业通过上述措施仍无力获得成本效益,则可考虑采取一体化战略,若再无力增强竞争地位,可考虑退出该市场或产品领域的竞争。若企业生产的产品品种较多,则可分离出耗费大、效益低的业务。最后,当某些业务很难盈利时,可以采取清理战略,以避免拖延造成更大的损害。

若企业处于第 III 象限,即相对竞争地位较弱,同时面对一个增长较慢的市场,那么企业可以采用如下几种战略:转变或收缩、同心型多角化、联合型多角化、分离和清理。其中收缩战略既能得到转移投资所需资金又能促使雇员提高工作效率;同心型或联合型多角化战略便于企业进入有前途的竞争领域。如果能找到持乐观态度的买主,则可以采取分离或清理战略。

若企业处于第 IV 象限,即企业的相对竞争地位较强,但市场增长却比较缓慢,那么,可以采用同心型或联合型多角化战略来分散经营风险,同时利用原有的竞争优势。在这种情况下,跨国经营的企业最好采取合资战略,通过与东道国企业的合作,可以开拓有前途的新领域。

4. 几种战略选择模型应用的局限性

尽管上述三种模型为企业管理人员提供了战略选择的思路和框架,但在实际应用中仍有一定的局限性,这主要体现在两个方面:

(1) 三种模型都是采用两个维度将决策空间分成四个象限,每一象限分别对应于一套标准战略,这种方法显然过于模式化,而实际的战略选择过程考虑的因素要复杂得多,而且企业的优劣势、竞争地位的强弱、市场增长的快慢都带有很大的模糊性,决策人员打分加权也难免带有极大的主观性,不能排除人的偏见和对情况了解不够深入或判断失误的影响,因此,要管理人员把业务单位的经营状态确定在某个象限内,确实是一件极为困难的工作。

(2) 战略评价和选择是确定企业未来发展方向的一种非程序化决策,除了要对市场增长率、企业的相对竞争地位及外部环境因素做出分析和判断外,还要估计许多非理性、非计量因素,如企业高层管理者的价值观和对风险的态度及战略对组织文化的适应程度等的影响,其中对文化的适应与否在很大程度上决定了战略选择的结果及可能性。

四、战略与文化的适应

如上所述,在对战略做出评价和选择时,为了保证其有效实施和不致引起组织中多数人的反对,尤其是其中某些重要人物的反对,有关人员还必须根据文化适应程度来评价一个战略的好坏。换句话说,所谓文化适应程度就是特定的战略类型被组织认可的程度,这对一些专门从事战略管理咨询的公司尤其重要。但是这并不是说组织文化应该成为战略选择的先决条件。实际上,组织领导者一个很重要的任务就是保持组织文化与战略之间的动态适应性。一方面,在评价和选择战略时,要考虑在当前情况下人们对某一选定战略的理解和支持程度;另一方面,又能说服人们理解战略变革的必要性及它会给企业或组织带来哪些益处,从而调整组织的文化和行为。

决定组织文化怎样影响战略评价和选择的一个重要因素是组织所处的生命周期阶段。在第十章,我们将要看到一个企业或组织同样也要经历不同生命周期阶段。Schein 和 Gerry Johnson 等人较好地分析了组织的生命周期、文化和战略三者之间的关系,他们的主要研究结果概括在表 9-1 中,值得指出的是,将三者综合起来进行分析有助于找到一种既符合组织文化又符合战略逻辑的战略。

表 9-1 组织的生命周期、文化和战略之间的关系

组织的生命周期阶段	主要文化特点	对战略选择的要求
1. 萌芽阶段	1. 内聚的文化 2. 以创建者的信仰为主 3. 不主张外人的帮助	1. 试图不断地成功 2. 喜欢相关的开发
2. 增长阶段	1. 文化内聚性减弱 2. 产生不匹配性和关系紧张	1. 常常可以多样化 2. 容易兼并其他企业 3. 要求结构性变革 4. 需要保护新的开发

续表

组织的生命周期阶段	主要文化特点	对战略选择的要求
3. 成熟阶段	1. 文化习俗化 2. 产生文化惯性 3. 战略变革可能受到排斥	1. 喜欢相关的开发 2. 渐进主义受到欢迎
4. 下降阶段	1. 文化变成一种保护	1. 有必要重新调整战略却很难调整 2. 有必要取消部分或全部产品或业务

1. 萌芽阶段

当组织处于萌芽阶段时，其文化主要反映了创建者的信仰。一旦组织存活下来，这些个人信仰就深深地嵌入到组织之中并在一定时期决定了组织的发展类型。这些核心信仰将组织成员凝聚在一起，并成为其核心能力的重要组成部分。组织通常会去寻找符合这一文化的发展道路。例如，联想集团在创业时是靠贸易和计算机服务起家的，所以其总裁柳传志认为中国的高技术企业应该走贸工技的发展道路，这一信仰直到今天还深深地影响联想集团的战略选择。而联想集团的核心能力之一——规模营销的形成也与此有密切的关系。而北京的另一高技术企业亚都科技股份有限公司是靠开发加湿器起家的，所以该公司的创始人何鲁敏具有强烈的技术开发和产品开发意向，这一信仰同样长期地影响到亚都公司的战略选择。对处于萌芽阶段的组织来说，其文化的内聚性还阻止其他机构来帮助和提醒它们，即使当非常需要帮助时也是如此。

2. 增长阶段

一般说来，组织文化在增长阶段会因环境不同产生不同的变化，但仍然有一些共同的特点：

(1) 在萌芽阶段形成的文化内聚性渐渐分散到亚文化之中，而每种亚文化都偏爱选择适于自己的不同发展方式，因此，在这一阶段，公司或组织的历史基础对未来的选择没有什么指导作用。在这一阶段，可以允许一定程度的分散化，以保护这些亚组织之间的和平共处。

(2) 在增长阶段，会有许多新人员进入组织，并开始出现中级管理人员。进而，这又在组织内部形成多样化的预期，并促进了某个占统治地位的文化的扩散，形成了对某类战略的偏好，恰如联想集团在过去一段时期倾向于代理，而亚都公司倾向于产品开发。

(3) 许多公司认为：在追求低风险的官僚文化氛围内很难采用促进组织增长的成长型战略，因此，他们要么放弃这样的发展，要么下决心在主体结构之外采取这种战略。

3. 成熟阶段

当组织处于成熟阶段时，其文化已经趋向于习俗化，以致人们已经意识不到它的存在，或者很难用一种方法来将其概念化。作为一种共同规律，成熟期的组织可能更喜欢那些对当前的状况变动最少的发展方式。虽然从文化的角度看，采取渐进式的战略比较容易，但如果外部环境变化非常迅速，那么，这种发展方式可能是不适合的，易于失去发展的机会和无力对付可能的威胁。

但是，另一方面，文化的习俗化却有助于推进当前的战略，因为在这种情况下，组织中大多数人对当前战略有很高的认同感，因此，战略的实施比较容易。

4. 下降阶段

当组织处于下降阶段时,内聚的文化可能是其应付不利环境的一个主要工具。在这种环境下,企业面临着减少生产、放弃市场或者从产品市场中退出的选择,而这些产品市场已深深地嵌入到组织的文化之中。因此,在这种情况下做出战略调整是一项非常困难的工作,有时不得不借助外部力量的介入,如将企业卖给另一个企业等。

第三节 评估可接受性和可行性的模型和方法

本章第一节我们简要介绍了战略的评价标准,第二节主要讨论了战略的适用性评价问题,即如何保持战略与组织环境和自身资源三者之间的匹配性,并介绍了几种战略选择模型,本节将分析评价战略可行性和可接受性的一些更详细的方法,如投资收益分析、成本效益分析以及现金流分析等,由于许多方法同时适用于评价战略的可行性和可接受性,所以将它们放在一起加以讨论。而且需要记住,其中很多方法也是企业日常经营决策中经常使用的方法,不要将战略选择和评估与一般的经营决策完全割裂开来,后者是前者的延伸和细化,也是战略评估的一个重要方面。

根据企业所要决策的问题所处的环境和条件,可以把企业面临的战略决策(也可以是战术决策)分为几种基本类型,如表9-2所示。

表9-2 决策的基本分类

分类标准	类 型	特 点
决策问题所处的环境和条件	确定型决策	一种方案只有一种结果
	风险型决策	存在不可控因素,一种方案会出现几个不同的结果,但其结果可以按客观概率来确定
	非确定性决策	一个方案所出现的结果是不确定的

下面就按以上几种决策类型来讨论战略的可行性和可接受性问题。

一、确定型决策

1. 简单决策法

如前所述,所谓确定型决策问题是指可以收集到准确的数据和信息,每种方案的执行仅有一种结果的一类决策和选择问题,因而最优决策就是从全部可能方案中选择出能实现企业既定目标的最好方案。其中变量数目少的离散型控制变量的决策比较直观,仅有几个或十几个可行方案,且每个方案的结果都能明确地反映目标的实现程度,因此只用简单的判断就可以找到最优方案。

例9-1 某民营企业拟有A、B、C三种产品准备投产,即有三种可能的投产方案,分别记为A、B、C。该企业估计三种产品未来的市场销售前景都有景气、普通、不景气三种情况,分别记为P_1、P_2和P_3,各种情况下的收益估计值如表9-3所示,问该企业应优先生产哪种产品?

表 9-3　三种产品的收益估算表　　　　　　　　　　　　　　(万元)

方　　案	P_1(景气)	P_2(普通)	P_3(不景气)
A(投产 A)	280	230	160
B(投产 B)	370	420	180
C(投产 C)	720	360	130

解:若该民营企业有足够的数据和信息确定三种产品未来的市场情况都是"景气",即为确定情况下的决策,这时显然应采取第三方案,即优先投产产品 C,年获利 720 万元。而如果确定 A、B、C 三种产品的未来市场情况分别是景气、普通和不景气,则应先投产 B 产品。

2. 盈亏临界点分析法(或极值法)

上例给出的是离散型控制变量在确定情况下多方案和优选问题,对于连续型控制变量在确定情况下的最优决策问题,只要某一方案的生产成本或利润可用某一函数来表达,那么,通过盈亏平衡临界点分析或求极值方法就能获得最优方案。

所谓盈亏临界点分析就是通过对成本、销售量和利润三者之间相互关系的分析,确定企业盈亏平衡时的产量,或在市场需求充足前提下的最大利润的数学方法,它还可用来进行多种生产方案下的决策比较。

盈亏平衡与最大利润时产量的求解

盈亏平衡时的产量可由盈亏平衡条件下的利润公式:

$P=R-C=SQ-(F+VQ)$ 中令利润 $P=0$ 得到:记为 Q_0,则有

$$Q_0 = \frac{F}{S-V} \tag{9-1}$$

式中,Q_0 表示盈亏平衡时的销售量;F 表示固定成本;$S-V$ 表示单位边际贡献;S 表示单位产品售价;V 表示单位产品平均变动成本。

最大利润时的产量可用总利润函数对产量求极值的方法得到,即解微分方程式 $\frac{dP}{dQ}=0$ 求出产量来。

例 9-2　某一企业生产的一种产品销售价格为每吨 30 元,其生产总成本可用非线性函数 $C=2x^2+6x+40$(x 为产量,单位为万吨)表示,试求盈亏临界点与最大利润额。

解:(1) 求利润函数

已知 $C=2x^2+6x+40$,总销售收入 $R=30x$,则:

$$P=R-C=30x-(2x^2+6x+40)$$
$$=-2x^2+24x-40$$

(2) 求盈亏临界点。

令 $P=0$ 解二次方程式：
$$-2x^2+24x-40=0$$
$$x_1=2(万吨)$$
$$x_2=10(万吨)$$

它们分别称为盈亏临界点与利润限制点，在区间 (2,10) 内为盈利区。

(3) 求最大利润时的产量。

由 $\dfrac{\mathrm{d}P}{\mathrm{d}x}=0$ 得

$$-4x+24=0$$
$$x=6(万吨)$$

即当产量为 6 万吨时企业可获最大利润 32 万元。

3. 实现一定目标利润时的产量公式和多品种决策

利用利润公式还能确定一定利润目标时的产量和进行多方案比较。由 $P=SQ-(F+VQ)$ 得到

$$Q=\frac{F+P}{S-V} \tag{9-2}$$

当给出两个可行方案，且其固定成本分别为 F_1 和 F_2，单位变动成本分别为 V_1 和 V_2，若要决定产销量达到多少才进行品种转换时，可通过成本相等的原理求出。即 $C_1=F_1+V_1Q, C_2=F_2+V_2Q$，且将 $C_1=C_2$ 时的产销量记为 Q_0，则有

$$Q_0=\frac{F_1-F_2}{V_2-V_1} \tag{9-3}$$

例 9-3 某一小企业生产 A,B 两种产品，A 产品的固定成本为 20 000 元，单位产品变动成本为 100 元/吨，B 产品的固定成本为 25 000 元，单位产品变动成本为 50 元/吨，问在哪种情况下生产 A 产品，哪种情况下生产 B 产品？

解：先求出两种方案各自的总成本，然后代入式 (9-3) 求出方案的转折点。

$$C_A=F_A+V_AQ=20\,000+100Q \tag{9-4}$$
$$C_B=F_B+V_BQ=25\,000+50Q \tag{9-5}$$

当 $C_A=C_B$ 时，

$$Q_0=\frac{F_A-F_B}{V_B-V_A}=\frac{20\,000-25\,000}{50-100}=100(吨)$$

此时的总成本

$$C_0=F_A+V_AQ_0=20\,000+100\times100=30\,000(元)$$

比较式 (9-4) 和式 (9-5) 可知，式 (9-4) 表示的直线有较大的斜率，即是说，在临界产量 100 吨以下，生产 A 产品是较好的方案，而在 100 吨以上，则生产 B 产品较为合适。

二、风险型决策

1. 风险型决策的基本要素

众所周知，由于环境和市场需求的不确定性，经营管理人员很难确知哪一种结果肯定

发生或不发生,但却能够根据过去的经验和一定的信息,估计未来某种状态发生的可能性大小(概率)。换句话说,尽管决策者无法确知未来将是哪种情况,但对他所选择的方案在执行后可能发生的状态有一定的信息,能根据过去的统计资料分析出各种状态发生的概率。正因为在这种情况下,决策要承担一定的风险,并且这类决策问题又非常普遍,所以,风险型决策已成为现代决策理论研究的中心。风险型决策包含以下基本要素。

1) 状态变量

决策时所面临的几种自然情况或客观外界条件的所有可能结果称为状态变量,又称为自然状态,记为 $Q_j(j=1,2,\cdots,l)$。状态变量是一种不可控因素,它的存在不以决策者的主观意志为转移。状态变量出现的概率用 $P(Q_j)(j=1,2,\cdots,l)$ 表示,由于它是一种概率,因此满足:

(1) 状态变量的概率在 $[0,1]$ 之间,即
$$0 \leqslant P(Q_j) \leqslant 1 \tag{9-6}$$

(2) 所有状态变量的概率之和等于1,即
$$\sum_{j=1}^{l} P(Q_j) = 1 \tag{9-7}$$

2) 行为变量

决策者所采取的可能行为称作行为变量,或行动方案,它是决策者可以控制的因素,记为 $A_i(i=1,2,\cdots,m)$,决策时要求行动方案为两个以上,如果仅有一个行动方案,就无所谓决策了。

3) 收益函数

我们把在某一自然状态 $Q_j(j=1,2,\cdots,l)$ 下采取某种行动方案 $A_i(i=1,2,\cdots,m)$ 可能产生的结果,如盈利、费用和损失等称为收益函数,记作 $V=V(A_i,Q_j)(i=1,2,\cdots,m; j=1,2,\cdots,l)$,其中 V 表示价值,通常以货币作为衡量标准。收益函数又称为风险值或损益值。

明确了风险型决策的基本要素以后,下面介绍风险型决策的常用方法及其灵敏度分析。

2. 最大概率法

所谓最大概率法是指在风险型决策问题中,选择一个概率最大的自然状态进行决策,把所要决策的问题当成确定型决策一样进行。换句话说,即把发生的概率最大的自然状态看作必然事件,而把其他的自然状态看作不可能事件,这样,风险型决策便成为确定型决策了。

例 9-4 某玩具企业生产自动玩具,现有三种生产方案可供选择:一是按原设备和工艺继续生产;二是对原有设备和工艺进行改造;三是从国外引进新设备。该企业对自动玩具市场销路的预测是销路好、一般、差发生的概率分别是 0.4、0.5、0.1,三种情况下可能取得的条件盈利估算值如表 9-4 所示,试用最大概率法决策选择哪一种方案?

表 9-4　条件盈利表　　　　　　　　　　　　　　　　　　　　　　　　（万元）

行动方案	Q_1（销路好） $P(Q_1)=0.4$	Q_2（销路一般） $P(Q_2)=0.5$	Q_3（销路差） $P(Q_3)=0.1$
A_1（按原设备和工艺）	30	18	10
A_2（设备改造）	40	22	8
A_3（引进设备）	50	26	10

解：由题意知，自然状态为销路好（Q_1）、销路一般（Q_2）、销路差（Q_3）三个，行动方案也有三个。根据市场预测，概率最大的自然状态为销路一般（Q_2），在销路一般的情况下比较三个方案的盈利值可知，应当选择从国外引进新设备的方案，每年可获利 26 万元。

3. 期望值法

所谓期望值法就是通过比较每个行动方案的数学期望来确定最优方案。由概率论与数理统计理论可知，离散型随机变量的数学期望等于随机变量的取值与其相应概率乘积之和，连续型随机变量的数学期望等于随机变量与其概率密度函数在其相应区间上的积分。对于离散型随机变量，期望值法的一般公式为

$$E(A_k) = \sum_{j=1}^{l} V_{kj} P(Q_j) \quad (k=1,2,\cdots,m) \tag{9-8}$$

式中，$E(A_k)$ 表示第 k 个方案的损益期望值（数学期望）；$P(Q_j)$ 表示第 j 种状态发生的概率；V_{kj} 表示 k 种方案，在第 j 种自然状态下的损益值；l 表示自然状态数；m 表示行动方案数。

在应用期望值法进行决策时，如果决策目标是效益最大，则取期望值最大的方案；如果决策目标是损失最小，则应取期望值最小的方案。由于所决策的问题的复杂性不同，期望值法可以有不同的应用形式。

1）期望值表法

期望值表法是利用表格形式，把每种行动方案的期望值列出来进行比较，并最后进行决策。

例 9-5　某公司为了生产一种新产品，需要选择建厂规模，若已知该产品销路好、一般、差的概率为 0.5、0.3、0.2，建大、中、小型厂的获利情况如表 9-5 所示，试用期望值表法选择建厂方案。

表 9-5　条件盈利表　　　　　　　　　　　　　　　　　　　　　　　　（千元）

行动方案	销路好（Q_1） $P(Q_1)=0.5$	销路一般（Q_2） $P(Q_2)=0.3$	销路差（Q_3） $P(Q_3)=0.2$	损益值的期望值 $E(A_i)$
A_1（大企业）	40	25	18	
A_2（中型企业）	30	30	12	
A_3（小企业）	20	22	20	

解：根据各种自然状态发生的概率和各方案的损益值，计算出各方案的损益期望值并进行比较，然后选取获利最多（即期望值最大）的方案。

由表 9-5：
$$E(A_1)=40\times0.5+25\times0.3+18\times0.2=31.1(千元)$$
$$E(A_2)=30\times0.5+30\times0.3+12\times0.2=26.4(千元)$$
$$E(A_3)=20\times0.5+22\times0.3+20\times0.2=20.6(千元)$$

通过以上期望值的比较可知，$E(A_1)=31.1$ 千元为最大，因此应采用第一方案，建大型企业为宜。

由上例可知，根据期望值表法进行决策的步骤是：

(1) 广泛收集与决策问题有关的各种资料和信息，分析可能出现的自然状态，并且根据积累的统计数据确定各种可能自然状态的概率。

(2) 列出主要的行动方案，并且利用企业的有关数据和科学方法计算出不同行动方案在各种自然状态下的损益值。

(3) 列出决策表，计算各方案的期望值，并从中选择最好的方案。

从以上期望值表法决策的过程中可以看出，它利用了数理统计规律，因而比凭直观感觉或主观想象和判断决策更加科学和合理。按照期望值法进行风险型决策是一种有效的常用方法，应引起民营企业有关管理人员的重视。

2) 决策树法

前述的期望值表法虽然比较简单，易于掌握，但它不适用于比较复杂的决策，尤其是多级决策。在这种情况下，采用决策树法比较合适。所谓决策树法是把各方案计算出来的期望值以图解的形式给出，然后通过逐步的取舍选择出最优方案。由于这种图形很像树枝，因此名为决策树。

A. 构成决策树的要素

(1) 决策节点与方案分枝。用来表示决策结果的节点称为决策节点，以矩形符号表示。从决策节点引出的若干条直线称为方案分枝，在方案分枝上要标明方案名称。分枝数反映可能的行动方案数。决策者应在决策节点，从若干行动方案中选择最优方案。

(2) 状态节点与概率分枝。用来表示不同自然状态的节点称为状态节点，以圆圈符号表示。从状态节点引出的若干条直线称为概率分枝，在每条分枝上要标明该自然状态的名称及其发生的概率。分枝数反映可能的自然状态数目。

(3) 结果节点与损益值。表示某种方案在某自然状态下所得到的盈利或损失值的节点称为结果节点，以三角形符号表示。在结果节点的旁边要标明其损益值的具体数值。若为多级决策，则在概率分枝末端再标上新的决策节点，并由此引出若干方案分枝及由各方案分枝分别引出概率分枝，直至结果节点为止。

(4) 菱形节点与附加条件。用来表示或反映某方案附加输入条件的节点称为菱形节点，以菱形符号表示。比如，各个方案的投资额就属于附加条件，它一般标注在该方案箭线的垂直位置上。

B. 利用决策树法进行决策的一般步骤

第一步，绘制决策树。与期望值表法一样，决策人员首先要广泛收集与决策问题有关的各种信息，分析可能出现的自然状态，列出主要的行动方案，然后将它们用图形反映出来。绘图时从左到右,一步步分析。为了清晰起见,最好将节点按自左向右的顺序逐一编号(菱形节点除外)。

第二步,根据积累的统计数据或有关人员的估算确定各种可能自然状态发生的概率,并将其数值标在决策树的相应概率分枝上。

第三步,利用企业的有关数据和科学方法计算出各方案在每种自然状态下的损益值,使之尽量符合实际。计算的结果要标注在相应的结果节点上。若有投资估算等外加的输入条件,则用菱形节点在相应方案分枝上标注清楚。

第四步,计算损益期望值。由决策树的结果节点开始,以从右向左的顺序,计算每种自然状态的期望值。遇状态节点时,计算各概率分枝的期望值之和,标于状态节点上。遇决策节点时,则将状态节点上的数值与其前面方案分枝上菱形节点的数值相加,哪个方案分枝汇总以后的数值,相对于决策目标来说是最好的,就把它的数值写在决策节点上。

第五步,剪枝。所谓剪枝就是进行方案的优选。在剪枝时,要从右向左逐一进行比较。凡是状态节点值与菱形节点汇总后的数值小于决策节点上数值的方案要剪掉,用记号"卌"表示(在方案分枝上画两条短线),称为剪枝方案。剪枝后剩下的一条贯穿始终的方案即为最优方案。

C. 决策树的分类

决策树按其决策级数可分为单级决策和多级决策。前者是指仅含有一个决策节点的决策,而后者是指包括两级以上决策节点的决策。

例 9-6 某日化企业为生产新型化妆品提出三个方案,第一方案投资 300 万元,第二方案投资 200 万元,第三方案投资 150 万元,三个方案的使用期均为 10 年。设企业估计该化妆品销路好的概率为 0.7,差的概率为 0.3,三个方案的年度损益表如表 9-6 所示,请用决策树法进行决策。

表 9-6 年度损益值表 (万元)

行动方案	销路好(Q_1) $P(Q_1)=0.7$	销路差(Q_2) $P(Q_2)=0.3$
A_1(第一方案)	120	−40
A_2(第二方案)	100	−20
A_3(第三方案)	80	−10

解:(1) 绘制决策树。本题虽有三个方案,但因仅有一个决策节点,所以属单级决策。决策树如图 9-4 所示。

(2) 计算各点的期望值。若给出使用寿命 n_k,由式(9-8),则各点的期望值计算公式为

$$E(A_k) = \left[\sum_{j=1}^{l} V_{kj} P(Q_j)\right] \times n_k \quad (k=1,2,\cdots,m) \tag{9-9}$$

式中,符号意义与式(9-8)相同。

于是点 2:$(120\times0.7-40\times0.3)\times10=720$(万元)

点 3:$(100\times0.7-20\times0.3)\times10=640$(万元)

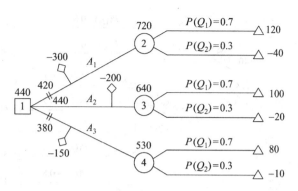

图 9-4 单级决策树

点 4：(80×0.7−10×0.3)×10＝530(万元)

三个方案比较,第一方案利润为 420 万元,第二方案为 440 万元,第三方案为 380 万元,故剪掉第一方案和第三方案,选择第二方案。

例 9-7 某国有企业拟对某产品的生产工艺进行改造,有两种方案可供选择:一是从国外进口设备,购买费为 30 万美元,估计谈判成功的可能性为 0.7；二是自己开发研制设备,研制费为 15 万美元,估计成功的可能性为 0.6。不论是谈判还是研制成功,生产规模都考虑增产和产量不变两个方案,如两者都失败,仍采用原工艺进行生产并保持原来的产量不变。

根据市场预测,估计该产品销路好的可能性是 0.8,销路差的可能性是 0.2,通过估算得到各方案在各自然状态下的损益值如表 9-7 所示,问企业应作哪种决策?最优期望值是多少?

表 9-7 损益估计值 (万美元)

行动方案		销路好(Q_1) $P(Q_1)=0.8$	销路差(Q_2) $P(Q_2)=0.2$
按原工艺生产		60	40
进口装置	产量不变	120	60
	增加产量	200	80
自行研制	产量不变	100	70
	增加产量	180	100

解:本题为多级决策,需考虑两个决策节点,选取进口设备与自行研制两种方案的决策为第一决策节点,产量不变与增加产量两种方案的决策为第二决策节点。

(1) 绘制二级决策的决策树如图 9-5 所示。由图 9-5 可知,本题既要在点 5 和点 6 做出产量不变或增产的决策,又要在点 1 做出进口装置还是自行研制的决策。

(2) 将各节点从左向右,从上到下逐个进行编号并标出各概率分枝的状态概率及结果节点的损益值。

(3) 从结果节点开始从右向左计算期望值,对 A_1 方案,有

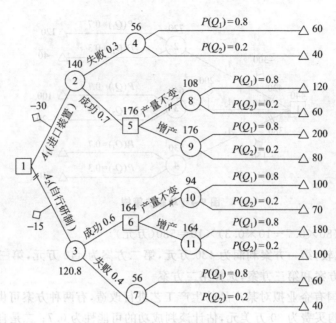

图 9-5 二级决策树

点 4：$60×0.8+40×0.2=56$（万美元）

点 8：$120×0.8+60×0.2=108$（万美元）

点 9：$200×0.8+80×0.2=176$（万美元）

对 A_2 方案，有

点 10：$100×0.8+70×0.2=94$（万美元）

点 11：$180×0.8+100×0.2=164$（万美元）

点 7 与点 4 相同，将所得到的期望值标注在各状态节点上。

(4) 选择最优方案。由点 8 及点 9 的损益值比较可知，点 9 的期望值大（176＞108），因此，剪掉产量不变的方案，并将点 9 的数值移到点 5 上。同理，将 A_2 方案分枝上产量不变的方案剪掉并将点 11 的数值移到点 6 上。于是

点 2：$0.3×56+0.7×176=140$（万美元）

点 3：$0.4×56+0.6×164=120.8$（万美元）

最后将点 2 的期望值与点 3 的期望值减去投资后进行比较可知：$140-30＞120.8-15$。

因此，在所给定的条件下，应选择购买进口设备并增加产量的方案。

4. 风险型决策的灵敏度分析

从前面的叙述和计算可知，风险型决策的决策结果是否准确取决于我们能否准确确定自然状态的概率和相应的损益值。因此，在选出最优方案后要进行灵敏度分析。所谓灵敏度分析就是对有关因素的变动对决策结果所造成的影响及其程度进行分析，并据此对决策方案进行调整。

例 9-8 某民营企业生产甲、乙两种产品，它们的销路与天气好坏有关，如生产甲产

品遇晴天则盈利 200 万元,遇阴天则损失 120 万元;如生产乙产品,遇晴天损失 150 万元,遇阴天盈利 400 万元。晴天与阴天的概率分别为 0.6 和 0.4。问应当怎样决策？当状态概率改变到何种程度时要改变决策方案？

解：先依题目所给条件画出单级决策树如图 9-6 所示,然后比较两种已知状态概率下各方案的期望值,从中选出最优方案。最后,再找出可使决策方案改变的临界概率,即两方案期望值相等时的概率。

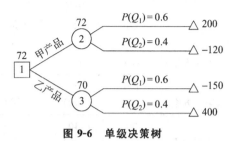

图 9-6　单级决策树

(1) 设晴天为 Q_1,阴天为 Q_2,则 $P(Q_1)=0.6, P(Q_2)=0.4$,将它们与其相应的损益值分别标注在决策树的相应位置上。

(2) 求两种已知状态下各方案的期望值,由图 9-6 可知

点 2：$200\times0.6-120\times0.4=72$(万元)

点 3：$400\times0.4-150\times0.6=70$(万元)

因此,若晴、阴天概率分别为 0.6 和 0.4,则应安排生产甲产品。

(3) 求临界概率。设晴天概率 $P(Q_1)=P'$,则阴天概率为 $P(Q_2)=1-P'$,当两方案的期望值相等时有

$$P'\times200-(1-P')\times120=P'(-150)+(1-P')\times400$$

求得 $P'=0.59$,即为临界概率。换句话说,当晴天概率大于 0.59 时应生产甲产品。反之,当晴天概率小于 0.59 时则应生产乙产品。

三、不确定情况下的决策

如前所述,在确定型决策中,每种方案的执行仅有一种结果,系确知某种自然状态必然发生或不发生；风险型决策问题虽不知哪一种自然状态发生,但却可以根据以往经验或历史数据预先估计每种自然状态发生的概率；而不确定情况下的决策仅仅知道可能发生几种不同的状态,但状态的发生概率却不知道或难以估计,这类决策的最终结果完全不确定,它将随决策者对待未来事件的态度而变化。

1. 不确定性决策的几种原则

根据决策者对待未来事件的态度,不确定性决策可归纳为乐观主义准则、悲观主义准则、现实主义准则、等可能性准则和最小机会损失准则五种。下面结合具体例子来说明以上这些准则的应用。

例 9-9　某民营企业准备生产一种全新产品,对其销路大致估计为好、中等、差三种情况,但对它们出现的概率(或可能性)无法估计。为生产该产品拟定三种方案,第一方案为建立新厂房购买新设备,产量较大；第二方案为扩建原有厂房,添置某些设备,中等产量；第三方案为利用现有厂房和设备,少量生产。这三种情况下的损益值估算如表 9-8 中①～③数据所示。问如何决策？

表 9-8　各方案需求量估算值及决策结果

行动方案	需求量(万元)			决策准则				
	Q_1（好）①	Q_2（中等）②	Q_3（差）③	乐观主义准则 ④	悲观主义准则 ⑤	现实主义准则 ⑥	等可能性准则 ⑦	最小机会损失准则 ⑧
A_1（第一方案）	200 (0)	90 (0)	−70 (50)	200*	−70	146*	73*	50*
A_2（第二方案）	150 (50)	80 (10)	−50 (30)	150	−50	110	60	50*
A_3（第三方案）	90 (110)	40 (50)	−20 (0)	90	−20*	68	37	110

根据该题目给出的条件,该企业的管理人员可从以上三种方案中选择一种,但每当选择出一种方程 A_i 时,都可能发生不同的事件 Q_j,但发生某事件 Q_j 的概率无法确知或估算,因此,属于不确定性决策,需根据决策者对待事件的不同态度来进行决策。

1) 乐观主义决策准则(又称大中取大原则)

一般来说,乐观主义者在决策时总是不放弃任何一个获得最好结果的机会。正因为决策者充满乐观主义精神,富于冒险,所以要争取好中求好,因此,首先是从各种自然状态下各方案中选取最大收益值,然后再选取最大收益中的最大值所对应的决策方案,所以称为"大中取大"原则。

对例 9-9,可运用该法寻找最优方案。其步骤如下:

(1) 对应于每一方案有若干可能的销售额,从其中选择最大值,列于表 9-8 中的④。

(2) 从表 9-8 中④的数值中,挑出其中最大的数值,这数值所对应的方案就是乐观主义者认为的最优方案。

上述方法的一般表达式为

$$\max_{A_i}\{\max_{Q_j}[V(A_iQ_j)]\} \quad (i=1,2,\cdots,m);\ (j=1,2,\cdots,n) \quad (9\text{-}10)$$

对例 9-9,此式展开为

$$\max_{Q_j}[200, 90, -70] = 200$$

$$\max_{Q_j}[150, 80, -50] = 150$$

$$\max_{Q_j}[90, 40, -20] = 90$$

而

$$\max_{A_i}[200, 150, 90] = 200$$

200 万元所对应的方案为 A_1,因此按大中取大原则,应选第一方案。

一般来说,当企业拥有雄厚的实力,且决策失败对企业损失较小,而成功却有较大的收益时可采用乐观主义决策准则。

2) 悲观主义决策准则(又称小中取大准则)

当企业面临的情况比较复杂,决策者担心决策错误可能会给企业造成重大经济损失时,可采用悲观主义决策准则进行决策,即从最坏的结果着想,从最坏的结果中选择最好的结果。在分析损益情况时,可先找出每种方案在各种自然状态下的最小收益,再从这些最小值中挑出最大的数值,它所对应的方案为悲观主义者认为的最优方案,其一般表达式为

$$\max_{A_i}\{\min_{Q_j}[V(A_iQ_j)]\} \quad (i=1,2,\cdots,m);\ (j=1,2,\cdots,n) \quad (9\text{-}11)$$

对上例,此式展开为

$$\min_{Q_j}[200,90,-70]=-70$$

$$\min_{Q_j}[150,80,-50]=-50$$

$$\min_{Q_j}[90,40,-20]=-20$$

而

$$\max_{A_i}[-70,-50,-20]=-20$$

将以上计算结果列于表 9-8 中的⑤,也就是说,该企业应挑选-20 所对应的 A_3 方案,它是在最不利情况下的最好方案。

3) 现实主义决策准则(又称乐观系数法)

所谓现实主义决策准则就是决策者决策时既不盲目乐观,也不是特别谨小慎微,而是采取现实主义的态度。具体做法是选择一个"乐观系数"α,且规定其区间为[0,1];然后将各方案中的最有利与最不利的损益额分别乘以 α 与(1-α),再相加得到各方案的期望值即为现实估计值;最后,从各方案中选出现实估计值最大的方案即为现实主义者认为的最优方案。

现实估计值=最有利结果×乐观系数+最不利结果×(1-乐观系数)

或用数学式表示为

$$E(A_i)=\alpha\max_j[V_{ij}]+(1-\alpha)\min_j[V_{ij}] \quad (9\text{-}12)$$

对例 9-9,若取 $\alpha=0.8$,则:

$$E(A_1)=0.8\times\max_j[200,90,-70]+0.2\min_j[200,90,-70]$$

$$=0.8\times200+0.2\times(-70)=146$$

同理有:$E(A_2)=0.8\times150+0.2\times(-50)=110$

$$E(A_3)=0.8\times90+0.2\times(-20)=68$$

比较可知,若 α 取 0.8,则 $E(A_1)$ 为最大,所以应选第一方案。将以上计算结果列于表 9-8 中的⑥。

由上可见,采用该决策准则的难点在于如何确定 α,因为 α 不同,选中的方案也就不同,若 $\alpha=1$ 即为乐观主义决策,$\alpha=0$ 则为悲观主义决策。α 应取多大合适,要视具体情况而定。

4) 等可能性决策准则(又称拉普拉斯准则)

所谓等可能性决策准则是指决策者认为各种自然状态(或事件)发生的概率完全相等,并据此计算出每个方案的期望值并选取最大期望值所对应的方案,即

$$\max_{A_i}\{E(A_i)\}=\max_{A_i}\left[\frac{1}{n}\sum_{j=1}^n V_{ij}\right] \quad (9\text{-}13)$$

对例 9-9,

$$\max_{A_i}\left[\frac{1}{3}(200+90-70),\frac{1}{3}(150+80-50),\frac{1}{3}(90+40-20)\right]$$

$$=\max_{A_i}\left[\frac{220}{3},\frac{180}{3},\frac{110}{3}\right]=73$$

故应当取第一方案,将各期望值填于表 9-8 中的⑦。

尽管采用等可能性决策准则时各种自然状态发生的概率是人为给定的并且都相等,但它毕竟考察了一些因素的随机影响,在某些情况下比决策者的主观臆想要好一些,它至少是一种随机抽样而不带过多的感情色彩。

5)最小机会损失决策准则(又称为最大后悔中求最小的准则)

所谓最小机会损失决策准则,是以选定决策方案后使可能出现的后悔值最小作为决策的准则。具体算法是将各种状态的最高值定为理想目标,把这一最高损益值与所采取方案的损益值之差,称为后悔值,然后选出各方案的最大后悔值,进而再从最大后悔值中选择其中数值最小的方案为决策方案。

对例 9-9 需求好这一自然状态,以选取第一方案为理想目标,即如真的采用了第一方案决策者就不会后悔,其后悔值为零。而如果决策者采用了第二方案,把本来可能获利 200 万元的机会丧失了,只能获利 150 万元,少获利 50 万元,这时决策者会感到后悔,后悔量为 50 万元。同理,可计算出第三方案及其余状态下各方案的后悔值,如表 9-8 中的①、②、③括号里的数字所示。

对例 9-9 运用上述准则进行决策的步骤如下:

(1) 从各方案中选出最大的机会损失值列于表 9-8 中的⑧,如第二方案为:$\max\{50,10,30\}=50$

(2) 从最大机会损失中,选取其中最小的值所对应的方案为最优方案,即为 50,50,110 中选择最小的,如 50,既可以是第一方案,也可以是第二方案。

上述决策过程用数学式表示就是

$$\max_{A_i}\{\max_{Q_j}[V(A_i,Q_j)]\} \quad (i=1,2,\cdots,m);(j=1,2,\cdots,n) \quad (9-14)$$

采用该决策准则时尽管决策者对未来将发生的状态不能准确估计,但其决策结果与理想状况相差最小,因而决策者一旦决策失误,留下的遗憾也最小。

2. 改进不确定性决策的途径

由以上分析可知,在不确定情况下的决策问题中,由于不能估计各种自然状态发生的概率,因而对相同的问题却因决策者对待未来事件的态度不同而产生了不同的决策结果,如例 9-9 中,乐观主义者好中求好而选择第一方案;悲观主义者怕承担过大的风险而选择第三方案;若按现实主义或等可能性准则则选取第一方案;最后,担心决策错误导致后悔的决策者按最小机会损失准则选取第二方案(或第一方案)。显然,我们难以用一个标准来衡量哪一方案为好,哪一方案为劣,更难以用统一的数学公式来表示。因此,为改进不确定情况下的决策质量,必须设法找到各种自然状态发生的概率,从而将不确定情况下的决策转化为风险型决策,其中重要方法之一就是估计各种可能情况发生的主观概率。

3. 主观概率

所谓主观概率是指决策者不是根据以往的数据或足够的信息计算,而是凭经验或少量信息对某一事件发生的可能性大小做出的主观估计值。研究表明,只要选择合适的方法,主观概率同样可以反映某些事件发生的客观规律。下面结合例子予以介绍。

例 9-10 某科技企业请 10 位专家对市场上某种产品在一定时期内的销售前景做出估计,即求不同销售情况发生的可能性大小,亦即估计主观概率各为多少?

解:(1) 给每位专家编号,并根据其对该决策问题的水平赋予一个权重系数 V_i,如表 9-9 中①行、②行所示。

(2) 假设要进行估计的市场销售前景分为好、较好、中等、较差、差 5 种,并以符号 Q_1、Q_2、Q_3、Q_4、Q_5 表示。

(3) 各位专家按自己的判断将这些销售前景出现的可能性大小排出名次,将最可能出现的排在第一,依此类推。如专家 1 认为 5 种销售前景出现的可能性依次为 Q_2、Q_3、Q_4、Q_5、Q_1。每位专家给出的排队估计如表 9-9 中③~⑦行所示。

表 9-9 各专家估计值汇总

专家编号	权重系数	事件(市场销售情况)地位				
		1	2	3	4	5
①	0.7	Q_2	Q_3	Q_4	Q_5	Q_1
②	0.5	Q_2	Q_1	Q_5	Q_4	Q_3
③	0.5	Q_3	Q_4	Q_1	Q_2	Q_5
④	0.9	Q_5	Q_4	Q_2	Q_1	Q_3
⑤	0.7	Q_4	Q_5	Q_2	Q_3	Q_1
⑥	0.8	Q_2	Q_3	Q_5	Q_1	Q_4
⑦	0.6	Q_1	Q_3	Q_2	Q_4	Q_5
⑧	0.8	Q_5	Q_3	Q_4	Q_2	Q_1
⑨	0.9	Q_2	Q_4	Q_3	Q_5	Q_1
⑩	0.7	Q_5	Q_4	Q_2	Q_1	Q_3

(4) 将各专家分别估计的情况进行归纳,若设事件"市场销售状态"Q_k 的综合估计指示为 b_k,则有

$$b_k = \frac{\sum_{j=1}^{n}(j\sum_{i=1}^{m}V_i)}{\sum_{i=1}^{m}V_i} \quad k=(1,2,3,4,5) \tag{9-15}$$

式中,j 表示某事件的地位;b_k 表示事件 Q_k 的综合估计指标;V_i 表示第 i 位专家的评定权重系数;n 表示事件数目($n=5$);m 表示专家数目($m=10$)。

比如,估计事件 Q_1 的地位时,10 位专家的评定结果如表 9-10 所示。

于是,由式(9-15)可得

$$\begin{aligned}
b_1 &= [1 \times V_7 + 2 \times V_2 + 3 \times V_3 + 4 \times (V_4 + V_6 + V_{10}) + \\
&\quad 5 \times (V_1 + V_5 + V_8 + V_9)]/(V_1 + V_2 + \cdots + V_{10}) \\
&= [1 \times 0.6 + 2 \times 0.5 + 3 \times 0.5 + 4 \times (0.9 + 0.8 + 0.7) + \\
&\quad 5(0.7 + 0.7 + 0.8 + 0.8)]/7.1 \\
&= 3.97
\end{aligned}$$

同理,求其余 $Q_2 \sim Q_5$ 的综合估计指标分别为

$$b_2=2.28, \quad b_3=3.22, \quad b_4=2.76, \quad b_5=2.76$$

表 9-10 对事件 Q_1 的专家意见汇总

地位	次数	评定权重系数
1	1	$V_7=0.6$
2	1	$V_2=0.5$
3	1	$V_3=0.5$
4	5	$V_4=0.9, V_6=0.8, V_{10}=0.7$
5	4	$V_1=0.7, V_5=0.7, V_8=0.8, V_9=0.9$

(5) 按递增顺序将 b_k 排队为

$$b_2 < b_4 = b_5 < b_3 < b_1$$

因为 b_k 越小,说明更多的专家认为这一事件发生的可能性大,由此可推得 5 种销售情况出现的可能性大小顺序为

$$Q_2 > Q_4 = Q_5 > Q_3 > Q_1$$

(6) 若这些事件出现的概率近似按一定比例递减,假设为 $P(Q_2):P(Q_4):P(Q_5):P(Q_3):P(Q_1)=4:3:3:2:1$,所以其主观概率为

$$P(Q_2)=\frac{4}{13}=0.31 \text{(销售较好)}$$

$$P(Q_4)=P(Q_5)=\frac{3}{13}=0.23 \text{(销售较差,销售差)}$$

$$P(Q_3)=\frac{2}{13}=0.15 \text{(销售一般)}$$

$$P(Q_1)=\frac{1}{13}=0.08 \text{(销售好)}$$

即市场上出现销售情况较好的概率为 0.31,销售较差和差的概率都是 0.23,销售中等的概率为 0.15,销售好的概率为 0.08。

四、其他评价方法

除以上一些常用的评价和选择方法外,人们也一直在试图寻找更适用的综合评价方法,以适应更复杂环境下决策的需要,其中以多方案法、模拟模型和尝试搜索模型应用得较为广泛。

1. 多方案法

所谓多方案法是对外部环境因素的变化趋势或其他某些难以控制的因素的未来状态做出几种不同的假设,然后确定在某一假设发生时应采取的战略方案,在不确定性很高的环境下,这种方法非常有用。应该注意的是,通过这一过程得到的不是各方案的优先级序列(如决策树中所得到的),而是一系列应急计划,它为每个未来的状态确定最优的应对战略。

2. 模拟模型

所谓模拟模型是将影响战略选择和实施的众多因素综合到一个模型中,然后根据各变量之间的关系来确定符合组织目标的战略方案。在模拟模型中,某些变量可以不断调整和变化,借此可以反映市场的真实情况,而且这些变量对目标变量的影响程度还可以加以调整,如对它们赋予不同的权重。因此,模拟模型是一种动态评价模型。

由于战略决策过程的复杂性和影响因素非常之多,毫不奇怪,试图建立一种包含所有影响因素的通用模型几乎是不可能的,这是战略模拟模型在应用上受到限制的主要原因之一。另外,有些战略模拟模型可能过于简化,因而不能包含一些重要的风险和不确定性因素,在这种情况下,它们可能不如一些简单的决策技术更有用。

尽管存在上述缺陷,模拟模型在战略评估,尤其是定量评估方面仍不失为一种有用的方法。随着人们对战略决策过程认识的深化和计算机计算方法的改进,它会获得越来越广泛的应用。

3. 尝试搜索模型

许多管理决策技术都在试图寻找针对某一问题或某种情况的最优解决方案,但在很多情况下,由于决策问题的复杂性和不确定性,这一点实际上很难做到。因此,比较明智的做法是寻找满意的方案而不是最好的方案,这是一条很重要的管理原则。

所谓尝试搜索模型是用系统的方法寻找"解决方案"的一种途径。在组织有许多选择方案,并且要满足许多不同的要求或标准的复杂情况下,这个模型最有价值。利用计算机可以完成这种分析工作。

在做这类分析时,首先要列出所有的决策标准;其次查找各种选择直到发现满足所有这些标准的方案为止。第一次选出的方案不一定是最佳方案,此后还可以继续查找,从而建立一个符合这些标准的选择清单;最后再利用这种方法进行方案的筛选。当然,并不排除所有的方案都不能同时满足这些标准的可能性,尤其是在一些标准和要求相互矛盾的情况下,在发生这种情况时,最好选择那些能符合主要标准,同时又能让主要利益相关者满意的方案。

随着计算机功能的扩大和价格的降低,尝试搜索模型作为一种决策技术越来越有用,因为即使要满足许多标准,并且有几百个方案存在,查找过程也能很快完成。

实例 9-1

定位摇摆不定　中坤地产"断臂"商业地产

被中坤集团商业地产寄予厚望的大钟寺中坤广场,在开业近 4 年经营不利的情况下,正在寻求转变。

据《中国经营报》记者了解,目前中坤广场已经有百强国际家居馆、"hQ 尚客"等旗舰店调整或关闭,中坤集团将投入 4.8 亿元资金把 20 万平方米的商铺改造为写字楼。

但值得注意的是,在"改造"写字楼的背后,是中坤广场 4 年来经营不善,空置率过高的问题。对此,业内人士认为,开发过程中的摇摆不定,以及在选址上的决策失误,是中坤广场失利的最主要原因。

更为重要的是，中坤广场的改建标志着中坤集团商业版图上最大的一块阵地失守。对此，中坤集团董事长黄怒波公开表示，在商业地产领域，中坤地产将采取更加保守谨慎的防守态度，重点盘活已有资产，近年内也将不再新增商业地产项目。在其退休之前，中坤地产将集中精力经营云南普洱的旅游度假项目。

商业广场"变身"写字楼

"这里要改写字楼了。"百强国际家居馆一位导购人员告诉记者，5月底，百强国际家居馆将停业装修。重新装修之后，家居馆将缩小规模，部分楼层则将被改建为写字楼。

本报记者在现场注意到，商品展示区很多家具都贴上了"样品已售"的标记，地下一层的电梯边上家具和包装码在一起，而空气中也充满了实木和尘土混合的呛鼻气味。

据悉，再过20天，百强国际家居馆就将全面停业装修，重新装修之后，家居馆将缩小规模，部分楼层则将被改建为写字楼。

改建写字楼的说法得到了北京中坤投资集团有限公司总裁焦青的证实，焦青告诉记者，月底之后，中坤广场将会对百强国际家居馆所在B座进行部分装修改造，改造之后，百强国际家居馆将只保留地上1层及地下部分，2~5层将被中坤改为写字楼。

"整个广场43万平方米都要向写字楼的业态方向调整，除了C座的商业整体保留之外，广场的B、D、E三座都要进行大规模的深入改造。"焦青说道。

而本报记者也在中坤广场看到，目前中坤广场的D座2层以上部分已经完全封闭，原先的商场现在空空荡荡，建筑工人正在里面拆除隔断墙。而中坤广场原"hQ尚客"的店铺在内的多家店铺前期清理拆除工作已经基本完成。按照中坤广场的计划，所有项目的改造都计划在明年完成。

焦青透露，改建写字楼的装修改造手续已经得到海淀区相关部门批准。此次改造，中坤广场将投入4.8亿元资金，新增20万平方米写字楼。

经营困局

让人诧异的是，原本浩大的商业广场，为何突然间要改为写字楼呢？据知情人士透露，中坤广场改造的背后，是长达4年的经营不佳。

虽然已经开业4年，中坤广场的空置率依然很高。记者注意到，临步行街的两侧，除了肯德基、麦当劳等几家店铺开门营业之外，很多铺面都关门上锁，门口的广告牌也落满灰尘。在D座一层开门营业的每克拉美、GY等几家店铺都门庭清冷，大厅里一个摊位在促销手链等首饰，同样是无人问津。

一位中坤广场工作人员告诉本报记者，中坤广场开业以来人气一直不旺，一些位置不好的商铺很长时间都租不出去，已开业的商铺经营状况也差强人意。

除此以外，一些需要流量的店铺已经熬不下去。去年11月，广场最重要的旗舰店之一"hQ尚客"关门停业，虽然对外宣称是配合中坤广场改造，但是业内普遍认为人流不足，经营困难才是主因。而同样需要人流的餐饮业也经营惨淡，为了给餐饮增加客源，中坤广场不得不关闭原有的员工餐厅，但是即便如此，多家餐饮店也依然门庭冷落。

焦青也坦言，中坤广场在经营上确实遇到了一些困难。"近几年随着电子商务的不断发展，传统百货越来越难做，虽然我们的出租率一度达到95%，但是一些商铺自身经营困难。"

虽然也有商铺自身的问题,但是仅此一点并不能解释中坤广场经营上出现的问题。一位上市公司的商业地产负责人向记者表示,中坤广场的问题更多存在于自身经营层面。

"电子商务对传统百货的冲击是全面的,在全行业都受到影响的情况下,一些比中坤广场起步晚,规模小的商业地产项目也有很多取得了成功。"上述人士表示。

据了解,早在2004年年底,中坤广场项目就已经开工。但是在建设过程中,中坤集团对于整个项目的定位就一直摇摆不定,最初该项目的名称是"大钟寺现代物流港",而后更名为"大钟寺现代商城",期间还穿插着成为中关村[2.66%资金研报]电子集散地的传闻。

同时,广场的开业时间也一再延期。按照中坤的计划,该项目预计2006年就全部建成,2007年1月起开始租赁,2007年年底入驻。但令业内人士大跌眼镜的是,广场不仅2007年没有开业,在此后的4年里,中坤施工进度一直因各种原因推迟,直到2010年广场才正式开业。

对此,亚太不动产商学院院长朱凌波认为,错过了这一段黄金期,中坤广场想赶上就会变得困难。

而对商业地产来说,时机虽然重要,但经营方式则是重中之重。可是对于中坤广场而言,没有赶上最好的时机,经营上也没有后来居上。据悉,一般而言,商业地产的盈利模式,就城市综合体来说,主要分为三种:一是直接销售,快速回笼资金;二是部分持有,销售部分物业;三是全部持有。从国内商业地产界相对较为成功的开发商来看,商业地产经营模式主要集中在前两种。但中坤广场偏偏选择的是全部自持物业经营,时间节点更是在项目初期。

对此,中国商业地产联盟秘书长王永平告诉记者,"对于综合实力强,现金比较充裕的公司,自持是一个比较好的选择,但自持物业最大的问题在于要长时间进行养商。"

"但对于中坤地产来说,其资金压力比较大,现金不充足会影响高端品牌的引进,很多品牌进入的时候就需要有补贴,没钱的话商家就不来,商场只能选择租金给的比较多的商家。"王永平说。

更为重要的是,在商场运营的过程中,商场进行营销,外部环境改造都需要现金。"但是,中坤地产的现金流量都不足以支撑这些经营活动的展开。"王永平表示。

有消息显示,在中坤广场开业之后不久,就开始对外散售物业。中坤广场一位销售向记者透露,广场的商铺一直对外出售,地上一层商铺的价格在大约13万元/平方米,业主购买之后由中坤广场招商团队负责统一招租。

"散售会影响商场的品牌管理。"王永平指出,一般商业地产进行散售之后,开发商无法控制租户质量,也无法吸引更多优秀品牌入驻,商场业态处于不可控的状态,会与开发商预期目标产生冲突。

上述上市公司的商业地产负责人则表示,虽然中坤广场采取售后包租统一经营的模式来进行业态控制,但是在业主追求快速回报的压力下,在品牌引入上"委曲求全"也在所难免。

除了在经营模式上的弊端,中坤广场的选址也难以得到业内认可。

大钟寺中坤广场位于北京市海淀区北三环西路联想桥南,地铁13号线大钟寺站。一直以来，大钟寺商圈都以小商品、家居和建材市场为主打，现在中坤广场四周仍然聚集了多家建材市场。记者实地走访发现，中坤广场东、北两面的好家居等多家建材市场体量巨大，几乎围绕广场东、北两个方向。

"大钟寺区域一直没有形成良好的商业氛围，区域品牌也没有得到消费者认可。"朱凌波说，"你从来不会听说有消费者特意去大钟寺购物。"

"断臂"商业地产

"在经营不利的情况下主动调整，把商场改建写字楼，中坤算得上是断臂了。"朱凌波表示，中坤广场改建，意味着中坤集团再没有如此大体量、以商业为主的地产项目，是中坤集团收缩商业地产业务，保证集团整体利益的"断臂"之举。

据相关资料显示，中坤广场是中坤集团的第一个商业地产项目，也是中坤集团目前开业运营的最大的商业地产项目。10多年前，当中坤投资的掌门人黄怒波决定挑战商业地产时，他选择了直接"一步到位"。于是43万平方米、投资40个亿的大钟寺中坤广场应运而生，成为中坤集团在商业领域的第一块也是最主要的阵地。

朱凌波表示，改建写字楼，原来一直为商业服务的招商团队将无事可做，辛苦建立起来的商业品牌也将荡然无存，中坤在商业地产领域将收缩经营或者仅仅是维持现状，事实上已经是战略放弃。

但是，焦青并不愿承认中坤已经放弃商业地产，"广场改造之后我们仍然有10万平方米的商业业态，这个体量已经很大了，足够我们做商业，写字楼也是商业地产。"

但是，"谁都知道中坤地产是做旅游地产的，商业地产只是他们的副业。"上述上市公司商业地产负责人表示。

"黄总根据现在的房地产市场进行判断，希望将公司的业务更多集中到旅游地产。"焦青表示，公司未来更多精力集中在旅游地产，在商业地产领域，中坤将采取更加谨慎的态度，处理好存量项目，经营盘活好现有资产，采取休养生息的态度，在合适的时候再选择亮剑。

"这次中坤广场改建写字楼，就是我们盘活现有资产的一个举措。"焦青解释道。

在谈及公司未来是否还会进行商业地产投资时，焦青表示，公司会处理好现有项目，不会再选择盲目扩张。

"中坤是一个项目做怕了，做累了。"朱凌波向记者表示，"中坤在商业地产领域的尝试也说明了一个道理，无论是什么样的公司，只有专注于自己最擅长的领域，整合一切可利用的资源，才能做好。什么都做的公司很难具有优势。"

资料来源：中国经营报，作者：孙翔峰、秦玥；日期：2014年5月26日。

实例 9-2

大而全模式走不出寒冬　天津劝业场连锁店停业

又一家百货商场关门了。春节过后，天津劝业场的第一家连锁店——劝业场西南角店于2月28日停业。对于天津市民来说，劝业场这家再熟悉不过的老字号商业品牌关门的消息不免让人唏嘘不已。不仅如此，在天津地区，百盛和远东百货也在酝酿关门。

3月3日上午,《中国经营报》记者来到天津劝业场西南角店,发现正门入口处张贴了一则"敬告顾客"的通知,称天津劝业场集团南开百货有限公司经营的劝业场西南角店为应对激烈的市场竞争,提升盈利能力回报股东,于2015年3月1日起百货业态部分停止经营,准备业态转型调整,其他非百货业态商户照常经营。然而,对于具体的再营业时间,却并未标明。

一位劝业场西南角店的营业部工作人员接受记者采访时表示,劝业场西南角店继续经营零售的可能性不大,未来可能将整栋楼分层出租。百货企业不转型即死的道理谁都清楚,但让业界意想不到的是,老字号百货劝业场着力打造的第一家连锁店就以这样的方式谢幕了。

亏损严重社区时尚百货定位失败

2008年,天津劝业场(集团)股份有限公司以1.98亿元收购天津商场,斥资亿元装修后于2010年成立第一家百货连锁店——劝业场西南角店,该商场地下1层及地上6层。

2006年,天津劝业场还被国家商务部评为中华老字号。不过,几年后的今天,劝业场西南角店却再无昔日的风光。记者于3日上午10点半来到劝业场西南角店,发现一楼商户都已撤柜,偌大的一楼商场只剩下凌乱的货柜,多数工作人员也都在忙着清理。两位工作人员看见记者要进入一层营业区,拦住记者:"看不出来吗?这已经停止营业了,赶紧走吧。"远望去,直通负一层的电梯也被封锁。

随后记者来到2楼,以顾客身份询问一位工作人员,他称大部分柜台都已经撤柜,只剩下货架。而在3楼和4楼,营业区已经被挡板遮住,禁止顾客进入。在临近中午时,虽然5楼有一家餐厅开门营业,但记者并未发现顾客踪影。

"停业的理由很简单,就是因为不挣钱。"一位在劝业场西南角店大门帮顾客泊车的工作人员告诉记者,一天也难得看见有顾客停车进来购物。

不过,记者注意到,位于劝业场西南角店一楼的屈臣氏还在营业,一位在该店购物的顾客告诉记者,该店的销售不错,所以不在停业的范围之内。与屈臣氏一道没有被关闭的还有几家餐饮店,分别是必胜客、吉野家和麻里麻香火锅店。

一位居住于劝业场西南角店附近的大妈告诉记者,天津人对吃情有独钟,所以,一些餐饮店没关。"劝业场买下天津商场后,进行了大规模的装修调整,以前中老年的衣服基本都能买到,但自从改造后商品价格提升了好几倍,都不敢进去购物了。而在相距不远处的西南角轻纺城仍能买到物美价廉的东西,周边的街坊邻居买日常用品多去了西南角轻纺城。"

开设连锁百货店是劝业场集团的首次尝试。记者了解到,在2010年重新装修后,劝业场将这家连锁店定位为社区型百货店,主打时尚百货。经营面积1.7万平方米,其中百货经营面积1.2万平方米,经营商品包括珠宝首饰、精品服饰等。

劝业场西南角店总经理孟令超曾表示,该店目标客户群则锁定在25~35岁。为吸引年轻顾客,商场还投资2000余万元引进了万达影城,投资千万元引进了自助餐厅和游戏广场。不过,在调查中,记者发现这家名为乐天园游艺城的游戏广场也已经停止营业了。

"商场赔钱,每年要赔1000多万呢。"在商场5楼,一位劝业场工作人员与记者攀谈时透露。而对于具体的亏损数字截至发稿前没有得到劝业场方面确认。

记者了解到,劝业场首家连锁店并没有与其百年老店的定位相吻合,一些适合在百年老店经营的品牌在劝业场西南角店寻觅不到踪影。中购联购物中心发展委员会主任郭增利表示,走生活化路线是未来百货行业发展的方向,但消费者对时尚百货的理解则没有统一标准,把时尚和社区结合在一起是一种错误的选择,因为时尚是一种潮流,而社区则以经营老百姓离不开的生活必需品为主,这两者的结合本身就是矛盾体。

也有业内评论认为,劝业场西南角店"模仿"购物中心转型后变得不伦不类,一味地让消费者去适应它,而不是适应消费者,导致原来对顾客的吸引力和特有的符号也彻底消失。

RET睿意德董事索珊告诉记者,劝业场等百货企业在重新规划调整时都在增加餐饮和娱乐业态,但增加了这些业态后,挑战在于原有的空间不能满足顾客需求。"劝业场知道问题在哪儿,但却难以调整,还是受自身原有硬件和思维方式的阻碍,这表明劝业场原有的百货团队自己革自己的命不彻底。"

百货寒冬过长企业如何坚守

一位在劝业场西南角店的工作人员带着浓重的天津口音告诉记者,目前1~4楼全部停业了,未来还不知道干什么呢,继续卖商品做零售的希望不大了。"虽说是进行经营模式转换,但今后到底是出租给别人还是劝业场自己做经营目前也不清楚,暂时没有具体规划。"

在记者逗留的一个多小时内,劝业场西南角店唯一热闹的景象就是工作人员往外搬运货架。此种情景,在劝业场西南角店后门也在不时上演。

"并不是百货行业的问题,而是企业自身存在经营或管理的弊病。"郭增利说,近期类似于劝业场西南角店停业的案例不少。百货业的寒冬依旧存在,而且比大家预期的要长,如果按照传统百货的经营套路,在艰难的情况下很难挺过去。

近来百货企业陷入关店潮,玛莎百货拟于今年8月前关闭在上海5家门店,华堂也将关闭北京右安门店。据睿意德中国商业地产研究中心的数据统计,仅在2014年,大型连锁百货全年关闭门店26家。其中伊藤洋华堂、宝莱百货、新光百货、王府井百货等在二三线城市均有闭店。仅在北京就有3家华堂和1家百盛闭店。

"百货企业仍在墨守成规,目前百货更多的还是依赖于服装零售部分,这也造成百货形成'千店一面'的通病,消费者已经不买账了,目前电商渠道与百货渠道也有平分秋色之势。"RET睿意德高级董事王玉珂表示。

其实,并不代表百货业态已经被摒弃,在欧美、日本,百货的发展依然强劲,关键在于国内百货企业跟不上消费者的个性化需求。"劝业场等老百货企业在业态调整上没有那么灵敏,在体验上,也没有购物中心那般让出面积来增加体验感,沦为商品的堆积场。"索珊告诉记者,劝业场代表的就是百货旧有的大而全模式,没有跟上消费者需求的变化。

不可忽视的是,成熟的购物中心品牌大悦城2011年强势进驻商圈,也加剧了业态竞争。"劝业场的定位与其相距不远的天津大悦城是冲突的,在体验上,年轻人更青睐大悦城这类时尚的购物中心。"索珊说。

"劝业场这种亏损的企业看到寒冬过于漫长对自身的信心也有一定的损伤,关店也在情理之中。不是百货企业不想坚守,而是寒冬太长。与其在更艰难的时候退出,还不如趁现在风险和代价更小一些。"郭增利说。

但天津3家百货企业相继关门并不意味着天津零售市场没有发展前景,作为直辖市,外来者如永旺仍在大幅加码,这也间接说明原有的本土商业企业竞争力不够强才得以给人机会。

但百货行业在2015年的日子仍将不好过,如果没有收益和利润,企业的压力可想而知。索珊认为,由于商圈竞争激烈和电商影响,位于一二线城市的百货企业2015年比三四线城市面临的困境更大,这也逼迫北京、上海等地的百货企业一开年就做出关门或调整的准备。

资料来源:中国经营报,作者:黄荣;日期:2015年3月9日。

实例 9-3

业绩持续下滑 人人网转型股票交易平台

人人网近期又有动向。

据美国《华尔街日报》1月22日报道,人人公司向股票交易网站Motif Investing投资了4 000万美元,这是该中国社交网络加码押注金融科技创新公司的最新举动。据悉,作为投资协议的一部分,人人网创始人兼首席执行官陈一舟将加入Motif的董事会。

人人网曾经号称中国版Facebook+YouTube+LinkedIn+Groupon+Zynga,可是人人网的情况每况愈下。

在最新的财报中,人人网透露,公司预计2014年第四季度的净营业收入将在1 500万美元至1 700万美元之间,较去年同期下滑44.6%至51.1%。陈一舟也曾承认,在面临QQ、微信、微博等社交网络的围剿,人人网已失去了曾经的支配地位。

而近期的陈一舟和他的人人网,似乎越来越让人捉摸不透。继领投雪球网,"投资大师"陈一舟再次出手,这一次是美国社交化股票投资平台Motif Investing。

有业内人士认为,就如同当年投资Social Finance(以下简称SoFi公司)后推出人人分期一样,人人网投资Motif Investing,也是希望探索未来社交股票交易平台的道路。人人网相关负责人在接受记者采访时透露,是有希望通过投资寻找未来方向的想法,但是目前还没有任何打算。

对此,易观智库分析师罗兰在接受记者采访时认为,目前中国做股票交易网站需要协调资质、平台等众多资源,对于人人而言都是巨大的投入,而且在用户构建上需要投入大量资源经营,人人目前用户本身不存在优势,因此,自己做此块业务的可能性不大。

不过,在社交方面,其认为现在主流往移动端聚集,对于人人而言,未来应在移动端赶超,注重细分人群产品的打造是现在移动社交产品的出路。

人人投资股票交易网站Motif Investing

据《华尔街日报》网络版报道,美国股票交易网站Motif Investing 1月27日宣布,已经获得人人公司投资的4 000万美元,陈一舟将加入Motif董事会。

公开资料显示,总部位于美国加州圣马特奥的Motif Investing公司是社交类股票交易网站,该网站让用户组建、分享与投资既定类别的"一篮子"股票,譬如线上游戏、贵金属与负社会责任的企业类股。

目前,Motif 拥有 12 万用户,每次交易的费用为 10 美元。Motif 运营的网站允许用户创建、分享和投资共同感兴趣领域的股票组合,比如在线游戏、贵重金属等领域的公司股票。

对于融资利用,Motif 方面表示,这笔新的资金将用于计算机软件开发,这些按月付费的软件能帮助理财经理和其他财务顾问管理客户的投资组合。这家四年前创立的公司获得了高盛和摩根大通的投资,在用户中享有良好信誉。

《华尔街日报》报道显示,融资之后,陈一舟将加入 Motif 董事会。公开资料显示,陈一舟已经向数家金融高科技初创公司投入了总共几亿美元资金,他认为这些公司代表了人人网未来的商业模式。社交网络用户逐渐转移到移动设备,人人网发现依靠广告赚钱变得越来越难,陈一舟希望通过提供助学贷款、信用卡和金融服务来增加新的收入来源。不过,人人网相关负责人在接受记者采访时表示,人人只是投资,将不参与 Motif Investing 的经营。

数次投资指向互联网金融

人人网作为社交网站,近期指向互联网金融进行投资不仅只有 Motif Investing。而被业界认为是"投资大师"的陈一舟,其投资的公司也并未让他失望,其领头的各家互联网金融的公司多数颇受外界追捧。

据公开资料显示,去年 5 月底,美国地产众筹网站 Fundrise 也获得由人人公司作为领头方的 3 100 万美元融资,兆华斯坦地产公司高层管理人员——首席执行官马蒂·博格和首席投资官塔尔·克拉特,以及联合基金也参与了投资。

据了解,Fundrise 由本·米勒和丹尼尔·米勒两兄弟于 2010 年创立,旨在为个人投资者提供直接投资周边商业房地产的机遇。而这个创投项目则是陈一舟主动牵线搭桥,根据本·米勒的说法,早些时候陈一舟在 LinkedIn 上找到他,探讨是否有入资的可能,之后他便开始考虑本轮融资。

事实上,Fundrise 并不是人人公司第一次投资海外项目,曾在美国麻省理工学院和斯坦福大学攻读硕士学位的陈一舟,曾在 2013 年 9 月,向美国一家帮助学生以低于美国联邦政府贷款的利息获得教育贷款的 SoFi 公司投资 4 900 万美元。

公开资料显示,SoFi 公司是一家创新型的金融服务公司,帮助学生以低于美国联邦政府贷款的利息获得教育贷款,公司由斯坦福大学商学院的一群学生在 2011 年组建,目前发展势头良好。

而在去年下半年,人人又将目光聚焦在近期受外界热捧的雪球。去年 9 月 12 日,雪球宣布公司完成了 C 轮融资,融资由人人公司领投,晨兴资本跟投,总融资额 4 000 万美元。

社区网站转型做社区股票交易?

对于投资社区股票交易平台,人人网相关负责人在接受记者采访时透露,目前 Motif Investing 不打算进军中国大陆市场,但若这样的社交型的股票交易平台可行的话,不排除人人网会进行实践。但是,目前还没有这样的预期。

人人网近期一系列的投资动作以及新业务扩张或许源于2013年下半年的一项决定。

公开资料显示,当时人人公司表示战略调整之后的人人网将目标用户群定位于中国16~26岁的在校生,陈一舟亦在内部邮件重申,"应该根据人群的需求来构筑我们特有的商业模式,商业模式和用户人群要高度契合"。

陈一舟曾直言不讳地对媒体预言,社交化游戏和社交化电子商务是社交化革命浪潮的开端,下一波社交化革命浪潮将在金融行业和教育行业发起。

随着此观点的提出,陈一舟也在资本市场不断地进行实践。无论是投资的Fundrise、SoFi及Motif Investing,还是国内的雪球,其都存在着与人人网共性——社区属性。

值得注意的是,除了投资以外,陈一舟对于投资的产品也进行了学习。就在去年10月,人人推出了"人人分期"服务,向大学生提供贷款,帮助他们购买各种消费品,特别是手机、电子产品、化妆品等。而其在2012年投资的SoFi就是在美国做大学生校园贷款。

"SoFi近两年良好的发展势头,让人人布局了校园贷款,而此次投资社交型的股票交易类网站,与当年投资SoFi一样,希望了解此类平台的发展情况,好在未来通过自身的社交资源布局国内的股票交易平台。"一位不愿具名的社交网站企业人士在接受记者采访时认为。

不过,股票交易平台的建立,不只是建立在社交的基础上。罗兰在接受记者采访时认为,目前人人网做股票交易平台不存在优势,需要借助其他平台的力量。罗兰表示,目前中国做股票交易网站需要协调资质、平台等众多资源,对于人人而言都是巨大的投入,而且在用户构建上需要投入大量资源经营,人人目前用户本身不存在优势。而在社交方面,罗兰认为,人人还有机会在移动端赶超,注重细分人群产品的打造是现在移动社交产品的出路。

资料来源:中国经营报,作者:郭梦仪;日期:2015年2月2日。

复 习 题

1. 战略评价与选择的标准有哪些?辨析它们之间的联系和区别。
2. 有哪些方法能够帮助企业进行战略选择?并简单阐述它们的内涵。
3. 评估战略可接受性和可行性的模型和方法都有哪些?

第十章

战略实施与组织架构

从第一章开始到现在,我们一直都在讨论与"战略"这一概念直接相关的问题。如战略对组织的极端重要性,环境因素对战略形成的制约和影响,组织的资源和能力及文化在战略选择过程中的作用,各种战略方案的制定及对战略方案的评估。然而更为重要的是,一个成功的企业不仅要有一个好的战略,而且要能有效地实施战略。现今学者及企业家对于战略实施的关注度越来越高,连续几年被称为世界最佳公司的 ABB 其前任 CEO 巴纳维克一直被誉为领导天才,当外界纷纷称赞是其卓越的战略造就了 ABB 的成功时,巴纳维克反驳道:"在商界,成功只有 10% 是基于战略,90% 在于执行!"同样把脉很多企业失败的案例,其主要原因并不是其没有制定合理的战略,而更多的问题则是出在对于战略的实施与执行上。进一步看,战略的成功实施不仅需要好的领导,更需要在组织上予以保证。其中,一方面通过组织设定科学的战略实施管理流程;另一方面通过匹配合理的组织架构对战略实施进行支撑。事实上,组织架构不仅是战略实施的主要工具,它从一开始就影响了战略的形成和选择过程,也正因为如此,组织与战略的管理一直是战略管理研究的中心课题之一。

毫无疑问,企业或组织的高层管理者在战略形成过程中起着关键的作用。然而,在很多情况下,这些高层管理人员并不清楚企业未来的发展方向,因为他们缺少决策所需要的完整信息。现代企业或组织的复杂性,使得高层管理者不可能获得对未来战略作出准确判断所需要的所有信息。因此,战略管理的一个重要任务就是:如何在信息不完全的情况下减少环境变化给企业带来的不确定性。在战略管理过程中,信息总是向决策中心流动,从理论上说,这些信息既可以改善决策的质量,同时也是控制决策结果的重要手段。因为信息具有控制功能,并在一定程度上决定资源和权力在组织中的分配,所以当某些信息沿着一定的渠道(通常是组织各个层次的有关人员)流向决策中心时,这些渠道将对信息产生放大或缩小的作用。换句话说,一个部门经理总是希望他所负责的业务受到高层经理的重视,从而获得更多的资源,因此有可能强化那些对其有利的信息,即使这些经理无意这样做,也可能因认识上的扭曲而向决策者提供错误的信息。所有这一切都给决策过程带来了不确定性,所以设置一个科学的组织架构对于企业的发展至关重要。

反过来,组织对员工的考核、评价也影响着员工的态度和行为。在管理者制定了战略之后,通过把战略具体化、可操作化,进而制定相应的考评制度。我们常说"评价什么,就会收获什么",能够把战略目标转化成可考量的具体指标,并据此对员工进行评价,那么就会收获相应的战略目标,这就要求企业有一套科学的战略实施流程。

那么,企业或组织的高层管理者如何具体解决上述问题呢?他们需要哪些资源和工具?很显然,适当的组织结构以及科学的战略目标细分系统能够使得组织从上至下,以及从下向上信息传递顺畅、目标一致。高层管理人员能够根据了解到的员工以及各部门真实情况制定决策,并把决策有效地反馈给组织的不同层次。本章将围绕上述问题进行详细阐述,首先介绍目前企业界十分推崇的战略实施工具——平衡计分卡,然后介绍组织结构类型及与战略的适应关系,最后分析不同环境和条件下的组织选择问题。

第一节 平衡计分卡

一、战略实施与平衡计分卡

随着管理实践经验的大量积累,以及西方管理理念和管理方法的引进,越来越多的企业领导充分地认识到战略之于企业发展的重要性。然而,随之而来的却又是一个新的问题——管理者们发现:企业虽然做出了正确的战略决策,但没有以正确的方法去实施;70%以上企业失败的真正原因不是因为战略制定得不好,而是由于贯彻执行得不到位。究其原因,战略执行的障碍主要来源于以下四个方面:一是愿景障碍,只有5%的员工理解战略;二是人员障碍,只有25%的经理获得与战略挂钩的奖金;三是管理障碍,85%的高层管理团队每月花在战略讨论上的时间不足1小时;四是资源障碍,60%的组织没有将预算与战略挂钩。而经过调查分析不难发现,来自于这四个方面的障碍最终又可以归结为七个阻碍战略实施的具体问题:

(1) 管理人员没有清晰有效地与员工沟通公司的战略是什么、为什么战略对公司很重要;

(2) 没有恰当明确的战略实施计划;

(3) 主管人员没有完全投入与支持战略的实施;

(4) 绩效考核的标准和目标定义不明确;

(5) 缺少一个能够有效跟踪绩效表现的绩效考核系统;

(6) 员工不清楚自己应该进行哪些改变;

(7) 缺少一个基础架构来有效地考查绩效表现,以便调整战略,协调组织适应变革。

随着上述实施问题在具体战略管理过程中日益凸显,管理者对有效地战略执行工具需求也越来越迫切。在这样的背景下,罗伯特·卡普兰与戴维·诺顿两位学者在《哈佛商业评论》上提出了平衡计分卡概念(balanced scored card,BSC)。经过学者与管理者的深入研究,"平衡计分卡"因为其对企业实施战略管理的有效帮助,受到全世界范围内知名企业的追捧。美国 Gartner Group 调查表明,在《财富》杂志公布的世界前1 000位公司中,有70%的公司采用了平衡计分卡系统作为战略管理的工具,并创造了良好的绩效。平衡计分卡的成功之处主要在于它提出并引入了非财务指标,从四个维度实施公司战略,帮助企业结合财务与非财务指标实施公司战略,有利于战略的落实与战略实施效果的综合评价。

近年来,国内越来越多的企业开始应用平衡计分卡,例如光大银行、青岛啤酒、鲁能科技集团、万科等公司。但仍有很多成长中的公司困扰于如何保证战略的实施,困扰于究竟如何应用平衡计分卡。下面我们对如何通过平衡计分卡来控制战略实施效果进行说明。

二、平衡计分卡简介

1. 第一阶段——平衡计分卡理论研究

该阶段是平衡计分卡的萌芽阶段,罗伯特·卡普兰与戴维·诺顿(1992年)在《哈佛商业评论》上联合发表了《平衡计分卡:驱动业绩的评价体系》一文,他们指出:传统的财务会计模式只能衡量过去发生的事项(落后的结果因素),但无法评估企业前瞻性的投资(领先的驱动因素),因此提出由财务、顾客、内部业务流程以及学习和成长四个方面构成的平衡计分卡来评价组织的绩效(见图10-1)。该论文发表后卡普兰和诺顿很快就受到了几家公司的邀请,平衡计分卡开始得到企业界的关注。

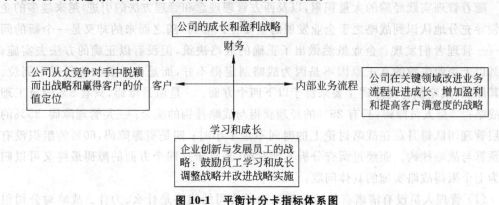

图10-1 平衡计分卡指标体系图

在正式提出平衡计分卡的第二年,卡普兰与诺顿再次发表《把平衡计分卡付诸实践》一文,将平衡计分卡延伸到企业的战略管理之中,这也是平衡计分卡理论研究的第二个重要里程碑。在这篇文章中他们明确指出企业应当根据战略实施的关键成功要素来选择绩效考核的指标。

在最初的企业平衡计分卡实践中,卡普兰和诺顿发现,平衡计分卡能够传递公司的战略,他们认为平衡计分卡不仅仅是公司绩效考核的工具,更为重要的是它还是一个公司战略管理的工具。

2. 第二阶段——平衡计分卡的推广应用

在将平衡计分卡延伸到企业的战略管理系统之后,平衡计分卡开始得到全球企业界广泛的接受与认同,越来越多的企业在平衡计分卡的实践项目中受益。但随着实践应用越来越多,企业在具体实践中又遇到了新的问题。卡普兰和诺顿于2001年和2004年又出版《战略中心型组织》和《战略地图》两本著作,具体指导企业如何成功使用平衡计分卡进行战略管理。《战略中心型组织》一书中主要介绍成功使用平衡计分卡进行战略管理要满足的五项原则:动员、转化(战略为行动)、协同、激励、治理。《战略地图》一书提出战略地图概念,通过平衡计分卡战略地图提供一个框架用以说明战略如何将无形资产与价值创造流程联系起来,《战略地图》专注于《战略中心型组织》一书中提出的第二项原则即转化(战略为行动),强调要根据多种不同的战略,制定有针对性的战略地图和积分卡,图10-2为成本领先战略地图模板。

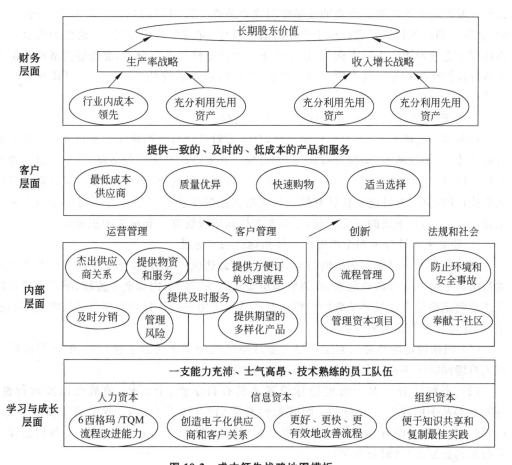

图 10-2　成本领先战略地图模板

资料来源：罗伯特·卡普兰与戴维·诺顿《战略地图》

如今，平衡计分卡的原理在大量组织中有不同程度的运用，主要表现为业绩评价工具和战略管理工具两种不同的作用类型。但是越来越多的企业把平衡计分卡作为战略工具，这也是未来发展的趋势。卡普兰在 2003 年曾说：如果不是因为"平衡计分卡"这一名称已被广为接受，我会选用类似"战略计分卡"这样的名称。可见平衡计分卡对于公司战略实施的作用之大。

在简要介绍了平衡计分卡概念以及相关主要概念后，下面我们具体分析将平衡计分卡应用在公司战略实施过程中的步骤。

三、应用平衡计分卡实施公司战略的具体做法

1. 明确企业的战略目标、愿景和使命

很多企业在把战略思想落实到文字时总是出现模糊、歧义等问题，所以应用平衡计分卡的首要任务就是要为企业制定一定时期内清晰、明确的战略目标以及愿景和使命。本书开始的部分已经对战略目标、愿景和使命进行了定义，但是仍要强调的是在制定企业愿景时必须要体现出企业真正想要成为什么类型的企业，要占领什么样的市场位置，具有什

么样的发展能力等内容。企业的使命要明确企业在一段时期内生产经营的总方向、总目的、总特征和总的指导思想。至于企业的战略目标，除了要从宏观性、长期性和综合性方面体现出企业希望实现的方向外，还要注重其可接受性以及可分性，要能够把战略目标分解成可操作性的指标。这个阶段的工作非常重要，对于后续的平衡计分卡具体操作具有指导性及方向性意义。

2．宣传、落实已制定的战略目标、愿景和使命

在制定了战略目标、愿景和使命之后，企业要对其进行全面落实。在企业内有计划地开展宣传、培训等活动，确保所有人都了解、领会并支持已经制定的战略，这对于日后顺利开展工作具有重要的作用。尤其是要保证高层管理人员的支持，这样的话，可以降低日后战略执行的难度，并且能够保证有效执行战略实施的平衡计分卡。有了高层领导人员的支持，通过他们与下属的有效沟通，可以大大提高中级管理层和员工的积极性。

3．建立平衡计分卡四个维度的具体指标体系与标准

当企业内上下对制定的战略目标、愿景及使命达成一致后，接下来的任务就是把企业的战略与平衡计分卡联系起来，高级管理层要从财务、客户、内部业务流程、学习和成长四个维度制定衡量企业战略绩效的指标。此环节是应用平衡计分卡实施公司战略的核心步骤，在此过程中要确保两点：

(1) 根据确定的战略来制定衡量企业战略绩效的平衡计分卡指标，同时确保高层管理人员能同时从平衡计分卡的四个维度来考查；

(2) 平衡计分卡四个维度指标设置要具有科学性、全面性、挑战性以及可行性。(图10-3)从下面四个维度分解：顾客如何看我们？（顾客方面）；我们必须擅长什么？（内部业务流程方面）；我们能否继续提高并创造价值？（学习和成长方面）；我们怎样满足股东利益要求？（财务方面）

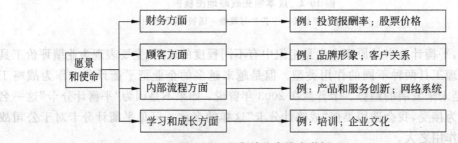

图10-3　平衡计分卡维度举例

在制定好平衡计分卡四个维度的指标后，平衡计分卡管理委员会负责把战略传达到整个组织，并把绩效目标逐层分解到下级单位，保证企业战略得到彻底落地。在分解公司平衡计分卡的过程中，要注意构建组织内部的协调统一性。各事业部或各职能部门应先考虑公司的战略、目标、指标和目标值，然后再进行分解。部门的分解过程中再把其他部门的需求也考虑在内，以建立横向部门间联系。

4．建立明确的战略地图

前面我们已经详细解释了战略地图的定义，该步骤的核心思想就是通过因果关系把四个层面的目标联结起来，阐明企业的战略。例如，通过改进某些技术工作岗位上员工的

能力和技能,使关键业务流程得到改善。改善后的流程将给目标客户传递更多的价值信息,带来客户满意度、客户保持率和客户业务增长。于是,改善后的客户成果指标将带来收入的增加,以及最为重要的股东价值提高。这就是一个典型的战略地图,将企业的四个层面的目标集成在平衡计分卡之中,为企业战略提供可视化的架构。

5. 确定战略性行动方案

第一步我们通过内外部信息分析确定了公司的使命和愿景。从第二步到第四步,我们明确了战略、战略主题、战略地图以及衡量战略的指标和目标值,使得战略具有可执行性。接下来的工作就是将战略转化为行动。在战略的指导下,针对平衡计分卡的每个目标,制定实现目标值所需要的行动方案,表10-1总结了在行动方案管理流程中最为重要的三个问题。

所谓战略性行动方案就是有时间限制并自主决定的项目或计划的集合,它区别于组织的日常运营活动,旨在帮助组织实现目标绩效。通过战略性行动方案可以促使企业克服惯性和变革的阻力,促进组织积极采取行动。

表10-1 行动方案管理流程模型

行动方案管理流程	目 标	阻 碍	可借助的工具
1. 选择战略性行动方案(我们的战略需要什么行动计划)	确定所需的行动方案,弥补绩效差距	战略性投资孤立分散于组织的不同部门	每个战略主题的行动方案组合
2. 提供战略性资金(我们如何为行动方案提供资源支持)	为战略性行动方案提供区别于经营预算的资源支持	跨业务单元的资金配置与层级、部门结构的预算流程不同	战略性支出排出行动方案的优先顺序
3. 建立责任制(谁来牵头实施战略性行动方案)	建立跨业务单元战略主题的执行责任制	管理团队成员通常只负责某项职能或业务单元内的管理工作	主题高层责任人主题团队

(行动方案管理流程模型 罗伯特·卡普兰,戴维·诺顿《平衡计分卡战略实践》)

6. 拟定业绩评价指标

预测并制定每年、每季和每月的业绩评价指标具体数字,并与企业的预算与计划相结合,将每年的报酬奖励制度与平衡计分卡相结合。

平衡计分卡与浮动薪酬结合起来,以激励全体员工共同实现公司的战略目标,实现个人目标和激励与企业战略相链接。如果平衡计分卡和薪酬没有联系,则员工的积极性和工作重心就会受其他因素的影响。当二者结合起来时,才可以使员工的精力、资源全部投放在工作任务上。表10-2以处于低端的操作工为例,用平衡计分卡框架表达个人目标。

表10-2 平衡计分卡与个人目标结合举例

操作员452号	个人目标
财务	降低停工成本
客户	及时将完成的产品传给下一个工位
内部业务流程	减少设备转换时间;减少机器故障
学习和成长	取得机器维护资格证书

设定报酬奖励制度时,必须注意部门之间的合作关系。如果奖励机制仅限于职能指标,就会给组织绩效的其他方面带来负面影响。如销售预测不准确会导致生产部门生产计划的不合理安排,从而导致库存过多或订单不能按时完成,其结果就是生产部门和销售部门的互相抱怨。所以设定薪酬的时候,要全面考虑平衡计分卡的四个角度目标。

7. 反馈与改进

定期检测和反馈实施情况,讨论并分析绩效及工作成果,不断采用员工的意见改进平衡计分卡指标并改进企业战略。结合环境的变化情况,适时对平衡计分卡进行调整,以确保战略成功执行。平衡计分卡为高层管理者轻松地跟踪和分析公司绩效创建了良好的基础架构。大部分公司每年更新一次平衡计分卡,但随着商业环境的变化和对平衡计分卡学习的深入,公司会缩短调整目标、指标和目标值的时间,有时候会每季度调整一次,甚至每月调整一次。

第二节 一般的组织结构类型

由于企业的数量众多,形成条件和规模各不相同,所以其组织结构的形式也是千差万别,但仍可以将它们大致概括为以下几种基本类型。只要我们掌握了它们的特点和运行规律,就可以据此对其他类型的组织做出分析。

一、简单结构或直线制结构

这种类型的组织结构可以被看作根本就没有正式结构,这在许多小型企业内是十分常见的组织类型。在这类组织内,可能由一个所有者或创始人负责组织大部分管理工作,至多还有一个合伙人或助手。在管理者和作业人员之间没有其他管理层次,信息传递很快,对于管理责任没有什么分工,整个经营过程都是通过个人控制和个人之间的相互关系进行的。

简单结构或直线制结构的组织目标比较简单,一般很少加以数量化,也没有以任何文件的形式规定下来。这种类型的组织只适合于规模较小的组织,我国很多民营企业在创办初期都曾采用过这一组织形式,因为这些企业在创办时仅有几个人,多是亲朋好友,只生产一种产品或提供一种服务,所以,这一组织形式不仅提高了工作效率,而且降低了管理费用。

二、职能制结构

典型的职能制结构如图10-4所示,这类组织以各项专业职能作为划分部门的基础,如生产、财务、会计、营销和人事等。在这类组织中,处于直线链条上的上级机构和管理人员可以指挥和命令其所属下级人员。一般说来,除非上级指挥人员授权,其他职能部门,包括上一层次的其他职能部门和管理人员仅是直线职能人员的参谋,而不能跨部门直接指挥。

这种组织结构的突出优点是可以在职能范围内实现规模经济,同时,从事同一专业的人员在同一职能部门可以互相学习和提高专业水平。另外,组织的高层管理者具有更大的经营控制权,与此相关的是对各项任务和工作岗位以及个人的责任有清楚的界定,它是在稳定的环境下许多小型公司或少品种生产的企业常常采用的结构形式。同时,在其他更复杂的组织内(如下面将要讨论的事业部制和母子公司结构),各子部门可能也要按这种结构分成各个职能管理领域。

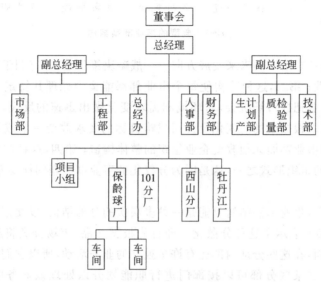

图 10-4　海燕公司的组织结构(1995 年)

这种组织结构的缺点是适应性与灵活性较差,有时协调工作比较困难。当企业规模变大,产品和部门的数量增多时,协调工作量很大,以致高层管理人员经常被日常经营问题压得透不过气来,或者,仓促地依赖于自己的专业技能,而不是站在战略的高度上去解决问题。此外,这种组织结构不易于企业内部培养熟悉全面情况的经理人员,使职能人员仅重视其有关的专业知识和才能,而不考虑全局的平衡。最后,这种组织的刚性较大,反应迟缓,不易迅速适应环境的变化。

改革开放以前,我国企业,尤其是国有企业大多采用这一组织形式,现在同样有很多企业采用它,但它不适宜多品种生产且规模很大的大型企业,也不适宜创新性的工作组织。

三、事业部制结构

所谓事业部制结构是在公司总部下,设立若干个自主营运的业务单位——事业部。这些事业部可能是以产品、服务、地理区域或企业的生产程序进行划分的,它的建立主要是为了解决职能型结构所不能解决的分散化和多样化的问题,它实际上是一个自含各种职能的单元,即具有以下三个要素:第一,具有独立的产品和市场;第二,可以实行独立核算;第三,是一个分权单位,具有足够的经营决策权。事业部的典型组织形态如图 10-5 所示。

事业部制结构具有几个显著的优点:第一,它能使最高层管理者摆脱日常的行政和

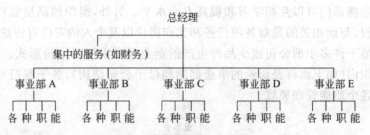

图 10-5　典型的事业部制结构

管理事务,更多地考虑组织的未来发展方向——战略决策问题,并有利于调动各个事业部的积极性和主动性;第二,这种结构使每个事业部都能集中处理其特定业务环境中的某些问题,有利于企业把握市场机会,对环境和需求变化做出迅速的反应;第三,这种组织结构易于调整,可以根据市场的变化及公司战略目标的要求改变一个或几个事业部的产品,甚至增设新的事业部而无须改变企业组织的整体构造;第四,这种结构还是培养高级管理人才的最好的组织形式之一,这是因为分权化的事业部经理同样要考虑市场、产品和技术等方面的问题。

在某些情况下,事业部制结构可能是一种多层次的分部结构,以便把组织的活动进行有效的分离,图 10-6 表示了这种分散化。即首先根据产品/市场分类将组织的第一层分部划分清楚。进而,在这些分部内部还有许多独立的业务活动,所以它们也可以有自己的分部结构。同样,在某些分部可以按部门进行职能划分以处理该业务中的一些专门的工作。

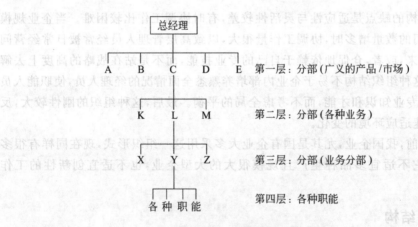

图 10-6　多层次事业部结构

事业部制结构的主要不足之处是其集权与分权的关系比较敏感,一旦处理不当,可能削弱整个组织的力量,甚至造成整个企业的分裂,在我国民营企业中这样的例子已不鲜见。为此,最高管理层必须保持三方面的决策权:一是业务发展的决策权;二是有关资金分配的决策权;三是重要的人事任免权。此外,这种组织结构容易引起各事业部之间的冲突,不易保持整个组织的整体形象,因为各事业部独自面对市场和顾客,协调行动比较困难。

一般来说,事业部制结构比较适合产品种类多、规模大,且下层单位可以是"独立"的大型企业。

四、模拟分权结构

所谓模拟分权结构实际上是事业部制的一种特殊形式,它是连续性生产企业所采取的一种组织形式,其结构如图 10-7 所示。

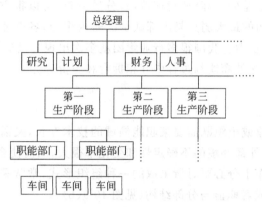

图 10-7　模拟分权结构

模拟分权结构的特点是模仿事业部制结构的形式进行分权,但其组成单元又没有独立的产品和市场,而只是对某一生产阶段进行管理的部门,并且所要完成的指标是由内部价格而非外部市场所确定。连续性生产的大型化工企业等往往采用这种形式。

模拟分权的最大优点在于它解决了某些企业规模过大,但又不能按产品或地理区域划分部门的管理问题,使高层管理人员有可能将主要精力集中于重大决策上。其缺点是各部门并不是独立的利润中心,因此可能导致成本的上升和对产品质量事故的互相推诿。

五、控股公司结构

有些公司通过控股或参股的形式发展业务和获得投资回报,其极端形式就是各种各样的投资公司,其典型结构如图 10-8 所示。这类公司可能是通过对一些单个的无关的业务持有控股权和参股权而形成的,但对这些业务不做或很少进行管理和控制。这种组织结构同样也适用于那些具有许多各自独立的业务的公司。

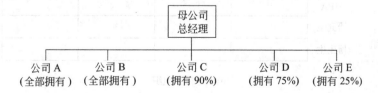

图 10-8　控股公司结构

在这类公司中,虽然各业务单位是母公司的一部分,但是它们独立经营,并且保留其原来的公司名称。母公司的任务可能只限于决定是否购买或出售这些企业,而不关心它们的产品和市场,换句话说,母公司并不参与其日常经营和管理。

尽管在这种组织结构内各业务单位保留它们自己的特点和结构,尤其是保持战略的自决权,但是各企业单位还是可以从这种相互关系中得到好处。比如,一家业务单位的利润可以弥补另一家的损失,可以从母公司得到便宜的财务支持和信贷担保等。另外,控股公司自己也可获得很多益处,如降低管理费用,分散风险,可以很方便地出售或放弃某些业务等。也许这种结构的最大弱点是内部缺少战略内聚力,各企业间会出现大量的复杂努力,浪费大量人力和物力。我国很多行业集团就多次出现过类似情况,同一集团的企业互相争夺市场,以致在同外商谈判过程中互相拆台和压价等。

六、矩阵结构

矩阵结构是当企业或组织既需要某职能领域的技术专长,又需要各部门和生产单位之间的横向协作,而且外部环境的不确定性和变化率很大,从而使企业内的纵向和横向的连续的信息处理与协作十分必要时所采取的一种组织形式,常常采取产品和地区分布的形式(见图10-9(a)),或者职能与分部结构(见图10-9(b))。

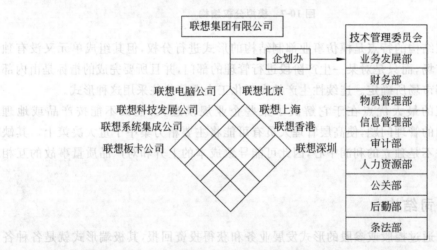

(a) 联想集团有限公司的组织结构(1998年)

(b) 商学院的组织

图 10-9 矩阵结构

在以下几种情况下，企业需要采用矩阵结构：

（1）当环境压力迫使企业做出快速反应以适应需求变化和产品开发的需要时；

（2）当工作环境既复杂又不确定，外部环境的不断变化和部门之间高度的相互依赖性要求极有效的横向和纵向联系时；

（3）为了使内部资源达到规模经济，要求企业灵活和共享式地使用人员和设备时。

矩阵式结构的主要优点是加强了部门之间的配合和信息交流，增强了企业对市场变化的适应性，同时提高了人员和设备的利用效率。其不足之处在于，产品组或分部不能完全控制它的来自于不同职能部门的下属，而下属也经常要遭遇大量的焦虑和压力，因为有两个上司的管理人员有时必须在相互冲突的要求下进行工作和决策。即使有时可能觉得有损于自己的利益，但也必须与两类上司保持良好的关系，还要同时忠实于他们负责的产品和他们负责的职能，正因为如此，这种组织结构可能引起更大程度上的矛盾和冲突，以致决策时间过长，它既不适用于那些在内部极有竞争性的管理人员，也不适用于那些不喜欢含糊其辞、左右逢源的管理人员。为了使矩阵组织有效运行，高层管理人员必须能在各单位之间进行有效协调，并保持彼此之间的密切合作。

七、混合结构

上述矩阵结构实际上也是一种混合结构，旨在发挥职能部门和产品部门两个方面的积极性，但这种组织结构对高层管理人员的要求比较高。实践上还有其他类型的混合结构，其中之一是在事业部基础上发展起来的混合结构，如图 10-10 所示，这种结构是在保持事业部作为利润中心的主体结构的基础上将某些职能，如采购、运输和销售等向总部集中，以降低浪费和发挥规模经济的作用。也有人将这种结构称为准事业部结构。雀巢公司 20 世纪 90 年代重组后以中央经营单位协调的地区利润中心结构也是一种混合结构，如图 10-11 所示，它实际上是以地区为主导的矩阵结构，如图 10-12 所示。值得强调的是，组织结构本身并无优劣之分，它应该反映环境变化和企业战略的要求。例如，1998 年以前，ABB 公司的组织结构是典型的平衡式的矩阵结构，如图 10-13(a) 所示。但随着市场和客户需求的变化，1998 年以后却改成了以经营单位为主体的矩阵结构，如图 10-13(b) 所示。

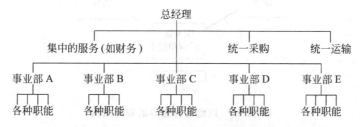

图 10-10　以事业部为基础的混合组织结构

除以上几种类型的混合结构外，还有前后端混合型组织，这种以客户为中心的结构有两个直线型组织：一个围绕客户（前端）；另一个围绕产品（后端），它不同于前述的 ABB

的矩阵组织,也不是以国家为基础的组织结构,而是一种更为复杂的混合型组织。海尔集团、华为公司等国内一些大企业基于流程重组所建立起来的以商流、物流和资金流为主体的组织结构具有前后端混合结构的某些重要特点。

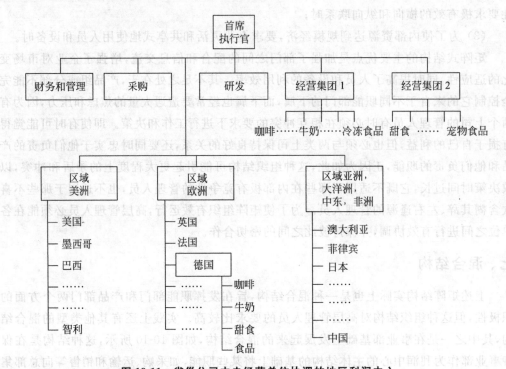

图 10-11　雀巢公司中央经营单位协调的地区利润中心

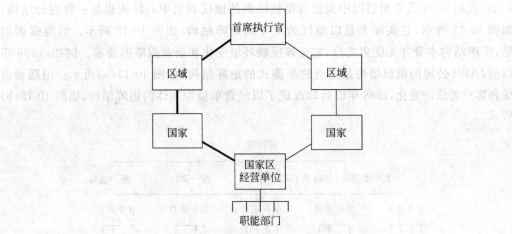

图 10-12　以地区为主导的矩阵结构

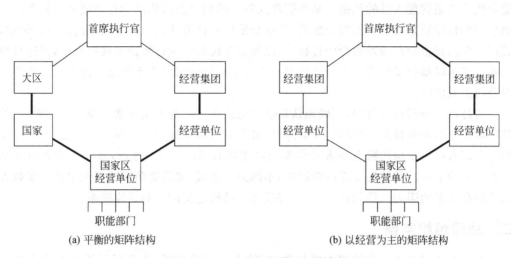

图 10-13　ABB 公司矩阵组织的变化

第三节　战略与结构的关系及战略组织类型

一、战略与结构的关系

前面一节我们介绍了基本的组织结构类型以及组织结构对战略成功实施的保证作用，还强调了它对战略形成的重要影响，但这并不意味着要把组织结构作为制定战略的必要前提。相反，组织结构要首先服从于组织的战略。换句话说，企业战略决定着组织结构类型的变化，即是说，企业不能从现有的组织结构的角度去考虑制定怎样的战略，而是应当根据外部环境的要求去制定相应的战略，然后再根据新制定的战略来调整原有的组织结构。

组织结构要服从组织战略这一基本原则是美国学者钱德勒（A. D. Chandler）在研究了 70 多家美国公司以后于 1962 年在其名著《战略与结构——美国工业企业历史的篇章》中首先提出的。此后，通过对工业企业发展历史的研究，人们进一步明确了两者之间的关系，即战略的前导性与结构的滞后性。

所谓战略的前导性是指战略的变化要快于组织结构的变化。换句话说，一旦企业意识到外部环境和内部条件的变化提供了新的机会和需求时，首先会在战略上做出反应，以此谋求经济效益的增长。例如，经济的繁荣与萧条，技术进步的快慢及内部资源的充足与否都会刺激企业发展或减少企业现有的产品或服务，即调整它们的产品和市场战略。在这种情况下，企业要设计新的组织结构与战略变化相适应，至少要在一定程度上调整原有的组织结构，否则新战略也不会顺利实施并使企业获得更高的效益。

所谓结构滞后性是指组织结构的变化常常慢于战略的变化，特别是在经济快速发展时期更是如此。产生上述现象有两个最基本的原因：一是新、旧结构交替有一定的时间过程。新的战略制定出来以后，原有的结构，尤其是刚性较大的一类组织结构还有一定的惯性，管理人员仍然习惯于用旧有的职权和管理手段去管理新的经营活动，即有一定的不适应性。二是管理人员的抵制。某些管理人员在感到组织结构的变化会威胁他们个人的地位、权力,特别是心理上的安全感时,往往会采用各种方式去抵制所需要的变革。例如,我国很多国有企业在与外商合资过程中,以及很多民营企业在加速发展过程中,当进行组织机构变革时都曾受到管理人员的抵制。有时这种抵制仅仅出于朴素的民族主义情绪和对公司前景的担心。

通过以上分析可以看出,正确地认识战略与结构之间的关系非常重要。一方面,当外部环境变化给企业带来某些机会或威胁时,必须及时调整战略以应付这种变化,不能过多地考虑现有组织结构的特点并将其作为制定战略的基础;另一方面,要充分考虑组织结构对战略的适应性及结构变迁的滞后性,不能急于求成,尤其要防止使组织中的大多数人成为战略变革的阻力。换句话说,应保持战略与结构之间的动态适应关系。

二、战略组织类型

前面我们讨论了一般的组织结构类型、特点及适用范围,还分析了战略与结构的关系,但并没有说明每种组织结构的战略倾向或者"文化"。而实际上,这种战略倾向对未来的战略选择和组织设计产生更为重要的影响。当然,由于外部环境的复杂多变和组织结构的千差万别,我们并不能建立战略与结构的一一对应关系,事实上,把握一个组织的动态倾向比其静态结构更为重要,下面就来进一步讨论这个问题。

根据一个组织在解决开拓性问题、工程技术问题与管理效率问题时采取的思维方式和行为特点(即战略倾向),可以将组织分为四种类型,即防御型、开拓型、分析型和被动反应型。前三种战略组织都有与其市场和能力相适应的战略,而第四种战略组织却是一种失败的组织类型。

1. 防御型战略组织

防御型战略组织试图在解决开拓性问题过程中建立一种稳定的经营环境,即这种组织希望在一个稳定的经营领域中占领一部分产品市场,生产有限的一组产品,占领整个潜在市场的一部分。在这个有限的市场中,防御型战略组织常常采用竞争性定价或生产高质量产品来阻止竞争对手的进入,从而保持自己的稳定。

一旦这种狭小的产品/市场选定以后,防御型战略组织就将精力主要用于解决自身的工程技术问题,试图创造出一种具有高度成本效率的核心技术和开辟出一个经久不衰的市场。在这类组织中,技术效率是组织成功的关键。有的防御型战略组织通过纵向一体化来提高技术效率。

为了提高组织的管理效率,防御型战略组织往往采取"机械式"结构,即其高层管理层主要由生产成本控制专家组成,注重成本和其他效率问题,采用分工细密的职能结构和集中控制。

防御型战略组织在多数行业中具有生命力,尤其适合于较为稳定的行业,但是,它也有潜在的危险,即它不能适应环境和市场的快速变化。

2. 开拓型战略组织

与防御型战略组织不同,开拓型战略组织更适合于动态的环境,它的能力主要体现在寻找和开发新的产品和市场的机会上。对于一个开拓型组织来说,在行业中保持一个创新者的声誉,比获得大量利润更为重要。

一般说来,开拓型战略组织面对的是一个广阔的市场,而且这一市场处于不断变动的状态。这种变动主要体现在产品和市场的流动性上,即经常会出现一些新产品和新市场,同时也有老产品不断消失。在这种情况下,变革是开拓型战略组织对付竞争的主要手段。因此,开拓型战略组织在寻求新机会的过程中必须具有一种从整体上把握环境变化的能力。

为了更好地服务于变化着的市场,开拓型战略组织在其技术开发和管理上具有很大的灵活性。在技术上,这种组织并不仅仅着眼于现有的技术能力,而是根据将来的产品结构确定技术能力,努力避免长期陷于单一的技术过程,以保持其创新性和适应性。

在管理上,开拓型战略组织遵循的基本原则同样是灵活性,即在大量分散的单位和目标之间调度和协调资源,不采取集中的计划和控制全部生产的方式。为了实现总体协调,这类战略组织常常采用"有机的"结构,即高层管理人员主要是市场和研究开发方面的专家,注重产品结构的粗放式计划、分散式控制以及横向和纵向的沟通。

开拓型战略组织虽然可以减少环境不确定性带来的风险,同时其多种技术可以迅速地适应市场需求的变化,但它要承担资源分散使用和低利润的风险。这种组织面临的最大挑战是如何提高组织的效率并合理地使用资源。

3. 分析型战略组织

从以上的讨论可以看出,防御型战略组织有较高的组织效率但适应性较差,而开拓型战略组织正好相反,即是说,以上两种组织分别处于战略调整方式的两个极端。而分析型战略组织可以说是介于两者之间,试图以最小的风险和最大的机会获得利润。

分析型战略组织在解决与产品/市场有关的开拓性问题时,综合了防御型与开拓型战略组织的特点,即在寻求新的产品和市场机会的同时,保持传统的产品和市场。这类组织只有在新的市场被证明具有生命力时才开始在该市场上活动。换句话说,分析型战略组织是通过模仿开拓型战略组织已开发成功的产品来进入市场,同时,又保留防御型战略组织的特征,依靠一批相当稳定的产品和市场保证其主要收入。因此,成功的分析型战略组织必须紧随领先的开拓型战略组织,同时又在自己稳定的产品和市场中保持良好的生产效率。

在处理工程技术问题时,分析型战略组织的两重性也表现得很突出,它要在技术的灵活性和稳定性之间求得平衡。要达到这种平衡,该类组织需要将生产活动分成两个部分,形成双重的技术核心。一部分技术与防御型战略组织的技术极为类似;另一部分则类似于开拓型战略组织。在实践中,主要是通过具有一定权力的应用研究小组来建立双重技术核心,它可以找到开发或模仿新产品的现有技术,而不需要像开拓型战略组织那样,要花费大量的人力和物力来进行研究和开发。

在管理上,分析型战略组织也带有防御型和开拓型战略组织的双重特点,一方面,它要适合稳定性业务的需要;另一方面,又要适合变动性业务的需要,使两种业务都得到发展。一般说来,这种业务平衡问题可以通过矩阵结构来解决。这种矩阵结构对各职能部门实行集约式计划和集权控制,而对产品开发小组或产品部门实行粗放式计划和分权控制。

然而,分析型战略组织并不是完美无缺的。它在兼有防御型和开拓型战略组织优点的同时也兼有了两者的缺点。如果分析型战略组织不能保持战略与结构关系的必要平衡，它最大的危险就是既不能适应市场的快速变化而又丧失了组织效率。

4. 被动反应型战略组织

以上三种类型的战略组织尽管各自的形式不同，但都能以一定的方式适应外部环境的变化和市场需求，随着时间的推移，这三类战略组织会形成各自的稳定一致的模式，并能对环境变化做出正确的反应。

然而，被动反应型战略组织在外部环境变化时却采取一种动荡不定的调整方式，缺少一种灵活应变的机制。换句话说，它的适应循环会对环境变化和不确定性做出不适当的反应，并且对以后的经营行为犹豫不决，结果，被动反应型战略组织总是处于不稳定的状态，因此，被动反应型战略组织是一种消极和无效的组织形态。

第四节　企业组织结构和管理模式的选择

以上我们介绍了企业的一般组织结构类型、战略与结构的关系以及几种战略组织类型的主要特点，试图帮助读者更好地理解组织设计的基本原理，并对组织结构有一个清楚的概貌，但很显然，没有哪一种组织类型普遍适合所有的企业，也没有哪一个企业自始至终采取一种组织形式。实际上，企业采取的组织结构和管理模式与更广泛的因素有关，而且需要根据环境的变化和战略组织做出适时调整。下面进一步讨论企业组织结构与管理模式的选择问题。

众所周知，由于战后日本经济在 30 年内得以迅速恢复和发展，尤其是随着 20 世纪 80 年代美国企业在国际市场竞争力的下降和在对日本企业竞争中的失利，80 年代末期每年探索日本经济腾飞之谜的文章和专著数以千计。我国企业界和管理学者也对此给予了充分关注，其中很多研究者认为，日本企业的竞争力主要来源于以人为本的管理思想及与之相适应的柔性管理体系，同时认为中国与日本具有共同的文化渊源，并且美国企业也在转而学习日本的管理经验，因此，中国企业仍多借鉴和学习日本而不是美国的管理模式和风格；也有少部分人认为，中国企业应多采取以任务为导向的组织结构和实行严格的管理。只是由于近几年日本经济的衰退，这一孰是孰非的争论才暂时画上了句号，但问题并没有真正解决。显然，只有对上述问题有比较清楚的认识并选择合适的组织结构和模式，我国企业才能适应经济全球化、一体化和环境不断变化的要求，同时保证战略目标的实现。

事实上，日本企业的组织结构和管理模式历史上经历了复杂的演变过程。在"二战"以前，日本企业以身份制为基础，以职能组织为中心的禀议型组织实行的实际上是集权管理，处在不同等级的管理人员和工人的权力、责任和义务都非常明确，决策权掌握在少数资本占有者手中；在战后初期实施职能制的过程中，日本企业引进了美国企业管理中的职务评价及职务津贴等制度，从而使各职位的权力与责任进一步明确化，同时这一时期日本企业还建立了具有其特色的管理中枢机构"常务会"和职能部门，实行了一定程度的分权管理。从 20 世纪 50 年代中期到 20 世纪 70 年代初，为了适应经营环境不断变化和组织规模日益扩大的要求，日本企业才逐步引进了对具有独立的产品和市场，独立的责任和利益的部门实行分权管理的事业部制。只是从 20 世纪 70 年代初开始,日本企业才逐步根据环境的变化和企业的特点建立了系统化的动态组织,保证了组织结构中各个环节的贯通,实现了集中与灵活的统一,而这往往被认为是以人为本管理思想的体现,交叉负责制则被认为是增加了结构的弹性。

美国企业的组织结构变革同样经历了四个时期。从 19 世纪末到 20 世纪初企业主要实行的是资本家个人集权管理;从 20 世纪初到 20 年代实行的是集权的职能部管理;从 20 年代至 50 年代美国企业开始出现分权的事业部结构;从 50 年代开始到现在是美国组织管理体制变革的第四个时期,在这一时期美国企业仍坚持集中决策、分散经营的原则,出现了"超事业部制""二维矩阵结构""模拟分权结构"和"有机结构"等多种组织形式。

从日本、美国的企业组织结构演变的历史过程上看,他们实际上同样经历了集权→分权→动态组织转变的过程,并且由于两国工业化进程的差异,美国企业实现上述转变比日本企业还要早些。由此可见,美国企业和日本企业在国际竞争力上的差异,并不是管理思想和组织结构形式的简单反映,而有其更深刻的经济和文化根源。实际上,上述分析的美、日两国企业组织形式的变化也仅仅反映了一种整体化趋势,每一企业的组织结构和管理模式要受多种因素的制约和影响,其中企业的生产类型、战略、环境特点、企业所处的发展阶段、企业所在地的经济和社会发展水平,以及雇员的需求和文化层次具有决定性的作用,而某种类型的组织结构是否能够有效运行,不仅取决于其本身结构是否合理,而且取决于若干个重要管理因素或变量的动态匹配性。

一、生产类型

企业的生产类型对组织结构和管理模式具有直接而重要的影响。如大量生产通用产品的加工装配型企业生产管理的特点是:

第一,除了要保证及时供料和零配件的加工质量外,重要的是要控制零部件的生产进度,保证生产的成套性。如果生产的品种、数量上不配套,就无法装配出成品来,另外,如果在生产进度上不能按时成套,那么少数零件引起的生产进度拖期会延长整个产品的生产周期,以致延误产品的交货期。

第二,由于是按标准设计的通用性产品,所以企业可以根据自己的生产能力和销售能力来制订生产计划,并且可以保持一定的库存来应付市场需求的波动。

第三,由于产品具有相对稳定的社会需求并大量生产,所以可以采用流水线的生产组织形式。该类企业生产管理上的上述特点决定了其组织结构的特点,即应采取相对集权的方式管理和传统的设计原则,以实现严密的计划与控制。具体地说:

(1)为了保证生产进度和整个企业的协同运行,企业的每一个人都应明确自己的岗位、任务、职责、权限和工作程序。

(2)应该采用较小的管理跨度,以实现更有效的控制和减少决策层的协调量。

(3)由于是重复性生产、采购和销售,所以,应按提高管理的专业化程度和工作效率的要求进行分工,明确各个部门应做的工作以及完成工作的手段和方法,并通过协作保证企业目标的实现。满足加工装配型企业分工细密要求的基本组织形态是职能制结构。

对于单件小批生产企业,其生产管理的特点是:

第一,产品对象基本上是一次性需求的专用产品,即生产对象不断在变化,所以必须采用通用性的生产设备和工艺装备,按工艺专业化组织生产。

第二,生产对象的复杂多变决定了这类企业生产作业计划的编制不宜集中,一般采用多级编制逐级细化的办法,在生产的指挥和监控上要使基层能够根据生产的实际运行情况有较大的灵活处置权。

第三,对那些要求在规定的时间和预算费用内完成某些创新性强、风险性大的研制项目后才投产的单件生产,往往需要组织由多种专业人员组成的攻关小组。上述特点决定了这类企业宜采用适当分权的方式进行管理和动态设计原则。具体地说:

(1) 为了保证能根据用户的不同需求生产出他们特定的产品,设计和操作人员必须有较高的设计能力和操作水平并可适时做出决策,即技术权力应分散化,因此,组织结构设计中应重视赞同性职权和功能性职权,充分发挥技术专家和职能部门的作用。

(2) 应该采用较大的管理跨度,以适当分权并保证各部分的横向交流与合作。

(3) 由于产品或服务经常改变,竞争者的组成也经常变化,所以,这类企业的组织结构应具有一定的弹性,即可以根据需求的变化适当改变部门的结构和人员的职责,以便在发现新的市场机会时能迅速地转移中心和组织生产。满足单件小批生产创新性强、风险性大的组织形式可以通过对职能部门增加授权或成立专门项目小组的方式实现,而当对这类专门小组有长期需求时就可设立矩阵结构。

除以上两种典型生产类型外,还有其他的生产类型,如批量生产企业的管理特点介于前两者之间,所以要灵活掌握集权与分权的界限,因而组织设计时要同时考虑传统和动态设计原则。对工艺过程连续的流程生产型的化工、炼油和造纸等行业的大型企业,为了保证原料、动力连续供应和维持均衡生产,同时又解决规模过大不易管理的问题,可采用模拟分权结构。

行业特点和生产类型对组织结构的影响是明显的,连锁快餐店,如肯德基和麦当劳的组织形式与汽车制造商显然不同。对前者来说,每家分店基本采用同样的结构,并且这些分店对整个集团来说只是一个个孤立的点,而后者的各个子企业可能是整个生产链条上的一个环节,其输出对整个集团和其他子企业具有更大的影响。

二、采用的战略

毫无疑问,企业采取的战略是决定其组织结构和管理模式的十分重要的因素。如前所述,如果企业选择了相对狭小的市场和有限的产品,其战略目标是在足够令人满意的水平上继续经营,从而实现企业长期的稳定,则其组织结构应具有足够的刚性和实行集权式管理。即应高度重视提高技术和生产效率,采用分工细密的职能结构以实现集中控制和正式沟通。相反,如果企业的战略目标是在需求急剧变化的市场中保持创新者的地位,并通过产品开发和市场开发来寻求增长,则其组织结构和管理模式应保证其技术和管理具有很大的灵活性,即应采取"有机"结构,而不是集约式计划和严格的控制。而当企业的战略目标是在寻求新的产品和市场机会的同时,也保持传统产品和市场时,其组织结构需要在保持技术的灵活性与经营的稳定性之间进行平衡,可对企业的职能部门实行集权控制机制,而对产品小组使用分权管理办法。此外,当企业为了减弱竞争的强度,希望拥有一部分原材料的生产能力或分销产品的渠道而采用纵向一体化战略时,大企业往往可以采取中心办公机构与部门结合的组织形式,以保持生产过程的内在联系,使不同部门生产的产品相互之间在加工或销售上的依赖性得以维持。如果企业为了避免投资或经营的风险而采取联合多角化战略,即通过开发和生产与原有产品毫无技术和市场联系的新产品系列,甚至兼并生产这类新产品的企业而寻求发展时,可以采取总公司本部与事业部结合的组织机构。最后,采取低成本战略与差异化战略的企业在组织结构和管理模式上也有各自的特点。前者与要求稳定经营的企业类似,需要紧缩成本的控制和强化工人的管理,所以应增加结构的刚性和加强责任制,并应实施以严格的数量目标为基础的激励机制。而后者要求组织结构具有较强的市场能力和创造性,同时采用松散的控制方式,强化部门和人员之间的协调和合作,应用主观测评和激励方式代替数量测评。

三、环境的特点

环境的特点对组织结构的选择也有很重要的影响,这里我们仍然按照第二章的分析把外部环境分成四类,即稳定/简单的环境、稳定/复杂的环境、动态/简单的环境和动态/复杂的环境。每种环境下适用的组织结构特点如图 10-14 所示。

	稳定	动态
简单	集中化官僚制 (如批量生产企业)	集中化有机组织 (如零售业企业)
复杂	非集中化官僚制 (如医院)	非集中化有机组织 (如先进的电子企业)

图 10-14 环境对组织结构的影响

(1) 在稳定/简单环境中,组织应集中精力提高经营效率,将它们的经营活动和管理标准化,管理风格倾向于机械化和集权化。明茨博格称这种组织类型为集中化官僚制。

(2) 在稳定/复杂环境中,企业或组织应将决策责任分权给专家,通过分散化来应付环境的复杂性。可以将这种组织称为非集中化官僚制组织。

(3) 在动态/简单环境下,管理人员应该敏感地了解周围正在发生什么,捕捉环境的变化并对其做出相应的反应。因此,应该采用更有机的管理风格。这类组织可以称之为集中化有机组织。

(4) 在动态/复杂环境下,明茨博格认为应该建立非集中化的有机组织。一些高技术企业就处于这样的环境中,它们的环境变化如此之快,以至于它们不得不需要有机风格的管理所提供的速度和柔性,而同时环境的复杂性又迫使它们不得不将责任和权力下放给专门人员。

四、组织所处的发展阶段

除了生产类型、采用的战略和环境特点外,一个企业的发展历史和所处的发展阶段对其组织结构和管理模式也有明显的影响。Larry Greiner 曾提出一个有用的组织增长模式,如图 10-15 所示的处于不同阶段的组织面临的主要问题和危机有所不同,解决它们的办法也不一样。

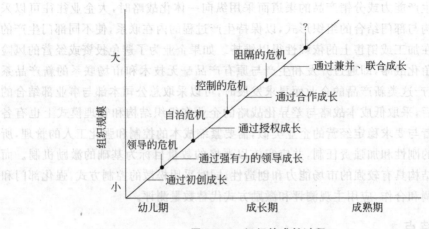

图 10-15　组织的成长过程

当一个企业处于初创期，其目标是开发一种产品或服务以求得在市场竞争中生存时，企业的创建人即管理者应致力于生产和市场的技术活动，所以应采用非正规化和没有权力等级的组织结构，并主要通过个人的权威实行集权控制，以维持组织的灵活性和迅速做出决策的能力。在这一阶段，由于人数少，所以能保证彼此之间的沟通和信息反馈，领导人也有能力和精力对为数不多的下级实行监督和控制。随着企业的成长和规模的扩大，人数的增加将引起许多冲突，高层管理者就不仅需要解决产品的技术问题，而且需要处理大量的组织管理问题。但创建者却可能对管理活动不熟悉或不感兴趣，于是产生"领导"的危机，因此，一旦明确了企业的发展目标，创建者就应开始建立旨在明确岗位责任和有若干权力等级的职能部门，使交流和沟通正式化、权力分工明显化。在这一阶段，下级人员往往感到他们仍然过多地受到上级的指挥和控制，开始在其职责范围内要求更大的权力，尽管这时他们还不习惯于决策，而上级人员往往也不想放弃他们的职责，由此产生"自治"的危机，解决的办法是高层管理者增强"分权"意识，并加强对下级人员的指导和帮助。当企业规模进一步扩大，最高管理层需要更多地关注企业的发展方向和总体战略时，应通过分权给中层管理人员更大的权力，并应建立内部控制和信息系统。在这一阶段的后期，随着中、下层管理人员权力的增加，他们可能更多地关注部门的利益，同时可能将企业引入不同的方向，并导致总体效益的下降。所以，高层管理者需要通过新的方法解决这种"控制"的危机，其中最主要的就是加强部门之间的合作。企业的激励体系应鼓励各部门向着使总体利益最大化的目标努力，通过高层管理人员和各部门之间的沟通保证企业的持续发展。毫无疑问，组织的进一步成长还会遇到新的矛盾，如系统和计划的增多及高层管理者的参与可能使组织过度官僚化，产生"阻隔"的危机，以至于不能通过正常的程序进行管理，需要寻求新的解决办法和协调控制机制。

概括说来，初创期企业的组织结构是非正式化的，以生存为主要目标，主要由资产拥有者实行集权领导；处于成长期的企业的组织是非个人化的正式组织，有比较规范的办事程序和职能分工，管理模式是带有适当控制和指导的分权；成熟期的企业倾向于集体决策，追求管理的特色和制度的完善，具有专门的研究与开发机构，鼓励各部门参与日常管理。

五、经济和社会文化因素

企业的组织结构和管理模式还受经济和文化因素的制约。一般说来，经济状况将影响个人的行为，而个人的行为又影响组织的行为、结构及采用的管理模式。根据组织目标和其中个人的行为方式，洛德里克斯将工业组织分成五种类型，如图 10-16 所示。这些组织中的权力距离、控制系统和员工的文化价值观有很大差异，它们是一个国家文化和经济发展水平的综合反映。

第一种类型的组织为"任务导向型"。它强调生产任务的完成和满足人们基本生理及安全的需要。这种类型的组织在工业发达国家始于工业城市化早期，即个人已不像农耕经济时期那样自给自足，社会要求增加劳动生产率和通过对人员的合理调配来增加产出和提

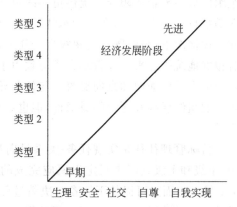

图 10-16 经济发展水平和人的需求层次对组织结构的影响

高个人的报酬，在当时人们普遍追求满足基本生活及安全需要的情况下，任务导向型组织起了很好的作用。因此，当一个国家处在工业化早期或者在多数不发达国家，家长制的任务导向型组织可能是最适合的组织形式。这种组织有较大的"权力距离"，即组织中具有较小权力的下属乐于接受权力的不平等性，并将其视为正常的现象。或者说，下属具有较强的依赖性和期望上级采取专制行为。通常，集权型和多层级组织带有上述特点。因此，在倾向于大权力距离的文化环境下的组织应采取较多的层级，而在相反的环境下，则应减少组织的层次以增加上下级之间双向交流的机会。

任务导向型组织对避免不确定性往往有更多的需要，即当组织建立一种机制来避免未来的不确定性时，其成员才会消除恐惧和不安，具体措施包括制订计划和规定及建立复杂的信息系统等。

第二种类型的组织为"关系导向型"。随着经济的繁荣和个人技术水平的提高，个人将因竞争能力的提高而不再喜欢以任务为导向的组织，也就是说，在个人基本需要和安全需要得到满足以后，他们的社交需要开始活跃，同时开始寻找非权力主义的领导方式。在这种情况下，强调满足个人社交需要，并以此激励雇员，上下级之间有更多机会交流和协商的社交导向型组织更有效。在这种组织中权力距离较小，同时并不迫切需要避免不确定性，因而严密的计划、信息系统和法规等被认为是有损于组织业绩的障碍。或者说，这种组织的成员喜欢自由地表达自己的意愿，而不希望过多地受到上级的控制和种种"清规戒律"的束缚。此外，关系导向型组织中的个人主义倾向要求业绩的评估必须以个人的行为、效率和成就为基础，即一方面要明确造成产品缺陷、隔阂和旷工等不良现象的责任者；另外又必须肯定个人对组织的杰出贡献。一般认为，关系导向型组织中的友好监督和合作的工作环境会增加员工的积极性和劳动生产率，但也有人认为，坚持关系导向型原则会使生产率下降。

第三种类型的组织为"任务-关系导向型"。这种组织既重视组织总体目标或任务的完成，又重视个人价值的实现，力图达到两者的统一。当一个国家的经济发展到一定程度，新技术在创造更多财富的同时使各种问题复杂化，因而环境变得更难于把握的时期，组织成员一般希望领导层提供更多的引导。但同时，那些社交需要已得到满足的个人试图满足自尊的需要，即在得到承认的同时得到更多的发展机会和从事富有挑战性的工作。在上述情况下，组织既不能忽视生产任务，也不能忽视个人社会方面的问题，而应当将两者很好地统一起来。即管理人员应致力于形成任务-关系导向型的领导风格，在组织内部应形成广泛的横向和纵向交流。与任务导向型组织相比，这种组织具有较小的权力距离、较少的组织层级和更大的灵活性，但也不像关系导向型组织那样有可能忽视总体目标的完成。

目标管理往往是实现任务-关系导向型组织战略目标的一种有效手段。在这一过程中，下级和上级共同来制定下属应完成的目标，这一方面保证了管理者仍然以任务为导向；另一方面又可以使下属参与决策过程，满足他们更高层次的需要。从总的趋势上看，随着经济的发展和人们生活水平的提高，多数国家的组织会逐步由家长制向协商制转变。

第四种类型的组织为"环境反应型"。与以前所介绍的"被动反应型"组织不同，这种组织对环境变化非常敏感，能在不确定环境下有效地竞争。当世界上很多国家的经济发展达到较高水平，同时，广泛使用新技术而使国际竞争日趋激烈时，各国的跨国公司实际上处在动态和迅速变化的环境中，因而需要改变组织形式以适应这种变化。研究发现，能适应动态环境变化的反应型组织应是一个开放和有机的系统，它能巧妙地将组织资源变为对社会有用的输出，并且具有以下一些特点：

(1) 个人和组织的目标比较接近并有直接的联系。

(2) 通过讨论不断修正个人所期望达到的目标。

(3) 个人愿意为组织做出更大的贡献而并不需要特殊的诱因。

(4) 组织各部门可以获得所需要的信息。

(5) 组织内有广泛的横向交流，同级之间可以自由探讨某些问题，而不需要上级的命令。

(6) 除了致力于实现现有目标外，组织成员还承诺完成组织交给的其他任务。

一般说来，在个人主义文化的国家，如美国，建立这样一种有机系统可能会遇到更大的阻力，这是因为美国人有强烈的自我导向。而在集体主义文化的社会，如日本，由于人们更关心小组而不是个人的行为和业绩，所以建立这种组织比较容易。在有机组织中，个人通常非正式地组织起来以满足正式组织不能满足的一些需要，如消除组织成员的紧张、恐惧和烦躁等，而且这种组织中出现的非正式领导常常起着技术专家、信息来源和危机管理者的作用。在这种情况下，如果正式管理人员能与非正式领导者进行适当的交流，那么，对新战略的实施将是一个有力的支持。显然，一个优秀的管理人员应该找到个人和组织导向之间的平衡。

第五种组织类型为"扫描导向型"。这种组织是后工业社会可能采取的一种组织形式。它能迅速地适应变革的需要和具有全球扫描的能力。当越来越多的国家随着经济的发展而进入后工业社会，个人处在一种不稳定的状态，变革成为一种普遍的生活方式，人们有很高的教育水平和更多的闲暇,从而追求满足更高层次的需要时,就会出现扫描导向型组织。在后工业社会,由于技术的高度进步和全球信息网络的完善,距离将不再是认识市场及其不确定性的障碍,因而,跨国公司可以以较低的成本消化和解释来自全球的市场信息,一旦认识到哪个市场有开发的潜力和上升的需求,就可以为其进行生产和创新。扫描导向型组织最主要的特点是具有在全球范围内连续处理信息的功能,而且一旦获得有价值的信息,就能迅速地采取行动。

综上所述,一个企业选择怎样的组织结构和管理模式取决于多个因素的综合影响,既不能盲目照搬日本企业的管理模式和组织结构,也不能笼统地认为美国的管理风格更为有效,而是应根据包括上述因素在内的各种因素做出综合判断。此外,还需要注意的是,在这一章的不同部分,我们先后介绍了各种类型的组织及其特点,从简单结构→职能结构→事业部制结构→矩阵结构→多国公司结构,到防御型战略组织→开拓型战略组织→分析型战略组织→被动反应型战略组织;从集中化官僚制→非集中化官僚制→集中化有机组织→非集中化有机组织,到任务导向型→关系导向型→任务-关系导向型→环境反应型→扫描导向型等。这并不是说它们各自都是一种独立的结构形式,而只是人们站在不同研究角度对它们的分类,它们之间有密切的联系,但又不能建立一一对应的关系。此外,有些组织的具体结构并不清楚,如环境反应型和非集中化有机组织等。尤其需要明确的是,不能简单地认为哪种组织更好或更有效,某一组织形式的绩效如何取决于多个管理变量的动态适应性。

六、主要管理要素之间的动态适应性及其对组织有效性的影响

近来有很多研究认为对小企业来说,影响组织有效性的主要变量是技术与结构、技术和战略、行业结构和战略之间的适应性。Hatton 和 Raymond 进一步提出了同心圆模型,如图 10-17 所示。

在这一模型中,最外层是与企业环境与战略有关的变量,第二层是与组织任务和技术有关的变量,在内层是个人和组织结构变量。按照这一同心圆模型,如果一个组织和它的所有六个主要变量完全匹配,那么,它将非常有效。值得说明的是,这一模型虽然是在对小企业进行研究后提出的,但它对其他类型的组织也有重要的参考价值。

图 10-17 同心圆模型

Hatton 和 Raymond 根据所提出的同心圆模型,进一步分析了各关键变量的互相适应性并得出如下一些结论:

(1) 与它们的业务范围相匹配的企业将比那些不匹配的企业更容易保持关键变量之间的和谐,即:

第一,在复杂和动态的环境下,开拓型企业比成熟型企业更适合采用革新战略;而在简单和静态环境下,成熟型企业比开拓型企业更适合采用防御型战略。

第二,开拓型企业比成熟型企业更适合采用高技术和承担依赖性强的任务,而成熟型企业比开拓型企业更适合采用低技术和承担依赖性差的任务。

第三,开拓型企业比成熟型企业更适合采用有机的、分权式组织结构,成熟型企业比

开拓型企业更适合采用机械式和集权式组织结构。

（2）在同心圆模型中，首先适应外层关键需要，然后再逐步适应内层需要的企业有更好的经营业绩，即：

第一，在设计组织活动之前，通过开发新市场和资源并适应具有增长潜力的环境的开拓型企业有更好的经营业绩。

第二，在重新设计组织活动之前，通过将现有市场、产品和资源与有扩张机会的当前环境相匹配的成熟型企业有更好的经营业绩。

（3）外部环境压力将影响企业选择的生存方式，即为了在变化的环境中生存，开拓型企业将首先通过将同心圆模型中的外层变量相匹配的方式来求得和谐。而成熟型企业将首先通过将同心圆模型中的内层变量相匹配的方式求得和谐。

（4）在同心圆模型中同一层上的一对变量相匹配的企业比不匹配的企业将更和谐。

第一，调整战略比其他变量更易于适应环境。

第二，改变技术比其他变量更易于适应任务的要求。

第三，调整结构比其他变量更易于适于个人行为。

（5）和谐的企业比不和谐的企业将有更好的经营业绩。

第一，在动态/复杂的环境下，采用新战略的开拓型企业比成熟型企业有更好的经营业绩，相反，在稳定/简单的环境下，采用防御型战略的成熟型企业比开拓型企业有更好的经营业绩。

第二，在需要高技术和任务之间相互依赖性强的情况下，开拓型企业比成熟型企业有更好的经营业绩，而在需要低技术和任务之间相互依赖性差的情况下，成熟型企业比开拓型企业有更好的经营业绩。

第三，在采用有机的分权结构和注重个人高层次需求时，开拓型企业比成熟型企业有更好的经营业绩，而在采用机械的集权式的结构和个人更偏重于官僚主义导向时，成熟型企业比创造型企业有更好的经营业绩。

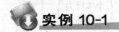

实例 10-1

市场份额下跌　国寿架构调整"救场"

在丢掉三分之一的市场份额后，国寿改革的步伐正在加快。

从银保到个险，单纯的业务条线调整已然不够，国寿股份开始在内部进行架构大调整，通过精简组织以提升运营效率。

《中国经营报》记者独家获悉，国寿"三定"（定岗、定编、定职）方案现已完成，共设置25个部门、128个处室、317个岗位，撤销销售督察部、县域保险部和总务部，且个险销售部应是唯一增加编制的部门。

据国寿 2014 年中报数据显示，上半年市场份额占比 25.7%，同比下降近 7%，虽然国寿仍是目前市场上份额最大的寿险公司，但危机感已经越来越明显，最为市场津津乐道的是平安在几年内会实现赶超。

实际上这种赶超的压力已经逐渐增大。记者了解到，若根据不同省份市场表现看，国寿仅在少数几个省份还占据优势,多数已被平安领先。

就在市场开始质疑国寿潜力时,国寿股份公布的今年前8月保费数据似乎又显现出回暖迹象。今年1~8月其实现保费收入2 379亿元,同比增长－3.65%,这已是今年4月份保费增速为负以来的最好表现,若按8月单月保费收入245亿元计算,其环比增幅达48.48%,超越同业。

政策倾斜个险部门

从提出价值转型的理念到动真刀进行架构改革,国寿的改革决心可见一斑。

记者了解到,此次架构改革在国寿股份党委、总裁室下设25个部门,分别为董事会秘书局、战略与市场部、办公室、人力资源部、个险销售部、团体业务部、银行保险部、健康保险部、精算部、电子商务部、财务管理部、资产管理部、产品开发部等。

值得注意的是,调整后个险销售部共设置处室10个、岗位33个。这10个处室分别为收展规划发展处、收展人员管理处、市场拓展处、县域发展处、综合开拓处(基金销售管理处)、销售支持处、营销人力发展处、营销人员管理处、销售管理处、销售系统管理处。

其中收展规划发展处、收展人员管理处、县域发展处、综合开拓处(基金销售管理处)、销售系统管理处为新设处室;销售管理处增加销售行为规范管理、非案件类行为违规处理、销售人员投诉处理及销售风险预警、分析排查、督导整改等;撤销业绩管理处,职责划归市场拓展处。

不难发现,新被撤销的县域保险处此前主要负责小额保险等政策性业务开展,部分人员可能被调整到个险销售部,而销售管理处的职责即为撤销前的销售督察部职责。

"收展团队的建设是今年国寿才开始搞起来的销售团队,其大致也属于营销员的一部分,但在招募时对于收展人员的要求比一般营销员要高,如高学历、高素质、低年龄,主要为客户提供服务,类似理财师的角色,以续期保费收取为主、新单销售为辅的一个团队,也是希望能够从这支队伍中为国寿未来的发展培养有经验实力的管理者。"一国寿内部工作人员告诉记者。

据悉,国寿集团一直在谋划国寿股份的架构改革,后者在半年报中对下半年进行展望时也重点提及接下来的改革创新、转型升级。

国寿股份表示,在整体精简制造架构和人员编制的基础上,加强市场调研和企划工作,推动人力资源配置向一线业务领域倾斜,提升公司管理效能和运营效率,积极应对市场竞争。

压力倒逼改革

纵观1月份至8月份,国寿股份的整体表现为高开低走,后又呈现缓慢爬坡态势。

2014年1月份,国寿股份实现保费收入808.7亿元,同比增长达70%,顺利完成"开门红",前两个月保费增速为39%,一季度保费增速18%,前四个月保费增速仍在9%,而就在4月份,银保渠道新政实施,多数倚重银保渠道的寿险公司都受到影响,国寿亦不例外。此后,前5月、前6月、前7月、前8月的保费增速分别为－7.5%、－5.2%、－4.4%和－3.7%。

国寿在2013年年底将整体经营思路定为"价值优先、规模适度、优化结构、注重创费",虽然对保费收入增速放缓有提前预期,但市场的挑战无疑比预期更为严峻,特别是银保渠道的下滑对拉低国寿市场份额具有直接影响。

国寿股份总裁林岱仁在半年报发布会上表示,上半年已赚保费较2013年同期减少60多亿元,主要原因是公司主动收缩价值较低的银保业务,银保渠道趸交业务保费较上年同期减少100多亿元。

据半年报统计,国寿股份银保渠道总保费同比下降12.9%,首年保费同比下降8.3%,首年期缴保费同比增长26.7%,五年期及以上首年期交保费同比增长52.3%,银保渠道销售代理网点6.7万个,销售人员共计5.3万人。

同时,个险渠道业务结构持续优化。渠道总保费同比增长0.7%,首年保费同比增长11.2%,首年期缴保费同比增长11.5%,十年期及以上首年期缴保费同比增长30.4%;五年期及以上和十年期及以上首年期缴保费占首年期缴保费的比重分别为95.78%和57.1%。保险营销员共计64万人。

业内多家分析师对国寿半年业绩多持肯定态度,认为国寿的转型已初见成效,特别是新业务价值增幅较大。国泰君安分析师赵湘怀在报告中提到,公司寿险新业务价值增长7%,其中个险渠道贡献13亿元,占比97.5%;个险总人力下降6%,但人均月产能增长18%,银保首年期交大幅增长27%。两渠道价值转型持续深入,预计全年新业务价值增长6%。

"因为国寿是最大的寿险公司,又是国企,市场盘子虽然不及三分之一,但仍是最大,因此所谓的架构调整、创新转型都还比较温和,因为首先要保证公司的稳健经营。此次架构调整去除了过去的一些职位冗余,将主要人力、物力向主要业务倾斜。"上述国寿内部工作人员对记者说道。

资料来源:中国经营报,作者:宋毅;日期:2014年9月22日。

实例 10-2

家乐福启用全新组织架构　发力电商便利店业态

在过去的一个星期里,家乐福中国区总裁兼首席执行官唐嘉年,忙着向公司的6万名员工宣讲一重大的全新组织架构。

这个被家乐福视为进入中国20年以来"最大的创新变革",将牵涉现代物流中心、电商、便利店等新项目的实施。为此,公司将启用全新的组织架构,并增设包括COO在内的诸多重要岗位。

家乐福此次创新变革背后,是中国消费市场环境以及消费者购买习惯都在悄然发生变化,其希望通过对物流架构的重新设计,对公司未来新的业务进行支持,这包括家乐福即将发力的电商及便利店项目。

20年来最大创新变革

此次家乐福的新架构主要涉及四个方面,体现出其未来在中国市场中长期发展的核心战略和思路。首先,尽管大卖场业态近年来在发展上速度趋缓,但家乐福还是会进入一些新的城市包括一些三四线的市场。家乐福管理层认为,卖场业态在中国市场还是有很好的机会。

其次,家乐福业已启动对更小型零售业态的尝试。去年11月,家乐福在上海开出首家"Carrefour Easy"便利业态。经过近段时间的测试,公司管理层对"Carrefour Easy"门店的运营结果还是比较满意的,其决心未来在全国范围内开出更多贴近社区,贴近家庭业态的便利店。此外,在未来两个月内,家乐福将在中国启动电商业务,并决心将其电商业务与门店运营建立起较强的联系。

最后,家乐福还将对现有门店进行全方位的改造和升级,对其门店的生鲜产品运营进行进一步的提升,同时强化公司的会员计划。笔者获得的相应信息包括,家乐福中国2015年计划改造的门店数达75家,同时其会员数已累积至2000万人。

唐嘉年介绍,为了配合上述计划的顺利开展,家乐福决心建立一个全新的物流体系,并打造一个强大的供应链体系。家乐福已于2014年6月在江苏昆山开设了第一家物流配送中心,覆盖华东大区的60个大卖场,并计划今年在成都、武汉、北京、天津再开设3个配送中心。2016年,在东北大区和华南大区再新设2个配送中心。

这个计划还包括,将目前家乐福在全国24个城市设立的城市采购中心,合并成立6个大区采购中心,分别落于沈阳、北京、上海、武汉、成都还有广州,覆盖相应的区域市场。

同期展开的还将有家乐福的全新组织架构。随着6个物流配送中心的建立,家乐福中国市场将被划分为6个大区,分别为华东大区、东北大区、华西大区、华北大区、华中大区和华南大区。同时,诸多家乐福管理人员的职责范围面临重新设定,如原先的小区经理岗位,之前除管理门店外,还要同时管理商品采购。今后,家乐福的小区经理将只管理10到12家门店,其工作重点将聚焦在门店运营方面。

为配合公司组织架构的顺利运营,家乐福还增设了首席运营官(COO)的岗位,旨在加强家乐福六大区大卖场业态的运营管理。

发力电商及便利店项目

自1995年进入中国市场,家乐福在过去20年里已进入全国70多个城市,共有238家门店。唐嘉年表示,之所以会作出如此大幅度的创新变革,是因为家乐福目前面临的市场大环境在变,消费者的购买习惯也在发生变化。未来,家乐福还希望进入更多新的城市,他们希望以全新的面貌出现在消费者面前。

在沃尔玛、大润发、麦德龙等同行分别以不同方式介入电商领域后,家乐福也终于发布了其在电商方面的发展计划。由于项目目前仍在筹备中,笔者未能获得其发力电商的更多细节。目前收集到的信息包括,其电商项目将以公司自营的方式出现,在实践中将以O2O的方式进行。

零售业态向电商模式的转型并不容易。由于通常客单价会比较低,商品利润往往不能够覆盖物流成本。对此,唐嘉年坦言,他找很多人讨论过这个问题。消费者通过零售电商采购,通常会是食品杂货,这类商品利润低,配送成本高。但相比于国内现有的电商平台,家乐福的优势在于线下有分布全国的卖场资源。若将这些卖场看作一个个小型的配送中心,这将大大降低电商带来的配送成本。

"我们做电商的思路,是将电商看作卖场业态的延伸,形式可以是多样化的。"唐嘉年表示,家乐福在电商的出发点在于给消费者提供更为多元的购物选择,而非独立于目前的主营业务大卖场之外。

尽管家乐福方未作明确说明，但笔者获悉，其未来重点打造的"Carrefour Easy"便利业态，也将会是家乐福O2O布局的一个重要棋子。唐嘉年表示，无论是参考国外市场的经验，或是从中国人口老龄化及交通越来越拥堵的现状来看，未来便利店模式都会有比较好的发展空间。而家乐福有品牌和采购的优势，在便利业态上发力有比较好的基础。

在零售业内人士看来，随着竞争的加剧和消费模式的改变，目前大卖场模式普遍遭遇增长放缓的困局，在此背景下，家乐福发展便利业态，一方面做到在空间上更加贴近消费者，通过便利业态的发展维持公司整体业绩的持续增长；另一方面，也会有发展电商的考虑，未来其数量更为庞大、更加贴近消费者的便利店，或将成为更为机动的电商配送点和提货点。

兵马未动　粮草先行

在看到公司在电商和便利业态上的潜力后，家乐福需要首先考虑的，便是整个供应链架构的重新规划。笔者获悉，早在两年前，家乐福就已经低调打造全新的供应链团队，其全新的组织架构则将于今年的4月2日起正式执行。

首先，家乐福希望通过更加有效的保障物流配送体系和组织架构，推进电商、便利店等新项目的顺利运营。其次，其希望通过未来的大区采购中心，使采购变得更加高效和专业。最后，他们希望让多数门店管理人员的注意力更为集中，在省却了采购和物流上投入的精力后，门店的决策和运营变得更为高效。

唐嘉年还透露，伴随大卖场发展计划、物流中心建设、电商、便利店等新项目推进，家乐福今年还计划增设3 000个岗位机会。

在设立6个大区配送中心后，家乐福希望将更多的区域供应商进行升级。"比如说山东的某个供应商，在之前的体系下，其不太可能将商品配送到家乐福其他的区域市场，但在新的架构下，可能在河北、天津、北京，所有区域都可以覆盖到。"唐嘉年表示，对于优质的供应商和家乐福本身，这都会是一个双赢的结果。

同时，在新的架构下，家乐福在三四线城市的门店，在商品数量上有望做到与一二线城市门店接轨，为三四线城市的消费者提供更好地购物体验。唐嘉年表示，比如说以往在江苏某三线城市的家乐福，消费者在门店里看到的商品种类可能只有上海同类门店的80%，未来这种情况会得到改善。

资料来源：中国经营报，作者：文明；日期：2015年3月9日。

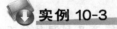

实例10-3

索尼移动目标裁员28%

继卖掉PC业务、分拆电视部门之后，索尼又在手机业务上"动刀"。

近日，索尼证实其移动部门将在已经宣布裁员1 000人的基础上再裁员1 100人。索尼的目标是在2016年3月之前将移动部门的员工人数裁减到5 000人，裁员率达28%。

实际上，索尼一直深陷于亏损的沼泽中。持续削减业务的举措源于索尼CEO平井一夫推行的公司重组计划，其欲通过重组带领着这家日本标志性企业走出下滑的困境。

再裁员 1 100 人

在去年裁员 1 000 人之后,索尼移动近日再追加裁员 1 100 人。根据索尼移动的裁员目标,将在 2016 年 3 月之前将移动部门的员工人数裁减到 5 000 人,裁员率为 28%。

早在去年 10 月底,索尼公布了关于手机业务改革的措施。索尼移动公司将大幅缩减在中国的移动业务规模,即将实施的、涉及全球 1 000 名员工的裁员计划中,有相当一部分来自中国(700~800 人)。

与上次裁员不同,索尼移动内部人士向《中国经营报》记者透露,这次裁员是全球性的,涉及欧洲、亚洲等,不主要针对中国。

"这是一个有策略的调整,并不是说裁员之后移动这块就不做了,而是把更多的人力物力集中在其他部门。"上述人士表示。

据了解,针对上次裁员,索尼公司草拟了一个初步的赔偿方案是"N+2+2"(N 个月工资+2 倍北京平均工资+2 倍索尼工资,N 为工作年限,第二个"2"还有条件),但对于这个方案很多员工不满意。

索尼(中国)公关总监姜京源表示,"此次对被裁员工做出补偿是毋庸置疑的,补偿会高于国家规定的相关标准,符合行业的预期。"

从索尼最新公布的 2014 财年第三季度(2014 年 10 月 1 日至 2014 年 12 月 31 日)财报来看,其销售收入达 211.39 亿美元,同比增长 6.1%;营业利润 14.74 亿美元,相比增加了 7.6 亿美元。其中,移动产品和通信业务销售收入也达到 35.45 亿美元,同比增长 28.7%,仅次于游戏和网络业务。

尽管如此,索尼依然下调了其 2014 财年智能手机的销售预期,从 2014 年 4 月财年开始的 5 000 万部调降至 3 920 万部。索尼下调智能手机销售预期主要是亚太地区特别是中国市场销售疲软所致。

此外,索尼于去年 9 月发布消息称,移动部门调整了未来三年的中期发展计划。根据该计划,到 2017 财年,移动业务要实现销售额 9 000 亿~11 000 亿日元,营业利润率要实现增长 3%~5%。而这个销售额目标比起 2014 财年的 13 200 亿日元,已经有较大幅度下调。

"为了达到这个目标,索尼移动调整了中期的策略,包括区域策略、产品策略及整个部门的架构,这些都是中期计划的一部分内容。"姜京源表示。

手机业务难见起色

索尼移动部门的多次裁员,无疑引发业界对其手机业务的关注。

三年前收购爱立信,索尼的手机业务曾被寄予厚望。

2013 年 9 月,索尼宣布 Xperia Z1 智能手机将开售,这款手机嵌入了索尼必须提供的一切东西。索尼希望凭借此次发布,抢夺第三大智能手机厂商的位置。

2014 年年初,索尼又公布了一个宏大的手机销售计划:今后两年智能手机的销售量倍增,出货量超过 8 000 万台,拿下全球第三大手机商的名号。

不过,索尼的野心跟不上形势的变化。据索尼预测,2014 财年全年依然亏损,相比此前预期的 2 300 亿日元收窄至 1 700 亿日元(约合人民币 90 亿元)。索尼 CFO 吉田健一郎公开指出:"如果抛开移动通信事业,索尼的业绩有回升的迹象。"

在庞大的中国市场,为什么索尼的手机业务一直没有起色呢?

通信行业观察家项立刚认为,"索尼在日本本土还是有些机会的,但是日本市场很小。全球有两大主导市场,第一大是中国,第二是美国,然后才是欧洲、印度尼西亚等。由于中国市场的厂商太多,竞争太激烈,在这样的市场里,索尼的部署、反应、研发、成本等方面和中国企业都是没法相比的,要发展起来非常困难。"

另一方面,价格、定位也是制约索尼手机向前的重要因素。

对于手机业务的发展,索尼CFO吉田健一郎表示将不再面向中国市场开发智能手机新品,并会精简Xperia产品线。而据姜京源介绍,"索尼是不再开发针对运营商捆绑的手机型号,但是保留一种可能性,会考虑发布全制式手机的可能性。"

资料来源:中国经营报,作者:吴文婷;日期:2015年3月2日。

复 习 题

1. 简述战略实施过程经常遇到的七种问题。
2. 什么是平衡计分卡?简述应用平衡计分卡的具体做法。
3. 目前都有哪些组织结构类型?它们的内涵及主要特点是什么?
4. 简述战略与组织结构的关系,并阐述有哪些战略组织类型。
5. 企业组织结构和管理模式的选择都与哪些因素有关?

参 考 文 献

[1] Oster Sharoh M. Modern Competitive Analysis[M]. New York：Oxford University Press,1994.
[2] Porter M E. The Competitive, Advantage of Nations[M]. New York：Free Press,1990.
[3] Dáveni Richard A. Hyper-Competition, Managing the Dynamics of Strategic Maneuvering[M]. New York：Free Press,1994.
[4] Schnaars, Steven P. Marketing Strategy[M]. New York：Free Press,1991.
[5] [美]Porter Michael E. 陈小悦译. 竞争战略[M]. 北京：华夏出版社,1997.
[6] [美]Porter Michael E. 陈小悦译. 竞争优势[M]. 北京：华夏出版社,1997.
[7] 刘冀生. 企业经营战略[M]. 北京：清华大学出版社,1995.
[8] 金占明. 民营企业经营管理[M]. 北京：高等教育出版社,1996.
[9] 解培才,徐二明. 西方企业战略[M]. 北京：中国人民大学出版社,1992.
[10] 厉以宁. 走向繁荣的战略选择[M]. 北京：经济日报出版社,1991.
[11] 项保华. 企业战略管理[M]. 北京：科学出版社,1994.
[12] 李少华. 现代经营管理学[M]. 北京：化学工业出版社,1991.
[13] 潘家轺. 现代生产管理学[M]. 北京：清华大学出版社,1994.
[14] 李岚清. 中国利用外资基础知识[M]. 北京：中共中央党校出版社,1995.
[15] 曾培炎. 中国经济发展面临的机遇与挑战[J]. 中国投资与建设,1998(8)：4～7.
[16] 曾令京. 我国居民储蓄过度增长值得注意[J]. 财经科学,1998(5)：11～13.
[17] 颜波. 适应需求变化趋势,积极培育新的消费增长点[J]. 市场营销导刊,1998(6)：11～13.
[18] 梁长青,周寅康,彭补拙. 全球环境变化与中国土地可持续利用[J]. 中国人口、资源与环境,1998,8(3)：68～71.
[19] 丁俊发. 关于我国消费趋势及政策建议[J]. 市场营销导刊,1998(2)：9～11.
[20] 陈利根. 我国耕地管制的必要性及当前任务[J]. 中国人口、资源与环境,1998,8(1)：33～35.
[21] 莱斯特·布朗,布瑞恩·哈勒维. 中国的水资源短缺将影响世界粮食安全[J]. 中国农村经济,1998(7)：22～29.
[22] 陈德敏,贺云华. 资源综合利用：可持续发展的战略选择[J]. 中国人口、资源与环境,1998,8(2)：16～20.
[23] 梁龙男. 论中国区域开发战略与人口、资源及环境的协调发展[J]. 中国人口、资源与环境,1998,8(2)：25～29.
[24] 张雷. 可持续发展与我国能源战略调整[J]. 中国人口、资源与环境,1998,8(2)：30～34.
[25] 解振华. "九五"期间中国环境保护的主要举措[J]. 中国人口、资源与环境,1998,8(1)：5～8.
[26] 张永贵. 优先发展我国的环保产业[J]. 中国投资与建设,1998(8)：28～30.
[27] 郑时彪. 信息技术的发展与我国的发展战略[J]. 高科技与产业化,1998(4)：27～29.
[28] 陈雅穗. 互联网络与市场营销[J]. 市场营销导刊,1998(1)：40.
[29] 刘树成. 论中国经济增长的速度格局[J]. 经济研究,1998(10)：3～10.
[30] 李若建. 城镇贫困与富裕人口的空间分布研究[J]. 人口与经济,1998(3)：48～52.
[31] 包铭心,陈小悦,莫礼训等. 国际管理：教程与案例[M]. 北京：机械工业出版社,1999.
[32] [美]约翰.B.库伦. 邱立成译. 多国管理——战略要径[M]. 北京：机械工业出版社,2000.

[33] Jesper Kunde. 王珏译. 公司精神[M]. 昆明：云南大学出版社，2002.
[34] [美]弗雷德·R. 戴维. 李克宁译. 战略管理[M]. 北京：经济科学出版社，1998.
[35] [美]詹姆斯·C. 柯林斯，杰里·I. 波勒斯. 克如译. 基业常青[M]. 北京：中信出版社，2002.
[36] [美]亚德里安·J. 斯莱沃斯基，大卫·J. 莫里森等. 张量等译. 利润模式[M]. 北京：中信出版社，2002.
[37] [美]米歇尔·罗伯特. 李准译. 超越竞争者——战略思考的力量[M]. 北京：机械工业出版社，2001.
[38] 杰伊·R. 加尔布雷思. 陈德良，何艳，杨晓玲译. 全球企业设计[M]. 上海：上海交通大学出版社，2002.
[39] [美]迈克尔·波特. 李明轩，邱如美译. 国家竞争优势[M]. 北京：华夏出版社，2002.
[40] 王忠明，李明全. 世界500强在华经营战略[M]. 广州：广东经济出版社，2002.
[41] [美]查尔斯·W. L. 希尔. 周键临译. 国际商务：全球市场竞争[M]. 北京：中国人民大学出版社，2001.
[42] 何畔. 战略联盟：现代企业的竞争模式[M]. 广州：广东经济出版社，2000.
[43] 陈剑，冯蔚东. 虚拟企业构建与管理[M]. 北京：清华大学出版社，2002.
[44] 魏江. 企业购并战略新思维——基于核心能力的企业购并与整合管理模式[M]. 北京：科学出版社，2002.
[45] 项保华. 战略管理——艺术与实务[M]. 北京：华夏出版社，2001.
[46] [美]吉姆·柯林斯. 愈利军译. 从优秀到卓越[M]. 北京：中信出版社，2002.
[47] 国家统计局. 2003年中国统计年鉴[M]. 北京：中国统计出版社，2003.
[48] 国家统计局. 2002年中国统计年鉴[M]. 北京：中国统计出版社，2002.
[49] 朱元羲主编. 2002国际统计年鉴[M]. 北京：中国统计出版社，2002.
[50] 国家统计局. 2003国际统计年鉴[M]. 北京：中国统计出版社，2003.
[51] [美]安妮塔·M. 麦加恩. 孙选中等译. 产业演变与企业战略[M]. 北京：商务印书馆，2007.
[52] 徐枞巍，殷章驹，聂会星. 中国移动运营市场竞争格局情景分析[J]. 经济研究导刊，2007(11)：117~119.
[53] 唐跃军，何锐邦. 基于流动壁垒的IT产业战略群组间竞争战略分析[J]. 经济管理，2008(14)：10~16.
[54] 孟晓斌，王重鸣，杨建锋. 企业动态能力理论模型研究综述[J]. 外国经济与管理，2007，29(20).
[55] [英]伊恩·本，吉尔·帕斯. 陈瑟译. 外包制胜——利用外部资源提高竞争优势[M]. 北京：人民邮电出版社，2004.
[56] 陈威如，余卓轩. 平台战略：正在席卷全球的商业模式革命[M]. 北京：中信出版社，2013.
[57] 陈明哲. 动态竞争[M]. 北京：北京大学出版社，2009.
[58] 王国顺，郑准，杨昆. 企业国际化理论的演进[M]. 北京：人民出版社，2009.
[59] 陈劲，郑刚. 创新管理：赢得持续竞争优势[M]. 第二版. 北京：北京大学出版社，2013.
[60] [英]蒂德，贝赞特. 创新管理——技术变革、市场变革和组织变革的整合[M]. 第4版. 北京：中国人民大学出版社，2012.
[61] 孟卫东. 战略管理：创建持续竞争优势[M]. 第二版. 北京：科学出版社，2014.

金占明教授"战略三部曲"简介

波特教授以他的战略三部曲《竞争战略》、《竞争优势》和《国家竞争优势》奠定了他在战略管理领域的学术大师的地位，并因为其在竞争战略领域的突出贡献而被誉为"竞争战略之父"。其中《竞争战略》重点阐述了产业竞争结构，即"五力"模型和三种基本竞争战略以及几种典型产业的竞争战略，是波特竞争战略思想的基石；《竞争优势》则进一步深入分析竞争优势的来源，如何在价值链的各个环节上获取竞争优势以及进攻和防御性战略；最后，《国家竞争优势》则通过广为引用和传播的钻石模型分析了产业集群的形成和如何获得国家竞争优势。撰写战略三部曲，波特教授用了10年时间。

金占明教授基于二十几年战略管理教学和研究的实践，从1999年到2015年历经16年的时间，撰写了他自己的战略三部曲：《战略管理——超竞争环境下的选择》，《战略的智慧与窘境》和《无战略悲人生》。《战略管理》介绍战略管理的基本原理，多种成长战略和竞争战略和它们的适用条件，同时阐述了战略联盟，虚拟企业构造，外包和平台战略等方面的内容；《战略的智慧与窘境》阐述了企业家和高层管理人员所面临的10个主要战略窘境问题，而这些问题是每个企业家和领导者都要遇到的战略问题，该书从哲理和思辨的角度，向企业家和领导者提供了如何进行战略决策的认识论的工具；《无战略悲人生》则将战略管理的原理和分析框架应用于个人的实践领域，重点辨析了人生战略的涵义，赋予战略"5P"在人生战略上新的内涵，并扩展为"6看"人生，解构了人生的战略管理的三步曲：分析—知彼知己；选择—有所为有所不为；实施—知行合一。

金占明教授的战略三部曲既是一个完整的体系，又单独成册。

《战略管理》可作为MBA、管理类研究生和本科生的战略管理教材，也可供有关专业人员和广大企业家参考。《战略的智慧与窘境》强调思辨性和哲理性，帮助读者梳理决策的逻辑和脉络，从而建立理性思维；《无战略悲人生》则从宏观与微观结合的角度探索个体成功与失败的奥妙，尤其适合青年人或者面临人生道路和职业选择的人员参考。

教师服务

感谢您选用清华大学出版社的教材！为了更好地服务教学，我们为授课教师提供本书的教学辅助资源，以及本学科重点教材信息。请您扫码获取。

❯❯ 教辅获取

本书教辅资源，授课教师扫码获取

❯❯ 样书赠送

企业管理类重点教材，教师扫码获取样书

清华大学出版社

E-mail: tupfuwu@163.com
电话：010-83470332 / 83470142
地址：北京市海淀区双清路学研大厦 B 座 509

网址：http://www.tup.com.cn/
传真：8610-83470107
邮编：100084

致 用 书 者

感谢您选用清华大学出版社的教材!为了更好地服务教学,我们为任课教师提供本书的教学辅助资源,以及本学科重点教材的信息。请您扫码获取。

>> 教辅获取

本书教辅资源,请任课教师扫码获取。

>> 样书赠送

化业管理类重点教材,教师扫码获取样书

清华大学出版社

E-mail: tupfuwu@163.com
电话: 010-83470332 | 83470142
地址: 北京市海淀区双清路学研大厦B座509
邮编: 100084
传真: 8610-83470107
网址: http://www.tup.com.cn/